राजपाल

बृहत् सुभाषित कोश

राजपाल
बृहत् सुभाषित कोश

संपादक
हरिवंशराय शर्मा
एम.ए. (अंग्रेज़ी), साहित्यरत्न

राजपाल

स्थापित 1912
100 वर्षों की
श्रेष्ठ प्रकाशन परम्परा
राजपाल

₹ 595

ISBN : 9788170281610

RAJPAL BRIHAT SUBHASHIT KOSH
(A Dictionary of Literary Quotations)
by Harivansh Rai Sharma

मुद्रक : जी.एस. ऑफसेट, दिल्ली

राजपाल एण्ड सन्ज़

1590, मदरसा रोड, कश्मीरी गेट, दिल्ली-110006
फोन : 011-23869812, 23865483, 23867791
e-mail : sales@rajpalpublishing.com
www.rajpalpublishing.com
www.facebook.com/rajpalandsons

भूमिका

सुभाषित कोशों की रचना हमारे देश में वैदिक काल से होती चली आ रही है। अथर्ववेद में ऋक्, यजु और सामवेद के चुने मंत्रों को एकत्र कर दिया गया। प्रत्येक प्रकार के कर्मकांडी, ज्ञानोपासक, भक्त, कर्मयोगी, राष्ट्र-प्रेमी, समाज-सुधारक, प्रकृति पुजारी, गृहस्थ, संन्यासी, तांत्रिक, अभिचार प्रेमी सबके उपयोग के लिए मंत्र संकलित कर दिये गये और उपनिषद् काल में विविध उपनिषदों का सार लेकर गीता उपनिषद् की रचना हुई। कालांतर में भारत के विभिन्न वाङ्मय से छांटकर "सुभाषित रत्न भांडागार" की रचना हुई, जिसमें पाठक की सुविधा के लिए विभिन्न वर्गों में सुभाषित कथनों को विभाजित कर दिया गया। ऐसा प्रतीत होता है कि यह "साहित्यिक सुभाषित कोश" उसी आदर्श ग्रंथ की शैली पर आज की आवश्यकताओं के अनुसार तैयार कराया गया है, क्योंकि इस कोश में वैदिक ग्रंथों से लेकर आधुनिक विश्व के प्रमुख ग्रंथों से सामग्री संकलित की गयी है। कदाचित् ही विश्व का कोई ऐसा प्रमुख लेखक छूट गया होगा जिसकी रचना का उल्लेख इस कोश में न किया गया हो।

"सुभाषित रत्न भांडागार" में प्रकरण के अनुसार विभाजन किया गया है, किन्तु उसमें वर्णक्रम के अनुसार विषयों का उल्लेख नहीं मिलता। इस कोश की बड़ी विशेषता यह है कि इसमें विषय—विभाजन शब्दार्थ कोश की तरह वर्णक्रम से किया गया है।

इस कोश में सभी वर्गों के पाठकों को ध्यान में रख कर सामग्री संकलित की गयी है। लगभग **1600** (सोलह सौ) शीर्षकों को प्रायः **800** पृष्ठों में ऐसे कौशल के साथ पिरोया गया है कि जीवन का कोई भी मुख्य क्षेत्र छूटा ही नहीं। राजनीति, अर्थनीति, इतिहास, दर्शन, साहित्य, नीतिशास्त्र, संस्कृति, सभ्यता, मनोविज्ञान, मानवशास्त्र, जीवन-मूल्य, विविध साहित्यिक वाद, विश्व के विभिन्न धर्म और मत-मतान्तरों पर उद्धरण मिल जाते हैं। यह कोश-ग्रंथ समस्त सूक्तियों को एक स्थान पर सुसज्जित करने का श्रेय प्राप्त करेगा। यह कोश विद्यार्थियों के लिए बड़ा ही उपयोगी है। जिन्हें वाद-विवाद में भाग लेना हो, किसी प्रतियोगिता में जाना हो, कोई निबन्ध लिखना हो, किसी मौखिक परीक्षा में बैठना हो या किसी समाचार-पत्र में लेख लिखना हो तो उन्हें अपनी

आवश्यकता के अनुसार प्रचुर सामग्री, विद्वानों के उद्धरणों के साथ एक ही स्थान पर सरलता से मिल जायेगी। जैसे :—यदि प्रार्थना की गरिमा पर किसी को भाषण देना या लेख लिखना है तो उसे वेद-उपनिषद् से लेकर महात्मा गांधी और विनोबा भावे तक के महापुरुषों के उद्धरण तुरन्त एक स्थान पर मिल जायेंगे। विषय सूची में वर्णक्रमानुसार प्रार्थना शीर्षक तुरन्त पृष्ठ **428** पर मिल जायेगा, जहां ब्राह्मण से लेकर, सुकरात, कोलरिज, टेनिसन, सन्त मैकेरियस, जान वनियम, महात्मा गांधी आदि के उद्धरण एक स्थान पर मिल सकते हैं।

मुझे यह देखकर बड़ी प्रसन्नता हो रही है कि राजपाल एंड सन्ज़ ने "मुहावरा लोकोक्ति कोश" एव "हिन्दी अंग्रेजी-शब्दकोश" के उपरान्त यह "साहित्यिक सुभाषित कोश" इतने आकर्षक रूप में प्रकाशित किया है। संग्रहकर्ता श्री हरिवंश राय शर्मा हम सबके बधाई के पात्र हैं। उन्होंने हिन्दी जगत् को एक ऐसा साहित्यिक कोश प्रदान किया है जिसकी हिन्दी जगत को बड़ी आवश्यकता थी। यह निःसंकोच भाव से कहा जा सकता है कि ऐसी सुभाषित रचना इतने सुन्द्रर रूप में सजाई हुई अन्यत्र कहीं कदाचित् ही दिखाई पड़ती है। अतः लेखक और प्रकाशक दोनों ही बधाई के पात्र हैं। ऐसी सुरुचिपूर्ण कृतियों से हिन्दी साहित्य की श्रीवृद्धि होती है। यह ग्रंथ देश-विदेश में सर्वत्र सम्मान प्राप्त करेगा, ऐसा मेरा विश्वास है।

—दशरथ ओझा
प्रोफेसर, हिन्दी विभाग
दिल्ली विश्वविद्यालय

2, राम किशोर रोड
सिविल लाइन्स
दिल्ली

आमुख

'पंडित जन को श्रम परम जानत जे मति धीर।'

आज का जीवन बड़ा विकट, व्यस्त और संघर्षमय है। हमें पग-पग पर कठिन समस्याओं का सामना करना पड़ता है जिनके समाधान पर हमारे जीवन की सफलता निर्भर होती है। ऐसे सु-समाधान के लिए हमें प्राचीन तथा अर्वाचीन गुरुजनों, प्रतिभाशाली चिन्तकों तथा विद्वज्जनों के मार्ग-दर्शन की आवश्यकता होती है। यदि हम उनके द्वारा निर्दिष्ट मार्ग का अनुसरण करें, तो अपने जीवन मार्ग में हमें कुछ सहायता और सफलता प्राप्त हो सकती है। 'महाजनो येन गतः सः पन्थाः।' सौभाग्य से हमारे पूर्वगामी मनीषियों, कवियों तथा गद्य-लेखकों ने प्रचुर सामग्री रख छोड़ी है। उनके काव्याध्ययन से हमें अलौकिक रसानुभूति होती है और हम जीवन के सामान्य स्तर से ऊंचे उठकर अवर्णनीय आनन्द प्राप्त कर सकते हैं। इस सरस साहित्य के अतिरिक्त, हमें उपयोगी साहित्य की भी प्रचुर मात्रा उपलब्ध है, जैसे दर्शन, नीति-शास्त्र, लोक-नीति, आरोग्य-शास्त्र, आचार-शास्त्र, मनोविज्ञान, बाल-विज्ञान, गृह-विज्ञान आदि। ये शास्त्र हमारे जीवन के विभिन्न पक्षों पर प्रकाश डालते हैं और हमें अपने सम्यक जीवन-दर्शन के निर्माण में सहायक होते हैं। अपने सीमित जीवन और स्वल्प-बुद्धि के कारण किसी भी व्यक्ति के लिए यह सम्भव नहीं है कि वह प्रत्येक शास्त्र का अध्ययन कर सके। ऐसी स्थिति में यह आवश्यक हो जाता है कि वह पूर्वगामी मनीषियों के अनुभवों से लाभ उठावे जो विभिन्न ग्रन्थों में लिपिबद्ध हैं।

प्रत्येक देश का अपना साहित्य होता है और उसकी निजी अभिव्यंजन-प्रणाली होती है। अतएव यह अत्यावश्यक है कि हम संसार के विभिन्न साहित्यकारों के उदार भावों और उच्च विचारों से परिचय प्राप्त करें। यह 'पल्लवग्राहि पाण्डित्य' उसकी रसानुभूति एवं जीवन-यापन-कला में सहायक हो सकता है। इसी केन्द्रीय विचार को दृष्टि में रखकर हिन्दी के अतिरिक्त संस्कृत, अंग्रेजी, उर्दू आदि के कुछ सुभाषितों का भी इस ग्रन्थ में समावेश किया है। इन सुभाषितों का अनुवाद ही इस ग्रन्थ में दिया गया है। परन्तु जब कभी मैं मूल संस्कृत पाठों को देने के लोभ का संवरण नहीं कर सका तब मैंने मूल पाठ ही सानुवाद दे दिए हैं। पाठक की सुविधा को ध्यान में रखकर पद्यों के अर्थ

भी कहीं-कहीं सरल गद्य में दे दिए गए हैं।

कहना न होगा कि इस ग्रन्थ के तैयार करने में मैंने भ्रमर-वृत्ति का अनुसरण किया है और अनेक ग्रन्थों तथा पत्र-पत्रिकाओं से सुभाषितों का संग्रह किया है। जिन लेखकों तथा प्रकाशकों के ग्रन्थों अथवा लेखों से मैंने इन सुभाषितों को संगृहीत किया है, उनके प्रति मैं अत्यन्त आभारी हूँ और उन्हें कोटिशः धन्यवाद देता हूं। त्रुटियों के लिए क्षमा-प्रार्थी हूं।

–हरिवंशराय शर्मा

विषय-सूची

अ

ध

न

फ

ब

य

र

ल

ह

साहित्यिक सुभाषित कोश

अंग्रेजी

मेरा दृढ़ मत है कि अंग्रेजी के प्रति लोगों का मनोवैज्ञानिक लगाव अब खत्म होना चाहिए।

–जवाहरलाल नेहरू

अंग्रेजी के प्रभुत्व को देश से समाप्त करने के लिए क्रान्ति की जरूरत है।

–प्रकाशवीर शास्त्री

अंग्रेजी को बनाए रखने की नीति मानसिक दासता की द्योतक है।

–जगद्गुरु शंकराचार्य निरंजनतीर्थ

अन्तःकरण : अन्तरात्मा

अन्तःकरण की भावमयता में से ही वाणी मुखरित होती है और अन्तःकरण की संकुलता के पश्चात् ही हाथ भी कार्य करते हैं।

–विवेकानन्द

अन्तरात्मा के मामले में बहुमत के नियम का कोई स्थान नहीं है।

–महात्मा गांधी

अन्तरात्मा हमें भीरु बना देती है।

–शेक्सपियर

एक बार अन्तःकरण की ओर आंख घुमाओ, तुरन्त ही समस्त अर्थ समझ में आ जायगा।

–रवीन्द्रनाथ ठाकुर

कोई साक्षी इतना सुदृढ़ और कोई अभियोक्ता इतना शक्तिशाली नहीं है जितना कि अपना ही अन्तःकरण।

–सॉफोक्लीज

जिस प्रकार दीपक दूसरी वस्तुओं को प्रकाशित करता है और अपने स्वरूप को भी प्रकाशित करता है, उसी प्रकार अन्तःकरण दूसरी वस्तुओं को प्रत्यक्ष करता है और स्वयं को भी प्रत्यक्ष करता है।

–सम्पूर्णानन्द

जैसे वासनाएं देह की वाणी हैं, वैसे ही अन्तःकरण आत्मा की वाणी है। यदि वे एक-दूसरी का खंडन करती हैं तो इसमें क्या आश्चर्य है ?

–जे.जे. रूसो

जैसे नेत्रों में जरा सा भी कण पड़ जाने से कोई वस्तु ठीक-ठीक नहीं दिखाई पड़ती है, वैसे ही अन्तःकरण में थोड़ी सी भी वासना रहने से आत्मा के दर्शन नहीं हो पाते।

–स्वामी भजनानन्द

जैसे मैले शीशे में सूर्य की किरणों का प्रतिबिम्ब नहीं पड़ता, उसी प्रकार उन लोगों के हृदय में ईश्वर के प्रकाश का प्रतिबिम्ब नहीं पड़ सकता जिनका अन्तःकरण मलिन और अपवित्र है।

—रामकृष्ण परमहंस

मानव का अन्तःकरण ही ईश्वर की वाणी है।

—बायरन

पापी अन्तःकरण की यन्त्रणा जीवित मनुष्य के लिए नरक है।

—कालविन

सन्देह की स्थिति में सज्जनों के अन्तःकरण की प्रवृत्ति ही प्रमाण होती है।

—कालिदास

ज्ञात-अज्ञात पाप ही अन्तःकरण की मलिनता है। जब तक अन्तःकरण मलरहित, पापरहित नहीं होगा, तब तक वास्तविक दृष्टि—दिव्य दृष्टि—का उदय नहीं होता।

—शंकराचार्य

निर्मल अन्तःकरण को जिस समय जो प्रतीति हो वही सत्य है। उस पर दृढ़ रहने से शुद्ध सत्य की प्राप्ति हो जाती है।

—महात्मा गांधी

दयाशील अन्तःकरण की पीड़ा जीवित मानव के लिए नरक है।

—कैलविन

प्रभु का मानव में कोमल संलाप ही अन्तःकरण है।

—युंग

मनुष्य के भीतर ईश्वरीय उपस्थिति ही अन्तःकरण है।

—स्वेडनबोर्ग

मानव का अन्तःकरण उसके आकार, संकेत, गति, चेहरे की बनावट, बोल-चाल तथा नेत्र और मुख के भावों से विदित हो जाता है।

—पंचतन्त्र

यदि कोई मनुष्य लगातार अशुभ कर्म करे तो उसका अन्तःकरण बुरे संस्कारों से मलिन हो जायगा।

—विवेकानन्द

वही मानव ईश्वर के दर्शन कर सकता है जिसका अन्तःकरण स्वच्छ एवं पवित्र है।

—स्वेट मार्डेन

वास्तविक आनन्द का स्रोत हमारे अन्तःकरण में ही है।

—सेनेका

सतां हि सन्देहपदेषु वस्तुषु प्रमाणमन्तःकरण प्रवृत्तयः।

(सन्देह की स्थिति में सज्जनों के अन्तःकरण की प्रवृत्ति ही प्रमाण होती है।)

–कालिदास

अन्त

सभी संचयों का अन्त क्षय है। बहुत ऊंचे चढ़ने का अन्त नीचे गिरना है। संयोग का अन्त वियोग है, और जीवन का अन्त मरण है।

–वाल्मीकि रामायण

अन्तर्बल

हे मनुष्य ! अन्तर्बल ही वास्तविक जीवन है। बाह्य शक्ति का नाश निश्चित है।

–सुमित्रानन्दन पन्त

अंधकार : अंधा : अंधानुकरण

अंधकार का समय विकृति का समय है।

–रवीन्द्रनाथ ठाकुर

अंधकार प्रकाश की ओर चलता है, परन्तु अंधापन मृत्यु की ओर।

–रवीन्द्रनाथ ठाकुर

धूप का ऐसा तना वितान, अंधेरा कठिनाई में फंसा।
भागने को न मिली जब राह, आदमी के भीतर जा बसा।।

(धूप का ऐसा चंदोबा तना है कि अंधेरा कठिनाई में फंस गया कि कहां जाय। जब उसको कहीं मार्ग नहीं मिला, तब वह मनुष्य के हृदय में जाकर बस गया।)

–रामधारीसिंह दिनकर

प्रभात होने से पूर्व घोर अंधकार होता है।

–फुलर

मुझे अंधकार से प्रकाश की ओर ले चलो।

–उपनिषद्

अंधे कुछ नहीं भूलते। उनका कोई संसार नहीं है। वे तो केवल अपने मन को ही लिए हुए हैं।

–रवीन्द्रनाथ ठाकुर

अंधे पेट के बड़े गहरे होते हैं, इन्हें बड़ी दूर की सूझती है।

–प्रेमचन्द

अंधों में मुरौवत नहीं होती।

–प्रेमचन्द

अंधों की आंखें न खुलें, पर मन तो खुल सकता है।

–प्रेमचन्द

कृपण अंधा होता है, क्योंकि वह धन के अतिरिक्त और किसी सम्पत्ति को नहीं देखता। अपव्ययी अंधा होता है, क्योंकि वह आज ही को देखता है, कल की नही सोचता। मोहित करने वाली स्त्री अंधी होती है, क्योंकि वह अपने बुढ़ापे की झुर्रियां नहीं देखती। विद्वान अंधा होता है, क्योंकि वह अपने अज्ञान को नहीं देखता।

–विक्टर ह्यूगो

चंचल प्रकृति के बालकों के लिए अंधे विनोद की बात हुआ करते हैं।

–प्रेमचन्द

जिसे शास्त्रों का ज्ञान नहीं है, वह एक प्रकार से अंधा है।

–हितोपदेश

नई बीवी पाकर आदमी अंधा हो जाता है।

–प्रेमचन्द

एक काली होती अंधता, ज्योति से जो पलती है दूर।
एक उजली होती जो सदा, जो ज्ञान से रहती है चूर।।

(एक अंधता काली होती है जिसका पालन-पोषण प्रकाश से दूर होता है, अर्थात् एक अंधे का अंधापन होता है। दूसरी अंधता सफेद होती है जो ज्ञान के घमंड से चूर रहती है; अर्थात् दूसरा अन्धापन विद्वानों और ज्ञानियों के घमंड का होता है।)

–रामधारीसिंह दिनकर

अंधानुकरण से आत्म-विकास के बजाय आत्म-संकोच होता है।

–अरविन्द

अकर्म

हे अर्जुन ! तुम्हें कर्म, अकर्म ओर विकर्म को भली-भांति समझना चाहिए। हे प्रियवर ! धर्म की गति अति गहन है।

–गीता

जो मनुष्य कर्म में अकर्म और अकर्म में कर्म को पहचान सकता है, वह मनुष्यों में बुद्धिमान् है और ऐसा योगी कर्म में निरत रहता है।

–गीता

अकर्मण्य : अकर्मण्यता

पुरुषार्थी व्यक्ति सर्वत्र भाग्य के अनुसार प्रतिष्ठा पाता है, परन्तु जो अकर्मण्य है, वह सम्मान से भ्रष्ट होकर असह्य दुःख भोगता है।

–महाभारत

अकर्मण्यता ही मृत्यु है।

–मुसोलिनी

नहाना धोना वस्त्र बदलना, भोजन चबा-चबाकर खाना।
बाल काढ़ना, क्रीम मसलना, घर में ऊपर नीचे जाना।।
यही काम क्या कम है भाई, इनमें ही आफत आती है।
इनके ही 'प्रेशर' के मारे सेहत नहीं सुधर पाती है।।

–गोपाल प्रसाद व्यास

प्रकृति अपनी प्रगति और विकास में कभी नहीं रुकती और हर अकर्मण्य को वह शापित करती चलती है।

–गेटे

अकृतज्ञ : अकृतज्ञता

अकृतज्ञ मनुष्य से एक कृतज्ञ कुत्ता बेहतर है।

–शेख सादी

जो व्यक्ति अकृतज्ञ है, निरन्तर दूसरों के दोष देखा करता है, उसे अगर सारी धरती का राजा बना दिया जाये तो भी वह प्रसन्न नहीं होगा।

–जातक कथा

अकृतज्ञता मानवता के प्रति विश्वासघात है।

–टॉमसन

पशुओं ने अकृतज्ञता मनुष्यों के लिए छोड़ दी है।

–कोल्टन

अकेला

अकेला विचरना अच्छा है, साथी अच्छा नहीं है।

–गौतम बुद्ध

जिस प्रकार सूर्य, अकेला ही अपनी किरणों से समस्त संसार को प्रकाशित कर देता है, उसी प्रकार एक ही वीर अपनी शूरता और पराक्रम से सारी पृथ्वी को अपने पैरों तले कर लेता है।

–भर्तृहरि

जो अकेले चलते हैं, वे शीघ्रता से बढ़ते हैं।

–नेपालियन

मुख में हो राम नाम, राम-सेवा हाथ में,
तू अकेला नहीं प्यारे, राम तेरे साथ में।

(यदि तुम 'राम-राम' करते रहोगे और राम-सेवा या जन-सेवा करते रहोगे, तो तुम कभी अकेले नहीं रहोगे, राम (भगवान्) सदैव तुम्हारे साथ में होंगे।)

–अज्ञात

संसार में सबसे शक्तिशाली मनुष्य वही है, जो एकदम अकेला खड़ा होता है।

–इब्सन

अगुणज्ञता

अरे हंस, या नगर में, जैयो आप विचारि।
कागन सों जिन प्रीति करि, कोयल दई बिसारि।।

(हे हंस ! बहुत सोच-विचार कर इस नगर में प्रवेश करना, क्योंकि यहां पर अगुणज्ञ लोग रहते हैं। इन लोगों ने कोयल को विस्मृत कर दिया है और कौओं से प्रेम करने लगे हैं।)

–रहीम

चल्यौ जाइ ह्यां को करै, हाथिनु को व्यापार।
नहिं जानतु इहि पुर बसैं, धोबी ओड़[1] कुम्हार।।

(अरे हाथी के व्यापारी ! यहां से चले जाओ। यहां हाथियों का व्यापार करने वाला कोई नहीं है। यहां धोबी, गदहलदने और कुम्हार रहते हैं। तात्पर्य यह है कि गंवारों में महान् गुणों तथा बहुमूल्य वस्तुओं का सम्मान नहीं होता।)

–बिहारी लाल

अज्ञान : अज्ञानी

अज्ञान के समान दूसरा वैरी नहीं है।

–चाणक्य

अज्ञान को ज्ञान ही मिटा सकता है।

–शंकराचार्य

अज्ञान मन की निशा है, किन्तु वह निशा जिसमें न तो चन्द्र है और न नक्षत्र।

–कन्फ्यूशस

अज्ञान भय की जननी है।

–ए० होम

अज्ञान हठधर्म की माता है।

–अलेकजैंडर पोप

अज्ञानेनावृतं ज्ञानं मुह्यन्ति जन्वतः।

(अज्ञान से ज्ञान ढका रहता है, इसी से सब अज्ञानी प्राणी मोह को प्राप्त होते हैं।)

–श्रीमद्भागवत

---

1. ओड़=ईट, चूना आदि घरों का सामान गदहों पर लादकर ढोने वाले व्यक्ति।

अज्ञान ही अंधकार है।

–शेक्सपियर

अनपढ़ रहने से जन्म न लेना ही अच्छा है, क्योंकि अज्ञान विपदाओं का मूल है।

–प्लेटो

अनित्य, अशुचि, दुःख तथा जड़ विषयों में क्रमशः नित्यता, शुचिता सुख तथा आत्म-स्वरूपता की प्रतीति ही अज्ञान है।

–योगदर्शन

अज्ञान ही पाप है। शेष सारे पाप तो उसकी छाया ही हैं।

–आचार्य रजनीश

हे जगतपिता, इन्हें क्षमा कर, क्योंकि ये नहीं जानते कि ये क्या कर रहे हैं।

–सन्त ल्यूक

अपनी विद्वत्ता पर गर्व करना सबसे बड़ा अज्ञान है।

–महावीर स्वामी

जितने भी अज्ञानी अर्थात् तत्त्वबोध से हीन पुरुष हैं, वे सब दुःख के पात्र हैं। इस अनन्त संसार में वे मूढ़ प्राणी बारम्बार विनाश को प्राप्त होते रहते हैं।

–महावीर स्वामी

जैसे हाथी स्नान करके फिर बहुत-सी धूल अपने ऊपर डाल लेता है, उसी तरह अज्ञानी साधक साधना करता हुआ भी नये कर्मफल का संचय करता जाता है।

–वृहत्कल्प भाष्य

तमः पाप्मा। (अज्ञान पाप है।)

–गोपथ ब्राह्मण

सक्रिय अज्ञान से भयावह कुछ नहीं होता।

–गेटे

अज्ञो भवति बालः। (वास्तव में अज्ञ ही बालक है, अल्पवयस्क नहीं।)

–मनुस्मृति

अज्ञानी पाप करके भी अहंकार करता है।

–महावीर स्वामी

अज्ञानी क्या करेगा ? वह पुण्य और पाप को कैसे परख पावेगा ?

–अज्ञात

अज्ञानी का संग नहीं करना चाहिए।

–महावीर स्वामी

अज्ञानी के कहने से अमृत भी नहीं पीना चाहिए।

–गच्छाचार

अज्ञानी जीव विवश अंधकारमय आसुरी गति को प्राप्त होते हैं।

–महावीर स्वामी

अज्ञानी मनुष्य बैल की तरह बढ़ता है। उसका मांस तो बढ़ता है, परन्तु उस की बुद्धि नहीं बढ़ती।

–धम्मपद

अज्ञानी साधक उस जन्मांध व्यक्ति के समान है, जो सछिद्र नौका पर चढ़कर नदी-तट पर पहुंचना तो चाहता है, किन्तु तट आने से पूर्व ही बीच प्रवाह में डूब जाता है।

–महावीर स्वामी

अज्ञानी साधक जब कभी असत्य विचारों को सुन लेता है, तो वह उन्हीं में उलझ कर रह जाता है।

–महावरी स्वामी

यदि अज्ञानी किसी कर्म में प्रवृत्त होता है, तो वह सिर्फ क्लेश ही पाता है।

–गोपथ ब्राह्मण

अति

अतिदान से दरिद्रता और अति लोभ से तिरस्कार होता है। अति नाश का कारण है। इसलिए अति से सदा दूर रहें।

–शुक्रनीति

अति संघर्षण जौ कर कोई। अनल प्रकट चंदन ते होई।।

यदि कोई बहुत रगड़ करेगा, तो चन्दन जैसे शीतल पदार्थ से भी अग्नि पैदा हो जायगी।

–गोस्वामी तुलसीदास

अति सौन्दर्य के कारण सीता चुराई गई, अति गर्व के कारण रावण मारा गया, अति दान के कारण बलि को बंधना पड़ा। अतएव अति को सर्वत्र छोड़ देना चाहिए।

–चाणक्य

अधिक हर्ष ओर अधिक उन्नति के बाद ही अधिक दुःख और पतन की बारी आती है।

–जयशंकर प्रसाद

रहिमन अति न कीजिए, गहि रहिए निज कानि।
सहिजन अति फूलै-फलै, डार-पात हो हानि।।

(रहीम कवि कहते हैं कि हमें किसी चीज की अति नहीं करनी चाहिए, सदैव मर्यादा के अनुकूल ही काम करना चाहिए। देखिए, सहिजन बहुत फूलता-फलता है। फलतः उसकी डालियों और पत्तियों को नुकसान पहुंचता है।)

–रहीम

अतिथि : अतिथि सत्कार

अतिथि समाज का एक प्रतिनिध है। अतिथि के रूप में समाज हमसे सेवा मांग रहा है, हमारी यह भावना होनी चाहिए।

–विनोबा भावे

जा दिन संत पाहुने आवत।
तीरथ कोटि सनान करै फल जैसो दरसन पावत।।

(जिस दिन कोई सन्त अतिथि के रूप में आता है, उस दिन गृहपति को उस अतिथि के दर्शन से करोड़ों तीर्थों में स्नान करने जितना फल प्राप्त होता है।)

–सूरदास

जिहि घर साध न पूजिये, हरि की सेवा नाहिं।
ते घर मरघट सारसे, भूत बसै तिन मांहि।।

(जिस घर में साधु की पूजा नहीं होती और भगवान की सेवा नहीं होती, वह घर श्मशान के समान होता है और उसमें भूत रहते हैं।)

–कबीर

प्रथम दिन अतिथि, दूसरे दिन भार और तीसरे दिन कंटक है।

–लेबोया

रहिमन तब लगि ठहरिए, दान-मान सम्मान।
घटत मान देखिए, जबहिं, तुरतहि करिय पयान।।

(रहीम कवि कहते हैं कि हमें किसी के यहां उसी समय तक ठहरना चाहिए जब तक वहां हमारा आदर-सत्कार हो। परन्तु जब हम देखें कि हमारे आदर-सत्कार में कमी हो रही है, तब हमें तुरन्त वहां से चल देना चाहिए।)

–रहीम

समाज अव्यक्त है, अतिथि व्यक्त है। अतिथि समाज की व्यक्त मूर्ति है।

–विनोबा भावे

साईं इतना दीजिए, जामें कुटुम समाय।
मैं भी भूखा ना रहूं, साधु न भूखा जाय।।

(हे भगवान् ! मुझे इतना धन दीजिए जिससे मेरे परिवार का भरण-पोषण होता रहे, मुझे भूखा न रहना पड़े और अतिथि साधु भूखा न लौट जाय।)

–कबीर

अतिथि-सत्कार से मनुष्य देवत्व को प्राप्त होता है।

–बाइबिल

आवत ही हरषे नहीं, नयनन नहीं सनेह।
तुलसी तहां न जाइए, कंचन बरसे मेह।।

(तुलसीदास जी कहते हैं कि जहां अतिथि के आते ही आतिथेय प्रसन्न न हो और उसकी आंखों से स्नेह प्रकट न हो, वहां नहीं जाना चाहिए; भले ही वहां पर सोने की वृष्टि होती हो।)

–गोस्वामी तुलसीदास

किसी को भी भूख-प्यास अगर न मिलती, तो हमें अतिथि-सत्कार का मौका कैसे मिलता ?

–विनोबा भावे

पुष्प सूंघने से मुरझा जाता है, मगर अतिथि का दिल तोड़ने के लिए एक निगाह ही काफी है।

–संत तिरुवल्लुवर

यदि कुछ न हो, तो प्रेमपूर्वक मिलकर ही अतिथि का स्वागत करना चाहिए।

–हितोपदेश

यदि घरों में अतिथि-सत्कार न हो, तो वे श्मशान मात्र रह जायेंगे।

–खलील जिब्रान

अतिशयोक्ति

अतिशयोक्ति भी असत्य है।

–महात्मा गांधी

अतीत

अतीत चाहे दुःखद ही क्यों न हो, उसकी स्मृतियां मधुर होती हैं।

–प्रेमचन्द

भविष्य को समझने के लिए अतीत का अध्ययन कीजिए।

–कन्फ्यूशस

मैं ऐसे भविष्य को नहीं चाहती, जो अतीत से मेरा सम्बन्ध-विच्छेद कर दे।

–जॉर्ज इलियट

अतृप्त

धन, स्त्री और भोजन के विषय में सब प्राणी अतृप्त रहकर गए, जाते हैं और जायेंगे।

–चाणक्य

पक्षी चाहता है–मैं बादल होता ! बादल चाहता है–मैं पक्षी होता !

–रवीन्द्रनाथ ठाकुर

पतिंगे की नक्षत्र के लिए, रात्रि की दिवस के लिये और वर्तमान दुःख के पार एक अज्ञात सुख की कामना–यही तो जीवन की चिर-अतृप्त इच्छा है !

–शेली

अत्याचार : अत्याचारी

अत्याचार और भय परस्पर हाथ मिलाते हैं।

–बालजक

अत्याचार करने वाले भूल जाते हैं, किन्तु जिन पर अत्याचार होता है, वे आसानी से नहीं भूल सकते। हाथ से लाठी गिर जाने पर भी वे मन ही मन द्वेष करते हैं।

–रवीन्द्रनाथ ठाकुर

अत्याचार-परायण राजसत्ता जब अपनी शक्ति बढ़ाती हुई अत्याचार की मात्रा बढ़ाती जाती है, तब उसकी गति को रोकना अनिवार्य हो जाता है। ऐसी अवस्था में छल, बल और कौशल से काम लिए बिना काम नहीं चलता।

–अज्ञात

अत्याचार जब निरंकुश होकर नग्न नृत्य करने लगता है, तब बलिवेदी पर चढ़ने के सिवा और कोई उपाय नहीं रह जाता।

–अज्ञात

अनाचार और अत्याचार को चुपचाप सिर झुकाकर वे ही सहन करते हैं, जिनमें नैतिकता और चरित्र का अभाव हुआ करता है।

–अज्ञात

मनुज में शक्ति मनुज में भक्ति,
जनार्दन का जन है अवतार।
वही जन यदि ले मन में ठान,
ध्वस्त हो जाये अत्याचार।।

(मनुष्य में शक्ति है; मनुष्य में भक्ति है। मनुष्य परमेश्वर का अवतार है। वही मनुष्य यदि मन में ठान ले, तो सारा अत्याचार समाप्त हो जाये।)

–बलदेवप्रसाद मिश्र

मानव का मानव के प्रति अत्याचार असंख्य मनुष्यों को दुःख में डाल देता है।

–रॉबर्ट बर्न्स

समस्त अत्याचार क्रूरता एवं दुर्बलता से उत्पन्न होते हैं।

–सेनेका

अत्याचारी के प्रति विद्रोह करना ईश्वरीय आदेश का पालन करना है।

–फ्रैंकलिन

अत्याचारी से बढ़कर भाग्यहीन कोई नहीं है, क्योंकि आपदा के समय उसका कोई सखा नहीं होता।

–शेख सादी

जब प्रजा सिद्धान्त के लिए विद्रोह करती है, तब राजा नीति से अत्याचारी हो जाता है।

–बर्क

जो अत्याचारी है उसका सोना जागने से श्रेयस्कर है, सत्य तो यह है कि उसके जीवन से उसका मरण ही श्रेयस्कर है।

–शेख सादी

वह शासक अत्याचारी है, जो स्वेच्छा के अतिरिक्त कोई नियम नहीं जानता।

–वॉल्तेयर

स्थिर, गँभीर, चुप, शांत न रह सकता है अत्याचारी।
करता रहता है विनाश की अपने आप तैयारी।।
अपना ही वह अविश्वास सबसे पहले करता है।
औरों के विश्वासघात से मूढ़ व्यर्थ डरता है।।

(अत्याचारी मनुष्य कभी स्थिर, शान्त और चुप नहीं रह सकता है। वह अपने विनाश की स्वयं तैयारी करता रहता है। वह सबसे पहले अपना अविश्वास करता है। वह मूर्ख अन्य लोगों के विश्वासघात से व्यर्थ डरता रहता है।)

–रामनरेश त्रिपाठी

अधर्म

अधर्म की नींव पर खड़ा हुआ राज्य कभी नहीं टिकता।

–सेनेका

अधर्म की सेना का सेनापति झूठ है। जहां झूठ पहुंच जाता है वहां अधर्म राज्य की दुन्दुभी अवश्य बजती है।

–सुदर्शन

अधर्म साम्राज्य-लोलुपता की भांति बर्बर और स्वार्थमय है।

–रस्किन

न्यायी न होते हुए भी अपने आप को न्यायी दिखलाना सबसे बड़ा अधर्म है।

–प्लेटो

जैसे बुढ़ापा सुन्दर रूप-रंग का नाश कर देता है, उसी प्रकार अधर्म से लक्ष्मी का नाश हो जाता है।

–स्वामी भजनानन्द

जो अधर्म करते हैं उन्हें उसका फल चाहे तत्काल न मिले, पर धीरे-धीरे वह उनकी जड़ काट डालता है।

–वेदव्यास

अधिकार

अधिकार और बदनामी का तो चोली-दामन का साथ है।

–प्रेमचन्द

सत्ताधिकार भ्रष्ट करता है, निरंकुश सत्ता पूर्ण रूप से भ्रष्ट कर देती है।

–लॉर्ड आक्टन

अधिकार-प्रेम वृद्धजनों को कटु और कलह-प्रिय बना दिया करता है।

–प्रेमचन्द

अधिकार जताने से अधिकार सिद्ध नहीं होता।

–रवीन्द्रनाथ ठाकुर

अधिकार की अपनी एक मर्यादा होती है। उस मर्यादा की रक्षा करने के लिए अधिकार-प्रयोग को संयत रखना पड़ता है।

–रवीन्द्रनाथ ठाकुर

अधिकार खोकर बैठे रहना यह महा दुष्कर्म है।
न्यायार्थ अपने बन्धु को भी दण्ड देना धर्म है।

(अपने अधिकारों को खोकर चुपचाप बैठ जाना बहुत बड़ा दुष्कर्म है। न्याय के लिए अपने भाई को भी दण्ड देना हमारा कर्तव्य है।)

मैथिलीशरण गुप्त

अधिकार में स्वयं एक आनन्द है जो उपयोगिता की परवाह नहीं करता।

–प्रेमचन्द

अधिकार योग्यता का मुंह ताकता है। यह समझ लो कि इन दोनों में फूल और फल का सम्बन्ध है। योग्यता का फूल लगा और अधिकार का फल आया।

–प्रेमचन्द

अधिकार न सीमा में रहते।
पावस निर्झर से वे बहते।।

(अधिकार सीमा में नहीं रहते। वे अपनी सीमा का शीघ्र उल्लंघन कर जाते हैं और वर्षाकाल के झरने की तरह बहने लगते हैं।)

–जयशंकर प्रसाद

अधिकार विनाशकारी प्लेग के सदृश है। यह जिसे छूता है उसे ही भ्रष्ट कर देता है।

–शेली

अधिकार-सुख कितना मादक और सारहीन है। अपने को नियामक और कर्ता समझने की बलवती स्पृहा उससे बेगार कराती है।

–जयशंकर प्रसाद

अधिकारों की सृष्टि और उनकी यह मोहमयी माया
वर्गों की खाई बन फैली कभी नहीं जो जुड़ने की।

(अधिकारों की सृष्टि और उनकी मोहमयी माया सामाजिक वर्गों में खाई

बन गई है जो कभी पट नहीं सकती।)

—जयशंकर प्रसाद

जाको जहं अधिकार न होई। निकटहि वस्तु दूर है सोई।
मीन कमल के ढिंग ही रहे। रूप रंग रस मधु लिहलहे।।

(जिसका जहां अधिकार नहीं होता, उसके लिए वहां की निकटस्थ वस्तु भी दूर की हो जाती है। देखिए, मछली कमल के पास ही रहती है, परन्तु उसके रूप, रंग, रस और वस्तु का स्वाद नहीं ले सकती।)

—नन्ददास

संसार में सबसे बड़े अधिकार सेवा और त्याग से मिलते हैं।

—प्रेमचन्द

अधिकार-सुख कितना मादक और सारहीन है।

—जयशंकर प्रसाद

अध्ययन

अध्ययन उल्लास का, अलंकार का और योग्यता का कारण बनता है।

—बेकन

अध्ययन तो मनन और परिशीलन के लिए करना चाहिए।

—बेकन

जितना ही हम अध्ययन करते जाते हैं, उतना ही हमें अपने अज्ञान का आभास होता जाता है।

—शेली

मन के लिए अध्ययन की उतनी ही आवश्यकता है जितनी देह को व्यायाम की।

—जोजफ एडिसन

आज अध्ययन करना सभी जानते हैं पर क्या अध्ययन करना चाहिए यह कोई नहीं जानता।

—जार्ज बर्नार्ड शॉ

अध्यवसाय

जब तक नदियों को उनका प्यारा समुद्र नहीं मिलता तब तक उनकी धारा नहीं रुकती। जब तक देवताओं को अमृत नहीं मिल गया, तब तक वे समुद्र का मंथन करते नहीं थके। जो मूर्ख कार्य आरम्भ कर पीछे हट जायेगा, उसे भला सिद्धियां कैसे प्राप्त होंगी ?

—रामचरित उपाध्याय

अध्यापक

अध्यापक के सामने बड़े से बड़े व्यक्ति ने सिर झुकाया है। सांसारिक

ऐश्वर्य एवं प्रभुता उसके ममत्व के आगे तुच्छ हैं और शक्तिशाली हमेशा उसके आगे श्रद्धावनत हुए हैं।

–अमरनाथ उपाध्याय

अध्यापक-जीवन का एक बहुत बड़ा अभिशाप यह है कि आपको ऐसी सैकड़ों बातों को पढ़ना-पढ़ाना होगा जिन्हें आप न तो हृदय से स्वीकार करते हैं और न साहित्य के लिए हितकर मानते हैं।

–आचार्य हजारीप्रसाद द्विवेदी

अध्यापक राष्ट्र की संस्कृति के चतुर माली होते हैं। वे संस्कारों की जड़ों में खाद देते हैं और अपने श्रम से उन्हें सींच-सींचकर महाप्राण शक्तियां बनाते हैं।

–अरविन्द घोष

जो अध्यापक पद प्राप्त करके भी शास्त्रार्थ से भागता है, दूसरों के उंगली उठाने पर भी चुप रह जाता है और केवल जीविकोपार्जन के लिए विद्या पढ़ाता है, वह पंडित नहीं बल्कि ज्ञान बेचने वाला बनिया कहलाता है।

–कालिदास

विश्वविद्यालय ही देश के महापुरुषों का निर्माण करने वाला कारखाना है और अध्यापक उन्हें बनाने वाले कारीगर हैं।

–सर्वपल्ली राधाकृष्णन्

अनर्थ

यौवन, धन-सम्पत्ति, प्रभुता और अविवेक—इनमें से प्रत्येक अनर्थ का कारण होता है, फिर जहां ये चारों मौजूद हों, वहां का क्या कहना है !

–पंचतन्त्र

अनाथ

अनाथ बच्चों का हृदय उस चित्र की भांति होता है जिस पर एक बहुत ही झीना परदा पड़ा हुआ हो। पवन का साधारण झकोरा भी उसे हटा देता है।

–प्रेमचन्द

तेरह-चौदह वर्ष के अनाथ बच्चों का चेहरा और मन का भाव बहुत कुछ बिना मालिक के राह के कुत्ते जैसा हो जाता है।

–रवीन्द्रनाथ ठाकुर

जो जन हों असहाय अनाथ, रखो उनके सिर पर हाथ।
शिक्षित बनें अकिंचन बाल, निकलें वे गुदड़ी के लाल।।

(जो लोग असहाय और अनाथ हों, उनकी रक्षा करो, जिससे गरीब बालक शिक्षित हो जायें और वे गुदड़ी के लाल निकलें; अर्थात् दीन-हीन परिवार में

जन्म लेकर भी वे देश के बहुमूल्य नागरिक बनें।)

—मैथिलीशरण गुप्त

अनाथ बच्चे का आंसू सीधा परमात्मा के हाथ पर जाकर गिरता है।

—हजरत मुहम्मद

अनादर

अनादरपूर्ण जीवन से मृत्यु ही श्रेयस्कर है।

—सोफोक्लीज

गुरुजनों का अनादर ही उनका वध कहलाता है।

—महाभारत

सुनु प्रभु बहुत अवज्ञा किए। उपजै क्रोध ज्ञानहिं के हिए।।

(काकभुशुण्डीजी गरुड़जी से कहते हैं—हे स्वामिन् ! सुनिए ! बहुत अनादर करने से ज्ञानियों के हृदय में भी क्रोध उत्पन्न होता है।)

—गोस्वामी तुलसीदास

अनासक्त

अनासक्त पुरुष कर्म करते हुए भी कर्मबन्धन में नहीं पड़ता।

—योगवाशिष्ठ

अनासक्त रह कर कर्म करने वाला पुरुष परम पद को प्राप्त होता है।

—श्रीमद्भगवतगीता

अन्दर से सबका परित्याग करके बाहर जैसा उचित समझें वैसा करें।

—अन्नपूर्णोपनिषद्

कौन माया को पार करता है ? जो आसक्तियों का त्याग करता है, महानुभावों की सेवा करता है, और जो निर्मम होता है।

—नारद भक्ति सूत्र

जिसकी बुद्धि आषक्ति से मुक्त है, वह शीघ्र ही संसार से मुक्त हो जाता है।

—आचार्य भद्रवाहु

देवों सहित समग्र जगत् में जो भी दुःख हैं वे सब कामासक्ति के कारण ही हैं।

—महावीर स्वामी

निष्काम कर्म करते हुए ही इस जगत् में सौ वर्ष जीवित रहने की कामना करनी चाहिए। अनाषक्त को कर्म का लेप नहीं होता। कर्म का इससे भिन्न अन्य कोई पथ नहीं है।

—ईशावास्योपनिषद

सिर्फ अनासक्त व्यक्ति ऐसा है जिसकी जिन्दगी में दौरे नहीं पड़ते, क्योंकि न वहां विरक्ति है न वहां आसक्ति है।

—आचार्य रजनीश

पहले थीं, अब से दूर, बहुत दिल में हसरतें।
अब आरजू यह है कि कोई आरजू न हो।।

–अकबर

अनाहूत : अनामन्त्रित : अनिमन्त्रित

अनाहूतः न गन्तव्यः।

(बिना बुलाए हुए, बिना निमन्त्रण पाए कहीं नहीं जाना चाहिए।)

अज्ञात

जदपि मित्र प्रभु पितु गुरु गेहा। जाइय बिनु बोलेहु न संदेहा।।
तदपि विरोध मान जहं कोई। तहां गए कल्यान न होई।।

(शंकर जी सती को समझाते हैं—यद्यपि यह बात असंदिग्ध है कि मित्र, स्वामी, पिता और गुरु के घर बिना बुलाए हुए भी जाना चाहिए। तथापि जहां कोई विरोध मानता हो, वहां जाने से कल्याण नहीं होता है।)

–गोस्वामी तुलसीदास

अनुकरण

अन्धानुकरण से आत्मविश्वास के बजाय आत्म-संकोच पनपता है।

–अरविन्द घोष

अभी तक कोई भी मानव अनुकरण करके महान नहीं बन सका है।

–डॉ० सैमुअल जॉनसन

अनुकरण एकदम कोरी चापलूसी है।

–कोल्टन

उपदेश से कहीं अधिक हम अनुकरण करके सीखते हैं।

–बर्क

मानव-अनुकरणशील प्राणी है। जो सबसे आगे बढ़ जाता है, वही समूह का नेतृत्व करता है।

–शिलर

श्रेष्ठ पुरुष जो पथ अपनाते, चलने लगते सब उस पर।
वे आदर्श पुरुष हो जाते, जग होता उनका अनुचर।।

(श्रेष्ठ पुरुष जो जो काम करते हैं, अन्य लोग उसी का अनुकरण करते हैं। वे जिसे प्रमाण बनाते हैं, उसी को साधारण लोग प्रमाण मानते हैं।)

–लोकगीता

अनुग्रह

अनुग्रह दासता है और दासता घृणास्पद है।

–हॉब्ज

किसी के अनुग्रह की याचना करना अपनी स्वतन्त्रता बेचना है।

–महात्मा गांधी

गुरु की कृपा तथा उसके अनुग्रह की सतत अनिवार्य आवश्यकता रहती है।

–लक्ष्मी शंकर व्यास

जिनका हम आदर करते हैं, उनके किसी अनुग्रह में रहना एक प्रकार रुचिर दासता है।

–रानी क्रिश्चिना

हरि तुम बहुत अनुग्रह कीन्हों।
साधन-धाम विबुध-दुर्लभतनु मोहिं कृपा करि दीन्हों।

(हे प्रभो ! मेरे ऊपर अनुग्रह करके आपने मुझे ऐसा शरीर दिया है जो सब धर्म-कर्म का साधन है और देवताओं को भी दुर्लभ है)

–गोस्वामी तुलसीदास

(देखिए, 'कृपा')

अनुभव : अनुभूति

अनुभव गलतियों के लिए चुना गया एक नाम है।

–ऑस्कर वाइल्ड

बिना अनुभव के कोरा शाब्दिक ज्ञान अन्धा है।

–विवेकानन्द

कष्ट सहने पर ही अनुभव होता है।

–महात्मा गांधी

ठोकर लगे और दर्द हो, तभी मैं सीख पाता हूं।

–महात्मा गांधी

बिना अनुभव कोरा शाब्दिक ज्ञान अंधा है।

–विवेकानन्द

दूसरों के अनुभव जान लेना भी एक अनुभव है।

–अज्ञात

तुम्हें कब क्या करना है यह बताना बुद्धि का काम है, पर वह कैसे करना है यह अनुभव ही बता सकता है।

–बाल गंगाधर तिलक

दर्शन ज्ञान है, पर अनुभव प्रत्यक्ष सत्य है।

–अज्ञात

स्वानुभव में सगुण-निर्गुण का भेद नहीं है।

–विनोबा भावे

दूसरों के अनुभवों से लाभ उठाने वाला ही बुद्धिमान कहलाता है।

–जवाहर लाल नेहरू

मेरे पास एक दिया है और वह है मेरा अनुभव।

–पैट्रिक हेनरी

अनुभव वह कंघी है जो मिलती मनुष्य को,
तब, जब हो चुकता उसका सिर पूर्ण खाण्डु है।

–रामधारीसिंह दिनकर

अनुभूति का सत्य वस्तुगत सत्य से कहीं अधिक सजीव होता है।

–बच्चन

अनुभूति अपनी सीमा में जितनी सबल है उतनी बुद्धि नहीं। हमारे स्वयं जलने की हल्की अनुभूति भी दूसरे के राख हो जाने के ज्ञान से अधिक स्थायी रहती है।

–महादेवी वर्मा

जीवन की गहराई की अनुभूति के कुछ क्षण ही होते हैं, वर्ष नहीं।

–महादेवी वर्मा

ज्यों गूंगे के सैन को, गूंगा ही पहिचान।
त्यों ज्ञानी के सुक्ख को, ज्ञानी होय सो जान।।

(जैसे गूँगे के संकेत को गूँगा ही पहचानता है, उसी प्रकार ज्ञानी के सुख को वही जानता है जो ज्ञानी होता है।)

–कबीर

मैं तो प्रतिदिन यही अनुभव करता हूं कि मेरे भीतरी और बाहरी जीवन के निर्माण में कितने अगणित व्यक्तियों के श्रम और कृपा का हाथ रहा है और इस अनुभूति से उद्दीप्त मेरा अन्तःकरण कितना छटपटाता है कि मैं कम से कम इतना तो इस दुनिया को दे सकूं जितना मैंने उससे अभी तक लिया है।

–आइन्स्टाइन

अनुराग

अनुराग तो जवानी की दुनिया में बहती हुई बयार है। भला वह कभी मिट सकती है ?

–शरण

अनुराग पर ही यह सारा संसार ठहरा है। यह अनुराग स्नेह, श्रद्धा, प्रणय, प्रेमभक्ति इत्यादि भिन्न-भिन्न नामों से व्यवहृत है।...मनुष्यों के हृदय में अनुराग ही जीवन का सुख और प्रफुल्लता का भाव प्रकट करता है।....कष्टों से भरे संसार को स्वर्ग बनाने के लिए एकमात्र अनुराग ही चाहिए।

–ज्ञानेन्द्रमोहन दास

अनुराग यौवन, रूप या धन से नहीं उत्पन्न होता। अनुराग से अनुराग उत्पन्न होता है।

–प्रेमचन्द

अनुराग स्फूर्ति का भण्डार है।

–प्रेमचन्द

जब अनुराग प्रेम में परिणत होता है, तो विवेक गुरुजनों की भाँति उस स्थान से हट आता है।

–डॉ० रामकुमार वर्मा

जाल परे जल जात बहि, तजि मीनन को मोह।
रहिमन मछरी नीर को तऊ न छाड़ति छोह।।

(रहीम कवि कहते हैं कि जब जाल पड़ता है, तब पानी मछलियों को छोड़कर बह जाता है, तिस पर भी मछलियां जल से अनुराग नहीं छोड़तीं।)

–रहीम

रहिमन प्रीति सराहिए, मिले होत रंग दून।
ज्यों हरदी हरदी तजी, तजी सफेदी चून।।

(रहीम कवि कहते हैं कि दो व्यक्तियों के उस प्रेम की प्रशंसा करनी चाहिए जिसमें उनके अपने रंग घुल जाते हैं। जब हल्दी और चूना मिलाए जाते हैं, तब हल्दी अपना पीलापन छोड़ देती है और चूना अपनी सफेदी छोड़ देता है, उसी प्रकार दो प्रेमियों का प्रेम विशिष्ट रूप धारण कर लेता है।)

–रहीम

संसार में हमारा जन्म तभी एक सार्थक है, जब तक हम विश्व से अनुराग रखते हैं।

–रवीन्द्रनाथ ठाकुर

देखिए, 'प्रेम'

अनुशासन

दास होय पुत्र होय शिष्य होइ कोइ माइ।
सासना न मानई तो कोटि जन्म नर्क जाइ।।

(सेवक, पुत्र, शिष्य या कोई होय जो अनुशासन नहीं मानता है, वह करोड़ों जन्म नरक में जाता है।)

–केशवदास

अनेकता में एकता

भारत में अनेक प्रकार के लोग रहते हैं। उनमें एकता भी है, लेकिन अनेकता बहुत है। आप असम से दक्षिण में कन्या कुमारी तक जाइए। आप कितना फर्क पायेंगे भाषा में, खाने-पीने में, कपड़े-लत्ते पहनने में और सब बातों में। उसी के साथ आप संस्कृति की एक जबर्दस्त पक्की एकता भी पाएंगे जो प्राचीन समय से चली आती है। भारत की जो असली संस्कृति है, वह दिमाग

की है, या यह कहिए, मन की है, आध्यात्मिक है।

–जवाहरलाल नेहरू

अन्न

अंधे, लूले और लंगड़े जो भी काम कर सकें, वह काम उनसे लेकर उन्हें रोटी देनी चाहिए। इससे श्रम की पूजा होती है और अन्न की भी।

–विनोबा भावे

अधर्मी राजा का अन्न खाने वाले विद्वानों की बुद्धि मारी जाती है।

–महाभारत

अन्न ही प्राण है।

–वेद

प्राणी नित्य जैसा अन्न खाता है, उसकी वैसी ही सन्तति होती है।

–चाणक्य

कलावन्नगताः प्राणः।

(कलियुग में प्राण अन्न के ही अधीन है।)

–अज्ञात

जैसा अनजल खाइए वैसा ही मन होय।
जैसा पानी पीजिए, तैसी बानी होय।।

(हम जैसा अन्न खाते हैं, वैसा ही हमारा मन होता है और हम जैसा पानी पीते हैं, वैसी ही बात बोलते हैं।)

–कबीर

जो पुरुष हितकारी का भोजन करता है, उसके लिए वह अन्न अमृत रूप हो जाता है।

–महाभारत

दीपक अन्धकार को खाता है और काजल को जन्म देता है। प्राणी नित्य जैसा अन्न खाता है उसकी वैसी ही सन्तति होती है।

–चाणक्य

यदि रोटी हो तो सभी दुख झेले जा सकते हैं।

–सर्वैन्टीज

अन्न ब्रह्मेति व्यजानान।

(अन्न ही ब्रह्म है, यह भली प्रकार समझ लेना चाहिये।)

–तैत्तिरीय आरण्यक

सर्वारम्भाः तण्डुलप्रस्थ मूलाः।

(जितने भी कार्य हैं, उन सब की जड़ में दो मुट्ठी चावलों की ही शक्ति रहती है।)

–महाभारत

अन्न बहुकुर्वीत तद् व्रतम्।

(अन्न की वृद्धि करने का व्रत लेना चाहिये।)

–तैत्तिरीय उपनिषद्

अन्नाद् भवन्ति भूतानि म्रियन्ते तदभावतः।

(प्राणी अन्न से पैदा होते हैं और उसके न रहने पर मर जाते हैं।)

–महाभारत

सहस कोटि कुंजर दियै, एक अरब गोदान।
कन्या कोटि विवाह दै, तऊ न अन्न समान।।

–उदैराज

अन्याय

अन्याय और अत्याचार करने वाला उतना दोषी नहीं है, जितना कि उसे सहन करने वाला।

–बाल गंगाधर तिलक

अन्याय का राज्य बालू की भीत है।

–जयशंकर प्रसाद

अन्याय के आगे माथा टेक देने का परिणाम उतना ही भयंकर होता है जितना कि स्वयं अन्याय करने का।

–अज्ञात

अन्याय सहने वाले की अपेक्षा अन्याय करने वाला अधिक दुःखी होता है।

–प्लेटो

अन्याय के सामने जो छाती खोलकर खड़ा हो जाय, वही सच्चा वीर है।

–प्रेमचन्द

अन्याय को मिटाइए, पर अपने को मिटाकर नहीं।

–प्रेमचन्द

जो अन्यायी हैं उनकी ओर मत झुको।

–कुरान शरीफ

जब शत्रु में भगदड़ मची हो तो युद्ध बन्द कर देना, अपने ही सैनिकों से अन्याय करना होता है।

–गुरुदत्त

अन्याय सह लेने वाला भी अपराधी होता है। यदि वह न सहा जाय तो फिर कोई किसी के साथ अन्यायपूर्ण व्यवहार कर ही नहीं सकेगा।

–रवीन्द्रनाथ ठाकुर

कोई भी इस सिद्धान्त को स्वीकार नहीं करेगा कि अन्याय सहने से अन्याय करना अपेक्षाकृत अच्छा है।

–अरस्तू

अन्वेषक

अन्वेषक में दृढ़ निष्ठा होनी चाहिए, विश्वास नहीं।

–क्लॉड बर्नर्ड

रोटी को निकले हो ? तो कुछ और चलो तुम।
प्रेम चाहते हो ? तो मंजिल बहुत दूर है।
किन्तु कहीं आलोक खोजने को निकले हो
तो क्षितिजों के पार क्षितिज पर चलते जाओ।।

–रामधारी सिंह 'दिनकर'

जिसने एक यन्त्र का आविष्कार किया है उसने मानव की शक्ति और उसके कल्याण में वृद्धि की है ?

–हेनरी जार्ड बीचर

पहिये का आविष्कार प्रकृति ने नहीं किया था ?

–शेरिंगटन

अपकार

दूसरों का अपकार सोचने से अपना हृदय भी कलुषित होता है।

–जयशंकर प्रसाद

अपकीर्ति : अपयश

अपनी अपकीर्ति का दायित्व हमारे ऊपर होता है।

–जे० जी० हालैंड

अपकीर्ति दण्ड में नहीं, बल्कि अपराध में है।

–एलफिरी

मृत्यु क्या है ? अपनी अपकीर्ति

–शंकराचार्य

संभावित कहुं अपजस लाहू।
मरन कोटि सम दार, न दाहू।।

(अपयश मिलना करोड़ों मृत्युओं से भी अधिक दुखदायी है।)

–तुलसीदास

नासि कीर्ति कुल, लहि अयश, धारत जे जग प्राण।
अधम श्वान सम ते मनुज जीवित मृतक समान।।

(जो अपने कुल की कीर्ति नष्ट करके अपयश का जीवन जीते रहते हैं, वे कुत्ते के समान नीच हैं और जीवित भी मुर्दे के समान हैं।)

–द्वारिका प्रसाद मिश्र

अपमान

अपमान का भय कानून के भय से किसी तरह कम क्रियाशील नहीं है।

—प्रेमचन्द

अपमान के साथ जीने की अपेक्षा मर जाना ही अच्छा है, क्योंकि मरने में केवल एक क्षण का दुःख होता है, परन्तु अपमान से प्रति दिन दुःख होता रहता है।

—चाणक्य

अपमान के हल्के झोंके से ही गर्व दावाग्नि बन कर वैभव रूपी नन्दनवन को क्षणभर में भस्म कर सकता है।

—अज्ञात

अपमान को निगल जाना चरित्र-पतन की अन्तिम सीमा है।

—प्रेमचन्द

अपमानपूर्वक विश्व में, जीना पड़े तो व्यर्थ है।
सम्मानपूर्वक मृत्यु भी, है श्लाघ्य वीरों के लिए।।

(यदि हमें संसार में अपमानपूर्वक जीना पड़े, तो हमारा जीवन व्यर्थ है। परन्तु यदि वीरों को सम्मानपूर्वक मृत्यु भी मिले, तो वह प्रशंसनीय है।)

—रामचरित उपाध्याय

अपमानपूर्वक सहस्रों वर्ष जीवित रहने की अपेक्षा सम्मानसहित एक घड़ी भर जीवित रहना अच्छा है।

—इमर्सन

जद्यपि जग दारुन दुःख नाना। सबसे कठिन जाति अपमाना।।

(यों तो संसार में अनेक कठिन दुःख हैं, परन्तु जाति का अपमान सबसे कठिन दुःख है।)

—गोस्वामी तुलसीदास

जो धूल पैर से आहत होने पर उठकर सिर पर चढ़ जाती है, वह उस मनुष्य से अच्छी है जो अपमान होने पर भी शान्त बैठा रहता है।

—माघ

जो माता-पिता, ब्राह्मण और आचार्य का अपमान करता है, वह यमराज के वश में पड़कर उस पाप का फल भोगता है।

—वाल्मीकि रामायण

तलवार का घाव भर जाता है, पर अपमान का घाव नहीं भरता।

—कहावत

धूल स्वयं अपमान सह लेती है, और बदले में वह पुष्पों का उपहार देती है।

—रवीन्द्रनाथ ठाकुर

बरु रहीम कानन बसिअ, असन करिअ फल तोय।
बन्धु-मध्य गति दीन है, बसिबो उचित न होय।।

(रहीम कहते हैं कि वन में फल खाकर और पानी पीकर जीवन व्यतीत करना अच्छा है, परन्तु भाई-बन्धुओं के बीच दीनतापूर्वक रहना अच्छा नहीं है।)

–रहीम

रहिमन मोहि न सुहाय, अमी पियावत मान बिन।
बरु विष देय बुलाय, मान सहित मरिबो भलो।।

(रहीम कवि कहते हैं कि यदि कोई मनुष्य अपमानपूर्वक मुझे अमृत पिलावे, तो वह मुझे अच्छा नहीं लगता। इससे अच्छा यह है कि वह मुझे बुलाकर सम्मानपूर्वक विष दे दे, और मैं मर जाऊँ।)

–रहीम

शक्तिशाली होकर भी जो अपनी शक्ति को प्रकट नहीं करता, वह दूसरों से तिरस्कृत होता है। प्रज्वलित अग्नि का उल्लंघन कोई नहीं करता, परन्तु काठ के भीतर रहने वाली अग्नि का उल्लंघन सब करते हैं।

–महाभारत

नासि कीर्तिकुल, लहिअयश, धारत जे जग प्राण।
अधम श्वानसम ते मनुज, जीवित मृतक समान।।

(जो मनुष्य अपने कुल की कीर्ति का नाश करके अपयश प्राप्त करके जीवित रहते हैं, वे कुत्ते के समान नीच होते हैं, और जीते जी मुर्दे के समान होते हैं।)

–द्वारका प्रसाद मिश्र

देखिए, 'अपकीर्ति', 'अनादर'

अपराध : अपराधी

अपराध करने के पश्चात् डर पैदा होता है और यही उसका दण्ड है।

–वाल्तेयर

अपराध करने में और दण्ड देने में मनुष्य एक दूसरे का सहायक होता है।

–जयशंकर प्रसाद

अपराध को दण्ड से नहीं रोका जा सकता, वह हमेशा कोई छुपा या खुला रास्ता निकाल ही लेगा।

–सायरस

अपराध मनुष्य के चेहरे पर लिखा रहता है।

–महात्मा गांधी

अपराध या तो आवश्यकता का दूसरा नाम है या वह बीमारी का एक

रूप है।

–खलील जिब्रान

औरों ने तुम्हारे प्रति जो अपराध किये हों, उनका उपाय है, उन्हें भूल जाना।

–सायरस

छिपकर किया गया अपराध जीवन-पर्यन्त हृदय में कांटे की तरह चुभता रहता है।

–अज्ञात

जब कभी मनुष्य अपराध करता है, ईश्वर उसका साक्षी होता है।

–बुलवर

जहां धर्म, ईश्वर और सन्तों की निन्दा होती है, वहां बैठकर उसे सुनना भी अपराध है।

–श्रीचक्र

अपराध स्वीकार कर लेने से वह आधा क्षम्य हो जाता है।

–पुर्तगाली कहावत

किसी भी आदमी के लिये कोई भी जुर्म करना कठिन नहीं है।

–विमल मित्र

दैन्य को ही अपना भाग्य मान कर पुरुषार्थहीन बने रहना समाज से भी अधिक आत्मा के प्रति अपराध है।

–जैनेन्द्र कुमार

अपराधी का चित्त भीतर से भूकम्प से भर जाता है।

–आचार्य रजनीश

जो किसी का अपराध नहीं करता वह निडर होकर जनपद में विचर सकता है।

–अज्ञात

जिह्वा के बिना भी अपराध बोलता है।

–शेक्सपियर

अपराधी अपने सिवा सभी को दोषी ठहराता है।

–डेल कारनेगी

अपराधी मन बिच्छुओं से भरा होता है।

–शेक्सपियर

अपराधी मन आशंकाओं का घर है–चोर को हर झाड़ी में पुलिस का भय बना रहता है।

–अज्ञात

माता, पिता, गुरुहु किन होई। दंडनीय अपराधी जोई।।

(यदि माता, पिता और गुरु भी अपराधी हों, तो वे दण्डनीय हैं।)

–द्वारका प्रसाद मिश्र

अपरिग्रह : अपरिग्रही

अधिक मिलने पर भी संग्रह न करे। परिग्रह-वृत्ति से अपने को दूर रक्खे।

–महावीर स्वामी

अत्थो मूलं अणत्थाणं

(अर्थ अनर्थों का मूल है।)

–मरण समाधि

ग्राह्य वस्तु में से भी अल्प ही ग्रहण करना चाहिए।

–आचार्य कुंदकुंद

परिग्रह रूपी वृक्ष के तने हैं–लोभ, क्लेश और कषाय। चिन्तारूपी सघन और विस्तीर्ण उसकी सैकड़ों शाखायें हैं।

–महावीर स्वामी

वास्तव में अनिच्छा को ही अपरिग्रह कहा गया है।

–आचार्य कुंदकुंद

अपरिग्रह तो जीवन धर्म है। इसलिये व्यवहार का धर्म भी वही हो सकता है।

–जैनेन्द्र कुमार

सम्यक् निरीक्षण जागरूकता में ले जाता है और जागरूकता अपरिग्रह बन जाती है।

–आचार्य रजनीश

मुच्छा परिग्गहोवुत्तो

(मूर्च्छा ही परिग्रह है।)

–दशवैकालिक

अपरिचय

अपरिचित होने से देवता को भी तिरस्कृत होना पड़ता है।

–स्वप्न वासवदत्ता

अबला

अबला जीवन, हाय, तुम्हारी यही कहानी।
आंचल में है दूध और आखों में पानी।।

(हाय अबला-जीवन ! तुम्हारी यही कहानी है। तुम्हारे आंचल में अपनी सन्तान को पिलाने के लिए दूध रहता है और कष्टों के कारण तुम्हारी आंखों

में आसू भरे रहते हैं।)

–मैथिलीशरण गुप्त

उन्नति-मूर्ति, स्फूर्ति जागृति की, विमलाशय की कमला हो तुम।
अबला तुम्हें कौन कहता है ? सबला ही क्यों, प्रबला हो तुम।।

(हे नारी ! तुम उन्नति की मूर्ति, जागृति की स्फूर्ति और स्वर्ग की लक्ष्मी हो। कौन कहता है कि तुम अबला हो ? वास्तव में तुम सबला ही नहीं, प्रबला हो।)

–रामचरित उपाध्याय

का नहिं पावक जरि सकै, का न समुद्र समाय।
का न करै अबला प्रबल, किहि जग काल न खाय।।

(आग में क्या नहीं जल सकता, समुद्र में क्या नहीं समाता, प्रबल अबला क्या नहीं कर सकती और संसार में काल किसे नहीं खाता।)

–जोधराज : हम्मीर रासो

सत्ता यहां समाज की है, वह जो करे करे।
एक अबला का क्या, जिये-जिये, मरे-मरे।।

(सत्ता समाज की है। वह जो चाहे करे। अबला की कौन चिन्ता करता है ? वह चाहे जीये या मरे।)

–मैथिलीशरण गुप्त

अभय : अभयदान

अभयदान सर्वश्रेष्ठ दान है।

–महावीर स्वामी

जो किसी तरह का अपराध नहीं करता, वह अभय होकर जनपद में भ्रमण कर सकता है।

–अज्ञात

भयाकुल व्यक्ति ही भूतों का शिकार होता है।

–महावीर स्वामी

भयभीत व्यक्ति तप और संयम की साधना छोड़ बैठता है। भयभीत किसी भी गुरुतर दायित्व को नहीं निभा सकता है।

–महावीर स्वामी

भयभीत मनुष्य किसी का सहायक नहीं हो सकता।

–महावीर स्वामी

भय से डरना नहीं चाहिए। भयभीत मनुष्य के पास भय शीघ्र आते हैं।

–महावीर स्वामी

वे ही लोग एक समाज के घटक गिने जा सकते हैं, जो अन्दर-अन्दर एक-दूसरे से डरते नहीं। जहां डर आया, वहां द्वेष आ ही गया। जहां द्वेष आया,

वहां आत्मीयता टूट गई।

–काका कालेलकर

हम कभी परिश्रम से न डरें, कष्ट से न डरें, धन-नाश से न डरें, अकेले पड़ने से न डरें, निरपराध होने पर भी अगर राजदंड का भय आ पड़ा या सामाजिक निन्दा सहन करनी पड़ी, तो उससे न डरें और मृत्यु से भी न डरें। यही है अभय का स्वरूप।

–काका कालेलकर

भयभीत व्यक्ति स्वयं दूसरों को भी भयभीत कर देता है।

–महावीर स्वामी

अभागा

अभागा मनुष्य देवता का प्रसाद प्राप्त करके भी दुःखदायक पापकर्म में प्रवृत्त हो जाता है।

–महाभारत

अभागा वह है जो संसार के सबसे पवित्र धर्म कृतज्ञता को भूल जाता है।

–जयशंकर प्रसाद

अभाव

व्यय की प्रचुरता नित्य अभाव का सृजन करेगी।

–जयशंकर प्रसाद

अभिभावक

अभिभावक होने योग्य मनुष्य वही हैं जिन्हें कोई चट से न ठग सके और जो इंगित से ही समझ जायें कि वस्तु कहां है और कहां नहीं है।

–रवीन्द्रनाथ ठाकुर

अभिमान ('अहंकार', 'गर्व,' 'घमण्ड', 'दर्प') : अभिमानी

अभिमान अपने अपमान को नहीं भूलता।

–प्रेमचन्द

अभिमान करना अज्ञानी का लक्षण है।

–प्रेमचन्द

अभिमान को जीत लेने से नम्रता जाग्रत होती है।

–महावीर स्वामी

अभिमान हमेशा नीचता से दूर भागता है।

–प्रेमचन्द

जो अहंकारपूर्वक प्रातः जलपान करता है उसको सायंकाल का भोजन

तिरस्कार से मिलता है।

–फ्रैंकलिन

अभिमान नरक का मूल है।

–महाभारत

अभिमान सौन्दर्य का कटाक्ष है।

–अज्ञात

ज्यों-ज्यों अभिमान कम होता है, कीर्ति बढ़ती है।

–युंग

बुढ़ापा रूप को, आशा धैर्य को, मृत्यु प्राण को, असूया धर्मचर्या को, क्रोध श्री को, अनार्यसेवा शील को, काम लज्जा को और अभिमान इन सबको हरता है।

–विदुर

अभिमानी अपने अहंकार में चूर होकर दूसरों को सदा परछाईं के समान तुच्छ मानता है।

–महावीर स्वामी

किसी का भी अभिमान रह न सका है।

–महात्मा गांधी

अभियान

शत्रु पर आपत्ति काल में अभियान करना चाहिए यह जो नीति है, वह मानी जनों के लिए लज्जाजनक है। राहु के लिए पूर्णिमा के चन्द्रमा की भांति सुस्थिर शत्रु (अभियान के लिए) आनन्ददायक होता है।

–माघ

अभिलाषा

अभिलाषा की पिपासा कभी नहीं बुझती, न पूरे तौर पर सन्तुष्ट होती है।

–सिसेरो

अभिलाषा तभी फलोत्पादक होती है जब वह दृढ़ निश्चय में परिणत कर दी जाती है।

–स्वेट मार्डन

अभिलाषा ही घोड़ा बन सकती, तो हर मनुष्य घुड़सवार हो जाता।

–शेक्सपियर

अभिलाषाओं को शान्त करने से नहीं, बल्कि उन्हें परिमित करने से शान्ति प्राप्त होती है।

–हेवर

आपकी सबसे बड़ी अभिलाषा यह होनी चाहिए कि आप अपने मनुष्यत्व

का विकास करें।

–स्वेट मार्डेन

जिस अभिलाषा में शक्ति नहीं उसकी पूर्ति असम्भव है।

–अज्ञात

जिसकी हम चाह करते हैं, जिसकी सिद्धि के लिए सम्पूर्ण अन्तःकरण से अभिलाषा करते हैं उसकी हमें अवश्य प्राप्ति होती है।

–स्वेट मार्डेन

पवित्र और दृढ़ अभिलाषा सर्वशक्तिमान है।

–विवेकानन्द

हमारी हार्दिक अभिलाषायें हमारे उत्पादक अन्तर्बल को उत्तेजित करती हैं।

–स्वेट मार्डेन

देखिए, 'आकांक्षा', 'इच्छा', 'कामना'

अभ्यास

करत करत अभ्यास के, जड़मति होत सुजान।
रसरी आवत जात तें, सिल पर होत निसान।।

(बराबर अभ्यास करने से निर्बुद्धि व्यक्ति भी विज्ञ हो जाता है। रस्सी की रगड़ से पत्थर पर भी निशान बन जाता है।)

–वृन्द

मनुष्य मात्र में बुद्धिगत ऐसा कोई दोष नहीं है, जिसका प्रतिकार उचित अभ्यास के द्वारा न हो सकता हो।

–बेकन

अमरता

अमरता का लाभ प्राप्त करने की एक विशेष अवस्था होती है।

–रवीन्द्रनाथ ठाकुर

जो अपने जीवन की बलि देता है, वही अमर बनता है।

–ईसा

भला मनुष्य कभी नहीं मरता।

–कैलिमेकस

अमितव्ययी

जो व्यक्ति अमितव्ययी है, वह व्यय करने की प्रवृत्ति को संवरण नहीं कर पाता।

–रवीन्द्रनाथ ठाकुर

शर्म की अमीरी से इज्जत की गरीबी अच्छी है।

--डच कहावत

अमृत

जो आदमी हमेशा ही अमृत पीता है, उसको अमृत इतना मीठा नहीं लगता जितना कि जहर का प्याला पीने के बाद अमृत की दो बूँदें।

—महात्मा गांधी

बाजीगर के खेलों जैसे, जीवन बांटे जा न सकेंगे।
वे अमृत कैसे पायेंगे, जो विषघट अपना न सकेंगे।।

(बाजीगर के खेलों के समान जीवन न बांटे जा सकेंगे। जो लोग विष के घड़े को नहीं अपना सकेंगे, वे अमृत कैसे पा सकेंगे ?)

—माखनलाल चतुर्वेदी

अमिय सराहिय अमरता, जहर सराहिय मीच।

(अमृत की प्रशंसा की जाती है, क्योंकि वह पुनर्जीवित कर देता है, और विष की प्रकृति है कि वह मार डालता है।)

—अज्ञात

मनुष्य अमृत की सन्तान है।

—विमल मित्र

अमृत वै प्रणवः अमृतेमैव तत् मृत्युं तरति।

(अमृत की ही उपासना करनी चाहिये। अमृत से ही मृत्यु को जीता जा सकता है।)

—गोपथ ब्राह्मण

अलंकार

अलंकार भावों के अभाव का आवरण है।

—प्रेमचन्द

अलख जगाना

देशभक्ति हृदय में अंकुर ले चुकी थी, देश-सेवा की प्रेरणा भी हृदय में स्थान बना चुकी थी किन्तु देश-भक्ति का एक रूप यह भी होगा कि पढ़ना-लिखना छोड़ कर, घर-द्वार की चिन्ता भूलकर, फकीरी का बाना लेकर इस गांव से उस गांव, उस गांव से इस गांव, देश-माता की मुक्ति का अलख जगाना होगा, यह तो कभी सोचा ही नहीं था।

—रामवृक्ष बेनीपुरी

अवकाश

अवकाश को बुद्धिमत्ता के साथ भरने में समर्थ होना सभ्यता की अन्तिम देन है।

—बरट्रंड रसेल

यदि तुझे एक पल का भी अवकाश मिले तो तू उसे अच्छे कामों में लगा।

–अयास-बिन-इल-हर्स

अवगुण

अवगुण का पथ चिकना ही नहीं, ढालू भी होता है।

–सेनेका

अवगुण नाव की पेंदी के छेद के समान है जो चाहे छोटा हो या बड़ा, एक दिन उसे डुबो देगा।

–कालिदास

इस संसार में दुर्जनों के बीच गुण भी अवगुण समझे जाते हैं।

–अज्ञात

मदिरापान करना अवगुण की अपेक्षा बीमारी अधिक है।

–महात्मा गांधी

मेरे प्रभु ! अवगुन चित न धरो।
समदरसी प्रभु नाम तिहारो चाहो तो पार करो।

(हे प्रभो ! मेरे अवगुणों पर ध्यान न दो ! तुम्हारा नाम समदर्शी है। यदि तुम चाहोगे तो मेरी नाव को संसार से पार कर दोगे।)

–सूरदास

यदि शासक किसी अवगुण को पसंद करे, तो वह गुण हो जाता है।

–शेख सादी

देखिए, 'दोष'

अपने अवगुणों को अपने से पहले मर जाने दो।

–फ्रैंकलिन

अवतार

अवतार, तात्पर्य है शरीरधारी पुरुष-विशेष। जीवमात्र ईश्वर का अवतार है, परन्तु लौकिक भाषा में सबको हम अवतार नहीं कहते। जो पुरुष अपने युग में सबसे श्रेष्ठ धर्मवान है उसी को भावी प्रजा अवतार-रूप से पूजती है।

–महात्मा गांधी

अवतारी पुरुष देश के प्राण हैं, वे समाज में चेतना उत्पन्न करते हैं और अपने पवित्र आचरण तथा उपयोगी उपदेशों से देश का कल्याण-साधन करते हैं।

–अज्ञात

इच्छामय नरवेष संवारे। होइहंउ प्रकट निकेत तुम्हारे।।

(मैं इच्छानुरूप मनुष्य शरीर धारण करके तुम्हारे घर में प्रकट होऊंगा।)

–तुलसीदास

जो अपने कर्मों को ईश्वर का कर्म समझकर करता है, वही ईश्वर का अवतार है।

–जयशंकर प्रसाद

होती है जब हानि धर्म की, बढ़ता है अधर्म जब-जब।
सगुण रूप धारण करके मैं प्रकटित होता हूं तब-तब।।

(जब जब धर्म की हानि और अधर्म की वृद्धि होती है, तब मैं सगुण रूप धारण करके अवतार लेता हूं।)

–लोकगीता

अवनति

दूसरे के अवगुण देखना ही अवनति का कारण है। हर व्यक्ति से गुण ग्रहण करना ही उन्नति का कारण है।

–उड़िया बाबा

अवसर

अवसर उनकी मदद कभी नहीं करता जो अपनी मदद नहीं करते।

–सफोक्लीज

अवसर बुद्धिमान के पक्ष में लड़ता है।

–यूरोपिडीज

ऐसा न सोचो कि अवसर तुम्हारा दरवाजा दोबारा खटखटाएगा।

–शैम्फोर्ट

आज, दो कल के बराबर है।

–फ्रैंकलिन

मुझे रास्ता मिलेगा, नहीं तो मैं बना लूंगा।

–सर फिलिप सिडनी

समय और सागर की लहर किसी की प्रतीक्षा नहीं करती।

–रिचर्ड ब्रेथकेट

जिस तरह आप युद्ध में अवसरों से लाभ उठाते हैं, उसी तरह आपको शान्ति के लिए अवसरों से लाभ उठाना है।

–जे० फ्रैंक डोबी

तृषित बारि बिनु जो तनु त्यागा। मुंए करइ का सुधा तड़ागा।।
का वरषा जब कृषी सुखाने। समय चूकि पुनि का पछिताने।।

(यदि मनुष्य प्यास से मर जाय तो मर जाने के बाद उसे अमृत के सरोवर का भी क्या लाभ ? यदि खेती सूख जाये, तो वर्षा से क्या लाभ ? यदि कोई मनुष्य अवसर पर चूक जाय, तो उसका पछताना निष्फल है।

–गोस्वामी तुलसीदास

नीकी पै फीकी लगै, बिन अवसर की बात।
जैसे बरनत युद्ध में, रस शृंगार न सुहात।।

(बिना अवसर की अच्छी बात भी इस प्रकार फीकी लगती है जैसे युद्ध के वर्णन में शृंगार रस अनुपयुक्त होता है।

–वृन्द

फीकी पै नीकी लगै, कहिए समय विचारि।
सबको मन हर्षित करे, ज्यों विवाह में गारि।।

(अवसर का विचार करके यदि फीकी बात भी कही जाय, तो वह उसी प्रकार अच्छी लगती है जैसे विवाह के समय स्त्रियों द्वारा गाई हुई गाली भी सबको प्रसन्न करती है।)

–वृन्द

बिना अवसर बोलना-करना निरर्थक है।

–फुलर

बुद्धिमान मनुष्य को जितने अवसर मिलते हैं, उनसे अधिक वह स्वयं सिरज लेता है।

–बेकन

मनुष्य के लिए जीवन में सफलता का रहस्य है, हर आने वाले अवसर के लिए तैयार रहना।

–डिसरैली

लाभ समय को पालिबो, हानि समय की चूक।
सदा विचारहि चारुमति, सुदिन कुदिन दिन चूक।।

(अवसर को पकड़ने से लाभ होता है और समय पर चूक जाने से हानि होती है। इसलिए बुद्धिमान् लोग सदैव सुदिन और कुदिन दोनों पर विचार करते हैं।)

–गोस्वामी तुलसीदास

समय और उचित अवसर पर कहा गया एक शब्द भी युगों की बात बन जाता है।

–कार्नाइटन

कोई महान व्यक्ति अवसर की कमी की शिकायत नहीं करता।

–अज्ञात

अविवेक

अविवेकशील मनुष्य दुःख को प्राप्त होते हैं।

–ऋग्वेद

अविश्वस्त

एक बार अविश्वस्त ठहराए गए का कभी विश्वास मत करो।

–पंचतंत्र

अविश्वास

अविश्वास, बस अविश्वास ही इस दुनिया का मन्त्र बना है।
भाई-भाई में दो टुकड़ों पर भीषणतम युद्ध ठना है।।
मानवता बेचारी रोती बात-बात पर शस्त्र तना है।
व्यवहारों के भीतर देखो कृत्रिमता का रंग कितना है।

(अब अविश्वास ही इस दुनिया का मंत्र बन गया है। छोटी-छोटी धन-राशि के लिए भाइयों में कलह होती रहती है। बात-बात पर हथियार उठ जाते हैं। इसलिए बेचारी मानवता रोती रहती है। अब हार्दिक व्यवहार कहीं देखने में नहीं आता है। उसमें बनावट भरी रहती है।)

–हरिकृष्ण प्रेमी

अविश्वास से अर्थ की प्राप्ति नहीं हो सकती, और अगर हो भी सकती है, तो जो विश्वास-पात्र नहीं है, उससे कुछ लेने को जी ही नहीं चाहता। अविश्वास के कारण सदा भय लगा रहता है और भय से जीवित मनुष्य मृतक के समान हो जाता है।

–महाभारत

अविश्वास से बढ़कर एकाकीपन दूसरा कोई नहीं है।

–जॉर्ज इलियट

दरिद्रता और लगातार दुःखों से मनुष्य अविश्वास करने लगता है, यह कोई नई बात नहीं है।

–जयशंकर प्रसाद

विश्वास करना एक गुण है। अविश्वास दुर्बलता की जननी. है।

–महात्मा गांधी

अविश्वास मद्धिम आत्महत्या है।

–इमर्सन

अशरण-शरण

अशरण-शरण विरद सम्भारी। मोहिं जनि तजहु भगत भय हारी।

(हे प्रभो ! तुम शरणहीन प्राणियों की शरण हो। अपने इस यश को स्मरण करके मेरा त्याग मत करो, क्योंकि तुम अपने भक्तों का भय दूर करने वाले हो।)

–गोस्वामी तुलसीदास

अशान्ति

अशान्ति के बिना शान्ति नहीं मिलती। लेकिन अशान्ति हमारी अपनी है। हमारे मन का जब खूब मन्थन हो जाएगा, जब हम दुःख की अग्नि में खूब तप जाएंगे, तभी हम सच्ची शान्ति पा सकेंगे।

–महात्मा गांधी

असंतुष्ट

असंतुष्ट मनुष्य संसार में अधिक दिनों तक जीवित नहीं रहते।

–शेक्सपियर

असंतोष

असंतोष अपने ऊपर अविश्वास का फल है, यह कमज़ोर इच्छा का रूप है।

–इमर्सन

असंतोषः श्रियो मूलम्।

(असंतोष लक्ष्मी-प्राप्ति का मूल है।)

–महाभारत

असंतोषी

असंतोषी से आनन्द दूर रहता है।

–अज्ञात

काल्पनिक किलों में रहने से अधिक सुख और सन्तोष मिलता है, परन्तु असन्तोषी के बनाए महलों में सुख नहीं है।

–इमर्सन

असत्य

असत्य में शक्ति नहीं होती, उसे अपने अस्तित्व के लिए सत्य का आश्रय लेना पड़ता है।

–विनोबा भावे

नहिं असत्य सम पातक-पुंजा। गिरि सम होहिं कि कोटिक गुंजा।।

(अनेक पाप मिलकर भी असत्य के बराबर नहीं हो सकते। झूठ सबसे बड़ा पाप है। करोड़ों घुंघचियां मिल कर भी पहाड़ के बराबर नहीं हो सकतीं।)

–गोस्वामी तुलसीदास

असत्य की जीत हो भी जाये तब भी वह अल्पकालिक ही होती है।

–ल्योनार्ड

असन्नएत्वासत इन्द्र वक्ता।

(हे इन्द्र ! असत्य बोलने वाला असत् अर्थात लुप्त ही हो जाता है।)

–अथर्ववेद

असफल : असफलता

असफल रह जाना कई तरह से संभव है ... जब कि सफल होना केवल एक ही तरह से संभव है; निशाना चूकना आसान है, सही चोट करना कठिन।

–अरस्तू

जिनकी मौत महान् उद्देश्य के लिए होती है वे कभी असफल नहीं होते।

–बायरन

असफलता की मानसिकता से सफलता का उत्पन्न होना उतना ही असम्भव है जितना बबूल के पेड़ से गुलाब के फूल का निकलना।

–स्वेट मार्डेन

असफलता निराशा का सूत्र नहीं है, बल्कि वह तो एक नई प्रेरणा है।

–सदे

पूंजी की कमी की अपेक्षा शक्ति की कमी से ही अधिकतर असफलता हाथ आती है।

–डैनियल बेव्स्टर

प्रारम्भिक जीवन में कुछ असफलतायें उठाने से बहुत बड़ा व्यावहारिक लाभ होता है।

–टी० एच० हक्सले

असफलता से वही अछूता है जिसने कभी कोई प्रयास नहीं किया।

–व्हेटली

असावधान कभी सफल नहीं हो सकता।

–सलाहुद्दीन सफदी

असम्भव

'असम्भव' एक शब्द है जो केवल मूर्खों के शब्दकोश में पाया जाता है।

–नेपोलियन

कायरों और संशयशील व्यक्तियों के लिए प्रत्येक वस्तु असम्भव है, क्योंकि उन्हें ऐसा ही प्रतीत होता है।

–वॉल्टर स्कॉट

प्रत्येक अच्छा कार्य पहले असंभव नजर आता है।

–कारलाइल

संभव असम्भव से पूछता है–'तुम्हारा निवास-स्थान कहां है ?' उत्तर मिलता है–'निर्बलों के स्वप्नों में।'

–रवीन्द्रनाथ ठाकुर

असम्भव से मत डरो। असम्भव को चुनने से ही भीतर सुसुप्त शक्तियां

जाग्रत और सक्रिय होती हैं।

–आचार्य रजनीश

अस्पृश्य : अस्पृश्यता

अस्पृश्यों की अपवित्रता, जो केवल मानी हुई पुस्तकों में वर्णित है, मानवता का एक कलंक है।

–वीर सावरकर

जिस क्षण हाथ बढ़ा कर अस्पृश्य का स्पर्श किया, समझो उसी क्षण यह समस्या (अस्पृश्यता) सदा-सदा के लिए हल हो गई।

–वीर सावरकर

अस्पृश्यता एक ऐसा सर्प है जिसके सहस्र मुख हैं और जिसके प्रत्येक मुख में जहरीले दांत दिखाई पड़ते हैं। यह इतनी विस्तृत है कि इसकी परिभाषा नहीं की जा सकती। यह इतनी जबरदस्त है कि इसे अपना अस्तित्व कायम रखने के लिए मनु अथवा प्राचीन स्मृतिकारों की आवश्यकता नहीं पड़ती।

–महात्मा गांधी

अस्पृश्यता का कोई शास्त्रीय आधार नहीं है। परमेश्वर के घर का दरवाजा किसी के लिए बंद नहीं है और यदि वह बन्द हो जाय, तो परमेश्वर नहीं है, ऐसा मैं मानता हूं।

–बाल गंगाधर तिलक

अस्पृश्यता की ख़ोज करने के लिए पास ही का अपना हृदय छोड़कर योग-शास्त्र तक दौड़ लगाने की क्या ज़रूरत है ?

–विनोबा भावे

अस्पृश्यता हमारे देश और समाज के मस्तक पर कलंक है।

–वीर सावरकर

अस्पृश्यता हिन्दू जाति पर एक लज्जाजनक कलंक है। हिन्दू जाति जब तक इसे मिटाने में सफल नहीं होती, तब तक हिन्दू जाति खतरे में है।

–महात्मा गांधी

जिस प्रकार एक रत्ती संखिया से लोटा भर दूध बिगड़ जाता है, उसी प्रकार अस्पृश्यता से हिन्दू धर्म चौपट हो रहा है।

–महात्मा गांधी

शरीर किसी का हो वह स्पष्टतः गन्दगी की गठरी है, और आत्मा तो सर्वत्र एक और अत्यन्त शुद्ध है। ऐसी स्थिति में अस्पृश्यता किसकी और किसके लिए ?

–विनोबा भावे

अस्मिता

दुनिया में रहकर दुनिया की लीक पर चलना आसान है, तो जंगल में रह

कर मस्ती की ज़िन्दगी जीना अपनी पृथक् अस्मिता को बनाए रखना भी। पर महान् व्यक्ति वे हैं जो सबके बीच रह कर भी अपनी अस्मिता की स्वतंत्रता को बखूबी अक्षुण्ण बनाए रहते हैं।

–राल्फ वाल्डो इमरसन

असहयोग

यह शैतानी सरकार है, इससे अपना सारा सम्बन्ध तोड़ो, इसकी कचहरियां छोड़ो, इसके स्कूल-कालेज छोड़ो, इसकी पदवियां छोड़ो ! यह सरकार हमारे सहयोग पर चलती है, शान्तिमय तरीके से इससे असहयोग कर दो, फिर तो उसे तुम्हारे सामने झुकना ही पड़ेगा ! विदेशी कपड़ों को जला डालो, खादी पहनो, छूआछूत छोड़ो, हिन्दू-मुसलिम एकता स्थापित करो, नशीली वस्तुओं का व्यवहार बन्द करो, राष्ट्रीय पाठशालायें स्थापित करो, ... चरखा चलाओ।

–रामवृक्ष बेनीपुरी

अहं : अहंकार : अहंकारी

अहं का धर्म ही संग्रह करना है, संचय करना है, वह केवल लेता ही रहता है।

–रवीन्द्रनाथ ठाकुर

अहं की भावना रखना एक अक्षम्य अपराध है।

–अज्ञात

घोड़े और हाथी के लिए व्ययसाध्य चारा चाहिए, किन्तु अहं भाव के लिए किसी रसद की आवश्यकता नहीं होती।

–रवीन्द्रनाथ ठाकुर

अहंकार चुम्बक की तरह सदैव एक ही वस्तु का निर्देश करता है–'स्व' का, परन्तु चुम्बक की तरह वह अपनी ओर आकर्षित नहीं करता, बल्कि अपने से दूर हटा देता है।

–कोल्ट

अहंकार नशे का मुख्य रूप है।

–प्रेमचन्द

अहंकार ने ही मचाया है हाहाकार।
मदांधता ने ही किया है बहु अत्याचार।।

(अहंकार ने ही संसार में हाहाकार मचाया है और घमंड ने बहुत अत्याचार किया है।)

–हरिऔध

अहंकारहीन जीवन लगभग असम्भव है।

–लियो टॉल्स्टाय

जिसने अहंकार छोड़ दिया वह भवसागर तर गया।

–योगवाशिष्ठ

जो अपनी प्रज्ञा के अहंकार में दूसरों की अवज्ञा करता है, वह मूर्ख है।

–महावीर स्वामी

दूसरे लोगों का अहंकार असह्य इसलिए होता है कि वह हमारे खुद के अहंकार को आहत करता है।

–रोशफूको

धनी को अपने धन का मद रहता है, घमंड रहता है, परन्तु गरीब के झोंपड़े में क्रोध और अहंकार के लिए स्थान नहीं रहता।

–प्रेमचन्द

पत्थर के खम्भे के समान जीवन में कभी न झुकने वाला अहंकार आत्मा को नरक की ओर ले जाता है।

–महावीर स्वामी

मनुष्य जितना छोटा है, उसका अहंकार उतना ही बड़ा होता है।

–वॉल्तेयर

अहंकारी मनुष्य दूसरे के अहंकार से सदैव अत्यन्त उत्तेजित हो जाते हैं।

–कूपर

अहंकारी मनुष्य केवल अपने ही महान् कार्यों का वर्णन करता है और दूसरों के केवल कुकर्मों का।

–स्पिनोजा

अहंकारी मनुष्य में कृतज्ञता बहुत कम होती है, क्योंकि वह यही समझता है कि मैं जितना पाने योग्य हूं, उतना मुझे कभी प्राप्त नहीं होता।

–एच० डब्लू बीचर

आदमी जितना छोटा होता है उसका अहंकार उतना ही बड़ा होता है।

–रोमो

अहंकार का बस इतना ही लाभ है कि उसके नीचे हम अपनी कमियों को छुपा लेते हैं।

–रोशफुके

अहंकार छोड़े बिना सच्चा प्रेम नहीं किया जा सकता।

–स्वामी विवेकानन्द

मुर्गा समझता है कि सूरज उसकी बांग सुनने के लिये ही उगता है।

–इलियट

अहंकार ही पराजय का द्वार है।

–शतपथ ब्राह्मण

तन, मन, धन और यौवन का अभिमान मत करो।

–शंकराचार्य

किसी भी हालत में अपनी शक्ति पर घमण्ड न कर। यह बहुरूपिया हर घड़ी हजारों रंग बदलता है।

–हाफिज

कबिरा गर्व न कीजिए, काल गहे कर केस।
ना जाने कहं मारिसि, कै घर कै परदेस।।

–कबीर

अहिंसक : अहिंसा

अहिंसा की शक्ति अमाप है, वैसी ही अहिंसक की है। अहिंसक स्वयं कुछ नहीं करता, उसका प्रेरक ईश्वर होता है।

–महात्मा गांधी

जो अहिंसक है और ज्ञान-विज्ञान से तृप्त है, वही ब्रह्म के आसन पर बैठने का अधिकारी होता है।

इन्द्रियों के निग्रह से, राग-द्वेष की विजय करने से और प्राणी-मात्र के प्रति अहिंसक रहने से साधक अमरत्व प्राप्त करता है।

–मनुस्मृति

अनेकों को जो एक रखती है, भेदों में से अभेद ढूँढ़ती है, वही अहिंसा है।

–विनोबा भावे

अहिंसा का अर्थ है ईश्वर पर भरोसा रखना।

–महात्मा गांधी

अहिंसा का मतलब इतना ही नहीं है कि किसी का बुरा हम नहीं चाहेंगे और नहीं करेंगे। नहीं, बल्कि हर किसी का भला सोचेंगे और वह भला करने के लिए आगे बढ़ेंगे।

–जैनेन्द्र कुमार

अहिंसा का मार्ग तलवार की धार पर चलने वाला है, जरा भी गफलत हुई कि नीचे गिरे।

–महात्मा गांधी

अहिंसा की भावना से अनुप्राणित रहकर ही प्राणियों पर अनुशासन करना चाहिए।

–मनुस्मृति

अहिंसा की हार इसी में होती है कि वह व्यक्तिगत दायरे में अपना सन्तोष और मोक्ष ढूंढ़ती है।

–जैनेन्द्र कुमार

अहिंसा परम धर्म है, अहिंसा परम तप है, अहिंसा परम ज्ञान है और अहिंसा ही परम पद है।

–श्रीमद्‍भागवत

अहिंसा परमो धर्म : सर्वप्राणभृतां वरः।

(सब प्राणियों के लिए अहिंसा सबसे उत्तम धर्म है।)

–महाभारत

अहिंसा प्रचंड शास्त्र है। उसमें परम पुरुषार्थ है, वह भीरु से दूर भागती है। वह वीर पुरुष की शोभा है, उसका सर्वस्व है। वह शुष्क, नीरस, जड़ पदार्थ नहीं है। वह चेतन है। वह आत्मा का विशेष गुण है।

–महात्मा गांधी

अगर आप सोचते हों कि मेरी अहिंसा से कायरता ही पैदा होगी तो आपको उसे छोड़ देने में जरा भी हिचकना नहीं चाहिए।

–महात्मा गांधी

जीव-मात्र की अहिंसा स्वर्ग को देने वाली है।

–शंकराचार्य

अहिंसा प्रतिष्ठायां तत्सन्निधौ वैरत्यागः।

(अहिंसा की पूर्ण स्थिति होने पर उसके सानिध्य में सब प्राणी निर्वैर हो जाते हैं।)

–योगदर्शन

अहिंसा में ही सत्येश्वर के दर्शन करने का सीधा और छोटा-सा मार्ग दिखाई देता है।

–महात्मा गांधी

अहिंसा वास्तविक शक्ति का प्रतीक है।

–सर्वपल्ली राधाकृष्णन्

अहिंसा सत्य का प्राण है। उसके बिना मनुष्य पशु है।

–महात्मा गांधी

अहिंसा सब आश्रमों का हृदय है, सब शास्त्रों का गर्भ-उत्पत्ति स्थान है।

–भगवती आराधना

अहिंसा ही धर्म है, वही जिन्दगी का एक रास्ता है।

–महात्मा गांधी

अहिंसा है दूसरों के जीवन के प्रति, उनके व्यक्तित्व के प्रति आदर। जैसे हम अपने ढंग से सत्य के उपासक हैं, वैसे ही दूसरा भी अपने समझे हुए सत्य का उपासक है।

–काका कालेलकर

एकमात्र अहिंसा ही परम सुखदायिनी है।

–महाभारत

किसी भी प्रकार से कष्ट न पहुंचाना अहिंसा है।

–सर्वपल्ली राधाकृष्णन्

क्या बकरी क्या गाय है, क्या अपनो जाया।
सबको लोहू एक है, साहिब फ़रमाया।।
पीर पैगम्बर औलिया सब मरने आया।
नाहक जीव न मारिये पोषन को काया।।

(साहब का कहना है कि सब प्राणियों का खून एक है, चाहे वह बकरी हो, गाय हो या अपनी सन्तान हो। पीर, पैगम्बर और औलिया—सब एक न एक दिन मर जायेंगे। इसलिए अपने शरीर का पालन करने के लिए जीव को व्यर्थ मत मारिए।)

—गुरु नानकदेव

जग में किसी को दुःख न देना ही अहिंसा जानिए,
जो आप को दुःख दे उसे भी प्रेम से सम्मानिए।
जो जन अहिंसा के अटल सिद्धान्त को है जानता,
उसके रहेंगे शत्रु क्यों, जग है उसे गुरु मानता।।

(हमें यह जानना चाहिए कि संसार में किसी को दुःख न देना ही अहिंसा है। जो कोई हमें दुःख दे, हमें प्रेम पूर्वक उसका भी सम्मान करना चाहिए। जो पुरुष अहिंसा के अटल सिद्धान्त को जानता है, उसका कोई शत्रु नहीं रहता, बल्कि सारा संसार उसे गुरु मानता है।)

—रामचरित उपाध्याय

जब कोई व्यक्ति अहिंसा की कसौटी पर खरा उतर जाता है, तो दूसरे व्यक्ति स्वयं ही उसके पास आकर वैर-भाव भूल जाते हैं।

—पतंजलि

जिस प्रकार भौंरा फूलों की रक्षा करता हुआ मधु को ग्रहण करता है, उसी प्रकार मनुष्य को हिंसा न करते हुए अर्थों को ग्रहण करना चाहिए।

—विदुर

जिसे तू मारना चाहता है, वह तू ही है।
जिसे तू शासित करना चाहता है, वह तू ही है।
जिसे तू परिताप देना चाहता है वह तू ही है।

(तात्पर्य यह है कि स्वरूप दृष्टि से चैतन्य एक समान है। यह अद्वैत भावना ही अहिंसा का मूलाधार है।)

—महावीर स्वामी

जो जीवों की हिंसा करता है, वह आर्य नहीं होता; सभी जीवों के प्रति अहिंसा भाव रखने वाला ही आर्य कहलाता है।

—गौतम बुद्ध

जो मनुष्य किसी को राक्षस-भाव से नष्ट करना चाहता है, वह स्वयं स्वकर्मों

से नष्ट हो जाता है, अपदस्थ हो जाता है।

—ऋग्वेद

तू स्वशरीर से किसी को पीड़ित मत कर।

—यजुर्वेद

पीर सबन की एकसी, मूरख जानत नाहिं।
कांटा चूभै पीर है, गला काटि को खाइ।।

(मूर्ख मनुष्य यह नहीं जानता कि सब प्राणियों को एक समान पीड़ा होती है। कांटा चुभने से सबको पीड़ा होती है। फिर किसी जानवर का गला काटकर उसका मांस खाना कितना निषिद्ध कार्य है।)

—मलूकदास

प्राणिमात्र के प्रति समभाव या अनुकूल भाव रखना अहिंसा है। मनुष्य ही नहीं पशु-पक्षी, कृमि-कीट आदि तमाम जानवरों के प्रति ऐसी भावना कायम रहे—यह है अन्तिम आदर्श।

—काका कालेलकर

हरी डारि न तोड़िये, लागै छूरा बान।
दास मलूका यों कहै, अपना-सा जिव जान।।

(हरी डाल नहीं तोड़ना चाहिए। ऐसा करने से पेड़ को कष्ट होता है मानो छुरा या बाण लगा हो। मलूकदास कहते हैं कि हमें सब जीवों को अपना-सा जानना चाहिए।)

—मलूक दास

अहिंसा की हार इसी में होती रही है कि वह व्यक्तिगत दायरे में अपना सन्तोष और मोक्ष खोजती है।

—जैनेन्द्र कुमार

अहिंसा के लिये मरने की अपेक्षा उसके लिये जिन्दा रहना कहीं अधिक कठिन है।

—महात्मा गांधी

जिन लोगों का जीवन हत्या पर निर्भर है, समझदार लोगों की दृष्टि में वे मुर्दाखोरों के समान है।

—तिरुवल्लुवर

समूची सृष्टि को अपने में समा लेने पर ही पूर्ण अहिंसा सम्भव है।

—विनोबा भावे

सम्पूर्ण आत्म शुद्धि के प्रयत्न में मर मिटना, यह अहिंसा की शर्त है।

—महात्मा गांधी

धर्म का निचोड़, धर्म का दूसरा नाम अहिंसा है।

—महात्मा गांधी

दया भाव + समता + निर्भयता = अहिंसा।

–विनोबा भावे

आँख

अनियारे दीरघ दृगनु, किती न तरुनि समान।
वह चितवनि कछु और है, जिहि बस होत सुजान।।

(दूती सखी नायक से नायिका के नेत्रों की प्रशंसा करते हुए कहती है, "हे ललन ! ऐसी बहुत-सी स्त्रियां हैं जिनके नेत्र उस नायिका के समान अनियारे नुकीले और दीर्घ हैं। परन्तु मेरी लाडली नायिका की चितवन और ही प्रकार की अर्थात् विलक्षण है। वह अपनी विलक्षण चितवन से सुजान नायक को भी वश में कर लेती है।)

–बिहारी लाल

आंख का धर्म है देखना। देखने में ही आंख को आनन्द है, देखने में बाधा होते ही उसे कष्ट का अनुभव होता है।

–रवीन्द्रनाथ ठाकुर

आंखें न जीने देंगी तेरी बेवफा मुझे।
इन खिड़कियों से झांक रही है कज़ा मुझे।।

(तेरी बेवफा आंखें मुझे न जीने देंगी। इन खिड़कियों से मेरी मौत झांक रही है।)

–बहर लखनवी

आंखें तो जीवन के अनुभवों से भरा हुआ भंडार है।

–साने गुरुजी

आंखों में जादू उत्पन्न करने की वैज्ञानिक कला है।

–अज्ञात

आंखों में मनुष्य की आत्मा का प्रतिबिम्ब होता है।

–अज्ञात

आंखें सारे शरीर का दीपक है।

–महात्मा गांधी

आंखें हृदय की तालिका हैं।

–अज्ञात

जो बात वाणी नहीं प्रकट कर पाती उसे आंखें आसानी से कह जाती हैं।

–अज्ञात

मन सों कहां रहीम प्रभु, दृग सों कहां दिवान।
दृगन देखि जेहि आदरै, मन तेहि हाथ बिकान।।

(रहीम कवि कहते हैं कि मन जैसा न तो कहीं स्वामी है और न नेत्रों

जैसा कहीं दीवान है। नेत्र देखकर जिसका आदर करते हैं, मन उसके हाथों बिक जाता है।)

–रहीम

देखिए 'नयन', 'नेत्र'

अकेली आंख ही बता सकती है कि हृदय में प्रेम है अथवा घृणा।

–तिरुवल्लुवर

हमारी आंखें इतनी अन्धी हैं कि सिवाय कपड़ों के और कुछ भी नहीं देखतीं।

–आचार्य रजनीश

आंसू

अश्रु-प्रवाह तर्क और शब्द-योजना के लिए निकलने का कोई मार्ग नहीं छोड़ता।

–प्रेमचन्द

अश्रुपूर्ण प्यार बहुत ही लुभावना होता है।

–वॉल्टर स्कॉट

आंख का आंसू ढलकता देखकर, जी तड़प करके हमारा रह गया।
क्या गया मोती किसी का यों बिखर, या हुआ पैदा रतन कोई नया।

(किसी व्यक्ति की आंख का आंसू बहता हुआ देखकर हमारा मन तड़प कर रह गया, अर्थात् हमको बहुत दुःख हुआ और हमने सोचा कि क्या आंसू के रूप में किसी का मोती बिखरा है या कोई नया रत्न पैदा हुआ है।)

–हरिऔध

नारी का अश्रु-जल अपनी एक-एक बूंद में एक-एक बाढ़ लिये रहता है।

–जयशंकर प्रसाद

नारी, तूने अपने अथाह अश्रुओं से संसार के हृदय को उसी प्रकार घेर रखा है जिस प्रकार समुद्र पृथिवी को घेरे हुए है।

–रवीन्द्रनाथ ठाकुर

आंख के आंसू अमूल्य वस्तु हैं। प्रेम के, कृतज्ञता के, आनन्द के, दुःख के और पश्चात्ताप के आंसुओं से ही तो जीवन का बाग पनपता है।

–साने गुरुजी

आंसू करुणा की बूंद है।

–बायरन

चलत देत आभार सुनि, उहीं परोसिहिं नाह।
लसी तमासे की दृगनु, हांसी आंसुनु मांह।।

(एक सखी दूसरी सखी से कहती है—सखी ! इस नायिका का पति विदेश

जाते समय अपने घर की देख-भाल का भार अपने पड़ोसी को सौंप रहा है। इसे सुनकर उसकी आंखों में आंसुओं के बीच विलक्षण हंसी उमड़ आई। नायिका का पड़ोसी से गुप्त प्रेम है। अब उसको उससे मिलने का नित्य ही अवसर प्राप्त होगा।)

–बिहारीलाल

दुखियारों को हमदर्दी के आंसू भी कम प्यारे नहीं होते।

–प्रेमचन्द

प्रजस्यो आगि वियोग की, बह्यौ विलोचन नीर।
आठ जाम हियो रहै, उड़यो उसास-समीर।।

(नायिका की सखी-दूती नायक से नायिका की विरह-दशा का वर्णन करते हुए कहती है–हे लाल ! तुम्हारी वियोगिनी नायिका का हृदय विरह की अग्नि में खूब तप गया है। उस पर बाहर से आंसुओं का जल बहता रहता है और आठों पहर उसका हृदय ऊर्ध्वस्वांस की हवा से उड़ा रहता है। (प्रजस्यो=खूब जला हुआ।)

–बिहारीलाल

मेरे छोटे से जीवन में तृप्ति का कण भी मत देना। मैं चाहती हूं कि मेरी प्यासी आंखें आंसू के समुद्र भरती रहें।

–महादेवी वर्मा

यह प्राणों का गायन है, यह है मूकों की भाषा,
आश्रय असहाय जनों का यह है हताश की आशा।
आंसू है गूढ़ प्रणय की व्याख्यायुत सरला टीका,
इस अनुपम रस के आगे नवरस षटरस सब फीका।

(आंसू प्राणों का गीत और गूंगों की भाषा है। यह असहाय लोगों का आश्रय और हताश लोगों की आशा है। आंसू गम्भीर प्रेम की व्याख्यायुक्त सरल टीका है। यह एक अद्वितीय रस है जिसके आगे साहित्य के नवरस तथा भोजन के षट्रस फीके पड़ जाते हैं।)

–हृदयनारायण पांडे

समुन्दर कर दिया नाम उसका नाहक सबने कह-कह कर।
हुए थे जमा कुछ आंसू मेरी आंखों से बह-बह कर।

(लोगों ने कह-कह कर बेकार उसका नाम समुद्र कर दिया। वास्तविकता यह है कि मेरी आंखों से बह-बह कर कुछ आंसू वहां एकत्र हुए थे।)

–सौदा

स्त्रियों के आंसू पुरुषों की क्रोधाग्नि भड़काने में तेल का काम देते हैं।

–प्रेमचन्द

सौन्दर्य के आंसू उसकी मुस्कराहट की अपेक्षा अधिक प्यारे होते हैं।

–कैम्पबेल

ईश्वर कभी कभी अपने बच्चों के नेत्रों को आंसुओं से धोता है, ताकि वे उसकी प्रकृति और उसके आदेशों को सही-सही पढ़ सकें।

–काउपर

आकर्षण

जिन वस्तुओं में आकर्षण नहीं रहता, वे उपेक्षित रहती हैं।

–अज्ञात

यदि पुरुष के जीवन-विकास में स्त्री का आकर्षण विनाशकारी होता, तो प्रकृति यह आकर्षण पैदा ही क्यों करती ?

–यशपाल

आकांक्षा

आकांक्षा अयोग्यता का लक्षण है।

–जैनेन्द्र कुमार

आत्मा को सर्वत्र उपलब्ध करना ही तो आत्मा की एकमात्र आकांक्षा है।

–रवीन्द्रनाथ ठाकुर

जीवन में आकांक्षाएं होती हैं तो अपना सम्मान और आत्माभिमान भी होता है।

–अज्ञात

जो प्रकाश अदृश्य रहता है, और जिसका अनुभव अंधकार में ही होता है, उसी के लिए मेरी आकांक्षा है।

–रवीन्द्रनाथ ठाकुर

मनुष्य में उच्च होने की आकांक्षा की कोई सीमा नहीं है।

–रवीन्द्रनाथ ठाकुर

सांसारिक आकांक्षाएं मनुष्य को बांधती और घसीटती हैं।

–स्वामी रामतीर्थ

हमारी आकांक्षा जीवन-रूपी भाप को इन्द्रधनुष का रंग दे देती है।

–रवीन्द्रनाथ ठाकुर

आक्षेप

जब तक हम स्वयं निरपराध न हों, तब तक दूसरों पर सफलता के साथ कोई आक्षेप नहीं कर सकते।

–सरदार वल्लभ भाई पटेल

आग

अगर अग्नि को शान्त करना चाहते हैं, तो तृण को उससे दूर कर दीजिए,

तब अग्नि अपने आप ही शान्त हो जायगी।

–प्रेमचन्द

आग आग से नहीं, पानी से शान्त होती है।

–प्रेमचन्द

आग में पिघल कर सभी वस्तुएं एक-जैसी हो जाती हैं।

–प्रेमचन्द

दिल की आग से दिमाग को धुंआ चढ़ता है।

–जर्मन कहावत

चकमक की आग तब तक प्रकट नहीं होती, जब तक उसे रगड़ा न जाये।

–एक कहावत

आघात

किसी आघात के लिए पहले से तैयार रहना इससे कहीं अच्छा है कि वह आकस्मिक रीति से सिर पर आ जाय।

–प्रेमचन्द

आचरण : आचार

आचरण एक शीशे के समान है, जिसमें प्रत्येक मानव अपना प्रतिबिम्ब दिखाता है।

–प्रेमचन्द

आचरण और सत्यता के लिए आर्य जाति पुरातन काल से प्रसिद्ध है।

–मेगस्थनीज

आचरण भाव का प्रगट रूप है।

–अज्ञात

जिसने ज्ञान को आचरण में उतार लिया उसने ईश्वर को ही मूर्तिमान कर लिया।

–विनोबा भावे

जो सबके लिए हितकर हो और अपने लिए भी सुखकर हो, उसी का नित्य आचरण करना चाहिए, क्योंकि वही अर्थ-सिद्धि का मूल है।

–महाभारत

दूसरों का जो आचरण तुम्हे पसन्द नहीं है, वैसा आचरण दूसरों के प्रति मत करो।

–कन्फ्यूशस

मनुष्य का आचरण ही यह बताता है कि वह कुलीन है अथवा अकुलीन, शूर अथवा भीरु, पवित्र है अथवा अपवित्र।

–वाल्मीकि रामायण

सुन्दर आचरण, सुन्दर देह से अच्छा है, मूर्ति और चित्र की अपेक्षा वह उच्च कोटि का हर्ष प्रदान करता है, वह सभी कलाओं से श्रेष्ठ कला है।

–इमर्सन

आचरण दर्पण के समान है जिसमें हर मनुष्य अपना प्रतिबिम्ब दिखाता है।

–गेटे

आचरण की पवित्रता मनुष्य की हर इच्छा को पूर्ण कर देती है।

–तिरुवल्लुवर

पहले मार्ग को जानिए, फिर उस पर चलिए।

–अथर्ववेद

कोई आचार सर्वहितकारी नहीं होता। किसी को वह लाभ देता है, तो किसी को वही बाधा भी पहुंचाता है।

–महाभारत

आचारः परमो धर्मः।
(आचार परमधर्म है।)

–अज्ञात

आचारादायुर्वर्धते कीर्तिश्च।
(आचार से आयु बढ़ती है और कीर्ति भी।)

–कौटिल्य शास्त्र

विचार जब प्रकृति के साथ घुल-मिलकर एक हो जाते हैं, तब वे आचार बन जाते हैं।

–रवीन्द्रनाथ ठाकुर

विचार का चिराग बुझ जाने से आचार अन्धा हो जाता है।

–विनोबा भावे

समाज में सर्वसाधारण में प्रचलित व्यवहार-रीति को आचार कहते हैं।

–रवीन्द्रनाथ ठाकुर

अपने चरित्र की रक्षा यत्नपूर्वक करनी चाहिए, धन तो आता-जाता रहता है। धन से क्षीण मनुष्य क्षीण नहीं माना जाता, परन्तु आचारभ्रष्ट को तो मरा ही समझना चाहिए।

–अज्ञात

सन्त असंतन्हि कै अस करनी।
जिमि कुठार चंदन आचरनी।।
काटइ परसु मलय सुनु भाई।
निज गुन देंइ सुगन्ध बसाई।।

(सन्त और दुष्ट वैसे ही हैं जैसे चन्दन और कुल्हाड़ा। कुल्हाड़ा चन्दन

को काटता है पर चन्दन अपनी सुगन्ध उसमें बसा देता हैं।)

–तुलसीदास

मन भर चर्चा से कन भर आचरण बेहतर है।

–विनोबा भावे

सबसे छोटा उत्तर है करके दिखाना।

–हर्बर्ट

कोई आचार सब के लिये कभी नहीं होता।

–महाभारत

आज

काल करै सो आज कर, आज करै सो अब्ब।
पल में परलय होयगा, बहुरि करोगे कब्ब।।

(जो काम तुम्हे कल करना है उसे आज ही कर डालो और जो आज करना है उसे अभी कर डालो। क्षण भर में प्रलय हो जायगा। फिर उसे कब करोगे ?)

–कबीर

यह कोई नहीं जानता है कि कल किसको क्या होगा। अतएव बुद्धिमान मनुष्य को जो करना है उसे आज ही कर लेना चाहिए।

–अज्ञात

आजादी : आजाद

तुम मुझको खून दो, मैं तुम्हें आजादी दूंगा।

–सुभाषचन्द्र बोस

कितनी ही राजनीतिक आजादी हो, वह भूखी जनता को सन्तोष प्रदान नहीं कर सकती।

–लेनिन

विचारों की स्वतन्त्रता, धार्मिक स्वतन्त्रता, अभावों से स्वतन्त्रता और भय से स्वतन्त्रता–ये चार स्वतन्त्रताएं प्रत्येक व्यक्ति को मिलनी चाहिए।

–रूजवेल्ट

हमें तब आजादी प्राप्त होती है, जब हम अपने जीवित रहने के अधिकार का पूरा-पूरा मूल्य चुकाते हैं।

–रवीन्द्रनाथ ठाकुर

मैं अपनी इस अक्सर व्यक्त की गई इच्छा में कोई हेर-फेर नहीं करना चाहता कि सब मुल्कों के सब लोग आजाद हो सकते हैं।

–अब्राहम लिंकन

देखिए, 'स्वतन्त्रता'

आज्ञापालन

अनुचित उचित विचार तजि, जे पालहिं पितु बैन।
ते भाजन सुख सुजस के, बसहिं अमरपति ऐन।।

(ज़ो लोग अनुचित और उचित का विचार न करके पिता की आज्ञा का पालन करते हैं, उनको सुख तथा सुयश प्राप्त होता है और मरणोपरान्त वे स्वर्ग प्राप्त करते हैं।)

–गोस्वामी तुलसीदास

जो मानव शासन करना नहीं जानते, वे आज्ञा-पालन करना सीखें।

–शेक्सपियर

दुष्ट स्वभाव के लोग भय से आज्ञा का पालन करते हैं और सद्प्रवृत्ति वाले लोग प्रेम से।

–अरस्तू

दो प्रकार के व्यक्तियों की कोई कीमत नहीं। एक वे जो आज्ञापालन नहीं कर सकते। दूसरे वे जो सिवाय आज्ञापालन के कुछ नहीं कर सकते।

–कर्टिस

आतंक

आतंक सबसे अधिक निःसत्व करनेवाली अवस्था है।

–महात्मा गांधी

निम्न बुद्धि के लोग बढ़िया कपड़े और बढ़िया फर्नीचर देख कर आतंकित हो उठते हैं।

–डिकन्स

आत्म-अनुभव

अपनी आत्मा पर अपने आप को एकाग्र करो, तुरन्त ही उसी क्षण आत्मानुभव की प्राप्ति होगी।

–स्वामी रामतीर्थ

कर्म आपको आत्मानुभव कराता है।

–स्वामी रामतीर्थ

आत्म-कथा

अपने विषय के लिए अपनी आत्म-कथा लिखना एक कठिन तथा नाज़ुक विषय है। यदि वह अपनी निन्दा करे तो उसके दिल में चोट-सी लगती है और यदि वह अपनी प्रशंसा करे, तो पाठकों के कानों में उसकी बातें खटकती हैं।

–अब्राहम काउले

प्रत्येक आत्म-कथा पीड़ा का इतिहास है, क्योंकि प्रत्येक जीवन छोटे तथा बड़े दुर्भाग्य का विकसित रूप है।

–शोपेनहार

आत्म-गौरव : आत्म-सम्मान

आत्म-गौरव खोकर जीवित रहना मृत्यु से बुरा है।

–भर्तृहरि

जब तक साथ एक भी दम हो, हो अवशेष एक भी धड़कन।
रखो आत्मगौरव से ऊंची पलकें ऊंचा सिर ऊंचा मन।।
एक बूंद भी रक्त शेष हो, जब तक तन में हे शत्रुंजय !
हीन वचन मुख से न उचारो, मानो नहीं मृत्यु का भी भय।।

(जब तक हमारे शरीर में एक सांस और एक धड़कन शेष हो, तब तक हमें अपनी आंखें, अपना सिर तथा अपना मन ऊंचा रखना चाहिए। हे शत्रुंजय ! जब तक हमारी देह में एक बूंद भी खून शेष रहे, तब तक हमें अपने मुंह से दीन वचन नहीं बोलना चाहिए और न कभी मृत्यु का भय मानना चाहिए।)

–रामनरेश त्रिपाठी

जिसे निज गौरव का भान रहता है, वह किसी चीज को मुफ्त पा जाने की बनिस्बत उसे अपने पौरुष से प्राप्त करता है।

–स्वामी रामतीर्थ

जो आत्म-गौरव को बनाए हैं, जगत में वे सभी
सम्मान पाते हैं सदा, अपमान क्यों पाते कभी ?

(जो लोग संसार में आत्म-गौरव बनाए रहते हैं, वे सदैव सम्मान पाते हैं, कभी उनका अपमान नहीं होता।)

–रामचरित उपाध्याय

सुख भोग की लालसा आत्म सम्मान का सर्वनाश कर देती है।

–प्रेमचन्द

बिना मान तजि दीजियो, स्वर्गहुं सुकृत समेत।
रहौ मान तो कीजियो, नरकहुं नित्य निकेत।।

–वियोगी हरि

आत्म-ज्ञान : आत्म-ज्ञानी

आत्म-ज्ञान का सम्पादन करना और आत्मकेन्द्र में स्थिर रहना मनुष्य-मात्र का सबसे प्रथम और प्रधान कर्त्तव्य है।

–रामतीर्थ

आत्मज्ञानं परं ज्ञानम्।
(आत्मज्ञान सबसे बड़ा ज्ञान है।)

–महाभारत

आदमी आकाश को भी जानता है,
आदमी पाताल की तह छानता है,

परखता भूगर्भ की सब हड्डियां,
किन्तु अपने को नहीं पहचानता है।

(मनुष्य आकाश में उड़कर वहां की बातों का पता लगाता है। वह पाताल की वस्तुओं की खोज-बीन करता है। वह पृथ्वी के भीतर की हड्डियों की पहचान करता है, परन्तु वह अपने आपको नहीं जानता है।)

–उमाशंकर भट्ट

केवल आत्मज्ञान ही ऐसा है जो हमें सब जरूरतों से परे कर सकता है।

–स्वामी रामतीर्थ

जहां मन का भी लोप हो गया हो, वैसी निद्रावस्था में हम नित्य जो सुखानुभव करते हैं उसे पाने के लिए आत्मज्ञान की आवश्यकता है। 'मैं कौन हूं' इसके ज्ञान का चिंतन ही इसके लिए एकमात्र साधन है।

'मैं कौन हूं ?' सात धातुओं से बना यह स्थूल शरीर मैं नहीं हूं। शब्द, स्पर्श, रूप, रस, गंध पंचेन्द्रियों को अलग-अलग पहचानने वाली ज्ञानेन्द्रिय भी मैं नहीं हूं। वचन, गमन, दान, मलविसर्जन आदि पांच कर्मों को करने वाली कर्मेन्द्रिय भी मैं नहीं हूं। श्वास आदि पांचों क्रियाओं को करने वाले प्राण आदि पंचवायु भी मैं नहीं हूं। मन भी मैं नहीं हूं।

सभी विषय व सभी क्रियाओं से रहित, केवल विषय-वासनाओं से युक्त अज्ञान भी मैं नहीं हूं। ऊपर वर्णित सभी मिलाकर भी मैं नहीं हूं। इस प्रकार 'नहीं-नहीं'— निराकरण करने से जो अकेला ज्ञान बच रहता है, वही मैं हूं। उसी ज्ञान का स्वरूप सच्चिदानन्द है।

'मैं कौन हूं' की विचारणा में ही मन का लोप होगा। 'मैं कौन हूं' इसका स्मरण भी अन्य सभी विचारों को नष्ट कर, जैसे चिता की लकड़ी शव और चिता के जलकर राख होने पर स्वयं भी राख हो जाती है, वैसे स्वयं भी नष्ट हो जाता है, तभी आत्मज्ञान होकर टिकता है।

–रमण महर्षि

जिस अवस्था में इसके लिए सब कुछ आत्मा ही हो जाता है, उस समय किसके द्वारा किसको देखे, किसके द्वारा किसको सूंघे, किसके द्वारा किसको सुने तथा किसके द्वारा किसको जाने।

–वृहदा० उप०

जिसने अपने आपको समझ लिया, वह औरों को समझाने नहीं जायेगा।

–धम्मपद

जैसे स्वप्न में काटे गए सिर का दुःख बिना जागे दूर नहीं होता, इसी प्रकार इस संसार का दुःख बिना आत्मज्ञान हुए दूर नहीं होता।

–स्वामी भजनानन्द

तमेव विद्वान् न विभाय मृत्योः।

–ऋग्वेद

उस आत्मा को ही जान लेने पर मनुष्य मृत्यु से नहीं डरता। वेद से उत्पन्न आत्मज्ञान संसार का हरने वाला है, और मोक्ष का कारण कहा गया है।

–शंकराचार्य

न यहां कुछ है, न वहां कुछ है। जहां-जहां जाता हूं न वहां कुछ है। विचार करके देखता हूं तो न जगत ही कुछ है। अपने आत्मा के ज्ञान से परे कुछ भी नहीं है।

–शंकराचार्य

संसार स्वप्न की तरह है। जिस प्रकार जागने पर स्वप्न झूंठा प्रतीत होता है, उसी प्रकार आत्मा का ज्ञान होने पर यह संसार मिथ्या मालूम होता है।

–याज्ञवल्क्य

स्वानुभव की बातें शब्दज्ञान हैं, स्वानुभव आत्मज्ञान है, किसी के अनुभव की बातें कहने-सुनने से कोई आत्मज्ञानी नहीं हो जाता, वह सिर्फ शब्दज्ञानी है।

–अज्ञात

"मैं कौन हूं" यह जानने से पहले "मैं क्या नहीं हूं" यह देखो। तब "मैं कौन हूं" इसका पता लग जायेगा।

–श्री ब्रह्मचैतन्य

जिसने अपने को पहचान लिया, उसने खुदा को पहचान लिया।

–हजरत मोहम्मद

आत्मज्ञान शेष सभी विज्ञानों का विज्ञान है।

–प्लेटो

आत्म-तत्त्व

आत्म-तत्त्व को प्राप्त करना अखिल विश्व का स्वामी बनना है।

–स्वामी रामतीर्थ

आत्म-दर्शन

आत्म-दर्शन अपने को ईश्वर के हाथों सौंप देने पर शून्य ध्यान द्वारा हो जाता है।

–अज्ञात

पीड़ा से दृष्टि मिलती है। अतएव आत्म-पीड़न ही आत्म-दर्शन का माध्यम है।

–अज्ञेय

मनुष्य जीवन का उद्देश्य आत्म-दर्शन है और उसकी सिद्धि का मुख्य एवं एकमात्र उपाय पारमार्थिक भाव से जीव-मात्र की सेवा करना है।

–महात्मा गांधी

स्वानुभव, शास्त्र और गुरु इन तीनों की एकवाक्यता जिसे हो जाती है, वह सतत आत्मा को देखता है।

–योगवाशिष्ठ

आत्म-निरीक्षण

देते हो समुपदेश बहुत भोले हो,
हर नए दोष देख सदा बोल बोले हो।
अपने कभी झांककर भीतर भी देखो तो,
कितना हलाहल इन प्राणों में घोले हो।

(तुम बहुत भोले बनकर दूसरे लोगों को उपदेश देते हो। दूसरों के नए दोषों को देखकर उनकी आलोचना करते हो। जरा भीतर झांककर देखो कि तुमने अपने में कितना विष घोल रखा है।)

–उदय शंकर भट्ट

आत्म-निर्भरता

औरों की आशा है त्याज्य, जहां नहीं वह वहीं स्वराज्य।

(हमें दूसरे लोगों की आशा छोड़ देनी चाहिए। जहां दूसरों की आशा नहीं होती वहीं स्वराज्य होता है।)

–मैथिलीशरण गुप्त

जो आप न उठना चाहें; अपने पैरों पर भाई !
उन हीन जनों की जग में, कर सकता कौन भलाई !

(हे भाई ! जो स्वयं अपने पैरों पर नहीं उठना चाहते, उन निकृष्ट लोगों की भलाई संसार में कौन कर सकता है ? समस्त उन्नति का मूल आत्म-निर्भरता है।)

–रामेश्वर अरुण

चाहे गलत सोचो, पर स्वयं सोचो।

–लेसिंग

आत्म-प्रशंसा

अगर तुम चाहते हो कि लोग तुम्हारी बड़ाई करें तो अपने मुंह से अपनी बड़ाई मत करो।

–वैस्कल

आत्म-प्रशंसा ओछेपन का चिह्न है।

–महात्मा गांधी

जिसकी प्रशंसा दूसरे लोग करें, यदि वह गुणहीन हो तो भी गुणी माना

जाता है। अपने मुंह से अपनी बड़ाई करने से तो इन्द्र भी लघुता को प्राप्त होता है।

–महाभारत

जिन्हें कहीं से प्रशंसा नहीं मिलती, वे आत्म-प्रशंसा करते हैं।

–अज्ञात

बड़े बड़ाई ना करें, बड़े न बोलैं बोल।
रहिमन हीरा कब कहै, लाख टका मेरो मोल।

(रहीम कवि कहते हैं कि बड़े लोग अपनी बड़ाई नहीं करते। वे कभी शेखी नहीं बघारते। देखिए, हीरा यह कभी नहीं कहता कि मेरा मूल्य लाख रुपया है।)

–रहीम

देखिए, 'आत्म-श्लाघा'

आत्म-प्रेम

जो अपने आप को चाहने लगता है, उसका कोई प्रतिद्वन्द्वी नहीं होता।

–बेंजमिन फ्रेंकलिन

आत्म-प्रेम उतना बुरा नहीं है जितना कि आत्मा की उपेक्षा करना।

–शेक्सपियर

आत्म-बल

और सब बलों से बड़ा आत्म-बल है;
उसे जीत सकता न किसी का छल है।

(आत्म-बल सब बलों से श्रेष्ठ होता है, उसे किसी का छल नहीं जीत सकता है।)

–रामचरित उपाध्याय

आत्म-बल की सफलता का सबसे बड़ा प्रमाण तो यही है कि इतने युद्धों के बावजूद दुनिया अभी कायम है।

–महात्मा गांधी

आवेश और क्रोध को वश में कर लेने पर शक्ति बढ़ती है और आवेश को आत्म-बल के रूप में परिवर्तित किया जा सकता है।

–महात्मा गांधी

जो मनुष्य लोगों के व्यवहार से ऊब कर क्षण प्रतिक्षण अपने मन बदलते रहते हैं, वे दुर्बल हैं, उनमें आत्म-बल नहीं है।

–सुभाषचन्द्र बोस

देह का बल क्षण भंगुर है, आत्म बल चिर स्थायी है।

–सुकरात

ब्रह्मचर्य के पालन से आत्म बल की प्राप्ति होती है।

–पतंजलि

आत्म-रक्षा

आपत्ति के लिए धन की रक्षा करनी चाहिए, धन से स्त्री की रक्षा करनी चाहिए, किन्तु धन और स्त्री दोनों से सदा अपनी रक्षा करनी चाहिए।

–चाणक्य

आत्म-विजय

आत्म-विजय अनेक आत्मोत्सर्गों से भी श्रेष्ठ है।

–स्वामी शिवानन्द

किसी बेकस को ऐ बेदाद गर मारा तो क्या मारा।
न मारा आपको जो खाक हो अकसीर बन जाता।

(हे निष्ठुर ! यदि तुमने किसी दीन-दुखिया को मार दिया, तो कोई बड़ा काम नहीं किया। तुम्हें अपने काम, क्रोध, मद, लोभ, अहंकार और मात्सर्य को मारना चाहिए था। यदि तुमने ऐसा किया होता तो तुम पारस हो गए होते।)

–जौक

जिसने अपने को वश में कर लिया है, उसकी जीत को देवता भी हार में नहीं बदल सकते।

–गौतम बुद्ध

दारूं नमयन्ति तच्छका, अत्तानं दमयन्ति पंडिता।
(बढ़ई जैसे लकड़ी को सीधा करता है वैसे ही ज्ञानी अपने दोषों पर विजय पाते हैं।)

–मज्झिमनिकाय

आत्म-विश्वास

आत्म-विश्वास, आत्म-ज्ञान और आत्म-संयम सिर्फ यही तीन जीवन को बल और सबलता प्रदान करते हैं।

–टेनिसन

आत्म-विश्वास पराक्रम का सार है।

–इमर्सन

आत्म-विश्वास बढ़ाने का ढंग यह है कि तुम वह कार्य करो जिसे करते हुए तुम डरते हो। इस तरह ज्यों-ज्यों तुम्हें कामयाबी मिलती जायेगी, तुम्हारा आत्म-विश्वास बढ़ता जायगा।

–डेल कारनेगी

आत्म-विश्वास जिसके हृदय में हो, वह व्यक्ति अपने कार्य को पूरा करके ही छोड़ेगा।

–स्वेट मार्डेन

आत्म-विश्वास सरीखा दूसरा मित्र नहीं है। आत्म-विश्वास ही भावी उन्नति की प्रथम सीढ़ी है।

–विवेकानन्द

आत्म-विश्वास सफलता का प्रमुख रहस्य है।

–इमर्सन

आत्म-विश्वास ही वह अदभुत, अदृश्य और अनुपम शक्ति है, जिसके बल पर आप अपने लक्ष्य की ओर अग्रसर होते जाते हैं। वही आपकी आत्मा है, वही आपका पथ-प्रदर्शक है।

–स्वेट मार्डेन

गौण, अतिशय गौण है, तेरे विषय में,
दूसरे क्या बोलते, क्या सोचते हैं।
मुख्य है यह बात पर अपने विषय में,
तू स्वयं क्या सोचता, क्या जानता है।

(यह बात बहुत गौण है कि दूसरे लोग तुम्हारे विषय में क्या सोचते हैं और क्या कहते हैं। मुख्य बात यह है तुम स्वयं अपने विषय में क्या सोचते और क्या जानते हो।)

–रामधारी सिंह दिनकर

जिस मनुष्य में आत्म-विश्वास नहीं है वह शक्तिमान होकर भी कायर है और पण्डित होकर भी मूर्ख है।

–अज्ञात

निर्धन मनुष्यों की सबसे बड़ी पूंजी और मित्र उनका आत्म-विश्वास है।

–स्वेट मार्डेन

महान कार्यों के लिए पहली जरूरत है आत्म-विश्वास।

–डा० सैम्युयल जॉनसन

सर्वप्रथम आत्म-विश्वास करना सीखो।

–विवेकानन्द

आत्मविश्वास का अभाव ही समस्त अन्धविश्वासों का जनक है।

–आचार्य रजनीश

आप अमुक कार्य कर सकते हैं, इस विचार में ही शक्ति है।

–स्वेट मार्डेन

आत्म-शान्ति

लोक-सेवा व परिश्रम ही आत्म-शान्ति पाने का मार्ग है।

–रमण महर्षि

आत्म-श्लाघा

सारी दुनिया को तिनके के समान जानना आसान है,
तमाम शास्त्रों का ज्ञान पाना आसान है,
परन्तु आत्म-श्लाघा को निकाल बाहर करना बहुत दुश्वार है।

(सारे संसार को तिनके के समान तुच्छ जानना आसान है, सब शास्त्रों का ज्ञान प्राप्त करना आसान है, परन्तु आत्म-प्रशंसा को अपने हृदय से निकाल देना कठिन है।)

–रमण महर्षि

कितने लोगों की बोलती बन्द हो जाये अगर उन्हें आत्म-प्रशंसा और परनिन्दा करने से रोक दिया जाये।

–चिंगचाऊ

देखिए, 'आत्म-प्रशंसा'

आत्म-सन्तुष्ट

जिसने दीनता को ठुकरा दिया है और जो आत्म-सन्तुष्ट रहता है, वही कर्मों को निर्मूल करता है।

–संस्कृत सूक्ति

आत्म-संयम

चित्त और इन्द्रियों को अपने वश में रखने ही का नाम आत्म-संयम है। परोपकार के लिए सुख-दुख की कुछ परवाह न करना ही आत्म-विसर्जन है। काम, क्रोध, लोभ, मोह, मद, मात्सर्य—यह जो आत्मा के छः शत्रु हैं, केवल इन्हीं को दबाने का नाम आत्म-संयम नहीं है, बल्कि इन शत्रुओं के साथ ही साथ पंचेन्द्रियों का निग्रह करना आत्म-संयम का लक्षण है। ज्ञानेन्द्रियों में सबसे प्रधान जिह्वा है; इसलिए सबसे बढ़कर जिह्वा का शासन करना आवश्यक है।

–ज्ञानेन्द्रमोहन दास

आत्म-सम्मान

आत्म-सम्मान की रक्षा करना हमारा सबसे पहला धर्म है।

–प्रेमचन्द

आत्म-सम्मान रखना सफलता की सीढ़ी पर पग रखना है।

–अज्ञात

जिस प्रकार दूसरों के अधिकार को सम्मान देना मानव का कर्त्तव्य है, उसी प्रकार अपना सम्मान रखना भी उसका कर्त्तव्य है।

–स्पेन्सर

बिना अपनी स्वीकृति के कोई मनुष्य आत्म-सम्मान नहीं गंवाता।

—महात्मा गांधी

रहिमन पानी राखिए बिन पानी सब सून।
पानी गए न ऊबरै, मोती मानुस चून।।

रहीम कवि कहते हैं कि हमें आत्म-सम्मान की रक्षा करनी चाहिए; बिना आत्म-सम्मान के सब कुछ व्यर्थ है। जिसका आत्म-सम्मान चला जाता है, उस मनुष्य का जीवन शून्य हो जाता है, जिस मोती की आभा चली जाती है, वह मोती निर्मूल्य हो जाता है, और जब चूने का पानी सूख जाता है, वह व्यर्थ हो जाता है।

नोट—यहां 'पानी' पर श्लेष है। इसके तीन अर्थ हैं—आत्म-सम्मान, आभा और जल।

—रहीम

सुख-भोग की लालसा आत्म-सम्मान का सर्वनाश कर देती है।

—प्रेमचन्द

हमें सबसे पहले आत्म-सम्मान की रक्षा करनी चाहिए।

—प्रेमचन्द

आत्म-स्वरूप

आत्म-स्वरूप में लगा हुआ चित्त बाह्य विषयों की चिन्ता नहीं करता जैसे कि दूध में से निकाला हुआ घी दुग्धभाव को प्राप्त नहीं होता।

—शंकराचार्य

आत्म-हत्या

आत्म-हत्या करना कायरता है।

—नेपोलियन

आत्म-हत्या के विरुद्ध एक दिव्य निषेध है जो हमारे निर्बल हाथों को भयभीत कर देता है।

—अज्ञात

आत्मा की हत्या करके स्वर्ग भी मिले तो नरक है।

—प्रेमचन्द

युवा पुरुष के लिए असफल प्रेम पर अपना जीवन बलिदान करना आत्महत्या करना है।

—अज्ञात

आत्महीनता

पाप, अनीति और अत्याचार के सम्मुख सिर झुकाना अपनी आत्मा का

अपमान और हनन करना है।

–अज्ञात

मृत्यु दुःखदायी मानी जाती है, परन्तु वह जीवन में एक बार ही दुःख देती है, लेकिन आत्महीनता ऐसी मृत्यु है जो पल-पल पर आती है और तिल-तिल करके आन्तरिक शान्ति को जलाती रहती है।

–अज्ञात

आत्मा

अदृष्टो द्रष्टा।

(आत्मा स्वयं अदृष्ट रहकर भी द्रष्टा है।)

–बृहदा० उप०

अयमात्मा ब्रह्म।

(यह आत्मा ही ब्रह्म है।)

–बृहदा० उप०

अहमिन्द्रो न परा जिग्ये।

(मैं आत्मा हूं, मुझे कोई पराजित नहीं कर सकता।)

–ऋग्वेद

आत्मा अनादि, अविनाशी, विकारहीन, शाश्वत और सर्वव्यापी है।

–ज्ञानेश्वरी

आत्मा एक चेतन तत्त्व है जो अपने रहने के लिए उपयुक्त शरीर का आश्रय लेता है और एक शरीर से दूसरे शरीर में जाता है। भौतिक शरीर आत्मा को धारण करने के लिए विवश होता है।

–गेटे

आत्मा कुछ न कुछ अवश्य कहती है, उसकी सलाह मानना तुम्हारा धर्म है।

–प्रेमचन्द

आत्मा को आत्मा की ही आवाज़ जगा सकती है।

–प्रेमचन्द

आत्मा को रथ में बैठा हुआ योद्धा जानो, शरीर को रथ जानो, बुद्धि को सारथि जानो, और मन को लगाम जानो।

–कठोपनिषद

आत्मा वह अक्षय और अमर तत्त्व है जो अपनी चिरन्तनता के कारण जन्म और मृत्यु की सीमा से परे है।

–कमलापति त्रिपाठी

आत्मा ही अपना स्वर्ग और नरक है।

–उमर खैयाम

इन्द्रियों से ज्यादा सूक्ष्म मन है, मन से ज्यादा सूक्ष्म बुद्धि है, बुद्धि से ज्यादा सूक्ष्म आत्मा है। यह आत्मा ही सब-कुछ है। वही वह है।

–गीता

बलहीन पुरुष से आत्मा की प्राप्ति नहीं होगी।

–मुण्डक उपनिषद्

काट न सकते अस्त्र-शस्त्र हैं, इसे न सकती आग जला।
हवा न इसे सुखा सकती है, पानी सकता नहीं गला।।
सूखे कहीं न हो यह गीला, जलता नहीं न कट सकता।
नित्य, व्याप्त, स्थिर, अटल, सनातन, आत्मा कभी नहीं मरता।।

(आत्मा को न तो अस्त्र-शस्त्र काट सकते हैं, न इसे आग जला सकती है, न हवा सुखा सकती है और न पानी गला सकता है। यह न तो कभी सूखता है और न गीला होता है। यह न तो जलता है और न कट सकता है। यह नित्य, व्याप्त, स्थिर, अटल, सनातन और अमर है।)

–लोकगीता

क्या तुम नहीं जानते हो कि तुम्हीं ईश्वर का मन्दिर हो और ईश्वर की आत्मा तुम में रहती है।

–बाइबिल

जिसकी आत्मा में बल नहीं, अभिमान नहीं, वह और चाहे जो कुछ हो, आदमी नहीं है।

–प्रेमचन्द

जिस देह में पवित्र और निष्कलंक आत्मा रहती है, वह देह भी पवित्र और निष्कलंक रहती है।

–प्रेमचन्द

जिस प्रकार सूर्य का प्रकाश अलग-अलग घरों में जाकर भिन्न नहीं हो पाता, उसी प्रकार ईश्वर की महान आत्मा पृथक्-पृथक् जीवों में प्रविष्ट होकर विभिन्न नहीं होती।

–प्रेमचन्द

जैसे घड़े का प्रकाशक सूर्य घड़े के नाश हो जाने पर नष्ट नहीं होता, वैसे ही देह का प्रकाशक आत्मा देह के नष्ट होने पर नष्ट नहीं होता।

–आत्मबोध उपनिषद

नित्य चैतन्य रूप आत्मा न उत्पन्न होता है न मरता है; न यह किसी से हुआ है और न इससे कोई हुआ है; अर्थात् इसका कारण या कार्य नहीं है। यह अजन्मा है, नित्य है, शाश्वत है और पूर्ण है; शरीर के मारे जाने पर भी यह मरता नहीं है।

–कठोपनिषद

निश्चय रे आत्मा अक्षय धन,
वह अनन्त के पावक का कण,
जड़-चेतन की धूप-छांह से
जीवन शोभा का मुख गुंठित।

निश्चय रूप से यह आत्मा अक्षय धन है, वह अनन्त परमात्मा की अग्नि का कण है। वह जड़ और चेतन सबमें गुप्त रूप से विराजमान रहता है।

–सुमित्रानन्दन पन्त

पवित्र आत्मायें इस संसरा में चिरकाल तक नहीं ठहरतीं।

–प्रेमचन्द

मानव आत्मा की कोई जाति नहीं होती।

–रवीन्द्रनाथ ठाकुर

मैं तो आत्मा की अमरता पर विश्वास करता हूं। जीवन के सागर में हम सब बिन्दु-मात्र हैं और जीवन की वास्तविकता ही सत्य है, आत्मा है, परमात्मा है।

–महात्मा गांधी

यदि मेरे पास सिर्फ दो रोटियां हों, तो मैं एक के फूल खरीदूंगा ताकि रूह को गिज़ा मिल सके।

–हजरत मुहम्मद

सबकी आत्मा एक जैसी है। सबकी आत्मा की शक्ति समान है। मात्र कुछ की शक्ति प्रकट हो गई है, दूसरों को प्रकट होना बाकी है।

–महात्मा गांधी

हमारी आत्मा अमर है।

–सुकरात

हमारी आत्मा ब्रह्म की ज्योति स्वरूप है।

–प्रेमचन्द

आत्मानन्द

अहंकार का नाश करके जिन्होंने आत्मानन्द प्राप्त किया है उन्हें और क्या पाना बाकी है ? वे आत्मा के सिवाय कुछ नहीं जानते।

–रमण महर्षि

जिसे आत्मानन्द का अनुभव है वह विषयानन्द में नहीं फंसेगा। क्या कोई चक्रवर्ती सम्राट दो गांव की सीर की (मालिकाना) इच्छा कर सकता है ?

–ब्रह्मानन्द सरस्वती

आत्मीयता

आत्मीयता अन्तस्थ सहानुभूति को खोलती है। उसमें व्यक्ति खींचता और

छीनता नहीं, देता और बरसाता है। आत्मीयता मिलाती है, अहंता काटती है।

–जैनेन्द्र कुमार

आदत

आदत दूसरी प्रकृति है।

–अंग्रेजी कहावत

जिस आदत से आनन्द न मिले वह आदत न डालो।

–इमर्सन

नीम गुड़ के साथ खाने पर भी अपनी कड़वाहट नहीं छोड़ता। इसी तरह नीच सज्जनों के संग रहकर भी अपनी आदत से बाज़ नहीं आता।

–अज्ञात

आदर्श

अपने आदर्श तक पहुंचने के लिए आपकी आस्था, आपकी श्रद्धा आपकी बड़ी सहायता करती है।

–स्वेट मार्डेन

आदर्श-विहीन मनुष्य मल्लाह-रहित जहाज जैसा है।

–महात्मा गांधी

आदर्श आदर्श ही रहता है, यथार्थ नहीं हो सकता।

–प्रेमचन्द

आदर्श की धुन में व्यावहारिकता का विचार न करना ठीक नहीं है, कोरा आदर्शवाद ख्याली पुलाव है।

–प्रेमचन्द

आदर्श विश्व के पथ-प्रदर्शक होते हैं।

–जे० जी० हालैण्ड

आदर्श को सदा यथार्थ में से उगना चाहिये।

–कार्लाइल

जो आदर्श सत्य की हत्या करके पला हो, वह आदर्श नहीं, चरित्र की दुर्बलता है।

–प्रेमचन्द

जो आदर्श हमने सच्चे अन्तःकरण से बनाया है; मन, वचन और काया एक करके जिस आदर्श की सृष्टि की है, वह अवश्य ही हमारे सामने सत्य के रूप में प्रकट होगा।

–स्वेट मार्डेन

महान् आदर्श महान् मस्तिष्क की सृष्टि करते हैं।

–इमर्सन

यदि स्त्री और पुरुष के विचार और आदर्श एक-से हों, तो स्त्री पुरुष के कामों में बाधक होने के बदले सहायक हो सकती है।

–प्रेमचन्द

विचार या भाव ही मनुष्य को प्रेरित करते हैं, आदर्श ही लोगों को मृत्यु तक का सामना करने को तैयार करते हैं।

–विवेकानन्द

हमारे जीवन का आदर्श कुछ तो ऊंचा होना चाहिए, विशेषकर उन लोगों का जो सभ्य कहलाते हैं।

–प्रेमचन्द

आदर्श पुरुष

आदर्श पुरुष सत्कार्य का सदा समर्थन करता है और दुष्कार्य में कभी शरीक नहीं होता।

–समर्थ गुरु रामदास

आदर्श व्यवहार

'देख लिया किसी को बुरी दृष्टि से
तो बुरे पाप को ले चुके ले चुके।।
रंच दुखाया किसी दुखी का दिल
तो अभिशाप को ले चुके ले चुके।।
किंचित भी लगा दाग चरित्र में
तो अनुताप को ले चुके ले चुके।।
नीति में जो न "नवीन" चले कभी
तो दुख पाप को ले चुके ले चुके।।"

(यदि हमने किसी को बुरी दृष्टि से देख लिया, तो हम पाप कर चुके। यदि हमने किसी का दिल थोड़ा भी दुखा दिया, तो हम अभिशाप के भागी हो चुके। यदि हमारे चरित्र में जरा भी कलंक लग गया तो अनुताप ले चुके। 'नवीन' कहते हैं कि यदि हम नीति के अनुसार नहीं चलते, तो हम दुःख और पाप को ले चुके।)

–मनीराम द्विवेदी 'नवीन'

आदर्शवाद

ऊंचा आदर्शवाद स्वार्थों और मूढ़ाग्रहों का भुलावा देता है।

–सम्पूर्णानन्द

आदर्शवादी

आदर्शवादी सदैव आनन्द के ही स्वप्न देखा करता है, उसे आनन्द की

प्राप्ति नहीं होती।

–प्रेमचन्द

आदिवासी

हमारे जो आदिवासी भाई-बहन हैं, उनको तो हमें खास तौर से बढ़ाना हैं.... हमारे आदिवासी भाई-बहन किसी से कम नहीं हैं। ... पहले दिनों में यहां के आदिवासी लोगों ने बहुत बड़े-बड़े काम किए हैं और अब भी वे बड़े काम करेंगे।

–नेहरू जी

आधुनिकता

जो परम्परागत और प्राचीन है, उसका उपहास आधुनिकता की शोभा हो गयी है। सब कुछ जो अतीत का है, उसका आदर और आग्रह करना अवश्य दुराशा होगी और कालचक्र के महत्त्व की अस्वीकृति। परन्तु समय जिस प्राचीनता को पोंछकर फेंक नहीं पाया है, उसे किसी भी तरह की बातों से मिटाया नहीं जा सकता।

–राजेन्द्रशंकर भट्ट

आनन्द

आनन्द का अन्तरंग सरलता है, बहिरंग सौंदर्य है। इसी से वह स्वस्थ रहता है।

–जयशंकर प्रसाद

आनन्द का मूल है, सन्तोष।

–मनुस्मृति

आनन्द का लगातार और अबाधित उपभोग सच्चे ज्ञान का सबसे ज्वलन्त और सुस्पष्ट संकेत है।

–मान्तेन

आनन्द का स्रोत अपने अन्दर है, और उसे अन्दर से ही ढूंढ़ निकालना होगा।

–अज्ञात

आनन्द की तलाश में तुम दुनिया भर में भ्रमण करते हो ! सन्तोष से उसे हर कोई पा सकता है।

–होरेस

आनन्द की पूर्ति सौंदर्य में दृष्टिगत होती है। आनन्द बाहरी हालात पर नहीं अन्दरूनी हालात पर निर्भर है।

–डेल कार्नेगी

आनन्द वह खुशी है जिसके भोगने पर पछतावा नहीं होता।

–सुकरात

आनन्द वृद्धि में दो चीजें सबसे अधिक सहायक होती हैं–परिश्रम और संयम।

–अज्ञात

आनन्द स्वभावतः मुक्त है। उस पर जोर नहीं चलता, हिसाब भी नहीं चलता।

–रवीन्द्रनाथ ठाकुर

आनन्द हर आदमी के अन्दर है और वह पूर्णता और सत्य की तलाश से मिलता है।

–महात्मा गांधी

आनन्द ही ब्रह्म है, यह जान। आनन्द से ही सब प्राणी उत्पन्न होते हैं, उत्पन्न होने पर आनन्द से ही जीवित रहते हैं और मृत्यु होने पर आनन्द में ही समा जाते हैं।

–उपनिषद

आनन्द ही सच्ची लक्ष्मी है।

–श्री ब्रह्म चैतन्य

आयु में आनन्द है। समस्त शरीर के मंगल में, स्वास्थ्य में एक आनन्द है। इसी आनन्द का भाग कर देने से दो वस्तुयें प्राप्त होती हैं–एक ज्ञान और दूसरा प्रेम।

–रवीन्द्रनाथ ठाकुर

उन सभी लोगों को जो आनन्द चाहते हैं, आनन्द बांटना चाहिए, क्योंकि आनन्द जुड़वां पैदा हुआ है।

–बायरन

किसी ईश्वरीय यथार्थ से सम्मिलन, किसी स्वर्गीय आनन्द की अनुभूति केवल धर्म के ही मार्ग से सम्भव नहीं है, प्रार्थना और उपवास के अतिरिक्त भी ऐसे मार्ग हैं, जिनसे वहां तक पहुंचा जा सकता है।

–समर्सेट माम

क्षण भर भी काम के बिना रहना ईश्वर की चोरी समझो। मैं दूसरा कोई और रास्ता भीतरी या बाहरी आनन्द का नहीं जानता।

–महात्मा गांधी

जो वस्तु आनन्द नहीं प्रदान कर सकती, वह सुन्दर नहीं हो सकती, और जो सुन्दर नहीं हो सकती वह सत्य भी नहीं हो सकती। जहां आनन्द है वहीं सत्य है।

–प्रेमचन्द

झूठा आनन्द आदमी को कठोर और अहंकारी बना देता है और वह आनन्द दूसरों को नहीं दिया जा सकता। सच्चा आनन्द आदमी को दयालु और समझदार बनाता है और उस आनन्द का और लोग भी सदा लाभ लेते हैं।

–मौण्टेस्क

दीपक जैसे घर को जगमगा देता है, उसी तरह आनन्द जीवन को उज्ज्वलता से भर देता हैं। आनन्द की अनुभूति जीवन की समस्त जड़ता मिटा देती है। आनंद हमारे लिए वह पारस है जिसके छूने से जीवन की प्रत्येक वस्तु सोना बन जाती है।

–अज्ञात

दुनियावी चीजों में सुख की तलाश फिजूल है, आनन्द का खजाना तो तुम्हारे अन्दर है।

–स्वामी रामतीर्थ

पीड़ा के परिमाण में ही आनन्द का परिमाण है।

–रवीन्द्रनाथ ठाकुर

पीड़ा तो स्वयं को संभाल पाती है, परन्तु आनन्द का भार बांटने के लिए तो किसी मनुष्य का साथ होना आवश्यक है।

–मार्क ट्वेन

विज्ञान और आनन्द ब्रह्म ही हैं।

–वृहदा० उपनिषद

संयम और त्याग के रास्ते से ही शान्ति और आनन्द तक पहुंचा जा सकता है।

–आइन्स्टीन

सुख और आनन्द ऐसे इत्र हैं, जिन्हें जितना ज्यादा छिड़कोगे उतनी ही ज्यादा सुगन्धि आपके अन्दर समाएगी।

–इमर्सन

सुख-दुःख देने वाली बाहरी चीजों पर आनन्द का आधार नहीं है। आनन्द सुख से भिन्न वस्तु है। मुझे धन मिले और मैं उसमें सुख मानूं–यह मोह है। मैं भिखारी होऊं, खाने का दुःख हो, फिर भी मेरे चोरी या किन्हीं दूसरे प्रलोभनों में न पड़ने में जो बात मौजूद है वह मुझे आनन्द देती है।

–महात्मा गांधी

सिवाय पाप के हर चीज में कुछ न कुछ आनन्द है।

–सिगोरिनी

वास्तविक और ठोस आनन्द वहां है जहां अति न हो।

–गेटे

मानव अपने आनन्द का निर्माता स्वयं है।

–थोरो

कर्म का भोग भोग का कर्म,
यही जड़ का चेतन आनन्द।

–जयशंकर प्रसाद

आनन्द से बेहतर सौन्दर्य प्रसाधन कोई नहीं है।

–लेडी ब्लेसिंग्टन

पशु का आनन्द इन्द्रिय तृप्ति में हैं, मानव का चिन्तन-मनन में।

–स्वामी विवेकानन्द

सुख या आनन्द कर्म के रूप में रहता है।

–स्वामी रामतीर्थ

आपत्ति

अग्नि स्वर्ण को परखती है, आपत्ति वीर को।

–सेनेका

आपत्ति मानव बनाती है, और दौलत दानव।

–विक्टर ह्यूगो

आपत्तियां हमें आत्मज्ञान कराती हैं, वे हमें दिखा देती हैं कि हम किस मिट्टी के बने हैं।

–जवारहलाल नेहरू

आपत्तियों को पराजित करना ही जीवन के आनन्द की पराकाष्ठा है।

–शोपेनहार

धीरज धर्म मित्र अरु नारी। आपत काल परखिए चारी।
(धैर्य, धर्म, मित्र और पत्नी–इन चारों की परीक्षा विपत्ति-काल में होती है।)

–गोस्वामी तुलसीदास

बुद्धिमान मनुष्य को आपत्ति से घबराना नहीं चाहिए।

–कॉन्फ्यूशस

मनुष्य को आपत्ति का सामना करने के लिए सहायता देने में मुस्कान से बढ़कर और कोई चीज नहीं है।

–सन्त तिरुवल्लुवर

आभूषण

आभूषणों से आत्मा ऊंची नहीं हो सकती।

–प्रेमचन्द

ऐश्वर्य का आभूषण सज्जनता, शूरता का वाक्-संयम, ज्ञान का शान्ति, कुल का विनय, धन का सुपात्र के लिए व्यय, तपस्वी का भूषण अक्रोध, बलवानों का क्षमा, धर्म का निश्छलता, और सब गुणों का आभूषण शील है।

–भर्तृहरि

नम्रता और मीठे वचन ही मनुष्य के आभूषण होते हैं। शेष सब नाममात्र के भूषण हैं।

–सन्त तिरुवल्लुवर

नारी का सतीत्व ही उसका आभूषण है।

–अज्ञात

लज्जा भूषणं नारीणाम् !

(लज्जा स्त्रियों का आभूषण है।)

–अज्ञात

लज्जा और विनय ही भारत की देवियों के आभूषण हैं।

–प्रेमचन्द

सुन्दर आकृति वालों के लिए आभूषण की आवश्यकता नहीं है।

–कालिदास

आय

आमदनी पर सबकी निगाह होती है, खर्च कोई नहीं देखता।

–प्रेमचन्द

धर्म की कमाई में बल होता है।

–प्रेमचन्द

हराम की कमाई हराम में जायेगी।

–प्रेमचन्द

अपार धनशाली कुबेर भी यदि आय से अधिक व्यय करे, तो निर्धन हो जाता है।

–चाणक्य

ऊपरी आय बहता हुआ स्रोत है, जिससे सदैव प्यास बुझती है।

–प्रेमचन्द

आयु

दिन-रात निरन्तर बीत रहे हैं और संसार में सब प्राणियों की आयु का नाश ठीक उसी तरह तीव्र गति से कर रहे हैं जैसे सूर्य की किरणें गरमी के मौसम में जल को सुखाती हैं।

–वाल्मीकि रामायण

बीस वर्ष की आयु में संकल्प शासन करता है, तीस वर्ष में बुद्धि और चालीस वर्ष में विवेक।

–बेंजमिन फ्रेंकलिन

आरत

मांगउं भीख त्यागि निज घरमू। आरत काह न करै कुकरमू।

(भरतजी कहते हैं कि मैं अपने जाति-धर्म का त्याग करके भिक्षा मांगता हूं, क्योंकि आरत मनुष्य सब कुकर्म करने पर विवश होते हैं।)

–गोस्वामी तुलसीदास

आरत कहहि विचार न काऊ। सूझ जुआरिहि आपन दाऊ।।

(भरत जी कहते हैं कि आरत लोग कुछ विचार नहीं करते हैं, क्योंकि जुआरी को अपना ही दांव सूझ पड़ता है।)

–गोस्वामी तुलसीदास

रहत न आरत के चित चेतू।

(आरत मनुष्य के चित्त में सत् तथा असत् का विवेक नहीं रहता।)

–गोस्वामी तुलसीदास

आरती

सजि आरती अनेक विधि, मंगल सकल संवारि।
चलीं मुदित परिछनि करन, गज गामिनि वर नारि।।

(जब श्रीरामचन्द्र जी जनक जी के महल के द्वार पर पहुंचे, तब अनेक प्रकार की आरती और सब मंगल की वस्तुयें सजा कर गजगामिनी सुन्दर स्त्रियां उनका स्वागत करने चलीं।)

–गोस्वामी तुलसीदास

आरम्भ

किसी कार्य का आरम्भ उसका सबसे महत्त्वपूर्ण अंग होता है।

–प्लेटो

जिस काम को तुम कर सकते हो या कल्पना करते हो कि तुम कर सकोगे, उसको आरम्भ कर दो। साहस में प्रतिभा, शक्ति और जादू है। सिर्फ काम में जुट जाओ, मस्तिष्क में वेग आ जायेगा। आरम्भ करो, कार्य रामाप्त होगा।

–गेटे

नीच लोग विघ्न के भय से कोई कार्य नहीं करते, मध्यम श्रेणी के लोग कार्य को आरम्भ करके विघ्न पड़ने पर बीच में ही छोड़ देते हैं, किन्तु उत्तम लोग बार-बार विघ्न पड़ने पर भी आरम्भ किए हुए काम को बीच में नहीं छोड़ते।

–भर्तृहरि

यदि आरम्भ अच्छा हुआ तो समझिए कि आधा काम पूरा हो गया।

–अज्ञात

आर्य-स्त्रियां

केवल पुरुष ही थे न वे जिनका जगत को गर्व था,
गृह-देवियां भी थीं हमारी देवियां ही सर्वथा।

निज स्वामियों के कार्य में समभाग जो लेतीं न वे,
अनुरागपूर्वक योग जो उसमें सदा देती न वे।
तो फिर कहतीं किस तरह 'अर्द्धांगिनी' सुकुमारियां,
तात्पर्य यह अनुरूप ही थीं नरवरों के नारियां।।

(प्राचीन काल में संसार को केवल भारत के पुरुषों का ही गर्व नहीं था; हमारी स्त्रियां भी सब प्रकार से देवियां थीं। यदि वे अपने स्वामियों के कामों में समान भाग न लेतीं और प्रेमपूर्वक उसमें सदा सहयोग न करतीं, तो उन कुसुमारियों को अर्द्धांगिनियां क्यों कहते ? तात्पर्य यह है कि प्राचीन काल में स्त्रियां सर्वदा पुरुषों के अनुरूप हुआ करती थीं।)

–मैथिलीशरण गुप्त

आराम

आराम हराम है।

–जवाहरलाल नेहरू

आराम उनके प्रति विश्वासघात है जो इस संसार से चले गए हैं और जाते समय स्वतन्त्रता का दीप सदा प्रज्ज्वलित रखने के लिए हमें दे गये हैं। यह उस ध्येय के प्रति विश्वासघात है जिसे हमने अपनाया है और जिसे प्राप्त करने की हमने प्रतिज्ञा की है। यह उन लाखों के प्रति विश्वासघात है जो कभी आराम नहीं करते।

–जवाहरलाल नेहरू

बहुत अधिक आराम स्वयं दर्द बन जाता है।

–होमर

हमारे अधिकतर आरामों की उत्पत्ति विपत्ति के समय होती है।

–यंग

आलस्य

आलस्य आपके लिए मृत्यु है और केवल उद्योग ही आपका जीवन है।

–स्वामी रामतीर्थ

आलस्य को अपना एकमात्र शत्रु समझनेवाला कर्त्तव्य-परायण व्यक्ति ही वर्तमान परिस्थिति का सदुपयोग करते हुए उसे अपने अनुकूल बना लेता है।

–अज्ञात

आलस्य जीवित मनुष्य की कब्र है।

–कूपर

आलस्य की कब्र में सब सद्‌गुण दफन हो जाते है।

–श्रीमती ऐलैण्ड

आलस्य जीवित मानव को दफना देता है।

–अज्ञात

आलस्य दरिद्रता का मूल है।

–यजुर्वेद

आलस्य दरिद्रता की कुंजी और सारे अवगुणों की जड़ है।

–स्वरंजन

आलस्य परमेश्वर के दिए हुए हाथ-पैरों का अपमान है।

–अज्ञात

आलस्य में दरिद्रता का वास होता है।

–सन्त तिरुवल्लुवर

आलस्य से ही दरिद्रता और परतन्त्रता मिलती है।

–अज्ञात

आलस्यं स्त्रीसेवा सरोगता जन्मभूमिवात्सल्यम्।
सन्तोषी भीरुत्वं षड् व्याघाता महत्त्वस्य।।

(आलस्य, पत्नीसेवा, रोगी रहना, जन्मभूमि का स्नेह, सन्तोष और भीरुता–ये छः बातें प्रगति में बाधक हैं।)

–हितोपदेश

आलस्यं हि मनुष्याणां शरीरस्यो महान रिपुः।
(आलस्य मनुष्यों के शरीर में रहने वाला महान शत्रु है।)

–हितोपदेश

आलस्य वह रोग है जिसका रोगी कभी नहीं सम्भलता।

–प्रेमचन्द

आलस्य में जीवन बिताना आत्महत्या के समान है।

–सुकरात

आलस्य में निर्वलता का वास है, किन्तु जो आलस्य नहीं करता, उसके श्रम में कमला बसती है।

–तिरुवल्लुवर

दुनिया में आलस्य बढ़ाने सरीखा दूसरा भयंकर पाप नहीं है।

–बिनोवा भावे

यदि तुमने स्वर्ग और नरक नहीं देखा है तो समझ लो कि उद्यम स्वर्ग है और आलस्य नरक है।

–अज्ञात

आलसी

अगर तुम आलसी हो तो अकेले मत रहो, अगर-तुम अकेले हो तो आलसी मत बनो।

–जॉन्सन

आलसियों की तरह जीने से समय और जीवन पवित्र नहीं किये जा सकते।

–सायरस

आलसी की कोई सदिच्छा कभी पूरी नहीं होती।

–सर्वेण्टीन

आलसियों को खिलाना-पिलाना वास्तव में उन्हें जहर देना है।

–प्रेमचन्द

आलसी को सदा असन्तोष रहता है।

–अज्ञात

आलसी मनुष्य सदा ऋणी और दूसरों के लिए भार-रूप रहता है।

–अज्ञात

देवता यज्ञकर्ता, पुरुषार्थी तथा भक्त को चाहते हैं, आलसी से प्रेम नहीं करते।

–ऋग्वेद

बरतने से कोई वस्तु इतनी जल्दी नहीं घिसती जितनी जल्दी मोर्चा लगने से घिसती है। इसी प्रकार आलस्य आदमी को निकम्मा कर देता है।

–अज्ञात

आलोचक : आलोचना

रचना में क्या-क्या गुण होने चाहिए,
कूद फांदकर भी तुम नहीं बताते हो।
पर रचना के दुर्गुण अपनी ही कृति में,
कदम-कदम पर खूब दिखाए जाते हो।।

–रामधारी सिंह दिनकर

आलोचक प्रायः वे ही व्यक्ति बनते हैं जो कला और साहित्य के क्षेत्र में असफल रहते हैं।

–डिसरैली

हाथी अपने रास्ते चलता जाता है, कुत्ते भौंकते हैं उन्हें भौंकने दो।

–कबीर

आलोचना एक भयानक चिनगारी है—ऐसी चिनगारी है जो अहंकार रूपी बारूद के गोदाम में विस्फोट उत्पन्न कर सकती है और यह विस्फोट कभी-कभी मृत्यु को शीघ्र ले आता है।

–डेल कारनेगी

आलोचना वृक्ष की शाखा से प्रायः फूल और कीड़े—दोनों को एक साथ ही पृथक कर देती है।

–रिश्लर

आलोचना व्यर्थ होती है, क्योंकि इससे दोषी प्रायः अपने को निर्दोष सिद्ध करने का प्रयत्न करने लगता है। आलोचना भयावह भी है, क्योंकि वह मनुष्य

के बहुमूल्य गर्व पर घाव करती है, उसकी महत्ता के भाव को पीड़ा पहुंचाती है और उसके क्रोध को भड़काती है।

–डेल कारनेगी

कभी-कभी आलोचना अपने सखा को भी शत्रु बना देती है।

–अज्ञात

किसी की आलोचना मत करो जिससे तुम्हारी भी कोई आलोचना न करे।

–लिंकन

कभी-कभी मौन रह जाना सबसे तीखी आलोचना होती है।

–अज्ञात

जब तक तुममें दूसरों को व्यवस्था देने या दूसरों के अवगुण ढूँढ़ने, या दूसरों के दोष ही देखने की आदत मौजूद है तब तक तुम्हारे लिए ईश्वर का साक्षात् करना अत्यन्त कठिन है।

–स्वामी रामतीर्थ

जब तुम्हारे अपने दरवाजे की सीढ़ियां मैली हैं, तो अपने पड़ोसी की छत पर पड़ती हुई गन्दगी का उलाहना मत दो।

–कन्फ्यूशस

दूसरों में दोष न निकालना, दूसरों को उन दोषों से उतना नहीं बचाता जितना अपने को बचाता है।

–स्वामी रामतीर्थ

स्वयं ईश्वर भी मनुष्य के कर्मों का विचार उसकी मृत्यु के पहले नहीं करते।

–डॉ० सैम्युअल जॉनसन

बच्चों को आलोचना की अपेक्षा आदर्श की अधिक आवश्यकता होती है।

–अज्ञात

आवरण

आज आंधी की तरह आए हुए पैसे ने उसकी बदसूरती पर वैसा ही आवरण डाला था, जैसे कि कोई नवयुवती चेहरे के रंग और उसके दागों पर क्रोध और पाउडर का आवरण डाल लेती है।

–शरण

आवश्यकता

आवश्यकता आविष्कार की जननी है।

–कहावत

आवश्यकता कभी मुनाफे का सौदा नहीं करती।

–बेंजमिन फ्रेंकलिन

आवश्यकता का कम होना विद्वत्ता का सिद्ध है।

–इब्न-उल-वर्दी

आवश्यकता के लिए कोई कानून नहीं है।

–क्रामवेल

आवश्यकता के सदृश कोई सद्‌गुण नहीं है।

–शेक्सपीयर

आवश्यकता तर्क के सामने नहीं झुकती।

–गैरीबाल्डी

आवश्यकता बहुधा प्रतिभा को प्रोत्साहित करती है।

–बालजक

आवश्यकता भीरु को वीर बना देती है।

–सैलहास्ट

आवश्यकता लाभप्रद कलाओं की जननी है, और विलासिता ललित कलाओं की।

–शोपनहावर

जिस मनुष्य की जितनी कम आवश्यकता होती है, वह ईश्वर के उतना ही समीप होता है।

–सुकरात

यह आवश्यकता है, आनन्द नहीं, जो हमें बाध्य करती है।

–दांते

आवागमन

आवागमन संसार का सहज धर्म है, इससे परमात्मा को भी अवकाश नहीं है।

–अज्ञात

जन्म तो मरण और पुनर्जन्म की परम्परा की गाथा हैं हमें पुनर्जन्म प्राप्त करने के लिए पहले मृत्यु को अंगीकार करना होगा।

–रोम्यां रोलां

जन्म और मृत्यु जगत के दो निर्विवाद सत्य हैं। आवागमन की समस्या इन्हीं दो सत्यों का स्पर्श करती है।

–अज्ञात

यदि मनुष्य आवागमन के चक्कर से छूटना चाहता है, तो उसे इच्छाओं का दमन करना होगा। परन्तु इन्द्रियों पर काबू पाना बहुत बड़ी तपस्या है।

–अज्ञात

आवेग

आवेग में हम उद्दिष्ट स्थान से आगे निकल जाते हैं।

–प्रेमचन्द

बड़े बड़े महान् संकल्प आवेग में ही जन्म लेते हैं।

—प्रेमचन्द

आवेश

आवेश और क्रोध को वश में कर लेने से शक्ति बढ़ती है और आवेश को आत्म-बल के रूप में परिवर्तित किया जा सकता है।

—महात्मा गांधी

आवेश के प्रभाव से बुद्धि विपरीत हो जाती है।

—अज्ञात

आवेश बुद्धि, बल, शक्ति, क्षमता-सबका दिवाला निकाल देता है।

—अज्ञात

आश्चर्य

आश्चर्य अज्ञानता की बेटी है।

—जॉन फ्लोरियो

आश्चर्य अनीच्छित प्रशंसा है।

—यंग

आश्चर्य आराधना का आधार है।

—कारलाइल

आश्चर्य ज्ञान का मूल है।

—बेकन

आश्चर्य दर्शन का पहला कारण है।

—अरस्तू

प्रतिदिन जीव मौत के मुंह में जा रहे हैं, परन्तु शेष लोग अमर रहना चाहते हैं, इससे बढ़कर आश्चर्य क्या होगा ?

—महाभारत

सम्पूर्ण आश्चर्य अज्ञान का फल है।

—सैम्युअल जॉनसन

आशा

अंग गलित सिर सब पलित, भयउ दन्त को अंत।
तऊ वृद्ध कर दण्ड गहि, आसा धरत अनन्त।।

(सब शरीर गल गया, बाल सब सफेद हो गए और सब दांत टूट गए ! बूढ़ा हाथ में डण्डा लेकर चलता है तब भी उसकी आशायें अनन्त हैं।)

—लक्ष्मी बल्लभ

आशा अन्तिम श्वास तक साथ नहीं छोड़ती।

—सुदर्शन

आशा अमर है, उसकी आराधना कभी निष्फल नहीं होती।

–महात्मा गांधी

आशा उत्तम जलपान है, किन्तु वह रात्रि का निकृष्ट भोजन है।

–बेकन

आशा उत्साह की जननी है। आशा में तेज है, बल है, जीवन है। आशा ही संसार की संचालक शक्ति है।

–प्रेमचन्द

आशा और आत्म-विश्वास ही वे वस्तुएं हैं जो हमारी शक्तियों को जाग्रत करती हैं और हमारी उत्पादन-शक्ति को दुगुना-तिगुना बढ़ा देती हैं।

–स्वेट मार्डेन

आशा की भी कितनी सख्त जान है, वह मरते-मरते भी उठकर खड़ी हो जाती है।

–अज्ञात

आशा जब भय से उत्पन्न होती है तब उज्ज्वलतम होती है।

–वॉल्टर स्कॉट

आशा जीवन का लंगर हे, उसका सहारा छोड़ने से आदमी भव-सागर में बह जाता है; लेकिन बिना हाथ-पैर हिलाए केवल आशा करने से भी काम नहीं चल सकता।

–लुकमान

आशा नाम की एक नदी है, जिसमें मनोरथ रूपी जल भरा है, तृष्णा रूपी तरंगें हैं, राग-रूपी मगर और वितर्क-रूपी अनेक पक्षी हैं। यह धैर्य रूपी तट के वृक्षों को ढहाने वाली है। उसमें मोह-रूपी भंवर है, जिसके कारण वह अत्यन्त दुस्तर और गम्भीर है। उसकी चिन्तारूपी ऊंची-ऊंची कगारें हैं। उस मोह नदी के पार पहुंचे हुए विशुद्धचित्त योगीश्वर ही आनन्द पाते हैं।

–भर्तृहरि

आशा निर्बलता से उत्पन्न होती है, पर उसके गर्भ से शक्ति का जन्म होता है।

–प्रेमचन्द

आशा परम दुःख है, नैराश्य परम सुख है परवश दुखी स्ववश सुखी है।

–मनुस्मृति

आशा बुद्धि को धोखा दे जाती है।

–अज्ञात

आशा में ही सुधा का वास है।

–प्रेमचन्द

आशा सदा हमसे कहती रहती है, 'बढ़े चलो, बढ़े चलो' और यूं हमें कब्र

में ला पटकती है।

–मैडेम डि मेण्टेनन

आशा ही एक ऐसी चीज है जो सबके पास मिल सकती है। जिसके पास और कुछ नहीं होता, उसके पास आशा तो रहती ही है।

–थेल्स

आशा ही जीवन है और जीवन ही आशा है।

–अज्ञात

आशे, तुम्हारे ही भरोसे जी रहे हैं हम सभी,
सब कुछ गया पर हाय रे ! तुमको न छोड़ेंगे कभी।
आशे, तुम्हारे ही सहारे टिक रही है यह मही,
धोखा न दीजो अन्त में, विनती हमारी है यही।।

(हे आशे ! हम सभी तुम्हारे ही भरोसे जी रहे हैं। हाय, हमारा सब कुछ चला गया, पर हम कभी तुमको नहीं छोड़ेंगे। हे आशे, यह पृथ्वी तुम्हारे ही सहारे पर टिक रही है। हम तुमसे यही प्रार्थना करते हैं कि अन्त में तुम हमें धोखा मत देना।)

–अज्ञात

ऐसे भए तो कहा तुलसी,
जो पै आसन मारि के आसा न मारी।

(तुलसीदास जी कहते हैं कि यदि आसन तो जमा लिया परन्तु आशा का हनन नहीं किया तो तुम्हारा आसन-प्राणायाम व्यर्थ है।)

–गोस्वामी तुलसीदास

जब तक सांस तब तक आस।

–कहावत

जहां कोई आशा नहीं होती वहां कोई उद्योग भी नहीं होता।

–जॉनसन

जिस चीज से आशा बढ़ती है, उससे साहस भी बढ़ता है।

–जॉनसन

जो केवल आशा के बल पर जीता है, वह भूखों मरेगा।

–बेंजमिन फ्रेंकलिन

जो लोग आशा के सेवक हैं, उन्हें सब लोगों का सेवक बनना पड़ता है और आशा जिनकी सेविका है, उनके सभी लोग सेवक हो जाते हैं।

–अज्ञात

तुलसी अद्‌भुत देवता, आसा देवी नाम।
सेयें सोक समर्पई, विमुख भए अभिराम।।

(तुलसीदास जी कहते हैं कि एक विलक्षण देवी है जिसका नाम आशा है। जो उसकी सेवा करता है उसे वह शोक प्रदान करती है परन्तु जो उससे विमुख हो जाता है, उसके लिए वह बहुत आनन्ददायिनी होती है।)

–गोस्वामी तुलसीदास

निरर्थक आशा से बंधा हुआ मानव अपना हृदय सुखा डालता है और आशा की कड़ी टूटते ही वह झट से विदा हो जाता है।

–रवीन्द्रनाथ ठाकुर

प्रयत्नशील मनुष्य के लिए सदा आशा है।

–गेटे

मनुष्यों की आशा ऐसी आश्चर्यपूर्ण जंजीर है जिससे बंधे हुए लोग दौड़ते हैं तथा जिससे मुक्त होने पर पंगु के समान खड़े रहते हैं।

–अज्ञात

मेरी राय मानो, अपनी नाक से आगे मत देखा करो। तुम्हें हमेशा मालूम होता रहेगा कि उससे आगे भी कुछ है, और वह ज्ञान तुम्हें आशा और आनन्द से मस्त रखेगा।

–जॉर्ज बर्नार्ड शॉ

बीती नहीं यद्यपि अभी तक है निराशा की निशा,
है किन्तु आशा भी कि होगी दीप्त फिर प्राची दिशा।
महिमा तुम्हारी ही जगत में धन्य आशे ! धन्य है,
देखा नहीं कोई कहीं अवलम्ब तुम-सा अन्य है।।

(यद्यपि अभी तक भारत से निराशा की निशा नहीं बीती है, तथापि हमारे मन में यह आशा बनी हुई है कि पूर्व दिशा अर्थात् भारत में फिर ज्ञान का प्रकाश होगा। हे आशा देवी ! तुम धन्य हो। जगत में सर्वत्र तुम्हारी महिमा व्याप्त है। मनुष्य को तुम्हारे जैसा कोई दूसरा सहारा उपलब्ध नहीं है।)

–मैथिलीशरण गुप्त

यहि आसा अटक्यो रह्यो, अलि गुलाब के मूल।
ह्वै है बहुरि बसंत ऋतु, इन डारन वे फूल।।

(भौंरा गुलाब के पौधे में इस आशा से अटका रहता है कि फिर बसन्त ऋतु आयेगी और इन डालों में फिर फूल लगेंगे।)

–बिहारीलाल

युवा काल की आशा पुआल की आग है जिसके जलने और बुझाने में देर नहीं लगती।

–प्रेमचंद

व्यर्थ आशा केवल मूर्खों को ही प्रसन्न करती है। बुद्धिमान लोग ऐसी आशा

नहीं करते।

–अज्ञात

संसार में ऐसा कोई नहीं है जो आशा का पेट भर सके। मनुष्य की आशा समुद्र के समान है, वह कभी भरती ही नहीं।

–महाभारत

स्मृति पीछे दृष्टि डालती है, आशा आगे।

–रामचन्द्र टण्डन

हते भीष्मे हते द्रोणे कर्णे वा त्रिदिवं गते।
आशा बलवती राजन् शल्यो जेष्यति पाण्डवान्।।

(महाभारत में भीष्म पराजित हो गए, द्रोण मारे गए और कर्ण स्वर्ग को चले गए फिर भी दुर्योधन को यह आशा बनी ही रही कि शल्य पाण्डवों को जीत लेगा। सचमुच, आशा बहुत बलवती होती है।)

–महाभारत

हीरे परखने की आशा जौहरी से ही की जा सकती है।

–प्रेमचन्द

नरक के बीज बोकर स्वर्ग की आशा करना मूर्खता है।

–हयहया

आशा ही वह मधमुक्खी है जो फूलों के बिना मधु बनाती है।

–इंगरसोल

आशावाद : आशावादी

आशावाद मनुष्यों के लिए अमृत है। जैसे सूर्य से बनंस्पतियों को जीवन प्राप्त होता है, वैसे ही आशावाद से मनुष्यों में जीवन-शक्ति का संचार होता है।...इसके विपरीत निराशावाद कभी भी आपकी उन्नति नहीं होने देता और सदा आपके लक्ष्य में बाधक सिद्ध होता है।

–स्वेट मार्डेन

मनुष्य की सब उन्नति, जीवन की सफलता और सृष्टि की चरितार्थता आशावाद में ही प्रतिष्ठित है।

–अज्ञात

आशावादी परमात्मा का भक्त होता है, पक्का ज्ञानी, पूर्ण ऋषि।

–प्रेमचन्द

हार मान हो गई न जिसकी किरण तिमिर की दासी।
न्यौछावर उस एक पुरुष पर कोटि-कोटि सन्यासी।।

–रामधारी सिंह 'दिनकर'

आश्रय

किसी का सहारा लिए बिना कोई ऊंचे नहीं चढ़ सकता। अतएव सबको

किसी प्रधान आश्रय का सहारा लेना चाहिए।

–महाभारत

आसक्ति

आसक्ति हमारे चित्त को विषय में आबद्ध करती है।

–रवीन्द्रनाथ ठाकुर

दुःख का मूल कारण आसक्ति है।

–महाभारत

आसक्ति भय और चिन्ता की जड़ है।

–स्वामी रामतीर्थ

यदि तुमने आसक्ति का राक्षस नष्ट कर दिया है, तो इच्छित वस्तुएं तुम्हारी पूजा करने लगेंगी।

–स्वामी रामतीर्थ

आह

कमजोर गरीब की दुःखभरी आह अभिमान को चूर्ण करने में समर्थ होती है।

–अज्ञात

जहां तक हो, किसी के मन को मत दुखाओ। याद रखो, गरीब की आह से संसार उलट-पलट हो सकता है।

–शेख सादी

दुर्बल को न सताइए, मोटी ताकी आह।
मुई खाल की सांस से, लोह भसम है जाय।।

(कमजोर आदमी को नहीं सताना चाहिए, क्योंकि उसकी आह विनाशक होती है। देखिए, मरी हुई खाल से बनी हुई धौंकनी की हवा से लोहा जैसा कठोर पदार्थ भी भस्म हो जाता है।) **–कबीर**

आह्लाद

आह्लाद वह चीज है जिसे शब्दों में व्यक्त नहीं किया जा सकता। यह तो संगीत-लहरियों की तरह अनुभव करने की चीज है।

–मार्कट्वेन

इच्छा

इच्छा का समुद्र सदा अतृप्त रहता है, उसकी मांगे ज्यों-ज्यों पूरी की जाती हैं, त्यों-त्यों वह और गर्जना करता है।

–विवेकानन्द

इच्छा से दुख आता है, इच्छा से भय आता है, जो इच्छाओं से मुक्त है, वह न दुख जानता है न भय।

–गौतम बुद्ध

इच्छा ही घोड़ा बन सकती तो प्रत्येक मनुष्य घुड़सवार हो जाता।

–शेक्सपियर

इच्छा ही नरक है, सारे दुखों का आगार ! इच्छाओं को छोड़ना स्वर्ग प्राप्त करना है।

–जेम्स ऐलन

इच्छाओं को त्यागने वाले यतियों का गुण गाना उतना ही असम्भव है जितना कि संसार में अब तक मरे हुओं की गिनती करना।

–संत तिरुवल्लुवर

इच्छाओं को शान्त करने से नहीं, बल्कि उन्हें परिमित करने से शान्ति प्राप्त होती है।

–हेबर

हमारी इच्छाएं जितनी ही कम हों, उतने ही हम देवताओं के समीप हैं।

–सुकरात

जिस क्षण तुम इच्छा से ऊपर उठ जाओगे, इच्छित वस्तु तुम्हारी तलाश करने लगेगी, यही नियम है।

–स्वामी रामतीर्थ

चाह गई चिन्ता मिटी, मनुवा बेपरवाह।
जिनको कछू न चाहिए, सोई साहंसाह।।

–कबीर

पहले थी, अब से दूर बहुत दिल में हसरतें।
अब आरजू यह है कि कोई आरजू न हो।।

–अकबर

जब तक इच्छा का लेश भी विद्यमान है, तब तक ईश्वर के दर्शन नहीं हो सकते। अतएव अपनी छोटी-छोटी इच्छाओं और सम्यक् विचार एवं विवेक द्वारा बड़ी-बड़ी इच्छाओं का त्याग कर दो।

–रामकृष्ण परमहंस

जैसी हमारी इच्छायें होती हैं, जैसे हमारे हार्दिक भाव होते हैं, ठीक उन्हीं की झलक हमारे मुखमंडल पर दिखाई देने लगती हैं।

–स्वेट मार्डेन

पूर्ण सत्य की प्राप्ति के लिए तुम्हें सांसारिक इच्छाओं से छुटकारा पाना होगा।

–स्वामी रामतीर्थ

यदि हमारी इच्छा-शक्ति छुद्र और कमजोर होगी, तो हमारी मानसिक शक्तियों का कार्य भी वैसा ही होगा।

–स्वेट मार्डेन

विश्व में हमारी इच्छा ही तो मूलकर्ता है।

–रवीन्द्रनाथ ठाकुर

समस्त देह में एक इच्छा है जो अगोचर है। वह है स्वास्थ्य की इच्छा।

–रवीन्द्रनाथ ठाकुर

समस्त भय और चिन्ता इच्छाओं का परिणाम है।

–स्वामी रामतीर्थ

इच्छातीत

जो तमाम इच्छाओं से ऊपर उठ गया है, उसके द्वारा भलाई सदा इस तरह अनजाने, सहज और स्वाभाविक तौर से होती रहती है, जैसे फूल से खुशबू और सितारों से रोशनी निकलती रहती है।

–स्वामी रामतीर्थ

इज्जत : इज्जतदार

इज्जत अमूल्य रत्न है जिसको खोकर इंसान के पास कुछ नहीं रहता।

–शरण

इज्जत को चोट पहुंचाने की अपेक्षा दस हजार बार मृत्यु उत्तम है।

–एडिसन

जो अपनी इज्जत करते हैं, उनकी सब इज्जत करेंगे ही।

–बेकन्सफील्ड

प्रत्येक मनुष्य को अपना जीवन प्रिय होता है, परन्तु महान पुरुष को अपनी इज्जत जीवन से कहीं अधिक मूल्यवान और प्रिय होती है।

–शेक्सपीयर

यह ज्यादा अच्छा है कि तुम इज्जत के लायक बनो और उसे न पाओ, बनिस्वत इसके कि तुम उसे पा जाओ मगर उसके लायक न बनो।

–पुर्तगाली कहावत

दरिद्रता से जीवन बिताने वाला, संसार की नजर से गिरा हुआ मनुष्य भी यदि धर्म के पथ से नहीं डिगता, तो वही सच्चा इज्जतदार है।

–अज्ञात

इतिहास

इतिहास की यत्नपूर्वक रक्षा करनी चाहिए। धन तो आता-जाता रहता है। धन के नाश हो जाने पर कुछ नष्ट नहीं होता। परन्तु इतिहास के नष्ट कर देने पर विनाश निश्चित है।

–महाभारत

इतिहास के अध्ययन से मनुष्य बुद्धिमान बनता है।

–बेकन

इतिहास के अनुभवों से हम सबक नहीं लेते, इसी से इतिहास की पुनरावृति होती है।

–विनोबा भावे

इतिहास स्वदेशाभिमान सिखाने का साधन है।

–महात्मा गांधी

इतिहास मनुष्यों के अपराधों, मूर्खताओं और अभाग्यों के रजिस्टर के अतिरिक्त और कुछ भी नहीं है।

–गिबन

जीवन-चरित ही सच्चा इतिहास है।

–कार्लाइल

जो देखी हिस्ट्री, इस बात पर कामिल यकीं आया,
उसे जीना नहीं आया, जिसे मरना नहीं आया।।

(जब मैंने इतिहास का अध्ययन किया, तो मुझे इस बात का पूरा विश्वास हो गया कि जिस व्यक्ति को मरना नहीं आया, उसे जीना भी नहीं आया।)

–अकबर

मानव-इतिहास प्रधानरूप से विचारों का इतिहास है।

–एच०जी०वेल्स

इन्द्रियां

काम और क्रोध का मूल स्थान इन्द्रियां हैं। इन्हीं इन्द्रियों से कर्म-प्रवृत्ति पैदा होती है। इसलिए सबसे पहले इन इन्द्रियों को ही वश में करना चाहिए।

–ज्ञानेश्वरी

जब एक ही इन्द्रिय के स्वच्छन्द विचरण से जीव सैंकड़ों दुःख पाता है, तब जिसकी पांचों इन्द्रियां स्वच्छन्द हैं, उसका तो फिर पूछना क्या।

–मुनि देवसेन

अपनी इन्द्रियां जिसके वश में है, उसकी बुद्धि स्थिर है।

–श्रीमद्‌भगवद गीता

जैसे कछुआ सब ओर से अपने अंग समेट लेता है, वैसे ही जब पुरुष इन्द्रियों को उनके विषयों से समेट लेता है, तब उसकी बुद्धि स्थिर हुई कही जाती है।

–श्रीमद्‌भगवद गीता

इश्क

इश्क ने 'गालिब' निकम्मा कर दिया।
वरना हम भी आदमी थे काम के।।

–गालिब

इश्क पर जोर नहीं, ये वो आतिश 'गालिब'।
कि लगाए न लगे और बुझाए न बुझे।।

(प्रेम पर किसी का जोर नहीं चलता। गालिब कहते हैं कि यह वह आग है जो लगाने से लगती नहीं और बुझाने से बुझती नहीं।)

–गालिब

इश्क सुनते थे जिसे हम वह यही है शायद।
खुद बखुद दिल में है इक शख्स समाया जाता।।

(हम जिसे प्रेम सुनते थे, वह शायद यही है कि मन में एक व्यक्ति अपने आप समाया जाता है।)

–हाली

जिसने दिल खोया उसी को कुछ मिला।
फायदा देखा इसी नुकसान में।।

(जिसने अपना दिल अपने प्रेम-पात्र को दे दिया, उसी को प्रतिफल में उसका प्रेम प्राप्त हुआ। हर प्रेमी ने इसी नुकसान में फायदा देखा है।)

–दाग

सख्त काफिर था जिसने पहले 'मीर'
मजहबे इश्क इख्तियार किया।

(मीर कहते हैं कि वह बहुत बड़ा काफिर था जिसने सबसे पहले प्रेम का धर्म ग्रहण किया।)

–मीर तकी मीर

ईमान : ईमानदार : ईमानदारी

पंडित को भी सलाम है और मौलवी को भी।
मज़हब न चाहिए मुझे ईमान चाहिए।।

–अकबर

यदि आप का हृदय ईमान से भरा है तो एक शत्रु क्या, सारा संसार आपके सम्मुख हथियार डाल देगा।

–स्वामी रामतीर्थ

ईमानदार आदमी का सोचना लगभग हमेशा न्यायपूर्ण होता है।

–रूसो

ईमानदार मानव ईश्वर की सर्वोत्तम कृति है।

–पोप

मैं जब यह कहता हूं कि मैं ईमानदार नहीं हूं, तब भी मैं ईमानदार नहीं होता।

–जूल्स रेनार

यदि आप मूर्ख भी नहीं हैं, तो ईमानदार होना खतरनाक है।

–शॉ

यद्यपि स्वभाव से मैं ईमानदार नहीं हूं, तथापि संयोगवश कभी-कभी वैसा हो जाता हूं।

–शेक्सपीयर

आत्मपरीक्षण में ईमानदारी का बोध होने से बढ़कर कोई और सुख नहीं होता।

–मेंशियस

ईमानदारी, वचन का पालन और उदारता—ये तीन ऐसे गुण हैं जो स्वाभिमान के साथ अनिवार्य रूप से रहते हैं।

–अज्ञात

ईमानदारी सर्वोत्तम नीति है।

–बेंजमिन फ्रैंकलिन

थोड़ी-सी ईमानदारी खतरनाक होती है, और बहुत ज्यादा होने पर वह निश्चित रूप से घातक होती है।

–ऑस्कर बाइल्ड

ईश्वर

ईश एक बार एक ही क्षण देता है, और दूसरा क्षण देने से पूर्व उस क्षण को ले लेता है।

–स्वेट मार्डेन

ईश का शत्रु कभी मनुष्य का सच्चा सखा नहीं हुआ।

–यंग

ईश है और सर्वत्र है, इस तथ्य का हमारे ज्ञान में अभाव नहीं हैं।

–रवीन्द्रनाथ ठाकुर

यदि ईश न भी होता, तो उसका आविष्कार करना हमारे लिए परम आवश्यक हो जाता।

–वॉल्टेयर

समस्त विश्व ईश से परिपूर्ण है।

–विवेकानन्द

ईश्वर ऐसा कृपालु है कि भक्तों को बिना मांगे देता है।

–तुकाराम

ईश्वर क्या है ? एक शाश्वत वाटिका में, शाश्वत खेल खेलता हुआ एक शाश्वत बालक।

–श्री अरविन्द

ईश्वर की कोई वैज्ञानिक परिभाषा नहीं दी जा सकती; हां, आत्मा के सहारे

उसका अनुभव किया जा सकता है।

–सर्वपल्ली डॉ० राधाकृष्णन्

अलक्ष की बात अलक्ष जाने, समक्ष को ही हम क्यों न माने ?
रहे वही प्लावित प्रीतिधारा, आदर्श ही ईश्वर है हमारा।।

(निराकार ईश्वर के बारे में हम क्या जाने। जो साकार है, क्यों न हम उसी ईश्वर को अपना आदर्श मानकर उसके प्रति अपने प्रेम की धारा बहावें।)

–मैथिलीशरण गुप्त

ईश्वर अंश जीव अविनासी। चेतन अमल सहज सुख रासी।।

(जीव ईश्वर का अविनाशी अंश है। वह चेतन, निर्मल, सहज और सुख-राशि है।)

–गोस्वामी तुलसीदास

ईश्वर की अनुभूति हृदय को है, मस्तिष्क को नहीं।

–पास्कल

हम वंशी हैं, हमारा सारा संगीत तुम्हारा है।

–रूमी

ईश्वर की समस्त सुष्टि से, इसके कण-कण से प्रेम करो।

–दास्तावस्की

मैं ईश्वर से डरता हूं, ईश्वर के बाद मुख्यतः उससे डरता हूं जो ईश्वर से नहीं डरता।

–सादी

ईश्वर की चक्की धीमे चलती है, लेकिन बारीक पीसती है।

–जर्मन कहावत

ईश्वर की बही में हमारी करनी ही लिखी जाती है, हमारी पठनी-कथनी नहीं।

–महात्मा गांधी

सब जीवों के हृदय देश में, ईश्वर स्थित होकर रहता।
यन्त्रारूढ़ हुए उन सबको, माया से भ्रामित रखता।।

(ईश्वर सब जीवों के हृदय में निवास करता है और अपनी माया से यंत्र पर बैठे हुए लोगों की तरह उनको घुमाता रहता है।)

–लोकगीता

ईश्वर सत्य है और प्रकाश उसकी छाया है।

–प्लेटो

जिधर भी जाओ, जिधर भी देखो,
उसी का प्रकाश दिखाई देता है।

–गुरु नानकदेव

जिस क्षण तुम सिवाय ईश्वर के और किसी का भरोसा नहीं रखते, उसी समय तुम शक्तिमान् बन जाते हो और तमाम निराशा गायब हो जाती है।

–महात्मा गांधी

क्या तुम नहीं जानते कि तुम ही ईश्वर का मन्दिर हो और ईश्वर की आत्मा तुममें रहती है ?

–इंजील

ईश्वर एक वृत्त है, जिसका केन्द्र सर्वत्र है, किन्तु परिधि-रेखा कहीं नहीं।

–सेंट आगस्टस

जहन में जो घिर गया लाइन्तहा क्यों कर हुआ।
जो समझ में आ गया फिर वो खुदा क्योंकर हुआ।।

(जो बुद्धि में घिर जाय, वह असीम कैसे हो सकता है ? जो समझ में आ जाय, वह 'खुदा' कैसे हो सकता है ?)

–अकबर

ईश्वर की इच्छा से कहीं-कहीं विष भी अमृत और कहीं-कहीं अमृत भी विष हो जाता है।

–अकबर

लाई हयात, आई कज़ा, ले चली, चले।
अपनी खुशी न आए, न अपनी खुशी चले।।

(मुझको इस संसार में जीवन ले आया, इसलिए मैं चला आया। मुझे मृत्यु ले जाती है, इसलिए चला जाता हूं। मैं न तो स्वेच्छा से आया और न स्वेच्छा से जाता हूं।)

–जौक

उस अल्लाह की स्तुति करनी चाहिए जो समस्त संसार का चालक, दयालु, उदार और अन्तिम निर्णय के समय भी न्यायाधीश है।

–कुरान शरीफ

हरे, और भी एक मुझे यह हुआ भरोसा तेरा,
जो करना है तुझे, उसी से हित होता है मेरा।

(हे भगवान् ! मुझे तेरा यह एक और भरोसा हुआ है। जो कुछ तुम्हें करना है, उसी में मेरा कल्याण है।)

–मैथिलीशरण गुप्त

ईश्वर जीवात्मा का निर्माता है, और जब तक जीवात्मा फिर ईश्वर में लीन नहीं हो जाती, तब तक उसे विश्राम नहीं मिलता।

–कुरान शरीफ

प्रभु-कीर्तन और कथा मखमल का बिछौना है। उस पर नींद न आएगी,

तो और कहां आएगी ? नाच-रंग कांटों की कटीली और नुकीली जमीन है, उस पर नींद कहां ?

–स्वामी दयानन्द सरस्वती

हे नारद ! मैं न तो वैकुण्ठ में रहता हूं और न योगियों के हृदय में रहता हूं। जहां मेरे भक्त मेरे नाम और गुणों का कीर्तन करते हैं मैं वहीं रहता हूं।

–भगवान श्रीकृष्ण

ईशकृपा यत्नशील पर होती है।

–स्वामी रामदास

जापर कृपा राम कै होई। ता पर कृपा करहिं सब कोई।।

(जिस पर रामचन्द्र जी की कृपा होती है, उस पर सब लोग कृपा करते हैं।)

–गोस्वामी तुलसीदास

जो अपना चित्त मुझ में लगा देते हैं, वह मेरी कृपा से सब दुःखों से पार हो जाते हैं।

–गीता

नाथ क्रृपा अब हम पर कीजै, भक्ति आपनी हमको दीजै।

(हे प्रभो ! अब हमारे ऊपर कृपा कीजिए और हमको अपनी भक्ति दीजिए।)

–सूरदास

बिनु विश्वास भगति नहिं, तेहि बिनु द्रवहिं न राम।
राम कृपा बिनु सपनेहुं, जीव न लह विश्राम।।

(बिना विश्वास के भक्ति नहीं हो सकती और बिना भक्ति के राम जी की कृपा नहीं हो सकती। भगवान् राम की कृपा के बिना मनुष्य को विश्राम नहीं मिल सकता।)

–गोस्वामी तुलसीदास

बिनु सत्संग विवेक न होई। राम कृपा बिनु सुलभ न सोई।।

(बिना सत्संग के विवेक नहीं होता और बिना राम की कृपा के सत्संग नहीं मिलता।)

–गोस्वामी तुलसीदास

सकल विघ्न व्यापहिं नहिं तेही। राम कृपा करि चितवहि जेहि।।

(श्री रामचन्द्र जी जिस पर कृपा-दृष्टि रखते हैं, उससे सब विघ्न-बाधा दूर रहती हैं।)

–गोस्वामी तुलसीदास

जिस प्रकार औषधि शरीर के सब रोगों को दूर कर देती है, उसी प्रकार ईशचिन्तन से मन के क्लेश दूर होते हैं।

–प्रेमचन्द

जो अनन्य भक्त मेरा चिन्तन करते हुए मेरी उपासना करते हैं, नित्य मुझ में रत रहने वाले उन भक्तों के योग-क्षेम का भार मैं (भगवान्) उठाता हूं।

–गीता

जिसके चित्त में कभी क्रोध नहीं आता, और जिसके हृदय में सर्वदा परमेश्वर विराजमान रहता है, वह भक्त ईश्वर-तुल्य है।

–रैदास

ईश-दर्शन और उसमें वास्तविक प्रवेश केवल अनन्य भक्ति से ही सम्भव है।

–गीता

ईश्वर का दर्शन आंख से नहीं होता। ईश्वर के शरीर नहीं है इसलिए उसका दर्शन श्रद्धा से ही होता है।

–महात्मा गांधी

ईश्वर की पूजा करना अन्तर्निहित आत्मा की उपासना ही है।

–विवेकानन्द

कार्य ही पूजा है।

–कारनाईल

जो अपने पेट का गुलाम है, वह ईश्वर की पूजा कभी नहीं कर सकता।

–शेख सादी

मनुष्य ही परमात्मा का सर्वोच्च साक्षात् मन्दिर है। इसलिए साक्षात् देवता की पूजा करो।

–विवेकानन्द

ईश्वर की प्रार्थना करने से स्वयं को तो लाभ होता ही है; इससे सारे विश्व को भी लाभ पहुंचता है।

–शुकदेवानन्द

प्रार्थना जीव का ईश्वर को कृतज्ञतापूर्वक याद करने का एक प्रयत्न है।

–विनोबा भावे

प्रार्थना या भजन जीभ से नहीं, हृदय से होता है।

–अज्ञात

जिस प्रकार बहती हुई नदियां नाम-रूप को छोड़कर समुद्र में विलीन हो जाती हैं, वैसे ही ज्ञानी-महात्मा नाम-रूप से रहित होकर परमात्मा को प्राप्त हो जाता है।

–महर्षि अंगिरा

भोले भाव मिलें रघुराई।
(भगवान सरल भाव से मिलते हैं।)

–गुरु नानक देव

हे अर्जुन ! जो मनुष्य केवल मेरे ही लिए सम्पूर्ण कर्तव्य कर्मों को करता है, मेरे परायण है, मेरा भक्त है, आसक्तिरहित है और सब प्राणियों में वैर भाव से रहित है, वह भक्त मुझ को प्राप्त होता है।

–गीता

ईश्वर के प्रेम की भी एक प्रणाली है जिसके अनुसार उसका प्रकाशन होता है।

–इंजील

ईश-प्रेम के द्वारा जीवन का वास्तविक अर्थ सिद्ध होता है।

–शिवानन्द

भक्ति ईश्वर तक पहुंचने का सुखद, राज-पथ है। **–शिवानन्द**

हृदय के अन्तरतम से ईश्वर के प्रति सतत एवं अनन्य प्रेम करना ही भक्ति है।

–स्वामी शिवानन्द

आइये हम ईश्वर से डरें ताकि आदमी से कभी न डरना पड़े ।

–महात्मा गांधी

ईश्वर न काबा में है, न काशी में है। वह तो घट-घट में व्याप्त है–हर छित में मौजूद है।

–महात्मा गांधी

समस्त विश्व ईश्वर से परिपूर्ण है।

–विवेकानन्द

ईश्वर को हृदय जानता है, मस्तिष्क नहीं।

–पास्कल

हर जीव ईश्वर का अंशावतार है।

–अज्ञात

यदि आकाश न होता तो ईश्वर की कल्पना हम कैसे कर पाते।

–जार्ज मैकडोनेल्ड

वही प्रथम है, वही अन्तिम है; वही प्रकट है वही रहस्य है। वही सब चीजों का ज्ञाता है।

–कुरान

परमेश्वर ही परमेश्वर को समझ सकता है।

–यंग

उसका कोई रूप नहीं फिर भी हर रूप उसी की देन है। **–ताओ**

मैं केवल एक बूंद हूं और पता नहीं कैसे समूचा समुद्र (ईश्वर) मुझमें हिलोरें मारता है।

–एंजेलेस सिलीसियस

मैं मान ही नहीं सकता कि घड़ी तो है पर इसका घड़ीसाज नहीं है।

–वाल्टेयर

प्रकृति के उस ओर है ईश्वर, ईश्वर के इस ओर है प्रकृति।

–अरविन्द

ईश्वर से लड़ा नहीं जा सकता, उससे तो बस प्रेम ही किया जा सकता है।

–आचार्य रजनीश

सर्वोच्च सौन्दर्य को पाना ही ईश्वर को पाना है।

–अरविन्द

ईश्वर : जीव : प्रकृति

चाहे समस्त भेदभाव समाप्त हो चुका हो फिर भी हे नाथ ! मैं ही आपका हूं, न कि आप मेरे। लहर समुद्र की होती है, समुद्र लहर का नहीं।

–शंकराचार्य

ईश्वर प्रकृति का प्राण मात्र ही नहीं है, वह तो उसके परे उसका स्रष्टा, उसका स्वामी भी है।

–सर्वपल्ली डा० राधाकृष्णन

हम जितना ही ईश्वर के समीप पहुंचते जाते हैं, उतना ही मनुष्य एवं ईश्वर के स्वरूप में एकरूपता बढ़ती जाती है।

–इंजील

ईर्ष्या

ईर्ष्या अग्नि है, परन्तु अग्नि का गुण उसमें नहीं है। वह हृदय को फैलाने के बदले और भी संकीर्ण कर देती है।

–प्रेमचन्द

ईर्ष्या अपनी हीनता के बोध में से जन्म लेती है और वह उस हीनता को दूर नहीं करती, सिर्फ दबाती है।

–जैनेन्द्रकुमार

ईर्ष्या करने वाले के पास लक्ष्मी नहीं रह सकती, वह उसको अपनी बड़ी बहन (दरिद्रता) के हवाले करके चली जायेगी।

–संत तिरुवल्लुवर

ईर्ष्या करने वाले के लिए ईर्ष्या की बला ही काफी है, क्योंकि उसके शत्रु उसे छोड़ भी दें तो उसकी ईर्ष्या ही उसका सर्वनाश कर डालेगी।

–संत तिरुवल्लुवर

ईर्ष्या जन्म लेती है—दूसरों में नहीं, अपने में विश्वास के अभाव में।

–यूजीन क्लोतिए

उच्च निवास नीच करतूती। देखि न सकहिं पराई विभूती।।

(कुछ लोग उच्च पदस्थ और वैभवशाली होते हैं। परन्तु उनके काम बहुत नीचतापूर्ण होते हैं। ईर्ष्या के कारण वह दूसरे लोगों का ऐश्वर्य नहीं देख सकते।)

–गोस्वामी तुलसीदास

ऐसा कौन-सा प्राणी होगा जो ईर्ष्या की क्रीड़ा का आनन्द न उठाना चाहे ?

–प्रेमचन्द

गुण न हो तो ईर्ष्या भी क्या बुरी,
मानती जो सभी से निज को बड़ा।
लौ न चमके दोपहर में, है मगर,
गर्व उसको जल रही हूं मैं सतत।।

(यदि हम में गुण न हों, तो ईर्ष्या ही क्या बुरी है ? ईर्ष्यालु व्यक्ति अपने को सबसे बड़ा मानता है। यह सत्य है कि दोपहर में दीपक की लौ नहीं चमकती, परन्तु उसको यह गर्व तो होता ही है कि वह निरन्तर जलती रहती है।)

–उदयशंकर भट्ट

पर सुख-सम्पत्ति देखि सुनि, जरहिं जे जड़ बिनु आगि।
तुलसी तिनके भाग ले, चलै भलाई भागि।।

(तुलसीदास जी कहते हैं कि जो मूर्ख दूसरे का सुख और धन देख-सुनकर बिना आग के जलते हैं, वे कभी किसी की भलाई नहीं कर सकते।)

–गोस्वामी तुलसीदास

ईर्ष्यालु मनुष्य स्वयं ही ईर्ष्याग्नि में जला करता है। उसे और जलाना व्यर्थ है।

–सादी

ईर्ष्या करने वाले दूसरों को कष्ट देते हैं, पर अपने को तो महाकष्ट देते हैं।

–विलियम पेन

केवल गूंगे ही वाचालों से ईर्ष्या करते हैं।

–खलील जिब्रान

उत्तम्

उत्तम पुरुषों की गति फूल के गुच्छे के सदृश होती है; या तो वे लोगों के सिर पर विराजते हैं या वन में ही सूखकर समाप्त हो जाते हैं।

–भर्तृहरि

चंचल चमकने वाली बिजली पृथ्वी तल से थोड़े ही निकला करती है; अर्थात् उत्तम वस्तु की उत्पत्ति उच्च स्थान से ही होती है।

–कालिदास

उत्तरदायित्व

अपने उत्तरदायित्व का ज्ञान बहुधा हमारे संकुचित व्यवहारों का सुधारक

होता है।

–प्रेमचन्द

उत्तरदायित्व, योग्यता तथा शक्ति के साथ-साथ चलता है।

–जे० बी० हॉलैण्ड

उत्तरदायित्व से शिक्षा प्राप्त होती है।

–बेन्डेल फिलिप

उत्तेजना

प्रायः स्वमहिमानं क्षोभात् प्रतिपद्यते हि जनः।

(बहुधा उत्तेजित होने पर मानव अपना महत्त्व प्रदर्शित करता है।)

–कालिदास

उत्थान

मानव मन दुर्बल और सहज चंचल है,
इस जगती तल में लोभ अतीव प्रबल है।
देवत्व कठिन दनुजत्व सुलभ है नर को,
नीचे से उठना सहज कहां ऊपर को।।

(मानव मन बहुत दुर्बल और चंचल है। इस संसार में प्रलोभन बड़े प्रबल हैं। देवता बनना बहुत कठिन है परन्तु राक्षस बनना सरल है। पतन सहज है, परन्तु उत्थान कठिन है।)

–मैथिलीशरण गुप्त

उत्सव

उत्सव आपस में प्रीति बढ़ाने के लिए मनाए जाते हैं। जब प्रीति के बदले द्वेष बढ़े, तो उनका न मनाना अच्छा है।

–प्रेमचन्द

उत्साह

उत्साह बलवान् होता है, उत्साह से बढ़कर दूसरा कोई बल नहीं है। उत्साही पुरुष के लिए जगत् में कोई भी वस्तु दुर्लभ नहीं है।

–वाल्मीकि रामायण

उत्साह मनुष्य की भाग्यशीलता का मापदण्ड है।

–तिरुवल्लुवर

प्रतिभाशाली व्यक्ति की हर रचना उत्साह की रचना होती है।

–डिसरैली

बिना उत्साह के कभी किसी उच्च लक्ष्य की प्राप्ति नहीं होती है।

–इमर्सन

विश्व के इतिहास में प्रत्येक महान् और महत्त्वपूर्ण आन्दोलन उत्साह की सफलता है।

–इमर्सन

उत्साही

उत्साही पुरुष कठिन से कठिन काम आ पड़ने पर भी हिम्मत नहीं हारते ।

–वाल्मीकि रामायण

उदार : उदारता

उदार मन वाले विभिन्न धर्मों में सत्य देखते हैं।

–चीनी कहावत

'यह मेरा है और यह दूसरे का' ऐसा संकीर्ण हृदय वाले सोचते हैं। उदार चित्त वाले तो सारे संसार को अपना कुटुम्ब समझते हैं।

–हितोपदेश

है तू मनुज उदार !
सभी मानवों में समता है,
फिर क्यों जग में निर्ममता है,
कर मनुष्यता का तू संतत,
सबसे ही व्यवहार,
है तू मनुज उदार।

(तुम उदार मनुष्य हो। सभी मनुष्यों में समता है फिर संसार में निष्ठुरता क्यों है ? तुम सदैव सबसे मानवता का व्यवहार करो।)

–ठाकुर गोपालशरण सिंह

उदारता उस वस्तु के दान में नहीं है, जिसकी तुम्हारी अपेक्षा दूसरे को अधिक आवश्यकता है, प्रत्युत् उस वस्तु के दान में है जिसकी दूसरे की अपेक्षा तुम्हें स्वयं अधिक आवश्यकता है।

–खलील जिब्रान

उदार व्यक्ति की सम्पत्ति गांव के चौक में उगे फलों से लदे पेड़ के समान होती है।

–तिरुवल्लुवर

उदार देकर धनवान बनता है, लोभी जोड़कर निर्धन।

–कहावत

उदारता मानव के सब रोगों का इलाज है।

–शेख सादी

ऐसी देहु उदारता, करि करुणा प्रभु मोहि।
सब को देखूं एक सम, कबहुं न भूलहुं तोहिं।।

(हे प्रभो ! कृपा करके मुझको ऐसी उदारता दो कि मैं सब लोगों को एक समान समझूं और तुम्हे कभी न भूलूं।)

–अज्ञात

सबसे बड़ी उदारता है अनुदार के प्रति उदार होना।

–बकमिनिस्टर

उदासीन : उदासीनता

उदासीन जो सभी गुणों से, कभी न जिसका मन डिगता।
गुण ही सदा बर्तते गुण में, प्रभु में चित स्थिर कर रखता।

(जो सभी गुणों से उदासीन रहता है और जिनका मन गुणों के कारण कभी विचलित नहीं होता। गुण ही गुणों में बरतते हैं—ऐसा समझता हुआ जो परमात्मा में एकीभाव से स्थित रहता है।)

–लोकगीता

उदासीनता बहुधा अपराध से भी भयंकर होती है।

–प्रेमचन्द

उदासीनता मृत्यु की शून्यता से भी अधिक विकराल है।

–रवीन्द्रनाथ ठाकुर

उदासीनता वैराग्य का एक सूक्ष्म स्वरूप है जो थोड़ी देर के लिए मनुष्य को अपने जीवन पर विचार करने की क्षमता प्रदान कर देती है।

–प्रेमचन्द

उद्दण्डता

उद्दण्डता सरलता का केवल उग्र रूप है।

–प्रेमचन्द

बाल्यावस्था के पश्चात् ऐसा समय आता है, जब उद्दण्डता की धुन सिर पर सवार हो जाती है।

–प्रेमचन्द

रोजमर्रा का ओछापन हमें उद्दण्डता की ओर खींच ले जाता है।

–रवीन्द्रनाथ ठाकुर

उद्देश्य

उद्देश्य अच्छा रहने पर दृढ़ता के नाम से और बुरा रहने पर इसे हठधर्मिता के नाम से जाना जाता है।

–लॉरेन्स स्टर्न

उद्धार

प्रभु ! मेरा उद्धार करो।

कितने अभिशापों को लेकर आया हूं पापों को लेकर।
बोझिल हूं गिर-गिर पड़ता हूं, तुम्हीं उचित उपचार करो।

(हे प्रभो ! मेरा उद्धार करो। मैं अपने साथ अनेकों अभिशापों तथा पापों को लेकर आया हूं । बोझिल होने के कारण मैं गिर-गिर पड़ता हूं। तुम्हीं मेरा उचित उपचार करो।)

–अज्ञात

उद्‌बोधन

अवस्था और यौवन प्रतिपल बीता जा रहा है।

–महावीर स्वामी

उठो ! प्रमाद मत करो, सद्‌धर्म का आचरण करो। धर्माचारी पुरुष लोक-परलोक दोनों स्थानों पर सुखी रहता है।

–गौतम बुद्ध

आज निश्चित है। जो 'कल' है, वह अनिश्चित है।

–शतपथ ब्राह्मण

आरोह तमसो ज्योति :।

(अंधकार से प्रकाश की ओर आरोहण कर।)

–अथर्ववेद

उत्तिष्ठित जाग्रत प्राप्य वरान्निबोधत।
क्षुरस्य धारा निशिता दुख्यया दुर्गं पथस्तत्कवयो वदन्ति।।

(उठो, जागो, वरिष्ठ पुरुषों के सम्पर्क में रह कर आत्मज्ञान प्राप्त करो। क्योंकि विद्वान् इस पथ को छुरे की तीक्ष्ण धार के समान दुर्गम कहते हैं।)

–कठोपनिषद

उत्तिष्ठत, मा स्वप्त।

(उठो, सोओ मत।)

–तैतरीय आरण्यक

उदीर्ध्व जीवो असुर्न आगादप,
प्रागात् तम आ ज्योतिरेति।

(मानवो, उठो । जीवन-शक्ति का स्रोत प्राण सक्रिय हो गया है। अंधकार (अज्ञान) चला गया है, आलोक (ज्ञान) आ गया है।)

उद्यम करो भीरुता छोड़ो, सबके साथ बन्धुता जोड़ो।
भीख मांगने से मुख मोड़ो, आलस के बन्धन को तोड़ो।।

(हे प्यारे ! भीरुता को छोड़कर उद्यम करो और सबके साथ बन्धुत्व स्थापित करो। भीख मांगना बन्द कर दो और आलस्य के बन्धन को तोड़ दो।)

–रामचरित उपाध्याय

उच्छ्रयस्व महते सौभगाय।

महान् सौभाग्य प्राप्त करने के लिए ऊंचे उठो।

–ऋग्वेद

अज्जेव किच्चमातरयं, को जञ्ञा मरणं सुवे

आज ही कर्म में जुट जाओ, क्या पता कल मृत्यु ही आ घेरे ।

–मज्झिम निकाय

सिंहो ! उठो इस धोखे में मत रहो कि तुम-भेड़ हो।

–स्वामी विवेकानन्द

अपनी शक्ति को पहचान। अवसर देखकर यथोचित कर्त्तव्य का पालन कर।

–उत्तराध्ययन

विश्वा आशा दीद्यानो विभाहि।

(तुम स्वयं प्रकाशमान होकर समग्र दिशाओं को प्रकाशमान करो।)

–तैतरीय आरण्यक

न श्वः श्वमुपासीत । कोहि मनुष्यस्य श्वो वेद ।

('कल' कल की उपासना मत करो। मनुष्य का कल कौन जानता है ?)

–शतपथ ब्राह्मण

उद्यम : उद्यमी

उद्यम, साहस, धैर्य, बुद्धि, शक्ति और पराक्रम–ये छः गुण जिसमें होते हैं, दैव उसी की सहायता करता है।

–अज्ञात

उद्यम ही सफलता की कुंजी है। बिना उद्यम किए थाली की रोटी भी अपने मुंह में नहीं जाती।

–अज्ञात

उद्यम है सब सुख का मूल, देता मिटा हृदय का शूल।
इससे उद्यम करो महान्, पाओगे दिन-दिन सम्मान।।

कार्य उद्यम से सिद्ध होते हैं, मनोरथ या इच्छामात्र से नहीं। जो होनहार है वही होगा–ऐसा निकम्मे लोग कहते हैं।

–अज्ञात

कार्य मनारेथ से नहीं उद्यम से सिद्ध होते हैं। सोए हुए सिंह के मुंह में मृग अपने आप नहीं चले जाते।

–पंचतंत्र

उद्योग : उद्योगी

आतुर न होना चाहिए; कुछ धैर्य्य धारण कर अभी,
उद्योग करने से टलेंगे रोग शोकादिक सभी।

–रामचरित उपाध्याय

उद्योग के बिना तिलों में से तेल नहीं निकलता।

–पंचतंत्र

जहां उद्योग नहीं हैं, वहां सुख नहीं है। जिस देश से उद्योग गया उस देश को भारी घुन लगा।

–बिनोवा भावे

जिस घर में उद्योग की तालीम नहीं है, उस घर के लड़के जल्दी ही घर का नाश कर देते हैं।

–बिनाबा भावे

उद्योग में लगे रहना ही सच्ची भगवत्सेवा है।

–श्री ब्रह्मचैतन्य

सतत उद्योग करने वाला अक्षय सुख प्राप्त करता है।

–महाभारत

आलसी और अनुपयोगी मनुष्य के सौ वर्ष के जीवन से दृढ़तापूर्वक उद्योग करने वाले का एक दिन का जीवन श्रेष्ठ है।

–धम्मपद

उद्योगिनं पुरुषसिंहमुपैति लक्ष्मी,
देवेन देयमिति का पुरुषा वदन्ति,

दैवं निहित्य कुरु पौरुषमात्मशक्त्या,
यत्ने कृते यदि न सिध्यति कोन्न दोष :।।

(सिंह रूपी उद्योगी पुरुष को लक्ष्मी प्राप्त होती है। कायर लोग कहते हैं कि भगवान् को जो देना होगा वह देंगे; अर्थात् कायर मनुष्य भाग्य के भरोसे बैठे रहते हैं। भाग्य को ठुकरा कर तुम अपनी शक्ति से पौरुष करो। यदि यत्न करने पर भी सफलता प्राप्त नहीं होती, तो इसमें तुम्हारा क्या दोष है। ?)

–भर्तृहरि

उद्योगी मनुष्य की सहायता करने के लिए प्रकृति बाध्य है।

–स्वामी रामतीर्थ

उद्योगहीन मनुष्य शिथिल हो जाता है, उसका चित्त आलसी हो जाता है।

–जयशंकर प्रसाद

उधार

उधार देना ही पाप करना है।

–रस्किन

उधार मांगना भीख मांगने से अधिक अच्छा नहीं है।

–लेसिंग

न उधार लो और न उधार दो, क्योंकि उधार प्रायः स्वयं को और मित्र

दोनों को खो देता है।

–शेक्सपियर

मित्र को उधार देना मित्रता को खोना है।

–सुकरात

(देखिए, ऋण

उन्नति

उन्नति आगे की ओर ईश्वर का लम्बा डग है।

–विक्टर ह्यूगो

कुदरत अपनी उन्नति और प्रगति में रुकना नहीं जानती और प्रत्येक अकर्मण्य को अभिशप्त करती है।

–गेटे

तेरी उत्पत्ति के समय से ही तेरे सम्मुख उन्नति की सीढ़ी रखी हुई है।

–रूमी

त्रुटियों के संशोधन का नाम ही उन्नति है।

–लाला लाजपतराय

मेल-मिलाप उन्नति की आत्मा है।

–बक्सटन

सबकी उन्नति में ही अपनी उन्नति समझनी चाहिए।

–स्वामी दयानन्द सरस्वती

स्त्री की उन्नति या अवनति पर ही राष्ट्र की उन्नति या अवनति आश्रित है।

–अरस्तू

प्रत्येक को अपनी उन्नति में संतुष्ट नहीं रहना चाहिए, किन्तु सबकी उन्नति में ही अपनी उन्नति समझनी चाहिए।

–दयानंद स्वामी

हमारी सबसे बड़ी शान कभी न गिरने में नहीं है, बल्कि जब-जब हम गिरें, हर बार उठने में है।

–कन्फ्यूशियस

जो आप न उठना चाहे अपने पैरों पर भाई।
उन हीन जनों की जग में कर सकता कौन भलाई।

–रामेश्वर करुण

उन्माद

उन्माद ज्ञान का नाश करता है, परन्तु बुद्धि का नहीं।

–इमन्स

जो प्रेम असहिष्णु हो, जो दूसरों के मनोभावों का जरा भी विचार न करे, जो मिथ्या कलंक आरोपण करने में संकोच न करे, वह उन्माद है, प्रेम नहीं।

–प्रेमचन्द

ज्ञान का उन्माद मदिरा के उन्माद से भयंकर है, क्योंकि ज्ञानोन्मादी अपने साथ दूसरों को भी हानि पहुंचाते हैं जबकि मदिरोन्मादी केवल अपनी ही हानि करते हैं।

–अज्ञात

उपकार : उपकारी

अपने ऊपर उपकार करने वाला मित्र यदि दैवयोग से अपने घर आ जाये, तो नीचात्मा भी भक्तिभाव-पूर्वक उसका आदर करते हैं, उससे विमुख नहीं होते। उच्चात्माओं का तो कहना ही क्या है ?

–कालिदास

उपकार करने के लिए यदि कुछ जाल भी करना पड़े, तो उससे आत्मा की हत्या नहीं होती।

–प्रेमचन्द

जिसने पहले तुम्हारा उपकार किया हो, वह यदि बड़ा अपराध करे तो भी उसके उपकार की याद करके उसका अपराध क्षमा कर दो।

–महाभारत

जो दूसरों पर उपकार जताने का इच्छुक है, वह द्वार खटखटाता है। जिसके हृदय में प्रेम है, उसके लिए द्वार खुले हैं।

–रवीन्द्रनाथ ठाकुर

जो निष्काम भाव से किसी का उपकार करता है, वही साधु कहलाता है; जो किसी वस्तु की इच्छा से उपकार करता है, उसकी साधुता में कौन गुण है ? वह निरर्थक हैं।

–अज्ञात

जो पराये काम आता धन्य है जग में वही;
द्रव्य ही को जोड़ कर कोई सुयश पाता नहीं।

(इस संसार में वही मनुष्य धन्य है जो दूसरों के काम आता है, जो दूसरों की भलाई करता है। जो मनुष्य केवल धन एकत्र करता है, किसी का उपकार नहीं करता, उसे सुकीर्ति नहीं उपलब्ध होती।)

–रामचरित उपाध्याय

जो मनुष्य दूसरे का उपकार करता है, वह अपना भी उपकार न केवल परिणाम में अपितु उसी कर्म में करता है, क्योंकि अच्छा काम करने का भाव ही स्वयं उचित पुरस्कार है।

–सेनेका

पर उपकार वचन मन काया। सन्त सुभाव सहज खगराया।।

(हे पक्षिराज गरुड़ ! सन्तों का यह सहज स्वभाव है कि वे मन, वचन और कर्म से दूसरों की भलाई करते हैं।)

–गोस्वामी तुलसीदास

मनुष्य मनुष्य के साथ केवल उपकार करके ही अपने को देव-तुल्य बनाते हैं।

–सिसरो

महापुरुष जो उपकार करते हैं, उसका प्रतिकार नहीं चाहते।

–सन्त तिरुवल्लुवर

मानव जीवन की सफलता इसी में है कि वह उपकारी के उपकार को कभी न भूले। उसके उपकार से भी बढ़कर उसका उपकार कर दे।

–महाभारत

रहिमन पर उपकार के, करत न पारै बीच।
मांस दियो शिवि भूप ने, दीन्ह्यो हाड़ दधीचि।।

(रहीम कवि कहते हैं कि दूसरे का उपकार करने में कमी नहीं करनी चाहिए। देखिए, राजा शिवि ने कबूतर को बचाने के लिए बाज को अपना मांस दे दिया था और दधीचि ने देवताओं का धनुष बनाने के लिए अपनी हड्डियां दे दी थीं।)

–रहीम

वृक्ष अपने सिर पर गर्मी सहन करता है, परन्तु अपनी छाया से दूसरों की गर्मी से रक्षा करता है।

–कालिदास

सज्जनों के ऊपर किए गए सद्‌भावसूचक उपकार का फल मिलते कुछ भी देर नहीं लगती।

–कालिदास

उपकारी शत्रु से मेल करना चाहिए, अपकारी मित्र से नहीं, क्योंकि इन दोनों के उपकार और अपकार यही दो लक्षण जानना चाहिए, अर्थात् उपकार करे वह मित्र और अपकार करे वह शत्रु।

–माघ

पर उपकारी पुरुष जिमि, नवहिं सुसंपति पाइ।

(जैसे परोपकारी पुरुष अच्छी सम्पत्ति पाकर विनम्र हो जाते हैं।)

–गोस्वामी तुलसीदास

मनुष्य जीवन की सफलता इसी में है कि वह उपकारी के उपकार को कभी न भूले।

–महाभारत

यों रहीम सुख होत है, उपकारी के अंग।
बांटन वारे के लगै, ज्यों मेंहदी के रंग।।

(उपकारी मनुष्य को इस प्रकार सुख होता है, जैसे बांटने वाले के हाथ में मेंहदी का रंग लग जाता है।)

–रहीम

उपदेश : उपदेशक

चींटी से अच्छा उपदेश कोई नहीं देता, और वह मौन रहती है।

–बेंजमिन फ्रैंकलिन

दूसरे को उपदेश देने के समय सभी सज्जन हो जाते हैं, किन्तु जब स्वयं वैसा आचरण करने का अवसर आ पड़ता है, तो सब कुछ भूल जाते हैं।

–अज्ञात

धर्म का उपदेश सुनने-सुनाने से कोई धर्मात्मा नहीं हो जाता, किन्तु उपदेशानुसार व्यवहार करने से मनुष्य धर्मात्मा हो सकता है।

–अज्ञात

पर उपदेश कुशल बहुतेरे। जे अचरहिं ते नर न घनेरे।।

(दूसरों को उपदेश देने में बहुत-से लोग चतुर होते हैं, परन्तु जो लोग अपने उपदेश के अनुसार आचरण करते हैं, वे बहुत थोड़े होते हैं।)

–गोस्वामी तुलसीदास

जिसे हर एक देता है पर विरला ही कोई लेता है, ऐसी चीज क्या है ?–उपदेश, सलाह।

–स्वामी रामतीर्थ

जो उपदेश आत्मा से निकलता है, आत्मा पर सबसे ज्यादा कारगर होता है।

–फुलर

पेट भरे पर उपवास का आदेश देना सरल है।

–इटैलियन कहावत

प्रत्येक का उपदेश सुनो, परन्तु अपना उपदेश कुछ ही लोगों को दो।

–शेक्सपियर

बिना मांगे किसी को उपदेश मत दो।

–जर्मन कहावत

मनुष्य को चाहिए कि यदि दीवार पर भी उपदेश लिखा हुआ मिले, तो उसे ग्रहण करे।

–शेखसादी

लोगों की समझ की शक्ति के मुताबिक उपदेश दो।

–हदीस

वही उन्नति कर सकता है जो स्वयं अपने को उपदेश देता है।

–स्वामी रामतीर्थ

संस्कारों को उद्दीप्त करने के लिए हित तथा पथ्य का बारम्बार उपदेश देने में कोई दोष नहीं है।

–यजुर्वेदीय उव्वट भाष्य

हम उपदेश सुनते हैं मन भर, देते हैं टन भर, ग्रहण करते हैं कन भर।

–अलजर

सम्मान्य बनने को यहां वक्तृत्व अच्छी युक्ति है।
अगुआ हमारा है वही जिसके गले में उक्ति है।
उपदेशकों में आज कितने लोग ऐसे हैं, कहें–
उपदेश के अनुसार जो वे आप भी चलते रहें।।

(हमारे देश में आदरणीय बनने का एक ही उपाय है। जो जोर-जोर से भाषण दे सकता है, वही हमारा नेता होता है। यदि देखा जाये तो शायद एक भी उपदेशक ऐसा नहीं मिलेगा, जो अपने उपदेशों के अनुसार काम करता हो।)

–मैथिलीशरण गुप्त

नीति का उपदेश दो, पर संक्षेप में।

–होरेस

उपदेशक यदि अपने कहे पर एक कदम चलेगा, तो श्रोता दो कदम चलेंगें।

–सैसिल

उपदेश देना सरल है, उपाय बताना कठिन है।

–रवीन्द्रनाथ टैगोर

जीवन में घटने वाली छोटी-छोटी घटनाओं से जो उपदेश नहीं ले सकते वे नीतिवान नहीं बन सकते। ये घटनायें ही हमारी सच्ची गुरु हैं।

–स्वामी दयानन्द

सम्प्रदाय में जो सबसे ओछा है, वही उपदेशक का काम करेगा।

–हजरत मोहम्मद

उपद्रव

बचपन में अविवेक, जवानी में क्रोधोन्माद और बुढ़ापे में विकलता–इस प्रकार मनुष्य के पीछे सर्वदा एक न एक उपद्रव लगा ही रहता है।

–अज्ञात

उपनिवेशवाद

उपनिवेशवाद बीते युग की वस्तु है।

–वाल्टर पोश

उपनिषद

उपनिषद वेद का ज्ञान-काण्ड है। यह चिर-प्रदीप्त वह ज्ञानदीपक है, जो

सृष्टि के आदि से प्रकाश देता चला आ रहा है। और प्रलय-पर्यन्त पूर्ववत् प्रकाशित रहेगा। इसके प्रकाश में वह अमरत्व है, जिसने सनातन धर्म के मूल का सिंचन किया है। यह जगत-कल्याणकारी भारत की अपनी निजी निधि है।

–स्वामी ब्रह्मानन्द

उपनिषदें सनातन दार्शनिक ज्ञान के मूल स्रोत हैं। वे केवल प्रखरतम बुद्धि का ही परिणाम नहीं है, अपितु प्राचीन ऋषियों की अनुभूति के फल हैं।

–गोविन्द वल्लभ पन्त

उपनिषदें हमारी युग-युग की सबसे मूल्यवान धरोहर है।

–रविशंकर शुक्ल

उपनिषदों के भीतर जो दार्शनिक कल्पना है वह भारत में तो अद्वितीय है ही, सम्भवतः सम्पूर्ण विश्व में अतुलनीय है।

–पॉल डायसन

उपनिषदों में वे सिद्धान्त स्पष्ट रूप से दिए हुए हैं, जिनके आधार पर कोई भी विचारशील मनुष्य अपने लिए कर्त्तव्य का निश्चय कर सकता है। इस पथ पर चलने वाला अपने लिए तो निःश्रेयस का द्वार खोल ही लेगा, उसके तपः पूत व्यक्तित्व के प्रकाश में मानव समाज भी अभ्युदय-पथ पर आरूढ़ हो सकेगा।

–सम्पूर्णानन्द

जो मृत्यु के उपरान्त भी सबके लिए शान्तिप्रदा–
है उपनिषद्विद्या हमारी एक अनुपम सम्पदा।

(उपनिषदें मृत्यु के पश्चात् भी हमारी आत्मा को शान्ति प्रदान करती हैं। उपनिषद् की यह परा विद्या हमारी एक अद्वितीय सम्पत्ति है।)

–मैथिलीशरण गुप्त

व्यक्तिगत रूप से मैं उपनिषदों को मानव चेतना का सर्वोच्च फल मानती हूं।

–एनी बेसेन्ट

सम्पूर्ण विश्व में उपनिषदों के समान जीवन को ऊंचा उठाने वाला कोई दूसरा अध्ययन का विषय नहीं है। इनसे मेरे जीवन को शान्ति मिली है, इन्हीं से मुझे मृत्यु में भी शान्ति मिलेगी।

–शोपेनहार

उपन्यास

उपन्यास अपने पाठक को पाप करने पर बाध्य नहीं करते, लेकिन केवल बताते है कि पाप कैसे किया जाता है।

–जमीरमन्

उपन्यास मिठाइयां हैं। साहित्य के भूखे स्त्री-पुरुष उनकी चाह में रहते हैं।

–थैकरे

उपवास

अग्नि भोजन को पचाती है और उपवास दोषों का पचाता है, अर्थात् नष्ट करता है।

–आयुर्वेद

उपवास शुद्धि का एक जबरदस्त साधन है और मानव समाज में उपवास के लिए विशिष्ट स्थान अवश्य होना चाहिए।

–महात्मा गांधी

उपवास सत्याग्रह के शस्त्रागार में महान् शक्तिशाली अस्त्र है।

–महात्मा गांधी

धार्मिक आन्दोलन की सफलता उसके समर्थकों की बौद्धिक शक्ति पर निर्भर नहीं करती, एकमात्र आध्यात्मिक शक्ति पर ही निर्भर करती है और उस शक्ति के बढ़ाने में उपवास ही अत्यन्त सुन्दर साधन है।

–महात्मा गांधी

यदि शारीरिक उपवास के साथ-साथ मन का उपवास न हो, तो वह दम्भपूर्ण और हानिकारक होता है।

–महात्मा गांधी

सच्चे उपवास का अर्थ है कि हम अपनी व्यक्तिगत स्वार्थपूर्ण इच्छाओं एवं क्रियाकलापों से मुक्त हो जाएं।

–स्वामी रामतीर्थ

उपहार

किसी के प्रदान करने का ढंग उपहार से अधिक उपहार देने वाले के चरित्र की सूचना देता है।

–लेब्रेटर

गर्व और आडम्बर के साथ दी हुई चीज उदारता की नहीं अपितु महत्वाकांक्षा की सूचक है।

–सेनेका

देने वाले का हृदय उपहार को प्रिय और मूल्यवान बना देता है।

–लूथर

शत्रु को उपहार देने योग्य सर्वोत्तम वस्तु है क्षमा; विरोध करने वाले को सहनशीलता; सखा को अपना हृदय; बच्चे को श्रेष्ठ उदाहरण; पिता को सम्मान; जननी को अपना ऐसा आचरण जिससे वह तुम्हारे ऊपर गर्व कर सकें; स्वयं को प्रतिष्ठा; और सभी जीवों को उपकार।

–बालफोर

उपाधि

उपाधि मनुष्य के सम्मान की सूचक नहीं है वरन मनुष्य ही उपाधि के

सम्मान का सूचक है।

—मैकियावेली

तीन सबसे बड़ी उपाधियां जो मनुष्य को दी जा सकती हैं, वह हैं शहीद, वीर और सन्त।

—ग्रेडन्स्टन

उपेक्षा

उपेक्षा-भाव मानव के लिए निकृष्टतम व्यवहार है। वह अपशब्द सहन कर सकता है, पिट सकता है, किन्तु उपेक्षा सहन नहीं कर सकता।

—अज्ञात

जिन मनुष्यों पर गम्भीर विश्वास किया जाता है, उनके द्वारा की गई उपेक्षा अपराध है।

—शेक्सपियर

प्रेम सब कुछ सह लेता है किन्तु उपेक्षा नहीं सह सकता।

—अज्ञात

रोग, सांप, आग और शुत्रु को छोटा या तुच्छ समझकर उनकी कभी उपेक्षा नहीं करनी चाहिए।

—अज्ञात

उषा

बीती विभावरी जाग री।
अम्बर पनघट पर डूबो रही तारा घट ऊषा नागरी।।

(अब रात बीत चुकी है, इसलिए जाग जाओ। आकाश रूपी पनघट पर ऊषा रूपी स्त्री तारा रूपी घड़ा डुबो रही है।)

—जयशंकर प्रसाद

रात्रि का अंधकार एक थैला है जिसमें से उषा का स्वर्ण फूटकर निकला पड़ता है।

—रवीन्द्रनाथ ठाकुर

ऋण : कर्ज

एक छोटा-सा कर्ज किसी आदमी को आप का देनदार बनाता है, एक बड़ा कर्ज उसको आपका शत्रु बना देता है।

—सेनेका

कर्ज आजाद आदमी को गुलाम बना देता है।

—मीनैन्डर

कर्ज दी हुई पूंजी ही सारे अनर्थों की जड़ है और अन्यायमूलक युद्धों की जननी है।

—रस्किन

कर्ज मनुष्य के लिए वैसा ही है जैसा पक्षी के लिए सर्प।

–वुलवरलिटन

जो कर्ज आप पर है, उसे चुका दीजिए; और तब आपको पता चलेगा कि आपके पास अपना क्या है।

–बेंजमिन फ्रैंकलिन

ऋण अथाह सागर है।

–कारनाईल

ऋण देना ही पाप करना है।

–रस्किन

ऋण मांगना भीख मांगने से अधिक श्रेयस्कर नहीं है।

–लेसिंग

ऋण लेने की प्रवृत्ति मितव्ययिता की धार को मोटी कर देती है।

–शेक्सपियर

जो ऋण लेने जाता है, वह कष्ट मोल लेने जाता है।

–टसर

झूठे मीठे वचन कहि, ऋण उधार ले जाय।
लेत परमसुख उपजै, लैके दियो न जाय।।

(लोग झूठे और मीठे वचन कह कर कर्ज लेते हैं। कर्ज लेते समय बहुत सुख मिलता है, परन्तु वह वापस नहीं किया जाता।)

–गिरधर कविराय

एकता

इस वक्त देश में जो सबसे आवश्यक और बुनियादी चीज है और जिसे हर कोई बुनियादी मानता है, वह है भारत की एकता।

–जवाहर लाल नेहरू

एक हमारे हैं संस्कार,
हममें एक रुधिर संचार।
एक हमारा देश उदार,
गूंजे एक गर्व का गान।

हमारे संस्कार एक हैं। हमारे शरीर में एक ही खून का संचार है। हमारा महान देश एक है। देश में उसके गौरव का गान गूंजे।

–मैथिलीशरण गुप्त

एकता का किला बड़ा दृढ़ है। इसके भीतर रहकर कोई प्राणी दुःख नहीं भोगता।

–अज्ञात

एकता चापलूसी से कायम नहीं की जा सकती।

–महात्मा गांधी

तुम्हारे अभिप्राय एक-समान हों, तुम्हारे अन्तःकरण एक-समान हों और तुम्हारे मन एक-समान हों, जिससे तुम्हारी सामुदायिक शक्ति का विकास हो।

–ऋग्वेद

जब तक जीव-मात्र के साथ एकता महसूस न हो तब तक प्रार्थना, उपवास, जप-तप सब थोथी शर्तें हैं।

–महात्मा गांधी

परस्पर विरोधी बातों में एकता कराने से बढ़कर दुष्कर कार्य और नहीं है।

–ओवेन डिक्सन

प्रेम करे तो करे, स्वार्थ कर सके न अन्धा,
लगे गले से गला और कंधे से कंधा।
मिलें पैर से पैर न सिर से सिर टकरावें।।
तो सपने भी स्वयं सत्य होकर चकरावें।।

–मैथिलीशरण गुप्त

बहुत-से छोटे और कमजोर लोगों की एकता भी अजेय बन जाती है। कमजोर तिनकों से बनाई गई रस्सी बड़े-बड़े हाथियों को भी बांध लेती हैं।

–अज्ञात

मानव जाति को एकता का पाठ चींटियों से सीखना चाहिए।

–अज्ञात

यदि चिड़ियां एकता कर लें, तो शेर की खाल खींच सकती हैं।

–शेख सादी

सबको हाथ की पांच उंगलियों की तरह रहना चाहिए। हाथ की पांचों उंगलियां समान थोड़े ही हैं। कोई छोटी है, कोई बड़ी, लेकिन हाथ से किसी चीज को उठाना होता है, तब पांचों इकट्ठा होकर उठाती हैं। हैं तो पांच लेकिन काम हजारों का कर लेती हैं, क्योंकि उनमें एका है।

–विनोबा भावे

हिन्दू और मुसलमान दोनों ही एक डाल के हैं दो फूल;
और एक ही है दोनों का बड़ा बनाने वाला मूल।
लड़ा रहे हैं जो इन दो को, इसमें है उनका मतलब;
भला दूसरे का क्या होगा, बुरा एक का होगा जब।।

–सियारामशरण गुप्त

हिन्दु, मुसलमान, पारसी, सिख, ईसाई आदि सब इसी देश के रहने वाले हैं। उनके मन्दिर, मस्जिद, गुरुद्वारे अलग-अलग हो सकते हैं, परन्तु भारत रूपी जो बड़ा मन्दिर है, वह सबका है। सब मजहबों के लोग एक ही ईश्वर

की इबादत करते हैं।

–महात्मा गांधी

पक्की, टिकाऊ एकता वहीं पैदा हो सकती है, जहां मन एक होते हैं।

–स्वामी रामतीर्थ

मित्रता और शान्ति से एकता सम्भव नहीं होती।

–नर्मदा प्रसाद गुप्त

स्वामी हम-तुम एक हैं कहन-सुनन को दोय।
मन को मन से तोलिए, कबहुं न दो मन होय।।

(हे स्वामी ! हम और तुम एक हैं, केवल कहने-सुनने को दो हैं। यदि आप अपने मन से मेरे मन को तोलिएगा, तो देखिएगा कि हम दोनों का मन एक ही है, दो नहीं है।)

–रसनिधि

एकांगी

मनुष्य का जीवन इतना एकांगी नहीं है कि उसे हम केवल अर्थ, केवल काम या ऐसी ही किसी एक कसौटी पर परख कर सम्पूर्ण रूप से खरा या खोटा कह सकें।

–महादेवी वर्मा

एकांत

एकांत प्रायः सर्वोत्तम संगति है।

–मिल्टन

एकांत में रहना ही महान् आत्माओं का भाग्य है।

–शापेनहार

एकान्तवास शोक ज्वाला के लिए समीर के समान है।

–प्रेमचन्द

एकान्त हमें बताता है कि हमें कैसा होना चाहिए, समाज हमें बताता है कि हम क्या हैं।

–सिसिल

दूब पृथ्वी पर अपनी सहचरियों की खोज करती है, वृक्ष आकाश में एकान्त का अनुसंधान करते हैं।

–रवीन्द्रनाथ ठाकुर

वार्तालाप बुद्धि को मूल्यवान् बना देता है, परन्तु एकान्त प्रतिभा की पाठशाला है।

–गिबन

हे एकान्त ! तुम्हारा वह आकर्षण कहां है, जिसे ऋषियों ने तुममें देखा है।

–कूपर

एकाग्रता

एकाग्रता आवेश को पवित्र और शान्त कर देती है, विचारधारा को शक्तिशाली तथा कल्पना को स्पष्ट करती है।

–स्वामी शिवानन्द

तुम एकाग्रता द्वारा उस अनन्त शक्ति के अटूट भंडार के साथ मिल जाते हो, जिससे इस ब्रह्मांड की उत्पत्ति हुई है।

–अज्ञात

चित्त एकाग्र हुए बिना ध्यान और समाधि कठिन है।

–मनु

पवित्रता के बिना एकाग्रता का कोई मूल्य नहीं है।

–स्वामी शिवानन्द

चित्त की एकाग्रता योग की समाप्ति नहीं है। यहां से योग शुरू होता है।

–विनोबा भावे

एकाग्रता से ही विजय मिलती है।

–चार्ल्स बक्सटन

एहसान

जिसने कुछ एहसां किया, इक बोझ हम पर रख दिया।
सर से तिनका क्या उतारा, सिर पे छप्पर रख दिया।।

–चकवस्त

ऐक्य

हार्दिक ऐक्य से रहित मानसिक ऐक्य का उपदेश देना मानो आकाश के तारे तोड़ना है।

–रस्किन

ऐब

जब कभी मुझे ऐब देखने की इच्छा होती है, तो मैं अपने से प्रारम्भ करता हूं और इससे आगे बढ़ ही नहीं पाता।

–डेविड ग्रेसन

दूसरे के ऐब मत देखो, क्योंकि ऐबों के बीज अपने ही अन्दर हैं।

–ब्रह्मचैतन्य

ऐश्वर्य

ऐश्वर्य ईश्वर का विशेष गुण है।

–विनोबा भावे

ऐश्वर्य का मदिरा-विलास किसे स्थिर रहने देता है।

–जयशंकर प्रसाद

ऐश्वर्य का सुख विहार और विलास तो नहीं, यह ऐश्वर्य का दुरुपयोग है।

–प्रेमचन्द

ऐश्वर्य के मद में डूबा हुआ मानव ऐश्वर्य के भ्रष्ट होने तक प्रकाश में नहीं आता।

–जर्मन कहावत

ईश्वर में ही ऐश्वर्य का परिपूर्ण सत्य और परिपूर्ण स्वरूप प्रकाशित होता है, जगत् में नहीं, विषय में नहीं, अपने निजी अहंकार में नहीं।

–रवीन्द्रनाथ ठाकुर

ऐश्वर्य पद में नहीं, अपितु इस चेतना में है कि हम उसके योग्य हैं।

–अरस्तू

ॐ : ओउम्

अपने भीतर की परम निधि को पाने के लिए और स्वर्ग के साम्राज्य का ताला खोलने के लिए इसी ॐ की ताली को काम में लाना होगा।

–स्वामी रामतीर्थ

ॐ इत्येकांक्षा ब्रह्म।
(ओउम् इति एकाक्षर ब्रह्म है।)

–उपनिषद

ॐ यह ध्वनि उस सुन्दर वृक्ष के समान है जो प्रचण्ड सूर्य के ताप से झुलसते हुए रोगी मनुष्य को शीतल छाया प्रदान करता है।

–स्वामी रामतीर्थ

ॐ समग्र विश्व को ढके हुए है, सारे संसार का एक भी पदार्थ ऐसा नहीं है जो ॐ के बाहर हो।

–स्वामी रामतीर्थ

ओछे लोग

ओछे नर के पेट में, रहे न मोटी बात।
आध सेर के पात्र में, कैसे सेर समात।।

(छोटे लोगों के पेट में बड़ी बात नहीं पचती है, वे उसे अन्य लोगों को बता देते है; जैसे आधा सेर के बर्तन में एक सेर वस्तु नहीं समा सकती।)

–बृन्द

ओछे बड़े न है सकैं, लगौ सतर है गैन।
दीरघ होहिं न नैंकहूं, फारि निहारैं नैन।।

(क्षुद्र मनुष्य बड़े नहीं हो सकते, चाहे वे ऐंठकर आसमान से लग जायें और ऊंचे पद को प्राप्त करके कितना ही गर्व करें। देखिए, यदि किसी की आंखे

छोटी हैं, तो वह चाहे कितना ही फाड़-फाड़कर देखे, तो वे बड़ी नहीं हो जातीं।

–बिहारीलाल

औरत

औरत उसी को प्यार करती है, जो दिलावर हो, निडर हो, आग में कूद पड़े।

–प्रेमचन्द

औरत निर्बल है और इसीलिए उसे मान-अपमान का दुःख भी ज्यादा होता है।

–प्रेमचन्द

औरतें पुरुषों से अधिक बुद्धिमती होती हैं, क्योंकि वे जानती कम, समझती ज्य़ादा हैं।

–जेम्स स्टीफेन

औरत या तो प्यार करती है या घृणा, उसे इसके अलावा और कोई बीच का रास्ता नहीं आता।

–साइरस

यदि औरत स्वयं आत्म-त्याग और पवित्रता की मूर्ति नहीं है, तो वह कुछ भी नहीं है।

–महात्मा गांधी

सुन्दर औरत रत्न है, अच्छी औरत कोष है।

–शेख सादी

कंचन

जैसे पक्षीगण वृक्ष का आश्रय लेते हैं, नदियां समुद्र का आश्रय लेती हैं और युवतियां पति का आश्रय लेती हैं, उसी तरह सभी गुण कंचन का आश्रय लेते हैं।

–अज्ञात

कचहरी

कचहरी—अदालत उसी के पास है जिसके पास पैसा है।

–प्रेमचन्द

कंजूस : कंजूसी

कंजूस अपने धन को न तो खाता है, न किसी दूसरे कार्य में व्यय करता है और न किसी को दान देता है। अन्त में उसके धन का नाश हो जाता है।

–अज्ञात

कंजूस के पास जितना होता है उतना ही वह उसके लिए तरसता है जो

उसके पास नहीं होता।

–पब्लिलियस साइरस

कंजूस मनुष्य एक पाई के लिए उतना ही उत्तेजित हो जाता है जितना कि एक महत्वाकांक्षी पुरुष एक राज्य की जीत के लिए।

–एडम स्मिथ

संसार में सबसे दयनीय कौन है ? वह जो धनी होकर भी कंजूस है।

–विद्यापति

कंजूस का गढ़ा हुआ धन धरती से तभी निकलता है, जब वह स्वयं धरती में पहुंच जाता है।

–फारसी कहावत

कंजूसी और सुख-शांति ने एक-दूसरे को कभी देखा नहीं, फिर कैसे वे एक-दूसरे से परिचित हों ?

–बेंजमिन फ्रैंकलिन

कथनी और करनी

'मैं परमात्मा हूं' कहने मात्र से कोई परमात्मा नहीं बन जाता, जैसे 'मैं करोड़पति हूं' कहने मात्र से कोई करोड़पति नहीं बन जाता।

–सन्त नन्दलाल

जिस प्रकार सुन्दर पुष्प वर्णयुक्त होने पर भी गंधहीन होने के कारण व्यर्थ होता है, वैसे ही अपने वचन के अनुसार काम न करने वाले मनुष्य की वाणी निष्फल होती है।

–धम्मपद

जिस प्रकार सुन्दर फूल वर्णयुक्त तथा गंधयुक्त होने से सफल होता है, उसी प्रकार कथनानुसार कार्य करने वाले मनुष्य की सुभाषित वाणी सफल होती है।

–धम्मपद

दादू कथनी और कछु, करनी करै कछु और।
तिनते मेरा जिउ जरै, जिनके ठीक न ठौर।।

(दादू कहते हैं कि जो लोग कहते हैं कुछ और करते हैं कुछ, उनसे मेरा जी जलता है, क्योंकि उनके कहने और करने का कुछ ठिकाना नहीं है।)

–दादू

कनक

कनक कनक से सौगुनी, मादकता अधिकाय
वहि खाय बौराय जग, यहि पाए बौराय।।

(सोने में धतूरे से बहुत अधिक नशा होता है। लोग धतूरा खाने से पागल होते हैं परन्तु सोने की प्राप्ति मात्र से पागल हो जाते हैं।)

–बिहारी लाल

जिस प्रकार कसौटी सोने को परखती है, उसी प्रकार सोना मनुष्यों को परखता है।

–चिलो

कनक-कामिनी

कनक और कामिनी को त्यागे बिना आध्यात्मिक पूर्णता प्राप्त नहीं हो सकती।

–रामकृष्ण परमहंस

चलौ चलौ सब कोई कहै, पहुंचे बिरला कोइ।
एक कनक और कामिनी, दुरगम घाटी दोय।।

(सब लोग चलने को कहते हैं, परन्तु विरले लोग ही ईश्वर तक पहुंचते हैं। इस संसार में सोना और स्त्रियां दो दुर्लघ्य घाटियां हैं।)

–गोस्वामी तुलसीदास

कपट : कपटी

कबिरा तहां न जाइए, जहां कपट का हेत।

(कबीर दास जी कहते हैं कि जहां कपट का व्यवहार हो, वहां नहीं जाना चाहिए।)

–कबीर

कपड़ा

अपने को खुश करने को भोजन करो, दूसरों को खुश करने के लिए कपड़ा पहिनो।

–बेंजमिन फ्रैंकलिन

अपने पुराने कपड़े भी मंगनी के कपड़ों से कहीं अच्छे होते हैं।

–शेख सादी

कपड़ा अंग को ढकने के लिए है, ठंड-गर्मी से उसकी रक्षा करने के लिए है, उसे सजाने के लिए नहीं है।

–महात्मा गांधी

भड़कीले कपड़ों से इन्सान बेबकूफों और औरतों के अलावा और किसी का आदर-पात्र नहीं बन सकता।

–बाल्टर रैले

इस नारियल में गूदा नहीं, इस आदमी की आत्मा इसके कपड़ों में है।

–सेक्सपियर

कमजोर : कमजोरी

कमजोर होना दुःखी होना है।

–मिल्टन

कमजोरी कभी न हटने वाला बोझ और यंत्रणा है, कमजोरी ही मृत्यु है।

–विवेकानन्द

कमजोरी का इलाज कमजोरी की चिन्ता करना नहीं, बल्कि शक्ति का विचार करना है।

–विवेकानन्द

हमारी कुछ कमजोरियां पैदायशी होती हैं, और अन्य हमारी शिक्षा का परिणाम हैं। प्रश्न यह है कि इनमें से कौन सा अधिक दुःखदायी हैं।

–गेटे

(देखिए, 'दुर्बल', 'निर्बल'

कमाई

पुण्य की कमाई मेरे घर की शोभा बढ़ाये, पाप की कमाई को मैंने नष्ट कर दिया है।

–अथर्ववेद

कर

गाय समय पर ही दुही जाती है, उसी तरह राजा प्रजा का पालन करते हुए समय पर उससे कर लेता है।

–अज्ञात

करुणा

करुणा में शीतल अग्नि होती है जो क्रूर से क्रूर व्यक्ति का हृदय भी आर्द्र कर देती है।

–सुदर्शन

जब हमारे करुणा के नेत्र खुल जाते हैं, तो पुरुष अपने को दूसरों में और दूसरों को अपने में देख सकने में समर्थ हो जाता है।

–राजगोपालाचारी

जो करुणा हमें साधारण जनों के वास्तविक दुःख के परिज्ञान से होती है, वही करुणा हमें प्रिय जनों के सुख के अनिश्चयमात्र से होती है।

–आचार्य रामचन्द्र शुक्ल

दुखी पर करुणा क्षण भर हो
प्रार्थना पहरों के बदले।
मुझे विश्वास है कि वह सत्य
करेगा आकर तब सम्मान।।

(यदि पहरों ईश-प्रार्थना करने के बदले हम क्षण भी दुखी लोगों के ऊपर करुणा करें तो मुझे विश्वास है कि वह सत्य आकर हमारा सम्मान करेगा।)

–जयशंकर प्रसाद

मनुष्य के अन्तःकरण में सात्विकता की ज्योति जगाने वाली वही करुणा है।

–आचार्य रामचन्द्र शुक्ल

मानव सृष्टि करुणा के लिए है।

–जयशंकर प्रसाद

सब कुछ मिला नये मानव को,
एक न मिला हृदय कातर;
जिसे तोड़ दे अनायास ही,
करुणा की हल्की ठोकर।

(नए मनुष्य को सब कुछ मिला परन्तु उसे दयालु हृदय नहीं मिला जिसे करुणा की हल्की ठोकर तोड़ दे।)

–रामधारी सिंह दिनकर

स्त्री-हृदय में करुणा अमृत बनकर रहा करती है।

–अज्ञात

सामाजिक जीवन की स्थिति और पुष्टि के लिए करुणा का प्रसार आवश्यक है।

–आचार्य रामचन्द्र शुक्ल

कर्त्तव्य

आत्मज्ञान का सम्पादन करना और आत्मकेन्द्र में स्थिर रहना मनुष्यमात्र का सबसे प्रथम और प्रधान कर्तव्य है।

–स्वामी रामतीर्थ

ईश्वर शान्ति चाहता है और ईश्वर की इच्छा के अनुसार चलना मनुष्य का परम कर्तव्य है।

–टाल्सटाय

उस कर्तव्य का पालन करो जो तुम्हारे निकटतम है।

–गेटे

एक कर्तव्य-पूर्ति का पुरस्कार है दूसरे कर्तव्य को पूर्ण करने की योग्यता।

–जार्ज इलियट

कर्त्तव्य कठोर होता है, भाव-प्रधान नहीं

–जयशंकर प्रसाद

कर्त्तव्य कभी आग और पानी की परवाह नहीं करता।

–प्रेमचंद

कर्त्तव्य करना चाहिए, होगी न क्या प्रभु की दया ?
सुख-दुःख कुछ हो, एक जैसा ही समय किसका गया ?

(हमें अपना कर्त्तव्य करना चाहिए। एक न एक दिन ईश्वर की दया अवश्य होगी। किसी मनुष्य का समय एक-समान नहीं रहता। उसे कभी सुख और कभी दुःख होता रहता है।)

–मैथिलीशरण गुप्त

कर्त्तव्यं का पालन ही चित्त की शान्ति का मूल मंत्र है।

–प्रेमचंद

कर्त्तव्य कोई ऐसी वस्तु नहीं है, जिसको नाप-जोखकर देखा जाये।

–शरत्चन्द्र चटर्जी

कर्त्तव्य भाव से ऊंचा है।

–गुरु तेगबहादुर

जिस प्रकार दूसरों के अधिकार की प्रतिष्ठा करना मनुष्य का कर्त्तव्य है, उसी प्रकार अपना मान धारण करना भी उसका कर्त्तव्य है।

–स्पेन्सर

जो कर्म अभेद-भावना की ओर ले जाता है, वह सत्कर्म है, कर्त्तव्य है, करणीय है।

–सम्पूर्णानन्द

तुम मनुष्य हो अमित बुद्धिबल विलसित जन्म तुम्हारा।
क्या उद्देश्य-रहित है जग में तुमने कभी विचारा ?
बुरा न मानो, एक बार सोचो तुम अपने मन में।
क्या कर्त्तव्य समाप्त कर लिए तुमने निज जीवन में ?

(तुम मनुष्य हो, तुममें असीम बुद्धिबल है, एक बार मन में विचार कर लो कि क्या तुमने अपने जीवन में अपने सब कर्त्तव्यों को पूरा कर लिया है ?)

–रामनरेश त्रिपाठी

दासता को कर्त्तव्य मान लेना कितना आसान है।

–विवेकानन्द

बुराई से असहयोग करना मानव का पवित्र कर्त्तव्य है।

–महात्मा गांधी

बैर लेना या करना मनुष्य का कर्त्तव्य नहीं है–उसका कर्त्तव्य क्षमा है।

–महात्मा गांधी

मानव की सेवा करना मानव का सर्वप्रथम कर्त्तव्य है।

–विनोबा भावे

वीर होने के लिए मनुष्य को कर्त्तव्य से अधिक श्रम करना होता है।

–रेनाल्डस

कर्त्तव्य-निष्ठा

जिन जातियों में सच्ची कर्त्तव्य-निष्ठा पाई जाती है, वे संसार में सदा संपन्न अवस्था में रहती हैं और सबसे सम्मान प्राप्त करती हैं।

–अज्ञात

संसार में जो बड़े लोग हो गए हैं और जिनकी कीर्ति से मनुष्य जाति का इतिहास प्रकाशित है–वे सब कर्त्तव्य-निष्ठा से ही वैसे बने हैं।

–अज्ञात

कर्त्तव्य-पालन

कर्त्तव्य-पालन कीजिए, यह धर्म सुख का मूल है,
निश-दिन उसी को सोचिए, तब यह सुलभ अनुकूल है।
कर्त्तव्य-पालन में किसी से भय न खाना चाहिए,
विभु से सदा डरिए, उसी में लौ लगाना चाहिए।।

(हमें अपने कर्त्तव्य का पालन करना चाहिए। यह धर्म सुख का मूल है। यदि हम रात दिन अपने कर्त्तव्य-पालन की बात सोचेंगे, तो वह हमारे लिए सुलभ और अनुकूल हो जाएगा। हमें सदैव भगवान् से डरना चाहिए और उसी का ध्यान करना चाहिए।)

–रामचरित उपाध्याय

कर्त्ता

अहंकार आसक्ति रहित जो, धृति उत्साह पार्थ ! जिसमें।
सिद्धि असिद्धि विकार न जिसमें, कर्त्ता सात्त्विक वह जग में।।

(हे पार्थ ! जो कर्ता अहंकार और आसक्ति से रहित होता है, जिसमें धैर्य और उत्साह रहता है, जिसमें कार्य होने या न होने से हर्ष शोकादि कोई विकार नहीं होता, वह सात्त्विक कर्त्ता कहा जाता है।)

–लोकगीता

रागी और कर्मफल लोलुप, हिंसावृत्ति अशुचि जिसमें।
कहलाता वह राजस कर्त्ता, हर्ष शोक बसते उसमें।।

(जो कर्त्ता आसक्ति से युक्त, कर्मों के फल को चाहने वाला, लोभी, हिंसात्मक अशुद्धाचारी तथा हर्ष-शोक से लिप्त है, वह राजस कर्त्ता कहलाता है।)

–लोकगीता

जो अयुक्त अशिक्षित गर्वित धूर्त जीविका-अपहर्ता।
दीर्घसूत्री अलस विषादी होता है तामस कर्त्ता।।

(जो कर्त्ता अयुक्त, अशिक्षित, घमंडी, धूर्त, दूसरों की जीविका का नाश

करने वाला, दीर्घसूत्री, आलसी और शोक करने वाला होता है, वह तामस कर्त्ता कहा जाता है।)

–लोकगीता

यदि कर्त्ता होना चाहते हो तो तुम्हें मुक्त होना पड़ेगा। अतः गीता उस योग को कर्मयोग कहती है, जिसमें हम अनासक्त होकर काम करते हैं।

–रवीन्द्रनाथ ठाकुर

कर्म

अच्छे कर्म स्वर्ग के द्वार के अदृश्य कब्जे हैं।

–विक्टर ह्यूगौ

अतीत में जैसा भी कुछ कर्म किया गया है, भविष्य में वह उसी रूप में उपस्थित होता है।

–महावीर स्वाभी

अनासक्त होकर कर्म करने से ही हमें कर्म पर पूर्ण अधिकार प्राप्त होता है।

–रवीन्द्रनाथ ठाकुर

अनासक्त करणीय कर्म का समाचरण इससे तू कर।
अनासक्त जीवन जो जीता, वह पा जाता परमेश्वर।।

(इससे तू निरन्तर आसक्ति से रहित होकर कर्त्तव्य कर्म को भली भांति करता रह, क्योंकि आसक्ति से रहित होकर कर्म करता हुआ मनुष्य परमात्मा को प्राप्त हो जाता है।)

–लोकगीता

अवश्यमेव भोक्तव्यं कृतं कर्म शुभाशुभम्।

(किए हुए शुभ और अशुभ कर्मों का फल अवश्य भोगना पड़ता है।)

–अज्ञात

करै जो कर्म पाव फल सोई। निगम नीति अस कह सब कोई।

(वेद-शास्त्र तथा अन्य सब लोग ऐसा कहते हैं कि जो जैसा कर्म करता है उसे वैसा ही फल मिलता है।)

–गोस्वामी तुलसीदास

कर्म सदैव भले ही सुख न ला सकें, पर कर्म के बिना भी सुख नहीं मिलता।

–डिसरैली

कर्म करने में ही तुम्हारा अधिकार है, फल में नहीं।

–गीता

यह धरती ही हमारे कर्मों की भूमि हैं।

–महाभारत

कर्म की ध्वनि शब्दों से ऊंची होती है।

—कहावत

कर्म की परिसमाप्ति ज्ञान में और कर्म का मूल भक्ति अथवा सम्पूर्ण आत्मसमर्पण में है।

—अरविन्द घोष

कर्म की सफलता के लिए धर्म की स्थिरता जरूरी है।

—जैनेन्द्र कुमार

कर्म के फल से बचना सम्भव ही नहीं है, कारण कि फल कर्म से अलग नहीं है, वह क्रिया के साथ ही है।

—जैनेन्द्र कुमार

कर्म के फल से बचना सम्भव ही नहीं है, कारण कि फल कर्म से अलग नहीं है, वह क्रिया के साथ ही है।

—जैनेन्द्र कुमार

कर्म चित्त की शुद्धि के लिए ही है, तत्त्वदृष्टि के लिए नहीं, वस्तुसिद्धि तो विचार से ही होती है। करोड़ों कर्मों से कुछ भी नहीं हो सकता।

—शंकराचार्य

कर्म में वाक्शक्ति होती है।

—शेक्सपीयर

कर्म वह आईना है जो हमारा स्वरूप हमें दिखा देता है। अतः हमें कर्म का एहसानमंद होना चाहिए।

—विनोबा भावे

कर्म सदैव सुख न ला सके, परन्तु कर्म के बिना सुख नहीं मिलता।

—डिसरैली

कर्मणा ज्ञानमिश्रेण स्थितप्रज्ञो भवेत्पुमान्।

(ज्ञानयुक्त कर्म से ही मनुष्य स्थितप्रज्ञ होता है।)

—शाण्डिल्य स्मृति

कर्मप्रधान विश्व कर राखा। जो जस करइ सो तस फल चाखा।

(भगवान् ने संसार को कर्मप्रधान बना रखा है। इसमें जो मनुष्य जैसा काम करता है उसको वैसा ही फल प्राप्त होता है।)

—गोस्वामी तुलसीदास

कर्म से भाग्य, भाग्य से कर्म,
उभय में बीज-वृक्ष का धर्म,
भाग्य की बात भाग्य के हाथ,
पुरुष का हो पौरुष से साथ।।

कर्म से भाग्य बनता है, और भाग्य से कर्म होता है। दोनों में ऐसा घनिष्ठ सम्बन्ध है जैसे बीज और वृक्ष का होता है। भाग्य की बात भाग्य के हाथ छोड़ कर हमें पौरुष का साथ करना चाहिए।

–बलदेव प्रसाद मिश्र

कर्महि माहि निहित भव-मर्मा। नहिं स्वकर्म ते बढ़ि सद्धर्मा।।

(संसार का रहस्य कर्म में ही निहित है। अपने कर्म से बढ़कर कोई सद्धर्म नहीं है।)

–द्वारका प्रसाद मिश्र

कर्म ही मनुष्य के जीवन को पवित्र और अहिंसक बनाता है।

–विनोबा भावे

काहु न कोउ सुख-दुख कर दाता। निज कृत करम भोग सब भ्राता।।

(हे भाई ! इस संसार में कोई किसी को सुख-दुख देने वाला नहीं है। जो मनुष्य जैसा कर्म करता है, उसे वैसा फल मिलता है।)

–गोस्वामी तुलसीदास

किसी काम को सुचारू रूप से करने के लिए मनुष्य को उसे स्वयं करना चाहिए।

–नेपोलियन

कुर्वन्नेवेह कर्माणि जिजीविषेत् शतं समाः।

(इस संसार में कर्म करते-करते सौ वर्ष जीने की इच्छा करो।)

–यजुर्वेद

केवल दृढ़-इच्छा-प्रसूत कर्म ही सुन्दर हो सकता है।

–रस्किन

खेल में हम सदा ईमानदारी का पल्ला पकड़ कर चलते हैं, पर अफसोस है कि कर्म में हम इस ओर ध्यान तक नहीं देते।

–सायरस

जहां देह है, वहां कर्म तो है ही, उससे कोई मुक्त नहीं है। तथापि शरीर को प्रभु-मन्दिर बनाकर उसके द्वारा मुक्ति प्राप्त करनी चाहिए।

–महात्मा गांधी

जिस व्यक्ति ने जैसा कर्म किया है, वह उसके पीछे लगा रहता है। यदि कर्त्ता पुरुष शीघ्रतापूर्वक दौड़ता है, तो वह भी उतनी ही तेजी से उसके पीछे दौड़ता है। जब वह सोता है, तो उसका कर्मफल भी उसके साथ ही सो जाता है। जब वह खड़ा होता है, तो वह भी पास ही खड़ा रहता है, और जब वह चलता है तो वह भी पीछे-पीछे चलने लगता है। इतना ही नहीं, कोई कर्म करते समय भी कर्मसंस्कार छाया के समान उसका पीछा करता है।

–महाभारत

जीव कर्मवश दुख सुख भागी।

(जीव अपने कर्मवश दुःख-सुख पाता है।)

–गोस्वामी तुलसीदास

जीवन में अपने किए हुए कर्म को परिवर्तित करने की पूर्ण असम्भाव्यता से अधिक दुःखमय और कुछ नहीं है।

–गॉल्सवर्दी

जो कर्म शास्त्रविधि से नियत किया हुआ और कर्तापन के अभिमान से रहित हो तथा फल न चाहने वाले पुरुष द्वारा बिना राग-द्वेष के किया गया हो–वह सात्त्विक कहा जाता है।

–श्रीमद्‍भगवत गीता

तुम्हारा कर्म करने में ही अधिकार है, उसके फलों में कभी नहीं। इसलिए तुम कर्मों के फल पर दृष्टि मत रखो तथा तुम्हारी कर्म न करने में भी आसक्ति न हो।

–श्रीमद्‍भगवत गीता

तू शास्त्रविहित कर्त्तव्य कर्म कर। कर्म न करने की अपेक्षा कर्म करना श्रेष्ठ है क्योंकि कर्म न करने से तेरा शरीर-निर्वाह भी सिद्ध नहीं होगा।

–श्रीमद्‍भगवत गीता

निष्काम कर्म ईश्वर को ऋणी बना देता है, और ईश्वर उसको ब्याज सहित वापस करने को बाध्य हो जाता है।

–स्वामी रामतीर्थ

निःसन्देह कोई भी मनुष्य किसी भी काल में क्षणमात्र भी बिना कर्म किए नहीं रहता, क्योंकि सारा मानव-समाज प्रकृतिजनित गुणों द्वारा परवश हुआ कर्म करने के लिए बाध्य है।

–श्रीमद्‍भगवत गीता

पौरुष, हिंसा, हानि और फल समझे बिना किया जाता।
कर्म मोहवश जो होता है, वह तामस है कहलाता।।

(जो कर्म अपना पौरुष, हिंसा, हानि तथा परिणाम का विचार न करके अज्ञानपूर्वक किया जाता है, वह तामस कहलाता है।)

–लोकगीता

प्रत्येक प्राणी अपने ही कृत कर्मों से कष्ट पाता है।

–महावीर स्वामी

प्रयोजन से या अभाव से हम जो भी कर्म करते हैं, वही कर्म हमारे बंधन का कारण है, आनन्द से जो करते हैं वह बन्धन का कारण नहीं हो सकता। वस्तुतः वही कर्ममुक्ति है।

–रवीन्द्रनाथ ठाकुर

फल मानव के कर्माधीन है, बुद्धि कर्मानुसार आगे बढ़ने वाली है, तथापि विद्वान् और महात्मा अच्छी प्रकार से सोच कर ही कोई कर्म करते हैं।

–चाणक्य

"फलासक्ति छोड़ो और कर्म करो", "आशारहित होकर काम करो," "निष्काम होकर कर्म करो"–यह गीता की वह ध्वनि है जो भुलाई नहीं जा सकती। जो कर्म छोड़ता है वह गिरता है। कर्म करते हुए भी जो उसका फल छोड़ता है, वह चढ़ता है।

–महात्मा गांधी

भविष्य चाहे कितना ही सुन्दर हो विश्वास न करो। भूतकाल की भी चिन्ता न करो। जो कुछ करना है उसे अपने ऊपर और ईश्वर के ऊपर विश्वास रखकर वर्तमान में करो।

–लॉङ्ग फेलो

मनुष्य के कर्म ही उसके विचारों की सबसे सही व्याख्या है।

–लॉक

मेरे दायें हाथ में कर्म हैं, बायें हाथ में जय।

–अथर्ववेद

मैंने कर्म से ही अपने को बहुगुणित किया है।

–नैपोलियन

योगस्थित हो पार्थ ! कर्मकर, हो आसक्ति, न हो ममता।

(हे पार्थ ! तू योग में स्थित होकर आसक्ति का त्याग करके कर्म कर।)

–लोकगीता

वही कर्म सर्वश्रेष्ठ है, जिससे बहुसंख्यक लोगों को अधिक से अधिक आनन्द की प्राप्ति हो।

–फ्रांसिस हचिसन

सच्चे मनुष्यों के ही कर्म मधुर सुगंध देते हैं, और मिट्टी में भी खिलते हैं।

–शर्ले

समस्त कर्म का लक्ष्य आनन्द की ओर है, एवं आनन्द का लक्ष्य कर्म की ओर है।

–रवीन्द्रनाथ ठाकुर

कर्म हर मनुष्य का प्राण-रक्षक है।

–एमर्सन

शुभ कर्मों के द्वार कभी बन्द नहीं होते।

–शिवसागर मिश्र

बुरे कर्मों का फल शीघ्र, अन्य कर्मों का फल देर से मिलता है।

–चाणक्य

कर्म के बोझ से कोई नहीं मरता, मौत तो डर के कारण आती है।

–बीचर

वृत्ते स्थितस्तु शूद्रोऽपि ब्राह्मणत्वं नियच्छति।

(शुभ कर्म में स्थित शूद्र भी ब्राह्मणत्व प्राप्त कर लेता है।)

–महाभारत

कर्मफल

अपने-अपने कर्म का फल एक धरोहर के समान है, जो कर्मजनित अदृष्ट के द्वारा सुरक्षित रहता है। उपयुक्त अवसर पाने पर काल इस कर्म-फल को प्राणिसमुदाय के पास खींच लाता है।

–महाभारत

अपने अनिवार्य कर्मफल के आगे कोई जोर नहीं चल सकता।

–रवीन्द्रनाथ ठाकुर

अपनेहि पाप जरहिं अपकारी।

(पापी अपने ही पाप से जलते हैं।)

–गोस्वामी तुलसीदास

पुरुष ऋतुमय है, कर्ममय है। यहां इस लोक में जैसा भी कर्म किया जाता है, वैसा ही कर्म यहां से चलकर आगे परलोक में होता है।

–छान्दोग्य उपनिषद

यह पुरुष काममय है, संकल्प रूप है। जैसा संकल्प होता है, वैसा ही प्रयत्न होता है। जैसा प्रयत्न होता है वैसा कर्म होता है और जैसा कर्म होता है, वैसा ही उसका फल होता है।

–वृहदा० उपनिषद

कर्म-बंधन

'मैं ही करता हूं'—यह मनुष्य का वृथा अभिमान है, क्योंकि विश्व के सभी प्राणी अपने-अपने कर्मों की डोरी में बंधे हुए हैं।

–वाल्मीकि रामायण

कर्म-भोग

जैसे फूल और फल किसी की प्रेरणा के बिना ही अपने समय पर वृक्षों में लग जाते हैं, उसी प्रकार पहले के किए हुए कर्म भी अपने फल-भोग के समय का उल्लंघन नहीं कर सकते।

–महाभारत

समझो मर्म, एकही कर्म कहीं धर्म है कहीं अधर्म।
करते हैं जो रण में क्षत्र, वही हिंस्र-हिंसा अन्यत्र।।

(यह मर्म समझने लायक है कि एक ही काम समय और परिस्थितिवश कहीं धर्म समझा जाता है तो कहीं अधर्म, जैसे युद्ध में किसी के प्राण लेना हिंसा नहीं समझा जाता, परन्तु वैसे किसी को मार डालना हिंसा और पाप समझा जाता है।)

–मैथिलीशरण गुप्त

जो चाहो अपना कल्यान, नित सुकर्म पर रक्खो ध्यान।
सुजन कर्म करके तज शोक, लेते बना लोक परलोक।।

(यदि तुम अपना कल्याण चाहते हो, तो सदैव सुकर्म पर ध्यान रखो। सज्जन लोग शोक को त्याग कर काम करते रहते हैं। इस प्रकार वह अपना लौकिक तथा पारलौकिक कल्याण सिद्ध कर लेते हैं।)

–अज्ञात

भाग्य-दोष दे कितने लोग, दुख पाते तज कर उद्योग।
जो करते उद्यम व्यापार, कभी न वे पाते दुख भार।।

(अनेक लोग परिश्रम छोड़कर भाग्य को दोष देते हैं। उन लोगों को बहुत दुःख मिलता है। जो लोग सदा परिश्रम करते रहते हैं, उनको कभी दुःख नहीं सहना पड़ता।)

–अज्ञात

सुनो सकल भारत-सन्तान, करो कर्म जिससे हो मान।
सब सुख का कारण है कर्म, वही मुख्य मानव का धर्म।।

(हे भारतवासी भाइयो ! सुनो ! तुम लोग सदैव कर्म करते रहो जिससे तुम्हारा सम्मान हो। कर्म करने से ही सब प्रकार के सुख प्राप्त होते हैं। कर्म करना ही मनुष्य का मुख्य धर्म है।)

–अज्ञात

कर्मयोग

जिस यत्न से शरीर के बंधन से आत्मा के छूटने का योग सधे वह कर्मयोग है।

–महात्मा गांधी

धृति और उत्साह से मिलकर कर्मयोग बनता है।

–विनोबा भावे

कर्म से मुंह न मोड़ो। कर्म शरीर के द्वारा की गई भगवान् की सर्वोत्तम प्रार्थना है।

–अरविन्द घोष

योगस्थः कुरु कर्माणि सङ्गत्यक्त्वा धनञ्जय।
सिद्धयसिद्धयोः समो भूत्वा समत्व योग उच्यते।।

(हे धनञ्जय ! तू आसक्ति को त्याग कर तथा सिद्धि और असिद्धि में समान बुद्धि वाला होकर योग में स्थित हुआ कर्त्तव्य कर्मों को कर; ममत्व ही योग कहलाता है।)

–श्रीमद्भगवत गीता

मन से कर इन्द्रियां स्ववश में अनासक्त जो कर्मनिरत।
कर्म इन्द्रियों से ही करता, श्रेयस कर्मयोग भारत।।

(हे अर्जुन ! जो मनुष्य मन से इन्द्रियों को वश में करके अनासक्त हुआ सब इन्द्रियों द्वारा कर्मयोग का आचरण करता है, वही श्रेष्ठ है।)

–लोकगीता

पार्थ ! कर्म-सन्यास और यह कर्मयोग दोनों हितकर।
पर इन दोनों में हे भारत ! कर्मयोग है श्रेयस्कर।।

(कर्म सन्यास और कर्मयोग ये दोनों परम कल्याणपरक हैं, परन्तु उन दोनों में भी साधन में सुगम होने से कर्मयोग अधिक श्रेयस्कर है।)

–ब्रजभूषण शर्मा

योगयुक्तो विशुद्धात्मा विजितात्मा जितेन्द्रियः।
सर्वभूतात्मभूतात्मा कुर्वन्नपि न लिप्यते।।

(जिसका मन अपने वश में है, जो जितेन्द्रिय एवं विशुद्ध अन्तःकरण वाला है और सम्पूर्ण प्राणियों का आत्मरूप परमात्मा ही जिसका आत्मा है, ऐसा कर्मयोगी कर्म करता हुआ भी लिप्त नहीं होता।)

–श्रीमद्भगवत गीता

जो कि हँस हँस के चबा लेते हैं लोहे का चना।
है कठिन कुछ भी नहीं, जिनके है जी में यह ठना।।
कोस कितने ही चलें पर वे कभी थकते नहीं।
कौन सी है गांठ जिसको खोल वे सकते नहीं।।

–अयोध्यासिंह उपाध्याय 'हरिऔध'

हैं बिरले नर या जग में
जो कहैं सो करैं, जो करैं सो कहैं ना।

(इस संसार में बहुत कम ऐसे लोग हैं जो उन कामों को करते हैं जिन्हें वे कहते हैं और जो काम वे करते हैं उन्हें कहते नहीं।)

–ग्वाल

कर्मशील

कर्मशील लोग शायद ही कभी उदास रहते हों—कर्मशीलता और उदासी दोनों साथ-साथ नहीं रहतीं।

–बोवी

जीवन में रंग कर्मशीलता ही भरती है।

–एमिएल

कर्महीन

केवल कर्महीन ऐसे हैं जो भाग्य को कोसते हैं और जिनके पास शिकायतों का बाहुल्य है।

–जवाहरलाल नेहरू

सकल पदारथ यहि जग मांहीं। करमहीन नर पावत नाहीं।।

(इस संसार में सब पदार्थ हैं, परन्तु कर्महीन लोग उन्हें नहीं पाते।)

–गोस्वामी तुलसीदास

कर्म ही उपासना है

अपने हिस्से आए हुए काम को हम निरन्तर करते रहें, इसी में परमेश्वर की सच्ची उपासना है।

–नाथजी

कर्म और ज्ञान

कर्म और ज्ञान में कोई संघर्ष, कोई वास्तविक विरोध नहीं है।

–रमण महर्षि

कलंक

कलंक मृत्यु का कारण होता है।

–शेक्सपियर

कलंक स्त्री के लिए भयानक समस्या है।

–जयशंकर प्रसाद

चन्द्रमा अपना प्रकाश सारे आकाश में फैलाता. है, परन्तु अपना कलंक अपने ही भीतर रखता है।

–रवीन्द्रनाथ ठाकुर

जिस वस्तु के देखने में कलंक लगता हो उसे न देखो, जिस तरह चौथे के चांद को कोई नहीं देखता।

–अज्ञात

कलंक दंड में नहीं, अपराध में है।

–अलफीरी

निर्मल से निर्मल चरित्र पर कलंक लगना कोई बड़ी बात नहीं है। वसंत ऋतु के नए फलों में भी घुन लग जाता है, और कलियां बहुधा खिलने के पहले ही समीर के झोंकों से झड़ जाती हैं।

–अज्ञात

कलम

कलम तलवार से अधिक बलवान् है।

–बुलवर लिटन

कलम में चोट करने की शक्ति तलवार से सौगुनी होती हैं।

–अज्ञात

दुनिया में दो ही ताकतें हैं, तलवार और कलम; और अन्त में तलवार सदैव कलम से पराजित होती है।

–नेपोलियन बोनापार्ट

जो कलम सरीखे टूट गये पर झुके नहीं,
उनके आगे यह दुनिया शीश झुकाती है,
जो कलम किसी कीमत पर बेची नहीं गई,
वह तो मशाल की तरह उठाई जाती है।

–शिवदान सिंह चौहान

कलह

कलह न जानब छोटकर, कलह कठिन परिनाम।
लगत अगिन अति नीच घर, जरत धनिक धन धाम।।

(झगड़े को छोटा नहीं समझना चाहिए, झगड़े का फल बहुत बुरा होता है। देखिए, जब किसी छोटे मनुष्य के घर में आग लगती है, तब वह धनी लोगों के धन और घर को भी नष्ट कर देती है।)

–अज्ञात

कलह से मनुष्यों के घर नष्ट हो जाते हैं, कुवाक्य बोलने से मित्रता नष्ट हो जाती है, बुरे शासकों से राष्ट्र नष्ट हो जाते हैं, और कुकर्म से मनुष्य का यश नष्ट हो जाता है।

–अज्ञात

कला

अव्यक्त से व्यक्त की रचना, कला का एक कार्य है।

–खलील जिब्रान

कला अनुकरण नहीं करती बल्कि व्याख्या करती है।

–मैजिनी

कला कला के लिए है।

–विक्टर कजिन

कला का अन्तिम और सर्वोच्च ध्येय सौंदर्य है।

–गेटे

कला का रहस्य भ्रान्ति है, पर वह भ्रांति जिस पर यथार्थ का आवरण पड़ा हो।

–प्रेमचन्द

कला का सत्य जीवन की परिधि में सौन्दर्य के माध्यम द्वारा व्यक्त अखण्ड सत्य है।

–महादेवी वर्मा

कला का सबसे सुन्दर रूप छिपाव है, दिखाव नहीं।

–प्रेमचन्द

कला की कीमत परिणाम से नहीं, उसके कलात्मक गुणों से आंकी जाती है।

–मैक्सिम गोर्की

कला प्रकृति से अनन्त की ओर ले जाने वाली एक सीढ़ी है।

–खलील जिब्रान

कला विचार को मूर्ति में परिणत कर देती है।

–इमर्सन

जो कला आत्मा को आत्मदर्शन करने की शिक्षा नहीं देती, वह कला नहीं है।

–महात्मा गांधी

प्रकृति ईश्वर का प्रकट रूप है, कला मनुष्य का।

–लांग फेलो

प्रत्येक राष्ट्र के गुणावगुण सदा उसकी कला में अंकित रहते हैं।

–रस्किन

मानव की बहुमुखी भावनाओं का प्रबल प्रवाह जब रोके नहीं रुकता, तभी वह कला के रूप में फूट पड़ता है।

–रस्किन

सम्पूर्ण कला केवल प्रकृति का ही अनुकरण है।

–सेनेका

सच्ची कला दैवी सिद्धि का केवल प्रतिबिम्ब होती है। ईश्वर की पूर्णता की छाया होती है।

–माइकेल ऐंजिली

समस्त कला अनुकरण-मात्र है।

–अरस्तु

सुन्दर को सजीव करती है,
भीषण को निर्जीव कला।

(कला सुन्दर को सजीव और भीषण का निर्जीव करती है।)

–मैथिलीशरण गुप्त

प्रकृति ईश्वर का विराट रूप है, कला मानव का।

–लांगफैलो

पंडित कला का कारण समझते हैं, अपंडित उसका आनन्द लेते हैं।

–अज्ञात

कलाकार

कलाकार की भाव-राशि अथाह एवं अचिन्त्य है।

–मैक्सिम गोर्की

कलाकार के निर्माण में जीवन के निर्माण का लक्ष्य छिपा रहता है।

–महादेवी वर्मा

कलाकार स्वयं एक साधक है, चाहे वह कला साहित्य हो, नृत्य हो, शिल्प हो अथवा और कुछ।

–अनन्त गोपाल शेवडे

कलाकार प्रकृति का प्रेमी है, अतएव वह उसका दास भी है और स्वामी भी।

–रवीन्द्रनाथ ठाकुर

जिसने उत्तम जीना चाहा, वही कलाकार है।

–महात्मा गांधी

जो अन्तर को देखता है बाह्य को नहीं, वही सच्चा कलाकार है।

–महात्मा गांधी

कलाकार वस्तुओं को उनके रूप में नहीं अपने रूप में देखता है।

–अल्फ्रेड टोनेल

महान कलाकर वह है जो सत्य को सरल बना दे।

–एमिएल

संसार का सबसे अरक्षित और असहाय जीव कलाकार है।

–रवीन्द्रनाथ टैगोर

कलियुग

कलियुग केवल नाम अधारा। सुमिरि सुमिरि नर उतरहिं पारा।।

(अन्य युगों में घोर तपस्या आदि करके मनुष्य भव-सागर से पार उतरते थे। परन्तु कलियुग में भगवान का नाम ही एकमात्र आश्रय है। नाम-जप करके मनुष्य भव-सागर को पार कर लेते हैं।)

–गोस्वामी तुलसीदास

कलियुग सम जुग आन नहिं, जो नर का विश्वास।
गाइ राम गुन-गन विमल, भव तर बिनहिं प्रयास।।

(कलियुग के समान अन्य कोई युग नहीं है। यदि मनुष्य ईश्वर पर विश्वास

करे, तो वह उसके विमल गुणों का गान करके बिना प्रयास ही भव-सागर के पार उतर जाता है।)

–गोस्वामी तुलसीदास

देवताओं में दैवी शक्ति नहीं रह गई, साधु लोग प्रपंच करने में चतुर हो गए, जनता झूठ बोलना पसन्द करने लगी, बादल कम पानी बरसाने लगे, लोग नीचों का संग अधिक पसंद करने लगे, राजा लोग दुष्ट हृदय के हो गए, लोग भ्रष्ट हो गए, नष्ट हो गए। यह कलिकाल अपना फल दिखा रहा है।

–अज्ञात

कल्पना

अपवित्र कल्पना भी उतनी ही बुरी होती है, जितना कि बुरा अपवित्र कर्म होता है।

–विवेकानन्द

आत्मा की है आंख, बुद्धि का पांख है,
मानस की चांदनी, विमल है कल्पना।

(कल्पना आत्मा की आंख, बुद्धि का पंख और मन की विमल चांदनी है।)

–रामधारीसिंह 'दिनकर'

आह ! कल्पना का सुन्दर यह
जगत मधुर कितना होता !
सुख स्वप्नों का दल छाया में पुलकित हो जगता सोता।

(आह कल्पना का यह सुन्दर जगत कितना मधुर होता है। छाया में सुख-स्वप्नों का समूह पुलिकत होकर जगता-सोता रहता है।)

–जयशंकर प्रसाद

कल्पना में जो आनन्द है वह यथार्थ में नहीं है।

–अज्ञात

कल्पना में मोहक और प्रिय प्रतीत होती हुई भी इसकी यथार्थ बातें सदा प्रिय नहीं होतीं।

–रस्किन

कल्पना विश्व पर शासन करती है।

–नैपालियन

पागल, प्रेमी और कवि कल्पना से परिपूर्ण होते हैं।

–शेक्सपियर

बढ़ाओ कल्पना का जाल, तब भी स्वप्न बाकी हैं,
लगाओ तर्क के सोपान, तब भी प्रश्न रहते हैं।

(हम चाहे कल्पना के कितने ही ताने-बाने बुनें तब भी स्वप्नों की सीमाओं

को नहीं बांधा जा सकता और तर्क की कितनी ही सीढ़ियां लगा दी जायें तब भी अनेक प्रश्नों का समाधान शेष रह जाता है।)

–रामधारीसिंह 'दिनकर'

कवच

परमात्मा का विश्वास ही मेरा आन्तरिक कवच है।

–ऋग्वेद

कवि

ईश्वरीय सौन्दर्य को, प्राकृतिक कविता को भाषा की छटा द्वारा संसार को दरसाना कवि का कर्त्तव्य है।

–पुरुषोत्तमदास टण्डन

कवि केवल सृष्टि ही नहीं करता, सृष्टि की रक्षा भी करता है।

–शरतचन्द्र

कवि विश्व के अस्वीकृत व्यवस्थापक हैं।

–शेली

कवि जो कुछ आपद में सीखता है, उसकी शिक्षा कविता में देता है।

–शेली

कवि जिस समय कविता करता है, वह अलौकिक मानव बन जाता है।

–हजारी प्रसाद द्विवेदी

जहां न जाय रवि, वहां जाय कवि।

–अज्ञात

कवि मन का स्वामी, विश्वप्रेम से पूर्ण, आत्मनिष्ठ, यथार्थभाषी और शाश्वत काल पर दृष्टि रखने वाला होता है।

–ईशावास्योपनिषद

कवि केवल देखते, जानते ही नहीं, प्रकाश भी करते हैं।

–रवीन्द्रनाथ ठाकुर

कवि सृष्टि के सौन्दर्य का एक मर्मज्ञ वक्ता, गायक और कलाकार होता है। वह एक ऐसा यन्त्र है जिसके माध्यम से सृष्टि का सौन्दर्य निहारा जा सकता है।

–शरण

कवि माने मन का मालिक। जिसने मन नहीं जीता वह ईश्वर की सृष्टि का रहस्य नहीं समझ सकता।

–विनोबा भावे

केवल मनोरंजन न कवि का कर्म होना चाहिए।
उसमें उचित उपदेश का भी मर्म होना चाहिए।।

(कवि का कर्म केवल मनोरंजन नहीं होना चाहिए। उसका काम उचित उपदेश देना भी होना चाहिए।)

–मैथिलीशरण गुप्त

जो महान् कवि बनने की महत्त्वाकांक्षा रखता है, उसे सबसे पहले एक छोटा बनना पड़ेगा।

–मैकाले

कवि की उंगलियों के स्पर्शमात्र से शब्द चमक उठते हैं।

–जोबर्ट

कवि आत्मा का चितेरा है।

–डिसरैली

पामर दुनिया विषय-सुख में झूमती है, कवि आत्मानन्द में डोलता है। लोगों को भोजन का आनन्द मिलता है, कवि को आनन्द का भोजन मिलता है।

–विनोबा भावे

वियोगी होगा पहला कवि,
आह से उपजा होगा गान।
निकलकर आंखों से चुपचाप,
वही होगी कविता अनजान।।

(पहला कवि कोई वियोगी होगा, गीत आह से उत्पन्न हुआ होगा और कविता आंखों से आंसुओं के रूप में निकली होगी।)

–सुमित्रानन्दन पन्त

सच्चे कवि या द्रष्टा तो वे माने जाते हैं जो मृत्यु में जीवन और जीवन में मृत्यु देख सकें।

–महात्मा गांधी

हमारी अन्तस्थ सुप्त भावनाओं को जाग्रत करने का सामर्थ्य जिसमें होता है। वह कवि है।

–महात्मा गांधी

कवि और चित्रकार

कवि और चित्रकार में भेद है। कवि अपने स्वर में और चित्रकार अपनी रेखा में जीवन के सत्य और सौन्दर्य का राग भरता है।

–अज्ञात

बाहरी सौन्दर्य सुचतुर चित्रकार के चित्र में भी देखने को मिल सकता है, परन्तु मन का सौन्दर्य कवि की वाणी में ही मिलता है।

–अज्ञात

कवि और शब्द

कवि और शब्द की विचित्र महिमा है। शब्द कवि को अमर बना देते हैं और कवि शब्द को भाग्यवान।

–अज्ञात

कविता

इतिहास की अपेक्षा कविता सत्य के अधिक निकट आती है।

–प्लेटो

कविता आत्मा का संगीत है।

–वाल्टेयर

कविता थोड़े शब्दों की महान् शक्ति बताती है।

–एमर्सन

कविता अपनी मनोरंजन-शक्ति द्वारा पढ़ने या सुनने वाले का चित्त रमाये रहती है, जीवन-पट पर उक्त कर्मों की सुन्दरता या विरूपता अंकित करके हृदय के मर्म-स्थलों का स्पर्श करती है।

–आचार्य रामचन्द्र शुक्ल

कविता कवि की कृति है। कविता में कवि की ही अनुभूति होती है। इसलिए कविता समझने के लिए हमें कवि को समझना पड़ेगा।

–रामचरित उपाध्याय

कविता का महान् लक्ष्य है कि वह लोगों की चिन्ताओं को शान्त करने और उनके विचारों को उन्नत करने में मित्र का काम करे।

–कीट्स

कविता के लिए 'विचार करना' सबसे भारी अवरोध है।

–खलील जिब्रान

कविता केवल वस्तुओं के रंग-रूप में सौन्दर्य की छटा नहीं दिखाती, प्रत्युत कर्म और मनोवृत्ति के सौन्दर्य के भी अत्यन्त मार्मिक दृश्य सामने रखती है।

–आचार्य रामचन्द्र शुक्ल

कविता प्रसाद, पीड़ा और आश्चर्य का समझौता है, जिसे लिखने के लिए शब्दकोश पर आश्रित रहना पड़ता है।

–खलील जिब्रान

कविता भावना से रंजित बुद्धि है।

–बिल्सन

कविता मानवता की उच्चतम अनुभूति की अभिव्यक्ति है।

–हजारीप्रसाद द्विवेदी

कविता जीवन की समालोचना है।

मैथ्यू आरनल्ड

कविता वह कला है जिसमें कल्पना शक्ति विवेक की सहायक होकर सत्य और आनन्द का परस्पर सम्मिश्रण करती है।

–सैम्युअल जॉनसन

कविता वह मनीषा है जो हृदय को आह्लादित कर देती है।

–खलील जिब्रान

कविता सच्ची भावनाओं का चित्र है, और सच्ची भावनायें चाहे वे दुःख की हों या सुख की, उसी समय उत्पन्न होती हैं जब हम दुःख या सुख का अनुभव करते हैं।

–प्रेमचंद

कविता सुखी और उत्तम मनुष्यों के उत्तम और सुखमय क्षणों का उद्गार है।

–शैली

कविता सृष्टि का सौन्दर्य है, कविता ही सृष्टि का सुख है, और कविता ही सृष्टि का जीवन-प्राण है।

–पुरुषोत्तमदास टण्डन

कविता ही मनुष्य-हृदय को स्वार्थ संबंधों के संकुचित मंडल से ऊपर उठाकर लोक-सामान्य भाव-भूमि पर ले जाती है जहां जगत् की मान्य गतियों के मार्मिक स्वरूप का साक्षात्कार और शुद्ध अनुभूतियों का संचार होता है।

–आचार्य रामचन्द्र शुक्ल

केवल अभिव्यक्त अभिमत ही कविता नहीं है, प्रत्युत वह एक गीत है जो सस्मित मुख से प्रवाहित होता है।

–खलील जिब्रान

गद्य जहां असमर्थ है, वहां कविता जन्म लेती है।

–अज्ञात

परमाणु में कविता है, विराट रूप में कविता है, बिन्दु में कविता है, सागर में कविता है, रेणु में कविता है..........जिधर देखो कविता ही का साम्राज्य है। प्रकृति काव्यमय है, सारा ब्रह्मांड एक अद्भुत महाकाव्य है।

–पुरुषोत्तमदास टण्डन

मेरे लिए तो मनुष्य एक सजीव कविता है। कवि की कृति तो उस सजीव कविता का शब्द-चित्र मात्र है जिसमें उसका व्यक्तित्व और संसार के साथ उसकी एकता जानी जाती है।

–महादेवी वर्मा

सच्ची कविता तो प्रतिभा से उत्पन्न होती है और प्रतिभा शिव का तीसरा नेत्र है।

–अरविन्द घोष

सच्ची कविता सदैव चेतना के किसी सूक्ष्म स्तर से आया करती है। सर्जनात्मक प्राण उसका बाहक है और हमारा बाह्य मन उसको व्यक्त करने का उपकरण।

–अरविन्द घोष

सत्य से सत्य को सुन्दर से सुन्दर रूप देना ही कविता है।

–श्रीमती ब्राउनिंग

कविता सब मानवीय ज्ञान, विचारों, भावों, अनुभूतियों और भाषा की सुगन्धित कली है।

–कोलरिज

कविता शैतान की शराब नहीं, ईश्वर की मदिरा है।

–एमर्सन

अरसिकंषु कवित्त निवेदन शिरसि मा लिख मा लिख मा लिख।

(मुझे अरसिकों के सामने कविता पढ़नी पड़े ऐसा दुर्भाग्य हे भगवान ! मुझे कभी न देना।)

–अज्ञात

कवित्व

कवित्व अंधकार में दीपक है; कवित्त्व दरिद्र का धन है; कवित्व भूख में अन्न और प्यास में शीतल जल है; केवल दुःख में धैर्य और विरह का मिलन है।

–अज्ञात

कवित्व वर्णमय चित्र है, जो स्वर्गीय भावपूर्ण संगीत गाया करता है। अंधकार का आलोक से, असत् का सत् से, जड़ का चेतन से और बाह्य जगत् का अन्तर्जगत् से संबंध कौन कराती है ? कविता ही न ?

–जयशंकर प्रसाद

कष्ट

आज के कष्टों का सामना करने वाले के पास आगामी कल के कष्ट आते हुए झिझकते हैं।

–अज्ञात

कष्ट पाने वाले की अपेक्षा कष्ट देने वाले को अधिक दुःख सहना पड़ता है।

–अरुण्डेल

कष्ट हृदय की कसौटी है।

–जयशंकर प्रसाद

छाले पर मक्खन लगाने से एक क्षण के लिए कष्ट कम हो जाता है; किन्तु फिर ताप की वेदना होने लगती है।

–प्रेमचन्द

जो मनुष्य मन, वचन या कर्म से दूसरों को कष्ट देता है उसके उस पर-पीड़ा रूप बीज से ही उसके लिए बुराई पैदा होती है।

–महर्षि पराशर

हमारे कष्ट पापों का प्रायश्चित हैं।

–हजरत मुहम्मद

कसरत

उल्लास का प्रमुख सिद्धान्त स्वास्थ्य है और स्वास्थ्य का प्रमुख सिद्धान्त कसरत।

–टॉमसन

देखिए, 'व्यायाम'

कस्तूरी

कस्तूरी की पहचान उसकी सुगन्ध से होती है, गन्धी के कहने से नहीं।

–शेख सादी

कहानी

कहानी की सृष्टि बाजार में नहीं, उस निभृत गुहा में होती है जहां पीड़ा अपने लिए स्थान पाकर दबी-दुबकी रहती है।

–जैनेन्द्र कुमार

कहानी तथ्यों की प्रदर्शनी नहीं है, किसी एक मानव-परिचय की पूरी तस्वीर है, समग्र चित्र है, उसमें हमारे जीवन क़े अनुभवों ने पूर्णता पाई है।

–रवीन्द्रनाथ ठाकुर

जैसे नदी जल-स्रोत की धारा है, वैसे ही मानव कहानी का प्रवाह है।

–रवीन्द्रनाथ ठाकुर

पढ़कर आनन्दातिरेक से नेत्र गीले न हो जायें, तो वह कहानी कैसी ?

–शरतचन्द्र चटर्जी

कातर

कातर मन कर एक अधारा। दैव-दैव आलसी पुकारा।।

(साहसहीन और आलसी मनुष्य दैव के भरोसे रहता है, परिश्रम नहीं करता।)

–गोस्वामी तुलसीदास

कान

कान का कच्चा होना बुरा है।

–अज्ञात

कानों के दुरुपयोग से मन बहुत अशान्त और कलुषित हो जाता है।

–महात्मा गांधी

कान हमारे गुरुदेव हैं।

–अज्ञात

कानून

कानून का फंदा बहुत लम्बा होता है। उससे बचना सरल काम नहीं है।

–शरण

कानून के डण्डे से अपराध का कौशल नए-नए आविष्कार की सूझ ही पाता है, मंद और परास्त तनिक नहीं हो पाता।

–जैनेन्द्र कुमार

कानून घोड़े को पानी दिखा सकता है, पिला नहीं सकता।

–दादा धर्माधिकारी

कानून निर्धनों पर शासन करता है और धनी कानून पर शासन करते हैं।

–ओलिवर गोल्डस्मिथ

यदि कानूनों की अपनी जुबान होती तो वे सबसे पहले वकीलों की शिकायत करते।

–हैलीफैक्स

कापुरुष

कापुरुष और कुत्ता--दोनों केवल भोजन के प्रेमी होते हैं। थोड़ा भी स्नेह दिखाने से पास आ जाते हैं और फिर हटाने से भी नहीं हटते।

–अज्ञात

छोटी-मोटी नदी थोड़े ही जल से भर जाती है, मूषिका की अंजलि थोड़े ही में भर जाती है; कापुरुष थोड़ा ही पाकर शीघ्र सन्तुष्ट हो जाता है।

–पंचतंत्र

काम

आदमी उतना काम करे जितना हो सके। यह नहीं कि रुपए के लिए जान ही दे दे।

–प्रेमचन्द

काम करके कुछ उपार्जन करना शर्म की बात नहीं। दूसरों का मुंह ताकना शर्म की बात है।

–प्रेमचन्द

आदमी उसी काम में सफल होता है, जिसमें उसका मन लगता हो।

–प्रेमचन्द

अच्छे कामों की सिद्धि में देर लगती है, पर बुरे कामों की सिद्धि में यह बात नहीं होती।

–प्रेमचन्द

काम करने वाले को रोटियों की कमी नहीं।

–प्रेमचन्द

काम की अधिकता नहीं, अनियमितता आदमी को मार डालती है।

–महात्मा गांधी

काम को हाथों हाथ ही कर डालना चाहिए, वर्ना जो काम पीछे रह जाता है, वह हो नहीं पाता।

–समर्थ स्वामी रामदास

जब हम कोई काम करने की इच्छा करते हैं, तो शक्ति आप ही आ जाती है।

–प्रेमचन्द

जिस काम का प्रारम्भ ही अमंगल से हो, उसका अन्त मंगलमय नहीं हो सकता।

–प्रेमचन्द

काम सबको प्यारा होता है, चाम प्यारा नहीं होता।

–प्रेमचन्द

जिस काम के लिए परदे की जरूरत है, चाहे उसका उद्देश्य कितना ही पवित्र क्यों न हो, वह अपमानजनक है।

–प्रेमचन्द

बाधाओं पर विजय पाना और अवसर देखकर काम करना ही मनुष्य का कर्त्तव्य है।

–प्रेमचन्द

मन में सोचे हुए कार्य की दूसरों से चर्चा न करें। जिस काम को दूसरे लोग जान जाते हैं, उसमें सफलता नहीं मिलती।

–चाणक्य

वही काम करना ठीक है जिसे करके पछताना न पड़े और जिसके फल को प्रसन्न मन से भोग सकें।

–गौतम बुद्ध

संसार में मौत के दिन तक रातों-दिन काम में लगा रहना भी तो सम्भव नहीं है।

–रवीन्द्रनाथ ठाकुर

हम वह काम करना चाहते हैं जिसमें हमारा नाम प्राणी मात्र ही जिह्वा पर हो।

–प्रेमचन्द

हर काम के लिए एक अवसर होता है। दान के अवसर पर दान देना चाहिए, नाच के अवसर पर नाच।

–प्रेमचन्द

काम : कामुकता

काम क्रोध मद लोभ सब, प्रबल मोह की धार।
तिन महं अति दारुण दुखद, माया रूपी मार।।

(काम, क्रोध, मद और लोभ सब शक्तिशाली मोह की धार हैं। उनमें मायारूपी कामदेव सबसे कठोर दुःखदायी होता है।)

–गोस्वामी तुलसीदास

काम से जो मनुष्य पीड़ित हैं, वे जड़ और चेतन में भेद नहीं कर सकते।

–कालिदास

काम क्रोध मद लोभ की, जब तक घट में सान।
तब लगि पंडित मूर्खहू, दोनों एक समान।।

(जब तक मनुष्य के मन में काम, क्रोध, अहंकार तथा लोभ की अल्पमात्रा भी शेष रहती है, तब तक पंडित और मूर्ख दोनों एक समान होते हैं।)

–कबीर

जहां काम तहं नाम नहिं, जहां नाम नहिं काम।
दोनों कबहुंक ना मिलैं, रवि रजनी इक ठाम।।

(जहां काम है, वहां भगवान् का भजन या नाम-कीर्तन नहीं होता। जहां नाम-कीर्तन होता है, वहां काम नहीं रह सकता। जैसे सूर्य और रात्रि एक स्थान पर एक साथ नहीं रह सकते, उसी प्रकार नाम और काम भी एक स्थान पर नहीं रह सकते।)

–कबीर

तात तीन अति प्रबल खल, काम क्रोघ अरु लोभ।
मुनिविज्ञाननिधान मन, करहिं निमिष महुं छोभ।।

(हे प्यारे ! काम, क्रोध और लोभ—वह तीनों अत्यन्त शक्तिशाली दुष्ट हैं। यह मुनियों के ज्ञानपूर्ण मन में भी क्षणमात्र में क्षोभ पैदा कर देते हैं।)

–गोस्वामी तुलसीदास

त्रिविधं नरकस्येदं द्वारं नाशनमात्मनः ।
कामः क्रोधस्तथा लोभस्तमादेतत्त्रयं त्यजेत्।।

(काम, क्रोध तथा लोभ—ये तीन प्रकार के नरक के द्वार, आत्मा को अधोगति में ले जाने वाले हैं। इसलिए इन तीनों का त्याग कर देना चाहिए।)

–श्रीमद्भगवत गीता

काम और आराम

काम करने वालों को आराम मिले और आराम करने वालों को काम मिले तो इसी से बहुत-सी शिकायतें दूर हो जायें।

–पिओजी

कामदेव

कामदेव बड़ा छली है, जो उसका विश्वास करता है, वह धोखा खाता है।

–गेटे

कामना

तुलसीदास सब भांति सकल सुख जो चाहसिं मन मेरो।
तो भजु राम काम सब पूरन करहिं कृपानिधि तेरो।।

(तुलसीदास जी कहते हैं कि हे मेरे मन ! यदि तुम सब सुख चाहते हो, तो श्री राम का भजन करो, वह तुम्हारी सब कामनाओं को पूरा करेंगे।)

–गोस्वामी तुलसीदास

कामनाओं को इष्ट बनाना बंधन को स्वीकार करना है।

–स्वामी रामतीर्थ

कामनायें सांप के विषैले दांत के समान हैं।

–स्वामी रामतीर्थ

कामना सागर की भांति अतृप्त है, ज्यों-ज्यों हम उसकी आवश्यकता पूरी करते हैं, त्यों-त्यों उसका कोलाहल बढ़ता है।

–विवेकानन्द

कामना वाले के लिए क्रोध अनिवार्य है, क्योंकि कामना कभी तृप्त नहीं होती।

–महात्मा गांधी

जैसे कच्ची छत में जल भरता है, वैसे ही अज्ञानी के मन में कामनायें एकत्रित होती हैं।

–गौतम बुद्ध

लोभी मनुष्य की कामना कभी पूर्ण नहीं होती।

–महाभारत

विषय-सुख की कामना मनुष्य को अंधा बना देती है।

–महाभारत

कामाग्नि

बड़प्पन, पांडित्य, कुलीनता और विवेक मनुष्य में उसी समय तक रहते हैं जब तक शरीर में कामाग्नि नहीं प्रज्वलित होती।

–भर्तृहरि

कामिनी

कामिनी के शब्द जितनी आसानी से दीन और ईमान को गारत कर सकते हैं, उतनी ही आसानी से उनका उद्धार भी कर सकते हैं।

–प्रेमचन्द

कामिनी और कंचन

जो परमात्मा के दर्शन करना चाहे, सदा सुख भोगना चाहे और भवबन्धन

से छूटना चाहे, उसे कामिनी और कंचन में आसक्ति नहीं रखनी चाहिए। जो इसमें मन लगाये रहते हैं, उन्हें सिद्धि नहीं मिलती।

–श्री उड़िया बाबा

कामी

उल्लू दिन में नहीं देख सकता, कौए को रात में नहीं दीखता। किन्तु कामी ऐसा अन्धा होता है जिसे न दिन में सूझता है और न रात में।

–अज्ञात

कामार्तानां न भयं न लज्जा।

(कामी को न भय होता है और न लज्जा।)

–अज्ञात

कामिहिं नारि पियार जिमि, लोभिहिं प्रिय जिमि दाम।
तिमि रघुनाथ निरन्तर प्रिय लागहु मोहिं राम।।

(हे भगवान राम ! जैसे कामी को स्त्री प्रिय लगती है, और लोभी को धन प्रिय होता है, उसी प्रकार आप मुझे सदा प्रिय बने रहिए।)

–गोस्वामी तुलसीदास

जे कामी लोलुप जग माही। कुटिल काक इव सबहिं डराहीं।।

(संसार में जो कामी और लोभी लोग हैं, वे नीच कौवे की भांति सबसे डरते हैं।)

–गोस्वामी तुलसीदास

कामी व्यक्ति अवसर-कुअवर को नहीं देखता।

–कालिदास

आतुरा परितावेंति।

कामुक मनुष्य दूसरे प्राणियों को सन्ताप देता है।

–आचारांग

कामुक का शरीर मृत आत्मा का शव है।

–बोबी

देखिए, 'विषयी'

कायर

कायर अपने जीवन-काल में अनेक बार मरते हैं, वीर लोग केवल एक ही बार मरते हैं।

–शेक्सपियर

छोटी नदियां थोड़ा ही जल पाकर इतरा जाती हैं, चूहे की अंजलि थोड़ी वस्तु से भर जाती है। इसी प्रकार कायर भी थोड़े ही में सन्तुष्ट हो जाता है।

–पंचतंत्र

प्राण-भय से दुबक जाना कायरों का काम है।

–प्रेमचन्द

विजय के सम्मुख पहुंच कर कायर भी वीर हो जाते हैं, जैसे घर के समीप पहुंच कर थके हुए पथिक के पैरों में भी पर लग जाते हैं।

–प्रेमचन्द

संसार में कायरों के लिए कहीं स्थान नहीं है। हम सबको किसी न किसी प्रकार कठोर परिश्रम करने, दुःख उठाने और मरने के लिए तैयार रहना चाहिए।

–स्टिवेन्सन

सूर समर करनी करहिं, कहि न जनावहिं आप।
विद्यमान रन पाइ रिपु, कायर करहिं प्रलाप।

(लक्ष्मण जी परशुराम जी कहते हैं—वीर लोग युद्ध में अपनी वीरता दिखाते हैं, अपने मुंह से अपनी वीरता का वर्णन नहीं करते। इसके विपरीत, युद्ध में शत्रु को वर्तमान देखकर कायर लोग अपनी बहादुरी की अतिशयोक्तिपूर्ण बातें करते हैं।)

–गोस्वामी तुलसीदास

कायरता

मनुष्य जितना ही चाहता है, उतनी ही उसकी प्राप्त करने की शक्ति बढ़ती है। अभाव पर विजय पाना ही जीवन की सफलता है। उसे स्वीकार करके उसकी गुलामी करना ही कायरपन है।

–शरत्चन्द्र चटर्जी

शीतल विचार कायरता का दूसरा नाम है।

–प्रेमचन्द

स्नेह के धन को क्रोध, द्वेष तथा ईर्ष्या के तूफान में बहाकर अपने गर्व की रक्षा करना कायरता है।

–रवीन्द्रनाथ ठाकुर

कार्य

कार्य उसी का सफल होता है जो समय को विचार कर कार्य करता है। वह खिलाड़ी कभी पराजित नहीं होता जो दांव विचार कर खेलता है।

–वृन्द

किसी कठिन कार्य में सफल हो जाना आत्म-विश्वास के लिए संजीवनी के समान है।

–प्रेमचन्द

किसी ऐसे कार्य को गुप्त रूप से नहीं करना चाहिए जिसे दूसरों से गोपनीय रखने की आवश्यकता हो।

–जवाहरलाल नेहरू

धर्म का कार्य मनुष्य को विशाल बनाता है।

–विनोबा भावे

बिना कार्य के सिद्धांत मानसिक ऐश्वर्य है, बिना सिद्धान्त के कार्य अंधे की टटोल है।

–जवाहरलाल नेहरू

मनुष्य के सम्पूर्ण कार्य उसकी इच्छा के प्रतिबिम्ब होते हैं

–अज्ञात

योग्यता से बिताये हुए जीवन को हमें वर्षों के नहीं, अपितु कार्यों के पैमाने से नापना चाहिए।

–शेरिडन

विवेकपूर्ण कार्य उपयोगी होता है। उपयोगी होने पर कार्य की कठिनता की हम परवाह नहीं करते।

–रस्किन

कार्य उसी का सफल होता है जो समय को विचार कर कार्य करता है।

–वृन्द

उचित कार्य विचार के अभाव से उत्पन्न नहीं हो सकता, उसके पहले विचार की जरूरत है।

–जवाहरलाल नेहरू

आप अपना काम कीजिए, मैं आपको जान जाऊंगा।

–एमर्सन

देखिए, 'कर्म' तथा 'काम'

कार्यनीति

अगर ठीक मौके पर साधनों का ध्यान रखकर काम शुरू करो और समुचित साधनों को उपयोग में लाओ तो ऐसी कौन-सी बात है जो असम्भव हो ?

–संत तिरुवल्लुवर

अनुचित स्थान में पाण्डित्य के प्रयोग से क्या लाभ होगा ? अंधकार से भरे घड़े के ऊपर रखा हुआ दीपक उसके भीतर का अंधकार दूर नहीं कर सकता।

–पंचतंत्र

अर्थ के मूल की सदैव रक्षा करनी चाहिए, ऐसी पंडितों की नीति है। मूल से ही फूल-फलादि सब गुण सिद्ध होते हैं।

–वाल्मीकि रामायण

आवश्यकता से अधिक चतुराई करने वाले, पद-पद पर शंका करने वाले और परापवाद से डरने वाले से सम्पदा दूर चली जाती है।

–गोस्वामी तुलसीदास

उतावली में कोई काम नहीं करना चाहिए, क्योंकि बिना विचारे काम करना घोर अनर्थ का कारण होता है।

–भारवि

उत्तम, मध्यम और अधम तीन प्रकार के मनुष्य होते हैं। उन्हें यथायोग्य उत्तम, मध्यम और अधम कार्यों में नियुक्त करना चाहिए।

–महाभारत

उद्यम कबहु न छांड़िए, पर आसा के मोद।
गागर कैसे फोड़िए, आवत देखि पयोद।।

(दूसरे की सहायता प्राप्त करने की आशा के हर्ष में उद्यम का कभी त्याग नहीं करना चाहिए। देखिए, बादल को आता हुआ देखकर कोई मनुष्य अपना घड़ा नहीं फोड़ देता।)

–वृन्द

उस काम का करना अच्छा नहीं है, जिसे करके पीछे पछताना पड़े और जिसके फल को रोते हुए भोगना पड़े।

–धम्मपद

ऐसा कोई अक्षर नहीं है जो मंत्र न हो, ऐसा कोई पौधा नहीं है जो औषध न हो, ऐसा कोई व्यक्ति नहीं है जो काम का न हो। इनको यथायोग्य काम में लगाना चाहिए।

–शुक्राचार्य

ऐसी कोई कठिनाई नहीं है जो आसान न हो जाय। इसलिए मनुष्य को घबड़ाना नहीं चाहिए।

–शेख सादी

ऐसी बहुत-सी बातें हैं जो धन से असाध्य हैं, किन्तु केवल पवित्रता के बल पर सिद्ध की जा सकती हैं।

–विवेकानन्द

कमाले बुज़दिली है पस्त होना अपनी आंखों में।
अगर थोड़ी-सी हिम्मत हो तो फिर क्या हो नहीं सकता।।

(अपनी आंखों में पस्त हो जाना सबसे बड़ी भीरुता है। यदि थोड़ी-सी हिम्मत हो, तो क्या नहीं हो सकता ?)

–चकबस्त

काम छोटों से है निकलता बड़ा।
यह सबक भी आंख के तिल से मिला।।

(छोटे लोगों से बड़ा काम निकलता है। यह पाठ मुझे आंख के तिल से मिला है। आंख का तिल बहुत छोटा होता है, परन्तु उसी की सहायता से छोटी-बड़ी सब चीजें देखी जाती हैं।)

–हाफिज

कोई भी वस्तु निरर्थक और तुच्छ नहीं है। प्रत्येक वस्तु अपनी स्थिति में उत्कृष्ट है।

–लाङ्गफेलो

कोरी नीति कायरता है और कोरी शक्ति हिंस्र पशु की चेष्टा के समान है।

–कालिदास

गुन तें लेत रहीम जन, सलिल कूप तें काढ़ि।
कूपहु ते कहुं होत है, मन काहू को बाढ़ि।।

(रहीम कवि कहते हैं कि लोग रस्सी के सहारे कुएं से पानी निकाल लेते हैं, तो फिर गुण के द्वारा लोगों के हृदय की बातें नहीं जानी जा सकतीं ? क्या किसी का मन कुंए से भी गहरा होता है ?) [गुन=1. गुण, तथा 2. रस्सी]

–रहीम

चतुर निशानेबाज तीर पीछे छोड़ता है, निशाना पहले ही अच्छी तरह साध लेता है।

–बोस्तां

जहां नीति और बल दोनों से काम लिया जाता है, वहां सब ओर से सफलता प्राप्त होती है।

–शुक्राचार्य

जिन ढूंढ़ा तिन पाइयां, गहरे पानी पैठ।
मैं बपुरा बूडन डरा, रहा किनारे बैठ।।

(जिन लोगों ने गम्भीरतापूर्वक सत्य का अन्वेषण किया, उन्हें सत्य का ज्ञान हो गया। मैं बेचारा ऐसा साहस न करके एक छोर पर ही बैठ गया। इससे मुझे सत्य का ज्ञान नहीं हुआ।)

–कबीर

जिस काम से अन्तरात्मा को परितोष हो, उसे यत्नपूर्वक करना चाहिए। जो काम इसके विपरीत हो उसे नहीं करना चाहिए।

–मनुस्मृति

जिस प्रकार ढेर-के-ढेर एरंड, भिण्ड, आक, नल से काठ का काम नहीं निकलता, उसी प्रकार अज्ञों से प्रयोजन सिद्ध नहीं होता।

–पंचतन्त्र

जिस मनुष्य का दुष्कर्म उसके सत्कर्मों से दब जाता है, वह इस लोक को मेघ से मुक्त चन्द्रमा की भांति प्रकाशित करता है।

–धम्मपद

जो अपने आश्रितों को बांटकर स्वंय थोड़ा ही खा लेता है, अधिक काम

करके थोड़ा ही आराम करता है और मांगने पर शत्रु को भी धन देता है, उस आत्मज्ञानी को अनर्थ स्पर्श नहीं करते।

–महाभारत

जो अलज्जा के काम में लज्जा करते हैं और लज्जा करने योग्य काम में लज्जा नहीं करते, मिथ्या धारणावाले ऐसे मनुष्य दुर्गति को प्राप्त होते हैं।

–धम्मपद

जो एक बार प्रमाद करके फिर दुबारा प्रमाद नहीं करता, वह मेघ-मुक्त चन्द्रमा की भांति इस संसार को प्रकाशित करता है।

–धम्मपद

जो पहले के उपकार को भूल जाता है, उसे बाद में फिर काम पड़ने पर कोई उपकार करने वाला नहीं मिलता।

–जातक कथा

जो बुद्धिमान मनुष्य आत्म-सामर्थ्य, देश-काल, आय-व्यय को देखकर विचार स्थिर करता है, वह अन्त में दुःखी नहीं होता।

–महाभारत

जो मनुष्य निश्चित कार्यों को छोड़कर अनिश्चित के पीछे दौड़ता है, उसके निश्चित कार्य भी नष्ट हो जाते हैं, अनिश्चित तो नष्ट हुआ ही रहता है।

–चाणक्य

जो मनुष्य पराक्रम का अवसर उपस्थित होने पर विषादग्रस्त हो जाता है, उसका तेज नष्ट हो जाता है; फिर उससे पुरुषार्थ नहीं होता।

–वाल्मीकि रामायण

जो वृक्ष साथ-साथ संघ रूप में खड़े होते हैं, वे एक-दूसरे के सहारे तेज आंधी के झोंकों को भी सह लेते हैं—उखड़ते नहीं।

–महाभारत

धीरे-धीरे रे मना, धीरे सब कुछ होय।
माली सींचे सौ घड़ा, ऋतु आए फल होय।।

(हे मन ! सब काम धीरे-धीरे होता है, घबड़ाने की कोई आवश्यकता नहीं है। देखो, माली पौधों में बहुत पानी देता है, परन्तु मौसम आने पर ही उनमें फल लगते हैं।)

–कबीर

बलवान लोगों को अपने निर्बल शत्रु की भी उपेक्षा नहीं करनी चाहिए।

–महाभारत

बहुत से प्राणियों का समूह शत्रु को जीत लेता है। तृणों के समूह से छाए हुए छप्पर से मूसलाधार वर्षा का निवारण हो जाता है।

–चाणक्य

बुद्धिमान मनुष्य अपमान को सहकर और अभिमान को त्यागकर अपना काम बना ले। काम बिगाड़ लेना मूर्खता है।

–घटखर्पर

बुद्धिमान मनुष्य ऐसे व्यक्ति की सेवा न करे जो उसके गुणों को नहीं जानता। ऐसे व्यक्ति की सेवा से कुछ भी फल प्राप्त नहीं होता जैसे जोती हुई ऊसर भूमि में कुछ पैदा नहीं होता।

–पंचतन्त्र

मुखिया मुख सों चाहिए, खान-पान को एक।
पालै-पोसै सकल अंग, तुलसी सहित विवेक।।

(तुलसीदास जी कहते हैं कि मुखिया को मुख-सा होना चाहिए जो खाने-पीने को एक होता है, परन्तु विवेकपूर्वक सब अंगों का पालन पोषण करता है।)

–गोस्वामी तुलसीदास

बुरे और अहितकर कार्यों का करना सहज है, किन्तु अच्छे और हितकारी कार्यों का करना परम कठिन है।

–धम्मपद

यदि थोड़े सुख के परित्याग से अधिक सुख की प्राप्ति होती दिखाई पड़े, तो अधिक सुख की ओर ध्यान देता हुआ बुद्धिमान मनुष्य थोड़े सुख को छोड़ दे।

–धम्मपद

रहिमन देख बड़ेन को, लघु न दीजिए डारि।
जहां काम आवै सुई, कहा करै तरवारि।।

(रहीम कवि कहते हैं कि बड़े लोगों का साथ मिलने पर छोटे लोगों को नहीं छोड़ देना चाहिए, क्योंकि जहां सुई का काम होता है, वहां तलवार कुछ नहीं कर सकती।)

–रहीम

विपत्ति में, अधिक संकट में अथवा प्राणांतक भय उपस्थित होने पर जो अपनी बुद्धि से विचार करता हुआ धैर्य धारण करता है, वह अन्त में दुःखी नहीं होता।

–वाल्मीकि रामायण

सहसा करि पीछे पछिताहीं। कहहिं वेद बुध ते बुध नाहीं।।

(जो लोग उतावली में काम करके पीछे पछताते हैं, वेद और बुद्धिमान लोग उनको बुद्धिमान नहीं कहते।)

–गोस्वामी तुलसीदास

सामर्थ्यशाली तेजस्वी पुरुष भी अकेला क्या कर सकता है ? देखिए, वायुरहित स्थान में प्रज्वलित अग्नि अपने आप शान्त हो जाती है।

–पंचतन्त्र

सुख हो या दुःख, प्रिय हो या अप्रिय—जो जिस समय जैसा प्राप्त हो, उसे उस समय उसी प्रकार, मन को निराश न करते हुए, सेवन करना चाहिए।

—महाभारत

कार्य-स्थगन

अधिकांश लोग उस काम को कल तक उठा रखते हैं, जिसे उन्हें कल़ कर डालना चाहिए था।

—अज्ञात

काल करै सो आज कर, आज करै सो अब्ब।
पल में परलय होयगा, बहुरि करेगा कब्ब।।

(जो काम कल करना है उसे आज ही कर डालो और जो कुछ आज करना है उसे अभी कर डालो, क्योंकि क्षण भर में प्रलय हो जायेगी, तो फिर कब करोगे ?)

—कबीर

यह कोई नहीं जानता कि कल किसको क्या होगा। अतएव बुद्धिमान मनुष्य को चाहिए कि जो कुछ कल करना है उसे आज ही कर डाले।

—अज्ञात

काल

काल पर हम विजय प्राप्त करते हैं अपनी सुकीर्ति से, यश से, व्रत से। परोपकार ही अमरत्व प्रदान करता है।

—प्रेमचन्द

आ लगा 'हाली' किनारे पर जहाज।
अलविदा ऐ जिन्दगानी अलविदा।।

(हाली कहते हैं कि मेरी मृत्यु सन्निकट है, जहाज किनारे पर आ लगा है। हे जीवन ! मैं तुम्हें विदाई का नमस्कार करता हूं।)

—हाली

आस-पास जोधा खड़े, सबै बजावत गाल़।
मांझ महल से ले चला, ऐसा काल कराल।।

(राजा-महाराजा महल के भीतर रहते हैं। उनके आस-पास योद्धा खड़े रहते हैं और बस बढ़-बढ़कर वीरता की बातें करते हैं। परन्तु काल ऐसा कठोर और शक्तिशाली होता है कि वह राजा-महाराजाओं को महल के भीतर से लेकर चल देता है और कोई उसको रोक नहीं सकता।)

—कबीर

इक दिन ऐसा होइगा कोउ काहू का नाहिं।
घर की नारी को कहै, तन की नारी जाहि।।

(हमारे जीवन में एक दिन ऐसा आता है जब कोई किसी का नहीं होता। पत्नी की तो बात ही नहीं, नाड़ी (नब्ज) भी साथ छोड़ देती है।)

–कबीर

ऐसा कोऊ ना मिला, जासो रहिए लाग।
सब जग जलता देखिया अपनी-अपनी आग।।

(ऐसा कोई नहीं मिला जिससे लगकर अर्थात् जिसका आश्रय लेकर रहा जाये। मैंने देख लिया है कि संसार के सब लोग अपनी-अपनी आग से जल रहे हैं।)

–कबीर

कमर बांधे हुए चलने को यां सब यार बैठे हैं।
बहुत आगे गए बाकी जो हैं तैयार बैठे हैं।।

(यहां पर सब लोग परलोक में जाने के लिए तैयार बैठे हैं। बहुत-से लोग तो दिवंगत हो गए और शेष लोग स्वर्ग में जाने के लिए कमर कसे हुए हैं।)

–इन्शा

गुजर की जब न हो सूरत, गुजर जाना ही बेहतर है।
हुई जब जिन्दगी दुश्वार, मर जाना ही बेहतर है।।

(जब संसार में जीविका का कोई साधन न हो, तब मर जाना ही अच्छा है। जब जीवन बोझ हो जाय, तब जीते रहना बेकार है।)

–अकबर

चलती चक्की देखि के, दिया कबीरा रोय।
दुइ पट भीतर आइ कै, साबुत गया न कोय।।

(आकाश और पृथ्वी की चलती हुई चक्की को देखकर कबीर ने रो दिया क्योंकि इन दोनों पटों के बीच में आकर कोई साबुत नहीं बचा, सम्पूर्ण सृष्टि पिस गई।)

–कबीर

दो दिन की शान हर कोई दिखला के मर गया।
जीता रहा न कोई हर इक आके मर गया।।

(यह संसार नश्वर है, सब लोग थोड़े समय तक शान दिखला कर मर जाते हैं। कोई सदैव जीवित नहीं रहता। जो पैदा होता है, वह मर जाता है।)

–नजीर

बताती है 'मजहर' यही दिल की हरकत।
मेरा कारवां धीरे-धीरे रवां है।।

(मजहर कहते हैं कि हमारे दिल की हरकत हमें बताती है कि हमारा कारवां धीरे-धीरे चल रहा है, अर्थात् हम धीरे-धीरे मृत्यु की ओर अग्रसर हो रहे हैं।)

–मजहर

मा कुरु धन-जन-यौवन गर्वम्।
हरति निमेषात् कालः सर्वम्।।

(धन, जन, यौवन का गर्व मत करो। क्षण मात्र में काल सब कुछ नष्ट कर देता है।)

—शंकराचार्य

माली आवत देखि के कलियां करी पुकार।
फूले-फूले चुनि लिए, काल्हि हमारी बार।।

(माली को आते हुए देखकर कलियों ने पुकार की कि जो-जो फूल फूले थे, माली ने उन सबको चुन लिया; कल हमारी बारी है।)

—कबीर

यदि किसी प्राणी का काल न आया हो, तो सैकड़ों वाणों से बिंधने से भी वह नहीं मरता, किन्तु यदि उसका काल आ गया हो, तो कुशा की नोक से बिंधने से भी वह मर जाता है।

—हितोपदेश

सब रह गए जो साथ के साथी थे 'नजीर' आह।
आखिर के तईं हंस अकेला ही सिधारा।।

(जब मनुष्य मरता है, तब उसकी आत्मा अकेली ही परलोक में जाती है। उसके सब साथी यहीं रह जाते हैं।)

—नजीर

देखिए, 'मृत्यु' तथा 'समय'

कालदण्ड

सत्ता और सम्पत्ति की धुन्ध से अन्धे बने लोगों को मेरा कालदण्ड नहीं दीखता।

—श्रीकृष्ण

कालातिक्रमण

कालातिक्रमण कार्य के ताजा रस को पी जाता है; अर्थात् कार्य को नष्ट कर देता है।

—यजुर्वेदीय उव्वट भाष्य

काला धन

जब अवैध ढंग से कमाया हुआ धन काफी मात्रा में इकट्ठा हो जाता है, तब वह एक प्रकार से काला धन होता है। फिर उसे खर्च करने के लिए उससे अनापशनाप वस्तुएं मनमाने भाव पर आवश्यकता से अधिक खरीदी जाती हैं जिसके कारण जमाखोरी को प्रोत्साहन मिलता है।

—माधुरी गोयल

काव्य

कला की सीमा काव्य है, अर्थात काव्य सब कलाओं में श्रेष्ठ है।

–अज्ञात

काव्य सभी ज्ञान का आदि और अन्त होता है–वह उतना ही अमर है जितना कि मानव का हृदय।

–वर्ड्सवर्थ

काव्य साहित्य का उत्तम अंग है। काव्य से मनुष्य को जैसा अलौकिक आनंद प्राप्त होता है, वैसा और किसी प्रकार के साहित्य से नहीं होता।

–अज्ञात

जैसे योगी समाधि में ब्रह्मानन्द सुधा के पान में तन्मय हो जाता है, और अन्य विषय-व्यापार भूल जाता है, वैसा ही आनन्द काव्य से सहृदय मनुष्य के हृदय में उत्पन्न होता है।

–अज्ञात

पत्थर में ईश्वर के दर्शन करना काव्य का काम है। इसके लिए व्यापक प्रेम की आवश्यकता है। ज्ञानेश्वर महाराज भैंसे की आवाज में भी वेद श्रवण कर सके, इसलिए वह कवि हैं।

–विनोबा भावे

रसात्मक वाक्यं काव्यम्।

(रसात्मक वाक्य काव्य होता है।)

–अज्ञात

सत्य काव्य का साध्य और सौन्दर्य साधन है।

–महादेवी वर्मा

काव्य और दर्शन

दर्शन में चेतना के प्रति नास्तिक की भी स्थिति सम्भव है, परन्तु काव्य में अनुभूति के प्रति अविश्वासी कवि की स्थिति असम्भव ही रहेगी।

–महादेवी वर्मा

काशी

काशी में मरने से मुक्ति होती है।

–अज्ञात

चना चबैना गंग जल, जो पुरबै करतार।
काशी कबहु न छोड़िए, विश्वनाथ दरबार।।

(यदि रूखा-सूखा भोजन और-गंगा जल मिलता रहे, तो काशी को कभी नहीं छोड़ना चाहिए। क्योंकि वह विश्वनाथ जी का दरबार है।)

–अज्ञात

जैसे दिल्ली का इतिहास भारतवर्ष का इतिहास है, वैसे ही यदि काशी का इतिहास कभी लिखा गया होता, तो वह भारत के हिन्दू धर्म और दर्शन का इतिहास होता।

–अज्ञात

किसान

अन्न पैदा करने में किसान ब्रह्मा के समान है। खेती उसके ईश्वरीय प्रेम का केन्द्र है। उसका सारा जीवन पत्ते-पत्ते में, फूल-फूल में बिखर रहा है।

–पूर्णसिंह

किसान को अपने बैल अपने लड़कों की तरह प्यारे होते हैं। वह उन्हें पशु नहीं, अपना मित्र और सहायक समझता है।

–प्रेमचन्द

वृक्षों की तरह किसान का भी जीवन एक तरह का मौन जीवन है। किसान पत्ते में, फल में आहुत हुआ सा दिखाई देता है।

–पूर्णसिंह

यदि किसान न हो, तो सारा संसार क्षुधा-पीड़ा से व्याकुल हो जाये।

–प्रेमचन्द

किस्मत

कोई इन फूलों की किस्मत देखना।
जिन्दगी कांटों में पल कर रह गई।।

(इन फूलों की किस्मत देखिए। इनकी जिन्दगी कांटों में पली है।)

–अकबर

कीर्तन

श्रवण सुखों में हरि-कीर्तन सर्वोत्तम है।

–अज्ञात

कीर्ति

कीरति भनिति भूति भलि सोई। सुरसरि सम सब कह हित होई।।

(कीर्ति, कविता और वैभव वही अच्छा है जिससे गंगाजी के समान सबका कल्याण हो।)

–गोस्वामी तुलसीदास

कीर्ति का नशा शराब के नशे से भी तेज है। शराब छोड़ना आसान है, कीर्ति छोड़ना आसान नहीं।

–अज्ञात

कीर्ति जीवन-सरिता का झाग है।

–रवीन्द्रनाथ ठाकुर

कीर्ति वीरोचित कार्यों की सुगंध है।

–सुकरात

तुलसी जो कीरति चहहिं, पर-कीरति को खोय।
तिनके मुंह मसि लागिहै, मुयेहु न मिटिहै धोय।।

(तुलसीदास जी कहते हैं कि जो लोग दूसरों का यश मिटा कर अपने लिए यश प्राप्त करना चाहते हैं, उनके मुंह में ऐसा कालिख लगता है जिसको धोते-धोते चाहे वे मर जायें, तब भी वह नहीं छूटता।)

–गोस्वामी तुलसीदास

धन्य है वह मानव जिसकी कीर्ति उसकी सत्यता से अधिक प्रकाशमान नहीं है।

–रवीन्द्रनाथ ठाकुर

लीलापूर्वक शत्रुओं के ऊंचे मस्तक पर बिना पैर रखे ही निरालम्ब कीर्ति कैसे स्वर्ग तक चढ़ सकती है ?

–माघ

सवोत्तम कीर्ति प्रतिद्वन्द्वी द्वारा की गई प्रशंसा है।

–टॉमस मोर

कुकर्म

अपने कुकर्मों का फल चखने में कड़ुआ परन्तु परिणाम में मधुर होता है।

–जयशंकर प्रसाद

कुकर्म मनुष्य के जीवन पर काला परदा डाल देता है।

–अज्ञात

थोड़े भी कुकर्म बहुत-से गुणों को दूषित करने के लिए पर्याप्त हैं।

–प्लूटार्क

बुरे कर्मों का परिणाम कभी शुभ नहीं हो सकता। बुरे कर्मों के लिए पीड़ा और क्लेश अवश्य भोगना पड़ेगा।

–स्वामी रामतीर्थ

यदि तुम वह करते हो जो तुम्हें नहीं करना चाहिये, तो तुम्हें वह भोगना पड़ेगा जो न भोगना पड़ता।

फ्रैंकलिन

जिस प्रकार ताजा दुहा दूध एकदम नहीं बिगड़ जाता, उसी प्रकार कुकर्मों का फल तत्काल नहीं मिल जाता। राख में दबी आग की तरह वह सुलगता रहता है।

–महात्मा बुद्ध

कुकृत्य

प्रत्येक कुकृत्य उस तार को तोड़ देता है जो हमारे और ईश्वर के बीच में लगा हुआ है।

–रस्किन

कुटिल : कुटिलता

मो सम कौन कुटिल खल कामी।
जिन तनु दियो ताहि बिसरायो ऐसो नमक हरामी।।

(मेरे जैसा कोई कुटिल, दुष्ट और कामी नहीं है। मैं ऐसा नमकहराम हूं कि जिस भगवान ने मुझे जन्म दिया है, उसे मैं भूल गया हूं।)

–सूरदास

कुटिलता कभी-कभी सफल हो जाती है, पर सदा ही आत्म-घाती सिद्ध होती है।

–खलील जिब्रान

कुपुत्र

आग से जलते हुए एक ही सूखे वृक्ष से सारा वन इस प्रकार जल जाता है जैसे एक ही कुपुत्र से समस्त कुल।

–चाणक्य

जनक वचन निदरत निडर, बसत कुसंगत माहिं।
मूरख सो सुत अधम है, तेहि जनमें सुख नाहिं।।

(जो निडर होकर पिता के वचन का निरादर करता है और बुरे लोगों के साथ रहता है, वह पुत्र मूर्ख और अधम है। उसके जन्म लेने से किसी को सुख नहीं मिलता है।)

–विदुर

ज्यों रहीम गति दीप की, कुल कपूत गति सोय।
बारे उजियारे लगै, बढ़े अंधेरो होय।।

(रहीम कवि कहते हैं कि जो गति दीपक की है वही कुपुत्र की है। दीपक जलाने से उजाला हो जाता है। और बुझाने से अंधेरा हो जाता है। इसी प्रकार कुपुत्र बालकपन में अच्छा और होनहार लगता है परन्तु बढ़ने पर दुष्ट और कुल-कलंक हो जाता है। (यहां 'बारे' और 'बढ़े' में श्लेष है। बारे=जलाना तथा बालकपन; बढ़े=बुझना तथा बड़ा होना।)

–रहीम

कुर्बानी

ईश्वर उस जीव के खून या मांस से संतुष्ट नहीं होता, जिसको तुम कुर्बानी कहते हो, अपितु वह तुम्हारी धर्म-निष्ठा से सन्तुष्ट होता है।

–कुरान शरीफ

कुमति

कुमति कीन्ह सब विश्व दुखारी।

(दुर्बुद्धि ने सारे संसार को दुःखी बना दिया।)

–गोस्वामी तुलसीदास

खग मृग मीत पुनीत किय, बनहु राम नयपाल।
कुमति बालि दसकंठ घर, सुहृद बंधु कियो काल।।

(नीतिपालक श्री रामचन्द्र जी ने वन में भी पक्षी जटायु और मारीच मृग को मित्र बना कर पवित्र कर दिया। परन्तु दुर्बुद्धि बालि तथा रावण ने घर में ही अपने भाइयों को घोर कष्ट दिया।)

–गोस्वामी तुलसीदास

जहां कुमति तहं विपति निदाना।

(जहां कुमति होती है, वहां अनेक प्रकार की विपत्तियां आती हैं।)

–गोस्वामी तुलसीदास

संगति सुमति न पावहीं, परे कुमति के धंध।
राखेहु मेलि कपूर में, हींग न होत सुगंध।।

(यदि दुष्ट लोगों को सज्जनों के साथ रखा जाय, तब भी सज्जन नहीं बनते जैसे हींग को कपूर में मिला कर रखा जाय, तब भी वह सुगंधित नहीं होती।)

–विहारी लाल

कुरीति

कुरीति के अधीन होना कायरता है, उसका विरोध करना पुरुषार्थ है।

–महात्मा गांधी

कुरूप

कुरूप मनुष्यों का सौन्दर्य विद्या है। तपस्वियों का सौन्दर्य क्षमा है।

–चाणक्य

कुरूपता

कुरूपता विधाता का ऐसा अभिशाप है, जिसे हम अपने सद्‌गुणों द्वारा दूर कर सकते हैं।

–अज्ञात

मेरे दोस्त ! किसी चीज को कुरूप न कहो, सिवा उस भय के जिसकी मारी कोई आत्मा स्वयं अपनी स्मृतियों से डरने लगे।

–खलील जिब्रान

कुरूपता सुशीलता से सुशोभित होती है।

–चाणक्य

कुल : कुल-मर्यादा

कुल की प्रतिष्ठा भी नम्रता और सद्व्यवहार से होती है। हेकड़ी और रुखाई से नहीं।

–प्रेमचन्द

काहू के कुल तन न विचारत।
अविगत की गति कहि न परत है, व्याध अजामिल तारत।।
कौन जाति और पांति विदुर की, ताही के पग धारत।
भोजन करत मांगि घर उसके, राज मान-मद टारत।।

(सूरदास कहते हैं किसी के कुल का नहीं उसके गुणों का विचार करना चाहिये। भगवान की गति बड़ी विचित्र है। उन्होंने व्याध और अजामिल जैसे नीचों का उद्धार किया। भला विदुर कौन उच्च कुल के थे जिसके घर कृष्ण स्वयं गये और अपना राजसी गौरव त्याग कर उसके यहाँ मांग कर भोजन किया।

–सूरदास

कुल-मर्यादा में आत्म-रक्षा की बड़ी शक्ति होती है।

–प्रेमचन्द

कुल-मर्यादा संसार की सबसे उत्तम वस्तु है। उस पर प्राण तक न्यौछावर कर दिए जाते हैं।

–प्रेमचन्द

कुलीन : कुलीनता

जैसे काटा हुआ चन्दन का वृक्ष सुगन्ध को नहीं छोड़ता, बूढ़ा हो जाने पर गजराज अपनी लीला नहीं छोड़ता, कोल्हू में पेरी हुई ईख मधुरता नहीं छोड़ती, वैसे ही दरिद्र हो जाने पर भी कुलीन व्यक्ति सुशीलता आदि गुणों को नहीं छोड़ता।

–चाणक्य

कुलीन कन्या कुरूप भी हो तो विवाह कर लो; सुन्दर परन्तु नीच संस्कारों वाली स्त्री से विवाह मत करो।

–चाणक्य

कुलीनता वहीं सबसे अधिक दीख पड़ती है, जहाँ मामूली आदमी को वह कम से कम दीख पड़े।

–एडीसन

कुशल : कुशलता

अपनी उन्नति और शत्रु का विनाश–यही दो नीति की बातें हैं। उन्हीं दोनों को अंगीकार करके कुशल पुरुष अपनी वाक्चतुरता का विस्तार करते हैं।

–माघ

कार्य-कुशल आदमी के लिए यश और धन की कमी नहीं है।

–अज्ञात

काल मब प्राणियों के सिर पर है, इसलिए पहले कुशल पूछनी चाहिए।

–कालिदास

मनुष्यों के साथ व्यवहार करने की कुशलता वैसी ही क्रेय वस्तु है, जैसी कि चीनी अथवा कॉफी

–जे०डी० एचफेलर

कुशलता आई कि आज जो कार्य कठिन मालूम पड़ता है वही आनन्ददायक बन जायेगा।

–महात्मा गांधी

कुशासक : कुशासन

कुशासक के प्रति विद्रोह करना ईश्वर की आज्ञा मानना है।

–फ्रेंक

वह शासक अत्याचारी है जो अपनी इच्छा के अतिरिक्त कोई नियम नहीं जानता।

–वॉल्टेयर

अत्याचार और अराजकता में कभी अधिक पृथकता नहीं रहती।

–जे० बेन्थम

जहां कानून का अन्त होता है, वहां कुशासन प्रारम्भ होता है।

–विलियम पिट

जासु राजु प्रिय प्रजा दुखारी। सो नृप अवसि नरक अधिकारी।।

(जिसके राज्य में प्रिय प्रजा दुःखी होती है, वह राजा अवश्य नरकगामी होता है।)

–गोस्वामी तुलसीदास

कुसंग : कुसंगति

आप अकारज आपनो, करत कुसंगति साथ।
पांय कुल्हाड़ा देत है, मूरख अपने हाथ।।

(जो मूर्ख दुष्टों का साथ करता है, वह अपने हाथ से अपने पैरों में कुल्हाड़ी मारता है।)

–वृन्द

को न कुसंगति पाय नसाई। रहै न नीच मते चतुराई।।

(कुसंगति में पड़कर किसका नाश नहीं होता, नीच बुद्धि अपना लेने पर चतुराई नष्ट हो जाती है।)

–गोस्वामी तुलसीदास

जो रहीम उत्तम प्रकृति, का करि सकत कुसंग।
चंदन विष व्यापै नहीं, लपटे रहत भुजंग।।

–रहीम

दाग जो लागा नील का, सौ मन साबुन धोय।
कोटि जतन पर बोधिये, कागा हंस न होय।।

(यदि नील का रंग लग जाय, तो बहुत धोने से भी वह नहीं छूटता। कौवे को चाहे कितना ही सिखाया जाय, पर वह हंस नहीं बन सकता।)

–कबीरदास

बरु भल बास नरक कर ताता। दुष्ट संग जनि देइ विधाता।

–गोस्वामी तुलसीदास

बसि कुसंग चाहत कुसल, यह रहीम अफसोस।
महिमा घटी समुद्र की, रावन बसा परोस।।

(रहीम कवि कहते हैं कि यदि कोई कुसंग में रहकर कुशल चाहे, तो यह खेद की बात होगी। रावण के पड़ोस में रहने के कारण समुद्र की महिमा घट गई, अर्थात् उस पर बांध बांध दिया गया।)

–रहीम

रहिमन उजली प्रकृति को नहीं नीच का संग।
करिया वासन कर गहे, करिखा लागत अंग।।

(रहीम कवि कहते हैं कि सज्जन को दुर्जन का साथ नहीं करना चाहिए। यदि काला बर्तन हाथ से पकड़ लिया जाये, तो उसमें कालिख लग जाती है।)

–रहीम

रहिमन नीचन संग बसि, लगत कलंक न कांहि।
दूध कलारिन हाथ लखि, मद समुझहिं सब ताहि।।

(रहीम कवि कहते हैं कि नीच के साथ रहने से किसको कलंक नहीं लगता ? शराब बेचने वाली के हाथ में दूध भी क्यों न हो, सब लोग उसे शराब समझते हैं।)

–रहीम

सबसे नीति-शास्त्र कहता है, दुष्ट-संग दुख का दाता है।
जिस पय में पानी रहता है, वही खूब औटा जाता है।।

(नीति शास्त्र यह कहता है कि दुष्टों का साथ दुःख देता है। जिस दूध में पानी रहता है, वही अधिक औटाया जाता है।)

–रामचरित उपाध्याय

हानि कुसंग सुसंगति लाहू। लोकहु वेद विदित सब काहू।।

(यह बात लोक तथा वेद में सबको मालूम है कि कुसंग से हानि और सुसंगति से लाभ होता है।)

–गोस्वामी तुलसीदास

होत सुसंगति सहज सुख, दुख कुसंग के थान।
गंधी और लुहार की, देखो बैठि दुकान।।

(सुसंग में स्वाभाविक सुख होता है और कुसंग में रहने से दुःख होता है। देखिए, गंधी की दुकान में बैठने से सुगंधि मिलती है और लोहार की दुकान में दुर्गन्ध।)

—अज्ञात

कुसमय

कौन होता है बुरे वक्त की हालत का शरीक।
मरते दम आंख को देखा है कि फिर जाती है।।

(दुर्भाय में कोई किसी का साथी नहीं होता। मरते समय मनुष्य की आंख भी फिर जाती है।)

—अज्ञात

जेहि अंचल दीपक दुर्‌यो, हन्यो सो ताही गात।
रहिमन कुसमय के परे, मित्र शत्रु है जात।।

(दीपक जिसके अंचल में छिपा था, उसी को उसने जला दिया। रहीम कवि कहते हैं कि कुसमय पड़ने पर मित्र भी शत्रु हो जाते हैं।)

—रहीम

तुलसी पावस के समय, धरी कोकिला मौन।
अब तो दादुर बोलिहैं, हमें पूछिहैं कौन।।

(तुलसीदास जी कहते हैं कि वर्षा ऋतु आने पर कोयल यह सोचकर चुप रहने लगी कि अब तो मेढ़क टर्र-टर्र करेंगे, हमें कौन पूछेगा ?)

—गोस्वामी तुलसीदास

रहिमन असमय के परे, हित अनहित है जाय।
बधिक बधै मृग बान सो, रुधिरै देत बताय।।

(रहीम कवि कहते हैं कि असमय के पड़ने पर मित्र भी शत्रु हो जाते हैं। शिकारी हिरन को वाण से मारता है, तो उसके शरीर से खून गिरने लगता है। खून के निशान को देखते हुए शिकारी जाता है और हिरण को पकड़ लेता है।)

—रहीम

रहिमन चुप है बैठिए, देखि दिनन को फेर।
जब नीके दिन आइहै, बनत न लगिहै देर।।

(रहीम कवि कहते हैं कि दुर्दिन का चक्कर देखकर चुप बैठ जाना चाहिए। जब अच्छे दिन आएंगे, तो काम बनते देर नहीं लगेगी।)

—रहीम

सियह बख्ती में कब कोई किसी का साथ देता है ?
कि तारीकी में साया भी जुदा होता है इन्सां से।।

(दुर्भाग्य में कोई किसी का साथ नहीं देता है। अंधेरे में मनुष्य का साया भी उससे अलग हो जाता है।)

–नासिर अली

कूटनीति : कूटनीतिज्ञ

कूटनीति मानवीय गुणों के विपरीत एक ऐसा दुर्गुण है, जिसने विश्व के बहुत बड़े भाग को दासता की श्रृंखला में जकड़ रखा है और जो मानवता के विकास में सबसे बड़ी बाधा बना हुआ है।

–रोमां रोलां

कूटनीतिज्ञ वह है जो महिला-विशेष के जन्म दिन को तो याद रखता है, पर उसकी आयु को भूल जाता है।

–अज्ञात

कूटनीतिज्ञ वह है जो आपको नरक की ओर कूंच करने के लिये इतनी भद्रता और चतुराई से कह सकता है कि आप फौरन बिस्तर बांध लेते हैं।

–माइकेल राबिन्स

कूटनीति राजनीति का वह अंग है जो सतह पर नहीं आता गहराई में रहता है।

–जैनेन्द्र कुमार

घृणिततम बात को अति सुन्दर ढंग से कहना और करना ही कूटनीति है।

–गोल्डबर्ग

कृतघ्न

कृतघन कबहुं न मानहीं कोटि करै जो कोय।
सर्बस आगे राखिए, तऊ न अपनो होय।।

(चाहे कोई कितना ही यत्न करे, कृतघ्न कभी भी उपकार नहीं मानते। चाहे उनको अपना सर्वस्व दे दिया जाये तब भी वे अपने नहीं होते।)

–गिरिकवि

कृतघ्न पुत्र का होना सांप के दांत से भी अधिक तेज़ होता है।

–शेक्सपियर

जो अपना स्वार्थ सिद्ध हो जाने पर अपने मित्रों के कार्य को पूरा करने की परवाह नहीं करते, उन कृतघ्न पुरुषों के मरने पर मांसाहारी जन्तु भी उनका मांस नहीं खाते।

–वाल्मीकि रामायण

परमात्मा ने जो कुछ भी दिया है, तुम्हें चाहिए कि उसके लिए परमात्मा के प्रति अपनी कृतज्ञता प्रकट करो। इस विषय में तुमको कृतघ्न नहीं होना चाहिए।

–अज्ञात

कृतज्ञ : कृतज्ञता

अनुग्रह लेने से मनुष्य कृतज्ञ होता है। कृतज्ञता परतंत्र बनाती है।

–जयशंकर प्रसाद

कृतज्ञ और उल्लसित हृदय से की गई अर्चना भगवान को सबसे अधिक प्रिय है।

–प्लूटार्क

कृतज्ञता एक कर्त्तव्य है जिसे पूरा करना चाहिए।

–रूसो

स्वर्ग की ओर कृतज्ञतापूर्ण भावना स्वयं ही एक प्रार्थना है।

–लेसिंग

कृतज्ञता मित्रता को चिरस्थाई रखती है और नए मित्र बनाती है।

–कहावत

जब कभी किसी निर्धन व्यक्ति में मैं अधिक कृतज्ञता पाता हूं तो मुझे विश्वास हो जाता है कि यदि वह धनी होता तो उसमें उतनी ही दानशीलता होती।

–पोप

किसी विद्वान को शब्दों की उतनी कमी कभी नहीं हुई जितनी कि कृतज्ञ को होती है।

–कोल्टन

कृतज्ञता समस्त गुणों की जन्मदात्री हैं।

–सिसरो

कृतघ्नता के बाद सबसे असह्य चीज कृतज्ञता है।

–बीचर

कैदी

हम सभी कैदी हैं–कुछ बन्द कारागृह के और कुछ उन्मुक्त कारा के।

–खलील जिब्रान

कृषक

घनघोर वर्षा हो रही है, गगन गर्जन कर रहा,
घर से निकलने को कड़ककर वज्र वर्जन कर रहा,
तो भी कृषक मैदान में करते निरन्तर काम हैं,
किस लोभ से वे आज भी लेते नहीं विश्राम हैं ?

(मूसलाधार वर्षा हो रही है, बादल गरज रहे हैं, और बिजली ऐसे जोर से कड़क रही है मानो घर से बाहर जाने को मना कर रही हो। फिर भी किसान अपने खेतों में लगातार काम करते हैं। पता नहीं, वह किस लालच से आज भी आराम नहीं करते हैं।)

–मैथिलीशरण गुप्त

बरसा रहा है रविं अनल, भूतल तवा-सा जल रहा
है चल रहा सनसन पवन, तन से पसीना ढल रहा ।
देखो, कृषक शोणित सुखाकर हल तथापि चला रहे,
किस लोभ से इस आंच में वे निज शरीर जला रहे ?

(घोर गरमी के दिन हैं। सूर्य से मानो आग बरस रही है। पृथ्वी तवे की भांति जल रही है, सनसन-सनसन हवा चल रही है और शरीर से पसीना बह रहा है। ऐसी विषम परिस्थिति में भी किसान हल चला कर अपना खून सुखा रहे हैं। पता नहीं, वे किस लालच से ऐसी आंच में अपना शरीर जला रहे हैं।

–मैथिलीशरण गुप्त

देखिए 'किसान'

कृष्ण जी

सीस-मुकुट कटि काछनी, कर मुरली उर माल।
इहिं बानक मो मन सदा, बसौ बिहारी लाल।।

(ब्रज की गलियों और वृन्दावन के कुंजो में विहार करने वाले हे श्री कृष्ण ! मेरी आप से प्रार्थना है कि आप सिर पर मुकुट धारण करके, कमर में पीताम्बर की काछनी काछकर, हाथ में मुरली और हृदय पर वंनमाला धारण किए हुए सदैव मेरे हृदय में वर्तमान रहें।)

–बिहारी

केन्द्र

अपना केन्द्र अपने से बाहर मत बनाओ, अन्यथा ठोकरें खाते रहोगे।

–स्वामी रामतीर्थ

आत्म-ज्ञान का सम्पादन करना और आत्म-केन्द्र में स्थिर रहना मनुष्य मात्र का सबसे पहला और प्रधान कर्त्तव्य है।

–स्वामी रामतीर्थ

कोयल : कोकिल

कोकिलों का रूप स्वर होता है, स्त्री का रूप पतिव्रत धर्म है, कुरूप मानव का रूप विद्या है, और तपस्वियों का रूप क्षमा है।

–चाणक्य

गुन के गाहक सहस नर, बिनु गुन लहै न कोय।
जैसे कागा कोकिला, शब्द सुनै सब कोय।।
शब्द सुनै सब कोय, कोकिला सबै सुहावन।
दोऊ को रंग एक, काग सब भए अपावन।।

(सहस्रों मनुष्य गुणवानों के ग्राहक होते हैं, परन्तु गुणहीनों का ग्राहक कोई नहीं होता। सब लोग कौओं और कोकिलों के शब्द सुनते हैं, परन्तु कोकिल के शब्द सबको अच्छे लगते हैं। यद्यपि दोनों के रंग एक ही होते हैं, तथापि कौओं की कोई बात नहीं पूछता।)

–गिरिधर कविराय

क्रान्ति : क्रान्तिकारी

क्रान्ति कभी पीछे की ओर नहीं जाती।

–इमर्सन

क्रान्तियां छोटी-छोटी बातों को लेकर नहीं होतीं, किन्तु छोटी-छोटी बातों से उत्पन्न होती हैं।

–अरस्तू

क्रान्ति शान्ति नहीं है। उसे हिंसा में ही चलना पड़ता है, वही उसका घर है और वही उसका अभिशाप।

–शरतचन्द्र चटर्जी

क्रान्ति सभ्यता की जननी है।

–इमर्सन

क्रान्ति हमेशा द्रुतगामिनी होती है।

–वाल्टेयर

जब आर्थिक परिवर्तन की आवश्यकता बहुत अधिक बढ़ जाती है, पर शासन-तंत्र जैसे का तैसा बना रहता है, तब दोनों के मध्य बहुत बड़ा अन्तर पड़ जाता है। बहुधा यह अन्तर एक आकस्मिक परिवर्तन से दूर होता है, जिसे क्रान्ति कहते हैं।

–जवाहरलाल नेहरू

तोड़ने होंगे मठ और गढ़ सब
पहुंचना होगा दुर्गम पहाड़ों के उस पार
जहां कहीं देखने को मिलेंगी बांहें
जिनमें कि प्रति पल कांपता रहता
अरुण कमल एक

(एक नए समुज्जवल एवं मंगलाशापूर्ण भविष्य के लिए सब मठ और

तोड़ने होंगे और दुर्गम पहाड़ों के उस पार जाना होगा जहां मनुष्य को स्वर्णिम उषा की प्राप्ति होगी और एक नई सुखमय सभ्यता का विहान होगा।)

–मुक्तिबोध

समाज के निम्न वर्गों द्वारा की गई क्रान्तियां उच्च वर्गों के अन्यायों का परिणाम हुआ करती हैं।

–मैजिनी

जब विद्रोह होता है तब अधिकतर लोगों को उसका पता नहीं होता। हर युग के आम लोग अपने अपने झमेलों में उलझे रहते हैं।

–विमल मित्र

आन्तरिक जीवन की क्रान्ति ही सामाजिक क्रान्ति की आधारशिला है।

–जे० कृष्णमूर्त्ति

न्याय-धर्म के लिये लड़ो तुम, ऋत-हित समझो-बूझो।
अनय, राज, निर्दय समाज से निर्भय होकर जूझो।।

–मैथिलीशरण गुप्त

क्रूरता

क्रूरता अत्याचारिणी है जो सदा भय के साथ रहती है।

–कहावत

क्रूरता शैतान का पहला गुण है।

–कहावत

शत्रु को दुखी देखने और घृणित उपाय से बल प्रयोग करने को क्रूरता कहते हैं।

–जयशंकर प्रसाद

क्रोध : कोप

अपकारिणी कोपश्चेत्कोपे कोपः कथं न ते ?

(यदि तू अपकार करने वाले पर क्रोध करता है, तो क्रोध ही पर क्रोध क्यों नहीं करता, जो सबसे अधिक अपकार करने वाला है।)

–याज्ञवल्क्योपनिषद्

अनाथों का क्रोध पटाखे की आवाज है, जिससे बच्चे डर जाते हैं और असर कुछ भी नहीं होता।

–प्रेमचन्द

क्रोध को दुर्वचन से विशेष रुचि होती है।

–प्रेमचन्द

क्रोध को विनय निगल सकता है।

–प्रेमचन्द

क्रोधो वैवस्वतो राजा।

(क्रोध यमराज है।)

–चाणक्य

क्रोध की सर्वोत्तम औषधि विलम्ब है।

–अज्ञात

क्रोध एक प्रचंड अग्नि है। जो मनुष्य इस अग्नि को वश में कर सकता है, वह उसको बुझा देगा, जो मनुष्य अग्नि को वश में नहीं कर सकता, वह स्वयं अपने को जला देगा।

–महात्मा गांधी

क्रोध के सिंहासन पर बैठते ही बुद्धि वहां से खिसक जाती है।

–एम० हेनरी

क्रोध मस्तिष्क के दीपक को बुझा देता है।

–इंगरसोल

क्रोध मूर्खता से शुरू होता है और पश्चाताप पर खत्म होता है।

–पाइथागोरस

क्रोध से सम्मोह होता है, सम्मोह से स्मृति भ्रान्त हो जाती है, स्मृति भ्रान्त से बुद्धि नष्ट हो जाती है, और बुद्धि नष्ट होने से प्राणी स्वयं नष्ट हो जाता है।

–श्रीमद्‍भगवत गीता

क्रोधाधिक्य विचारयुक्त रखता संसार में है किसे ?

(बहुत क्रोध आने पर मनुष्य विचार शून्य हो जाता है।)

–मैथिलीशरण गुप्त

क्रोधी के सामने अकार्य तथा अवाच्य जैसा कुछ नहीं रहता। अर्थात् वह कुछ भी कह सकता है और कुछ भी बोल सकता है।

–वाल्मीकि रामायण

दसों दिसा में क्रोध की, उठी अपरबल आगि।
सीतल संगत साधु की, तहां उबरिए भागि।।

(दसों दिशाओं में क्रोध की प्रबल आग लगी हुई है। साधु की संगति शीतल है। वहां शीघ्रता से जाकर अपनी रक्षा कर लेनी चाहिए।)

–कबीर

मनुष्य क्रोध को प्रेम से, पाप को सदाचार से, लोभ को दान से और मिथ्याभाषण को सत्य से जीत सकेगा।

–गौतम बुद्ध

महा भयंकर कोप के ही, सब ये परिनाम।
वसुधा में जितने हुए, बड़े बड़े संग्राम।।

(संसार में जितने बड़े-बड़े युद्ध हुए थे, वे सब अत्यंत भयंकर क्रोध के परिणाम थे।)

–हरिऔध

कोई मुझे क्षति पहुंचाता है तो अपने आपको ही क्षति पहुंचाता है। क्या मैं उसे क्षति पहुंचाकर अपने आपको क्षति पहुंचाऊं।

–एफिटेटस

क्रोधी का मुंह खुला रहता है, पर आंखें बन्द हो जाती हैं।

–कैटो

क्रोध से बढ़कर कोई चीज़ मनुष्य को कुरूप नहीं बनाती।

–डेनियल

क्रोध सागर की तरह बहरा और आग की तरह उतावला है।

–शेक्सपियर

क्षत्रिय

क्षत्रिय-क्षत्रिय कहें तें, क्षत्रिय होय न कोय।
सीस चढ़ावै खड्ग पै, क्षत्रिय सोई होय।।

('क्षत्रिय-क्षत्रिय' कहने कोई क्षत्रिय नहीं होता। जो युद्ध में वीरतापूर्वक लड़ता-लड़ता प्राण दे देता है, वही क्षत्रिय होता है।)

–वियोगी हरि

क्षत्रिय का यही धर्म है, बलवान से जुट जाय।
दोनों में है यश, मारै चाहे आप ही कुट जाय।।

(क्षत्रिय का यही धर्म है कि बलवान से युद्ध करे। चाहे उसे मार डाले या स्वयं ही मर जाय, दोनों दशाओं में उसे यश प्राप्त होगा।)

–भगवानदीन

युद्ध सनातन क्षत्रिय धर्मा। समर-पलायन कायर कर्मा।

(क्षत्रिय का सनातन धर्म युद्ध करना है। युद्ध से भाग जाना कायर का काम है।)

–द्वारका प्रसाद मिश्र

क्षमा

क्षमा असमर्थ मनुष्यों का गुण है और समर्थों का भूषण है।

–महाभारत

क्षमा कर देना दुश्मन पर विजय कर लेना है।

–हजरत अली

क्षमा के समुद्र को क्रोध की चिनगारी से गरम नहीं किया जा सकता।

–सुभाषित संचय

क्षमा तपस्वियों का रूप है।

–चाणक्य

क्षमा तेजस्वी पुरुषों का तेज है, क्षमा तपस्वियों का ब्रह्म है, क्षमा सत्यवादियों का सत्य है। क्षमा यज्ञ है और क्षमा मनोनिग्रह है।

–महाभारत

क्षमा धर्म है, क्षमा यज्ञ है, क्षमा वेद है और क्षमा शास्त्र है। जो इस तरह जानता है, वह सब कुछ क्षमा करने योग्य हो जाता है।

–महाभारत

क्षमा ब्रह्म है, क्षमा सत्य है, क्षमा भूत है, क्षमा भविष्य है, क्षमा तप है और क्षमा पवित्रता है। क्षमा ने सम्पूर्ण जगत् को धारण कर रखा है।

–महाभारत

क्षमा यश है, क्षमा धर्म है, क्षमा में ही चराचर जगत स्थिर है।

–वाल्मीकि रामायण

क्षमा वीर का आभूषण है।

–अज्ञात

क्षमा शास्त्र है बंधा हुआ जिस नर के कर में,
सकल सिद्धियां बनी हुई हैं उसके घर में।
उसे स्वप्न में भी न किसी से भय होता है,
निर्भय हो वह सदा शान्त सुख से सोता है !

(जिस मनुष्य के हाथ में क्षमा का शास्त्र बंधा हुआ है, सब सिद्धियां उसके घर में बनी रहती हैं। उसको कभी किसी से भय नहीं होता है। वह सदैव निर्भय हो कर शान्ति और सुख के साथ सोता है।)

–रामचरित उपाध्याय

क्षमा शोभती उस भुजंग को, जिसके पास गरल हो।
उसको क्या जो दंतहीन, विषरहित, विनीत, सरल हो।।

–रामधारीसिंह 'दिनकर'

(क्षमा उस सांप को शोभा देती है जिसके पास विष हो। जो सांप दन्तहीन, विषरहित, विनीत और सरल हो, उसको क्षमा क्या शोभा देगी ?)

क्षमा से कमा लो गंवाए हुए को;
क्षमा से हंसा लो रुलाए हुए को।

(जो कुछ खो गया है उसे क्षमा के द्वारा पुनः प्राप्त कर लो, और रोते हुए को हंसा लो।)

–रामचरित उपाध्याय

क्षमा से बढ़कर और किसी बात में पार्प को पुण्य बनाने की शक्ति नहीं है।

–जयशंकर प्रसाद

छिमा बड़ेन को चाहिए, छोटन को उत्पात।
कहा विष्णु को घट गयो, जो भृगु मारी लात।।

(बड़े लोगों को क्षमा चाहिए और छोटे लोगों को उत्पात; अर्थात् जब छोटे लोग उत्पात करते हैं, तब बड़े लोग उनको क्षमा कर देते हैं। उदाहरणार्थ जब

भृगु ने विष्णु के सीने में लात मारी, तब विष्णु को कोई क्षति नहीं पहुंची और उन्होंने भृगु को क्षमा कर दिया।)

–कबीर

जहां दया तहं धर्म है, जहां लोभ तहं पाप।
जहां क्रोध तहं काल है, जहां छिमा तहं आप।।

(जहां दया रहती है, वहां धर्म रहता है ? जहां लोभ रहता है, वहां पाप रहता है; जहां क्रोध रहता है, वहां काल (मृत्यु) रहता है; और जहां क्षमा रहती है, वहां भगवान रहते हैं।)

–कबीर

दुष्टों का बल है हिंसा, राजाओं का बल है दण्ड, स्त्रियों का बल है सेवा और गुणवानों का बल है क्षमा।

–विदुर

दूसरे का अपराध सहन कर अपराधी पर उपकार करना, यह क्षमा का गुण पृथ्वी से सीखना और सदा परोपकाररत रहने वाले पर्वत और वृक्षों से परोपकार की दीक्षा लेना।

–श्रीकृष्ण

दो प्रकार के मनुष्य स्वर्ग के ऊपर स्थान पाते हैं–एक तो वह जो ऐश्वर्यशाली होकर भी क्षमावान् हों और दूसरे वह जो दरिद्र हो करके भी दानी हों।

–महाभारत

मानव कभी इतना सुन्दर नहीं लगता जितना उस समय जब कि वह क्षमा के लिए प्रार्थना कर रहा हो या जब किसी को क्षमा प्रदान कर रहा हो।

–रिचर

सबसे उत्तम बदला क्षमा कर देना है।

–रवीन्द्रनाथ ठाकुर

क्षमाशील

क्षमावान लोगों के लिए यह लोक है। क्षमावान् लोगों ही के लिए परलोक है। क्षमाशील मनुष्य इस संसार में सम्मान और परलोक में उत्तम गति पाते हैं।

–महाभारत

यदि मनुष्यों में पृथ्वी के समान क्षमाशील पुरुष न हों, तो उनमें कभी संधि हो ही नहीं सकती, क्योंकि झगड़े की जड़ तो क्रोध ही है।

–महाभारत

क्षुद्र

छुद्र नदी भरि चलि उतिराई। जिमि थोड़े धन खल बौराई।।

(छोटी नदी बहुत जल्दी भर जाती है और उसमें बाढ़ आ जाती है, जैसे थोड़े धन से दुष्ट लोग उन्मत्त हो जाते हैं।)

–गोस्वामी तुलसीदास

रत्नों से भरा रहने पर भी समुद्र मदविह्वल नहीं होता परन्तु एकाध मोती पा लेने से ही हाथी मदमत्त हो जाता है।

अज्ञात

क्षुधा

क्षुधा और शीत से पीड़ित मनुष्य अपने आप को शत्रु के हवाले कर देता है।

–कहावत

क्षुधा पत्थर की दीवार को भी तोड़ डालती है।

–कहावत

चूसी जाने वाली पीड़ित प्रजा को लड़ाई में पिले रहने के लिए क्षुधा ही उनकी व्यायाम-शिक्षक है।

–जवाहरलाल नेहरू

विभुक्षितः किन्न करोति पापं,
क्षीणः नराः निष्करुणाः भवन्ति।

(भूखा आदमी कौन सा पाप नहीं कर बैठता। भूख से क्षीण व्यक्ति क्रूर हो जाता है।)

–अज्ञात

खजाना

खजाने के नष्ट होने से राजा के बल का नाश होता है।

–महाभारत

राजा की जड़ है खजाना और सेना, इनमें सेना की जड़ है खजाना; सेना सब धर्मों की रक्षा का मूल है। इसलिए सबसे मूलभूत खजाने को बढ़ाना चाहिए।

–महाभारत

खर्च

अपार धनाढ्य कुबेर भी यदि आय से अधिक खर्च करे तो कंगाल हो जाता है।

–चाणक्य

छोटे-छोटे खर्चों से सावधान रहो। थोड़ा-थोड़ा जल रिसते रहने से बड़े-बड़े जलयान डूब जाते हैं।

–अज्ञात

धन पैदा करने की अपेक्षा उसके खर्च करने का काम कहीं कठिन है।

–अज्ञात

पांडित्य, चातुर्य तथा सुबुद्धि इसी में है कि मनुष्य अपनी आय से कम खर्च करे।

–अज्ञात

खतरा

खतरे में हमारी चेतना अन्तर्मुखी हो जाती है।

–प्रेमचन्द

सुनो, मैं क्या कह रहा हूं—कोई जगह खतरे से खाली नहीं है। हर जगह सज्जन को दुर्जन मिल जाता है।

–मिल्टन

खल

उसका खल क्या कर सकता है, जिसमें ग्रथित अलौकिक गुण हैं।
चन्दन का यश क्या घटता है, यद्यपि लिपटा अहि-गण है।।

(जिस व्यक्ति में सद्गुण हैं, दुष्ट मनुष्य उसको कोई हानि नहीं पहुंचा सकता है; जैसे चन्दन के वृक्ष में अनेक सांप लिपटे रहते हैं, तथापि उसका सुयश ज्यों-का-त्यों बना रहता है।)

–रामचरित उपाध्याय

कवि कोविद गावहिं अस नीती। खल सन कलहु न भल नहिं प्रीती।।
उदासीन नित रहिय गोसाईं। खल परिहरिय स्वान की नाईं।।

(कवि और बुद्धिमान ऐसी नीति बताते हैं कि खल से न तो झगड़ा करना चाहिए और न प्रीति। उससे उदासीन रहना चाहिए और कुत्ते के समान उसे छोड़ देना चाहिए।)

–तुकाराम

कोटि यत्न करिए पर, खल खलता कभी न छोड़ेगा।
मलयाचल पर रोपो, बांस न होगा कभी चन्दन।।
खल का सहाय करना, अपने ही पैर काटने तुल्य।
विषधर का ज्यों लालन, होता है विष का कारण।।

(चाहे कितना ही यत्न किया जाय, पर दुष्ट अपनी दुष्टता को नहीं छोड़ता है; जैसे यदि बांस को मलयाचल पर लगाया जाये, तब भी वह चन्दन नहीं बन सकता। जो मनुष्य दुष्ट की सहायता करता है, वह अपने ही पैरों में कुल्हाड़ी मारता है; जैसे यदि कोई सांप को पालता है तो वह उसकी मृत्यु का कारण हो जाता है।)

–रामचरित उपाध्याय

दामिनि दमकि रही घन माहीं। खल की प्रीति जथा थिर नाहीं।।

(बिजली इस प्रकार बादल में चमक रही है जैसे खल की प्रीति स्थायी नहीं रहती।)

–गोस्वामी तुलसीदास

बहुरि बंदि खल गन सति भाएं। जे बिनु काज दहिनेहु बाएं।।
परहित हानि लाभ जिन केरे। उजरे हरष विषाद बसेरें।।
जे पर दोष लखहिं सहसाखी। पर हित घृत जिनके मन माखी।।
वचन वज्र जेहि सदा पियारा। सहस नयन पर दोष निहारा।।

(फिर मैं अपने सरल स्वभाव से खलों की वन्दना करता हूं जो व्यर्थ दूसरे लोगों के काम में अडंगा लगाते रहते हैं, दूसरों के हित की हानि ही जिनका लाभ है, दूसरों के उजड़ जाने पर जिन्हें हर्ष होता है और उनके बसने पर जिन्हें बहुत दुःख होता है। खल लोग दूसरों के दोषों को हजारों आंखों से या इन्द्र के समान देखते हैं, परहित रूपी घृत को नष्ट करने के लिए उनका मन मक्खी के समान हो जाता है और स्वयं अपने आप को भी नष्ट कर देता है। दुर्जनों को वज्र समान कठोर वचन सदा प्रिय लगता है और वे हजार आंखों से दूसरों के दोषों को देखते हैं।)

–गोस्वामी तुलसीदास

देखिए, 'कुटिल', दुष्ट'

खातिरदारी

खातिरदारी जैसी वस्तु में मिठास जरूर है, पर उसका ढकोसला करने में न तो मिठास है और न स्वाद ही।

–शरतचन्द्र चटर्जी

खादी

खादी के रेशे रेशे में
अपने भाई का प्यार भरा।
मां-बहनों का सत्कार भरा।
बच्चों का मधुर दुलार भरा।

(खादी के प्रत्येक रेशे में अपने भाई का प्यार भरा हुआ है, अपनी माताओं तथा बहनों का सत्कार भरा हुआ है और बच्चों का मधुर दुलार भरा हुआ है।)

–सोहनलाल द्विवेदी

खादी छोड़ने के मानी होंगे भारतीय जनता को बेच देना, भारतवर्ष की आत्मा को बेच देना।

–महात्मा गांधी

खादी न खरीदना करोड़ों लोगों के मुंह का कौर छीन लेने के बराबर है।

—विनोबा भावे

खादी पहनने से हम अपने नादान, गरीब, नंगे, भूखे भाइयों की झोंपड़ियों में उम्मीदों से भरी हुई झलक चमका सकते हैं।

—जवाहरलाल नेहरू

खामोशी

अज खामोशी नीम रज।
(खोमोशी आधी रजामन्दी है।)

—फारसी कहावत

अज्ञानी आदमी के लिए खामोशी से बढ़कर कोई चीज नहीं होती है और अगर उसमें यह समझने की बुद्धि हो, तो वह अज्ञानी नहीं रहेगा।

—शेख सादी

वाचालता चांदी है, खामोशी सोना है; वाचालता मनुष्यों के लिए उचित है, खामोशी देवताओं के लिए उचित है।

—जर्मन कहावत

वाचालता महान है, परन्तु खामोशी उससे भी महान है।

—कारलाइल

खाली

पहली बात यह है कि एक क्षण के लिए भी खाली मत रहो।

—निवृत्तिनाथ

खिदमत

जिस मनुष्य ने आत्म-संयम की साधना नहीं की है, वह कभी सच्ची खिदमत नहीं कर सकता।

—अज्ञात

देश तथा समाज की सच्ची खिदमत वही करता है जो बदले तथा यश की आशा न रख कर निःस्वार्थ भाव से खिदमत करता है।

—महात्मा गांधी

खिलाड़ी

खिलाड़ी जीत कर हारने वाले खिलाड़ी की हंसी नहीं उड़ाता, उससे गले मिलता है।

—प्रेमचन्द

चतुर खिलाड़ी एक बांस की छड़ी से वह काम कर सकता है, जो दूसरे मशीन और बंदूक से भी नहीं कर सकते।

—प्रेमचन्द

पुराना खिलाड़ी मैदान में जाकर जितना नाम करेगा, उतना नया पट्ठा नहीं कर सकता, क्योंकि वहां बल का काम नहीं, साहस का काम है।

–प्रेमचन्द

खुदा

खुद को जानना खुदा को जानना है।

–अज्ञात

खुदा से डरने वाले को और किसी का क्या डर है ?

–विनोबा भावे

जो खुदा को जानता है, वह खुद अपनी प्रशंसा नहीं करता।

–हजरत अली

सारे दरिया स्याही बन जायें और सारे दरख्त कलम बन जाए, तो भी खुदा का पूरा बयान नहीं हो सकता।

–कुरान

खुदा और दौलत

तुम खुदा को और दुनिया की दौलत दोनों को एक साथ पाने की आशा नहीं रख सकते।

–इंजील

खुदी

खुदी से आदमी फूल सकता है, परन्तु स्वयं अपने को सहारा नहीं दे सकता।

–रस्किन

खुश

खुश करने की तरकीब है स्वयं खुश रहना।

–हैजलिट

तुझे इस बात का ख्याल बार बार क्यों आता है कि फलां मुझसे खुश है या नहीं? तू सदा यही देख कि तेरी अन्तरात्मा तुझसे खुश है या नहीं।

–हरिभाऊ उपाध्याय

खुशी

खुशी का रहस्य त्याग है।

–ऐन्ड्रियू कारनेगी

खुशी तन्दुरुस्ती है, इसके विपरीत विषाद रोग है।

–हेली बर्टन

खुशी न हमारे अन्दर है और न बाहर है, वरन् यह ईश्वर के साथ हमारा ऐक्य है।

–पास्कल

खुशबू

फूलों की खुशबू वायु के विपरीत नहीं जाती, परन्तु मानवी गुणों की खुशबू चारों दिशाओं में फैल जाती है।

–धम्मपद

खुशामद

अगर बादशाह दिन को रात बतलावे, तो यही कहना चाहिए कि वह चन्द्रमा और रोहिणी है।

–शेख सादी

जो खुशामद करे खुल्क उससे सदा राजी है।
सच तो यह है कि खुशामद से खुदा राजी है।।

(जो मनुष्य खुशामद करता है, संसार उससे प्रसन्न रहता है। सच्ची बात तो यह है कि खुशामद से ईश्वर भी प्रसन्न होते हैं।)

–नजीर

खुशामद से आमद है।
खुशामद हज़ार नियामत है।।

(खुशामद करने से आमदनी होती है; खुशामद हज़ार नियामत है।)

–अज्ञात

खुशामदी

खुशामदी इन्सान इसलिए आपकी खुशामद करता है कि वह आप को अयोग्य समझता है, किन्तु आप उसके मुख से अपनी बड़ाई सुनकर फूले नहीं समाते।

–टॉल्सटाय

खून

खून सिर पर चढ़कर बोलता है।

–कहावत

वह खून कहो किस मतलब का, जिसमें उबाल का नाम नहीं।
वह खून कहो किस मतलब का, आ सके देश के काम नहीं।।

–गोपालप्रसाद व्यास

खूबसूरत : खूबसूरती

खूबसूरत वस्तु में सभी मनुष्यों की दृष्टि को आकर्षित करने की इतनी प्रबल शक्ति होती है कि कोई भी उससे प्रसन्न हुए बिना नहीं रह सकता।

–क्लेडेन

खूबसूरती ऐसी जादूगरनी है कि जिसके जादू से धर्म-ईमान गलकर खून हो जाते हैं।

–शेक्सपियर

खूबसूरती प्रायः शराब से भी बुरी होती है। वह स्वयं को और देखने वाले दोनों को मदमस्त कर देती है।

–जमीरगन

खैरात

खुदा कहता है कि तुम खैरात करो, मैं तुमको और दूंगा।

–हजरत मुहम्मद

खोटा

बसै बुराई जासु तन, ताही को सनमानु।
भलौ-भलौ कहि छाँडये, खोटैं ग्रह जपु दानु।।

(संसार की यह विचित्रता है कि उसमें उसी व्यक्ति का सम्मान होता है जो स्वभाव से बुरा होता है। साधु स्वभाव वाले सज्जनों का कोई सम्मान नहीं करता, जैसे भला ग्रह तो भला कह कर छोड़ दिया जाता है परन्तु दुष्ट ग्रहों के आने पर जप, दान आदि से पूजा होती है।)

–बिहारी लाल

यदि आप खोटे इन्सान को देखते और उसकी बातों को सुनते हैं, तो यहीं से खोटेपन का आरम्भ हो गया समझिए।

–कन्फ्यूशस

ख्याति

अपनी ख्याति और स्मृति के लिए मैं दूसरों की दया और कृपा पर निर्भर रहता हूं।

–बेकन

किसी पूर्वतन ख्याति का उत्तराधिकार प्राप्त करना एक संकट मोल लेना है।

–रवीन्द्रनाथ ठाकुर

ख्याति एक आवर्धक लेन्स (शीशा) है।

–कहावत

ख्याति की अभिलाषा वह पोशाक है, जिसे ज्ञानी मनुष्य भी सबसे अन्त में उतारते हैं।

–कहावत

ख्याति केवल जनता की सांस है और वह प्रायः अस्वास्थ्यकर होती है।

–रूसो

ख्याति नदी की भांति अपने उद्गम-स्थान पर अति संकीर्ण और बहुत दूर अति विस्तृत होती है।

–डेविनेन्ट

ख्याति महापुरुषों की अन्तिम दुर्बलता है।

–कहावत

ख्याति वह प्यास है जो कभी नहीं बुझती। अगस्त्य ऋषि की तरह वह सागर को पीकर भी शान्त नहीं होती।

–प्रेमचन्द

धन और स्त्री को छोड़ना सहज है, परन्तु ख्याति का लोभ छोड़ना बहुत कठिन है।

–हनुमान प्रसाद पोद्दार

प्रसिद्धि वीरता के कार्यों की सुगन्धि है।

–सुकरात

ख्वाहिश

ख्वाहिशों का पोषण बिलम्ब से होता है।

–कहावत

गंगा जी

गंग सकल मुद मंगल मूला। सब सुखकरनि हरनि सब सूला।।

(गंगा जी सब हर्षों तथा मंगलों का मूल हैं। वह सब सुखों को देती हैं और सब कष्टों को दूर करती हैं।)

–गोस्वामी तुलसीदास

गंगा तो भारत की प्राचीन सभ्यता की प्रतीक रही है, निशान रही है, सदा बदलती, सदा बहती, फिर वही गंगा की गंगा।

मैंने सुबह की रोशनी में गंगा को मुस्कराते, उछलते, कूदते देखा है और देखा है शाम के साये में उदास, काली सी चादर ओढ़े हुए। यही गंगा मेरे लिए निशानी है भारत की प्राचीनता की, यादगार की, जो बहती आई है वर्तमान तक और बहती चली जा रही भविष्य के महासागर की ओर।

–जवाहरलाल नेहरू

जैसे गरुड़ को देखते ही सब सांप विषहीन हो जाते हैं, वैसे ही गंगा जी के दर्शन से मानव सब पापों से छुटकारा पा जाता है।

–महाभारत

गणतंत्र दिवस

सबसे विराट जनतंत्र जगत का आ पहुंचा,
तैंतीस कोटि हित सिंहासन तैयार करो,

अभिषेक आज राजा का नहीं, प्रजा का है,
तैंतीस कोटि जनता के सिर पर मुकुट धरो।
आरती लिये तू किसे ढूंढ़ता है मूरख,
मन्दिरों, राजप्रासादों में, तहखानों में?
देवता कहीं सड़कों पर मिट्टी तोड़ रहे,
देवता मिलेंगे खेतों में खलिहानों में।
फावड़े और हल राजदंड बनने को हैं,
धूसरता सोने से श्रृंगार सजाती है,
दो राह, समय के रथ का घर्घर-नाद सुनो,
सिंहासन खाली करो कि जनता आती है।

–रामधारी सिंह दिनकर

गणेश

जो सुमिरत सिधि होइ, गन नायक करिवर वदन।
करउ अनुग्रह सोइ, बुद्धि रासि सुभगुन सदन।।

(जिनका स्मरण करने से सिद्धि प्राप्त होती है, जो भगवान शंकर के सब गणों के नायक हैं, जिनका मुंह श्रेष्ठ हाथी के मुंह के समान है, जो बुद्धि की राशि हैं, और जो सब गुणों के भंडार हैं, वही गणेश मेरे ऊपर कृपा करें।)

–गोस्वामी तुलसीदास

गज़ल

'गज़ल' अरबी भाषा का शब्द है, किन्तु ईरानियों ने इसे विशेष रूप से अपनाया और इसे एक विशिष्ट अर्थवत्ता प्रदान की। ईरानी कवियों से प्रभावित होकर भारत के उर्दू शायरों ने 'गज़ल' को अपने ढंग से सजाया, संवारा। 'गज़ल' का भावार्थ है 'रमणी-संलाप' अर्थात् जिस प्रेम में काम-वासना निहित हो उस प्रेम विषयक कविता को 'गज़ल' कहते हैं। उर्दू-शायरी के प्रारम्भ में 'गज़ल' को इसी सीमित अर्थ में ग्रहण किया गया, परिणामस्वरूप उर्दू 'गज़ल' में श्रृंगारातिरेक हुआ। श्रृंगार की इस अतिशयता का विस्तार अश्लीलता और प्रेम की अप्राकृतिक सीमा तक हुआ।

–जगदीश नारायण त्रिपाठी

गधा

अपने को गधा बना दोगे तो हर एक अपना बोझ तुम पर लादता जायेगा।

–जर्मन कहावत

गम

चार बातें सुनकर ग़म खा जाना, इससे कहीं अच्छा है कि तनाजा हो।

–प्रेमचन्द

गरीब

उस मनुष्य से गरीब कोई नहीं हैं, जिसके पास केवल पैसा है।

–एडविन पग

गरीब वह नहीं है जिसके पास कम है, बल्कि धनवान होते हुए भी जिसकी इच्छा कम नहीं हुई है, वह सबसे गरीब है।

–विनोबा भावे

गरीब वह है जिसका खर्च आमदनी से ज्यादा है।

–ब्रूएर

गरीबों के सिवाय कुछ ही ऐसे इन्सान हैं, जो गरीबों के विषय में सोचते हैं।

–एल०ई० लण्डन

गरीब वे इंसान है जो अपने को गरीब मानते हैं, गरीबी गरीब समझने में ही है।

–इमर्सन

जो गरीबों पर दया करता है, वह अपने कृत्यों से ईश्वर को ऋणी बनाता है।

–इंजील

भगवान गरीब को गरीब रखकर आजमाता है कि वह हिम्मत रखता है या नहीं।

–विनोबा भावे

गरीब रोटी खोजता है और अमीर भूख।

–डेनिश कहावत

'मैं गरीब हूं' यह कह कर किसी को पाप कर्म में लिप्त नहीं हो जाना चाहिये।

–तिरुवल्लुवर

गरीबी

किसी प्रकार की भी गरीबी हमारा ईश्वर से उचित संबंध जोड़ देती है जब कि हर प्रकार की अमीरी, मन की या धन की, हमारा उससे विच्छेद करा देती है।

–फ्रैंक क्रासले

गरीबी अनोखे मनुष्यों से घनिष्ठ संबंध करा देती है।

–कहावत

गरीबी दैवी अभिशाप नहीं, मानवीय सृष्टि है।

–महात्मा गांधी

गरीबी मेरा अभिमान है।

–हजरत मुहम्मद

गरीबी विनम्रता की परीक्षा और मित्रता की कसौटी है।

–हैजलिट

गरीबी सब कलाओं के आविष्कार का कारण है।

–कहावत

गरीबी स्वयं अपमानजनक नहीं है, केवल उस गरीबी के अतिरिक्त जो आलस्य, व्यसन, फिजूलखर्ची और मूर्खता के कारण हुई हो।

–प्लूटार्क

यदि गरीबी अपराधों की जननी है, तो बुद्धि का अभाव उनका पिता है।

–ब्रूएर

सभी महान् धार्मिक नेताओं ने जानबूझ कर गरीबी को अपने भाग्य की तरह अपनाया।

–महात्मा गांधी

देखिए, 'दरिद्रता', 'निर्धनता'

गरूर

आदमी का सबसे बड़ा दुश्मन गरूर है।

–प्रेमचन्द

गर्व

कबिरा गरब न कीजिए, कबहुं न हंसिये कोय।
अबहुंक नाव समुद्र में का जाने का होय।।

(कबीरदास जी कहते हैं कि घमंड नहीं करना चाहिए और किसी के ऊपर हंसना नहीं चाहिए। अभी तो हमारी जिन्दगीरूपी नाव समुद्र में ही है। पता नहीं क्या हो जाये।)

–कबीरदास

गर्व सन्तोष का घोर शत्रु है।

–लोकोक्ति

ज़िसने गर्व किया उसका अवश्य पतन हुआ

–स्वामी दयानन्द सरस्वती

धन अरु यौवन को गरब, कबहूं करिए नाहिं।
देखत ही मिट जात है; ज्यों बाद्दर की छांहिं।।

(धन और जवानी का कभी गर्व नहीं करना चाहिए, क्योंकि वे बादल की छाया की भांति देखते-देखते मिट जाते हैं।)

–अज्ञात

ना कोऊ लै आयो यह धन, ना कोऊ लै जाय।
रावन हूं ते अधिक छत्रपति, छिन में गए बिलाय।।

(न तो कोई धन लेकर संसार में आता है और न कोई उसे लेकर परलोक में जाता है। रावण से भी बड़े-बड़े राजा यहां क्षण-भर में ही नष्ट हो जाते हैं।)

–कबीरदास

गलती

अपनी गलती स्वीकार करने में लज्जा की कोई बात नहीं है।

–पोप

गलतियां करके, उनको मंजूर करके और उन्हें सुधार करके ही मैं आगे बढ़ सकता हूं।

–महात्मा गांधी

गलतियों की सबसे बड़ी औषधि है उनको भूल जाना।

–साइरस

गलती तो हर मनुष्य कर सकता है, पर उस पर दृढ़ केवल मूर्ख ही होते हैं।

–सिसरो

बहुत-सी तथा बड़ी गलतियां किए बिना कोई मनुष्य बड़ा और महान नहीं हो सकता।

–ग्लैडस्टन

विवेकशील पुरुष दूसरे की गलतियों से अपनी गलती सुधारते हैं।

–साइरस

भूल करना तो पाप ही है, पर उसे छिपाना उससे भी बड़ा पाप है।

–महात्मा गांधी

कोई भी व्यक्ति अधिक बड़ी-बड़ी गलतियां किए बिना महान् नहीं बना।

–ग्लैड्स्टन

हम प्रायः दूसरे के गुणों की अपेक्षा उसकी गलतियों से अधिक सीख लेते हैं।

–लांगफैलो

हमारा गौरव कभी न गिरने में नहीं है, अपितु गिर कर हर बार उठने में है।

–कन्फ्यूशस

दुनिया देख कर मैंने यह सीखा है कि दूसरों की गलतियों पर क्रोध नहीं अफसोस करना चाहिए।

–लांगफैलो

गल्प

गल्प का आधार अब घटना नहीं, मनोविज्ञान की अनुभूति है।

–प्रेमचन्द

गहना

गहने ही स्त्री की सम्पत्ति होते हैं। एक-एक गहना मानो विपत्ति और बाधा से बचाने के लिए एक-एक रक्षास्त्र है।

–प्रेमचन्द

स्त्री का गहना ऊख का रस है जो पेरने ही से निकलता है।

–प्रेमचन्द

देखिए, 'आभूषण'

ग्रंथ

कुछ ग्रन्थ चखे जाते हैं, कुछ निगले जाते हैं, और कुछ अच्छी तरह पचाए जाने योग्य होते हैं।

–ब्रेकन

ग्रन्थ ऐसे अध्यापक हैं जो बिना बेंत मारे, बिना कटु शब्द एवं क्रोध के, बिना वस्त्र और धन लिये हमें शिक्षा देते हैं।

–रिचर्ड डी० बरी

ग्रन्थरहित कक्ष आत्मारहित देह के सदृश है।

–सिसरो

ग्रन्थ समय के महानगर में प्रकाश-गृह के समान खड़े हुए हैं।

–ई०पी० विपिल

पठनीय ग्रन्थों में प्राचीन लेखकों के ग्रन्थ सर्वोत्तम होते हैं।

–बेकन

सद्ग्रन्थ महान् आत्मा का मूल्यवान् जीवन-रक्त है जो आनेवाली पीढ़ियों के लिए सुरक्षित और संचित रखा गया है।

–मिल्टन

देखिए, 'पुस्तक'

गांठ

जहां गांठि तहं रस नहीं, यह जानत सब कोय।
मंड़वे नर की गांठि में, गांठि-गांठि रस होय।।

(यह सब लोग जानते हैं कि जहां गांठ होती है, वहां रस नहीं होता परन्तु मंडवे में विवाह के समय दूल्हा-दुल्हन के वस्त्रों में जो गांठ दी जाती है, वह रस से परिपूर्ण होती है।)

–रहीम

रहिमन धागा प्रेम का, मत तोरो चटकाय।
टूटे से फिर ना मिलै, मिलै गांठि परि जाय।।

(रहीम कवि कहते हैं कि प्रेम के धागे को मत तोड़ो। टूट जाने पर वह नहीं मिलता और यदि उसे जोड़ा जाये, तो उसमें गांठ पड़ जाती है।)

–रहीम

गांधीवाद

गांधीवाद आज भ्रष्ट राजनीति और शासन के गठजोड़ को ढकने का लबादा मात्र बनकर रह गया है।

–ई० एम० एस० नम्बूदिरीपाद

गाय

गाय अपने दूध से भोजन को मधुर बनाती है।

–ऋग्वेद

गाय के गोश्त में बीमारी है, उसके दूध में दुआ और घी में शफा है।

–अल्लामा जलालुद्दीन सियुनी

गाय को मारने वाला, फलदार दरख्त को काटने वाला और शराब पीनेवाला कभी नहीं बख्शा जाएगा।

–मुल्ला मोहम्मद बाकर हुसैनी

गाय ही मेरा धन है, इन्द्र मुझे गाय प्रदान करें।

–ऋग्वेद

देवराज इन्द्र ने कहा है कि गायों का दूध अमृत है।

–महाभारत

फरमाया रसूल अल्लाह ने कि 'गाय का दूध शिफा है, और घी दवा तथा उसका मांस नितान्त रोग है।

–हजरत आयशा (मुहम्मद साहब की पत्नी)

मेरा सारा प्रयत्न गो-बध रोकने के लिए है। जो गाय को बचाने के लिए प्राण होम देने के लिए तैयार नहीं, वह हिन्दू नहीं है।

–महात्मा गांधी

मैं इस संसार में गायों के समान दूसरा कोई धन नहीं समझता।

–महाभारत

गायत्री

गायत्री के समान कोई तीर्थ नहीं है, और गायत्री से बढ़कर जपने योग्य मंत्र न कोई हुआ है, न आगे होगा।

–वृह० यो० याज्ञ०

गायत्री मंत्र द्वारा सारे विश्व को उत्पन्न करने वाले परमात्मा का जो उत्तम तेज है उसका ध्यान करने से बुद्धि की मलिनता दूर हो जाती है और धर्माचरण में श्रद्धा और योग्यता उत्पन्न होती है।

–स्वामी दयानन्द सरस्वती

गायत्री समस्त वेदों की माता है।

—नारायण उप०

गायत्री वेदों की जननी है। गायत्री पापों का नाश करने वाली है। गायत्री से बड़ा और कोई पवित्र मंत्र स्वर्ग में तथा पृथ्वी पर नहीं है।

—वशिष्ट

गायन (तल्लीनता से जप) करने वाले की त्राता होने से वह गायत्री कही जाती है।

—अज्ञात

गाली

गाली का सामना हमें सहनशीलता से करना चाहिए।

—महात्मा गांधी

ग्राम्य-जीवन

अहा ! ग्राम्य जीवन भी क्या है, क्यों न इसे सबका मन चाहे।
थोड़े में निर्वाह यहां है, ऐसी सुविधा और कहां है ?
यहां शहर की बात नहीं है, अपनी-अपनी घात नहीं है,
आडम्बर का नाम नहीं है, अनाचार का काम नहीं है।।

—मैथिलीशरण गुप्त

गीत

भावना से प्रेम, प्रेम से आनन्द और आनन्दातिरेक से गीतों की सृष्टि होती है।

—रस्किन

सुख-दुख के भावावेशमयी अवस्था-विशेष का गिने-चुने शब्दों में स्वरसाधना के उपयुक्त चित्रण कर देना ही गीत है।

—महादेवी वर्मा

हमारे मधुरतम गीत वे होते हैं जिनमें हमारे सबसे अधिक दुःखपूर्ण विचार अभिव्यंजित होते हैं।

—अज्ञात

गीता

गीता को धर्म का सर्वोत्तम ग्रन्थ मानने का यही कारण है कि उसमें ज्ञान, कर्म और भक्ति—तीनों योगों की न्याययुक्त व्याख्या है; अन्य किसी भी ग्रन्थ में इनका सामंजस्य नहीं है।

—बंकिमचन्द चटर्जी

गीता जबानी जमाखर्च का शास्त्र नहीं है, किन्तु आचरण शास्त्र है।

—बिनोबा भावे

गीता विवेकरूपी वृक्षों का एक अपूर्व बगीचा है। यह सब सुखों की नींव है। सिद्धांत-रत्नों का भंडार है। नवरसरूपी अमृत से भरा हुआ समुद्र है। खुला हुआ परम धाम है।

–संत ज्ञानेश्वर

गीता विश्व धर्म की एक पुस्तक है....वह हमारे लिए सद्गुरु रूप है, माता रूप है।

–महात्मा गांधी

गीता सुगीता कर्त्तव्या किमन्यैः शास्त्र विस्तरैः।
या स्वयं पद्मनाभस्य मुख पद्माद्विनिः सृता।।

(गीता को भली प्रकार पढ़ कर अर्थ और भाव सहित अन्तःकरण में धारण कर लेना चाहिए। वह स्वयं पद्मनाभ भगवान् विष्णु के मुखारविन्द से निकली हुई है। फिर अन्य शास्त्रों के विस्तार से क्या प्रयोजन है ?)

–वेद व्यास

हमारे धर्मग्रन्थों में एक अत्यन्त तेजस्वी और निर्मल हीरा है।

–लोकमान्य बालगंगाधर तिलक

गुण

एक गुण समस्त दोषों को ढक लेता है।

–चाणक्य

गुण की पूजा सर्वत्र होती है, बड़ी सम्पत्ति की नहीं।

–चाणक्य

गुण मनुष्य के वश में होता है, प्रतिभा के वश में मनुष्य स्वयं होता है।

–लॉवेल

गुण सब स्थानों पर अपना आदर करा लेता है।

–कालिदास

गुणों का ही सर्वत्र सम्मान होता है, गुणी के वंश का नहीं। लोग वासुदेव (कृष्ण) की ही वन्दना करते हैं, उनके पिता वसुदेव की नहीं।

–चाणक्य

गुणियों की जात-पात नहीं देखी जाती।

–प्रेमचंद

गुणों से ही मनुष्य महान् होता है, ऊंचे आसन पर बैठने से नहीं। महल के ऊंचे शिखर पर बैठने से भी कौवा गरुड़ नहीं हो सकता।

–चाणक्य

जन्म कहीं हो क्या होता है, गुण ही से गौरव बढ़ता है।
कीचड़ में पंकज होता है, ईश शीश पर वह चढ़ता है।।

(उच्च या निम्न कुल में जन्म से कुछ नहीं होता है; केवल गुण से ही गौरव बढ़ता है। देखिए, कमल का जन्म कीचड़ में होता है तथापि अपने गुण के कारण वह भगवान के सिर पर चढ़ाया जाता है।)

–रामचरित उपाध्याय

जहां बहुत-से गुण हों वहां यदि एक-आध अवगुण भी आ जाय, तो उसका वैसे ही पता नहीं चल पाता, जैसे चन्द्रमा की किरणों में उसका कलंक।

–कालिदास

जिसके गुण का दूसरे लोग वर्णन करते हैं उससे निर्गुण भी गुणवान होता है, परन्तु इन्द्र भी अपने गुणों की प्रशंसा करने से लघुता को प्राप्त होता है।

–चाणक्य

दातापन, मीठी बोली, धीरज और उचित का ज्ञान–ये अभ्यास से नहीं मिलते, ये चार स्वाभाविक गुण हैं।

–चाणक्य

बड़े न हूजै गुनन बिन, विरद बड़ाई पाय।
कहत धतूरे सों कनक, गहनो गढ़ो न जाय।।

(यदि किसी व्यक्ति को यश और बड़ाई प्राप्त हो जाये, तो भी वह गुणों के बिना महान् नहीं हो सकता; जैसे धतूरे को कनक भी कहा जाता है पर उससे गहने नहीं बनवाये जा सकते।)

–बिहारीलाल

यदि तुम चाहते हो कि तुम्हारे गुण रोशन हों, तो दूसरे के गुणों को मान्यता दो।

–अज्ञात

रूप की पहुंच आंखों तक है, गुण आत्मा को जीतते हैं।

–पोप

विवेकी को पाकर गुण सुन्दरता को प्राप्त होते हैं, सोने में जड़ा हुआ रत्न अत्यन्त शोभित होता है।

–चाणक्य

सज्जन लोग चाहे दूर भी रहें, पर उनके गुण उनकी ख्याति के लिए स्वयं दूत का कार्य करते हैं। केवड़ा पुष्प की सुगन्ध सूँघकर भ्रमर स्वयं उनके पास चले जाते हैं।

–अज्ञात

समकालीन व्यक्ति गुण की अपेक्षा मनुष्य की प्रशंसा करते हैं, आने वाली पीढ़ियां मनुष्य की अपेक्षा उसके गुणों का सम्मान करेंगी।

–कोल्टन

स्त्री हो या पुरुष, गुण और स्वभाव ही उसमें मुख्य वस्तु हैं। इनके सिवा और सभी बातें गौण हैं।

–प्रेमचन्द

स्पष्टवादिता मनुष्य का एक उच्च गुण है।

–प्रेमचन्द

गुण-ग्राहक : गुण-ग्राहकता

जड़ चेतन गुन दोष मय, विश्व कीन्ह करतार।
संत हंस गुन गहहिं पय, परिहरि वारि विकार।।

(भगवान् ने संसार को ऐसा बनाया है कि उसमें जड़ और चेतन तथा गुण तथा दोष सब पाये जाते हैं। परन्तु जैसे दूध और पानी के मिश्रण से हंस दूध पी लेता है और पानी छोड़ देता है, उसी प्रकार सज्जन लोग गुण को तो ग्रहण कर लेते हैं, परन्तु दोष को छोड़ देते हैं।)

–गोस्वामी तुलसीदास

जब गुण को गाहक मिलै, तब गुन लाख बिकाय।
जब गुन को गाहक नहीं, कौड़ी बदले जाय।।

(जहां गुणज्ञ लोग होते हैं वहां गुणवान मनुष्य का बहुत आदर सत्कार होता है, परन्तु जहां गुणज्ञ लोग नहीं होते वहां गुणवान मनुष्य कौड़ी का तीन हो जाता है।)

–कबीर

मनुष्य के भीतर जो कुछ सर्वोत्तम है उसका विकास गुण-ग्राहकता एवं प्रोत्साहन द्वारा ही किया जा सकता है।

–चार्ल्स श्वेव

सफलता का रहस्य निष्कपट गुण-ग्राहकता है।

–अज्ञात

शत्रु के भी गुण ले ले, गुरु के भी दोष छोड़ दें।

–चाणक्य नीति

गुणज्ञ

जो जाको गुन जानही, सो विहि आदर देत।
कोकिल अंबहि लेत है, काग निबौरी लेत।।

(जो जिसका गुण जानता है, वह उसको आदर देता है। कोकिल आम को लेती है और कौवा नीम के फल से प्रेम करता है।)

–वृन्द

गुणहीन

गुणहीन मनुष्य में बल-शौर्य आदि सभी (गुणों) का अभाव हो जाता है। बल-शौर्य से रहित मनुष्य सभी से अपमानित होता है। **–विष्णु पुराण**

गुणी

अरबी घोड़ा अगर दुबला-पतला हो तो भी गधों के पूरे अस्तबल से अच्छा है।

–शेख सादी

ऐरावत पर चढ़कर चलने वाला देवराज इन्द्र बूढ़े बैल पर सवार शिव के अगे मस्तक झुकाता है।

–कालिदास

गुणी पुरुष को उचित है कि जिस गुण के द्वारा उसकी जीविका चलती है तथा सभ्य समाज में प्रतिष्ठा होती है, उसकी वह रक्षा करे और वृद्धि करे।

–हितोपदेश

गुणी मनुष्य अपनी प्रशंसा स्वयं नहीं करते बल्कि दूसरों से अपनी प्रशंसा सुनकर नम्र हो जाते हैं।

–अज्ञात

मानुस बैठे चुप करे, कदर न जाने कोय।
जब ही मुख खोले कली, प्रगट बास तब होय।।

(जब तक गुणवान मनुष्य चुपचाप बैठा रहता है,तब तक उसका गुण कोई नहीं जानता। देखिए, जब तक कली कली रहती है तब तक उसकी सुगन्ध नहीं मालूम होती। परन्तु ज्यों ही वह पुष्प रूप में परिणत होती है, त्यों ही उसकी सुगन्ध फैल जाती है।)

–कबीर

हीरा पड़ा बाजार में, रहा छार लपटाय।
बहुतक मूरख चलि गए, पारख लिया उठाय।।

(यदि हीरा बाजार में पड़ा हो, तो उसमें मिट्टी लिपट जाती है। बहुत से मूर्ख उस पर से होकर निकल जाते हैं, कोई उसे नहीं उठाता। परन्तु जौहरी उसे उठा लेता है। तात्पर्य यह है कि गुणज्ञ लोग ही गुणवान का सम्मान करते हैं।)

–कबीर

गुनाह

अगर गुनाह से किसी की जान बचती हो, तो ऐसा करना सवाब है।

–प्रेमचन्द

गुनाह छिपा नहीं रहता। वह मनुष्य के मुख पर लिखा रहता है।

–प्रेमचन्द

गुप्त भेद

किसी मित्र को भी अपना ऐसा भेद मत बताओ जिसके जाहिर हो जाने पर बदनामी हो।

–थेल्स

जो मनुष्य अपना गुप्त भेद नौकरों पर प्रकाशित करता है, वह उनको अपना मालिक बना लेता है।

–ड्राइडेन

धन का नाश, मन का ताप, घर का दुश्चरित्र, नीच का वचन और अपमान–इनको बुद्धिमान प्रकाशित न करे।

–अज्ञात

रहिमन निज मन की व्यथा, मन ही राखो गोय।
सुनि अठिलैहैं लोग सब, बांटि न लैहैं कोय।।

(रहीम कवि कहते हैं कि अपनी व्यथा को अपने मन ही में छिपा कर रखना चाहिए, क्योंकि उसको सुनकर सब लोग इठलायेंगे, कोई उसे बांट नहीं लेगा।)

–रहीम

गुमान

गुमान खोखली चीज है, स्वमान ठोस वस्तु है। हमारे सिवाय और कोई हमारा स्वमान नहीं कर सकता।

–महात्मा गांधी

गुरु

एकमात्र ईश्वर ही विश्व का पथ-प्रदर्शक और गुरु है।

–रामकृष्ण परमहंस

कबिरा ते नर अंध हैं, गुरु को कहते और।
हरि रूठै गुरु ठौर है, गुरु रूठै नहिं ठौर।।

(कबीरदास जी कहते हैं कि वे मनुष्य अज्ञानी हैं जो गुरु को अन्यथा कहते हैं। यदि ईश्वर हमसे रूठ जायें तो हमें गुरु का आश्रय मिल सकता है, परन्तु गुरु के रूठने पर हमें कहीं आश्रय नहीं मिल सकता।)

–कबीर

गुरु की अवहेलना करने से सारा अभ्युदय नष्ट हो जाता है।

–अज्ञात

गुरु को अगर हमने देह रूप में माना, तो हमने गुरु से ज्ञान नहीं अज्ञान पाया।

–बिनोबा भावे

गुरु गोविन्द दोऊ खड़े, काके लागूं पांय।
बलिहारी गुरु आपने, गोविन्द दियो बताय।।

(गुरु और गोविन्द दोनों खड़े हैं। मैं किसका चरण-स्पर्श करूं। गुरु जी की बलिहारी है, जिन्होंने मुझे परमात्मा का पता बता दिया।)

–कबीर

गुरुर्ब्रह्मा गुरुर्विष्णु गरुर्देवो महेश्वरः।
गुरुरेव परब्रह्म तस्मै श्रीगुरवे नमः।।

(गुरु ब्रह्मा हैं, गुरु विष्णु हैं, गुरु शंकर हैं। गुरु ही परब्रह्म हैं। उस गुरुदेव को मैं नमस्कार करता हूं।)

–अज्ञात

जो मनुष्य परमात्मा का ज्ञान प्राप्त कर लेता है, वह परमात्मा का ही स्वरूप बन जाता है और इस तरह सिद्ध है कि गुरु के आसन पर मनुष्य नहीं, किन्तु परमात्मा स्वयं आसीन है।

–सूर्यकांत त्रिपाठी निराला

बिन गुरु होय न ज्ञान।

(बिना गुरु के ज्ञान नहीं होता।)

–गोस्वामी तुलसीदास

यह तन विष की बेलरी, गुरु अमृत की खान।
सीस दिए जो गुरु मिले, तो भी सस्ता जान।।

(यह शरीर विष की बेल है और गुरु अमृत की खान है। यदि सिर देने से भी गुरु मिले, तो सस्ता समझना चाहिए।)

–कबीर

सच्चा गुरु अनुभव है।

–विवेकानन्द

स्त्रियों का गुरु उनका पति है।

–चाणक्य

गीर्भिगुरुणां परुलाक्षराभिः
तिरस्कृता यान्ति नरा महत्वम्।
अलब्ध शाणोत्कषणा नृपाणां
न जातु मौलौ मणयो वसन्ति।।

(गुरु के कठोर वचन सह कर ही शिष्य महत्त्व को प्राप्त करता है। सान घिसी जा कर ही मणी राजाओं के सिर पर चढ़ने के योग्य बनती है।)

–भामिनी विलास

गुलाम : गुलामी

गुलाम मनोवृत्ति वीर पूजा या निःशंक होकर आज्ञा मानने की वृत्ति से अलग चीज है।

–महात्मा गांधी

जब गुलाम अपनी बेड़ी को आभूषण समझकर मुस्कराए, तब मालिक की पूरी जीत हुई मानी जाती है।

–महात्मा गांधी

जो मनुष्य अपने मन का गुलाम बना रहता है, वह कभी नेता और प्रभावशाली नहीं हो सकता।

–स्वेट मार्डेन

देह से ही नहीं जो दिल से भी गुलाम हो गए हैं वे कभी आजादी हासिल नहीं कर सकते।

–महात्मा गांधी

माया नदी के प्रवाह में बहे जाने वाले काम-शास्त्र के अनुयायी प्रवाह-पतित वासनाओं के गुलाम होते हैं।

–विनोबा भावे

वे गुलाम हैं जिनमें इंसाफ का साथ देने की हिम्मत नहीं हैं।

–लोवेल

एक घंटे के लिए भी गुलामी को रहने देना अन्याय है।

–बि० मिट

गुलामी अत्याचार और डकैती की प्रणाली है।

–सुकरात

गुलामी दुनिया का सबसे घृणित पाप है।

–सुभाषचन्द्र बोस

गुलामी पूर्ण अन्याय की एक व्यवस्था है।

–सुभाषचन्द्र बोस

स्वर्ग की गुलामी की अपेक्षा नरक का अधिराज्य श्रेयस्कर है।

–विनोबा भावे

गुलाम से भिखारी अच्छा है।

–महात्मा गांधी

जिसकी संकल्प शक्ति स्वतंत्र है, वह परतन्त्र नहीं है।

–टाइरियस

कोई सही व्यक्ति हड्डी के लिए स्वयं को कुत्ता नहीं बनायेगा।

–डेनिश कहावत

मरे हुओं को रोते हो ? वे तो अपने घर गये। उन गुलामों को रोओ जो

बाजार बाजार बिकते हैं।

—कबीर

मैं अपने दुःख को तुम्हारी गुलामी से नहीं बदलूंगा।

—एशीलस

देखिए, 'दास'

गुस्सा

गुस्सा इंजिन है, अविवेक और अज्ञान उसके पहिये हैं।

—अज्ञात

गुस्सा एक प्रकार का क्षणिक पागलपन है।

—महात्मा गांधी

गुस्सा करना दूसरे की गलती का अपने से प्रतिशोध लेना है।

—पोप

गुस्सा मूर्खता से आरम्भ होता है और पश्चात्ताप पर समाप्त होता है।

—पाइथागोरस

गुस्से को शर्बत के घूंट की तरह पी जाओ, क्योंकि इससे अच्छी और कोई आनन्दायक वस्तु नहीं है।

—अज्ञात

सज्जन पुरुष का गुस्सा शीघ्रता से समाप्त हो जाता है।

—कहावत

गूंगा

प्रकृति के समान गूंगे की भी अपनी महिमा होती है।

—रवीन्द्रनाथ ठाकुर

गृह

सत्स्त्रिया रक्ष्यते गृहम्।
(भली स्त्री से घर की रक्षा होती है।)

—चाणक्य

भार्या पुत्र पौत्रदयो गृहा उच्येते।
(भार्या, पुत्र, पौत्र आदि ही गृह कहलाते हैं।)

—यजुर्वेदीय उव्वट भाष्य

गृह-कलह

अब गृह-कलह के अर्थ भारत-भूमि रणचण्डी बनी,
जीवन, अशान्ति-अपूर्ण सबके दीन हो अथवा धनी।
जब यह दशा है गेह की, क्या बात बाहर की कहैं,
है कौन सहृदय जन न जिसके अब यहां आंसू बहें।।

(घर के आन्तरिक झगड़ों के लिए भारत भूमि रणचंडी बन गई है; अर्थात् अब घर-घर में कौटुम्बिक कलह प्रचंड रूप धारण किए हुए हैं। चाहे धनी हो चाहे निर्धन—सबके घर अशान्तिपूर्ण हो गये हैं। जब घर की यह दशा है, तब बाहर की बात क्या कहें ? यह दुःखद और दयनीय दशा देखकर सब सहृदय लोगों की आंखों में आंसू आ जाते हैं।)

—मैथिलीशरण गुप्त

गृहस्थ

पतिर्बन्धेषु बध्यते।

(गृहपति कर्त्तव्य के बन्धनों में बंधा हुआ है।)

—ऋग्वेद

रसवती जिसकी मृदु भारती,
गृहबधू शुभ पुत्रवती सती,
बहुत दानवती वर सम्पदा,
सफल जीवन है, वह ही गृही।

(जिसकी कोमल वाणी मधुर हो, जिसकी स्त्री सुन्दर, पुत्रवती, सती और दानवती हो, जिसके पास पर्याप्त सम्पत्ति हो, उसी गृही का जीवन सफल है।)

—अनूप

यस्सेते चतुरोधम्भा, सद्धस्स धरमेसिनो।
सच्चं धम्मोधिती धागो, सवे पेच्चन सोचति।।

(जिस गृहस्थ में सत्य, धर्म, धृति और त्याग, ये चार गुण हैं, उसे पछता नहीं पड़ेगा।)

—सुत्तनिप

गृहस्थ का घर भी एक तपोभूमि है, सहनशीलता और संयम खोकर कं इसमें सुखी नहीं रह सकता।

—जनार्दन प्रसाद झा 'द्वि

गृहस्थ-जीवन की सफलता यही है कि उसके द्वारा अतिथि सेवा हो।

—अज्ञा

जिस गृह से अतिथि निराश लौटता है, उस गृहस्थ के समस्त पुण्य व ले जाता है और अपने पाप वहीं छोड़ जाता है।

—अज्ञा..

जो गृहस्थ यथाशक्ति अपने आश्रम-धर्म का पालन करता है, वह मरने के पश्चात् अक्षय लोक प्राप्त करता है।

—महाभारत

जो पुरुष धर्मानुकूल धन प्राप्त करके यज्ञ करता है, अतिथियों को खिलाता है, वही सच्चा गृहस्थ है।

—महाभारत

सद्गृहस्थ प्राप्त धनराशि के एक अंश का स्वयं उपयोग करे, दो अंशों को व्यापार आदि कार्य-क्षेत्र में लगाए और चौथे अंश को आपद्काल के लिए सुरक्षित रख छोड़े।

–गौतम बुद्ध

गृहस्थाश्रम

गृहस्थाश्रम परम पवित्र है, घर सदा तीर्थ के समान है। गृहस्थाश्रम ही सब धर्मों का मूल है।

–पद्मपुराण

जिस कुल में स्त्री-पुरुष परस्पर एक-दूसरे से सन्तुष्ट रहते हैं, उसका अवश्य कल्याण होता है।

–अज्ञात

जिस गृहस्थाश्रम में आनन्दपूर्ण गृह, बुद्धिमान पुत्र, प्रियवंदा स्त्री, इच्छापूर्ति के लिए पर्याप्त धन, अपनी पत्नी से प्रीति, आज्ञाकारी सेवक, आतिथ्य सत्कार, देव-पूजन, प्रतिदिन मधुर भोजन तथा सज्जनों के संग का सुअवसर सदा सुलभ होता है, वह धन्य है।

–चाणक्य

जिसके घर में माता नहीं है, और स्त्री कर्कशा है, उसको वन में चले जाना चाहिए, क्योंकि उसके लिए घर और वन एक जैसे हैं।

–चाणक्य

जिस भांति सब प्राणी माता के आश्रय से जीते हैं, उसी भांति सब आश्रम गृहस्थाश्रम के आधार पर स्थित है।

–अज्ञात

यह गृहस्थाश्रम सब तरह से परिपूर्ण और कभी ध्वस्त न होने वाली ऐश्वर्य की नौका है। हे गृहपत्नी ! तू उस पर चढ़ और अपने प्रिय पति को जीवन-संघर्षों के सागर से पार कर।

–अथर्ववेद

क़भी मत सोचो कि गृहस्थाश्रम आत्मोन्नति में बाधक है।

–गुरु रामदास

गृहिणी

गृहिणी को सदैव प्रसन्न एवं गृहकार्य में दक्ष रहना चाहिए।

–मनुस्मृति

मैं गृहिणी उत्तम हूं और भविष्य में अधिक उत्तम होऊंगी।

–ऋग्वेद

मैं गृहिणी स्वपति के साथ सस्नेह अविच्छिन्न भाव से रहूं।

–ऋग्वेद

हे मधुवन् ! वस्तुतः गृहिणी ही गृह है।

—ऋग्वेद

गो-बध

है कृषि-प्रधान प्रसिद्ध भारत और कृषि की यह दशा !
होकर रसा यह नीरसा अब हो गई है कर्कशा ।
अच्छी उपज होती नहीं है, भूमि बहु परती पड़ी;
गो-वंश का बध ही यहां है याद आता हर घड़ी।।

(भारतवर्ष कृषि-प्रधान देश है और कृषि की दशा शोचनीय हो रही है। अब हमारी पृथ्वी अनुपजाऊ हो गई है और बहुत-सी जमीन परती पड़ी हुई है। हम लोगों को हर समय गो-बध याद आता है।)

—मैथिलीशरण गुप्त

गोरस

चलु रे सखी गोकुल चलैं, जहां बसत बृजराज।।
गोरस बेचत हरि मिलैं, एक पन्थ दो काज।।

(एक गोपी दूसरी गोपी से कहती है—हे सखी ! आओ हम लोग गोकुल चलें, जहां कृष्ण रहते हैं। वहां दही बेचती हुई हम कृष्ण से मिलेंगी। इस प्रकार एक पथ पर जाने से दो काम हो जायेंगे।)

—अज्ञात

गौ

काली गौ पुष्टिकारक एवं प्राणदाता अमृतस्वरूप सफेद दूध के द्वारा मनुष्यों का पालन करती है।

—ऋग्वेद

जो सैंकड़ों मनुष्यों को अन्न-भोज़न देने वाली गौ को पालता है, वह अपने संकल्पों को पूरा करता है।

—अथर्ववेद

दूध-दान आदि के द्वारा शोभायमान अदिति गौ को मत मारो।

—यजुर्वेद

मेरे विचार के अनुसार गौ-रक्षा का सवाल स्वराज्य के प्रश्न से छोटा नहीं है। कई बातों में मैं इसे स्वराज्य के सवाल से भी बड़ा मानता हूं। मेरे नजदीक गो-बध और मनुष्य-बध एक ही चीज है।

—महात्मा गांधी

ग्लानि

मर्द लज्जित करता है, तो हमें क्रोध आता है, स्त्रियां लज्जित करती हैं, तो ग्लानि उत्पन्न होती है।

—प्रेमचन्द

घटना

कभी-कभी जीवन में ऐसी घटनायें हो जाती हैं जो क्षण-मात्र में मनुष्य का रूप पलट देती है।

—प्रेमचन्द

जैसे तिनका हवा का रुख बताता है, वैसे ही मामूली घटनायें भी मनुष्य के हृदय की वृत्ति को बताती हैं।

—महात्मा गांधी

घड़ी

समय परिवर्तन का साधन है, परन्तु घड़ी उसका उपहास करती है। उसे केवल परिवर्तन के रूप में दिखाती है, साधन के रूप में नहीं।

—रवीन्द्रनाथ ठाकुर

घमंड : घमंडी

एक बार एक अंग्रेज ने बड़े घमंड से कहा कि ब्रिटिश साम्राज्य में कभी सूर्यास्त नहीं होता। एक फ्रांसीसी ने तुरन्त हंसते हुए उत्तर दिया। क्योंकि ईश्वर अंग्रेजों के अंधकार में विश्वास नहीं रखता।

—हरिवंशराय शर्मा

जो बहुत घमण्ड करते थे वही अपने घमण्ड के कारण गिरे। इसीलिए किसी को बहुत घमण्ड नहीं करना चाहिए। घमण्ड ही हार का दरवाजा है।

—शतपथ ब्राह्मण

घमण्ड मत कर। घमण्ड एक दिन तुझे सिर के बल गिरा देगा।

—शेख सादी

घमंडी आदमी प्रायः झक्की हुआ करता है।

—प्रेमचन्द

घमण्डी का सिर नीचा।

—कहावत

घर

आदमी घर वालों के लिए धन कमाता है और किसी के लिए नहीं। अपना पेट तो सुअर भी पाल लेता है।

—प्रेमचन्द

कौन बड़ाई जलधि मिलि, गंग नाम भो धीम।
केहि की प्रभुता नहिं घटे, पर घर गए रहीम।।

(रहीम कवि कहते हैं कि समुद्र में मिलने से गंगा की कोई बड़ाई नहीं हुई बल्कि उसका नाम भी मिट गया। दूसरे के घर जाने से सबकी प्रभुता घट जाती है।)

–रहीम

घर का जोगी जोगड़ा आन गांव का सिद्ध।

–कहावत

घर का भेदी लंका ढावे।

–कहावत

घर वही है जहां प्रेम और सत्कार मिले।

–प्रेमचन्द

जिस घर में कोई नहीं रहता, उसमें चमगादड़ बसेरा करते हैं।

–प्रेमचन्द

जीवन का केन्द्र घर है और घर है स्त्री का किला। घर के भीतर स्त्री का अधिकार सर्वोपरि है। स्त्री ही वास्तव में घर की सच्ची स्वामिनी है।

–अज्ञात

पहले घर में दिया जलाकर तब मस्जिद में जलाते हैं।

–प्रेमचन्द

बिन घरनी घर भूत का डेरा।

–कहावत

वास्तव में घर को घर नहीं कहते, गृहिणी को ही घर कहते हैं। जिस घर में गृहिणी न हो, वह वन के ही समान है।

–महाभारत

घरौंदा

मनुष्य दुश्मन का सुदृढ़ गढ़ तोड़ सकता है, मगर अबोध बालक का मिट्टी का घरौंदा तोड़ने की शक्ति किसमें है ?

–प्रेमचन्द

घायल

घायल की गति घायल जाने और न जाने कोय।

(दुःखी व्यक्ति की पीड़ा को केवल दुःखी आदमी ही जानता है, दूसरा कोई नहीं जानता।)

–मीराबाई

घाव

घाव पर कपड़ा भी छुरी बनकर लगता है। दुखे हुए अंग को हवा भी दुखा देती है।

—सुकरात

घूस

पैसे वाले अपराधी न्याय को भी रास्ता बताते हैं और ऐसा भी देखा गया है कि घूस कानून को भी मोल ले लेती है।

—शेक्सपियर

घृणा

इस संसार में घृणा घृणा से कभी कम नहीं होती ; घृणा प्रेम से ही कम होती है, यही सर्वदा उसका स्वभाव रहा है।

—धम्मपद

घृणा और प्रेम दोनों अंधे हैं।

—कहावत

जो सच्चाई पर निर्भर है, वह किसी से घृणा नहीं करता।

—नैपोलियन

घृणा राक्षसों की सम्पत्ति है, क्षमा मनुष्यों का लक्षण है और प्रेम देवताओं का गुण है।

—भर्तृहरि

पाप से घृणा करो, पापी से नहीं।

—महात्मा गांधी

चंचल : चंचलता

बड़ा बली है बड़ा हठीला, मथता जन को चंचल मन।
उसका निग्रह अति ही दुष्कर, वायु सदृश हे मधसूदन !

(अर्जुन श्रीकृष्ण जी से कहते हैं—हे मधुसूदन ! चंचल मन बड़ा बलवान, हठी और मथने वाला है। उसको अधिकार में करना ऐसा ही दुष्कर है जैसे वायु को रोकना।)

—लोकगीता

चंचलता निर्बलता से उत्पन्न होती है। इस दोष से सावधानीपूर्वक बचना चाहिए।

—सत्य साईं बाबा

चन्दन और सज्जन

अपने प्राणों को भी देकर, पर दुःख को सज्जन हरता है।
चन्दन ज्यों कट जाने पर भी, तप्तों को शीतल करता है।।

(अपने प्राणों का बलिदान करके भी सज्जन इस प्रकार दूसरे लोगों का दुःख दूर करता है, जैसे कट जाने पर भी चन्दन ताप-पीड़ित लोगों को शीतलता प्रदान करता है।)

–रामचरित उपाध्याय

सज्जन स्वार्थ नहीं रखता है, निज समान सबको करता है।
स्वयं सुगन्धित होकर चन्दन, अपने सम कर देता है वन।।

(सज्जन निःस्वार्थ होता है, वह दूसरे लोगों को अपने समान सज्जन बना देता है, जैसे चन्दन स्वयं सुगंधित होता है और पूरे वन को सुगन्धित बना देता है।)

–रामचरित उपाध्याय

चन्द्रमा

जय जय जय गिरिराज किशोरी। जय महेश मुख चन्द्र चकोरी।।

(सीताजी पार्वती जी से प्रार्थना करती हुई कहती हैं—हे हिमालय कुमारी पार्वती जी ! आपकी जय हो। शंकर जी के मुख-रूपी चन्द्रमा के लिए आप चकोरी हैं। आपकी जय हो।)

–गोस्वामी तुलसीदास

टेढ़ जानि शंका सब काहू। वक्र चन्द्रमहिं ग्रसै न राहू।।

(टेढ़ा जानकर सब लोग डरते हैं। टेढ़े चन्द्रमा को राहु नहीं निगलता है। चन्द्रग्रहण केवल पूर्णमासी को लगता है जब चन्द्रमा पूर्ण वृत्ताकार होता है, टेढ़ा नहीं होता है।)

–गोस्वामी तुलसीदास

पिय तिय सौं हंसि कै कह्यौ, लखै दिठौना दीन।
चन्द्रमुखी, मुखचन्दु तैं, भलौ चन्द-सम कीन।।

(नायिका को दिठौना लगाए देखकर नायक हंस कर कहता है—हे चन्द्रमुखी प्रियतमे ! तुमने अपने चन्द्रमा रूपी मुख पर दिठौना लगाकर उसे पूर्ण रूप से चन्द्रमा के समान कर लिया है।)

–बिहारी लाल

चक्रवर्ती

चक्रवर्ती राज्य का उस समय तक नाश नहीं होता, जब तक कि आपस में फूट न हो।

–स्वामी दयानन्द सरस्वती

जिस देश को चक्रवर्ती राजा प्राप्त हो वह देश देवलोक हो जाता है।

–हरिभाऊ उपाध्याय

जो पुरुष पवित्र होकर जगत् के लिए अपना सर्वस्व अर्पण कर देता है, वह चक्रवर्ती से भी अधिक सत्ता भोगता है।

–महात्मा गांधी

चतुर : चतुराई

चतुर वह है, जो राम-चरण लवलीन है। परधन, परमन हरने में तो वेश्या सबसे ज्यादा प्रवीण होती है।

–गोस्वामी तुलसीदास

चतुर सभा में कूर नर, सोभा पावत नाहिं।
जैसे बक सोभित नहीं, हंस-मंडली माहिं।।

–वृन्द

भीरु छिपावत जीव ज्यों, कृपण छिपावत दाम।
सूर छिपावत शक्ति त्यों, चतुर छिपावत नाम।।

(जैसे कायर लोग युद्ध में न जाकर अपने प्राण की रक्षा करते हैं, जैसे कंजूस अपने धन को छिपाते हैं और शूरवीर अपनी शक्ति छिपाते हैं, उसी प्रकार चतुर अपना नाम (ख्याति) छिपाते हैं।)

–वियोगी हरि

चतुराई दरबारियों के लिए गुण है, साधुओं के लिए दोष।

–शेख सादी

सबसे बड़ी चतुराई यह है कि कोई चतुराई न की जाये।

–फ्रांसीसी कहावत

चरखा

चरखा आनन्द का साधन है।

–विनोबा भावे

चरखा तो लंगड़े की लाठी है, सहारा है। भूखे को दाना देने का साधन है। निर्धन स्त्रियों के सतीत्व की रक्षा करने वाला किला है।

–महात्मा गांधी

चरखा भूखे की रोटी, अन्धे की लकड़ी और विधवा का सहारा है।

–महात्मा गांधी

चरखे की पुकार दूसरी सब पुकारों से मधुर है, क्योंकि वह प्रेम की पुकार है।

–महात्मा गांधी

चरखे के द्वारा माता बच्चे को देश-प्रेम सिखा सकती है।

–विनोबा भावे

मनुष्य की नग्नता को ढकना–यह चरखे का दावा है।

–विनोबा भावे

चरित्र

अपने चरित्र को दर्पण के समान सहेज कर रखो, जिससे दूसरों को भी उसमें अपना प्रतिबिम्ब देखने की आकांक्षा हो।

–अज्ञात

उत्तम चरित्र ही निर्धन का धन है।

–इमर्सन

कठिनाइयों को जीतने, वासनाओं का दमन करने और दुःखों को सहन करने से चरित्र उच्च, सुदृढ़ और निर्मल होता है।

–अज्ञात

कर्म को बोओ और आदत (की फसल) को काटो; आदत को बोओ और चरित्र को काटो; चरित्र को बोओ और भाग्य को काटो।

–बोर्डमैन

गुण एकान्त में अच्छी तरह विकसित होता है; चरित्र का निर्माण संसार के भीषण कोलाहल में होता है।

–गेटे

चरित्र का जो मूल्य है वह और किसी वस्तु का नहीं।

–प्रेमचन्द

चरित्र का सुधारना ही मानव का परम लक्ष्य होना चाहिए।

–टी० ग्रीन

चरित्र की शुद्धि ही सारे ज्ञान का ध्येय होना चाहिए।

–महात्मा गांधी

चरित्र के बिना ज्ञान बुराई की ताकत बन जाता है, जैसा कि दुनिया के कितने ही 'चालाक चोरों' और 'भले मानुस बदमाशों' के उदाहरण से स्पष्ट है।

–महात्मा गांधी

चरित्र केवल एक स्थायी स्वभाव है।

–प्लूटार्क

चरित्र को उज्जवल और पवित्र रखना चाहिए।

–चेस्टरफील्ड

चरित्र जब एक बार गिर जाता है, तब मिट्टी के बर्तन की तरह चकनाचूर हो जाता है।

–अज्ञात

चरित्र जब तक उज्ज्वल रहता है, तब तक उसे सहेज कर चलने की इच्छा रहती है। जब दुर्भाग्यवश उस पर एक भी छींटा लग जाता है, तब हम गंदे वस्त्र की भांति उसकी चिन्ता नहीं करते।

–अज्ञात

चरित्र जीवन में शासन करने वाला तत्व है। और वह प्रतिभा से उच्च है।

–फ्रेडरिक सान्डर्स

चरित्र, बिना सफलता के भी रह सकता है।

–इमर्सन

चरित्र मनुष्य के अन्दर रहता है, यश उसके बाहर।

–अज्ञात

चरित्र वृक्ष है, प्रतिष्ठा छाया।

–लिंकन

चरित्र शुद्ध, ठोस शिक्षा की बुनियाद है।

–महात्मा गांधी

चरित्र सम्पत्ति है और यह सम्पत्तियों में सबसे उत्तम है।

–स्माइल्स

दुर्बल चरित्र का व्यक्ति उस सरकंडे जैसा है जो हवा के हर झोंके पर झुक जाता है।

–माघ

जब धन गया, तब कुछ भी नहीं गया; जब स्वास्थ्य गया, तब कुछ गया; जब चरित्र गया, तब सब कुछ गया।

–अज्ञात

महान् चरित्र का निर्माण महान् और उज्ज्वल विचारों से होता है।

–स्वामी शिवानन्द

मानव की सबसे बड़ी आवश्यकता शिक्षा नहीं, चरित्र है और यही उसका सबसे बड़ा रक्षक है।

–हर्बर्ट स्पेन्सर

नर का भूषण विजय नहीं,
केवल चरित्र उज्ज्वल है।

(किसी पर विजय पा लेना विजेता का आभूषण नहीं है। मनुष्य का आभूषण तो केवल उसका उज्ज्वल चरित्र होता है।)

–रामधारी सिंह दिनकर

भले-बुरे दिन मनुष्य के चरित्र पर सदैव के लिए अपना चिन्ह छोड़ जाते हैं।

–प्रेमचन्द

मानव चरित्र न बिल्कुल श्यामल होता है, न बिल्कुल श्वेत। उसमें दोनों रंगों का विचित्र सम्मिश्रण होता है; किन्तु स्थिति अनुकूल हुई तो वह ऋषितुल्य हो जाता है, प्रतिकूल हुई तो नराधम।

–प्रेमचन्द

मानवीय चरित्र इतना जटिल है कि बुरे से बुरा आदमी देवता बन जाता है और अच्छे से अच्छा आदमी पशु।

–प्रेमचन्द

व्यक्तिगत चरित्र समाज की महान आशा है।

–चैनिंग

श्वास की क्रिया के समान हमारे चरित्र में एक ऐसी सहज क्षमता होनी चाहिए जिसके बल पर जो कुछ प्राप्य है वह हम अनायास ग्रहण कर सकें तथा जो कुछ त्याज्य है वह बिना क्षोभ के त्याग सकें।

–रवीन्द्रनाथ ठाकुर

उत्तम व्यक्ति शब्दों में सुस्त और चरित्र में चुस्त होता है।

–कनफ्यूशस

चरित्र में परिवर्तन या उत्कर्ष वर्जन से नहीं, योग से आता है।

–रवीन्द्रनाथ टैगोर

तमाम उपदेशों में सबसे शरारतपूर्ण उपदेश यह है कि गरीबी चरित्र को निर्बल कर देती है।

–मैरिक

चरित्रोन्नति

चरित्रोन्नति के लिए भी विविध प्रकार की परिस्थितियां अनिवार्य हैं। दरिद्रता को काला नाग क्यों समझें ? चरित्र-संगठन के लिए यह सम्पत्ति से कहीं महत्त्वपूर्ण है।

–प्रेमचन्द

चरित्र-बल

चरित्र बल पर ही मनुष्य दैनिक कार्य, प्रलोभन और परीक्षा के संसार में दृढ़तापूर्वक स्थिर रहते हैं, और वास्तविक जीवन की क्षीणता को सहन करने योग्य बनते हैं।

–स्माइल्स

मन के सौन्दर्य और चरित्रबल की समानता करने वाली कोई दूसरी वस्तु नहीं है।

–जे० ऐलन

समाज के प्रचलित विधि-विधानों के उल्लंघन का दुःख सिर्फ चरित्र-बल और विवेक-बुद्धि के बल पर ही सहन किया जा सकता है।

–शरत्चन्द्र चटर्जी

चलने का रहस्य

अगर हम गिरते हैं तो अच्छी तरह चलने का रहस्य सीख जाते हैं।

–अरविन्द घोष

चातुर्य

मनुष्य के अन्तरंग का श्रृंगार है चातुर्य, वस्त्र तो केवल बाहरी सजावट है।

–गुरु रामदास

चापलूस : चापलूसी

चापलूस अत्यन्त निकृष्ट प्रकार के शत्रु हैं।

–टैसिटस

चापलूसी एक नकली सिक्का है।

–एडीसन

चापलूस आपको हानि पहुंचा कर अपना स्वार्थ सिद्ध करना चाहता है।

–अयोध्यासिंह उपाध्याय हरिऔध

चापलूस इसलिए आपकी चापलूसी करता है क्योंकि वह आपको अयोग्य समझता है। लेकिन आप उसके मुंह से अपनी प्रशंसा सुनकर फूले नहीं समाते।

–टॉल्सटॉय

चापलूस उन बिल्लियों की तरह है जो सामने से चाटती हैं और पीछे से खसोटती हैं।

–जर्मन कहावत

जब चापलूस मिलते हैं, तो शैतान भोजन के लिये चला जाता है।

–डीफो

अनुकरण चापलूसी का सबसे सच्चा रूप है।

–कोल्टन

चापलूसी एक नकली सिक्का है और नकली सिक्के की तरह जब भी आप इसे चलाने का प्रयत्न करेंगे यह आपको कष्ट में डाल देगी।

–डेलकार नेगी

चापलूसी का जहरीला प्याला आपको तब तक नुकसान नहीं पहुंचा सकता जब तक कि आपके कान उसे अमृत समझकर पी न जाएं।

–प्रेमचन्द

चापलूसी तीन घोर घृणित दुर्गुणों से बनी है असत्य, दासत्व और विश्वासघात।

–अज्ञात

चापलूसी दिखावटी मित्रता के समान है।

–सुकरात

जब निष्कपट व्यवहार को दरवाजे से बाहर धकेल दिया जाता है, तो चापलूसी बैठक में आ बैठती है।

–अंग्रेजी कहावत

जो शत्रु तुम पर आक्रमण करते हैं, उनसे तुम मत डरो, उन मित्रों से डरो जो तुम्हारी चापलूसी करते हैं।

–जनरल ओबगोन

देखिए, 'खुशामद'

चालाकी

चालाकी द्वारा कोई महत्वपूर्ण कार्य नहीं होता।

–विवेकानन्द

चिन्तन

पनिहारी रखे जलघट सिर पर
घूंघट उठा बात भी करती है,
किन्तु चित्त लगा रहता
उसका अपनी गागरी में।
इसी तरह करते दैनिक कार्य
होता रहे आत्म-चिन्तन
और रहे ध्यान षट् विकारों का।

(पनिहारी पानी का घड़ा सिर पर रखे रहती है और घूंघट उठाकर बात भी करती है, परन्तु उसका चित्त अपने घड़े पर लगा रहता है। इसी प्रकार अपना दैनिक कार्य करते हुए हम आत्म-चिन्तन कर सकते हैं और छः मनोविकारों–काम, क्रोध, मद, लोभ, मोह और मात्सर्य–का ध्यान कर सकते हैं।)

–विद्या तिवारी

हम अपने बारे में जो दृढ़ चिन्तन करते हैं, जिन विचारों में संलग्न रहते हैं क्रमशः वैसे ही बनते जाते हैं।

–अज्ञात

चिंतन-मनन

आत्मा का अपने साथ बातचीत करना ही मनन है।

–प्लेटो

बिना मनन किए पढ़ना, बिना पचाये खाने के समान है।

–वर्क

चिन्तन-शक्ति

जिसमें सोचने की शक्ति खत्म हो गयी है, समझ लीजिए, वह व्यक्ति बरबाद हो चुका है।

–सुकरात

चिन्ता

अगर इंसान सुख-दुःख की चिन्ता से ऊपर उठ जाये, तो आसमान की ऊंचाई भी उसके पैरों तले आ जाय।

–शेख सादी

उस अचिंत्य प्रभु की कृपा, हुई नहीं भरपूर।
चिंतित चित्त ! चिन्ता कहो, कैसे होवे दूर ?

(यदि उस अचिंत्य प्रभु की पूरी कृपा नहीं हुई, तो चिन्तित चित्त की चिन्ता दूर नहीं हो सकती है।)

–अयोध्यासिंह उपाध्याय 'हरिऔध'

कार्य की अधिकता मनुष्य को नहीं मारती, बल्कि चिन्ता मारती है।

–स्वेट मार्डेन

कुटुम्ब की चिन्ता से परेशान व्यक्ति की कुलीनता, शील और गुण कच्चे घड़े में रखे हुए पानी की तरह है।

–संस्कृत सूक्ति

चाह गई चिन्ता मिटी, मनुआ बेपरवाह।
जिनको कछू न चाहिए, सोई साहंसाह।।

(जिसकी चाह चली जाती है, उसकी चिन्ता मिट जाती है और मन निश्चिन्त हो जाता है। जिनको किसी चीज की इच्छा नहीं रहती, वे ही शहंशाह होते हैं।)

–कबीर

चिन्ता एक काली दीवार की भांति चारों ओर से घेर लेती है, जिसमें से निकलने की फिर कोई गली नहीं सूझती।

–प्रेमचन्द

चिन्ता रोग का मूल है।

–प्रेमचन्द

चिन्ता शहद की मक्खी के समान है। इसे जितना हटाओ उतना ही और चिपटती है।

–सुदर्शन

चिन्ता करता हूं मैं जितनी
उस अतीत की, उस सुख की,
उतनी ही अनन्त में बनती
जातीं रेखायें दुःख की।

(मैं भूतकाल की और भूतकालिक सुख की जितनी अधिक चिन्ता करता हूं, उतनी ही मेरे दुःख की वृद्धि हो जाती है।)

–जयशंकर प्रसाद

चिन्ता करना माने भगवान का भरोसा खोना।

–श्री ब्रह्मचैतन्य

चिन्ता चिता समान है।

–कहावत

चिन्ता-जननी चाह है, ताको पति अविवेक।
जो विवेक की चाह तो, राम नाम जपु एक।।

(चिन्ता की माता चाह है और अविवेक उसका पति है। यदि तुम्हें विवेक प्राप्त करने की इच्छा है, तो राम-नाम का जाप करो, और कुछ करने की आवश्यकता नहीं है।)

–रामचरित उपाध्याय

चिन्ता जब अधिक हो जाती है, तब उसकी शाखायें प्रशाखायें इतनी निकलती हैं कि मस्तिष्क उनके साथ दौड़ने में थक जाता है।

–जयशंकर प्रसाद

चिन्ता ने आज तक कभी किसी कमी को पूरा नहीं किया।

–स्वेट मार्डेन

चिन्ता वहां तक वांछनीय है जहां तक रचनात्मक ध्येय की पूर्ति के लिए विविध उपायों का मनन करने तक सीमित हो; परन्तु जब चिन्ता इतनी बढ़ जाये कि वह शरीर को ही खाने लगे तो वह अवांछनीय हो जाती है, क्योंकि फिर तो वह अपने ध्येय को ही हरा बैठती है।

–महात्मा गांधी

बिस्तरे पर चिन्ताओं को ले जाना, पीठ पर गट्ठर बांध कर सोना है।

–हैलीबर्टन

यदि हम अपने को उसकी इच्छा पर छोड़ दें तो हमें एक क्षण भी चिन्ता न करनी पड़े।

–महात्मा गांधी

चिन्ता से रूप, बल और ज्ञान का नाश हो जाता है।

–अज्ञात

चिन्ता हर प्रकार की सुन्दरता और स्वास्थ्य की शत्रु है।

–स्वेट मार्डेन

प्राणियों के लिए चिन्ता ही ज्वर है।

–शंकराचार्य

चिन्ताएं, परेशानियां, दु:ख और तकलीफें परिस्थितियों से लड़ने से नहीं दूर हो सकतीं, वे दूर होंगी अपनी अन्दरूनी कमजोरी दूर करने से जिसके कारण ही वे सचमुच पैदा हुई हैं।

–स्वामी रामतीर्थ

भविष्य की भीषण चिन्ता आन्तरिक सद्भावों का सर्वनाश कर देती है।

–प्रेमचन्द

मुझे निश्चय है कि चिन्ता जीवन की शत्रु है।

–शेक्सपियर

यदि चिन्ता करनी है, तो चरित्र की उन्नति की करो।

–संस्कृत सूक्ति

यदि तुम्हारा स्वभाव है, तो चिन्ता करके कष्टों का आह्वान कर लो, परन्तु उसे अपने पड़ोसी को उधार मत दो।

–रडयार्ड किप्लिंग

रहिमन कठिन चिताहु से, चिंता कहँ चित चेत।
चिता दहति निर्जीव कहँ, चिन्ता जीव समेत।।

(रहीम कवि कहते हैं कि चिन्ता चिता से भी कठिन होती हैं, क्योंकि चिता तो निर्जीव लाश को जलाती है परन्तु चिन्ता सजीव शरीर को जला देती है।)

–रहीम

व्यवसायी पुरुष जिनको यह ज्ञान नहीं है कि चिन्ता से कैसे दूर रहना चाहिए शीघ्र मृत्यु को प्राप्त होते हैं।

–डॉ० केटेन

वासनाओं का त्याग करो, चिन्तायें स्वयं पीछा छोड़ देंगी।

–अज्ञात

चिन्ता-ग्रस्त

आलसी आदमी ही चिन्ता-ग्रस्त रहा करता है। वह आलस्य चाहे शारीरिक कष्ट से बचने के लिए हो या मानसिक।

–अज्ञात

चिन्तामणि

पायो नाम चारु चिन्तामणि उर कर ते न खसैहों।

मन को राम-नाम रूपी चिन्तामलि मिल गई है ? उसको अपने हृदय और हाथ से नहीं हटाऊंगा।

–तुलसीदास

चिन्तित

जो लोग अधिक सोचने-विचारने के आदी होते हैं, वे चिन्तित भी अधिक रहते हैं।

–अज्ञात

चिकित्सक : चिकित्सा

एक निपुण शल्य-चिकित्सक के पास गिद्ध की आंख, शेर का हृदय और नारी-जैसा कोमल हाथ होना चाहिए।

—कहावत

चिकित्सकों की सबसे बड़ी त्रुटि यह है कि वे बिना मन को आरोग्य किए शरीर को अच्छा करने का प्रयत्न करते हैं, जबकि मन और शरीर एक ही हैं। इसीलिए उनकी पृथक्-पृथक् चिकित्सा नहीं होनी चाहिए।

—प्लेटो

पापी अन्तःकरण का रोग संसार के सभी देशों के चिकित्सकों की चिकित्सा के परे है।

—ग्लैडस्टन

संयम और परिश्रम मनुष्य के दो सर्वोत्तम चिकित्सक हैं। परिश्रम से भूख तेज होती है और संयम अतिभोग से रोकता है।

—रूसो

चिकित्सा-विज्ञान असीमित, अगाध जलधि-सदृश है, तथा उसका विवरण हजारों श्लोकों में भी नहीं किया जा सकता।

—सुश्रुत संहिता

चितवन

चितवनि रूखे दृगनि की, हांसी बिनु मुसकानि।
मानु जनायौ मानिनी, जानि लियौ पिय जानि।।

(देखो, सखी ! आंखों की चितवन और बिना हंसी की मुस्कराहट से मानिनी ने अपना मान जनाया और नायक भी इतना चतुर था कि उसने जान लिया कि नायिका ने मान किया है।)

—बिहारीलाल

वन-तन कौं, निकसत लसत, हंसत हंसत इत आइ।
दृग-खंजन गहि लै चल्यौ, चितवनि चैंपु लगाइ।।

(नायिका सखी से कहती है—हे सखी ! मैं क्या करूं ? मैं निकलकर अपने घर के द्वार पर खड़ी ही हुई थी कि इतने में नायक वन की ओर जाता हुआ इधर मेरे घर से समीप से मुस्कराता हुआ निकला और वह अपनी चितवन रूपी लासा से मेरे नयन-रूपी खंजनों को पकड़कर वन की ओर ले चला। अतएव मैं भी विवश होकर पीछे-पीछे चल रही हूं।) (वन-तन कौं—वन की ओर; गहि—पकड़ कर; चैंपु=लासा।)

—बिहारीलाल

मैदान में तोपों की गर्जना जिन वीरों के दल को दहला नहीं सकती और

तलवारों की चमक आंखों में चकाचौंध नहीं ला सकती, वे ही वीर स्त्री की चितवन के तीर खाकर अपने हथियार डाल देते हैं और शरणागत होने के लिए सफेद झण्डा उठा लेते हैं।

–अज्ञात

चित्त

एकाग्र हुआ चित्त ही पूर्ण स्थिरता को प्राप्त होता है।

–गौतम बुद्ध

कुशल चित्त की एकाग्रता ही समाधि है।

–गौतम बुद्ध

चित्त के वशीभूत हो जाने पर ऋद्धियां स्वयं ही प्राप्त हो जाती हैं।

–गौतम बुद्ध

चित्त से ही विश्व नियन्त्रित होता है।

–गौतम बुद्ध

जितनी भलाई माता-पिता अथवा भाई-बन्धु कर सकते हैं, उससे अधिक भलाई ठीक मार्ग पर लगा हुआ चित्त करता है।

–गौतम बुद्ध

या अनुरागी चित्त की, गति समुझै नहिं कोइ।
ज्यौं-ज्यौं बूड़ै स्याम रंग, त्यौं-त्यौं उज्ज्वल होइ।।

(इस प्रेमी चित्त की विलक्षण अवस्था को कोई नहीं समझता। यह ज्यों-ज्यों श्रीकृष्ण के प्रेम में डूबता है त्यों-त्यों उज्ज्वल होता है।)

–बिहारीलाल

सुखी का चित्त एकाग्र होता है।

–गौतम बुद्ध

साईं अपने चित्त की, भूलि न कहिए कोय।
तब तक मन में राखिए, जब तक काज न होय।।

(हे स्वामी ! अपने मन की बात भूल कर भी कभी किसी से नहीं कहना चाहिए। उसे तब तक गुप्त रखना चाहिए। जब तक आपका काम न हो जाये।)

–गिरिधर कविराय

चित्र : चित्रकार

चित्र एक शब्दरहित कविता है।

–होरेस

चित्र कविता के आभूषण नहीं, कल्पना के हृदय से चलनेवाली रक्तधारा के बिन्दु हैं।

–अज्ञात

चित्रकला मुख्यतः अभिव्यक्ति का एक माध्यम है और एक दर्शन है।

–केनेथ कालाहन

चित्रकारी मूक कविता है और कविता बोलती हुई तसवीर।

–साइमनडीज

जिस कमरे में बहुत-से चित्र लटक रहे हैं, वह ऐसा कमरा है जिसमें बहुत-से विचार लटक रहे हैं।

–सर जोसेफ रेनाल्डस

चित्रकार अपने काम के लिहाज से मिकेनिक है लेकिन अपने चिन्तन, भावना और उद्देश्य की दृष्टि से किसी कवि से कम नहीं है।

–शिलर

चींटी

हमारे लिए चींटी से बढ़कर और कोई उपदेशक नहीं है। वह काम करती है और खामोश रहती है।

–अज्ञात

चुगलखोर

चुगलखोर कुत्ते के समान है, क्योंकि दोनों ही अपनी जीभ से सत्पात्र (शुद्ध बर्तन या सज्जन मनुष्य) को दूषित करते हैं, कलह करने में पक्के होते हैं और दोनों ही सदा अशुद्ध रहते हैं।

–अज्ञात

जैसे ऊंट को किसी वृक्ष के फूल-फल से अनुराग नहीं होता, उसे कांटों का ढेर ही अभीष्ट होता है, वैसे ही गुणियों में अनेक गुणों के वर्तमान रहने पर भी चुगलखोर उनमें दोष ही ढूंढ़ता है और ग्रहण करता है।

–अज्ञात

नेकी से विमुख हो जाना और बदी करना निस्सन्देह बुरा होता है, मगर सामने हंस कर बोलना और पीठ पीछे चुगलखोरी करना उससे भी बुरा है।

–सन्त तिरुवल्लुवर

चुनना

ईश्वर प्रत्येक मनुष्य को सच और झूठ में एक को चुनने का अवसर देता है।

–इमर्सन

चुनाव

चुनाव जनता को राजनीतिक शिक्षा देने का विश्वविद्यालय है।

–जवाहरलाल नेहरू

चुनाव युद्ध नहीं, तीर्थ है, पर्व है—वह पानीपत नहीं, कुरुक्षेत्र नहीं, वह प्रयाग है, त्रिवेणी है, संगम है, सिंहस्थ है, कुम्भ है।

—हरिभाऊ उपाध्याय

सच्चे मित्रों के चुनाव के बाद सर्वप्रथम एवं प्रधान आवश्यकता है उत्कृष्ट पुस्तकों का चुनाव।

—कोल्टन

मधुमक्खी की तरह गुलाब से मधु ले लो और कांटे छोड़ दो।

—अमरीकी कहावत

चुम्बन

ईश्वर अपने प्रेम में सान्त को चूमता है, और मनुष्य अनन्त को।

—रवीन्द्रनाथ ठाकुर

मेरी मां के चुम्बन ने मुझे चित्रकार बना दिया।

—बेंजमिन वेस्ट

प्रेमियों के होंठ मिलते हैं, तो आत्मा आत्मा हो मिलती है।

—शैली

चोरी-छुपे के चुम्बन मधुरतम होते हैं।

—ले हंट

हे भगवान् ! कैसा मूर्ख था वह जिसने चुम्बन का आविष्कार किया।

—स्विफ्ट

चूल्हा

चूल्हा गृहस्थ आश्रम का प्रतीक है आत्मीयता की दीक्षा है, कुटुम्ब परम्परा का संरक्षण है।

—काका साहेब कालेलकर

चेतावनी

इहि अवसर चेत्या नहीं, पसु ज्यूं पाली देह।
राम नाम जाप्या नहीं, अंति पड़ी मुख खेह।।

(मानव जीवन जैसा सुन्दर अवसर पाकर भी तुम सावधान नहीं हुए। पशु के समान अपने शरीर का पालन किया। राम नाम का जप नहीं किया। अन्त में तुम्हारा शरीर मिट्टी में मिल गया और तुम्हारी दुर्गति हो गई।)

—कबीर

मन की मनही माहिं रही।
ना हरि भजे न तीरथ सेये चोटी काल गही।
धरा मीत पूत रथ संपति धन जन पूर्न मही।

और सकल मिथ्या यह जानो भजना राम सही।
फिरत फिरत बहुते जुग हास्यो मानस देह लही।
'नानक' कहत मिलन की बिरियां, सुमिरत कहा नहीं।।

(मेरे मन की इच्छा मन ही में रह गई। मैंने न तो भगवान का भजन किया और न तीर्थ-सेवन किया। काल सिर पर सवार हो गया। स्त्री, मित्र, पुत्र, रथ, धन, सारी पृथ्वी तथा अन्य सब चीजों को मिथ्या समझो। केवल राम-भजन सत्य है। अनेक जन्म-जन्मांतरों के पश्चात मानव शरीर प्राप्त हुआ। नानक जी कहते हैं कि इस जीवन में तुमने भगवान का भजन नहीं किया, इससे यह व्यर्थ हो गया।)

–गुरु नानकदेव

चेहरा

चेहरा हृदय का प्रतिबिम्ब है।

–कहावत

सभी मनुष्यों के चेहरे असली होते हैं, उनके हाथ चाहे जैसे भी हों।

–शेक्सपीयर

सुन्दर चेहरा सबसे अच्छा प्रशस्ति-पत्र है।

–रानी एलिजाबेथ

हंसमुख चेहरा रोगी के लिए लगभग उतना ही अच्छा है जितनी कि स्वस्थ ऋतु।

–बेंजमिन फ्रेंकलिन

चोट

जिसने तुम्हें चोट पहुंचाई है वह तुमसे प्रबल है या निर्बल ? यदि तुमसे निर्बल है, तो उसे क्षमा कर दो; यदि प्रबल है, तो अपने को कष्ट मत दो।

–सेनेका

चोर

ईश्वर ने आदमी को मेहनत करके खाने के लिये बनाया, और कहा कि जो मेहनत किए बगैर खाते हैं, वे चोर हैं।

–महात्मा गांधी

चोर अपराधी बनकर छूट जाने से निर्दोष बनकर दण्ड भोगना बेहतर समझता है।

–प्रेमचन्द

चोर केवल दण्ड से ही नहीं बचना चाहता, वह अपमान से भी बचना चाहता है। वह दण्ड से उतना नहीं डरता जितना अपमान से।

–प्रेमचन्द

चोर को पकड़ने के लिए बिरले ही निकलते हैं, पकड़े गए चोर पर पंचलत्तियां जमाने के लिए सभी पहुंच जाते हैं।

–प्रेमचन्द

चोरहिं चांदनी रात न भावा।
(चोर को चांदनी रात नहीं अच्छी लगती।)

–गोस्वामी तुलसीदास

जितने से आदमी का पेट भरे, उतने पर ही उसका निजी अधिकार है। जो इससे अधिक एकत्र करता है, वह चोर है।

–श्रीमद्भगवत गीता

जो मेरा धन चुराता है वह मेरी सबसे तुच्छ वस्तु ले जाता है।

–शेक्सपीयर

बड़े चोर छोटे चोर को फांसी पर चढ़ाते हैं।

–कहावत

चोरी

अनुकरण ही चोरी है, स्वीकरण चोरी नहीं।

–रवीन्द्रनाथ ठाकुर

गोपिकाओं के इससे बढ़कर और क्या सुकर्म होंगे कि कृष्ण ने उनका मक्खन चुराया। धन्य है वह जिसका सब कुछ चुराया जाये, मन और चित्त तक बाकी न रहे।

–स्वामी रामतीर्थ

चोरी का धन कच्चे पारे को खाने के समान है। जैसे कच्चा पारा शरीर में से फूट निकलता है, वैसा ही चोरी का धन भी।

–महात्मा गांधी

चोरी का माल खाने से छात्र शूर-वीर नहीं बनते, दीन बनते हैं।

–महात्मा गांधी

छछूंदर

धरम सनेह उभयं मति घेरी। भइ गति सांप छछूंदरि केरी।।

(जब भगवान् राम वन जाने के लिए तैयार हुए, तब धर्म और स्नेह दोनों ने उनकी बुद्धि को घेर लिया। उनकी दशा सांप-छछूंदर की सी हो गई। यदि सांप पकड़ी हुई छछूंदर को निगल जाता है, तो अन्धा हो जाता है और यदि उगल देता है, तो कोढ़ी हो जाता है। इसी प्रकार कौशल्या जी न तो राम जी को रोक सकती थीं और न वन जाने को कह सकती थीं।)

–गोस्वामी तुलसीदास

छत्रछाया

श्रद्धेय राजेन्द्र बाबू की छत्रछाया में काम करना, अपना कितना बड़ा सौभाग्य होता !

–रामवृक्ष बेनीपुरी

छंद-मुक्त

मुक्त छन्द कुछ वैसा बेतुका काम है,
जैसे कोई बिना जाल के टेनिस खेले।

–रामधारी सिंह दिनकर

छवि

का वरनौं छवि आपकी, भले बने हो नाथ।
तुलसी मस्तक तब नवै, धनुष वाण लो हाथ।।

(एक बार तुलसीदास जी ने कृष्ण जी की बहुत सुन्दर मूर्ति देखी। वह धनुषवाणधारी भगवान् राम के अनन्य भक्त थे। इसलिए उन्होंने कहा–हे नाथ ! आज आप की शोभा अवर्णनीय है, परन्तु मेरा सिर तभी झुकेगा जब आप हाथ में धनुष-वाण धारण कर लेंगे। कहते हैं कि कृष्ण-मूर्ति राम-मूर्ति में परिवर्तित हो गई।)

–गोस्वामी तुलसीदास

छल : छली

छल का बहिरंग सुन्दर होता है, विनीत और आकर्षक भी, पर दुःखदायी और हृदय को बेधने के लिए।

–जयशंकर प्रसाद

जिस सत्य में छल हो, वह सत्य नहीं है।

–महाभारत

विबुध काज बावन बलिहिं, छलो भलो हिय जानि।
प्रभुता तजि वश में तदपि, मन तें गई न ग्लानि।।

(देवताओं का काम करने के लिए भगवान ने बावन का रूप धारण करके बलि के साथ छल किया। उनको प्रभुता छोड़कर बलि के वश में होना पड़ा। आज तक यह ग्लानि उनके हृदय से नहीं गई।)

–गोस्वामी तुलसीदास

सभी छलों में स्वयं अपने से किया हुआ छल प्रथम और निकृष्ट होता है।

–बेली

स्पष्टवादी छली नहीं होता।

–चाणक्य

देखिए. 'कपट'

छाया

छाया घूंघट डालकर प्रेम की मौन गति से, विनीत भाव से प्रकाश का अनुसरण करती है।

–रवीन्द्रनाथ ठाकुर

तुम अपने आप को नहीं देख सकते, तुम जो देख रहे हो वह तुम्हारी छाया है।

–रवीन्द्रनाथ ठाकुर

छायावाद

कविता के क्षेत्र में पौराणिक युग की किसी घटना अथवा देश-विदेश की सुंदरी के बाह्य वर्णन से भिन्न जब वेदना के आधार पर स्वानुभूतिमयी अभिव्यक्ति होने लगी, तब उसे छायावाद के नाम से अभिहित किया गया।

–जयशंकर प्रसापद

छाया भारतीय दृष्टि से अनुभूति और अभिव्यक्ति की भंगिमा पर अधिक निर्भर करती है, ध्वन्यात्मकता, लाक्षणिकता, सौन्दर्यमय प्रतीक-विधान तथा उपचार-वक्रता के साथ स्वानुभूति की निवृत्ति 'छायावाद' की विशेषतायें हैं।

–जयशंकर प्रसाद

'छायावाद' आधुनिक हिन्दी कविता की ही एक महत्वपूर्ण प्रवृति है। सन् **1915-16** से लेकर सन् **1936** तक हिन्दी कविता-क्षेत्र में इसी का आधिपत्य रहा।

–शिवकुमार मिश्र

'छायावाद' एक विशाल सांस्कृतिक चेतना का परिणाम था। यद्यपि उसमें नवीन शिक्षा के परिणाम होने के चिह्न स्पष्ट हैं तथापि वह केवल पाश्चात्य प्रभाव नहीं था, कवियों की भीतरी व्याकुलता ने ही नवीन भाषा और शैली में अपने को अभिव्यक्त किया था।

–शिवकुमार मिश्र

छायावाद का कवि धर्म के अध्यात्म से अधिक दर्शन के ब्रह्म का ऋणी है जो मूर्त और अमूर्त विश्व को मिलाकर पूर्णता पाता है।

–महादेवी वर्मा

'छायावाद' नाम उन आधुनिक कविताओं को बिना विचारे ही दे दिया गया था जिनमें मानववादी दृष्टि प्रधान थी, जो वक्तव्य विषय को कवि की व्यक्तिगत चिन्ता और अनुभूति के रंग में रंगकर अभिव्यक्त करती थी, जिनमें मानवीय विचारों, क्रियाओं, चेष्टाओं और विश्वासों के बदले हुए और बदलते हुए मूल्यों को अंगीकार करने की प्रवृत्ति थी, जिनमें छंद, अलंकार, रस, ताल, तुक आदि

सभी के विषय में गतानुगतिता से बचने का प्रयत्न था, और जिनमें शास्त्रीय रूढ़ियों के प्रति कोई आस्था नहीं दिखाई गई थी।

–हजारीप्रसाद द्विवेदी

छायावादी

इस छायावादी कविता के प्रवर्तक श्री जयशंकर प्रसाद कहे जाते हैं, जिनके पश्चात् ही निराला और पन्त का नाम आता है।

–शिवकुमार मिश्र

पौराणिक रूपकों या छायाओं से परे जो सत्य है, वही हम रहस्यवादी या छायावादियों का लक्ष्य है। इन छायाओं के आधार से सत्य को प्राप्त करने वाले लोग छायावादी कहे जा सकते हैं, पर छाया उनका वाद नहीं–उनका वाद सत्य है, अतः वह सत्यवादी हैं।

–अज्ञात

छिद्रान्वेषण

दुर्बल-जन तथा अज्ञानी लोग ही हमेशा सबसे अधिक छिद्रान्वेषण किया करते हैं।

–स्वामी रामतीर्थ

दूसरों में दोष न निकालना, दूसरों को इतना उन दोषों से नहीं बचाता जितना अपने को बचाता है।

–स्वामी रामतीर्थ

छुआछूत

अपनेहि अंग अछूत करि, पर अछूत भे लोय।
जो जैसी करनी करै, तैसी भरनी होय।।

(अपने ही अंग को अछूत करके लोग दूसरों द्वारा अछूत कर दिए जाते हैं। जो जैसा कर्म करता है वह वैसा ही फल पाता है।)

–दुलारे लाल

एकै पवन एक ही पाणी, करी रसोई न्यारी जानी।
माटी सों माटी ले पोती, जागी कहौ कहां छूं छोती।।

(एक ही वायु है, एक ही पानी है, उससे बनाकर अपनी रसोई को दूसरों की रसोई से भिन्न समझते हो। एक ही पृथ्वी से मिट्टी लेकर चौका पोता। फिर बताओ छूत कहां से लगी ?)

–कबीर

छूत क्या है अछूत लोगों में, क्यों न उनका अछूतपन लखिए।
हाथ रखिए अनाथ के सिर पर, कान पर हाथ मत रखिए।।

(अछूत लोगों में छूत क्या है ? क्यों नहीं उनके अछूतपन को देखते हो ? अनाथों के सिर पर हाथ रखकर उनकी रक्षा करिए। अछूतों को छूत बनाने के नाम पर आप अपने कानों पर हाथ मत रखिए।)

–अयोध्यासिंह उपाध्याय हरिऔध

छोटे

आड़ बड़े की लेकर छोटा, पलता भी है गलता भी है।
योग हवा का पाकर दीपक, जलता भी है बुझता भी है।।

–सागरमल

कैसे छोटे नरनु तें, सरत बड़न को काम।
मढ़यौ दमामौ जात क्यों कहि चूहे के चाम।।

(छोटे लोगों से बड़ों के काम पूरे नहीं किए जा सकते जैसे चूहे के चमड़े से नगाड़ा नहीं मढ़ा जा सकता।)

–बिहारीलाल

छोटे काम बड़े करैं, तो न बड़ाई होय।
ज्यों रहीम हनुमंत को, गिरिधर कहै न कोय।।

(रहीम कवि कहते हैं कि छोटे लोग बड़े काम करते हैं, तब भी उनकी बड़ाई नहीं होती। देखिए, यद्यपि हनुमान जी पर्वत को उठाकर हिमालय से लंका में ले गए थे तथापि उनको कोई गिरिधर नहीं कहता। सब लोग श्रीकृष्ण जी को ही 'गिरिधर' कहते हैं।)

–रहीम

छोटेन सों सोहैं बड़े कह रहीम यह रेख।
सहसन को हय बांधियत लै दमरी की मेख।।

(रहीम कवि कहते हैं कि यह नियम है कि छोटे ही लोगों से बड़े लोगों की शोभा होती है, जैसे हजारों रुपयों के घोड़े को दमड़ी के खूंटे में बांधते हैं।)

–रहीम

जो रहीम छोटे बढ़ै, बढ़त करत उत्पात।
प्यादे सों फरजी भयो, तिरछो-तिरछो जात।।

(रहीम कवि कहते हैं कि जब छोटे लोग बड़े हो जाते हैं तो वे बढ़ते ही उत्पात करने लगते हैं, जैसे शतरंज के खेल में जब प्यादा फर्जी हो जाता है, तब वह टेढ़े-टेढ़े चलता है।)

–रहीम

रहिमन देखि बड़ेन को लघु न दीजिए डारि।
जहां काम आवै सुई, कहा करै तरवारि।।

(रहीम कवि कहते हैं कि बड़ों को देखकर छोटों को छोड़ मत दीजिए। जहां सुई से काम होता है, वहां तलवार कुछ नहीं कर सकती।)

–रहीम

जंजीर

जंजीरें जंजीरें ही हैं, चाहे वे लोहे की हों या सोने की, वे सब समान रूप से गुलाम बनाती हैं।

–स्वामी रामतीर्थ

स्वर्ण की जंजीर बांधे, श्वान फिर भी श्वान है,
धूलि धूसरि भी करी, पाता सदा सम्मान है।

(यदि कुत्ते को सोने की जंजीर बांध दें, तब भी वह कुत्ता ही रहेगा, वह सम्मान नहीं प्राप्त कर सकेगा। परन्तु धूल में सने रहने पर भी हाथी सदा सम्मानित होता है।)

–रामचरित उपाध्याय

जग : जगत

जग तें रहु छत्तीस है, राम चरन छः तीन।
तुलसी देखु विचारि हिय, है यह मतौ प्रवीन।।

(तुलसीदास जी कहते हैं कि संसार से विमुख होकर राम जी के चरणों के प्रति उन्मुख बनो, अर्थात् संसार से विरक्त होकर भगवान के चरणों में लवलीन रहो। हृदय में विचार करके देखो। यही बुद्धिमानों का विचार है।)

–गोस्वामी तुलसीदास

धूप छांह यह जग, आशा में घुली निराशा,
राग द्वेष सुख दुख संग बंधी अमिट अभिलाषा,
विरह मिलन संघर्ष शान्ति जग की परिभाषा।

(यह संसार धूप-छांह की तरह है। इसमें आशा के साथ निराशा घुली रहती है। यहां राग-द्वेष तथा सुख-दुख के साथ अमिट अभिलाषा बंधी रहती है। विरह-मिलन तथा संघर्ष-शान्ति को ही जग कहते हैं।)

–सुमित्रानंदन पंत

मैं समझ्यो निरधार, यह जगु कांचों कांच सौ।
एकै रूप अपार, प्रतिबिंबित लखियतु जहां।।

(मैंने निश्चित रूप से इस सिद्धान्त को समझ लिया है कि यह असत्य संसार शीशे के समान है। इसमें एक ही परमात्मा का प्रतिबिम्ब अनन्त रूप में प्रतिबिंबित दिखाई दे रहा है। भावार्थ यह है कि जितने भी पदार्थ संसार में दिखाई देते हैं, वे सब एक ही ईश्वर के प्रतिबिम्ब मात्र हैं। निरधार=निश्चय, कांचो=कच्चा;असत्य।)

–बिहारी लाल

या जग मीत न देख्यो कोई।
सकल जगत अपने सुख लाग्यो, दुख में संग न कोई।।

(इस संसार में मैंने किसी को मित्र नहीं देखा। सब लोग अपने-अपने सुख में लगे रहते हैं, दुःख में कोई किसी का साथ नहीं देता।)

—नागार्जुन

सो जग क्या मिथ्या कहि जाइ। जहां तरै तुम्हरे गुन गाइ।।

(हे प्रभो ! उस जग को मिथ्या कैसे कह सकते हैं, जहां तुम्हारा गुण-गान करके तर जाते हैं।)

—सूरदास

न इधर ही कुछ है, न उधर ही, जहां-जहां जाता हूं, वहां कुछ भी नहीं है। विचार करके देखता हूं तो यह जगत भी कुछ नहीं है। स्वात्मा के बोध से बढ़ कर कुछ भी नहीं है।

—संस्कृत सूक्ति

जगत का प्रतीयमान रूप मायाजनित है, इसलिए असत्य है। जगत का वास्तविक रूप ब्रह्म है, इसलिए सत्य है।

—सम्पूर्णानन्द

जगत कितना मिथ्या है ! वह केवल स्वप्न है, केवल मरीचिका है।

—रवीन्द्रनाथ ठाकुर

जगत के बिना ईश ईश नहीं है, सृष्टि नहीं तो ईश नहीं।

—हेगेल

ब्रह्म सत्यं जगन्मिथ्या।

(ब्रह्म सत्य है जगत मिथ्या है।)

—उपनिषद

सृष्टि की रचना करके ईश्वर स्वयं अपने को ही प्रकट करता है।

—रवीन्द्रनाथ ठाकुर

जगत का संसर्ग या तो दिल को तोड़ता है या उसे कठोर बनाता है।

—कैम्फर्ट

आत्मा एक माया शून्य है। इस एक और शून्य के संयोग से असंख्य जग बनते हैं।

—विनोवा भावे

संसार एक रंगशाला है, सब स्त्री-पुरुष सिर्फ पात्र हैं।

—शेक्सपीयर

जो कहते हो जगत महामाया है, भीषण भ्रम है।
इस विचार में तुमको ही धोखा है, भ्रान्ति विषम है।।
है यह कर्मभूमि जीवों की, यहां कर्म-च्युत होना।
धोखे में पड़ना अलभ्य अवसर से है कर धोना।।

(जो लोग कहते हैं कि जगत माया है; भीषण भ्रम है, उनके इस विचार में ही धोखा और भ्रान्ति है। यह जगत जीवों की कर्मभूमि है। जो लोग अपने कर्त्तव्य से च्युत होते हैं, वे बहुत बड़े धोखे में पड़कर एक दुर्लभ अवसर से हाथ धोते हैं।)

–रामनरेश त्रिपाठी

देखिए, 'विश्व', 'संसार'

जड़ : जड़ता

जड़ता निर्दयता की जननी है।

–रस्किन

सोचहिं सकल कहत सकुचाहीं। विधि सन विनय करहिं मन माहीं।
हरु विधि बेगि जनक जड़ताई। मति हमारि असि देहि सुहाई।।

(सीता-राम का अनुपम सौन्दर्य देखकर जनकपुर के सब नर-नारी मुग्ध हो गए और चाहने लगे कि सीता जी का विवाह राम जी से हो जाय। परन्तु जनक जी ने प्रण किया था कि जो धनुष तोड़ देगा, उसी के साथ सीता जी का विवाह होगा। सब सोचते थे कि जनक अपनी प्रतिज्ञा त्याग दें। वे मुंह से ऐसा कहते हुए बहुत संकोच करते थे परन्तु मन ही मन ब्रह्मा जी से प्रार्थना करते थे कि वे जनक की जड़ता को दूर कर उन्हें ऐसी सुबुद्धि दें कि वे राम जी के साथ सीता जी का विवाह कर दें।)

कठिन से कठिन रोग की भी दवा है, पर जड़ता की कोई दवा नहीं है।

–कैस-बिन-इल-खतीम

दूसरों के अनुसार अपना जीवन व्यतीत करना, यहां तक कि वेश-भूषा, भोजन, आने-जाने, सोने-जागने, हंसने-रोने, कहने-सुनने तक में स्वतन्त्रता न रखना जड़ता, नहीं तो और क्या है।

–स्वामी रामतीर्थ

जनतंत्र

सबके शासन में कौन सहे अनुशासन ?
सबका समान पद और एक-सा आसन।

(जनतंत्र सबका शासन होता है। उसमें प्रत्येक व्यक्ति अपने को दूसरे के समान पद और शक्ति वाला समझता है। इसलिए जन-तंत्र में कौन किसका अनुशासन माने ?)

–मैथिलीशरण गुप्त

जनता के लिये, जनता के द्वारा चलाई जाने वाली जनता की सरकार कभी नहीं मिट सकती।

–अब्राहम लिंकन

जनतन्त्र इस आस्था पर आधारित है कि साधारण लोगों में असाधारण सम्भावनायें छुपी हैं।

–हैरी इमर्सन फासडिक

जनतंत्र वह है जहां नेता के पास जनता का भाग्य नहीं है, बल्कि जनता के हाथ में नेता के भाग्य का निर्णय है।

–जैनेन्द्र कुमार

देखिए, 'प्रजातंत्र'

जन-मत

जन-तंत्र में जन मत का विशेष महत्त्व होता है। उसी के आधार पर शासन चलता है।

–हरिवंशराय शर्मा

बजा कहे जिसे आलम उसे बजा समझो।
जुबाने खल्क को नक्कारये खुदा समझो।।

(संसार जिसे अच्छा कहे उसे अच्छा समझो। दुनिया की ज़बान को खुदा का नक्कारा समझो।)

–जौक

जन-मानस

जिन पर सरस्वती की कृपा होती है वे अपने साहित्य के माध्यम से, सही पूंजी छोड़ जाते हैं जो अनेक पीढ़ियों तक जन-मानस को प्रेरित करती रहती है।

–रामकृष्ण त्रिवेदी

जनता

जनता अत्यन्त क्षमाशील होती है।

–प्रेमचन्द

जनता की आवाज परमेश्वर की आवाज है।

–कहावत

जनता की दृष्टि में एक बार विश्वास खोकर फिर जमाना मुश्किल है।

–प्रेमचन्द

जनता की दृष्टि में विद्या, बुद्धि और प्रतिभा का उतना मूल्य नहीं है, जितना चरित्र बल का।

–प्रेमचन्द

जनता क्रोध में अपने को भूल जाती है, मौत पर हंसती है।

–प्रेमचन्द

जनता जो कुछ सीखती है; वह घटना-क्रम की पाठशाला में सीखती है और दुःख-दर्द ही उसका शिक्षक है।

–जवाहरलाल नेहरू

जनता तो धरती माता की तरह है, जिस पर कुदाली से घाव होता है, लेकिन गेंद का स्पर्श यों ही ऊपर से ऊपर उड़ जाता है।

–विनोबा भावे

जनता तो भावोन्माद की अनुचरी है।

–जयशंकर प्रसाद

जनता बलवान् मनुष्यों से प्रेम करती है। वह स्त्री की तरह होती है।

–मुसोलिनी

जनता सहनशील होती है; जब तक प्याला भर न जाय, वह जबान नहीं खोलती।

–प्रेमचन्द

बड़े-बड़े आन्दोलनों से, जो व्यक्तियों और श्रेणियों के असली रूप को प्रकट कर देते हैं, जनता राजनीति का पाठ पढ़ती है।

–जवाहरलाल नेहरू

राजमहलों की चालबाजियां, सभा-भवनों की राजनीति, समझौते और लेन-देन का जमाना उसी दिन खत्म हो जाता है जब जनता राजनीति में प्रवेश करती है।

–जवाहरलाल नेहरू

सर्वसाधारण जनता की उपेक्षा ही एक बड़ा राष्ट्रीय पाप है।

–विवेकानन्द

जनता की शक्ति

हुंकारों से महलों की नींव उखड़ जाती,
सांसों के बल से ताज हवा में उड़ता है;
जनता की रोके राह, समय में ताब कहां ?
वह जिधर चाहती काल उधर ही मुड़ता है।

(जनता में बहुत शक्ति होती है। इसकी हुंकारों से बड़े-बड़े महल धराशायी हो जाते हैं। इसकी सांसों के वेग से राजाओं के मुकुट हवा में उड़ जाते हैं। समय में वह शक्ति नहीं है जो जनता का रास्ता रोके। मृत्यु भी इसके इशारे पर नाचने लगती है।)

–रामधारी सिंह दिनकर

जननी

कोमलता में जिसका हृदय गुलाब की कलियों से भी अधिक कोमल तथा दयामय है, पवित्रता में जो यज्ञ के धुएं के समान है और कर्त्तव्य में जो वज्र की तरह कठोर है–वही दिव्य जननी है।

–अज्ञात

माता के चरणों के नीचे स्वर्ग है।

—हजरत मोहम्मद

जननी का हृदय शिशु की पाठशाला है।

—एच०डब्ल्यू० बीचर

जननी जननी है, जीवित वस्तुओं में वह सबसे अधिक पवित्र है।

—कॉलरिज

जननी जन्म-भूमि तो
स्वर्ग से महान् है।

माता और मातृभूमि स्वर्ग से महान् है।

—विद्या तिवारी

शिशु का भाग्य सदैव उसकी जननी द्वारा निर्मित होता है।

—नेपोलियन

जन्मभूमि

जननी जन्मभूमिश्च स्वर्गादपि गरीयसी।

(माता और जन्मभूमि स्वर्ग से भी श्रेष्ठ होती हैं।)

—अज्ञात

जन्म-भू सी जन्म-भू है, और उपमा है नहीं।
खोजते रहिए कभी भी पा नहीं सकते कहीं।।
जन्मदा मां है हमारी जो नहीं निःस्वार्थ है।
जन्म-भू सी फिर उसे कहना हमारा व्यर्थ है।।

(जन्म-भूमि के समान जन्म-भूमि ही है, उसकी और कोई उपमा नहीं है। आप चाहे जितना भी खोजें उसकी उपमा नहीं पा सकते। हमारी माता हमारी जन्म-दात्री अवश्य है, पर वह निःस्वार्थ नहीं है। इसलिए उसे जन्म-भूमि सी कहना व्यर्थ है।)

—रामचरित उपाध्याय

जिसकी रज में लोट-लोट कर खड़े हुए हैं।
घुटनों के बल सरक-सरक कर खड़े हुए हैं।।
परमहंस सम बाल्यकाल में सब सुख पाये।
जिसके कारण धूल भरे हीरे कहलाये।।
हम खेले-कूदे हर्षयुक्त, जिसकी प्यारी गोद में।
हे मातृभूमि ! तुझको निरख मग्न क्यों न हों मोद में !

(जिसकी मिट्टी में लोट-लोट कर खड़े हुए हैं, घुटनों के बल सरक-सरक कर हम खड़े हुए हैं, जहां बालकपन में हमने परमहंस की भांति सब सुखों

का भोग किया है, जिसके कारण हम धूल-भरे हीरे कहलाये, उस मातृभूमि को देख कर हम आनन्द-विभोर क्यों न हो जाएं ?)

—मैथिलीशरण गुप्त

तुलसी कबहुँ न जाइए, जन्मभूमि के ठांव।
जानें, पहिचाने नहीं, लेत पुरानो नांव।।

(तुलसीदास जी कहते हैं कि जहां अपनी जन्मभूमि हो, वहां कभी नहीं जाना चाहिए, क्योंकि वहां के लोग अब के गुण नहीं जानते और पुराने नाम से पुकारते हैं।)

—गोस्वामी तुलसीदास

शरीरधारियों को ऐसा सुख स्वर्ग में भी नहीं मिलता, जैसा कि दरिद्र होने पर भी अपने देश, गांव और घर में मिलता है।

—पंचतंत्र

स्वर्ग से भी श्रेष्ठ जननी जन्मभूमि कही गई।
सेवनीया है सभी को वह महा महिमामयी।।

(माता और मातृभूमि स्वर्ग से भी श्रेष्ठ कही गई हैं। इस महामहिमामयी मातृभूमि की सेवा सभी लोगों को करना चाहिए।)

—मैथिलीशरण गुप्त

हंस ! गंगाकूल भी अनुकूल तेरे है नहीं,
मानसर पहुंचे बिना तू मान सकता है नहीं।
धन्य है अनुरक्ति तेरी, धन्य तेरी शक्ति है;
धन्य तेरी जन्म-धरती, धन्य तेरी भक्ति है।।

(हे हंस ! गंगा-तट जैसा पवित्र स्थान भी तेरे अनुकूल नहीं पड़ता है। मानसरोवर पहुंचे बिना तू नहीं मान सकता है। तेरा अनुराग धन्य है, तेरी शक्ति धन्य है, तेरी जन्म-भूमि धन्य है और तेरी भक्ति धन्य है !)

—रामचरित उपाध्याय

हंसा सरवर ना तजो, जो जल खारो होय।
डाबर-डाबर डोलते, भला न कहसी कोय।।

(यदि सरोवर का पानी खारा हो, तब भी हंस उसको नहीं छोड़ता, क्योंकि गढ़े-तलैया में घूमते रहने पर उसे कोई भला नहीं कहता।)

—अज्ञात

है पिता से मान्य माता दशगुनी, इस मर्म को
जानते हैं वे सुधी जो मानते हैं धर्म को।
मातृ से भी जन्म-धरती सौगुनी है, मान्य है;
है यही सिद्धान्त जिनका, जन्म उनका धन्य है।

(जो बुद्धिमान लोग धर्म को मानते हैं, वे जानते हैं कि माता पिता से दस गुनी मान्य होती है। जन्मभूमि माता से भी सौगुनी मान्य होती है, जिन व्यक्तियों का यह सिद्धान्त है, वे धन्य हैं।)

–रामचरित उपाध्याय

देखिए, 'मातृभूमि'

जमाखोरी

जमाखोरी से बाजार में चीजों का अभाव हो जाता है और अभाव के कारण मांग अधिक हो जाती है। मांग अधिक होने से वस्तुओं के भाव बढ़ जाते हैं।

–माधुरी गोयल

जमाखोरी सामाजिक अपराध है।

–अज्ञात

जय

जय ईश्वर की मुस्कान है।

–ह्विटियर

जय उन्हीं की होती है जो अपने को संकट में डालकर कार्य सम्पन्न करते हैं। जय कायरों की कभी नहीं होती।

–जवाहरलाल नेहरू

दूसरों के निमित्त अपने हित को छोड़ने के लिए सदा उद्यत होते हुए भी जो स्वयं अभिमान से रहित होते हैं, संसार में उन्हीं की जय होती है।

–अज्ञात

स्वयं वैराग्य की मूर्ति होते हुए भी जो स्वदेश के प्रेम से शोभित हैं और अपने कर्त्तव्य से भागकर वनवास के लिए उत्सुक नहीं हैं, संसार में उन्हीं की जय होती है।

–अज्ञात

जल

हम जल की कीमत तब तक नहीं पहचानते जब तक कुंआ सूख न जाये।

–टामस फुलर

अजीर्ण होने पर जल औषधि है, पच जाने पर जल बल देता है। भोजन के समय जल अमृत के समान है और भोजन के अन्त में विष का फल देता है।

–चाणक्य

जल में अमृत है और जल में औषधियां हैं।

–अथर्ववेद

जल ही औषधि है, जल रोगों का शत्रु है, यही सब रोगों को नष्ट करता है। अतः यह तुम्हारा भी रोग दूर करे।

–ऋग्वेद

जवानी

जवानी के कोश में, जिसको भाग्य उज्ज्वल पराक्रम के लिए सुरक्षित रखता है, असफलता का शब्द नहीं है।

–लिटन

जवानी जोश है, बल है, साहस है, दया है, आत्म-विश्वास है, गौरव है और वह सब कुछ है जो जीवन को पवित्र, उज्ज्वल और पूर्ण बना देता है।

–प्रेमचन्द

जवानी दीवानी होती है।

–प्रेमचन्द

जवानी में कौन सुन्दर नहीं होता।

–प्रेमचन्द

जवानी हिम्मत और साहस का घर है।

–अज्ञात

नदी की बाढ़ें, वृक्षों के फूल और चन्द्रमा की कलायें नष्ट होकर फिर से आती हैं, मगर देहधारियों की जवानी नहीं।

–अज्ञात

यह सुज्ञात सत्य है कि जैसे बुढ़ापे में बुद्धिमता होती है, वैसे ही जवानी में अविवेक होता है।

–सिसरो

रहती है कब बहारे जवानी तमाम उम्र।
मानिन्द बूये गुल इधर आई उधर गई।।

(जवानी की बहार पूरे जीवन भर नहीं रहती। वह फूल की सुगन्ध की भांति इधर से आती है और उधर से चली जाती है; अर्थात् जवानी अस्थायी होती है।)

–अज्ञात

राष्ट्र और व्यक्ति के लिए जवानी आशा, साहस एवं शक्ति का काल है।

–डब्ल्यू० आर० विलियम्स

जवानी का फूल एक बार खिलता है, दुबारा नहीं।

–शिलर

यौवन का उन्माद बुढ़ापे को गमखाना बना देता है।

–फ्रैन्कलिन

देखिए, 'यौवन'

जागरण

जागरण का अर्थ है कर्मक्षेत्र में अवतीर्ण होना और कर्मक्षेत्र क्या है ? जीवन-संग्राम।

–जयशंकर प्रसाद

नयी पौ फटी रात कटी,
तमकी अन्तरपटी, हटी।
उठो, उठो, बोलो, बोलो,
खोलो, मनोद्वार खोलो।

(रात व्यतीत हो गई, पौ फट गई है, अंधकार का धुंधलका दूर हो गया है। उठो, बोलो और मन का दरवाजा खोलो। अपना कार्य आरम्भ कर दो।)

–मैथिलीशरण गुप्त

शीघ्र सोने वाला और प्रातः काल जल्द उठने वाला मनुष्य आरोग्यवान, भाग्यवान होता है।

–फ्रैंकलिन

जाति

जन्म से नहीं बल्कि कर्म से मनुष्य शूद्र या ब्राह्मण होता है।

–गौत्तम बुद्ध

जाति न काहू की प्रभु मानत। भक्ति भाव हरि जग जुग मानत।।

(भगवान् जाति से नहीं बल्कि भक्ति से प्रसन्न होते हैं।)

–सूरदास

जो जाति जब तक मरना जानती रहेगी, उसको तभी तक इस पृथ्वी पर जीने का अधिकार रहेगा।

–जयशंकर प्रसाद

जो रहती है जाति जगत में, मरने को तैयार।
वही अमरता का पाती है, ईश्वर से अधिकार।।

–रामनरेश त्रिपाठी

मैंने ही गुण और कर्मों के अनुसार चारों वर्णों की स्थापना की है।

–गीता में श्रीकृष्ण

वर्तमान काल में जाति-प्रथा जिस रूप से प्रचलित है उसका एकान्त रूप से विनाश करना ही होगा। यदि भारतीय जनता को नवीन जीवन प्राप्त करना है तो उसे वर्ण-भेद के वर्तमान स्वरूप को मिटा देना होगा, क्योंकि वह उन्नति के सभी विभागों में भयंकर रूप से बाधा समुपस्थित कर रहा है।

–डा० भगवान दास

हमारा एकमात्र जागृत देवता हमारी जाति है।

–विवेकानन्द

आखिरकार जाति केवल एक है–मानव जाति।

–जार्ज मूर

जाणहु जोति न पूछहुं जाती आगे जाति न हे।

(सभी मनुष्यों में परमात्मा की ज्योति है। किसी की जाति मत पूछो क्योंकि आगे भगवान के यहां कोई जाति नहीं हैं।)

—गुरु ग्रन्थ साहब

हमारी जाति-प्रथा मनुष्यों का सर्वश्रेष्ठ श्रेणी-विभाजन है, क्योंकि हर एक जाति में शास्त्र ने नारायण का अंश बतलाया है। जाति की निन्दा भी कहीं नहीं की गई। जाति निन्दनीय नहीं।

—निराला

जाति-अभिमान : जाति-भेद

निज दूषण भी सदगुण-कोष, विजातीय गुण भी दोष।
होता जिससे है यह भान, झूठा है वह जात्यभिमान।।

(ऐसा जात्यभिमान हानिप्रद है जिसमें अपनी जाति के अवगुण भी सद्‌गुण लगें और दूसरी जाति के सद्‌गुण भी अवगुण लगें। यदि किसी जाति में कोई सद्‌गुण है, तो हमें उसे सहर्ष ग्रहण कर लेना चाहिए।)

—मैथिलीशरण गुप्त

जाति-पांति

एक बूंद एकै मलमूतर, एक चाम एक गूदा।
एक जोतियै सब उतपना, कौन ब्राह्म कौन खूदा।।

(एक ही बूंद वीर्य से सब उत्पन्न हुए हैं, सबका मल-मूत्र, चमड़ा तथा मांस एक ही है। सब लोगों का जन्म एक ही ज्योति से हुआ है। इसलिए न कोई अपना है और न कोई पराया है। सब मनुष्य एक ही है।)

—कबीर

कुल विशेष उत्तम नहीं, सुमिरै उत्तम होय।
उत्तम जात भये सो, गरब न राखे कोय।।

(कोई विशेष कुल उत्तम नहीं होता, जो भगवान् का भजन करता है, वह उत्तम होता है। इसलिए यदि किसी का जन्म उत्तम जाति में हुआ है, तो उसे इस पर गर्व नहीं करना चाहिए।)

—नूर मुहम्मद

जातिभेद राष्ट्र के बल-सम्बर्द्धन और अभ्युदय के लिए अपरिहार्य आवश्यकता न होकर उल्टे बाधास्वरूप है।

—विनायक दामोदर सावरकर

भारत-मस्तक का कलंक यह,
जाति-पांतियों में जन खंडित,
जहां मनुष्य अस्पृश्य चरण-रज,
राष्ट्र रहे वह कैसे जीवित ?

(भारत के मस्तक का यह कलंक है कि यहां के लोग जाति-पांति में विभक्त हैं। जहां मनुष्य अछूत और पैर की धूल के समान है, वह राष्ट्र कैसे जीवित रह सकता है ?)

–सुमित्रानन्दन पंत

वर्ण-वर्ण में छिड़ा द्वन्द्व है,
जाति-जाति से जूझ रही है।
स्वार्थ किए है व्यग्र सभी को,
सुमति कुमति कब सूझ रही है ?

(आजकल हिन्दू समाज में वर्णों में आपस में युद्ध छिड़ा हुआ है और सब जातियां परस्पर लड़ रही हैं। सब लोगों को स्वार्थ ने व्यग्र कर दिया है। किसी को सुमति और कुमति दीख नहीं पड़ रही है।)

–सोहनलाल द्विवेदी

हाड़ चाम का पींजरा, तासे कियो विचार।
एकै घर में सब अहै, ब्राह्मण तुरुक चमार।।

(हड्डी और चमड़े का बना हुआ शरीर है। ब्राह्मण, तुर्क और चमार सब एक ही प्रकार के मानव शरीर में रहते हैं।)

–जगजीवन राम

जाति-सेवा

जाति-सेवा में शरीर को घुलाना पड़ता है, रक्त को जलाना पड़ता है, यही जाति-सेवा का उपहार है।

–प्रेमचन्द

जाति-सेवा वही कर सकते हैं जिनके हृदय में भ्रातृ-भाव की भावना भरी है।

–अज्ञात

जातीयता

जग में सुखी जो है हुआ जातीयता पाकर हुआ।
नदियों नदों से मेलकर सलिलेश रत्नाकर हुआ।।

(संसार में जो कोई सुखी हुआ है, वह जातीयता प्राप्त करके सुखी हुआ है। देखिए नदियों और नालों से मेल करके समुद्र अनन्त रत्नों का भंडार हो गया है।)

–रामचरित उपाध्याय

जीवन मृतक कहते किसे जातीयता जिसमें न हो,
जिसमें न जाति-ज्ञान हो आत्मीयता जिसमें न हो।

(जिसमें जातीयता न हो, जिसमें जाति-ज्ञान न हो और जिसमें आत्मीयता न हो, वह जीवनकाल में ही मृतक के समान है।)

–रामचरित उपाध्याय

जालिम

जालिम मिट जाता है पर जुल्म रह जाता है।

–अज्ञात

जितेन्द्रिय

श्रद्धावान्, ज्ञान प्राप्ति में तत्पर, जितेन्द्रिय पुरुष ज्ञान को प्राप्त कर लेता है और ज्ञान को पाकर थोड़े ही समय में परम शान्ति पा जाता है।

–श्रीमद्‌भगवद्‌ गीता

जिन्दगी

जिन्दगी इन्सां की है मानिन्दे मुर्गे खुशनुमा।
शाख पर बैठा कोई दम चहचहाया उड़ गया।।

(मनुष्य की जिन्दगी एक सुन्दर पक्षी की भांति है, जो किसी डाल पर बैठा हुआ थोड़ी देर चहचहाता और फिर उड़ जाता है।)

–इकबाल

जिन्दगी एक कसौटी है। ईश्वर उस पर हमें कस लेता है। नेक काम करके हम कसौटी पर खरे उतरते हैं, तो भगवान की सच्ची भक्ति करते हैं।

–विनोबा भावे

जिन्दगी जिन्दादिली का नाम है।
मुर्दादिल क्या खाक जिया करते हैं।।

(जिन्दादिली का नाम जिन्दगी है। जो मुर्दादिल हैं अर्थात् जिनके हृदय में जीवन के प्रति कोई उत्साह नहीं है, उनका जीवन व्यर्थ है।)

–नासिख

जिन्दगी हमारे साथ किया हुआ एक मजाक है।

–रूसो

जिन्दगी का भेद

जहां में 'हाली' किसी पै अपने सिवा भरोसा न कीजिएगा।
यह भेद है अपनी जिन्दगी का बस इसका चर्चा न कीजिएगा।।

(हाली कहते हैं कि दुनिया में अपने सिवाय किसी दूसरे पर भरोसा मत कीजिएगा। यह अपनी जिन्दगी का भेद है। किसी से इसका उल्लेख मत कीजिएगा।)

–हॉली

जी उठा मरने से वह जिसकी खुदा पर थी नजर।
जिसने दुनिया ही को पाया था वह सब खो के मरा।।

(जो धार्मिक था और जो ईश-पूजक था, वह मरके जी उठा, वह सदा के लिए अमर हो गया। परन्तु जो केवल लौकिक पदार्थों पर ध्यान देता था वह जो धन-दौलत कमाई थी, वह सब, खोके मर गया।)

–अकबर

हंस के दुनिया में मरा कोई कोई रोके मरा।
जिन्दगी पाई मगर उसने जो कुछ होके मरा।।

(दुनिया में कोई हंस के मरा और कोई रोकर मरा। परन्तु जीवन उसी का सफल हुआ जो कुछ होकर मरा।)

–अकबर

जिन्दगी और मौत में कौन बदतर है, इसका ज्ञान परमात्मा को और सिर्फ परमात्मा को ही है।

–सुकरात

जिज्ञासा : जिज्ञासु

जिज्ञासा के बिना ज्ञान नहीं होता। दुःख के बिना सुख नहीं होता।

–महात्मा गांधी

जिज्ञासा तेज बुद्धि का एक स्थायी और निश्चित गुण है।

–सैम्युअल जॉनसन

जो पहली और सहज भावना हम मनुष्य के मस्तिष्क में पाते हैं वह जिज्ञासा की है।

–बर्क

अधिक जिज्ञासु अधिक विद्वान नहीं होते।

–मैसिंजर

सब जिज्ञासुओं को एक बार धर्म-संकट और हृदय-मंथन होता ही है।

–महात्मा गांधी

उठते हैं यदि प्रश्न हृदय में तो वे उठें सुखेन।
प्रश्नों के बल हमें उपनिषत् मिले प्रश्न, कठ, केन।।
करते-करते प्रश्न बन गया, नचिकेता मान मित्र।
और अमृत है केवल मंथन जिज्ञासा का पोन।।

–बालकृष्ण शर्मा 'नवीन'

जिम्मेदारी

जिन्दगी की जिम्मेदारी कोई डरावनी चीज नहीं है। वह आनन्द से ओत-प्रोत है।

–विनोबा भावे

मनुष्य को जिम्मेदारी के पद पर नियुक्त कर दो, वह परिस्थिति के अनुसार उन्नति करेगा।

–अज्ञात

जिह्वा

ईश्वर ने हमें दो कान दिए हैं, और दो आंखें, परन्तु जिह्वा केवल एक इसलिए दी है कि हम बहुत अधिक सुनें और बहुत अधिक देखें, लेकिन बोलें बहुत कम।

–सुकरात

कोई तलवार इतना भयानक घाव नहीं करती जितना कि एक बुरी जिह्वा।

–पी० सिडनी

जिह्वा का घाव तलवार के घाव से अधिक बुरा होता है, क्योंकि तलवार देह पर चोट करती है और जिह्वा आत्मा पर।

–पाइथागोरस

जिह्वा केवल तीन इंच लम्बी होती है। परन्तु वह छः फुट लम्बे आदमी को कतल कर सकती है।

–जापानी कहावतत

जिह्वा कैंची-सी कतरती है।

–कहावत

हे जिह्वे ! मैं तुझी से एक भिक्षा मांगता हूं, तू ही मुझे दे। वह यह कि जब गदापाणि यमराज इस शरीर का अन्त करने आवें, तो बड़े ही प्रेम से गदगद स्वर में 'हे गोविन्द हे दामोदर हे माधव' इन मंजुल नामों का उच्चारण करती रहना।

–बिल्वमंगल

जीना

अहमियत इस बात की नहीं कि हम कितने दिन जीये, बल्कि इसकी है कि कैसे जीये।

–बेली

उत्तम कर्म से मनुष्य एक मुहूर्त्त भी जीवित रहे, तो वह अच्छा है परन्तु दोनों लोकों के विरोधी दुष्ट कर्म करने वाले का कल्प भर जीना भी अच्छा नहीं है।

–चाणक्य

जिसके जीवित रहने से विद्वान, मित्र और बन्धु-बान्धव जीते हैं, उसी का जीना सार्थक है। अपने लिए कौन नहीं जीता ?

हितोपदेश

जीने की इच्छा

कीट को और इन्द्र को जीने की समान आकांक्षा है और दोनों को मृत्यु का भय भी समान है।

–योगवाशिष्ठ

जीव

ईश्वर अंश जीव अविनासी। चेतन अमल सहज सुखरासी।।

जीव ईश्वर का अनश्वर अंश है। वह स्वाभाविक रूप से चेतन, निर्मल और सुखराशि है।

–गोस्वामी तुलसीदास

जीव ब्रह्म ही है, ब्रह्म से पृथक नहीं है।

–उपनिषद

भूमि परत भा डाबर पानी। जिमि जीवहिं माया लपटानी।।

(जब तक पानी आकश में था तब तक बहुत निर्मल था, परन्तु पृथ्वी पर पड़ते ही इस प्रकार मटमैला हो गया जैसे जन्म लेते ही जीव में माया लिपट जाती है।)

–गोस्वामी तुलसीदास

माया ईस न आपु कहुं जान कहिय सो जीव।

(जो माया, ईश्वर तथा अपने आप को नहीं जानता उसे जीव कहते हैं।)

–गोस्वामी तुलसीदास

जीव-दया

क्या बकरी क्या गाय है, क्या अपनी जाया।
सब को लोहू एक है, साहिब फरमााया।।
पीर पैगम्बर औलिया, सब मरने आया।
नाहक जीव न मारिए, पोषन को काया।।

–गुरुनानक देव

खुस खाना है खिचरी, माहिं परा टुक नौन।
मांस पराया खाय कर, गला कटावै कौन।।

–कबीर

का पर दया कीजिए, का पर निर्दय होय।
साईं के सब जीव हैं कीरी कुंजर दोय।।

–कबीर

पीर सबन की एक सी, मूरख जानत नाहिं।
कांटा चुभौ पीर है, गला काटि को खाय।।

–मलूकदास

जीवन

आदि से अन्त तक हमारा जीवन एक प्रकार की मृत्यु है जिसका अर्थ है अधिक विशाल जीवन।

–डा० राधाकृष्णन

खाने और सोने का नाम जीवन नहीं। जीवन नाम है सदैव आगे बढ़ने की लगन का।

—प्रेमचन्द

जीना भी एक कला है, बल्कि कला ही नहीं तपस्या है।

—हजारीप्रसाद द्विवेदी

जीवन विकास का सिद्धांत है, स्थिर रहने का नहीं।

—जवाहरलाल नेहरू

मौत जब तक नजर नहीं आती।
जिन्दगी राह पर नहीं आती।।

—जिगर

जीवन अस्तित्व से अधिक कर्म है। उन्नति, प्रगति, परिवर्तन आदि इसी जीवन की परिपूर्णता के अंग हैं।

—जैनेन्द्रकुमार

जीवन और कुछ नहीं है, केवल मृत्यु को अल्प समय के लिए टालना है।

—शोपेनहार

जीवन एक कहानी के सदृश है। वह कितनी दीर्घ है, यह नहीं, वरन कितनी अच्छी है, यह विचारणीय विषय है।

—सेनेका

जीवन एक बाजी की तरह है। हार-जीत तो हमारे हाथ में नहीं है, पर बाजी का खेलना हमारे हाथ में है।

—जेरेमी टेलर

जीना केवल सत्य साधना के लिए,
मरना भी बस सत्य दृष्टि के लिए।
निज समाज को सीख मनोहर दो यही,
आए हम सब सत्य दृष्टि ही के लिए।

—गिरिजादत्त शुक्ल

जीवन का उद्देश्य है समष्टि के प्राणों के साथ एक रस हो जाना। व्यक्ति अपने को छिटका हुआ अलग अनुभव न करे, समस्त के साथ अभिन्नता अनुभव करे, यही उसकी मुक्ति है, यही उद्देश्य है।

—जैनेन्द्र कुमार

जीवन का पहला और स्पष्ट लक्षण है विस्तार। यदि तुम जीवित रहना चाहते हो, तो तुम्हें फैलना ही होगा। जिस समय तुम जीवन का विस्तार बंद कर दोगे, उसी क्षण जान लेना कि मृत्यु ने तुम्हें घेर लिया है, विपत्तियां तुम्हारे सामने हैं।

—विवेकानन्द

जीवन का रहस्य भोग में नहीं है, पर अनुभव के द्वारा शिक्षा-प्राप्ति में है।

–विवेकानन्द

धर्म-रहित जीवन सिद्धान्त-रहित जीवन है और सिद्धान्त-रहित जीवन पतवार-रहित नौका के समान है।

–महात्मा गांधी

मनुष्य का जीवन इसलिए है कि वह अत्याचार के खिलाफ लड़े।

–सुभाषचन्द्र बोस

मनुष्य-जीवन अनुभव का शास्त्र है।

–विनोबा भावे

जीवन को नियम के अधीन कर देना आलस्य पर विजय पाना है। जीवन को नियम के अधीन कर देना, प्रमाद को सदा के लिए विदा कर देना है।

–अखण्डानन्द

जीवन नहीं व्यर्थ का सपना, बुद्बुद् जैसा ही क्षणभंगुर;
चपला जैसा चंचल, अस्थिर, ऊषा की लाली सा नश्वर।
जन्म-मरण है आंख-मिचौली, एक अनोखा खेल तमाशा;
मर कर अमर कीर्ति से सुरभित, जग हो ऐसी अतुलित आशा।

–श्रीमन्नारायण

जीवन दायित्व का खेल है, पग-पग पर समझौता है।

–जैनेन्द्र कुमार

जीवन नाम चलने का है।

–जैनेन्द्र कुमार

जीवन पथ में एक बार उल्टी राह चलकर फिर सीधे मार्ग पर आना कठिन है।

–प्रेमचन्द

जीवन विकास का सिद्धान्त है, स्थिर रहने का नहीं। लगातार विकसित होना स्थिर अवस्था में रहने की आज्ञा नहीं देता।

–जवाहरलाल नेहरू

जो दूसरों के जीवन के अंधकार में सूर्य का प्रकाश पहुंचाते हैं, उनका इस मृत्युलोक से कभी नाश न होगा, वे अमर हैं।

–स्वेट मार्डेन

जीवन की लम्बी यात्रा में
खोए भी हैं मिल जाते,
जीवन है तो कभी मिलन है
कट जातीं दुख की रातें।

–जयशंकर प्रसाद

मनुष्य-जीवन का उद्देश्य आत्म-दर्शन है और उसकी सिद्धि का मूल एवं एकमात्र उपाय पारमार्थिक भाव से जीव-मात्र की सेवा करना है।

–महात्मा गांधी

आश्चर्य की बात है कि लोग जीवन को बढ़ाना चाहते हैं, सुधारना नहीं।

–सुकरात

आज ऐसे जियो जैसे यह अन्तिम दिन हो।

–बिशप कैर

हे जीवन ! दुखी के लिये तू एक युग है, सुखी के लिये एक पल।

–बेकन

'लटके' रह कर जीते रहना कष्टदायी है। वह तो मकड़ी का जीवन है।

–स्विफ्ट

हम निरन्तर जीने की तैयारी करते रहते है, जीते कभी नहीं।

–इमर्सन

जीवन को भूलों पर बलिदान नहीं करना चाहिये।

–यशपाल

जीवन अपनी इच्छानुकूल चलना नहीं, ईश्वर की इच्छा के अनुकूल चलने में है।

–टालस्टॉय

कहीं ऐसा न हो कि जिन्दगी की अच्छी चीजें, जिन्दगी की सबसे अच्छी चीजों को खत्म कर दें।

–वाल्टेयर

यशपूर्ण जीवन का एक व्यस्त घंटा कीर्ति रहित युगों से कहीं अधिक है।

–वाल्टर स्कॉट

रुकना है गति का नियम नहीं, तुम चलते जाना भाई,
बुझना प्राणों का नियम नहीं, तुम जलते जाना भाई।
हिमखंड सदृश तुम निर्मल शीतल उज्ज्वल यश के भागी,
जमना आंसू का नियम नहीं, तुम गलते जाना भाई।।

–भगवतीचरण वर्मा

जीवन-कला

जब तक जीवित हो, तब तक जीवन-कला सीखते हो।

–सेनेका

जीवन-चरित्र

जीवन-चरित्र ही सच्चा इतिहास है।

–कारलाइल

महापुरुषों की जीवनियां हमें याद दिलाती हैं कि हम भी अपना जीवन महान बना सकते हैं और मरते समय अपने पदचिह्न समय की बालू पर छोड़ सकते हैं।

–लांग फेलो

वास्तव में इतिहास कुछ नहीं, केवल जीवन-चरित्र ही है।

–इमर्सन

जीवन-न्याय

जीवन के न्याय पर से मैं अपना विश्वास कैसे खो दूं, जबकि मखमलों पर सोने वालों के स्वप्न जमीन पर सोने वालों के स्वप्नों से सुन्दरतर नहीं होते।

–खलील जिब्रान

जीवन-मरण

मरने में श्रेय है या ज़ीने में श्रेय है, यह हम नहीं जानते। इसलिए जीने से प्रसन्न और मरने से भयभीत नहीं होना चाहिए।

–महात्मा गांधी

जीवन-मार्ग

खबरदार ऐ मुसाफिर ! खौफ की जा राहे-हस्ती है।
ठगों का बैठका है जा-बजा चोरों की बस्ती है।।
इस सरा में हूं मुसाफिर, नहीं रहने आया।
रह गया थक के अगर आज तो कल जाऊंगा।

–अमीर

जीवन-मृत

जीतेजी कौन मर चुका है ? उद्यमहीन।

–शंकराचार्य

जीवात्मा-परमात्मा

पानी और उसका बुलबुला एक ही चीज है। उसी प्रकार जीवात्मा और परमात्मा एक ही चीज है, फर्क यह है कि एक परिमित है, दूसरा अनन्त; एक परतन्त्र है, दूसरा स्वतन्त्र।

–रामकृष्ण परमहंस

जीविका

जीविका का अभाव विश्राम नहीं है, बिल्कुल शून्य मस्तिष्क एक पीड़ित मस्तिष्क है।

–कूपर

मनुष्य का महान सौभाग्य इसमें है कि वह कोई व्यावसायिक प्रवृत्ति लेकर जन्मे, जिससे उसे जीविका और आनन्द प्राप्त हो।

—इमर्सन

वही जीविका श्रेष्ठ है जिसमें अपने धर्म की हानि न हो, और वही देश उत्तम है जहां कुटुम्ब का पालन हो।

—शुक्राचार्य

जुआ

जुआ पारस्परिक फूट का मूल कारण है।

—महाभारत

जुआ लोभ का पुत्र, दुराचार का भाई और बुराइयों का जनक है।

—जार्ज वाशिंगटन

जुआ सुख, सम्पत्ति और समय इन तीनों का—जो जीवन के लिए अति बहुमूल्य हैं—नाश करता है।

—अज्ञात

मनुष्य को दो वक्तों पर जुआ नहीं खेलना चाहिये। एक उस समय जब वह खेल सकता हो और एक तब जब वह खेल नहीं सकता हो।

—सेम्युअल क्लीमेन्स

जुल्म

बुरा कानून निकृष्ट तरह का जुल्म है।

—बर्क

मर मिटना जुल्म के सामने सिर झुकाने से अच्छा है।

—प्रेमचन्द

जुल्मी

जब जुल्मी चूमने का अभिनय करे, तो डरना चाहिए।

—शेक्सपीयर

जेल

जेल एक नई दुनिया है, जहां मनुष्य ही मनुष्य है, ईश्वर नहीं।

—प्रेमचन्द

जेल शासन का विभाग नहीं, पाशविक व्यवसाय है, आदमियों से काम लेने का बहाना अत्याचार का निष्कपट साधन।

—प्रेमचन्द

जेवर

जिस देश के लोग जितने ही मूर्ख होंगे, वहां जेवरों का प्रचार भी उतना ही अधिक होगा।

—प्रेमचन्द

जेहन

वह जेहन किस काम की जो हमारे आत्म-गौरव की हत्या कर डाले ?

–प्रेमचन्द

जोश

जोश मनुष्य से कितनी शपथें कराता है। यह वह आग है जिसमें चमक बहुत होती है, गरमी कम होती है और जो बहुत जल्द बुझ जाती है।

–शेक्सपियर

मुहब्बत के जोश में आदमी अपने आप को भूल जाता है।

–शेक्सपीयर

देखिए 'उत्साह'

ज्योति

महापुरुष मरने पर ऐसी ज्योति छोड़ जाते हैं जो उनकी मृत्यु के बाद भी कई युगों तक जगमगाती रहती है।

–लाङ्गफेलो

ज्ञान

अपनी अज्ञता की चेतना ज्ञान की तरफ जाने का एक बड़ा कदम है।

–डिसरैली

जाति न पूछो साधु की, पूछि लीजिए ज्ञान।
मोल करो तरवार का, पड़ा रहन दो म्यान।।

–कबीर

ज्ञान उड़ने की बनिवस्त झुकने के वक्त हमारे ज्यादा नजदीक होता है।

–वर्ड्सवर्थ

ज्ञान का अन्तिम लक्ष्य चरित्र-निर्माण होना चाहिए।

–महात्मा गांधी

ज्ञान का लक्ष्य सत्य है, और सत्य आत्मा की भूख है।

–लेसिंग

ज्ञान मानव जीवन का सार है।

–आचार्य कुन्दकुन्द

ज्ञान की आराधना दिन का शयन है,
क्लेश से निस्तार केवल कर्म से है;
दर्शनों से सिद्धियां किसको मिली हैं ?
जीव का उद्धार केवल कर्म से है।

–रामधारीसिंह दिनकर

ज्ञानान्मुक्तिः

(ज्ञान से ही मुक्ति होती है।)

—सांख्य

ज्ञान का मूल्य बहुमूल्य रत्न से भी अधिक है।

—निराला

ज्ञान की अग्नि सुलगते ही कर्म भस्म हो जाते हैं।

—शंकराचार्य

ज्ञान में जो पुरुषार्थ न हो, शक्ति निर्माण करने का गुण न हो तो ज्ञान-अज्ञान में कुछ फर्क नहीं है।

—नाथजी

ज्ञान सिर्फ सच्चाई में ही पाया जाता है।

—गेटे

ज्ञान से मुक्ति होती है, बाह्य उपकरणों (मण्डन) से नहीं।

—अज्ञात

ज्ञान ही वास्तविक सोना और हीरा है।

—स्वामी शिवानन्द

भयउ प्रकाश कतहुं तम नाहिं। ज्ञान उदय जिमि संयम नाहीं।।

(प्रकाश हो जाने पर अंधकार इस प्रकार लुप्त हो जाता है जैसे ज्ञान के उदय होने पर कोई संशय नहीं रह जाता।)

—गोस्वामी तुलसीदास

जिसका जितना ज्ञान है वह है उतना ही मान्य।
अधिक मान्य को ही मिला करता है प्राधान्य।।
हे प्रधानता योग्यता, द्वारा होती प्राप्त।
मिले योग्यता ही मनुज, बन पाता है आप्त।।

—हरिऔध

जिसने आध्यात्मिक ज्ञान प्राप्त कर लिया है, उस पर काम और लोभ का विष नहीं चढ़ता।

—रामकृष्ण परमहंस

जिस प्रकार अच्छी तरह जलती हुई आग ईंधन को भस्म कर देती है, उसी तरह ज्ञानाग्नि सब कर्मों को भस्म कर देती है।

—गीता

हम सब ज्ञान से युक्त हों, ज्ञान के साथ हमारा कभी वियोग न हो।

—अथर्ववेद

अनन्ता वै वेदाः।

(ज्ञान अनन्त है।)

—तैत्तिरीय ब्राह्मण

क्षरं त्वविद्या ह्यमृतं तु विद्या।

(अविद्या क्षर है और विद्या अक्षर है।)

–श्वेताश्वतर उपनिषद्

हे अर्जुन ! जैसे प्रज्वलित अग्नि लकड़ियों को भस्म कर देती है, वैसे ही ज्ञानाग्नि सभी कर्मों को भस्म कर देगी है।

–गीता

न हि ज्ञानेन सदृंश पवित्रमिह विद्यते।

(इस संसार में ज्ञान के समान पवित्र और कुछ नहीं है।)

–गीता

जो प्रसन्न और शुद्ध मन से ब्रह्मज्ञान रूपी जल के द्वारा मानस तीर्थ में स्नान करता है, उसका वह स्नान ही तत्त्वदर्शी ज्ञानी का स्नान माना गया है।

–महाभारत

जैसे-जैसे पुरुष शास्त्रों का गहरा अभ्यास करता जाता है, वैसे-वैसे उनके रहस्यों को जानता जाता है और उसका ज्ञान उज्ज्वल और प्रकाशमान होता जाता है।

–मनुस्मृति

जल से शरीर शुद्ध होता है, सत्य से मन, विद्या और तप से आत्मा तथा ज्ञान से बुद्धि शुद्ध होती है।

–मनुस्मृति

सत्त्वं ज्ञानं तमोऽज्ञानं रागद्वेषौ रजः स्मृतः।

(ज्ञान सत्त्व गुण है, रागद्वेष रजोगुण है और अज्ञान तमोगुण है।)

–मनुस्मृति

मृत्युर्वै तमो ज्योतिरमृतम्।

(अंधकार मृत्यु है, प्रकाश अमृत है।)

–शतपथ ब्राह्मण

मन रूपी उन्मत्त हाथी को वश में करने के लिए ज्ञान अंकुश के समान है।

–अज्ञात

हमारी अपनी अज्ञानता का ज्ञान ही बुद्धिमता के मन्दिर का स्वर्ण सोपान है।

–अज्ञात

जो यथार्थ मुक्ति का कारण है, वह यथार्थ ज्ञान है।

–शंकराचार्य

पारमार्थिक कर्मों के आचरण से ही मनुष्य को ज्ञान प्राप्त होता है।

–शंकराचार्य

यदि तुम्हें मेरे सत्स्वरूप का ज्ञान हो जाये और अन्य किसी प्रकार का ज्ञान न भी हो तब भी तुम सुखी ही होगे।

–श्रीकृष्ण

सब दानों में ज्ञान का दान ही श्रेष्ठ दान है।

–मनुस्मृति

रात-रात भर पूजा-प्रार्थना करने के बदले एक घंटा भी दूसरों को ज्ञान देने में लगाना अधिक उत्तम है।

–हजरत मोहम्मद

ज्ञानी कौन है ? वह जो अपने ज्ञान का उपयोग करता है।

–हजरत मोहम्मद

काम और क्रोध को आपस में लड़ा कर मारना, इसी में ज्ञान का कौशल है।

–विनोबा भावे

ज्ञान का अर्थ है आत्माा से आत्म को जानना।

–गुरु रामदास

ज्ञान पाप बन जाता है यदि उद्देश्य शुभ न हो।

–प्लेटो

ज्ञान और पुरुषार्थ

ज्ञान में पुरुषार्थ न हो, शक्ति निर्माण करने का गुण न हो, तो ज्ञान अज्ञान में कुछ फर्क नहीं।

–नाथजी

ज्ञानी

अज्ञेभ्यो ग्रन्थिनः श्रेष्ठा ग्रन्थिभ्यो धारिणो वराः।
धारिभ्यो ज्ञानिनः श्रेष्ठा ज्ञानिभ्यो व्यवसायिनः।।

(अज्ञानी मूर्ख से शास्त्र पढ़ने वाला श्रेष्ठ होता है, पढ़ने वाले से शास्त्र को स्मृति में धारण करने वाला, धारण करने वाले से शास्त्र के मर्म को समझने वाला ज्ञानी और ज्ञानी से भी उस पर आचरण करने वाला श्रेष्ठ होता है।)

–मनुस्मृति

ज्ञानी किसी चीज के न मिलने का अफसोस नहीं करता।

–हर्बर्ट

ज्ञानी की बुद्धि दर्पण के समान है। वह स्वर्गीय प्रकाश को ग्रहण करती है और उसे परावर्तित कर देती है।

–हेयर

ज्ञानी मनुष्य इस जगत् को स्वर्ग में परिवर्तित कर सकता है।

–स्वामी शिवानन्द

ज्ञानी ही सत्य को देख सकते हैं, अज्ञानी नहीं।

–ऋग्वेद

बहुत जन्मों के अन्त में ज्ञानी मुझे पाते हैं।

–गीता

जो दूसरों को जानतां है, जो स्वयं को जानता है वह ज्ञानी हैं।

–लाओत्से

झण्डा

वह झण्डा जिसको मुर्दे की मुट्ठी जकड़ रही है।
छिन न जाय, इस भय से अब भी कस कर पकड़ रही है।
थामो इसे, शपथ लो, बलि का कोई क्रम न रुकेगा।
चाहे जो हो जाय, मगर यह झंडा नहीं झुकेगा।

(झंडा राष्ट्र के गौरव का प्रतीक होता है। मृत्यु हो जाने पर भी वीर सेनानी उसे अपनी मुट्ठी में पकड़े रहता है कि कोई कहीं उसे छीन न ले। इसे अपने हाथों में पकड़ कर प्रण करो कि जब तक तुम्हारे शरीर में कुछ भी शक्ति शेष रहेगी, तब तक न तो बलिदानों का क्रम रुकेगा और न यह राष्ट्रध्वज झुकेगा।)

–रामधारी सिंह दिनकर,

देखिए, 'ध्वज'

झगड़ा

जब दो झगड़ें, तब दोनों गलती पर होते है।

–कहावत

झगड़े से बचना श्रेयस्कर है। यदि उसमें पड़ भी जाएं तो शत्रु को अपना तेज, शक्ति और पौरुष दिखा दें।

–शेक्सपीयर

लोग गूदे की बजाय छिल्के पर अधिक झगड़ते हैं।

–जर्मन कहावत

देखिए, 'कलह'

झुकना

जब हम लड़ने की बजाय झुकते हैं, तब हम विवेक से अधिक निकट होते हैं।

–जार्ज बरनार्ड शॉ

झूठ

एक झूठ को छिपाने के लिए दस झूठ बोलने पड़ते हैं।

–कहावत

जहां झूठ बोलने का परिणाम सत्य बोलने के समान मंगलकारक हो अथवा जहां सत्य बोलने का परिणाम झूठ बोलने के समान अनिष्टकारी हो, वहां सत्य नहीं बोलना चाहिए। वहां झूठ बोलना ही ठीक है।

–महाभारत

जहां लुटेरों के चंगुल में फंस जाने पर झूठी शपथ खाने से छुटकारा मिलता हो, वहां झूठ बोलना भी ठीक है, इसी को बिना विचारे सत्य समझो।

–महाभारत

झूठ कभी श्रेष्ठ पद को प्राप्त नहीं होता।

–उपनिषद्

झूठ के अनेक संयोग होते हैं, परन्तु सत्य का केवल एक रूप होता है।

–रूसो

झूठ बिना फीकी लगै, अधिक झूठ दुख भौन।
झूठ तितो ही बोलिए, ज्यों आटे में लौन।।

–वृन्द

झूठ बोलना तलवार के घाव की तरह है, घाव तो भर जायेगा लेकिन उसका चिह्न हमेशा बना रहेगा।

–शेख सादी

मनुष्य झूठ बोलने वाले से उसी प्रकार भयभीत रहते हैं जैसे सांप से। विश्व में सत्य ही सबसे महान धर्म है। वही सबका मूल कहा जाता है।

–वाल्मीकि रामायण

मान घटत जग झूठ ते, सो यह झूठी बात।
पावत मान वकील हैं, कहि झूठी ही बात।।

–किशोरीलाल बाजपेयी

झूठा

झूठ बोलने वाले को न मित्र मिलता है, न पुण्य, न यश।

–कल्पतरु

झूठा आदमी कसमें खाने में उदार होता है।

–कोरने

झूठे की सजा यह नहीं है कि उसका विश्वास नहीं किया जाता, बल्कि यह कि वह किसी का विश्वास नहीं कर सकता।

–बनार्ड शा

टका

जब टका बोलता है, तब सच मौन रहता है।

–रूसी कहावत

टके का प्रेम ही सब बुराइयों की जड़ है।

–अज्ञात

टका ही माता-पिता है।

–कहावत

टहलना

हर रोज काफी टहलने से जिन्दगी बढ़ती है और जीवन की खुशियों में भी वृद्धि होती है।

–बौडलर

ठग

ठग किसी संबंध का ख्याल नहीं करते, वे सभी को ठग लेते हैं।

–अज्ञात

ठगना : ठगाना

कबिरा आप ठगाइए, और न ठगिए कोय।
आप ठगै सुख ऊपजै, और ठगै दुख होय।।

–कबीर

ठगा जाना अच्छा है, किन्तु ठगना नहीं।

–अज्ञात

ठोकर

ठोकरें केवल धूल उड़ाती हैं, धरती से फसलें नहीं उगातीं।

–रवीन्द्रनाथ ठाकुर

ठोकर लगे और दर्द हो, तभी मैं सीख पाता हूं।

–महात्मा गांधी

दूसरों के अनुभव से होशियारी सीखने की मनुष्य की इच्छा नहीं होती, उसको स्वतंत्र ठोकर चाहिए।

–विनोबा भावे

डर

जिसे पराजित होने का डर है, उसकी हार निश्चित है।

–नेपोलियन

डर प्रेम से अधिक शक्तिशाली है।

–कहावत

डर सदैव अज्ञान से पैदा होता है।

–इमर्सन

डर हमें मानव प्रकृति का अनुभव कराता है।

–डिसरैली

डरते हो ? किससे ?
ईश्वर से ? मूर्ख हो।
मनुष्य से ? कायर हो।

पंचभूतों से ? उनका सामना करो।

अपने से ? जानो अपने आप को।

कहो—अहं ब्रह्मास्मि।

—स्वामी रामतीर्थ

देखिए 'भय'

डरपोक

डरपोक डगमगाते हैं, परन्तु खतरे से प्रायः वही पार होते हैं जो साहस से उसका सामना करते हैं।

—रानी एलिजाबेथ

डरपोक प्राणियों में सत्य भी गूंगा हो जाता है। वही सीमेन्ट जो ईंट पर चढ़कर पत्थर हो जाता है, मिट्टी पर चढ़ा दिया जाय तो मिट्टी हो जाता है।

—प्रेमचन्द

डांट : डपट

गुरु की डांट-डपट पिता के प्यार से अच्छी है।

—शेख सादी

डांवाडोल

जीवन में, विशेषकर राजनीति में, कोई चीज इतनी हानिकर और खतरनाक नहीं है जितना कि डांवाडोल स्थिति में रहना।

—सुभाषचन्द बोस

डांवाडोल स्थिति में रहना दुःखदायी है, वह मकड़ी के जीवन के तुल्य है।

—स्विफ्ट

डाक्टर

डाक्टर उपचार करते हैं, प्रकृति अच्छा करती है।

—अरस्तु

डाक्टर प्रकृति के सहायक हैं।

—गैलेन

डाक्टर मृत्युपर्यन्त विद्यार्थी होता है और जब वह विद्यार्जन की इच्छा छोड़ देता है तो उसकी मृत्यु समझिए।

—लॉर्ड डासन

प्रकृति, समय और धैर्य—ये तीन बड़े डाक्टर हैं।

—एच० जे० वहन

भोजन, शान्ति और विनोद ही विश्व के सर्वश्रेष्ठ डाक्टर हैं।

—स्विफ्ट

डाकू

सत्कर्म न करने वाले, वृथा भाषी, हिंसावादी, सूद लेनेवाले, श्रद्धाहीन, यज्ञ न करनेवाले डाकुओं से दूर रहो।

–ऋग्वेद

डींग

अधजल गगरी छलकत जाय।

–कहावत

जहां डींग खत्म होती है, वहीं से प्रतिष्ठा शुरू होती है।

–यंग

जो गरजते हैं, वे बरसते नहीं।

–कहावत

थोथा चना, बाजे घना।

–कहावत

ढोंगी

जो मनुष्य के साथ तो दयालुता का बर्ताव नहीं करता, किन्तु पाषाण मूर्ति की पूजा करता है, वह ढोंगी कहा जा सकता है।

–विनोबा भावे

ढोंगी बनने की अपेक्षा स्पष्ट रूप से नास्तिक बनना अच्छा है।

–विवेकानन्द

तकदीर

जब आदमी का कोई बस नहीं चलता, तो अपने को तकदीर पर छोड़ देता है।

–प्रेमचन्द

हम अपनी तकदीर का निर्माण करते हैं और उसे होनी कहते हैं।

–डिसरैली

हम तकदीर के खिलौने हैं, विधाता नहीं। वह हमें इच्छानुसार नचाया करती है।

–प्रेमचन्द

तकरीर

तकरीर मस्तिष्क का प्रतिबिम्ब है।

–सेनेका

तकरीर में सबसे बड़ी कला, कला का छिपाना है।

–स्विफ्ट

तकरीर सभी के गुण हैं, परन्तु विचार थोड़ों ही के।

–केटो

देखिए 'भाषण'

तजुर्बा

तजुर्बा अच्छा है यदि उसका अधिक मूल्य चुकाना न पड़े।

–कहावत

तजुर्बा ज्ञान का जनक है और स्मरण-शक्ति उसकी जननी।

–कहावत

देखिए 'अनुभव'

तत्त्व

कर्म से केवल मन की ही शुद्धि होती है,तत्त्व की प्राप्ति नहीं हो सकती, उसके लिए मुख्य उपाय ध्यान है।

–शंकराचार्य

तत्त्वज्ञ : तत्त्वज्ञानी

जैसे बांस के पिंजड़े में सिंह बन्द नहीं किया जा सकता, उसी प्रकार तत्त्वज्ञ संसार में नहीं फंस सकता।

–अज्ञात

जो सत्य की झलक के स्नेही हैं, वे ही सच्चे तत्वज्ञानी है।

–सुकरात

तत्त्वज्ञान

अखिल ब्रह्मांड में जो कुछ भी है, वह सब ईश्वर से व्याप्त है। त्यागपूर्वक उसका भोग करो। किसी का धन मत लो।

–ईशावास्योपनिषद

असत् से सत् कभी उत्पन्न नहीं होता।

–महावीर स्वामी

अस्तित्व अस्तित्व में परिणत होता है और अनस्तित्व अनस्तित्व में परिणत होता है, अर्थात् सत् सदा सत् ही रहता है और असत् सदा असत्।

–महावीर स्वामी

अहं ब्रह्मास्मि।

(मैं ब्रह्म हूं।)

–वेदान्त

ईश्वर अचल सत्य है, उसका विश्व कभी अराजक नहीं हो सकता।

–इंजील

ईश्वर दर्शन काम्य ? सृष्टि ही उसका दर्पण,
भाव स्वर्ग की साध ? रूप का करो उन्नयन !
क्या प्रकाश तम भिन्न ? पृथक् सद्सद्, जड़ चेतन ?
एक गति-क्रम भर से व्याप्त अमरतक अनुक्षण !

(क्या आप ईश्वर-दर्शन की इच्छा करते हैं ? तो समझ लीजिए कि यह सारी सृष्टि उसका दर्पण है। यदि आप को स्वर्ग की इच्छा हो तो आप रूप का उत्थान कीजिए। यह मत समझिए कि प्रकाश-अंधकार, सत्-असत् तथा जड़ चेतन सब एक-दूसरे से भिन्न हैं। इस लोक से अमर लोक तक सब एक गति-क्रम या ईश्वर से व्याप्त है।)

–सुमित्रानन्दन पंत

ईश्वर दैवी सत्ता है, जिसमें सत्य, स्नेह और पूर्णता अथवा ज्ञान, सौन्दर्य और शक्ति के तीनों गुण वर्तमान हैं।

–डॉ० राधाकृष्णन

उस ईश्वर से ही सारा लोक स्थित है।

–ऋग्वेद

उसी मूल तत्त्व को अग्नि, आदित्य, वायु, चन्द्रमा, भास्कर, ब्रह्म, जल और प्रजापति कहा जाता है।

–यजुर्वेद

एक ही मूल तत्त्व को विद्वान अग्नि, यम, मातरिश्वा आदि अनेक नामों से कहते हैं।

–ऋग्वेद

काहे रे बन खोजन जाई।
पुष्प मध्य ज्यों बास बसत है मुकुट मांहि जस छाई।
तैसे ही हरि बसैं निरन्तर घटही खोजो भाई।।

(नानक जी कहते हैं कि हे मनुष्य ! तुम भगवान को खोजने के लिए वन में क्यों जाते हो ? जैसे फूल में सुगंध रहती है और जैसे दर्पण में परछाईं रहती है, उसी प्रकार भगवान् प्रत्येक मनुष्य में विराजमान रहते हैं। इसलिए तुम अन्तरर्यामी भगवान् को अपने भीतर ही खोजो।

–गुरु नानक देव

गूढ़उ तत्व न साधु दुरावहिं।
आरत अधिकारी जहं पावहिं।।

(साधु जब आतुर और सुपात्र व्यक्ति को समाने पाते हैं तो उससे तत्त्व को छुपाते नहीं, तत्काल कह देते हैं।)

–गोस्वामी तुलसीदास

गल सकता जल से, न ज्वलन से जल सकता है,
काटे कटता नहीं, नहीं वह टल सकता है।
घटता बढ़ता नहीं कभी, यह जीव अमर है,
आदि अन्त से अलग अमिट अज अजय अमर है।

—रामचरित उपाध्याय

ग्राह, ग्रह, अहि से अधिकतर क्रूरता है काल में,
बाज से भी, शेर से भी, वह बड़ा है चाल में।
शीश पर सबके खड़ा हो लग रहा है घात में,
मार लेगा वह अचानक, बात ही की ब'न में।।

(काल में हाथी को पकड़ने वाले मगर, राहु-केतु आदि ग्रह और सर्प से भी अधिक निष्ठुरता है। उसकी चाल बाज और शेर से भी तेज होती है। वह सबके सिर पर खड़ा होकर घात में लगा रहता है। वह अचानक क्षण भर में हमको मार लेगा।)

—रामचरित उपाध्याय

घट घट में साईं रमता, कटुक वचन मत बोल रे।

(प्रत्येक प्राणी में भगवान् रमते हैं। इसलिए किसी से कटु वचन नहीं कहना चाहिए।)

—कबीर

जग जीवन से कर वियुक्त प्रभु को, पूज रहा कब से छाया को नर।
कवि को लगा—स्वयं लेटा भू पर सांस ले रहा हो विराट् ईश्वर।।

(बहुत अधिक समय से मनुष्य भगवान को लौकिक जीवन से पृथक् करके छाया की पूजा कर रहा है। परन्तु मुझ को ऐसा लगता है कि विराट् ईश्वर स्वयं पृथ्वी पर लेटा हुआ सांस ले रहा है।)

—सुमित्रानंदन पंत

जड़ चेतन जग जीव जे, सकल राममय जानि।
बंदौं सबके पदकमल, सदा जोरि जुग पानि।।

(संसार में जितने जड़ और चेतन प्राणी हैं, उन सबको राममय जानकर सदैव हाथ जोड़कर प्रणाम करता हूं।)

—गोस्वामी तुलसीदास

जिसने अपने आपको जीत लिया, वह स्वयं अपना बन्धु है; परन्तु जो अपने आप को नहीं पहचानता वह स्वयं अपने साथ शत्रु के समान वैर रखता है।

—श्रीमद्भगवत गीता

जिससे समस्त प्राणियों की उत्पत्ति हुई है और जिससे यह सम्पूर्ण जगत् व्याप्त है, उसका अपने कर्मों के द्वारा पूजन करने से मनुष्य को सिद्धि प्राप्त होती है।

—श्रीमद्भगवत गीता

जिस प्रकार मनुष्य पुराने वस्त्रों को त्याग कर नवीन वस्त्र धारण करता है उसी प्रकार यह आत्मा पुराने शरीर को छोड़कर नवीन शरीर धारण करता रहता है।

–श्रीमद्भगवत गीता

जिस प्रकार सम्पूर्ण ब्रह्माण्ड में प्रविष्ट एक ही अग्नि भिन्न-भिन्न वस्तुओं के अनुरूप नाना रूपों में व्यक्त होती है, उसी प्रकार समस्त प्राणियों का अन्तरात्मा–ईश्वर–एक होते हुए भी भिन्न-भिन्न प्राणियों में उन्हीं के अनुरूप भिन्न-भिन्न रूपों में प्रकाशित होता है और उन सबके बाहर भी स्वतन्त्र रूप से स्थित है। जो उत्पन्न हुआ है उसकी मृत्यु निश्चित है और जो मरता है उसका जन्म निश्चित है। अतएव तुम्हें इस अपरिहार्य बात का शोक नहीं करना चाहिए।

–श्रीमद्भगवत गीता

जो मनुष्य सब प्राणियों को निरन्तर परमात्मा में और सब प्राणियों में परमात्मा को देखता है, वह किसी से घृणा नहीं कर सकता।

–ईशावास्योपनिषद

तत्त्व-ज्ञान वह विज्ञान है जो सत्य का विचार करता है।

–अरविन्द

तत्त्वमसि।

(तुम वही (ब्रह्म) हो।)

–वेदान्त

दिन गया संध्या हुई, संध्या गई तो रात है,
रात भी जाती रही, तो सामने ही प्रात है।
ऐन्द्रजालिक खेल ये, इनमें न तुम भूले रहो,
काल धोखा दे रहा है, व्यर्थ मत फूले रहो।।

–रामचरित उपाध्याय

देवता भाव का भूखा है, न कि पूजा की सामग्री का।

–लोकमान्य तिलक

पंचभूत हैं अमर, अमर आत्मा है सबका,
प्रकृति अमिट है, बनी न जाने कैसे कब की।
फिर मरता है कौन ? समझ में बात न आती,
अचरज है यह सृष्टि मृत्यु से क्यों भय खाती ?

(क्षिति, जल, पावक, आकाश और वायु–ये पांचो तत्त्व अमर हैं और सबकी आत्मा अमर है। प्रकृति भी अनश्वर है। न जाने यह कैसे और कब की बनी हुई है। ऐसी दशा में यह बात समझ में नहीं आती कि कौन मरता है। यह बड़े आश्चर्य की बात है कि सृष्टि मृत्यु से भय खाती है।)

–रामचरित उपाध्याय

ब्रह्मा के स्वरूप में ईश्वर सृजन करता है, विष्णु के रूप में पालता है और शिव के रूप में न्याय करता है।

–डा० राधाकृष्णन

भगवान न तो विश्व के कर्तव्य का रचयिता है, न कर्मों का रचयिता है और न वह कर्मफल के संयोग की ही रचना करता है। यह सब प्रकृति का ही स्वभाव रहा है।

–श्रीमद्‌भगवत गीता

मनुष्य को अपना उद्धार अपने आप करना चाहिए। उसे स्वयं अपनी अवनति या दुर्गति नहीं करनी चाहिए। प्रत्येक मनुष्य स्वयं ही अपना मित्र और स्वयं ही अपना शत्रु है।

–श्रीमद्‌भगवत गीता

मेरे हृदय के भीतर किसी अज्ञात देवता का वास है; वह मुझसे जैसा करवाता है, मैं वैसा ही करता हूं।

–अज्ञात

मैं समुझ्यो निरधार, यह जगु कांचो कांच सौ।
एकै रूपु अपार, प्रतिबिंबित लखियतु जहां।।

(मैंने निश्चित रूप से यह सिद्धान्त समझ लिया है कि यह असत्य संसार शीशे के समान है। इसमें एक ही परमात्मा का प्रतिबिंब अनन्त रूप में प्रतिबिम्बित दिखाई पड़ रहा है। तात्पर्य यह है कि संसार के सब पदार्थ एक ही परमेश्वर के प्रतिबिम्ब मात्र हैं।)

–बिहारी लाल

यदि तुम वास्तव में अपनी आंखें खोलकर देखो, तो तुम इन सब आकृतियों में अपनी ही आकृति पाओगे।

–खलील जिब्रान

और यदि तुम वास्तव में अपने कान खोलकर सुनो, तो विश्व की समस्त ध्वनि में अपनी ध्वनि को ही प्रतिध्वनित पाओगे।

–खलील जिब्रान

यह आत्मा न तो उत्पन्न होता है और न मरता है। ऐसा भी नहीं है कि यह एक बार होकर फिर न होता हो। यह तो अजन्मा, नित्य, शाश्वत एवं पुरातन है और शरीर का वध हो जाने पर भी नहीं मरता।

–श्रीमद्‌भगवत गीता

राम भये जेहि दाहिने, सबैं दाहिने ताहि।।

(जिस पर श्री रामचन्द्र जी कृपा करते हैं उस पर सब लोग कृपा करते हैं।)

–गोस्वामी तुलसीदास

विन्दु में सिन्धु समान, को कासों अचरज कहै।
हेरनहार हिरान रहिमन, आपुहि आप में।।

(आत्मा में परमात्मा समा गया है। यह आश्चर्य कौन किससे कहे ? रहीम कवि कहते हैं कि परमात्मा को खोजने वाला स्वयं अपने आप में समा गया है।)

–रहीम

सब जीवों के हृदय देश में, ईश्वर स्थित होकर रहता।
यन्त्रारूढ़ हुए उन सबको, माया से भ्रामित रखता।।

(ईश्वर सब जीवों के हृदय देश में स्थित रहता है और उन सबको अपनी माया से इस प्रकार घुमाता है मानो वे यंत्रारूढ़ हों।)

–लोकगीता

समझा का घर और है, अनसमझा का और।
जा घर में साहिब बसै, बिरला जाने ठौर।।

–कबीर

सर्वं खाल्विदं ब्रह्म।

(यह सब निश्चय रूप से ब्रह्म है।)

–वेदान्त

सोहऽम्।

(मैं वही (ब्रह्म) हूं।)

–वेदान्त

सत्य रहित से कभी धरा पर धर्म न होगा,
धर्म-रहित से कभी यशस्कर कर्म न होगा।
कर्म करेगा वही धैर्य का धरने वाला,
धैर्य करेगा वही सत्य पर मरने वाला।।

–रामचरित उपाध्याय

समुद्र में रहने वाला बिन्दु समुद्र की महत्ता का उपभोग करता है, परन्तु उसका उसे ज्ञान नहीं होता। समुद्र से अलग होकर ज्यों ही अपनेपन का दावा करने चला कि वह उसी क्षण सूखा। इस जीवन को पानी के बुलबुले के समान उपमा दी गई है। इसमें मुझे जरा भी अतिशयोक्ति नहीं दिखाई देती।

–महात्मा गांधी

सियाराममय सब जग जानी। करहुँ प्रनाम जोरि जुग पानी।

(सारे संसार को सीता राम मय जानकर मैं दोनों हाथ जोड़कर सबको प्रणाम करता हूं।)

–गोस्वामी तुलसीदास

सिर्फ विचार से तत्त्वज्ञान नहीं मिलता, उसके लिए साधना करनी चाहिए।

–ब्रह्म चैतन्य

हरि व्यापक सर्वत्र समाना। प्रेम ते प्रगट होंहि मैं जाना।।

(भगवान सर्वत्र समान रूप से व्यापक हैं। मैं जानता हूं कि वे प्रेम से प्रकट होते हैं।)

–गोस्वामी तुलसीदास

तप

अनशन से बढ़कर कोई तप नहीं है।

–तैत्तिरीय आरण्यक

अनुद्वेगकरं वाक्यं सत्यं प्रियहितंच यत्।
स्वाध्यायाभ्यसनं चैव वाङ्मयं तप उच्यते।।

(जो उद्वेग न करने वाला, प्रिय, हितकर और यथार्थ भाषण है तथा जो वेदशास्त्र के पठन एवं परमेश्वर के नाम-जप का अभ्यास है—वही वाणी-सम्बन्धी तप कहा जाता है। मन और इन्द्रियों द्वारा जैसा अनुभव किया हो, ठीक वैसा ही कहने का नाम 'यथार्थ भाषण' है।)

–श्रीमद्भगवत गीता

अज्ञानपूर्ण तप से कभी मुक्ति नहीं मिलती।

–आचार्य भद्रबाहु

अपनी शक्ति, योग्यता या समृद्धि को बढ़ाने के लिए जो कष्ट सहन किए जाते हैं, वे तप हैं। तप के द्वारा मनुष्य अपने दोष जलाता है, कमजोरियां हटाता है, अपने जीवन और अपनी परिस्थिति को शुद्ध करता है, प्रतिकूल परिस्थिति को हटाकर अनुकूल स्थान प्राप्त करता है और पुण्य रूपी पूंजी भी बढ़ाता है। ज्ञान और तप दोनों मिलकर मनुष्य के व्यक्तित्व की श्रेष्ठ पूंजी बनते है। ज्ञान प्राप्ति के लिए भी तप की आवश्यकता है। तप के लिए कुछ भी असाध्य नहीं है। 'तपो हि दुरतिक्रमम्'। (तप दुर्लंध्य है।)

–काका साहेब कालेलकर

ऋतं तपः, सत्यं तपः श्रुतं तपः,
शान्तं तपो, दानं तपः।

(मन का सत्य संकल्प तप है, सत्य तप है, शास्त्र-श्रवण तप है, शान्ति तप है, दान तप है।)

–तैत्तिरीय आरण्यक

जिस तरह जलादि शोधक द्रव्यों से मैला वस्त्र भी शुद्ध हो जाता है, उसी तरह आध्यात्मिक तप-साधना द्वारा आत्मा ज्ञानावरणादि अष्टविध कर्म के मल से मुक्त हो जाता है।

–आचार्य भद्रबाहु

जिस साधाना से पाप कर्म तप्त होता है, वह तप है।

–निशीय चूर्णि

जो तप मूढ़तापूर्वक हठ से, मन, वाणी और शरीर को पीड़ा देकर अथवा दूसरे का अनिष्ट करने के लिए किया जाता है, वह तामस कहा जाता है।

–श्रीमद्‌भगवत गीता

जो तप सत्कार, मान और पूजा के लिए अथवा पाखण्ड के लिए किया जाता है, वह अनिश्चित एवं क्षणिक फल वाला राजस तप कहा गया है।

–श्रीमद्‌भगवत गीता

जो दुस्तर है, दुष्प्राप्य है, दुर्गम है और दुष्कर है, उसे सब प्राप्त नहीं कर सकते। तप दुर्लंध्य है।

–मनुस्मृति

तप का आचरण तलवार की धार पर चलने के समान दुष्कर है।

–महावीर स्वामी

तप के द्वारा पूजा-प्रतिष्ठा की अभिलाषा नहीं करनी चाहिए।

–महावीर स्वामी

तप के द्वारा ही हमारी दुर्बलता शक्ति में और अविद्या ज्ञान में परिणत हो सकती है।

–डॉ० राधाकृष्णन

तप बल से सिरजई विधाता। तप बल विष्णु भये परिभ्राता।
तप बल संभु करहिं संहारा। तप तें अगम न कुछ संसारा।।

(तप के बल से ब्रह्मा सृष्टि करते हैं, तपोबल से विष्णु रक्षा करते हैं और तपोबल से शंकरजी संहार करते हैं। तप से संसार में कोई भी वस्तु दुर्लभ नहीं है।)

–गोस्वामी तुलसीदास

तपोमूलमिदं सर्वं दैवमानुषकं सुखम्।
देवताओं और मनुष्यों के सभी सुखों का मूल तप है।

–मनुस्मृति

तप ही ब्रह्म है।

–तैत्तिरीय आरण्यक

देवद्विजश गुरुप्राज्ञपूजनं शौचमार्जवम्।
ब्रह्मचर्यमहिंसा च शरीरं तप उच्च्यते।।

(देवता, ब्राह्मण, गुरु और ज्ञानी जनों का पूजन, पवित्रता, सरलता, ब्रह्मचर्य और अहिंसा यह शारीरिक तप कहा जाता है।)

–श्रीमद्‌भगवत गीता

फल को न चाहने वाले योगी पुरुषों द्वारा परम श्रद्धा से किए हुए तप को सात्त्विक कहते हैं।

–श्रीमद्‌भगवत गीता

ब्राह्मण का तप ज्ञान है और क्षत्रिय का तप दुर्बल की रक्षा करना है।

–मनुस्मृति

मन की प्रसन्नता, शान्त भाव, भगवच्चिन्तन करने का स्वभाव, मन का निग्रह और अन्तःकरण के भावों की भली भांति पवित्रता-यह सब मानस तप कहा जाता है।

–श्रीमद्भगवत गीता

शास्त्र ज्ञान में कुशल साधक भी तप, संयम रूप पवन के बिना भव-सागर को पार नहीं कर सकता।

–आचार्य भद्रबाहु

सम्मानात् तपसः क्षयः।

(सम्मान से तप का क्षय हो जाता है।)

–आपस्तम्ब स्मृति

साधक करोड़ों जन्मों के संचित कर्मों को तपस्या के द्वारा क्षीण कर देता है।

–महावीर स्वामी

स्वाध्याय स्वयं एक तप है।

–तैत्तिरीय आरण्यक

तपस्या

अपनी पीड़ा सह लेना और दूसरे जीवों को पीड़ा न पहुंचाना, यही लपस्या का स्वरूप है।

–संत तिरुवल्लुवर

जीवन में सबसे बड़ी कला तपस्या है।

–महात्मा गांधी

तपस्या धर्म का पहला और आखिरी कदम है।

–महात्मा गांधी

दुःख-वेदना ही मनुष्य जीवन में कठोर तपस्या का रूप धारण कर लेती है। यह तपस्या जिसकी सार्थक होती है उसकी आत्मा तपाए हुए सोने के समान निर्मल निष्कलुष और उज्ज्वल हो जाती है।

–अज्ञात

धन-संग्रह की अपेक्षा तपस्या का संग्रह श्रेष्ठ है।

–महाभारत

तर्क

कड़े और कटु शब्द दुर्बल कारण को सूचित करते हैं।

–विक्टर ह्यूगो

संसार के कष्टों से मुक्ति तर्क के द्वारा नहीं मिलती है।

–रवीन्द्रनाथ ठाकुर

तर्क केवल बुद्धि का विषय है। हृदय की सिद्धि तक बुद्धि नहीं पहुंच सकती। जिसे बुद्धि माने मगर हृदय न माने, वह त्याज्य है।

–महात्मा गांधी

तर्क को पार कर डालना चाहिए या वह स्वयं अपनी सीमा पार कर डाले और दिव्यता का मार्ग बन जाये।

–अरविन्द घोष

मानव, तुम तार्किक हो, लेकिन तर्क नहीं निस्सीम अपरिमित;
उसकी भी सीमायें हैं पर, उनसे शायद तुम न सुपरिचित।
मत अवलम्बित रहो तर्क पर, तर्क-सूत्र का कौन सहारा;
कहीं न हेत्वाभासों में ही, उलझ जाय यह जीवन सारा।।

(हे मानव ! तुम तार्किक हो, परन्तु तर्क असीम और अपरिमित नहीं है। उसकी भी सीमायें हैं किन्तु शायद तुम उनसे सुपरिचित नहीं हो। तुम तर्क का सहारा लेकर मत रहो, क्योंकि तर्क के सूत्र का कोई सहारा नहीं है। कहीं ऐसा न हो कि तुम्हारा सारा जीवन हेत्वाभासों में ही उलझ कर रह जायें।)

–बालकृष्ण शर्मा 'नवीन'

आदमी की वासना पहले है और तर्क केवल वासना को पुष्ट करने का साधन है।

–आचार्य रजनीश

तर्क बड़ा कच्चा सवार है। कषायों के घोड़े उसे सरलता से पटक देते हैं।

–स्विफ्ट

सौन्दर्य का तर्क लाजबाब होता है।

–ऐडिसन

तलवार

तलवार ही सब कुछ है, उसके बिना मनुष्य न अपनी रक्षा कर सकता है और न निर्बल की।

–गुरु गोविन्दसिंह

तलवार और कलम

कलम तलवार से अधिक शक्तिशाली होता है।

–कहावत

तलवार और भाग्य

तलवारें सोतीं जहां बंद म्यानों में।
किस्मत वहां सड़ती है तहखानों में।।

(जिस देश में योद्धाओं की तलवारें म्यानों में पड़ी रहती हैं, उसके निवासियों का भाग्य दासता के तहखानों में पड़ा सड़ता रहता है।)

–रामधारीसिह 'दिनकर'

ताड़ना

गुरु की ताड़ना पिता के प्यार से अच्छी है।

–शेख सादी

पांच वर्ष तक पुत्र को लाड़-प्यार करना चाहिए, दस वर्ष तक उसकी ताड़ना करनी चाहिए और जब वह पन्द्रह वर्ष का हो जाये, तब उसके साथ मित्रवत् व्यवहार करना चाहिए।

–अज्ञात

देखिए 'दण्ड'

तिरस्कार

जो तिरस्कार को सहन करता है, वह अनिष्ट को आमंत्रण देता है।

–कहावत

तिरस्कृत होने का मार्ग तिरस्कारों के सामने सिर झुका देना है। मनुष्य का उतना ही सम्मान होता है जितना वह दूसरों से प्राप्त करने में समर्थ होता है।

–हैजलिट

तिरस्कार दिखाने का सर्वोत्तम तरीका है मौन।

–बर्नार्ड शॉ

देखिए, 'अपमान'

तिल

दस गुना रूप है बढ़ाता तन कर बिन्दु,
अंक अनमोल यह कहां से गया मिल है।

(जैसे किसी संख्या के आगे बिन्दु (शून्य) लगा देने से उसका मान दस-गुना हो जाता है, उसी प्रकार नायिका के मुख पर तिल के कारण उसका सौन्दर्य दस गुना हो गया है। पता नहीं, यह अमूल्य अंक (तिल) कहां से मिल गया है।)

–अज्ञात

दृष्टि लग जाय किसी के चन्द्र आनन पै,
काला चिह्न विधि ने इसी से क्या दिया है छोड़ ?

–अज्ञात

तिलांजलि

लेखक और सम्पादक को आत्म-मर्यादा के प्रश्न पर सब की तिलांजलि देने को सदा तैयार रहना चाहिए।

–रामवृक्ष बैनीपुरी

तीक्ष्ण-बुद्धि

तीक्ष्ण बुद्धि वाले लोग बाण की भांति बहुत स्वल्प (स्थल में) स्पर्श करते हैं, किन्तु अन्तः प्रविष्ट हो जाते हैं, और मन्दबुद्धि लोग पत्थर के टुकड़े की भांति बहुत (चौड़े स्थल में) स्पर्श करने पर भी बाहर ही रह जाते हैं।

–माघ

तीर्थ

काबा कासी त्यागि अब, देखहु दीनन गेह।
दरिद्र नारायण ही जहां, दर्शन देत सदेह।।

–रामेश्वर अरुण

घट में तीरथ क्यों न नहावो।
इत उत डोलत पथिक बनेही, भरमि भरमि क्यों जन्म गंवावो।।
सत जमुना संतोष सरस्वती गंगा धीरज धारो।
झूठ पटकि निर्लोभ होय करि, सब ही बोझा सिर सूं डारो।।

(तुम्हारे घट में तीर्थ है, उसमें क्यों नही नहाते ? यात्री बन कर इधर-उधर जाते हो, भरम-भरम कर तुमने अपना जन्म गंवा दिया। सत्य यमुना है, संतोष सरस्वती है और धैर्य गंगा है। तुम झूठ को छोड़ दो और निर्लोभ होकर सब बोझ अपने सिर से उतार कर फेंक दो।)

–चरणदास

शरीर आत्मा के रहने की जगह होने के कारण तीर्थ जैसा पवित्र है।

–महात्मा गांधी

संत महापुरुष ही वास्तविक तीर्थ और देवता हैं, क्योंकि इन संत महापुरुषों के दर्शन-मात्र से ही कल्याण हो जाता है।

–श्रीमद्भगवत गीता

सबसे उत्तम तीर्थ अपना मन है जो विशेष रूप से शुद्ध किया हुआ हो।

–शंकराचार्य

तुलना

कुछ व्यक्तियों की प्रधानता केवल स्थानीय होती है। वे बड़े इसलिए होते हैं क्योंकि उनके सहयोगी बौने होते हैं।

–डॉ० सैम्युअल जॉनसन

तृण

तनु तिय तनय धामु-धनु धरनी। सत्यसंध कहुं तृन सम बरनी।।

सत्यव्रती के लिए शरीर, स्त्री, पुत्र, घर, धन और पृथ्वी सब तिनके के बराबर कहे गए हैं।

–गोस्वामी तुलसीदास

ब्रह्मज्ञानी को स्वर्ग तृण है, शूर के लिए जीवन तृण है, जितेन्द्रिय के लिए स्त्री तृण-सदृश है और निःस्पृह के लिए जगत् तृण-तुल्य है।

–चाणक्य

तृप्ति

आदर-सत्कार मिलने से तृप्ति होती है, केवल भोजन से नहीं।

–चाणक्य

इन्द्रियों से कभी तृप्ति मिलने वाली नहीं है, अन्तरात्मा से ही तृप्ति लाभ कर।

–ज्ञानसार

तृष्णा

आदमी में शुभ गुण तभी तक हैं जब तक वह तृष्णा से दूर है। तृष्णा का स्पर्श होते ही सब गुण गायब हो जाते हैं।

–योग वाशिष्ठ

आधी और सूखी भली, पूरी सा संताप।
जो चाहेगा चूपड़ी, बहुत करेगा पाप।।

–कबीर

आसा तृस्ना ना मरी कह गए दास कबीर।

(कबीर दास कह गए हैं कि मनुष्य की आशा और तृष्णा समाप्त नहीं होती।)

–कबीर

कह गिरिधर कविराय, नागिनी है यह तृष्णा।
जिसके अन्दर बसै तिसी को डंसि है तृष्णा।।

–गिरिधर कविराय

चेहरे पर झुर्रियां पड़ गईं, सिर के बाल पक कर सफेद हो गए, सारे अंग ढीले हो गए, परन्तु एक तृष्णा तरुण होती जाती है।

–भर्तृहरि

जिनको कछू न चाहिए, वो ही शाहंशाह।

(जिन मनुष्यों को किसी चीज की आवश्यकता नहीं होती, वही बादशाह होते हैं।)

–रहीम

जिसकी तृष्णा बढ़ी-चढ़ी है, वही दरिद्र है।

–भर्तृहरि

जो कुछ भी दुःख होता है, वह तृष्णा के कारण होता है।

–गौतम बुद्ध

जो तृष्णा को बढ़ाते हैं, वे उपाधि को बढ़ाते हैं। जो उपाधि को बढ़ाते हैं, वे दुःख को बढ़ाते हैं।

–गौतम बुद्ध

तृष्णा का कहीं ओर-छोर नहीं है, उसका पेट भरना कठिन होता है। वह सैकड़ों दोषों को ढोती फिरती है। उसके द्वारा बहुत-से अधर्म होते हैं। अतएव तृष्णा का परित्याग कर देना चाहिए।

–पद्म पुराण

तृष्णा का प्याला पीकर आदमी अविचारी और पागल हो जाता है।

–शेख सादी

तृष्णा चतुर को भी अंधा बना देती है।

–शेख सादी

तृष्णा वैतरणी नदी है।

–चाणक्य

तृष्णा संतोष की वैरिन है। वह जहां पांव जमाती है, संतोष को भगा देती है।

–सुकरात

धैर्यनाशिनी तृष्णे देवि ! तुम्हें नमस्कार है। जो विष्णु तीनों लोकों में पूज्य थे, उन्हें भी तुमने वामन बना दिया।

–योग वाशिष्ठ

भूख है तन की तनक-सी, मन की भूख महान।
जगत विभौ सों ना मिटै, मिटै न अमृतपान।।

–मानिकदास

मैं था पूरन ब्रह्म यदि चाह न होती बीच।
(यदि मेरे मन में किसी चीज की चाह न होती, तो मैं पूर्ण ब्रह्म होता।)

–रहीम

वृद्धावस्था में बाल बूढ़े होकर सफेद हो जाते हैं, दांत टूट जाते हैं, आंख और कान जीर्ण हो जाते हैं; परन्तु एक तृष्णा ऐसी है जो तरुणी ही बनी रहती है।

–अज्ञात

तृष्णारहित

चन्द्रमा और हिमालय पर्वत भी इतने शीतल नहीं हैं, कदली वृक्ष और चंदन भी इतने शीतल नहीं है जितना तृष्णा रहित चित्त शीतल रहता है।

–योग वाशिष्ठ

तेज : तेजस्वी

जिस मनुष्य में तेज नहीं रहता है, उसकी सब अवहेलना करते हैं। आग बुझ जाने पर राख को सब लोग छूते हैं।

–अज्ञात

तेजवन्त लघु गनिय न रानी।

(हे रानी ! तेजवान को छोटा नहीं गिनना चाहिए ?)

–गोस्वामी तुलसीदास

'तेजस्वियों' की आयु नहीं देखी जाती।

–कालिदास

त्याग : त्यागी

कर्म से, धन से अथवा सन्तान से विद्वानों ने अमृत रूप मोक्ष प्राप्त नहीं किया है।

–अज्ञात

छोटी वस्तुओं की अपेक्षा बड़ी वस्तुओं का त्याग त्याग है।

–मॉन्टेन

जिस आदमी की त्याग की भावना अपनी जाति से आगे नहीं बढ़ती, वह स्वयं स्वार्थी होता है और अपनी जाति को भी स्वार्थी बनाता है।

–महात्मा गांधी

त्याग का प्रेम के साथ गहरा संबंध है—ऐसा संबंध है कि यह निश्चय करना कठिन है कि कौन आगे है और कौन पीछें। प्रेम के बिना त्याग नहीं होता और त्याग के बिना प्रेम असम्भव है।

–रवीन्द्रनाथ ठाकुर

त्याग का ही दूसरा नाम महत्व है। प्राणों का मोह त्याग करना वीरता का रहस्य है।

–जयशंकर प्रसाद

त्याग के समान कोई सुख नहीं है।

–महात्मा गांधी

त्याग के सिवा इस संसार मे कोई शक्ति नहीं है।

–स्वामी रामतीर्थ

त्याग से पाप का मूलधन चुकता है और दान से पाप का ब्याज।

–विनोबा भावे

पतझड़ हुए बिना पेड़ों में फल नहीं लगते हैं।

–रज्जब जी

पर-स्त्री, पर-धन, पर-निन्दा, परिहास और बड़ों के सामने चंचलता—इनका त्याग करना चाहिए।

–संस्कृत सूक्ति

प्राणी कर्म का त्याग नहीं कर सकता; कर्मफल का त्याग ही त्याग है।

–श्रीमद्भगवत गीता

मान त्याग देने पर मनुष्य सबका प्रिय हो जाता है, क्रोध छोड़ देने पर शोक-रहित हो जाता है, काम का त्याग कर देने पर धनवान होता है और लोभ छोड़ देने पर सुखी हो जाता है।

–धर्मराज युधिष्ठिर

स्निग्ध अपना जीवन कर क्षार,
दीप करता आलोक-प्रसार,
गलाकर मृत्पिंडों में प्राण,
बीज करता असंख्य निर्माण !
सृष्टि का है यह अमिट विधान,
एक मिटने में सौ वरदान,
नष्ट कब अणु का हुआ प्रयास,
विफलता में है पूर्ति विकास।।

(अपना स्निग्ध जीवन नष्ट करके दीपक प्रकाश फैलाता है। बीज मिट्टी में अपने प्राण नष्ट करके अनेक पौधों को जन्म देता है। सृष्टि का यह शाश्वत नियम है कि एक के मर मिटने से अनेक लाभ होते हैं। अणु का प्रयास कभी निष्फल नहीं होता। असफलता में ही पूर्ति का विकास होता है।)

–महादेवी वर्मा

जिसने इच्छा का त्याग किया है, उसको घर छोड़ने की क्या आवश्यकता है, और जो इच्छा का बंधुआ है, उसको वन में रहने से क्या लाभ हो सकता है ? सच्चा त्यागी जहां रहे, वही वन और वही भवन-कंदरा है।

–महाभारत

त्याग और दान

त्याग का स्वभाव दयालु है; दान का ममतामय। धर्म दोनों ही पूर्ण हैं। त्याग का निवास धर्म के शिखर पर है; दान का उसके ललाट में।

–विनोबा भावे

त्याग तो बिल्कुल जड़ पर ही आघात करने वाला है। दान ऊपर ही ऊपर से कोपलें खोंटने जैसा है।

–विनोबा भावे

त्याज्य

जिस देश में सम्मान न हो, जीविका न हो, बन्धु-बान्धव न हों और विद्या की प्राप्ति न हो, वहां नहीं रहना चाहिए।

–चाणक्य

निद्रा, तन्द्रा, भय, क्रोध, आलस्य और दीर्घसूत्रता—इन अवगुणों को उन्नति के इच्छुक पुरुष को अवश्य त्याग देना चाहिए।

—हितोपदेश

त्योहार

त्यौहार साल की गति के पड़ाव हैं, जहां भिन्न-भिन्न मनोरंजन हैं, भिन्न-भिन्न आनन्द हैं और भिन्न-भिन्न क्रीड़ास्थल हैं।

—अज्ञात

त्रुटि

त्रुटि निकालना सरल है; अच्छा कार्य करना कठिन है।

—प्लूटार्क

यदि आप को अपने पड़ोसी की त्रुटियों को सहना है, तो अपनी दृष्टि स्वयं अपनी त्रुटियों पर डालिए।

—गेलिना

थकान

थकान सबसे अच्छा तकिया है।

—बेंजमिन फ्रैंकलिन

थूकना

चन्द्रमा पर थूकने वाले का थूक उसी के मुंह पर पड़ता है।

—कहावत

दण्ड

अपराधी के दण्ड में उपयोगिता होनी चाहिए। एक मनुष्य को फांसी दे देने से कोई लाभ नहीं।

—वॉल्टेयर

एक कठोर दण्ड बरसों के प्रेम को मिट्टी में मिला देता है।

—प्रेमचन्द

दण्ड अन्यायी के लिए न्याय है।

—आगस्टाइन

दण्ड सम्पूर्ण जगत् को नियम के अन्दर रखने वाला है, यह धर्म की सनातन आत्मा है; इसका उद्देश्य है प्रजा को उद्दण्डता से बचाना।

—महाभारत

पाप या अपराध करने के पश्चात् यदि मनुष्य राजा के दिए हुए दंड को भोग लेते हैं, तो वे शुद्ध होकर पुण्यात्मा पुरुषों की भांति स्वर्ग में आ जाते हैं।

—वाल्मीकि रामायण

यदि गुरु भी अभिमान में आकर कर्तव्य-अकर्तव्य का ज्ञान खो बैठे और कुकर्म पर चलने लगे, तो उसे भी दंड देना आवश्यक हो जाता है।

–वाल्मीकि रामायण

यदि दंड न हो, तो यह संसार नरक से भी बढ़कर दुर्गति में फंस जाय।

–अज्ञात

लाड़-प्यार में बहुत-से दोष होते हैं और ताड़ना (दंड) में बहुत-से गुण होते हैं। अतएव पुत्र और शिष्य को दण्ड देना चाहिए, बहुत लाड़-प्यार नहीं करना चाहिए।

–चाणक्य

दंभ

जिस वस्तु को मनुष्य दे नहीं सकता, उसे ले लेने से बढ़कर दूसरा दंभ नहीं है।

–जयशंकर प्रसाद

दंभ और अहंकार से पूर्ण मनुष्य अदृष्ट शक्ति के क्रीड़ा-कंदुक हैं।

–जयशंकर प्रसाद

दक्ष

लहर और तूफान भी दक्ष नाविक का साथ देते हैं।

–गिबन

दमन

दमन और आतंक की तेजी हुकूमत के डर का नाम हुआ करती है। हर एक हुकूमत आतंकवाद का सहारा तब लेती है, जब उसे खुद अपनी हस्ती खतरे में मालूम पड़ती है।

–जवाहरलाल नेहरू

दयनीय

संसार में सबसे दयनीय कौन है ? धनवान् होकर भी जो कंजूस है।

–विद्यापति

दया

अधम जनहुँ पै साधुजन, करैं दया-विस्तार।
निज प्रकाश नहिं देत कै, चन्द्र श्वपच-आगार।।

(सज्जन अधम व्यक्तियों पर भी दया करते हैं। क्या चन्द्रमा चाण्डालों तथा अन्य निम्न वर्गों के घरों पर प्रकाश नहीं डालता ?)

–अज्ञात

अपना सा जी सबका जाने !
सबके ही अपना-सा दिल है, उनका दुख हल्का क्यों माने;
प्रभु की कृपा चाहते हैं तो कृपा करें हम दुःखी जनों पर ;
उनका मन समझें, सहलायें, रोयें उनके अश्रु-कणों पर !
उनकी आहें प्रभु की आहें, उनका आशिष प्रभु का आशिष;
नहीं दुखाओ दिल दुखियों का, उनका शाप बनेगा कलि-विष !

–श्रीमन्नारायण

दया सबसे बड़ा धर्म है।

–महाभारत

दया दोतरफी कृपा है। इसकी कृपा दाता पर भी होती है और पात्र पर भी।

–शेक्सपियर

जब दया का देवदूत दिल से दुत्कार दिया जाता है और जब आंसुओं का फव्वारा सूख जाता है तब आदमी रेगिस्तान की रेत में रेंगते हुए सांप के मानिन्द हो जाता है।

–इंगरसोल

केवल दया दिखाने वाला परमात्मा अन्यायी परमात्मा है।

–यंग

जहां दया तहं धर्म है, जहां लोभ तहुं पाप।
जहां क्रोध तहं काल है, जहां क्षमा तहं आप।।

–कबीर

दया के छोटे-छोटे कार्य प्रेम के जरा-जरा से शब्द हमारी पृथ्वी को स्वर्गोपम बना देते हैं।

–जूलियाः कार्नी

दया कौन पर कीजिए, कापर निर्दय होय।
साईं के सब जीव हैं, कीरी कुंजर दोय।।

–कबीर

दया धर्म का मूल है, पाप-मूल अभिमान।
तुलसी दया न छाँड़िए, जब लग घट में प्रान।।

–गोस्वामी तुलसीदास

दया मनुष्य का स्वाभाविक गुण है।

–प्रेमचन्द

दया का पात्र होने से, ईर्ष्या का पात्र होना श्रेष्ठ है।

–कहावत

मुझे दया के लिये भेजा गया है, शाप देने के लिये नहीं।

–हजरत मोहम्मद

जो असहायों पर दया नहीं करता उसे शक्तिशालियों के अत्याचार सहने पड़ते हैं।

–शेख सादी

मैं नाम से मनुष्य हूं, दया से ईश्वर हूं।

–सिमन्स

दया सब वस्तुओं में सबसे सस्ती है, उसके प्रयोग में हमें सबसे कम कष्ट सहना और आत्म-त्याग करना होता है।

–एस० स्माइल्स

दया स्वयं परमात्मा का गुण है और लौकिक शक्ति उस समय दिव्य शक्ति के बहुत समान मालूम होती है जब न्याय में दया का सम्मिश्रण होता है।

–शेक्सपियर

न्याय करना केवल ईश्वर का काम है, आदमी का काम तो केवल दया करना है।

–फ्रांसिस

पाप को इतना कोई साहसी नहीं बनाता जितना दया बनाती है।

–शेक्सपियर

पापी हो या पुण्यात्मा अथवा वध के योग्य अपराधी ही क्यों न हों, उन सबके ऊपर श्रेष्ठ पुरुष को दया करनी चाहिए, क्योंकि ऐसा कोई व्यक्ति नहीं है, जो सर्वथा अपराध न करता हो।

–वाल्मीकि रामायण

मधुर दया सज्जनता का वास्तविक चिह्न है।

–शेक्सपियर

मरुस्थल में भी उग सके, मीठे पिण्ड खजूर।
निर्दय दिल में भी, दया के अंकुर भरपूर।।

–श्रीमन्नारायण

शुद्ध न्याय में शुद्ध दया होनी चाहिए। न्याय का विरोध करने वाली दया, दया नहीं बल्कि क्रूरता है।

–महात्मा गांधी

हम सभी ईश्वर से दया की प्रार्थना करते हैं और वही प्रार्थना हमें दया करना भी सिखाती है।

–शेक्सपियर

दयालु : दयालुता

जो सचमुच दयालु है, वही सचमुच बुद्धिमान् है, और जो दूसरों से प्रेम नहीं करता उस पर ईश्वर की कृपा नहीं होती।

–होम

तू दयालु दीन हौं तू दानि हौं भिखारी।
हौं प्रसिद्ध पातकी तू पाप-पुंज-हारी।।

(हे प्रभो ! तुम दयालु हो और मैं दीन हूं। मैं प्रसिद्ध पापी हूं और तुम पापों को दूर करने वाले हो।)

–गोस्वामी तुलसीदास

दयालुता दयालुता को जन्म देती है।

–सोफोक्लीज

दयालुता हमको ईश्वर-तुल्य बनाती है।

–क्लॉडियन

दयालु चेहरा सदैव सुन्दर होता है।

–बेली

दरिद्र : दरिद्रता

उस मनुष्य से अधिक दरिद्र कोई नहीं है, जिसके पास केवल पैसा है।

–एडविन पग

दरिद्र प्राणी उस धनी से कहीं सुखी है, जिसे उसका धन सांप बनकर काटने दौड़े।

–प्रेमचन्द

दरिद्र वे लोग हैं जो अपने को दरिद्र मानते हैं, दरिद्रता दरिद्र समझने में ही रहती है।

–इमर्सन

दरिद्रता सब पापों की जननी है।

–जयशंकर प्रसाद

लखि दरिद्र को दूर तें, लोग करैं अपमान।
जाचक जन ज्यों देखिके, भूकत हैं बहु स्वान।।

(दरिद्र मनुष्य को दूर से ही देखकर लोग उसका इस तरह अपमान करते हैं जैसे भिखारियों को देखकर कुत्ते भूंकने लगते हैं।)

–दीनदयाल गिरि

दरिद्रता कलह की जड़ है।

–कहावत

दरिद्रता का भाव रखकर हम समृद्धि को अपने मानस-क्षेत्र की ओर कैसे आकृष्ट कर सकते हैं?

–स्वेट मार्डेन

दरिद्रता मित्रों को परखती है।

–कहावत

दरिद्रता संसार की विपत्तियों में सबसे दुःखदायी है।

–प्रेमचन्द

दरिद्रता में मनुष्य प्रायः भाग्य के आश्रित हो जाता है।

–प्रेमचन्द

दरिद्रता सब पापों की जननी है और लोभ उसकी सबसे बड़ी सन्तान है।

–जयशंकर प्रसाद

दरिद्रता आलस्य का पुरस्कार है।

–डच कहावत

दरिद्रता मानव को सम्पूर्ण साहस और धर्म से हीन कर देती है।

–बेंजमिन फ्रैन्कलिन

दरिद्र नारायण

अतिथि की भांति दीन, दुःखी, पीड़ित, रोगी इत्यादि की सेवा करना भी समाज-पूजा का एक अंग है। दरिद्र नारायण भी एक महान देवता हैं। उनका हम पर वह उपकार है, जिसका कभी बदला नहीं चुकाया जा सकता।

–विनोबा भावे

दर्प

क्षोभ में ही प्रकट होता दर्प है,
गरजता छेड़े बिना कब सर्प है ?

–अज्ञात

देखिए, 'अहंकार', 'अभिमान', 'गर्व'

दर्शन : दर्शनशास्त्र

आश्चर्य सारे दर्शनशास्त्र की आधारशिला है। अनुसंधान उसका विकास एवं अज्ञानता उसकी समाप्ति है।

–मॉन्टेन

कहां से ? किधर ? क्यों ? कैसे ? सारा दर्शनशास्त्र इन्हीं प्रश्नों की व्याख्या है।

–शूबर्ट

दर्शन का उद्देश्य जीवन की व्याख्या करना नहीं, उसे बदलना है।

–डॉ० राधाकृष्णन

दर्शन का सम्बन्ध विचार के ऊंचे से ऊंचे स्तर और व्यवहार के नीचे से नीचे स्तर से है।

–सम्पूर्णानन्द

दर्शन जगत को समझने और उसको उन्नत बनाने का श्रेष्ठतम साधन है।

–सम्पूर्णानन्द

दर्शन सर्वश्रेष्ठ संगीत है।

–प्लेटो

जैसे नयन वैसे दृश्य।

–ब्लेक

मुसीबत के समय का मीठा दूध–दर्शन शास्त्र।

–शेक्सपीयर

मन की सच्ची दवा दर्शन शास्त्र है।

–सिसरो

दवा

आराम और उपवास सर्वोत्तम दवा है।

–बेंजमिन फ्रैंकलिन

घर के कूड़े को ढक देने का और दवा का असर एक-सा होता है।

–महात्मा गांधी

जहां तक हो सके, निरन्तर हंसते रहो–यह सस्ती दवा है।

–अज्ञात

दिन के अन्त में दूध पिए, रात के अन्त में जल पिए, और भोजन के अन्त में मट्ठा पिए, फिर वैद्य की क्या आवश्यकता है ?

–अज्ञात

प्रतिदिन एक सेब खाने से डॉक्टर की आवश्यकता नहीं होती।

–अंग्रेजी कहावत

मनुष्यों द्वारा प्रयुक्त शब्द ही अत्यन्त शक्तिशाली दवा है।

–किप्लिंग

दस्तकारी

जिस चीज में मनुष्य के प्यारे हाथ लगते हैं, उसमें उसके हृदय का प्रेम और मन की पवित्रता सूक्ष्म रूप से खिल जाती है और उसमें मुर्दे को जिन्दा करने की शक्ति आ जाती है।

–पूर्णसिंह

मनुष्य के हाथ से बने हुए कामों में उसकी प्रेममय पवित्र आत्मा की सुगंध आती है।

–पूर्णसिंह

दहेज

दहेज बुरा रिवाज है, बेहद बुरा। बस चले तो दहेज लेने वालों और दहेज देने वालों–दोनों को गोली मार दी जाये।

–प्रेमचन्द

जब लड़कों की तरह लड़कियों की शिक्षा और जीविका की सुविधायें निकल आवेंगी, तो दहेज प्रथा भी विदा हो जायेगी।

—प्रेमचन्द

लड़की रूपवती है, गुणशीला है, चतुर है, कुलीन है, तो हुआ करे; दहेज ही तो सारे दोष-गुण हैं। प्राणों का कोई मूल्य नहीं, केवल दहेज का मूल्य है।

—प्रेमचन्द

दाता

अपनी भूख मार कर जो भिखारी को भीख दे, वही तो दाता है।

—अज्ञात

दाता का दोष उसी तरह छिप जाता है जिस तरह चन्द्रमा के किरण-जाल में उसका कलंक।

—अज्ञात

दान

अदत्त्वा विषमश्नुते।

(जो बिना दान दिए हुए खाता है, वह विष खाता है।)

—विष्णु पुराण

अधिक नहीं दे सकते तो अपने नेवाले में से ही आधा नेवाला क्यों नहीं दे देते ?

—जैन पंचतंत्र

दान से शत्रुता का भी अन्त हो जाता है।

—मनुस्मृति

सबसे उत्तम दान आध्यात्मिक ज्ञान का दान है।

—स्वामी विवेकानन्द

दान देने से सम्पत्ति कम नहीं होती।

—हजरत मोहम्मद

गरीबों को देना ही दान है और सब प्रकार का देना उधार देना है।

—तिरुवल्लुवर

जो जल बाढ़े नाव में, घर में बाढ़े दाम।
दोऊ हाथ उलीचिए, यही सयानो काम।।

(यदि नाव में पानी बढ़ जाये, तो उसे दोनों हाथ से उलीचना चाहिए। इसी प्रकार यदि घर में धन हो, तो खूब दान देना चाहिए। चतुर आदमी का यही काम है।)

—कबीर

जो धनवन्तु सु देव कछु, देय कहा धनहीन।
कहा निचोरै नग्न जन, न्हान सरोवर कीन।।

(जो धनवान् है, वह कुछ धन दे सकता है। जो धन हीन है वह कुछ नहीं दे सकता; जैसे यदि कोई नंगा आदमी तालाब में नहाये, तो वह क्या निचोड़ेगा ?)

–वृन्द

जो भाग्यवान है, वह दानशीलता अपनाता है और दानशीलता से ही आदमी भाग्यवान होता है।

–शेख सादी

जो स्वयं नहीं भोग सकता, वह प्रसन्न मन से दान भी नहीं कर सकता।

–रवीन्द्रनाथ ठाकुर

तब ही लगि जीबो भलो, दीबो परै न धीम।
बिन दीबो जीबो जगत् हमें न रुचै रहीम।।

(रहीम कवि कहते हैं कि तभी तक जीना अच्छा है जब तक दान देना कम न हो। बिना दान दिए जीवित रहना हमको अच्छा नहीं लगता।)

–रहीम

तुम्हारा दायां हाथ जो देता है, उसे बायां हाथ न जाननें पाये।

–इंजील

तुलसी दान जो देत हैं, जल में हाथ उठाय।
प्रतिग्राही जीवै नहीं, दाता नरकै जाय।।

(तुलसीदास जी कहते हैं कि यदि कोई जल में हाथ उठाकर दान देता है, तो दान ग्रहण करने वाला नहीं जीता और दानी नरक में जाता है।)

–गोस्वामी तुलसीदास

थोड़ा रहने पर जो दान दिया जाता है, वह हजार के बराबर होता है।

–जातक कथा

दादू दीया है भला, दिया करो सब कोय।
घर में धरा न पाइये, जो कर दिया न होय।।

–दादू

दान करने से गौरव प्राप्त होता है, धन का संचय करने से नहीं। जल दान करने वाले मेघ की स्थिति सबसे ऊपर होती है, और जल का संचय करने वाले समुद्र की स्थिति नीचे होती है।

–अज्ञात

दान जगत् का प्रकृत धर्म है, मनुज व्यर्थ डरता है।
एक रोज तो हमें स्वयं, सब कुछ देना पड़ता है।।

–रामधारी सिंह दिनकर

दान दीन को दीजिए, मिटे दरिद्र की पीर।
औषध ताको दीजिए, जाके रोग शरीर।।

–वृन्द

दान देकर तुम्हें खुश होना चाहिए, क्योंकि मुसीबत कभी दान की दीवार नहीं फांदती।

–हजरत मुहम्मद

दान लेने की पात्रता होने पर भी बार-बार दान न लें, क्योंकि उससे ब्रह्म तेज नष्ट हो जाता है।

–मनुस्मृति

दान से हाथ की शोभा बढ़ती है, गहनों से नहीं।

–चाणक्य

पर देने में विनय न होकर, जहां गर्व होता है।
तपस्त्याग का पर्व हमारा वहां खर्व होता है।।

(परन्तु दान देने में जहां विनय नहीं होती, बल्कि अहंकार होता है, वहां तप तथा त्याग का हमारा पर्व नष्ट हो जाता है।)

–मैथिलीशरण गुप्त

पहले निजवतनि देहू अवै। पुनि पावहिं नागर लोग सबै।
पुनि देहु सबै निज देशिन को। अबरोधन देहु विदेशिन को।।

(पहले अपने घर वालों को दान देना चाहिए, फिर नगर के लोगों को देना चाहिए, उसके बाद अपने देश-वासियों को देना चाहिए, अन्त में जो बचे उसे विदेशियों को देना चाहिए।)

–केशवदास

वह दान क्या जो मांगने से मिले। वही दान अलौकिक है जो परमात्मा के प्रसन्न होने से मिलता है।

–आसा दी वार

सूर्य जैसे जल को खींचता और बरसाता है, उसी तरह हमें द्रव्य लेना और देना चाहिए।

–श्रीमदभागवत

सज्जनों की रीति ही यह है कि यदि कोई उनसे कुछ मांगे, तो वे मुंह से कुछ न कहकर काम पूरा करके ही उत्तर देते हैं।

–कालिदास

सत्पुरुषों से किसकी प्रार्थना सफल नहीं हुई ?

–कालिदास

सबसे उत्तम दान यह है कि आदमी को इस योग्य बना दो कि वह दान के बिना काम चला सके।

–तालमुद

सभी प्राणी दान की प्रशंसा करते हैं, दान से बढ़कर अन्य कुछ दुष्कर नहीं है।

–तैत्तिरीय आरण्यक

समस्त गुणों की सीमा दान है।

–चाणक्य

दान की सफेद चादर के नीचे हम अपने असंख्य पाप छुपा लेते हैं।

–बीचर

देना ही वास्तव में पाना है।

–स्पर्नियन

उस दान में कोई पुण्य नहीं, जिसमें विज्ञापन हो।

–मसीलन

सैकड़ों हाथों से इकट्ठा करो और हजारों हाथों से बांटो।

–अथर्ववेद

हजार वाले ने सौ, सौ वाले ने दस और किसी ने यथाशक्ति थोड़ा-सा जल ही दिया, तो भी सबके दान का फल बराबर है।

–महाभारत

दानशीलता

दानशीलता आदमी की बुराइयों को इस तरह बदल देती है जैसे कीमिया तांबे को सोना कर देती है।

–शेख सादी

दानव

किसी में दानव की सी शक्ति होना तभी तक अच्छा है जब तक कि वह दानव की तरह उसका प्रयोग नहीं करता।

–शेक्सपीयर

दानी

घर पर आए हुए अन्न की याचना करने वाले मानव को जो सद्भाव से अन्न देता है, वस्तुतः वही सच्चा दानी है। उसे यज्ञ का पूरा फल प्राप्त होता है और उसके शत्रु भी मित्र होते जाते हैं।

–ऋग्वेद

चाहे धन घटता हो चाहे बढ़ता हो, लेकिन मतिमान,
कभी हाथ को नहीं रोकते, सदा किया करते हैं दान।
जैसे इन्दु सभी मासों में घटता-बढ़ता रहता है,
पर जब तक निःशेष न हो वह, तब तक तम को हरता है।।

–रामचरित उपाध्याय

जब आप किसी को भौतिक पदार्थ देने में असमर्थ हों, तो भी अपनी सद्भावनायें और शुभ कामनायें दूसरों को देते रहिए।

–अज्ञात

जो बिना मांगे ही दान करता है, वही श्रेष्ठ दानी है।

–अज्ञात

तुम वस्तुतः दानी हो यदि दान के समय अपना मुंह फेर लो ताकि दान ग्रहण करने वाले की लज्जा को न देख सको।

–खलील जिब्रान

दानियों के पास धन नहीं होता और धनी दानी नहीं होते।

–शेख सादी

दाम्पत्य

दाम्पत्य प्रेम मानव जाति का सृजन करता है, मित्रतापूर्ण प्रेम उसे पूर्ण बनाता है।

–फ्रांसिस बेकन

दाम्पत्य जीवन

दाम्पत्य जीवन चित्त की शान्ति का एक प्रधान साधन है।

–प्रेमचन्द

दाम्पत्य जीवन स्वार्थपरता का पोषक है।

–प्रेमचन्द

भारतीय दाम्पत्य जीवन कोमलता एवं प्रगाढ़ प्रेम से परिपूर्ण जीवन है।

–राधाकृष्णन

दार्शनिक

अहंकार को दूर करना ही दार्शनिक का सबसे पहला कार्य है।

–इपिक्टीटस

जब जिन्दगी को अपने दिल के गीत सुनाने के लिए गायक नहीं मिलता, तो वह अपने मन से विचार सुनाने के लिए दार्शनिक पैदा कर देती है।

–खलील जिब्रान

दार्शनिक कौन है ? जिसको प्रत्येक प्रकार का ज्ञान प्राप्त करने का जोश होता है, जिसको सदा जानने की इच्छा बनी हरती है, और जो (बिना जाने) कभी सन्तुष्ट नहीं होता, वही सच्चा दार्शनिक है।

–सुकरात

दार्शनिक होने का अर्थ केवल सूक्ष्म विचारक होना नहीं है या किसी दर्शन-प्रणाली को चला देना नहीं है, बल्कि यह है कि हम ज्ञान के ऐसे प्रेमी बन जाएं कि उसके इशारों पर चलते हुए विश्वास, सरलता, स्वतन्त्रता और उदारता का जीवन व्यतीत करने लगें।

–थोरो

मेरे विचार से सच्चा दार्शनिक वह है, जो अपने पीने के दूध को फटा

हुआ पाकर सिर धुनने के स्थान पर यह सोच कर सन्तोष कर लेता है कि इस दूध का तीन-चौथाई से ज्यादा हिस्सा पानी था।

–वॉल्टेयर

दार्शनिक शासक

दार्शनिक शासक में हिंसा और अन्याय के लिए सम्मान नहीं होता। वह हर मसले को मानवता की भलाई की दृष्टि से देखता है। उसका निर्णय न्यायोचित और समाज के कल्याण के लिए होता है।

–डॉ० राधाकृष्णन

यदि संसार में शान्ति और अमन की इच्छा है, तो दार्शनिक शासक के हाथों में राजसत्ता को सौंप दो।

–डॉ० राधाकृष्णन

दास : दासता

नाथ के तीखे वचन उर में लगे जब तीर से,
दास तब निज नेत्र को भरने न देता नीर से।
मुसकरा कर भाव अपना वह छिपाता है अहो
कौन ऐसा कष्ट भोगे पेट पापी जो न हो ?

–रामचरित उपाध्याय

जिस समय कोई आदमी किसी की दासता स्वीकार करता है, उसकी आधी योग्यता उसी समय नष्ट हो जाती है।

–ओडेसी

दासता के सांचे में ढलकर मनुष्य अपना मनुष्यत्व खो बैठता है।

–प्रेमचन्द

दासता में सुख किसी को हो नहीं सकता कभी,
किन्तु उसके शीश पर हैं दुख आ पड़ते सभी।
बेच दी निज देह को जिसने धनाशा में अहो,
रात-दिन परतन्त्रता का दुःख उसको क्यों न हो।

–रामचरित उपाध्याय

दासता सभ्य समाज के मौलिक नियमों के विरुद्ध है।

–मॉन्टेस्क्यू

सांसारिक वस्तुओं, स्थूल पदार्थों की इच्छा करना ही दासता का कारण है।

–स्वामी रामतीर्थ

दासता समाज के मौलिक नियमों के विरुद्ध है।

–मांटेस्क्यू

दिखावा : दिखावटीपन

आदमी में ठीक उतना ही दिखावटीपन होता है जितना उसमें समझ की कमी होती है।

–पोप

दिनों का फेर

जिन दिन देखे वे कुसुम, गई सु बीति बहार।
अब अलि रही गुलाब में, अपत कटीली डार।।

(हे भौंरा ! जिन दिनों तुमने गुलाब में लगे हुए सुन्दर फूलों को देखा था, वह समय व्यतीत हो गया। अब गुलाब में केवल पत्तों के बिना कंटीली डालें रह गई हैं।

–बिहारीलाल

न इतराइये देर लगती है क्या,
जमाने को करवट बदलते हुए।

(यदि आप स्वस्थ और सम्पन्न हैं, तो अभिमान मत कीजिए, क्योंकि समय बदलते हुए देर नहीं लगती है।)

–अज्ञात

रहिमन अब वे बिरछ कहं, जिनकी छांह गंभीर।
बागन बिच-बिच देखियत, सेंहुड़ कंज करील।।

(रहीम कवि कहते हैं कि अब वे वृक्ष नहीं रह गए हैं जिनकी छाया बहुत घनी हुआ करती थी। अब तो बागों के बीच-बीच में ऐसे निकृष्ट पेड़ दिखाई पड़ते हैं जैसे सेंहुड़, कंजे और करील।)

–रहीम

रहिमन चुप है बैठिए, देखि दिनन को फेर।
जब नीके दिन आइहैं, बनत न लागिहैं देर।।

(रहीम कवि कहते हैं कि समय का फेर देखकर चुपचाप बैठे रहो। जब अच्छा समय आयेगा तब तुम्हारा काम बनते देर नहीं लगेगी।)

–रहीम

संसार में किसका समय है एक-सा रहता है सदा,
है निशि-दिवा-सी घूमती सर्वत्र विपदा-सम्पदा।
जो आज एक अनाथ है, नरनाथ कल होता वही,
जो आज उत्सव मग्न है, कल शोक से रोता वही।।

–मैथिलीशरण गुप्त

दिमाग

खाली दिमाग शैतान का कारखाना है।

–कहावत

दिमाग खुद अपने में स्वर्ग को नरक और नरक को स्वर्ग में बदल सकता है।

–मिल्टन

देखिए, 'मस्तिष्क'

दिल

अगर अच्छा चेहरा सिफारिश का पत्र है, तो नेक दिल साख-पत्र।

–बुल्वर

अच्छा दिल सोने जैसा मूल्यवान होता है।

–शेक्सपियर

आदमी के दिल से बड़ा कुछ नहीं है। आदमी का दिल ही तमाम तीर्थों का स्थान है। यही मन्दिर, मस्जिद, गिरजा, काबा और जेरूसलम है। ईसा और मूसा ने यहीं बैठकर सत्य का साक्षात्कार किया था।

–नजरुल इस्लाम

जिसने दिल खोया उसी को कुछ मिला।
फायदा देखा इसी नुकसान में।

(जो अपना दिल खो देता है उसी को कुछ मिलता है। यही एक ऐसा नुकसान है जिसमें फायदा होता है।)

–अज्ञात

दिल के घाव आसानी से नहीं भरते।

–अज्ञात

दिल को दिल से राहत होती है।

–अज्ञात

दिल से निकली बात ही दिल तक पहुंचती है।

–ड्राइन

दिल के पास वे आंखें है जिनका मस्तिष्क को कुछ पता नहीं है।

–पार्क हर्स्ट

देखिए, 'हृदय'

दिवालिया

संसार में सबसे बुरा दिवालिया वह है जिसने अपना जोश खो दिया।

–एच० डब्ल्यू० ऑरनॉल्ड

दीक्षा

दीक्षा का अर्थ आत्म-समर्पण है। आत्म-समर्पण बाहरी आडम्बर से नहीं होता। यह मानसिक वस्तु है।

–महात्मा गांधी

दीन : दीनता

अमीर-गरीब सबकी जरूरतें होती हैं, इसलिए वे गरीब होते हैं। अमीरों की जरूरतें भी ज्यादा हैं। इसलिए वे औरों की अपेक्षा दीन भी ज्यादा हैं।

–शेख सादी

दीन सबन को लखत है, दीनहिं लखै न कोय।
जो रहीम दीनहिं लखै दीनबन्धु सम होय।।

–रहीम

दीननु देखि घिनात जे, नहिं दीननु सों काम।
कहा जानि ते लेत हैं, दीनबन्धु को नाम।।

(जो दीनों को देखकर घृणा करते हैं और जो दीनों से कोई सम्बन्ध नहीं रखते, वे क्या समझकर दीनबन्धु भगवान् का नाम लेते हैं।)

–वियोगी हरि

दीन-सुवाणी को भी, धनी-कुवाणी सदा दबाती है।
भेरी रव के आगे वीणा, को कौन सुनाता है।।

–रामचरित उपाध्याय

सचमुच यदि हम दीन के प्रति खिंचकर सेवा-सहायता करना चाहते हैं, तो उसकी दिशा यही हो सकती है कि हम और वह बराबरी पर आकर मिलें। पर क्योंकि सब दीन धनिक नहीं बन सकते, यानी मैं सबको धनिक नहीं बना सकता, इससे बराबरी का एक ही मार्ग रह जाता है कि मैं स्वयं स्वेच्छापूर्वक दीन बनूं।

–जैनेन्द्र कुमार

आत्म-सम्मान की भावना ही दीन भावना की औषधि है।

–अज्ञात

दिव्य दीनता के रसहिं, का जाने जग अन्धु।
भली बिचारी दीनता, दीनबन्धु से बन्धु।।

(दिव्य दीनता के आनन्द को अन्धा संसार नहीं जानता। बेचारी दीनता बहुत अच्छी है, क्योंकि उसमें दीनबन्धु भगवान् जैसे बन्धु मिलते हैं।)

–रहीम

दीनता सभी गुणों की दृढ़ आधार-शिला है।

–कन्फ्यूशस

यह अभिमान था जिसने देवों को दैत्यों में बदल दिया; यह दीनता है जो मनुष्य को देव-तुल्य बना देती है।

–ऑगस्टाइन

देखिए, 'निर्धन', 'गरीब'

दीप : दीपक

जो दीपक को अपने पीछे रखते हैं, वे अपने मार्ग में अपनी ही छाया डालते हैं।

–रवीन्द्रनाथ ठाकुर

भगवान् भुवन-भास्कर के अभाव में दीपक भी आदरणीय है।

–वेद

राम नाम मनि दीप धरु, जीह देहरी द्वार।
तुलसी भीतर बाहिरो, जो चाहसि उजियार।।

(तुलसीदास जी कहते हैं कि यदि तुम अपने हृदय के भीतर और बाहर-दोनों स्थानों में प्रकाश चाहते हो, तो अपने मुंह रूपी दरवाजे की जीभ रूपी देहरी पर राम नाम रूपी दीपक रक्खो।)

–गोस्वामी तुलसीदास

दीर्घसूत्रता

जो कार्य तुम आज कर सकते हो, उसे कल पर कदापि मत छोड़ो।

–बेंजमिन फ्रैंकलिन

दुनिया

इस दुनिया में कोई चीज टिकने वाली नहीं है। तू इसमें गफलत से अपनी उम्र न गुजार।

–शेख सादी

दुनिया अपना फायदा देखती है। अपना कल्याण हो, दूसरे ज़िएं या मरें।

–प्रेमचन्द

दुनिया एक बुलबुला है।

–बेकन

दुनिया एक महान पुस्तक है, जिसमें से वे लोग केवल एक पृष्ठ पढ़ पाते हैं जो घर छोड़कर बाहर नहीं जाते।

–अज्ञात

दुनिया का काम मुरौवत और रवदारी से चलता है। अगर हम किसी से खिंचे रहें, तो कोई कारण नहीं कि वह भी हमसे खिंचा रहे।

–प्रेमचन्द

दुनिया का दस्तूर है कि पहले अपने घर में दिया जलाकर तब मस्जिद में जलाएं।

–प्रेमचन्द

दुनिया के मुकाबले में उसका पूर्ण ज्ञान ही मानव का रक्षक है।

–लॉक

दुनिया केवल पेट पालने की जगह नहीं है।

–प्रेमचन्द

दुनिया दुनियादारों के लिए है जो अवसर और बल देखकर काम करते हैं।

–अज्ञात

दुनिया में कुछ ऐसे भी महात्मा होते हैं, जो अपना पेट चाहे न भर सकें, पर पड़ोसियों को नेवता देते हैं।

–प्रेमचन्द

दुनिया में कोई किसी का नहीं होता।

–प्रेमचन्द

यह दुनिया दर्पण के समान है, हर एक को अपना ही मुंह सामने खड़ा हुआ दिखाई पड़ता है।

–अज्ञात

विचारकों के लिए दुनिया सुखान्त है और संवदेनशील लोगों के लिए दुखान्त।

–होरेस वाल्पोल

दुर्गति

कल्याणकरी कर्म करने वाले मनुष्य की कभी दुर्गति नहीं होती।

–श्रीमद्भगवत गीता

दुर्गुण

हमारे मधुर दुर्गुण ही हमें सजा देने के लिए कोड़े बना दिए जाते हैं।

–शेक्सपियर

दुर्जन

ऊंच निवास नीच करतूती। देखि न सकहिं पराइ विभूति।।

(दुर्जन लोग ऊंचे पद या स्थान पर पहुंच जाते हैं, परन्तु दूसरों का ऐश्वर्य नहीं देख सकते।)

–गोस्वामी तुलसीदास

दुर्जन और कंटक को दूर करने के दो ही उपाय हैं—जूते से उनका मुंह तोड़ दिया जाये या दूर से ही उनका परित्याग कर दिया जाये।

–चाणक्य

दुरजन की करुना बुरी, भलो सजन का त्रास।
सूरज जब गरमी करै, तब बरसन की आस।।

–वृन्द

दुर्जनों की चर्चा भी अकल्याणकारी होती है।

–माघ

दुर्जन के साथ मैत्री और प्रेम कुछ भी नहीं करना चाहिए। कोयला यदि जलता हुआ है, तो स्पर्श करने पर जला देता है और यदि ठंडा है, तो हाथ काला कर देता है।

–हितोपदेश

दुर्जन को अच्छी तरह शिक्षा दी जाये, तब भी वह साधु नहीं हो सकता जैसे नीम के पेड़ को यदि घी और दूध से सींचा जायें, तो भी वह मधुर नहीं होता।

–चाणक्य

दुर्जन को देखने और उसकी बातों को सुनने से ही दुर्जनता का आरम्भ हो जाता है।

–कन्फ्यूशस

दुर्जन को सब दुर्जन लगते हैं और सज्जनों को सब सज्जन।

–उपासनी

दुरजन दरपन सम सदा, करि देखो हिय दौर।
सनमुख की गति और है, विमुख भए कछु और।।

(यदि आप हृदय में विचार करके देखें तो मालूम होगा कि दुर्जनों का व्यवहार दर्पण के व्यवहार के समान होता है। जब वे किसी के सामने रहते हैं तो एक प्रकार से आचरण करते हैं और आड़ में दूसरे प्रकार से व्यवहार करते हैं।)

–गोस्वामी तुलसीदास

दुर्जन मीठा बोले तब भी उस पर विश्वास न करो, क्योंकि उसकी जबान पर शहद रहता है और दिल में जहर।

–चाणक्य

निष्ठुरता, अकारण लड़ना-झगड़ना, पराये धन और पर स्त्री की इच्छा करना, मित्रों और कुटुम्बियों के सुख को न सहना–यह सब बातें दुर्जनों की प्रकृति-सिद्ध हैं।

–भर्तृहरि

विद्या से विभूषित होने पर भी दुर्जन का परित्याग ही उचित है। मणि धारण करने वाला सांप क्या भयंकर नहीं होता ?

–भर्तृहरि

दुर्दिन

जब बुरे दिन आते हैं, तो आंखें पहले ही बन्द हो जाती हैं।

–सुदर्शन

जब मनुष्य के बुरे दिन हों, तब उसे अत्यधिक उपदेश देने की अपेक्षा उसकी थोड़ी सहायता कर देना ज्यादा अच्छा है।

–बुलवर

दुरदिन परे रहीम कहि दुरथल जैयत भागि।
ठाढ़े हूजत घूर पर, जब घर लागत आगि।।

–रहीम

दुरदिन परे रहीम कहि, भूलत सब पहिचानि।
सोच नहीं वित हानि की जो न होय हितहानि।।

–रहीम

दुर्बल

दुर्बल को न सताइए, ताकी मोटी हाय।
मुई खाल की सांस सों, सार भसम हो जाय।।

–कबीर

दुर्बल तथा अज्ञानी लोग ही सदैव सबसे अधिक नुक्ताचीनी करते हैं।

–स्वामी रामतीर्थ

दैवोऽपि दुर्बलघातकः।
(देवता भी दुर्बलों को ही मारता है।)

–हितोपदेश

देखिए, 'निर्बल', 'कमजोर'

दुर्बलता

मन की दुर्बलता से अधिक भयंकर और कोई पाप नहीं है।

–विवेकानन्द

विलासिता की ओर आकर्षण और तपस्या की ओर से विरक्ति का होना मानब स्वभाव की दुर्बलता है।

–अज्ञात

सारी दुर्जनता दुर्बलता है।

–मिल्टन

स्वयं को भेड़ बना लोगे, तो भेड़िये आकर तुम्हें खा जाएंगे।

–जर्मन कहावत

हमारी कुछ दुर्बलतायें पैदाइशी होती हैं, और कुछ शिक्षा का परिणाम हैं। यह एक प्रश्न है कि इन दोनों में से कौन हमें अधिक कष्ट देती हैं।

–गेटे

दुर्बुद्धि

जिसका निपट निघात निकट है, जिसका भाग्य-भविष्य विकट है।
अपना भी है उसे पराया, जिसे स्वार्थ की व्यापी माया।
दुर्बुद्धे ! तू उसको भाती, जिसे दया या हया न आती।।

–रामचरित उपाध्याय

दुर्भाग्य

दुर्भाग्य अकेला नहीं होता।

–अंग्रेजी कहावत

दूसरों के दुर्भाग्य से सावधानी सीखना ही अधिक उचित है।

–साइरस

दुर्भावना

आदमी की दुर्भावना उसके दुश्मन की बजाय उसे ही अधिक दुःख देती है।

–चार्ल्स वक्सटन

दुर्भावना अपने विष का आधा भाग स्वयं पीती है।

–सेनेका

दुर्भावनाओं को मैं मनुष्यत्व का कलंक समझता हूं।

–महात्मा गांधी

दुर्वचन

दुर्वचन कहने वाला तिरस्कृत नहीं करता, बल्कि दुर्वचन के प्रति हृदय में उठी हुई भावना तुम्हारा तिरस्कार करती है। इसलिए जब कोई मनुष्य तुम्हें उत्तेजित करता है, तो यह तुम्हारे भीतर की तुम्हारी ही भावना है जो तुम्हें उत्तेजित करती है।

–इपिक्टीटस

दुर्वचन का सामना हमें सहनशीलता से करना चाहिए।

–महात्मा गांधी

दुर्वचन पशुओं तक को अप्रिय लगते हैं।

–गौतम बुद्ध

दुर्व्यसन

कौवे में पवित्रता, जुआरी में सत्य, सर्प में सहनशीलता, स्त्रियों में काम-वासना की शान्ति, नपुंसक में धैर्य, मद्यप में तत्त्वचिन्ता और राजा का मित्र होना किसने देखा या सुना है।

–अज्ञात

तमाखू तो ऐसी चीज है कि कोई मुफ्त में दे तो भी नहीं लेनी चाहिए,

परंतु आज तमाखू के दाम देने पड़ते हैं और वह भी चावल से अधिक। जो लोग तमाखू की कीमत चावल से ज्यादा देते हैं, उनकी अक्ल क्या होगी।

–विनोबा भावे

मय उन्होंने पी अब उनके पास क्यों कर दिल लगे।
जानवर इक रह गया इन्सान रुखसत हो गया।।

(माशूक ने शराब पी ली, इसलिए उनके पास मानवता तो विदा हो गई, सिर्फ पशुता शेष रह गई है। ऐसी स्थिति में उनसे दिल कैसे लग सकता है ?)

–अकबर

शराब का एक प्याला मनुष्य को बुद्धिहीन बनाता है, दूसरा प्याला पागल बना देता है और तीसरा डुबो देता है, अर्थात् चेतनाहीन बना देता है।

–शेक्सपियर

शराब पीना और कुछ नहीं, केवल अपनी इच्छा से पागल बनना है।

–सेनेका

दुर्व्यवहार

दुर्व्यवहार और चिड़चिड़े स्वभाद जितनी संक्रामक कुछ ही वस्तुयें होती हैं।

–ए०जी० गार्डनर

दुर्व्यवहार करने वाला मनुष्य कभी लोकप्रिय नहीं हो सकता।

–हरिवंश राय शर्मा

दुविधा

जब चित्त में दुविधा नहीं होती, तब समस्त पदार्थ-ज्ञान विश्राम लेता है और तब दिव्य ज्ञान की प्राप्ति होती है।

–स्वामी रामतीर्थ

सच नाम कडुवा लगै, मीठा लागै दाम।
दुविधा में दोऊ गए, माया मिली न राम।।

–कबीर

देखिए, 'द्विविधा'

दुश्मन : दुश्मनी

आत्मैव ह्यात्मनो बन्धुरात्मैव रिपुरात्मनः।
(आत्मा ही आत्मा का बन्धु है और आत्मा ही आत्मा का दुश्मन है।)

–श्रीमदभगवत गीता

जब तुम अपनी आंखें उस परमात्मा से बंद कर लेते हो, तब दुश्मन आते हैं।

–स्वामी रामतीर्थ

जो आदमी मुसीबत में साथ न दे, वह दुश्मन है। उससे दूर रहना ही अच्छा है।

–प्रेमचन्द

दुश्मनी दोस्ती में छिपकर आती है।

–रामकुमार वर्मा

देखिए, 'शत्रु', 'शत्रुता'

दुष्कर्म

जो मनुष्य प्राणि-हिंसा करता है, मिथ्याभाषण करता है, पराये धन का अपहरण करता है, परस्त्रीगमन करता है तथा मद्यपान करता है–वह यहीं इसी लोक में अपनी जड़ खोदता है।

–धम्मपद

दुष्ट

अगर दुष्ट लोग फलीभूत हो रहे हों और तू कष्ट भोग रहा हो तो दुखी न हो। उन्हें विनाश के लिए चर्बीला बनाया जा रहा है तुझे स्वास्थ्य के लिए पथ्य पर रखा जा रहा है।

–फुलर

कितनी भी सेंक-मालिश आदि करने पर भी जैसे कुत्ते की पूंछ टेढ़ी ही रहती है, वैसे ही कितनी भी सेवा-सुश्रूषा की जाये, दुष्ट सीधे नहीं होते।

–अज्ञात

जिसके हृदय में विकारादि हैं, अथवा तापादि हैं, ऐसा दुष्ट सौ बार भी तीर्थस्नान से शुद्ध नहीं होता, जैसे मदिरा का पात्र जलाया जाये तब भी वह शुद्ध नहीं होता।

–चाणक्य

जिस प्रकार जलता हुआ घर त्याग देने योग्य होता है, उसी प्रकार जो पराया धन हड़पने में लगा हो और पर-स्त्री के साथ भोग करता हो, उस दुष्टात्मा को भी त्याग देने योग्य बताया गया है।

–वाल्मीकि रामायण

जैसे उल्लू को सूर्य नहीं दिखाई पड़ता उसी प्रकार दुष्ट को भगवान नहीं दिखाई पड़ते।

–स्वामी भजनानंद

दुष्ट उदय जग आरति हेतू। यथा प्रसिद्ध अधम ग्रह केतू।।

दुष्ट के उदय होने से संसार को उस प्रकार दुःख होता है, जैसे पाप-ग्रह केतु के उदय होने से लोगों को कष्ट होता है।

–गोस्वामी तुलसीदास

दुष्ट उपकार से नहीं, अपकार से ही शान्त होता है।

—कालिदास

दुष्ट न छाड़े दुष्टता, कैसे हूं सुख देत।
धोये हूं सौ बेर के, काजर होत न सेत।।

वृन्द

दुष्टा भार्या, दुष्ट पुत्र, कुटिल राजा, दुष्ट मित्र, दूषित सम्बन्ध और दुष्ट देश को तो दूर से ही छोड़ देना चाहिए।

—महाभारत

बस भल वास नरक कर ताता। दुष्ट संग जनि देई विधाता।

(हे तात ! नरक में रहना अच्छा है, परन्तु ब्रह्मा से प्रार्थना करना चाहिए कि वह दुष्टों का साथ न दे।)

—गोस्वामी तुलसीदास

दुःख

अनिष्ट वस्तु के प्राप्त होने और इष्ट वस्तु के वियोग से अल्प बुद्धि वाले मनुष्य मानसिक दुःखों से जलने लगते हैं।

—महाभारत

अपने को केन्द्र मानने से ही परेशानी होती है। मैं हूं—यही मेरे दुःख का कारण है।

—जैनेन्द्र कुमार

अपने दुःख का भार संसार के एहसान के भार से हल्का है।

—शेख सादी

अपने दुःखों से भयभीत कंगाल दूसरों के दुःख में श्रद्धावान बन जाता है।

—जयशंकर प्रसाद

उस दुःख से बढ़कर कोई दूसरा दुःख नहीं है जो व्यक्त न किया जा सके।

—लाङ्गफेलो

एक बात को मैं दिन की तरह स्पष्ट देखता हूं। वह यह कि दुःख का कारण अज्ञान है और कुछ नहीं।

—विवेकानन्द

गम राह नहीं कि साथ दीजै। दुख बोझ नहीं कि बाँट लीजै।

—नसीम

गांव में रहना, मूर्ख मालिक का होना, अपनी भार्या का कपटी होना, सदा रोगी रहना—यह सब जीवित पुरुषों का मरण ही है।

—वाणभट्ट

चिरध्येय यही जलने का, ठंडी विभूति बन जाना।
पीड़ा की अन्तिम सीमा, दुःख का फिर सुख हो जाना।।

(जलने का सदा ही ध्येय ठंडी राख हो जाना है। दुःख की जब चरम सीमा होती है, तब वह सुख हो जाता है।।)

–महादेवी वर्मा

यद्यपि जग दारुन दुख नाना। सबतें कठिन जाति अपमाना।।

(यद्यपि संसार में अनेक घोर दुःख हैं तथापि समाज में अपना अपमान होना सबसे कठिन दुःख है।)

–गोस्वामी तुलसीदास

दुःख की उत्पत्ति पाप से होती है।

–महात्मा बुद्ध

कष्ट हृदय की कसौटी है।

–जयशंकर प्रसाद

सुख है जहां, वहीं दुःख
वातायन से झांक रहा है।

–दिनकर

जब कोई बात हमारी आशा के विरुद्ध होती है, तभी दुःख होता है।

–प्रेमचन्द

जीवन में सुख की अपेक्षा दुःख ही अधिक हैं, इसमें सन्देह नहीं।

–महात्मा गांधी

जो मनुष्य दुःख को प्राप्त होकर मूर्खतावश केवल रोता है, उसका रोना ही बढ़ता है। वह उस दुःख से पार नहीं जा सकता।

–पंचतंत्र

दुख की पिछली रजनी बीच।
विकसता सुख का नवल प्रभात।।

(दुःख की बीती हुई रात के बीच में सुख के नए प्रभात का विकास होता है; अर्थात् दुःख के बाद सुख आता है।)

–जयशंकर प्रसाद

दुःख के सम्मुख मुस्काने से, दुख ही सुख लगने लगता है।

–गोपालदास 'नीरज'

दुःख को दूर करने की एक ही अमोघ औषधि है—मन में दुःखों की चिन्ता न करना।

–महाभारत

दुःख भगवान का आशीर्वाद है।

–ईसा मसीह

दुःख छोटे मनुष्यों को वशीभूत कर उन्हें निस्तेज कर देता है, परन्तु महान् पुरुष दुःख से ऊपर उठ जाते हैं।

–वाशिंगटन इरविंन

दुःख भोगने से सुख के मूल्य का ज्ञान होता है।

–शेख सादी

दुःख मनुष्य के विकास का साधन है। सच्चे मनुष्य का जीवन दुःख में ही खिल उठता है। सोने का रंग तपाने पर ही चमकता है।

–हनुमान प्रसाद पोद्दार

दुख में सुमरिन सब करै, सुख में करै न कोय।
जो सुख में सुमिरन करै, तो दुख काहे को होय।।

–कबीर

दूसरे का दुःख देखकर मनुष्य को सन्तोष होता ही है।

–जयशंकर प्रसाद

दुःखी के साथ दुःखी की सहानुभूति होना स्वाभाविक है।

–जयशंकर प्रसाद

बार-बार स्मरण करने से दुःख नया हो जाता है।

–स्वप्नवासवदत्ता

मन ज्यों-ज्यों हिंसा से दूर हटता है, त्यों-त्यों दुःख शान्त होता जाता है।

–गौतम बुद्ध

यदि मनुष्य पाप कर भी ले, तो उसे पुनः न दोहराए, न उसे दिखाए और न ही उसमें रत हो। पाप का संचय ही सब दुःखों का मूल है।

–गौतम बुद्ध

रहिमन विपदा तू भली, जो थोरे दिन होय।
हित-अनहित या जगत में, जान परत सब कोय।।

(रहीम कवि कहते हैं कि विपत्ति बहुत अच्छी है यदि वह थोड़े दिनों तक रहे, क्योंकि उससे यह मालूम हो जाता है कि संसार में कौन-से लोग हमारे मित्र हैं, और कौन-से शत्रु।)

–रहीम

विचित्र बात है कि सुख की अभिलाषा मेरे दुःख का अंश है।

–खलील जिब्रान

सुख-दुख या संसार में सब काहू को होय।
ज्ञानी काटै ज्ञान से, मूरख काटै रोय।।

–कबीर

दुःखी

अन्याय सहने वाले से ज्यादा दुःखी अन्याय करने वाला होता है।

–प्लेटो

कोई इन फूलों की किस्मत देखना।
जिन्दगी कांटों में पल कर रह गई।।

–अज्ञात

चिर दुखी को सुख की आशा उसे असीम हर्ष देती।
सुखी नित्य डरता रहता है ध्यान भविष्यत् का करके।।

–जयशंकर प्रसाद

दुःख रहता है तो दुखियों के प्रति हमदर्दी रहती है और भगवान् का निरन्तर स्मरण होता है। सुख में मनुष्यों का हृदय निष्ठुर बन जाता है और वे भगवान् को भूल जाते हैं।

–महाभारत

दुखियारों को हमदर्दी के आंसू भी कम प्यारे नहीं होते।

–प्रेमचन्द

दूसरों से ईर्ष्या करने वाले, घृणा करने वाले, असन्तोषी, क्रोधी, सभी बातों में शंका करने वाले और दूसरे के धन से जीविका निर्वाह करने वाले–ये छहों सदा दुखी रहते हैं।

–महाभारत

भगवान् दुखियों से अत्यन्त स्नेह करते हैं। दुःख भगवान् का सात्विक दान है, मंगलमय उपहार है।

–जयशंकर प्रसाद

संसार के दुखियों में पहला दुःखी निर्धन है। उससे अधिक दुःखी वह है जिसे किसी का ऋण चुकाना हो। इन दोनों से अधिक दुःखी वह है जो सदा रोगी रहता हो और सबसे दुःखी वह है जिसकी पत्नी दुष्टा हो।

–विदुर

सदा दुखी कौन है ?–विषयानुरागी।

–शंकराचार्य

दूत

नाइ सीस करि विनय बहूता। नीति विरोध न मारिअ दूता।।

(नमस्कार और बहुत विनय करके विभीषण ने रावण से कहा–नीति के विरुद्ध आप हनुमान जी का वध न कराइए, क्योंकि वह दूत के रूप में यहां आए हैं।)

–गोस्वामी तुलसीदास

दृढ़ : दृढ़ता

चित्त में दृढ़ हो जाने वाला निश्चय चूने का फर्श है, जिसको आपत्ति के थपेड़े और भी पुष्ट कर देते हैं।

–प्रेमचन्द

दृढ़प्रतिज्ञ : दृढ़संकल्प

ऊँची जाति पपीहरा पियत न नीचो नीर।
कै जांचे घनश्याम सों, कै दुःख सहै शरीर।।

(पपीहा ऊंची जाति का पक्षी होता है। वह नीचे पृथ्वी पर गिरा हुआ पानी नहीं पीता है। या तो वह बादल से पानी मांगता है या शरीर से कष्ट उठाता है।)

–गोस्वामी तुलसीदास

दृढ़-प्रतिज्ञ क्या कभी विघ्न से डर सकते हैं ?
यम का भी वे सदा सामना कर सकते हैं।
जो चलते हैं सदा पराए हित के मग में,
चुभ सकते हैं कभी न कांटे उनके पग में।
दृढ़प्रतिज्ञ जो कार्य-सूत्र कर में धरता है,
करता है वह उसे, नहीं जब तक मरता है।

–रामचरित उपाध्याय

दृढ़प्रतिज्ञ मनुष्य संसार को अपनी इच्छा के अनुसार झुका लेता है।

–गेटे

वह दृढ़प्रतिज्ञ मानव जो प्राण देने के लिए तैयार रहता है, ब्रह्माण्ड तक को हाथों पर उठा सकता है।

–रोम्यां रोलां

दृष्टान्त

अच्छे दृष्टान्त हमको अच्छे कार्य करने के लिए प्रेरित करते हैं, एवं महान् आत्माओं का इतिहास हमें उदार विचार के लिए प्रेरित करता है।

–सेनेका

दृष्टान्त उपदेश से अधिक फलोत्पादक होते हैं।

–डॉ० सेम्युयल जॉनसन

दृष्टान्त मानवता की पाठशाला है।

–बर्क

दृष्टि

पुरुषों के दृष्टि होती है, नारियों के अर्न्तदृष्टि।

–विक्टर ह्यूगो

देव : देवता

कमलनैन को छांड़ि महातम और देव को ध्यावै।
परम गंग को छांड़ि पियासो दुरमति कूप खनावै।।

(कमल नयन भंगवान् कृष्ण का माहात्म्य छोड़कर दूसरे देवता का कौन ध्यान करेगा। कौन ऐसा प्यासा दुर्बद्धि होगा जो परम पवित्र गंगा जी छोड़कर कुआं खुदावेगा ?)

–सूरदास

जो समस्त मानव जाति को अपने से ओतप्रोत देखते हैं, वे देवता हैं।

–अज्ञात

देवता न काठ में है, न पत्थर में है, न मिट्टी की मूर्ति में है। देवता भाव में होता है। अतएव भाव ही सब कारण है।

—चाणक्य

पवित्र मार्ग के प्रदर्शक देवतागण स्वयं पाप-मार्ग का अनुसरण नहीं करते।

—कालिदास

माता, पिता और गुरु—ये प्रत्यक्ष देवता हैं। इनकी अवहेलना करके अप्रत्यक्ष देवता की विविध उपचारों से आराधना करना कैसे ठीक हो सकता है।

—बाल्मीकि रामायण

देवनागरी लिपि

देवनागरी अक्षरों से बढ़कर पूर्ण और उत्तम अक्षर दूसरे नहीं है।

—प्रो० मोनियर विलियम्स

देश

जिस देश में न सम्मान हो, न जीविका, न बान्धव और न विद्या-प्राप्ति हो, वहां नहीं रहना चाहिए।

—चाणक्य

पृथ्वी ही मेरा देश है, सम्पूर्ण मानव-जाति मेरी बन्धु है और भलाई करना ही मेरा धर्म है।

—थामस पेन

दरो दीवार पे हसरत से नजर करते हैं,
रुख्सत, ऐ अहले-वतन हम तो सफर करते हैं।

-वाजिद अली शाह

जैसे मनुष्य बाल-वृद्ध-तरुण अवस्था में परिणत हुआ करता है, वैसे ही देश की दशा में भी परिवर्तन होता रहता है।

—अज्ञात

देश-काल

अदेशकाले न किञ्चिद् स्याद् देश कालौ प्रतीक्षताम्।

(अनुपयुक्त देशकाल में कुछ भी प्रयोजन सिद्ध नहीं हो सकता। अतः कार्य-सिद्धि के लिए उपयुक्त देश-काल की प्रतीक्षा करनी चाहिए।)

—महाभारत

देशभक्त

देशभक्त का जीवन कटीला होता है। वह पग-पग पर दुःखों का आवाहन करता है। वेदनायें उसकी सहचरी होती हैं।

—शरण

लाभ अपने देश का जिससे नहीं कुछ भी हुआ
जन्म उसका व्यर्थ है जल के बिना जैसे कुंआ।

–रामचरित उपाध्याय

देश-भक्ति

जब तक तुम मनुष्य जाति में से देश-भक्ति नहीं निकाल फेंकोगे, तब तक संसार में कभी शान्ति स्थापित नहीं कर पाओगे।

–बर्नाड शॉ

दुरात्मा के लिए देश-भक्ति अन्तिम शरण हैं।

–डॉ० सैम्युअल जॉनसन

देशभक्ति का दम भरने वालों के लिए जनता का ख़ून चूसना बहुत बड़ा अपराध है।

–प्रेमचन्द

देशभक्ति का संचार हमारे हृदय से स्वार्थ को निकाल कर फेंक देगा।

–मदनमोहन मालवीय

यदि देश-भक्ति का मतलब व्यापक मानव-मात्र का हित-चिन्तन नहीं है, तो उसका कोई अर्थ ही नहीं है।

–महात्मा गांधी

देश-सेवा

जो जनता की सेवा करना चाहते हैं, या जिन्हें सच्चे धार्मिक जीवन के दर्शन करने की आशा है, वे विवाहित हों या कुंआरे, उन्हें ब्रह्मचारी का जीवन बिताना चाहिए।

–महात्मा गांधी

देश-हित

निज के विचारों तथा देश के हित में किसे चुना जाये, यह जानना कभी-कभी कठिन हो जाता है। कभी ऐसा भी अवसर आता है जब बहुजन हिताय अपने मौलिक विश्वासों को भी तिलांजलि देनी पड़ती है।

–सरदार बल्लभभाई पटेल

देशाटन

देशाटन का लाभ कल्पना की वास्तविकाता को व्यवास्थित करना है।

–डॉ० सैम्युयल जॉनसन

देशाटन सहनशीलता की शिक्षा देता है।

–डिसरैली

सैर कर दुनिया की गाफिल,
जिन्दगानी फिर कहां ?
जिन्दगी गर कुछ रही,
तो नौजवानी फिर कहां ?

–अज्ञात

देशोद्धारक

देश का उद्धार विलासियों के हाथ से नहीं हो सकता; उसके लिए सच्चा त्याग होना चाहिए।

–प्रेमचन्द

देह

इस देही का गरब न करना, माटी में मिल जाए।

–मीराबाई

देह आत्मा के रहने की जगह होने के कारण तीर्थ जैसी पवित्र है।

–महात्मा गांधी

देह एक रथ है, इन्द्रियां उसमें थोड़े, बुद्धि सारथी और मन लगाम है। केवल देह-पोषण आत्म-घात करना है।

–ज्ञानेश्वरी

देह धरे का दण्ड सबको मिलता है; ज्ञानी उसे ज्ञानपूर्वक सहते हैं, मूर्ख रोकर।

–कबीर

यदि संसार में कोई वस्तु पवित्र है, तो वह है मनुष्य की देह।

–ह्विटमैन

विश्व में केवल एक ही मन्दिर है और वह है मनुष्य-शरीर। इस स्वरूप से अधिक पवित्र कोई स्थान नहीं है।

–नावलिस

देखिए, 'शरीर'

दैनिक

दैनिक प्रार्थनाएं उन नदियों के पवित्र जल के समान हैं, जो तुम्हारे घर के आंगन के किनारे से बहती हैं। जो भी इनमें स्नान करेगा, वह शुद्ध और पवित्र हो जायेगा।

–अज्ञात

दैव

कायर मन कहं एक अधारा। दैव दैव आलसी पुकारा।।

(जो लोग भीरु और आलसी होते हैं, वे पुरुषार्थ नहीं करते, बल्कि भाग्य के भरोसे पड़े रहते हैं।)

–गोस्वामी तुलसीदारस

जो मनुष्य जिस कार्य के भार को अपने ऊपर उठाने का हृदय से प्रयास करता है, उस कार्य में दैव उसकी अवश्य सहायता करता है।

–महाभारत

दैव के अनुकूल होने पर अल्प प्रयास भी विशेष फलदायक हो जाता है।

–शुक्राचार्य

पूर्वजन्म का किया हुआ कार्य ही दैव या भाग्य या प्रारब्ध कहा जाता है। इससे यह मानना चाहिए कि पुरुषार्थ के बिना दैव सिद्ध नहीं होता।

–अज्ञात

हे राम ! यह जो दैव शब्द है सो मूर्खों का बनाया हुआ है, पूर्वकृत कर्म ही दैव है और कोई दैव नहीं।

–गुरु वशिष्ट

देखिए, 'भाग्य'

दैहिक

दैहिक दैविक भौतिक तापा। राम राज्य काहू नहिं व्यापा।।

(श्री रामचन्द्र जी के राज्य में किसी को शारीरिक, दैवी या भौतिक कष्ट नहीं आता था।)

–गोस्वामी तुलसीदास

दो विरोधी कार्य

दानि कहाउब औ कृपनाई ! होइ कि खेम कुसल रौताई।।

(दानी कहलाना और कंजूसी करना तथा ठकुराई दिखलाना और क्षेम कुशल चाहना–यह साथ-साथ कैसे हो सकता हैं ?)

–गोस्वामी तुलसीदास

दोष

अपनी आंख में शहतीर देख पाने की अपेक्षा दूसरों की आंख में तिनका देख लेना सरल है।

–स्वामी रामतीर्थ

खताये बुजुर्गा गिरफ्तन खतास्त।

(बड़ों का दोष निकालना दोष है।)

–शेख सादी

जब आपके द्वार की सीढ़ियां मैली हैं, तो अपने पड़ोसी की छत पर पड़ी हुई बर्फ की शिकायत न कीजिए।

–कनफ्यूशियस

जब तक तुममें दूसरों के दोष ही दोष देखने की आदत मौजूद है, तब तक तुम्हारे लिए ईश्वर का साक्षात्कार करना अत्यन्त कठिन है।

–स्वामी रामतीर्थ

जिन दोषों को हम दूसरों में देखते हैं, उन्हें अपने में न रहने दें, इसका ध्यान रखना चाहिए।

–मीनेण्डर

दूसरे के दोष पर ध्यान देते समय हम स्वयं बहुत भले बन जाते हैं। परन्तु जब हम अपने दोषों पर ध्यान देंगे, तो अपने आपको कुटिल और कामी पायेंगे।

–महात्मा गांधी

दूसरों की सम्पत्ति का अपहरण, पर-स्त्री के साथ सम्भोग और अपने हितैषी सुहृदों के प्रति घोर अविश्वास--ये तीनों दोष जीव का नाश करने वाले हैं।

–वाल्मीकि रामायण

दूसरों में दोष न निकालना, दूसरों को उन दोषों से उतना नहीं बचाता जितना अपने को बचाता है।

–स्वामी रामतीर्थ

दोष निकालना सरल है, उसे ठीक करना कठिन।

–प्लूटार्क

दोष पराये देखकर, चले हसंत-हसंत।
अपने याद न आवई, जिनका आदि न अन्त।।

–कबीर

दोषी

निन्यानवे प्रतिशत अवस्थाओं में कोई भी अपने को दोषी नहीं ठहराता, चाहे उसकी कितनी ही भारी भूल क्यों न हो।

–डेल कारनेगी

साधारण लोग अपनी हर बुराई का दोषी दूसरे को ठहराते हैं, अल्पज्ञानी स्वयं को; विशेष ज्ञान किसी को नहीं।

–इमिकीटस

दोस्त : दोस्ती

जिसने अपने दोस्तों का काम करने का बीड़ा उठाया है, वह देर नहीं किया करता।

–कालिदास

दोस्त पाने की एक ही राह है, खुद किसी का दोस्त बन जाना।

–इमर्सन

सच्चे दोस्त वे हैं, जिनकी देह दो पर आत्मा एक होती है।

–अरस्तू

दोस्ती खुशी को दूना करके और दुःख को बांट कर खुशी को बढ़ाती है तथा मुसीबत को कम करती है।

–एडिसन

दोस्ती धीरे-धीरे पैदा करो, परन्तु जब कर लो, तो उसमें दृढ़ और अचल रहो।

–सुकरात

देखिए, 'मित्र', 'मित्रता'

दौलत : दौलतमन्द

जल्दी इकट्ठी की हुई दौलत जल्दी ही घट जाती है। थोड़ी-थोड़ी इकट्ठी की गई बढ़ती है।

–गेटे

जो मेरी दौलत चुराता है, वह मेरी तुच्छ वस्तु ही ले जाता है।

–शेक्सपियर

दौलत अंधी होती है।

–कहावत

दौलत अधिक संग्रह में नहीं, वरन् थोड़ी आवश्यकता होने में है।

–इपीक्यूरस

दौलत उसकी नहीं है, जिसके पास है बल्कि उसकी है जो उसका उपयोग करता है।

–फ्रैंकलिन

दौलत पाय न कीजिए, सपने में अभिमान।
चञ्चल जल दिन चारि को, ठांउ न रहत निदान।।

–गिरिधर कविराय

दौलत बुद्धिमान् की सेवा करती है और मूर्ख पर शासन।

–कहावत

दौलत राष्ट्र का जीवन-रक्त है।

–स्विफ्ट

नकद दौलत अलादीन का चिराग है।

–बायरन

सारी दौलत परिश्रम की उपज है।

–लॉक

जिनके पास दौलत है, वे यदि बूढ़े भी हो चुके हैं तो युवा हैं और जो दौलत से रहित हैं, वे युवा भी बूढ़े हैं।

–पंचतन्त्र

जो ज्यादा दौलतमंद है, वही ज्यादा मोहताज है।

–शेख सादी

वही व्यक्ति सबसे अधिक दौलतमंद है जिसकी प्रसन्नता सबसे सस्ती है।

–थोरो

द्रव्य

भाई, स्त्री, माता-पिता और स्नेहियों के बीच द्रव्य के कारण ही फूट पड़ती है। अभिन्न लोग भी एक दमड़ी पर दुश्मन हो जाते हैं।

–भागवत

द्वन्द्व

द्वन्द्व को जीतने का उपाय द्वन्द्व को मिटाना नहीं है, बल्कि द्वन्द्वातीत होना, अनासक्त होना है।

–महात्मा गांधी

द्विविधा

जब मुझे सूझ नहीं पड़ता कि करूं या न करूं, तो मैं हमेशा कुछ काम करता हूं।

–नेल्सन

न खुदा ही मिला, न विसाले सनम।
न इधर के रहे, न उधर के रहे।।

–अज्ञात

द्वेष : द्वेषी

जिनका हृदय वैर या द्वेष की आग में जलता है, उन्हें रात में नींद नहीं आती।

–विदुर

जिस व्यक्ति से द्वेष हो जाता है, वह न साधु जान पड़ता है, न विद्वान् और न बुद्धिमान्। जिससे प्रेम होता है उसके सभी काम शुभ और शत्रु के सभी काम अशुभ प्रतीत होते हैं।

–महाभारत

द्वेष-बुद्धि को हम द्वेष से नहीं मिटा सकते, प्रेम की शक्ति ही उसे मिटा सकती है।

–विनोबा भावे

द्वेषी को मृत्यु-तुल्य कष्ट भोगना पड़ता है।

–महाभारत

धन

कंगाल धन का आदर करना नहीं जानते।

–जयशंकर प्रसाद

कुछ लोगों के लिए तो अर्थ ही अनर्थ का कारण होता है। जो केवल धन से ही कल्याण की कामना करता है, वह कल्याण नहीं पा सकता।

–महाभारत

केवल धन से कोई बड़ा थोड़े ही हो जाता है। धर्म का महत्त्व धन से कहीं बढ़कर है।

–प्रेमचन्द

जब लगि वित्त न आपने, तब लगि मित्र न होइ।

(जब तक किसी के पास धन नहीं होता, तब तक उसका कोई मित्र नहीं होता।)

–रहीम

जिन वृद्ध पुरुषों के पास धन है, वे तरुण हैं। जो धनहीन हैं वे युवावस्था में ही वृद्ध हो जाते हैं।

–पंचतंत्र

जिसके घर में धन है, धन्य वही है सब विधि से।
खारा भी रत्नाकर, सब नदियों का अधीश्वर है।।

–रामचरित मानस

जिसके पास धन है वही मनुष्य कुलीन है, वही पंडित है, वही बहुश्रुत, गुणज्ञ, सुवक्ता तथा दर्शनीय है। निष्कर्ष यह है कि संसार के सभी गुण सोने में बसते हैं।

–भर्तृहरि

जिसके पास धन होता है, उसी के बहुत-से मित्र होते हैं। जिसके पास धन होता है, उसी के बहुत-से बन्धु-बान्धव होते हैं। जिसके पास धन होता है, वही पुरुष गिना जाता है, और जिसके पास धन होता है, वही जीवित होता है।

–चाणक्य

धन की तीन गतियां हैं—दान, भोग और नाश। जो मनुष्य न तो दान देता है और न भोगता है, उसके धन का नाश हो जाता है।

–भर्तृहरि

धन की प्रधानता ने समस्त समाज को उलट-पलट दिया है।

–प्रेमचन्द

धन केवल भोग की वस्तु नहीं है, उससे यश और कीर्ति भी मिलती है।

–प्रेमचन्द

धन या तो अपने स्वामी की सेवा करता है, या उस पर शासन।

–होरेस

धन सुख-भोग के लिए है, उसका और कोई उद्देश्य नहीं है।

–प्रेमचन्द

धन से काम निर्धनों को दो, धन से सबके दुःख हरो।
धन न दबा गड्ढों में रखो, धन का कुछ उपयोग करो।।
धन से करो कला को विकसित, भारत कलापूर्ण कर दो।
गोधन, गजधन और वाजिधन, रत्नों से घर-घर भर दो।।

–रघुवीरशरण मित्र

धन से धन की भूख बढ़ती है, तृप्ति नहीं होती।

–प्रेमचन्द

धन ही विश्व की प्रमुख वस्तु है।

–बरनार्ड शॉ

धन ही सुख और कल्याण का मूल है।

–प्रेमचन्द

धनात्कुलं प्रभवति धनाद् धर्म : प्रवर्धते।

(धन से कुल की प्रतिष्ठा बढ़ती है और धन से धर्म की वृद्धि होती है।)

–महाभारत

धनाद्धर्मस्ततः सुखम्।

(धन से धर्म होता है और उससे सुख होता है।)

–हितोपदेश

धनहीन मनुष्य को उसके मित्र, उसकी स्त्री, नौकर-चाकर और सुहृद् जन छोड़ देते हैं। वही जब धनवान् हो जाता है, तब सभी उसके पास आ जाते हैं। इसलिए धन ही संसार में मनुष्य का बन्धु है।

–पंचतन्त्र

फुटबाल की तरह धन का खेल होना चाहिए। गेंद को कोई अपने पास नहीं रखता। वह जिसके पास पहुंचती है, वही उसे फेंक देता है। पैसे को इस तरह फेंकते जाइए, तो समाज-शरीर में उसका प्रवाह बहता रहेगा और समाज का आरोग्य कायम रहेगा।

–विनोबा भावे

भूखा आदमी व्याकरण से भूख नहीं मिटाता। उसी प्रकार प्यासा आदमी काव्य-रस से तृप्त नहीं होता। विद्या से किसी ने अपने कुल का उद्धार नहीं किया। अतः धन का उपार्जन करो। उसके बिना सभी गुण व्यर्थ हैं।

–माघ

मनुष्य धन का दास है, धन किसी का दास नहीं है।

–महाभारत

यह धन का ही प्रभाव है कि अपूज्य व्यक्ति भी पूज्य हो जाता है, अगम्य के निकट भी जाया जाता है। और अवन्द्य मनुष्य भी वन्दनीय हो जाता है।

–पंचतन्त्र

शरीर को कष्ट न देते हुए धन इकट्ठा करना चाहिए।

–मनुस्मृति

संसार के व्यवहारों के लिए धन ही सारवस्तु है। अतएव मनुष्य को युक्ति एवं साहस के साथ उसकी प्राप्ति के लिए काम करना चाहिए।

–शुक्राचार्य

संसार में धन सर्वप्रधान बस्तु है, इसके बिना धर्म भी नहीं हो सकता। हमें संसार में रहना है, तो धन की उपासना करनी पड़ेगी। इसी से लोक-परलोक में हमारा उद्धार होगा।

–प्रेमचन्द

सच है कहा किसी ने कि भूखे भजन न हो।
अल्लाह की भी याद दिलाती है रोटियां।

–नजीर

केवल दौलत के कारण मान देना घोर नैतिक पतन का चिन्ह है।

–गाइनेन्ड

दौलत खाद की तरह है। जब तक फैलाई नहीं जायेगी उपयोगी नहीं होगी।

–बेकन

जो धन की दृष्टि से पवित्र है, वही पवित्र है।

–मनुस्मृति

उस धनवान का गम जिससे कोई कुछ नहीं लेता, उस भिखारी के गम से ज्यादा है जिसे कोई कुछ नहीं देता।

–खलील जिब्रान

साईं सब संसार में मतलब का ब्यौहार।
जब लगि पैसा गांठ में, तब लगि यार हजार।।
तब लगि यार हजार, संग ही संग डोलैं।
पैसा रहा न पास यार मुख से नहिं बोलै।।
कह 'गिरिधर' कविराय जगत यह लेखा भाई।
करत बेगरजी प्रीति यार बिरला कोई साईं।।

–गिरिधर कविराय

सूम का धन शैतान खाता है।

–प्रेमचन्द

धन का संचय और उपयोग

अपना कमाया धन खाना उत्तम, पिता का कमाया धन खाना मध्यम, भाई का कमाया धन का खाना अधम और स्त्री का कमाया धन खाना अधम से भी अधम है।

–अज्ञात

जो कौड़ी को भी अपव्यय से बचाता है, परन्तु समय पर मुक्तहस्त से करोड़ों का व्यय करता है—उसे लक्ष्मी कभी नहीं छोड़ती।

—हितोपदेश

धन का नित्य संचय करना चाहिए, परन्तु आवश्यकता से अधिक संचय नहीं करना चाहिए।

—हितोपदेश

जो थोड़ी ही सम्पत्ति को सुस्थिर मानकर अपने को कृतकृत्य समझ लेता है, विधाता उसकी संपत्ति को और नहीं बढ़ाता।

—माघ

भाग्यवान वह है जिसका धन गुलाम है और अभागा वह है जो धन का गुलाम है।

—वाल्टेयर

यदि घर को सुखी बनाना चाहते हो, तो कारबार की ओर ध्यान दो।

—हेनरी फोर्ड

यदि तुम अपनी आय से कम में निर्वाह कर सकते हो, तो निश्चय जानो कि पारस पत्थर तुम्हारे पास है।

—वेंजमिन फ्रेंकलिन

यदि तुम थोड़े ही में अपना काम अच्छी तरह चलाना चाहते हो, तो किसी चीज में पैसा लगाने से पहले स्वयं अपने से दो प्रश्न पूछ लिया करो : 1. क्या मुझे वास्तव में इस वस्तु की आवश्यकता है ? 2. क्या इसके बिना भी मेरा काम चल सकता है ?

—सिडनी स्मिथ

संसार में व्यवहार के लिए धन ही सारवस्तु है। अतः मनुष्य को युक्ति एवं साहस के साथ उसकी प्राप्ति के लिए उद्योग करना चाहिए।

—शुक्राचार्य

साईं इतना दीजिए जामें कुटुंब समाय।
मैं भी भूखा ना रहूं, साधु न भूखा जाय।।

—कबीर

धनवान : धनी

जिसके जीवन को उसके इर्द-गिर्द की जनता चाहती है, वही सच्चा धनी है।

—विनोबा भावे

जिसे सब तरह से संतोष है, वही धनवान् है।

—शंकराचार्य

जैसे प्राणियों के सिर पर मृत्यु का भय सर्वदा सवार रहता है, वैसे ही धनी

पुरुषों को राजा, जल, अग्नि, चोर और कुटुम्ब का भय सदा बना रहता है।

–वेदव्यास

जैसे मांस को आकाश में पक्षी, भूमि पर हिंसक जीव और जल में मगरमच्छ खा जाते हैं, वैसे ही धनी पुरुष के धन को सब कहीं दूसरे लोग ही भोगा करते हैं।

–महाभारत

जो अधिक धनवान है, वही अधिक मोहताज है।

–शेख सादी

जो नर धनवाला है, वही गुणी है, वही सुकवि है।
इस जग में निर्धन को, कोई भी पूछता न कभी।।

–रामचरित उपाध्याय

धनवान कौन है ? जिसको सन्तोष है।

–शेख सादी

धनवानों का हृदय धन के भार से दबकर सिकुड़ जाता है, उसमें उदारता के लिए स्थान नहीं रहता।

–अज्ञात

धनवानों के हाथ में माप ही एक है, वह विद्या, सौन्दर्य, बल, पवित्रता और तो क्या, हृदय भी उसी से मापते हैं। वह माप है—उनका ऐश्वर्य।

–जयशंकर प्रसाद

वे धनी आपसे भी अधिक अन्यायी और धनहीन है, जो गरीबों को आलसी और कामचोर कह कर पुकारते हैं।

–रस्किन

संसार में जितना अत्याचार होता है, वह धनिकों के ही हाथों होता है।

–प्रेमचन्द

सुई के छेद से ऊंट का निकल जाना सम्भव है, किन्तु धनी मनुष्यों का स्वर्ग में पहुंचना असम्भव है।

–इन्जील

धन्यवाद

'कृपया' और 'धन्यवाद'—ये छोटी रेजगारी हैं जिनके द्वारा हम सामाजिक प्राणी होने का मूल्य चुकाते हैं। ये ऐसे साधारण शिष्टाचार हैं, जिनके द्वारा हम जीवन-यन्त्र को स्नेहयुक्त और चालित रखते हैं।

–गार्डनर

धर्म

अन्याय सहकर बैठ रहना, यह महा दुष्कर्म है।
न्यायार्थ अपने बंधु को भी, दण्ड देना धर्म है।।

–मैथिलीशरण गुप्त

अनर्थेभ्यो न शक्नोति त्रातुं धर्मो निरर्थकः।

(जो धर्म अनर्थों से मनुष्यों की रक्षा नहीं कर सकता, वह व्यर्थ है।)

–वाल्मीकि रामायण

अहिंसा परमो धर्मः।

(अहिंसा परम धर्म है।)

–महाभारत

अहिंसा, सत्य, अचौर्य, पवित्रता, इन्द्रिय-निग्रह–संक्षेप में धर्म का यह स्वरूप चारों वर्णों के लिए मनु ने कहा है।

–मनुस्मृति

अहिंसा, सत्य, अचौर्य, पवित्रता, इन्द्रिय-निग्रह, दान, दया, संयम और क्षमा–ये सब लोगों के लिए धर्म के साधन हैं।

–याज्ञवल्क्य

ईश्वर के अस्तित्व में दृढ़ विश्वास होने से जो आचरण स्वभावतः होने लगता है, धर्म उसी को जीवन का आदर्श बनाने की आज्ञा देता है।

–डॉ० राधाकृष्णन्

ईश्वर की सत्य और पवित्रता के साथ सेवा करना और जीवन की सभी घटनाओं में उसकी आज्ञाओं का श्रद्धापूर्वक पालन करना ही यथार्थ धर्म है।

–डॉ० राधाकृष्णन्

एकमात्र धर्म ही परम श्रेय है।

–महाभारत

किसी की हिंसा न करना, सत्य बोलना, चोरी न करना, शुद्धता से रहना और इन्द्रियों को वश में रखना–यही चारों वर्णों अर्थात् सर्वसाधारण का धर्म है।

–मनुस्मृति

किसी वस्तु के अस्तित्व और व्यवहार को जो धारण करता है और नियमन करता है, वही उस वस्तु का धर्म करता है।

–विनायक दामोदर सावरकर

खाने, सोने, डरने और मैथुन के विषय में मनुष्य और पशु और दोनों एक समान हैं। केवल धर्म ही मनुष्यों में विशेष हैं अधर्महीन मनुष्य पशु के समान होते हैं।

–हितोपदेश

जाके मन प्रभु तुम बसो, सो कासों डर खाय ?
सिर जावे तो जाय प्रभु ! मेरो धरम न जाय।।

–पं० मदनमोहन मालवीय

जिन लोगों के बीच मनुष्य रहता हो, उनको सुखी देखकर सुखी और दुखी देखकर दुःखी होना परम धर्म है।

–पं० मदमोहन मालवीय

जो अपने धर्म से प्रेम करता है और सच्चे अर्थों में धार्मिक है, वह दूसरे धर्म का अनादर क्यों करेगा ?

–पं० मदनमोहन मालवीय

जो चीज विकार को मिटा सके, राग-द्वेष को कम कर सके, जिस चीज के उपयोग से मन सूली पर चढ़ते समय भी सत्य पर डटा रहे, वही धर्म की शिक्षा है।

–महात्मा गांधी

जो धर्म दूसरे धर्म का बाधक होता है, वह धर्म नहीं कुकर्म है। सच्चा धर्म वही है जो किसी दूसरे धर्म का विरोधी न हो।

–महाभारत

जो धर्म सुख का हेतु है, भवसिन्धु का जो सेतु है,
देखो, उसे हमने बनाया अब कलह का केतु है।

(जो धर्म सुख का कारण है और जो भवसागर पार करने के लिए पुल के समान है, उसे हमने झगड़े का कारण बना रखा है।)

–मैथिलीशरण गुप्त

जो हठ राखै धरम का, ताहि राख करतार।

(जो हठ करके धर्म की रक्षा करता है, उसकी रक्षा भगवान करते हैं।)

–पं० मदनमोहन मालवीय

जो मानव धर्म में दृढ़ निष्ठा रखता है, वस्तुतः वही शक्तिशाली है, वही शूरवीर है। जो धर्म में उत्साहहीन है, वह वीर और बलवान होते हुए भी न वीर है, न शक्तिशाली है।

–आचार्य भद्रबाहु

धर्म के सार को सुनो और सुनकर हृदयंगम करो। वह यह है कि जो आचरण अपने प्रतिकूल हो, वैसा अचरण दूसरों के साथ मत करो।

–महाभारत

धर्म जिन्दगी की हर एक सांस के साथ अमल में लाने की चीज है।

–महात्मा गांधी

धर्मनिष्ठा नारियों का स्वाभाविक गुण है।

–प्रेमचन्द

धर्म-भावना संसार का पुनर्निमाण कर सकती है, शान्तिपूर्ण क्रान्ति पैदा कर सकती है, परन्तु शर्त यह है कि उसका ठीक तरह से आचरण किया जाए।

–डॉ० राधाकृष्णन

धर्म मनुष्य में विद्यमान जन्मजात शक्तियों की अभिव्यक्ति मात्र है।

–विवेकानन्द

दुष्कर्म से सफलता प्राप्त करने की अपेक्षा धर्माचरण करते हुए मर जाना भी श्रेयस्कर है।

–महात्मा गांधी

दूसरों के धर्म का ज्ञान न होना अन्याय और भूल का स्रोत है।

–डॉ० राधाकृष्णन

धर्म एव हतो हन्ति धर्मो रक्षति रक्षितः।

(जो धर्म को नष्ट करता है, धर्म उसे नष्ट कर देता है, और जो धर्म की रक्षा करता है, धर्म उसकी रक्षा करता है।)

–मनुस्मृति

धर्म का दान सब दानों से बढ़कर है, धर्म का रस सब रसों से बढ़कर है।

–गौतम बुद्ध

धर्म का निवास-स्थान हृदय है, पेट नहीं।

–वीर सावरकर

धर्म की क्षति जिस अनुपात से होती है, उसी अनुपात से आडम्बर की वृद्धि होती है।

–प्रेमचन्द

धर्म की शक्ति ही जीवन की शक्ति है, धर्म की दृष्टि ही जीवन की दृष्टि है।

–डॉ० राधाकृष्णन

धर्म के दो रूप हैं–तत्त्व ज्ञान और नैतिक आचार।

–महावीर स्वामी

धर्म के सर्वोच्च पालन के लिए बिल्कुल निष्परिग्रह हो जाना जरूरी है।

–महात्मा गांधी

धर्म यह है कि प्राणी को प्राणी के साथ सहानुभूति हो, एक दूसरे को अच्छी अवस्था में देखकर प्रसन्न हों और गिरी हुई अवस्था में सहायता दें।

–पं० मदनमोहन मालवीय

धर्म वही है जो इहलोक और परलोक में सुख-भोग की प्रवृत्ति दे।

–विवेकानंद

धर्म सचमुच बुद्धिग्राह्य नहीं, हृदय-ग्राह्य है।

–महात्मा गांधी

धारणाद् धर्ममित्याहुर्धर्मो धारयेत प्रजाः।

(धारण करने के कारण ही धर्म 'धर्म' कहलाता है, धर्म प्रजा को धारण करता है।)

–महाभारत

धैर्य, क्षमा, दम, अस्तेय, शौच, इन्द्रिय-निग्रह, तत्त्वज्ञान, आत्मज्ञान, सत्य और अक्रोध—ये दस धर्म के लक्षण हैं।

—मनुस्मृति

परहित सरिस धरम नहिं भाई। परपीड़ा सम नहिं अधमाई।।

(हे भाई ! परोपकार के समान कोई धर्म नहीं है और दूसरे को दुःख देने के समान कोई पाप नहीं है।)

—गोस्वामी तुलसीदास

महात्मा के लिए धर्म अन्तःप्रेरणा बन जाता है, दूसरों के लिए यह बाह्य नियंत्रण है, सामाजिक रीति अथवा लोकमत का अनुरोध है।

—डॉ० राधाकृष्णन

महापुरुषों ने जिस मार्ग का अनुसरण किया है वही धर्म है।

—महाभारत

विश्व विराट रूप है प्रभु का, उसकी ही पूजा करिए,
शक्ति भक्ति हो हाथ लीजिए कभी किसी से मत डरिए।
हरिए दीनों के दुख ज्यों त्यों इससे बढ़कर धर्म नहीं,
नहीं मारिए कभी किसी को आप विश्व के हित मरिए।।

—रामचरित उपाध्याय

विश्वव्यापी धर्म तो एक ही है, यद्यपि उसके सैकड़ों रूपान्तर हैं।

—शॉ

सच्चा धर्म हमें आश्रितों का सम्मान करना सिखाता है और मानवता, निर्धनता, मुसीबत, पीड़ा एवं मृत्यु को ईश्वरीय देन जानता है।

—गेटे

सदाचार ही परम धर्म है।

—महाभारत

सावधान होकर धर्म का वास्तविक रहस्य सुनो और उसे सुनकर उसी के अनुसार आचरण करो। जो कुछ तुम अपने लिए हानिप्रद और दुखदायी समझते हो, वह दूसरों के साथ मत करो।

—महाभारत

हर अवसर और हर अवस्था में जो अपना कर्तव्य दिखार्द दे, उसी को धर्म समझकर पूरा करना चाहिए। अन्य किसी 'धर्म' की ओर नहीं जाना चाहिए।

—श्रीमद्‌भगवत गीता

है धर्म पहुंचना नहीं, धर्म तो जीवन भर चलने में है।
फैलाकर पथ पर स्निग्ध ज्योति, दीपक समान जलने में है।

—रामधारी सिंह दिनकर

हो जिसे धर्म से प्रेम, कभी वह कुत्सित कर्म करेगा क्या ?

—रामधारी सिंह दिनकर

धर्म कभी धन के लिये आचरित न हो, वह श्रेय के लिये हो, प्रकृति के कल्याण के लिये हो और धर्म के लिये हो।

—जयशंकर प्रसाद

यतोऽभ्युदयनि श्रेयसिद्धिः स धर्मः।

(जिससे अभ्युदय और श्रेयस् की सिद्धि हो, वह धर्म है।)

—वैशेशिक दर्शन

अकालो नास्ति धर्मस्य जीविते चंचले सति।

(जीवन अस्थिर है। इसलिये धर्म के लिये कोई समय असमय नहीं है।)

—बुद्धचरित

सत्यं ब्रूयात प्रियं ब्रूयात् न ब्रूयात् सत्यमप्रियम्
प्रियं च नानृतं ब्रूयात ब्रूयादेव धर्मः सनातनः

(सत्य बोले, प्रिय बोले, अप्रिय सत्य न बोले। साथ ही प्रिय होने पर भी असत्य न बोले। यही सनातन धर्म है।)

—मनुस्मृति

धर्म और जय

यतो धर्मस्ततो जयः।

(जहां धर्म होता है वहीं विजय होती है।)

—महाभारत

सिद्ध हो चुका है यह मर्म, जय है वहीं जहां है धर्म।
अपना धर्म यहां तक ध्येय, कि निधन भी है उससे श्रेय।।

—मैथिलीशरण गुप्त

धर्म और पशुबल

पशुबल नहीं चाहता धर्म, नहीं कराता वह दुष्कर्म।
लूट-मार या अत्याचार, करे लुटेरों की तलवार।।

—मैथिलीशरण गुप्त

धर्म और सुख

जीवन यशस्, सम्मान, धन, सन्तान, सुख सब मर्म के।
मुझको परन्तु शतांश भी, लगते नहीं निज धर्म के।।

(जीवन में यश, सम्मान, धन, सन्तान और सुख का बहुत महत्व है, परन्तु

एक सच्चे धर्मानुयायी के लिए ये सभी धर्म के एक-हजारवें भाग के समान भी नहीं है।)

—मैथिलीशरण गुप्त

धर्महीन

मेरा विचार है कि बिना धर्म का जीवन बिना सिद्धान्त का जीवन होता है और बिना सिद्धान्त का जीवन वैसा ही है जैसा कि बिना पतवार का जहाज।

—महात्मा गांधी

धार्मिक : धार्मिकता

वह धार्मिक नहीं जो दूसरों के धर्म के प्रति प्रेम नहीं रख सकता।

—जैनेन्द्र कुमार

धार्मिकता से सन्तुष्ट धार्मिक अधार्मिक है और अपने पाप से दुखी और दग्ध पापी पुण्यात्मा है।

—जैनेन्द्र कुमार

धार्मिक विश्वास

अनुभव धार्मिक विश्वासों की कसौटी है।

—डॉ० राधाकृष्णन

धार्मिक विश्वास उसी सीमा तक ठीक होते हैं जहां तक उनमें और जीवन की घटनाओं में साम्य होता है।

—डॉ० राधाकृष्णन

धीर : धीरज

दु:खानल में धीर जन्म भर जल सकता है;
पर अपने सिद्धांत से न वह टल सकता है;
धीर होते कभी अधीर नहीं, क्यों न सिर पर विपत वितान तने।
हाथ का आंवला न है अवसर, बावला मन उतावला न बने।।

—अयोध्यासिंह उपाध्याय हरिऔध

नीति-निपुण निन्दा करें या प्रशंसा करें, लक्ष्मी आए चाहे चली जाय, मृत्यु चाहे आज ही हो जाये चाहे एक युग के पश्चात् परन्तु धीर पुरुष न्यायमार्ग से एक पग भी विचलित नहीं होते।

—भर्तृहरि

विकार हेतौ सति विक्रियन्ते येषां न चेतांसि त एव धीराः।

वास्तव में वे ही पुरुष धीर हैं जिनका मन विकार उत्पन्न करने वाली परिस्थिति में भी विकृत नहीं होता।

—कालिदास

कबिरा धीरज के धरे, हाथी मन भर खाय।
टूक एक के कारने स्वान घरै घर जाय।।

–कबीर

जिसे धीरज है और जो श्रम से नहीं घबराता है, सफलता उसकी दासी है।

–अज्ञात

धीरज सारे आनन्दों और शक्तियों का मूल है।

–जॉन रस्किन

देखिए, 'धैर्य'

धूर्त : धूर्तता

चालबाज और धूर्त को सबसे ज्यादा व्याकुलता उस समय होती है जब कि उसका पाला किसी सीधे और सच्चे आदमी से पड़ता है।

–कोल्टन

जब धूर्त मनुष्य साधु बनने का प्रयास करता है, तब और भी बुरा होता है।

–बेकन

मनुष्यों में नाई, चिड़ियों में कौआ, चौपायों में गीदड़ और स्त्रियों में मालिन धूर्त होती है।

–चाणक्य

मुख कमलदल के समान, वाणी चन्दन-सी शीतल और हृदय क्रोध से परिपूर्ण होना–यह तीन धूर्त के लक्षण हैं।

–अज्ञात

हो सकता है वह मुस्कराये, और मुस्कराये और धूर्त्त हो।

–शेक्सपियर

दो चेहरे वाले से होशियार रहो।

–कहावत

धूर्तता तो निर्बलों का हथियार है। बलवान् कभी नीच नहीं होता।

–प्रेमचन्द

धैर्य

आज जो नहीं हुआ, सिद्ध होगा कल-परसों।
जमती है क्या कहीं, हथेली पर भी सरसों।।

–मैथिलीशरण गुप्त

जिसके पास धैर्य है, वह जो कुछ इच्छा करता है, उसे प्राप्त कर सकता है।

–बेंजमिन फ्रैंकलिन

धैर्य कड़ुआ होता है, पर उसका फल मीठा होता है।

–रूसो

धैर्य वीरता का अति उत्तम, मूल्यवान् और दुष्प्राप्य अंग है।

–रस्किन

धैर्य सन्तोष की कुंजी है।

–हजरत मुहम्मद

प्रकृति का अनुसरण करो–धैर्य उसका रहस्य है।

–इमर्सन

शोक में, आर्थिक संकट में अथवा प्राणान्तकारी भय उपस्थित होने पर जो अपनी बुद्धि से दुःख निवारण के उपाय का विचार करते हुए धैर्य धारण करता है, उसे कष्ट नहीं उठाना पड़ता।

–वाल्मीकि रामायण

संकट के समय धैर्य धारण करना ही मानो आधी लड़ाई जीत लेना है।

–प्लाटस

जितनी जल्दबाजी करोगे, उतनी ही देर होगी।

–चर्चिल

धैर्य मनुष्य की दूसरी बहादुरी है, शायद पहली से बढ़कर।

–एण्टोनियो

देखिए, 'धीरज'

धोखा

अगर कोई व्यक्ति मुझे एक बार धोखा देता है, तो धिक्कार है उस पर, अगर वह मुझे दो बार धोखा देता है, तो लानत है मुझ पर।

–कहावत

जो मनुष्य जान-बूझकर अपने मित्र को धोखा देता है, वह अपने ईश्वर को धोखा देगा।

–लैवेटर

दूसरे हमें धोखा नहीं देते; हम स्वयं अपने को धोखा देते हैं।

–गेटे

सब धोखों में प्रथम और सबसे खराब अपने आपको धोखा देना है।

–बेली

धोखेबाज : धोखेबाजी

स्पष्टवादी धोखेबाज नहीं होता।

–चाणक्य

ध्यान

कर्म से केवल मन की ही शुद्धि होती है, तत्त्व वस्तु प्राप्त नहीं हो सकती, उसका मुख्य उपाय ध्यान है।

–शंकराचार्य

क्या तुम्हें मालूम है कि सात्विक प्रकृति का मनुष्य कैसे ध्यान करता है ? वह आधी रात को अपने बिस्तर में ध्यान करता है ताकि लोग उसे देख न सकें।

–रामकृष्ण परमहंस

ध्यान एक रहस्यमयी सीढ़ी है जो अवनि और अम्बर को मिलाती है एवं साधक को ब्रह्म के अमर लोक की ओर ले जाती है।

–स्वामी शिवानंद

ध्यान वायुयान है जो साधक को आनन्द और अक्षय शन्ति के साम्राज्य में उड़ा ले जाता है।

–स्वामी शिवानन्द

ध्यान ही मोक्ष प्राप्त करने का एकमात्र राजमार्ग है।

–स्वामी शिवानन्द

ध्येय

अपने जीवन का ध्येय बनाओ और इसके बाद अपनी सारी शारीरिक और मानसिक शक्ति उसमें लगा दो।

–कारलाइल

ध्येय जितना महान् होता है, उसका रास्ता उतना ही लम्बा और बीहड़ होता है।

–साने गुरुजी

पशुता सुख की ओर खींचती है, मानवता आजादी की तरफ। मानव का ध्येय सुख नहीं समता है।

–विनोबा भावे

यदि परिस्थितियां अनुकूल हैं, तो सीधे अपने ध्येय की ओर चलो; लेकिन यदि परिस्थितियां अनुकूल न हों, तो उस मार्ग का अनुसरण करो, जिसमें सबसे कम बाधा आने की सम्भावना हो।

–संत तिरुवल्लुबर

हमारा ध्येय सत्य होना चाहिए न कि सुख।

–सुकरात

देखिए, 'लक्ष्य'

नकल

उपदेश की बजाय कहीं ज्यादा हम नकल करके ही सब कुछ सीखते हैं।

–बर्क

जहां नकल है, वहां खाली दिखावट होगी; जहां खाली दिखावट हो, वहां मूर्खता होगी।

–डॉ० सैम्युअल जॉनसन

नकल के लिए भी अकल चाहिए।

–फारसी कहावत

नकल चाटुकारिता का निष्कपट रूप है।

–कोल्टन

मनुष्य नकल करने वाला प्राणी है और जो इसमें सबसे आगे होता है, वही नेतृत्व करता है।

–शिलर

सिर्फ नकल करने से कोई मनुष्य महत्त्व प्राप्त कर नहीं सकता।

–डॉ० सैम्युअल जॉनसन

देखिए, 'अनुकरण')

नकेल

पुरुषों की नकेल स्त्रियों के हाथ में है।

–प्रेमचन्द

नगर

नगर मनुष्य की दुनिया है, परन्तु गांव ईश्वर की।

–कपूर

नगर वृद्धि को प्रोत्साहन देता है और मनुष्य को बातूनी एवं मनोरंजक बना देता है; किन्तु वह उन्हें बनावटी बनाता है।

–इमर्सन

देखिए, 'शहर'

नजर

प्रकृति की सबसे अनोखी वस्तु आंखों की नजर है।

–इमर्सन

स्वामी की नजर उसके दोनों हाथों की अपेक्षा अधिक काम करती है।

–बेंजमिन फ्रेंकलिन

देखिए, 'दृष्टि'

नफरत

नफरत और प्रेम दोनों अन्धे हैं।

–कहावत

नफरत नफरत से कभी कम नहीं होती, नफरत प्रेम से ही कम होती है।

–गौतम बुद्ध

नफरत हृदय का पागलपन है।

–बायरन

हमारे बीच नफरत फैलाने वाले बहुत से कारण हैं, लेकिन प्रेम का प्रकाश देने वाले बहुत कम।

–जोनाथन

नमस्कार : नमस्ते

नमस्कार द्वारा जीवन कल्याण से भर उठता है, सौन्दर्य से फूल जाता है। यह नमस्कार केवल निबिड़ माधुर्य ही नहीं है, प्रबल शक्ति भी है।

–रवीन्द्रनाथ ठाकुर

नमस्कार सबसे बड़ी वस्तु है, अतः मैं वेदों को नमस्कार करता हूं, देवगण भी नमस्कार के वशीभूत हैं, अतः किए हुए पापों का प्रायश्चित मैं नमस्कार द्वारा करता हूं।

–ऋग्वेद

नम्रता

अपनी नम्रता का घमण्ड करने से अधिक निन्दनीय और कुछ नहीं है।

–मारकस ओरेलियस

जहां नम्रता से काम निकल जाये, वहां उग्रता नहीं दिखानी चाहिए।

–प्रेमचन्द

जिनमें नम्रता नहीं आती, वे विद्या का पूरा सदुपयोग नहीं कर सकते। नम्रता का अर्थ है अहंभाव का आत्यन्तिक क्षय।

–महात्मा गांधी

नम्रता और खुदा के खौफ से जिन्दगी मिलती है।

–सुलेमान

नम्रता का असर दूर तक जाता है और उसमें कुछ भी खर्च नहीं होता।

–स्माइल्स

नम्रता पत्थर को भी मोम कर देती है।

–प्रेमचन्द

नम्रता सारे गुणों का दृढ़ स्तम्भ है।

–कन्फ्यूशस

फल के आने से वृक्ष झुक जाते हैं, नव वर्षा के समय मेघ झुक जाते हैं, सम्पत्ति के समय सज्जन भी नम्र होते हैं। परोपकारियों का स्वभाव ही ऐसा होता हैं।

–कालिदास

बड़ों के प्रति नम्रता कर्त्तव्य है, समवयस्क के प्रति विनय की सूचक है, अनुजों के प्रति कुलीनता की द्योतक एवं सबके प्रति सुरक्षा है।

–सर टी० मूर

बरसहिं जलद भूमि नियराये। यथा नवहिं बुध विद्या पाये।।

(बादल भूमि के निकट आकर वर्षा करते हैं जैसे बुद्धिमान लोग विद्या प्राप्त करके झुक जाते हैं, अर्थात् विनम्र हो जाते हैं।)

–गोस्वामी तुलसीदास

हम महानता के निकटतम होते हैं, जब हम नम्रता में महान् होते हैं।

–रवीन्द्रनाथ ठाकुर

अगर हमें स्वर्ग जाना है तो नम्र होना ही पड़ेगा क्योंकि वहां की छत ऊंची है, पर दरवाजा नीचा है।

–हैरिक

नयन

नयन दोष जाकहँ जब होईं। पीत बरन ससि कहुं कह सोई।।

(जिसकी आंख में पीलिया रोग हो जाता है, वह कहता है कि चन्द्रमा का रंग पीला है। पक्षपाती मनुष्य निष्पक्ष न्याय नहीं कर सकता है।)

–गोस्वामी तुलसीदास

नर

अमर जो न कर सकें, उसे नर कर सकते हैं।
व्रत-साधन पर अमर भला कब मर सकते हैं।।

–मैथिलीशरण गुप्त

नरपशु

जिनमें न विद्या है, न ज्ञान है, न शील है, न गुण है, न धर्म है वे नरपशु पृथ्वी के लिए भार हैं।

–भर्तृहरि

नरक

अवसर का हाथ से निकल जाना और समय बीतने के बाद यथार्थता का ज्ञान होना ही नरक है।

–अज्ञात

काम क्रोध मद लोभ सब, नाथ नरक के पंथ।

–गोस्वामी तुलसीदास

नरक ईश्वर का न्याय है, स्वर्ग उसका प्रेम है; पृथ्वी उसकी दीर्घकालीन यातना।

–बारोन बेसेलबर्ग

नरक क्या है ? परवशता।

–शंकराचार्य

नरक में रहना अच्छा है, परन्तु दुश्चरित्रों के घर में रहना अच्छा नहीं है। नरक-भोग से पाप नाश होता है, परन्तु वह दुश्चरित्र के घर में रहने से बढ़ता है।

–अज्ञात

नरक में राज करना अच्छा है, परन्तु स्वर्ग में सेवा करना अच्छा नहीं हैं।

—मिल्टन

बुरे अन्तःकरण की यातना जीवित आत्मा का नरक है।

—केल्विन

मन स्वेच्छा से ही स्वयं में स्वर्ग को नरक और नरक को स्वर्ग बना सकता है।

—मिल्टन

संसार में छल, प्रवंचना और हत्याओं को देखकर कभी-कभी मान ही लेना पड़ता है कि यह जगत ही नरक है।

—जयशंकर प्रसाद

नरकगामी

जो पुरुष अन्य पुरुषों की जीविका नष्ट करते हैं, अन्य लोगों का घर उजाड़ते हैं, अन्य लोगों की पत्नियों का उनके पतियों से वियोग कराते हैं और मित्रों में भेदभाव उत्पन्न करते हैं, वे अवश्य नरक में जाते हैं।

—महाभारत

जो मनुष्य ज्ञान की बड़ी-बड़ी बातें बनाते हैं परन्तु जिनके हृदय में दया नहीं है, वे अवश्य नरक में जाते हैं।

—कबीर

नरकवासी के लक्षण

अति क्रोध, कटु वाणी, दरिद्रता, स्वजनों से वैर, नीचों का संग और अकुलीन की सेवा—ये नरकवासियों के लक्षण हैं।

—चाणक्य

नश्वर

क्या मांगू ! कुछ कायम नहीं रहता। आंखों देखते दुनिया चली जा रही है। जिस रावण के एक लाख पुत्र सवा लाख नाती थे उसके घर में दीया है न बाती।

—कबीर

नशा

जो आदमी नशे में मदहोश हो, उसकी सूरत उसकी मां को भी बुरी लगती है।

—सन्त तिरुवल्लुवर

नशा करने वाले मित्र से चाहे कोई कितना ही प्रेम क्यों न करता हो, पर जब किसी पर निर्भर करने का अवसर आता है तो वह केवल उसी पर भरोसा करता है जो नशा न करता हो।

—शरतचन्द्र चटर्जी

नशे की हालत तात्कालिक आत्महत्या है; जो सुख वह देती है वह केवल नकारात्मक है, दुःख की क्षणिक विस्मृति है।

–वर्टण्ड रसल

नशे में क्रोध की भांति ग्लानि का वेग भी सहज ही में उठ आता है।

–प्रेमचन्द

संसार की सारी सेनायें मिलकर इतने मानवों और इतनी सम्पत्ति को नष्ट नहीं करतीं जितनी शराब पीने की आदत।

–मिल्टन

नसीहत

अच्छी नसीहत अमूल्य होती है।

–मैजिनी

अच्छी नसीहत मानना अपनी ही योग्यता बढ़ाना है।

–गेटे

अपने मित्रों को एकान्त में नसीहत दो, किन्तु प्रशंसा खुले आम करो।

–साइरस

ऐसी नसीहत मत दो जो अति सुन्दर हो बल्कि ऐसी दो जो अति लाभदायक हो।

–सोलन

जो किसी स्वच्छन्द और बदमिजाज आदमी को नसीहत करता है। उसे खुद नसीहत करने की जरूरत है।

–शेख सादी

नसीहत बर्फ के सदृश है, जितनी धीरे-धीरे गिरती है उतनी ही अधिक स्थाई होती है और उतनी ही गहराई से मन में प्रवेश करती है।

–कोलरिज

बिना मांगे किसी को हरगिज नसीहत मत दो।

–जर्मन कहावत

नहीं

जब कोई मनुष्य एक बार 'नहीं' कह देता है, तो फिर उसके व्यक्तित्व का सारा घमण्ड यह चाहता है कि वह 'हां' न करे।

–ओवरस्ट्रीट

जिस मनुष्य ने 'नहीं' करना नहीं सीखा, वह जब तक जीवित रहेगा, तब तक दुर्बल अवश्य रहेगा।

–ए० मैकलेटन

रहिमन वे नर मर चुके, जे कहुं मांगन जाहिं।
उनसे पहिले वे मुए, जिन मुख निकसत नाहिं।।

–रहीम

नागरिक

कोई नागरिक इतना धनवान न हो कि दूसरे को खरीद सके अथवा इतना निर्धन न हो कि उसे स्वयं को बिकने के लिए बाध्य होना पड़े।

–रूसो

नागरी लिपि

नागरी लिपि से बढ़कर वैज्ञानिक लिपि मैंने दुनिया में नहीं पाई।

–विनोबा भावे

नाटक

नाटक इन्सान की किताब है।

–विल्मट

थोड़ी-सी बात में अधिक भाव की अवतारणा ही नाटक के जीवन का महौलध है।

–भारतेन्दु हरिश्चन्द्र

नातेदारी

कैसा नाता-रिश्ता, बन्दे ! मुंह देखे की प्रीति यहां,
बस आंखों की लाज निभाना यही रही है रीति यहां।

–बालकृष्ण शर्मा 'नवीन'

नाते नेह दूरी भली, लो रहीम जिय जानि।
निकट निरादर होत हैं, ज्यों गड़ही को पानि।।

–रहीम

नाते नेह राम के मनियत, सुहृद सुसेव्य जहां लौं।
अंजन कहा आंखि जेहि फूटै बहुतक कहौं कहां लौं।।

(संसार में जितने बन्धु-बांधव, इष्ट-मित्र और गुरुजन हैं, उनके साथ हमारा जो सम्बन्ध है वह भगवान राम के स्नेह के कारण है। यदि उससे राम जी के प्रेम में बाधा पड़ती है, तो उसे त्याग देना चाहिए। यदि किसी अंजन से आंख फूट जाने का भय हो तो नहीं लगाना चाहिये।)

–गोस्वामी तुलसीदास

नाम : भगवान का नाम

आदि नाम निज मूल है, और मंत्र सब डार।
कह कबीर निज नाम बिनु, बूड़ि मुआ संसार।।

–कबीर

आदि नाम पारस अहै, मन है मैला लोह।
परसत ही कंचन भया, छूटा बंधन मोह।।

–कबीर

जबहिं नाभ हिरदै धरा, भया पाप का नास।
मानो चिनगारी आग की, परी पुरानी घास **–कबीर**

नाम : मनुष्य का नाम

गुणों से रहित नाम निरर्थक होता है।

–होमर

नाम में क्या रखा है। जिसे हम गुलाब कहते हैं वह अन्य किसी नाम से भी वैसी ही सुगन्धि देगा।

–शेक्सपियर

नामों में देश काल की संस्कृति का प्रतिबिम्ब रहता है।

–धीरेन्द्र वर्मा

नाम : ख्याति

अधिक धन की अपेक्षा नेक नाम अधिक पसन्द करना चाहिए।

–कहावत

अपना नाम सदैव अमर रखने के लिए मनुष्य बड़े से बड़ा खतरा उठाने, धन खर्च करने, हर तरह के दुःख सहने, यहां तक कि मरने के लिए भी तैयार हो जाता है।

–सुकरात

अपने नाम को कमल की तरह निष्कलंक बना।

–लाङ्फेलो

खोया हुआ नाम कदाचित ही पुनः मिलता है।

–अज्ञात

नाम-जप

नाम-जप विषय-वासना की ओर जाती हुई विचारधारा को रोकता है। वह मन को ईश्वर की ओर अनन्त आनन्द-प्राप्ति की ओर जाने के लिए प्रेरित करता है।

–स्वामी शिवानन्द

मन नहीं लगता, कोई बात नहीं। बिना मन के नाम रटो, रटते जाओ। अभ्यास से तीक्ष्ण मिर्च भी प्रिय लगने लगती है, भगवन्नाम तो बहुत मधुर है।

–सन्त श्री पयोहारी बाबा

रूप विशेष नाम बिनु जाने। करतलगत न परहिं पहिचाने।।
देखियहि रूप नाम अधीना। रूप ज्ञान नहिं नाम विहीना।।

(नाम-रूप भगवान की उपाधियां हैं। नाम जाने बिना विशेष रूप का ज्ञान नहीं होता, चाहे वह हमारे अत्यन्त निकट ही क्यों न हो ? रूप को नाम के अधीन देखा जाता है। नाम से विहीन रूप का ज्ञान हमको नहीं होता है।)

–गोस्वामी तुलसीदास

राम जपु, राम जपु, राम जपु बावरे।
घोर भव नीर-निधि नाम निज नाव रे।।

(हे बावले ! राम-नाम का जप करो। घोर भवसागर से पार जाने के लिए वही एक हमारी नाव है।)

–गोस्वामी तुलसीदास

सपनेहुं में बर्राइ के, धोखेहु निकरै नाम।
ताके पग को पैतरी, मेरे तन को चाम।।

(सपने में बर्रा कर धोखे से भी जिसके मुंह से राम का नाम निकलता है, उसके पैर का जूता मैं अपने चमड़े से बनवाने के लिए तैयार हूं।)

–कबीर

नायक

प्रत्येक नायक अन्त में 'बोर' हो जाता है।

–इमर्सन

नारायण

नारायण परम ज्योति है, नारायण परमात्मा है, नारायण परमतत्व है, नारायण परम ध्याता है, नारायण परम ध्यान है और नारायण परम ब्रह्म है।

–नारायण उपनिषद

नारी

अपना घर और अच्छी नारी स्वर्ण और मुक्ता के समान हैं।

–गेटे

अबलाएं हैं शक्तिशाली आत्मिक बल में।
इसे सिद्ध कर दिया उन्होंने समर स्थल में।।

–मैथिलीशरण गुप्त

एक अच्छी नारी से विवाह जीवन के तूफान में बंदरगाह की तरह है, कुनारी से विवाह बंदरगाह में तूफान की तरह है।

–अज्ञात

ओछी मति युवतीन की, कहै विवेक भुलाय।
दशरथ रानी के वचन, वन पठए रघुराय।।

(स्त्रियों की बुद्धि ओछी होती है। वे विवेकहीन बातें करती हैं। रानी कैकेयी के कहने से राजा दशरथ ने भी रामचन्द्र जी को वनवास दे दिया।)

–वृन्द

काव्य और प्रेम दोनों नारी-हृदय की सम्पत्ति हैं। पुरुष विजय का भूखा होता है, नारी समर्पण की। पुरुष लूटना चाहता है, नारी लुट जाना।

–महादेवी वर्मा

नारी की सहानुभूति हार को भी जीत बना सकती है।

–प्रेमचन्द

स्त्री का हृदय प्रेम का रंगमंच है।

–जयशंकर प्रसाद

पुरुषों के पास दृष्टि होती है और स्त्रियों के पास अन्तर्दृष्टि।

–विक्टर ह्यूगो

यत्र नार्यस्तु पूज्यन्ते रमन्ते तत्र देवताः।

(जहां नारी की प्रतिष्ठा होती है, वहां देवता बसते हैं।)

–मनुस्मृति

जिस कुल में अपमानादि के कारण कुलवधुयें शोकाकुल रहती हैं, वह कुल शीघ्र ही नष्ट हो जाता है।

–मनुस्मृति

जिस नारी में प्रगाढ़ स्नेह की प्रतिमा होती है, वह वास्तव में घर की रानी होती है।

–स्वेट मार्डेन

जे स्याने है जगत में, तिय को करत पियार।
ताहि महा जड़ समुझिये, चित भीतर निरधार।।

(संसार में चतुर होकर भी जो स्त्री से प्रेम करता है, हृदय में विचार करके उसे महामूर्ख समझना चाहिए।)

–गुरु गोविन्दसिंह

जो आदर्श नारी हो सकती है, वही आदर्श पत्नी भी हो सकती है।

–प्रेमचन्द

जो नारी पिता की भली बेटी नहीं है, वह किसी की भली पत्नी भी शायद ही बन सके।

–फ्रैंकलिन

नारी की चरम सार्थकता मातृत्व में है।

–शरतचन्द्र चटर्जी

नारी का मधुर सम्पर्क पुरुष को जीवन के संघर्ष में एक प्रकार का रस प्रदान करता है।

–डॉ० राधाकृष्णन

नारी के बिना पुरुष की बाल्यावस्था असहाय है, युवावस्था सुखरहित है और वृद्धावस्था सांत्वना देने वाले सच्चे और वफादार साथी से रहित है।

–डॉ० सैम्युअल जॉनसन

नारी को अबला कहना उसका अपमान करना है।

–महात्मा गांधी

नारी के कारण जग में।
यदि हो पति अपयश का भाजन।।
तो सचमुच है घोर पाप का।
फल-स्वरूप यह नारी का तन।।

(यदि स्त्री के कारण संसार में पति की प्रतिष्ठा नष्ट हो, तो सचमुच स्त्री का शरीर घोर पाप का फल-रूप है।)

–रामनरेश त्रिपाठी

नरक का द्वार कौन ? नारी।

–शंकराचार्य

नारी की उन्नति या अवनति पर ही राष्ट्र की उन्नति या अवनति आधारित है।

–अरस्तू

नारी जाति का सम्मान करना चाहिए।

–पं० मदनमोहन मालवीय

नारी जाति बलवान् पुरुष पर जान देती है।

–प्रेमचन्द

नारी का उर ही नारी की व्यथा जान सकता है मां।
नर का उर नारी उर की क्या कथा जान सकता है मां।।

–श्याम नारायण पांडे

नारी के लिए इस लोक और परलोक में एकमात्र पति ही सदा आश्रय देने वाला है। पिता, पुत्र, माता और सखियां और न उसकी यह आत्मा ही उसकी सच्ची सहायक हैं।

–वाल्मीकि रामायण

नारी नर की सहचरी, उसके धर्म की रक्षक, उसकी गृहलक्ष्मी तथा उसे देवत्व तक पहुंचाने वाली साधिका है।

–डॉ० राधाकृष्णन

नारी यौवन-काल में गृह-देवी, मध्यकाल में सच्चा साथी और वृद्धावस्था में परिचारिका का काम देती है।

–वेकन

नारी वह जादूगरनी है, जिसके जादू से आदमी का धर्म और ईमान समाप्त हो जाता है।

–शरण

नारी मनुष्य की सबसे बड़ी शक्ति है। वह उसके अधूरे जीवन की पूरक होती है। उसे पाकर सभी अभाव स्वयमेव भर जाते हैं। वह उसके अंधकारमय जीवन को आलोक देती है। यदि वह न हो, तो मनुष्य का जीवन शुष्क हो जाय।

–शरण

नारी स्वतंत्रता की बात आज बहुत कही सुनी जाने लगी हैं पर शायद उसके समर्थक और विरोधी दोनों ही इसका सही अर्थ अब तक समझ नहीं पाए है।

–अज्ञात

पुरुष से नारी अधिक बुद्धिमती होती है, क्योंकि वह जानती कम है पर समझती अधिक है।

–अज्ञात

बाहर चूर-चूर होकर नर बहुधा घर आता है।
नारी का मुख वहां निरख वह फिर नवता पाता है।।

–मैथिलीशरण गुप्त

मन कहता है भूतल पर,
सकल सुखों की नारी है निधि।
इस संस्कृति के संचालन को,
नारी रचकर धन्य हुआ विधि।
किन्तु वहीं कोई कहता है।
नारी है इस जग का बंधन।
जीव ब्रह्म के बीच आवरण,
विरचा है विधि ने नारी-तन।

–रामनरेश त्रिपाठी

रूपसी नारी प्रकृति का चित्र है सबसे मनोहर।
(सुन्दर स्त्री प्रकृति का सबसे मनोहर चित्र है।)

–रामधारीसिंह दिनकर

सच है नारी कर सकती है विधि-विधान के भी प्रतिकूल,
सच है प्रमदा भर सकती है, सुमन-राशि में अगणित शूल,

बिजली-सी वह गिर सकती है घन के सजल हृदय को त्याग।
आग लगा सकती पानी में भर सकती जग में अनुराग,
हो सकती वह शक्ति सृष्टि की, हो सकती विनाश का मूल,
दृढ़ व्रत कर वन अचल हिमाचल, हो सकती इसके प्रतिकूल।

—अज्ञात

सत्य कहहिं कवि नारि सुभाऊ। सब विधि अगम अगाध दुराऊ।
निज प्रतिबिम्ब मुकुट गहिं जाई। जानि न जाय नारिगति भाई।।

(कवियों ने सत्य कहा है कि स्त्रियों का स्वभाव सब प्रकार से अज्ञेय, गम्भीर और रहस्यमय होता है। चाहे कोई दर्पण में अपना प्रतिबिम्ब पकड़ ले, परन्तु स्त्री के स्वभाव और आचरण को नहीं समझ सकता।)

—गोस्वामी तुलसीदास

सांप बीछि को मंत्र है, माहुर झारे जात।
विकट नारि पाले परी, काटि करेजा खात।।

—कबीर

सुमन मूक सौन्दर्य और नारियां सवाक् सुमन है।

(यदि फूल अनबोला सौन्दर्य है, तो स्त्रियां बोलते हुए फूल हैं।)

—रामधारीसिंह दिनकर

नारी खिलवाड़ की वस्तु नहीं है, न ही उसकी अपेक्षा की जा सकती है।

—रवीन्द्रनाथ ठाकुर

पूरन सकल विलास रस, सरस पुत्र फलदान।
अंत होय सहगामिनी, देह नारी को मान।।

—चंदबरदायी

जिय बिनु देह, नदी बिनु बारी।
तैसिअ नाथ पुरुष बिंनु नारी।।

(जीव के बिना शरीर, जल के बिना नदी जैसी व्यर्थ है इसी प्रकार स्त्री के बिना पुरुष का जीवन व्यर्थ है।)

—तुलसीदास

नारी की प्रेरणाओं से ही कवि अपनी भावनाओं में रंग भरता है।

—रामकुमार वर्मा

है सोम से शुचिता जिसे, गन्धर्व से वाणी मिली,
है पूत पावक की विमल आभा-कली जिसमें खिली।
अग्राह्य या अपवित्र उसको मानना अति भूल है,
सच मानिए जाया जगत् में सब सुखों का मूल है।

—रामचरित उपाध्याय

नाश

नरपति नसत कुमंत्र सों, साधु कुसंगति पाय।

विनसत सुत अति प्यार सों, द्विज बिनु पढ़े नसाय।।

(कुमंत्र से राजा का नाश हो जाता है, दुष्टों के साथ से साधु का नाश हो जाता है, बहुत प्यार करने से पुत्र नष्ट हो जाता है, और न पढ़ने के कारण ब्राह्मण का नाश हो जाता है।)

–विदुर

नाश और विवेक

जब नाश मनुज पर छाता है पहले विवेक मर जाता है।

(जब मनुष्य का नाश होने को होता है, तो उसका विवेक नष्ट हो जाता है।)

–रामधारीसिंह दिनकर

नाशादी में शादी (खुशी)

दुनिया यों ही नाशादियों में शाद रहेगी।

बरबाद किए जायेगी आबाद रहेगी।।

(दुनिया इसी प्रकार रंजों में खुश रहेगी। वह बरबाद किए जायेगी, तब भी आबाद रहेगी।)

–अकबर

नासमझी

जरा-जरा-सी बातों का बुरा मानना हमेशा महामगरूरी या निपट नासमझी का लक्षण है।

–पोप

नास्तिक : नास्तिकता

नास्तिक वह है, जो वेदों की निन्दा करता है।

–अज्ञात

वह नास्तिक है जो अपने आप में विश्वास नहीं करता।

–विवेकानन्द

ईश्वर हमारी समझ में सबसे बड़ा झूठा, छलिया और मक्कार है।

–अज्ञेय

वैज्ञानिक की नास्तिकता भी भगवान तक पहुंचने में उतनी ही सहायक है जितनी किसी वैरागी की आस्तिकता।

–श्री अरविन्द घोष

निन्दक : निन्दा

'दादू' निन्दक बपुरा जिनि मरै, पर उपकारी होय।
हम कूं करता ऊजला, आपण मैला होय।।

(दादू जी कहते हैं कि निन्दक बेचारा न मरे, तो ठीक है, क्योंकि वह परोपकारी होता है। वह हम लोगों को उजला करता है, परन्तु वह स्वयं मैला होता है।)

–दादू

निन्दक आखिर स्वयं ही निन्दित हो जाते हैं।

–ऋग्वेद

निंदक एकहु मति मिलै, पापी मिलो हजार।
इक निन्दक के सीस पर, कोटि पाप को भार।।

(मुझे चाहे हजारों पापी मिलें, परन्तु निन्दक एक भी न मिलें, क्योंकि एक निन्दक के सिर पर करोड़ों पाप सवार होते हैं।)

–कबीर

निन्दक नियरे राखिए, आंगन कुटी छबाय।
बिन साबुन पानी बिना, निर्मल करै सुभाय।।

(अपने आंगन में कुटी छबाकर निन्दा करने वाले व्यक्ति को अपने निकट रखना चाहिए, क्योंकि वह बिना साबुन और पानी के हमारा स्वभाव निर्मल कर देते हैं।)

–कबीर

निन्दकों का परिवाद करने वाला मरकर गधा होता है, और निन्दा करने वाला श्वान होता है।

–मनुस्मृति

अगर कोई तुम्हारी निन्दा करे तो भीतर ही भीतर प्रसन्न होना चाहिए ? क्योंकि निन्दा करके वह तुम्हारा पाप अपने ऊपर ले रहा है। इसलिए कबीर कहते थे–'निन्दक नियरे राखिये आंगन कुटी छवाय'।

–ब्रह्मानन्द सरस्वती

उन्हें भी निन्दा-श्रवण में रस उपजता है,
जो किसी की भी स्वयं निन्दा नहीं करते।

–रामधारीसिंह दिनकर

कबीर मेरे साधु की, निन्दा करे न कोय।
जौ पै चंद कलंक है, तऊ उजारा होय।।

–कबीर

कभी किसी की निन्दा नहीं करनी चाहिए।

—ऋग्वेद

जो जिसके गुणोत्कर्ष को नहीं जानता, वह सदैव उसकी निन्दा ही करता है।

—अज्ञात

जो बड़ेन को लघु कहो, नहिं रहीम घटि जाहिं।
गिरिधर मुरलीधर कहे, कछु दुख मानत नाहिं।।

—रहीम

जो मानव अपनी निन्दा सुन लेता है, वह सारे जगत् पर विजय प्राप्त कर लेता है।

—पं० मदनमोहन मालवीय

झूठ बोलना पाप है और झूठी निन्दा करना और भी बड़ा पाप है। स्वजाति की निन्दा से बढ़कर कोई दूसरा पाप नहीं है।

—रवीन्द्रनाथ ठाकुर

तिनका कबहुं न निन्दिए, जो पायन तर होय।
कबहुंक उड़ि आंखिन परै, पीर घनेरी होय।।

—कबीर

दूसरों की निन्दा करने के पहले हमें आत्म-परीक्षण करना चाहिए।

—मोनियर

निन्दा-सम पातक नहीं, नहीं सत्य सम धर्म।
लज्जा सम भूषण नहीं, नहीं फर्ज सम कर्म।।

—शिवदुलारे त्रिपाठी 'नूतन'

हमें धर्म का विचार हो या न हों, किन्तु निन्दा का भय अवश्य होता है।

—सुदर्शन

हर एक की निन्दा सुन लो, परन्तु अपना फैसला गोपनीय रखो।

—शेक्सपियर

जो तुम्हारे सामने दूसरों की निन्दा करता है वह दूसरों के सामने तुम्हारी निन्दा करेगा।

—शेख सादी

पीठ पीछे किसी की निन्दा मत करो, चाहे उसने तुम्हारे मुंह पर ही तुम्हें गाली दी हो।

—तिरुवल्लुवर

कीचड़ मत फेंको हो सकता है निशाना चूक जाये। फिर भी हाथ तो गन्दे हो ही जायेंगे।

—अज्ञात

निग्रह

शरीर को रोके बिना मन पर अंकुश आता ही नहीं। परन्तु शरीर के अंकुश के साथ-साथ मन पर अंकुश रखने का प्रयत्न होना ही चाहिए।

–महात्मा गांधी

निडर

चिरस्थायी और सच्चे फल पाना हो, तो हमें पहले निडर जरूर बनना होगा। यह गुण धार्मिक जागृति के बिना नहीं आ सकता।

–महात्मा गांधी

निद्रा

अर्द्धरात्रि के पूर्व की एक घंटे की निद्रा उसके बाद की तीन घंटे की निद्रा के समान है।

–जॉर्ज हर्बर्ट

निद्रा एक ऐसा अथाह सागर है जिसमें हम सब अपने दुखों को डुबो देते हैं।

–प्रेमचन्द

निद्रा तुम्हारे मिथ्या अहं, माया, स्वप्न, भ्रम का एक रूप है।

–स्वामी रामतीर्थ

निद्रा भी कैसी वस्तु है ! घोर दुःख के समय भी मनुष्य को यही सुख देती है।

–प्रेमचन्द

निद्रावस्था जाग्रतावस्था की स्थिति का आईना है।

–महात्मा गांधी

सोता साध जगाइए, करै नाम को जाप।
यह तीनों सोते भले, साकत, सिंह और सांप।

–कबीर

निधि

सुन्दर स्वभाव, शौर्य, आलस्य का अभाव, पाण्डित्य तथा मित्र संग्रह—ये पांचों चोरों द्वारा न चुराई जाने वाली अक्षय निधि हैं।

–अज्ञात

नियति

नाचती है नियति नटी-सी
कन्दुक क्रीड़ा-सी करती।

इस व्यथित विश्व-आंगन में
अपना अतृप्त मन भरती।

–जयशंकर प्रसाद

नियति सम्राटों से भी प्रबल है।

–जयशंकर प्रसाद

नियम

जिसकी बुद्धि ने विश्व के व्यापार में नियम को नहीं पहचाना, वह जीवन के हर विषय में अशक्त, अकृतार्थ और पराभूत है।

–रवीन्द्रनाथ ठाकुर

देव पुरुषों के नियम तोड़कर कोई सैंकड़ों सिद्धियों वाला मानव भी सौ वर्ष नहीं जी सकता है।

–ऋग्वेद

नियम मन के लिए एक दृढ़ अवलम्बन है।

–रवीन्द्रनाथ ठाकुर

निरहंकारिता

निरहंकारिता से सेवा की कीमत बढ़ती है और अहंकार से घटती है।

–विनोबा भावे

निराश : निराशा

मत हो निराश, यह महापाप, चिर आशा तेरा भव्य पुण्य।
अब विद्यमान उर में नर के, उस पर ब्रह्म की प्रखर कांति;
फिर क्यों निराश हो विचलित हो, मानव ! फिरता खो अमर शांति।

–श्रीमन्नारायण

सभ्यता में उस मनुष्य के लिए स्थान नहीं है जो उदास, खिन्न और निराश हो।

–स्वेट मार्डेन

हर चीज के विषय में निराश होने की अपेक्षा आशावान् होना बेहतर है।

–गेटे

जीवन में ऐसे अवसर भी आते हैं जब निराशा में भी आशा होती है।

–प्रेमचन्द

निराशा असम्भव को सम्भव बना देती है।

–प्रेमचन्द

निराशा आशा के पीछे-पीछे चलती है।

–एल०ई० लैमडन

निराशा जब चरम सीमा पर पहुंच जाती है, तब हमारी जीभ बंद हो जाती है।

–सुकरात

निराशा दुर्बलता का चिह्न है।

–स्वामी रामतीर्थ

निराशा में प्रतीक्षा अंधे की लाठी है।

–प्रेमचंद

निराशा से जीवन के बहुमूल्य तत्त्व नष्ट हो जाते हैं। इससे विजय के बहुत से अवसर खो जाते हैं।

–स्वेट मार्डेन

निराशावाद : निराशावादी

निराशावाद भयंकर राक्षस है जो हमारे नाश की ताक में बैठा रहता है।

–स्वेट मार्डेन

निराशावादी सदैव बुराई ही देखता है, आशावादी सदैव पहले अच्छी बात देखता है। निराशावादी चिन्ता के मारे अधमरा रहता है। आशावादी प्रसन्न होकर अपनी व्यथा को दूर कर ही लेता है।

–अज्ञात

निरुत्साह

जो मनुष्य निरुत्साह, दीन और शोकाकुल रहता है, उसके सब काम बिगड़ जाते हैं और वह बहुत बड़ी विपत्ति में फंस जाता है।

–बाल्मीकि रामायण

निर्गुण और सगुण

तुम ईश को निर्गुण समझते, हम सगुण भी मानते।
हा ! अब इसी से हम परस्पर शत्रुता हैं मानते।।

–मैथिलीशरण गुप्त

निर्णय : निर्णायक

अपना निर्णय किसी से भी समय से पहले न कहो।

–जान सल्डेस

किसी वस्तु का निर्णय करने के लिए तीन तत्त्वों की आवश्यकता होती है–अनुभव, ज्ञान और व्यक्त करने की क्षमता।

–सुकरात

बगैर सोचे-विचारे उठाए गए कदम बहुधा हमारे जीवन के सबसे निर्णायक कदम होते हैं।

–आन्द्रे जीद

निर्धन

इतिहास का सबसे महान् व्यक्ति निर्धन था।

–इमर्सन

जितना मिले उतना पाने के लिए खींचा-तानी करना निर्धन को ही शोभा दे सकता है।

–रवीन्द्रनाथ ठाकुर

धन की कमी होने पर निरन्तर घी, नमक, तेल, चावल, वस्त्र तथा लकड़ी की चिन्ता से बड़े-बड़े बुद्धिमानों की भी बुद्धि नष्ट हो जाती है।

–पंचतंत्र

धनी की हां में, सब कोई हां मिलाते हैं।
वही वचन निर्धन के मन का, आदृत नहीं होता।।

–रामचरित उपाध्याय

निज सपनेहुँ नहिं मानहीं, निर्धन जन को कोय।
(कोई निर्धन मनुष्य को कभी भी अपना नहीं मानता।)

–दीनदयाल गिरि

भूखा मनुष्य कौन-सा पाप नहीं करता ? क्षीण मनुष्य दयाहीन हो जाते हैं।

–अज्ञात

सब इन्द्रियां वही हैं, सब कर्म भी वही हैं, वही प्रखर बुद्धि और वैसे ही वचन भी हैं; परन्तु धन की गर्मी के बिना वही मनुष्य क्षण-मात्र में कुछ का कुछ हो जाता है—यह विचित्र बात है।

–नीतिशतक

निर्धनता

निर्धनता से मानव को लज्जा होती है, लज्जा से पराक्रम नष्ट हो जाता है, पराक्रम न होने से अपमान होता है, अपमान होने से दुःख मिलता है, दुःख से शोक होता है, शोक से बुद्धि नष्ट हो जाती है और बुद्धि न होने से नाश हो जाता है। निर्धनता सब आपदाओं का घर है।

–हितोपदेश

निर्बल

कैसे निबहै निबल जन, करि सबलन सों गैर।
रहिमन बसि सागर विषै, करत मगर सों बैर।।

–रहीम

निर्बल को न सताइए, मोटी जाकी हाय।
मुई खाल की सांस से, सार भसम है जाय।।

–कबीर

निर्बल जानि कीजै नहीं, कबहुँक वाद-विवाद।
जीते कछु सोभा नहीं, हारे निन्दावाद।।

—वृन्द

यद्यपि मधुमक्खियां निर्बल होती हैं, तथापि वे सब मिलकर मधु निकालने वाले का प्राण तक ले लेती हैं, वैसे ही निर्बल पुरुष भी एकत्रित होकर बलवान शत्रु का नाश कर सकते हैं।

—महाभारत

सबै सहायक सबल के, कोई न निबल सहाय।
पवन जगावत आग को, दीपहिं देत बुझाय।।

—वृन्द

सबल की शिकायतें सब सुनते हैं, निर्बल की फरियाद भी कोई नहीं सुनता।

—प्रेमचन्द

हरत दैवहू निबल अरु, दुरबल ही के प्राण।
बाघ सिंह को छांड़ि कै, देत छाग बलिदान।।

—वृन्द

निर्भय : निर्भयता

जग डरता है तभी तक, जिन्दगी से मोह तक।
मैं मरण से प्यार करता, किसलिए जग से डरूंगा।

—हरिकृष्ण प्रेमी

जीना हो तो मरना सीखो, निज प्रण पर मर मिटना सीखो।
डर डरकर मत समय गंवाओ, मर कर भी प्रिय अमर कहाओ।।

—श्रीमन्नारायण

मृत्यु द्वार पर खड़ी डराती, मरने से डरने वालों को।
और, अमरता पहना जाती, जयमाला मरने वाले को।।

—आचार्य नरेन्द्रदेव

कबिरा मैं तो तब डरौं, जौ मुझही में होय।
नीच बुढ़ापा आपदा, सब काहू में सोय।।

—कबीर

निर्मल

केवल निर्मल हृदय ही पूर्ण उल्लास जानता है।

—गेटे

निर्लज्ज

निर्लज्ज हारकर भी नहीं हारता, मरकर भी नहीं मरता।

—जयशंकर प्रसाद

सबसे अधिक निर्लज्ज वहीं है जो ईश्वर को नहीं मानता।

–अज्ञात

निर्लोभी

गरदने बेतमा बुलन्द बुबद।
(निर्लोभी का सिर सदा ऊंचा रहता है।)

–शेख सादी

निश्चय

अनुभव बताता है कि आवश्यकता के समय में दृढ़ निश्चय ही पूरी सहायता करता है।

–शेक्सपियर

जिसका निश्चय दृढ़ और अटल है वह दुनिया को अपने साँचे में ढाल सकता है।

–गेटे

जो व्यक्ति निश्चय कर सकता है, उसके लिए कुछ भी असम्भव नहीं है।

–इमर्सन

सच्ची से सच्ची और अच्छी से अच्छी चतुराई निश्चय है।

–नेपोलियन

निश्चयात्मक

निश्चयात्मक प्रकृति के मनुष्य ही प्रभावशाली हो सकते हैं।

–स्वेट मार्डेन

निश्चिन्त : निश्चिन्तता

निश्चिन्त मन भारी थैली से अच्छा है।

–अरबी कहावत

चिन्ता त्यागमूलक है। निश्चिन्ता का आमोद-प्रमोद से मेल है।

–प्रेमचन्द

निष्कपटता

निष्कपटता आलोचना का सबसे उज्ज्वल रत्न है।

–डिसरैली

निष्कपटता निष्कपटता को आमंत्रित करती है।

–इमर्सन

निष्ठा

मिटे राजभय जहां, मिले धन और प्रतिष्ठा,
रख सकते हैं वहां विरल जन ही निज निष्ठा।

–मैथिलीशरण गुप्त

शुष्क चित्त के मृत भार को केवल निष्ठा ही वहन कर सकती है।

–रवीन्द्रनाथ ठाकुर

निःस्वार्थ : निःस्वार्थता

संसार में जितने बड़े-बड़े साधु, महात्मा, धार्मिक, योगी और कर्मकाण्डी आदि हुए हैं, जो अपने-अपने निर्मल चरित्र के प्रकाश से मानव-समाज को उज्ज्वल कर गए हैं, वे सभी निःस्वार्थ थे।

–ज्ञानेन्द्रमोहन दास

निःस्वार्थता ही धर्म की कसौटी है। जो जितना ही अधिक निःस्वार्थी है, वह उतना ही अधिक आध्यात्मिक और शिव के समीप है।

–विवेकानन्द

नींद

नींद एक ऐसा अथाह सागर है जिसमें हम सब अपनी आंखों को डुबो देते हैं।

–प्रेमचन्द

नीच : नीचता

ऊंच निवास नीच करतूती। देखि न सकहिं पराई विभूती।।

(जिनका पद तो ऊंचा है परन्तु कर्त्तव्य नीचा है, वे दूसरे का धन-वैभव नहीं देख सकते।)

–गोस्वामी तुलसीदास

कछु कहि नीच न छेड़िए, भलो न वाको संग।
पाथर डारे कीच में, उछरि बिगारै अंग।।

–वृन्द

काटेइ पै कदली फरै, कोटि जतन कोउ सींच।
विनय न मान खगेस सुनु डांटेहि पै नव नीच।।

–गोस्वामी तुलसीदास

गुण में औगुण खोज ही, हिये न समुझै नीच।
ज्यों जूही के खेत में, शूकर खोजन कीच।।

–अज्ञात

जेहि ते नीच बड़ाई पावा। सो प्रथमहिं हठिताहि नसावा।।

(दुष्ट लोग जिनके कारण बड़ाई पाते हैं, सबसे पहले उन्हीं का नाश करते हैं।)

–गोस्वामी तुलसीदास

जो उपकार करने वाले को नीच मानता है, उससे अधिक नीच दूसरा कोई नहीं है।

–विनोबा भावे

नवनि नीच कै अति दुखदाई। जिमि अंकुस धनु उरग बिलाई।
भयदायक खल कै प्रिय बानी। जिमि अकाल के कुसुम भवानी।।

–गोस्वामी तुलसीदास

नीच को देखने और उसकी बातें सुनने से ही हमारी नीचता का आरम्भ हो जाता है।

–कन्फ्यूशस

नीच चंग सम जानिए, सुनि लखि तुलसीदास।
ढील देत भुइँ गिरि परत, खैंचत चढ़त अकाश।।

–गोस्वामी तुलसीदास

नीच दूसरे की यशरूपी अत्यन्त तीव्र अग्नि से जलकर और उसके पद को प्राप्त करने में असमर्थ होकर उसकी निन्दा करते हैं।

–चाणक्य

नीच निचाई नहिं तजै, सज्जनहू के संग।
तुलसी चन्दन विटप बसि, विष नहिं तजत भुजंग।।

–गोस्वामी तुलसीदास

नीच मनुष्य विपत्ति में फँसने पर प्रारब्ध की ही निन्दा करते हैं, अपने किए कुकर्मों की नहीं।

–महाभारत

मन मलीन तन सुन्दर कैसे। विषरस भरा कनकघट जैसे।

(सुन्दर शरीर में मलीन मन ऐसा मालूम होता है जैसे सोने के घड़े में विषाक्त रस भरा हो।)

–गोस्वामी तुलसीदास

स्वभाव की नीचता वर्षों में भी मालूम नहीं होती।

–शेख सादी

नीति : नीतिज्ञ

अधार्मिक गांव में नहीं रहना चाहिए।

–मनुस्मृति

अपना सामर्थ्य ही सबसे श्रेष्ठ बल है।

–मनुस्मृति

अपमान करने वाला स्वयं नष्ट हो जाता है।

–मनुस्मृति

उपकार करना मित्र का लक्षण है और अपकार करना शत्रु का लक्षण है।

–बाल्मीकि रामयण

कारण के गुणों के अनुसार ही कार्य होते हैं।

–वैशेषिक दर्शन

किसी का भी अपमान नहीं करना चाहिए।

–मनुस्मृति

जब बहुत आदमियों से काम लेना हो, तो अविश्वास रखकर चलना गलत नीति है।

–महात्मा गांधी

जल में मलमूत्र नहीं करना चाहिए, थूकना नहीं चाहिए और न नंगा होकर स्नान ही करना चाहिए।

–तैत्तिरीय आरण्यक

दुर्बल एवं मर्यादाहीन मनुष्य की सेवा नहीं करना चाहिए।

–बाल्मीकि रामायण

नीति के विरुद्ध कोई काम करने का फल अपने तक नहीं रहता, दूसरों पर उसका और भी बुरा असर पड़ता है।

–प्रेमचन्द

सम्पत्ति रहते हुए भी उसकी वृद्धि के लिए प्रयत्न करना नीति-निपुणता है।

–महाभारत

जो वक्त पर स्वयं पके हुए फलों को ग्रंहण करता है, समय से पूर्व कच्चे फलों को नहीं, वह फलों से मधुर रस पाता है और भविष्य में बीजों को बोकर पुनः फल प्राप्त करता है।

–महाभारत

नीतिज्ञ के लिए यश और धन की कमी नहीं है।

–प्रेमचन्द

नीतिशास्त्र

नीतिशास्त्र का यह सार है कि किसी का विश्वास न करे।

–महाभारत

नीतिशास्त्र ही इस पृथ्वी का अमृत है, यही उत्तम नेत्र है और यही श्रेय प्राप्ति का सर्वोच्च उपाय है।

–महाभारत

नीर-क्षीर विवेक

राजहंस दूध पी लेता है और पानी छोड़ देता है, दूसरे पक्षी ऐसा नहीं कर सकते, उसी प्रकार साधारण पुरुष माया के जाल में फंसकर परमात्मा को

नहीं देख सकते। केवल परमहंस ही माया को छोड़कर परमात्मा के दर्शन पाकर दैवी सुख का अनुभव करते हैं।

–रामकृष्ण परमहंस

नीरोग

सबसे बढ़कर नीरोग वही है जो निश्चिन्त है।

–अज्ञात

नृत्य

नृत्य भी शरीर की चेष्टाओं पर आश्रित होने के कारण मूर्ति के बंधनों से सर्वथा मुक्त नहीं है। यह एक प्रकार की अभिनीत गति है।

–महादेवी वर्मा

समस्त कलाओं में नृत्य सबसे महान् है।

–हेवलाक एलिस

नेक : नेकनामी

नेक बनने में सारी उम्र लग जाती है, बदनाम होने में तो एक दिन भी नहीं लगता।

–अज्ञात

पचास वर्षों की बहुत-सी नेकनामी को केवल एक बदनामी मटियामेट कर देती है।

–शेख सादी

नेकी

जितने दिन जिन्दा हो, उसे गनीमत समझो और इससे पहले कि लोग तुम्हें मुर्दा कहें, नेकी कर जाओ।

–शेख सादी

दुश्मन के साथ नेकी करना रोगियों की सेवा से छोटा काम नहीं है।

–प्रेमचन्द

नेकी कर दरिया में डाल।

–कहावत

नेकी का इरादा, बदी की इच्छा को दबा देता है।

–हजरत अली

नेकी का उपहार नेकी है।

–इमर्सन

बदी करने के अवसर दिन में सौ बार आते हैं; किन्तु नेकी करने का अवसर वर्ष में सिर्फ एक बार मिलता है।

–वॉल्टेयर

सम्मान नेकी का उपहार है।

–सिसरो

नेता

तर्क और निर्णय नेता के गुण हैं।

–टैसीटस

नेता सागर में तूफान के सदृश है, वह आता है और चला जाता है, किन्तु जनता सागर की भांति है जो सदा रहती है।

–मॉरिस हिन्डूस

लोगों का सही रास्ता बनाना नेताओं का काम है।

–विनोबा भावे

यदि नेता चरित्रबान् नहीं है, तो अनुयायियों में उसके प्रति श्रद्धा रखना सम्भव नहीं है। पूर्णतया शुद्ध चरित्र के आधार पर ही अटूट श्रद्धा और विश्वास टिक सकते हैं।

–विवेकानन्द

ईर्ष्या और स्वार्थ का लव लेश न रहने पर ही तुम नेता हो सकते हो। जन्मजात निःस्वार्थ व्यक्ति ही नेता हो सकता है।

–विवेकानन्द

नेता की वास्तविक कसौटी यह है कि वह बहुत भिन्न रुचि और प्रवृत्ति के लोगों को भी उनकी समान वेदनाओं-भावनाओं के आधार पर एकत्र रख सकता है या नहीं।

–विवेकानन्द

जिसके हों ऊंचे विचार पक्के मनसूबे।
जो होवे गम्भीर भीड़ के पड़े न ऊबे।।
हमें चाहिए, आत्म-त्याग-रत ऐसा नेता।
रहे जाति-हित में जिसके रोयें तक डूबे।।

–अयोध्यासिंह उपाध्याय

नेतृत्व

अगर अंधा अंधे का नेतृत्व करे, तो दोनों खाई में गिरेंगे।

–अज्ञात

भूत का कष्ट और कुर्बानी भविष्य के नेतृत्व के लिए हर हालत में पासपोर्ट नहीं देती।

–सुभाषचन्द बोस

नेत्र : नैन

जस अपजसु देखत नहीं, देखत सांवल गात।
कहा करौं लालच भरे, चपल नैन चलि जात।।

–बिहारीलाल

रहिमन तीर की चोट ते, चोट परे बचि जाय।
नैन बान की चोट ते, धनवन्तरि भी न बचाय।।

–रहीम

लाज लगाम न मानहीं, नैना मो बस नाहिं।
ये मुंहजोर तुरंग लौं, ऐंचतहुं चलि जाहिं।।

–बिहारीलाल

देखिए, 'आंखे'

नैराश्व

आशायें विष की गांठ हैं। संसार इन्हीं इच्छाओं और आशाओं का दूसरा नाम है। जिसने इन्हें नैराश्य-नद में प्रवाहित कर दिया, उसे संसार में समझना भ्रम है।

–प्रेमचन्द

नैराश्य के संताप से व्यक्ति कर्तव्य पर ध्यान नहीं देता है।

–प्रेमचन्द

नौकर : नौकरी

अपने नौकर से बहुत मेल-जोल मत बढ़ाओ। आरम्भ में वह स्नेह-सा लगता है, परन्तु अन्त में वह घृणा पैदा करता है।

–फुलर

महान व्यक्तियों द्वारा की गई नेकी के बन्धनों में बंधकर हम उनके ऐच्छिक नौकर हो जाते हैं।

–सर फिलिप सिडनी

उत्तम खेती मध्यम बान। निकृष्ट चाकरी भीख निदान।।

–कहावत

जो मानव-सेवा करते हैं, वे ईश्वर की सबसे अच्छी सेवा करते हैं।

–कैरोलियन नॉर्टन

जो सबसे अधिक सेवा करता है, वह सबसे अधिक लाभ उठाता है।

–शेल्डन

न्याय : न्यायशील : न्यायप्रिय

आज का हमारा न्याय तो बुरी तरह बेजबान और खुलेआम अंधा है। बेकसी की दीर्घ मार से वह पीड़ित है।

—रस्किन

ईश्वरीय न्याय की चक्की यद्यपि मन्द गति से चलती है तथापि चलती अवश्य है.।

—जॉर्ज हर्बर्ट

केवल न्याय ही वास्तविक सुख है। केवल अन्यायी ही दुखी हैं।

—सुकरात

न्याय और नीति सब लक्ष्मी के ही खिलौने हैं, इन्हें वह जैसे चाहती है नचाती है।

—प्रेमचन्द

न्याय के समान कोई गुण वास्तव में ईश्वर-तुल्य और अज्ञात नहीं है।

—एडिसन

न्याय में देर करना अन्याय है।

—लेंडर

न्याय वह है जो दूध का दूध और पानी का पानी कर दे।

—प्रेमचन्द

बिना बुद्धिमता के न्याय असम्भव है।

—फ्रॉयड

विश्व में झूठी तुलाओं का सम्मान होता है और न्याय दीनारों के मोल बिकता है।

—अज्ञात

विश्व में न्याय के साथ अन्याय का मिश्रण रहना हमारे चरित्र-विकास के पक्ष में अत्यन्त आवश्यक है।

—रवीन्द्रनाथ ठाकुर

बस, पक्षपात से न्यायशील डरते हैं।
आत्मा का कभी विरोध नहीं करते हैं।।

—मैथिलीशरण गुप्त

न्यायाधीश

ऐसा न्याय करो जैसा न्याय किया था जहांगीर ने।
ऐसा न्याय करो तुम जैसा न्याय किया तुलसी कबीर ने।।
न्याय-तुला पर सभी मुकदमे तुम सोने की तरह तोलना।
खाकर शपथ फैसला देना, तुम कुर्सी पर सत्य बोलना।।

—रघुवीरशरण मित्र

न्यायाधीश में चार बातें होनी चाहिए–शिष्टतापूर्वक सुनना, बुद्धिमतापूर्ण उत्तर देना, गम्भीर होकर विचार करना और निष्पक्ष होकर न्याय करना।

–सुकरात

पंच

पंच के पद पर बैठकर न कोई किसी का दोस्त होता है और न दुश्मन। न्याय के सिवा उसे और कुछ नहीं सूझता। उसकी जबान से खुदा बोलता है।

–प्रेमचन्द

हुकुम सुनाते समय गर्व तज पंचेश्वर ! ईश्वर से डरना।
हमने तुमको पंच बनाया, तुम हम पर अन्याय न करना।।

–रघुवीरशरण मित्र

पंचायत राज्य

स्वराज्य-शासन की बुनियाद है पंचायत। इसके बिना सर्वोदय की स्थापना सिद्ध नहीं होगी।

–काका साहेब कालेलकर

पंडित

जिन पंडितों को परमार्थ का ज्ञान है, उनका अपमान मत करो।

–भर्तृहरि

जिस मनुष्य के कार्य में सर्दी-गर्मी, भय-प्रीति और समृद्धि-असमृद्धि से कोई बाधा नहीं पड़ती, वही पंडित कहलाता है।

–महाभारत

जो मनुष्य प्रसंग के अनुसार बोलना, स्वभाव के अनुसार प्रिय बनना और अपनी शक्ति के अनुसार क्रोध करना जानता है, वही पंडित है।

–हितोपदेश

देश काल को देख चले मित्रता न खोवे।
सार वस्तु को कभी पखंडों में न डुबोवे।।
हमें चाहिए समझ बूझ वाला वह पंडित।
आंखें ऊंची रखे कूप-मडूंक न होवे।।

–अयोध्यासिंह उपाध्याय

पोथी पढ़-पढ़ जग मुआ, पंडित भया न कोय।
ढाई आखर प्रेम के पढ़ै सो पंडित होय।।

–कबीर

लाख मूर्ख तजि राखिये, इक पंडित बुध धाम।
सर शोभा इक हंस सों, लाख काक केहि काम।।

–विदुर

पंथ

कोई भी पंथ या प्रणाली चाहे वे कितने ही उदार और असंकीर्ण क्यों न हों, देश, काल तथा प्रस्तुत परिस्थितियों के प्रभाव से सर्वथा अछूते नहीं रह सकते।

–जे०बी० कृपलानी

पक्ष

आत्मवर्गहितमिच्छति सर्वः।
(सब लोग अपने-अपने वर्ग का कल्याण चाहते हैं।)

–भारवि

पक्षपात

पक्षपात सब बुराइयों की जड़ है।

–विवेकानन्द

पछतावा

करता था तो क्यों किया, अब करि क्यों पछिताय।
बोया पेड़ बबूल का, आम कहां से खाय।।

–कबीर

पछतावा हृदय की वेदना है और निर्मल जीवन का उदय।

–शेक्सपियर

मुझे कोई पछतावा नहीं है, क्योंकि मैंने कभी किसी का कुछ बुरा नहीं किया।

–महात्मा गांधी

पड़ोसी

अच्छा पड़ोसी आशीर्वाद है, बुरा पड़ोसी अभिशाप।

–हैसियड

अपने पड़ोसियों की निन्दा सनातन से मनुष्य के लिए मनोरंजन का विषय रहा है।

–प्रेमचन्द

अपने पड़ोसी के विरुद्ध झूठी गवाही न दो।

–इंजील

कहां खोजते-फिरते प्रभु को, वह तो छिपा पड़ोसी घर।
मित्र भूल कर जिस पर तुमने, कभी न डाली नेह-नजर।।

–श्रीमन्नारायण

जब तुम्हारे पड़ोसी के घर में आग लगी हो, तो तुम्हारी अपनी सम्पत्ति भी खतरे में है।

–होरेस

सच्चा पड़ोसी वह नहीं है जो तुम्हारे साथ उसी मकान में रहता है, बल्कि वह है जो तुम्हारे विचार-स्तर पर रहता है।

–स्वामी रामतीर्थ

पतन

अगर कोई दृढ़ रहे तो पतन का गम नहीं, उठकर वह फिर आगे चल देगा।

–अरविन्द

भोजन का अभाव ही हमारे नैतिक और आर्थिक पतन का मुख्य कारण है।

–प्रेमचन्द

पति

जिसे पति बनना है, उसके लिए पुरुष बनना बहुत आवश्यक है।

–रवीन्द्रनाथ ठाकुर

पति की प्रसन्नता में ही पत्नी का सौभाग्य है।

–रवीन्द्रनाथ ठाकुर

पति के विरुद्ध कभी विद्रोह का स्वर मन में नहीं लाना चाहिए।

–शरत्चन्द्र चटर्जी

पति को अपने हृदय और मन को अर्पण न कर देना घोर पाप है।

–रवीन्द्रनाथ ठाकुर

पति को कभी-कभी अंधा और कभी-कभी बहरा होना चाहिए।

–कहावत

पति चाहे भला हो, चाहे बुरा, स्त्री के सतीत्व-गौरव के प्रमाण के लिए वह एक उपलक्ष्य मात्र है।

–रवीन्द्रनाथ ठाकुर

पति वह लेप है जो लड़कियों के कुंआरेपन की सभी बीमारियों को अच्छा कर देता है।

–मोलिया

पति सर्वस्व है, पति प्रियतम है, पति देवता है।

–रवीन्द्रनाथ ठाकुर

सुयोग्य पति पत्नी को सम्मान की अधिकारिणी बना देता है।

–मनुस्मृति

पति-धर्म

अबला समझ अर्द्धांगिनी को, नीच कहते मूढ़ हैं।
कुछ सोचिए तो दम्पती, शब्दार्थ कैसा गूढ़ है।
सम्बन्ध अन्योन्याश्रय नरों का, नारियों के साथ है।
प्रति-लोकगति परलोकगति, कुल कामिनी के हाथ है।।

—रामचरित उपाध्याय

पत्नी अलौकिक क्षेत्र है, सुत-रत्न हैं उसमें भरे।
अति नीच पति वह है न क्यों, जो भर्त्सना उसकी करे ?
गौरीश कैसे कर रहे हैं, देखिए उस कर्म को।
निगमागमों ने है कहा, पति के लिए जिस धर्म को।

—रामचरित उपाध्याय

पति-वियोग

वारि-विहीन मीन रह सकती।
विधु-वियोग ज्योत्स्ना सह सकती।।
रूप बिना रह सकती छाया।
रह सकती पति बिना न जाया।।

—मैथिलीशरण गुप्त

पति-पत्नी

जब किसी पुरुष का एक स्त्री के साथ पति-पत्नी का-सा सम्बन्ध हो जाये, तो पुरुष का धर्म है कि जब तक स्त्री की ओर से कोई विरुद्ध आचरण न देखे, तब तक उस सम्बन्ध को निबाहे।

—प्रेमचन्द

जिस देश में मधुर रस की धारणा जितनी ही क्षीण होती है और बन्धन जितना ही क्षणस्थायी और भग्नप्रवंण होता है, उस देश में पति-पत्नी का पारस्परिक सम्बन्ध भी उसी अनुपात में और उतना ही होता है।

—शरत्चन्द्र चटर्जी

पति-पत्नी पक्के और सच्चे साथी हैं। वे दोनों धर्म, अर्थ, काम और मोक्ष—इन चारों पदार्थों की प्राप्ति के लिए सामूहिक प्रयत्न करते हैं।

—डा० राधाकृष्णन

पति-भक्ति : पति-व्रत

आर्य कन्या मान लेती स्वप्न में भी पति जिसे,
भिन्न उससे फिर जगत में और भज सकती किसे ?

—मैथिलीशरण गुप्त

जिसे पतिव्रत जैसा साधन मिल गया है, उसे और किसी साधन की क्या आवश्यकता है ? इसमें सुख, संतोष और शान्ति सब कुछ है।

–प्रेमचन्द

पतिबरता पति को भजै, और न आन सुहाय।
सिंह-बच्चा जो लंघना, तो भी घास न खाय।।

–कबीर

पतिव्रता स्त्री पति का सिरताज है।

–कहावत

एकै धरम एक व्रत नेमा। काय, वचन, मन पति पद-प्रेमा।।

(पत्नी का एक ही धर्म, एक ही व्रत और एक ही नियम है। वह है मन, वचन और कर्म से अपने पति के प्रति प्रेम।)

–गोस्वामी तुलसीदास

कोकिला का स्वर ही उसका सौन्दर्य है और स्त्रियों का सौन्दर्य उनका पतिव्रत धर्म है। कुरूपों का सौन्दर्य उनकी विद्या है और तपस्वियों का सौन्दर्य उनकी क्षमा है।

–चाणक्य

पतिनी पति बिनु दीन अति, पति पतिनी बिनु मन्द।
चंद बिना ज्यों जामिनी, त्यों बिन जामिन चन्द।।

–केशवदास

पतित

अपने मित्रों और सहयोगियों की दृष्टि में पतित होकर जिन्दा रहना श्रेय की बात नहीं है।

–प्रेमचन्द

मैं हरि ! पतित-पावन सुने।
मैं पतित तुम पतित-पावन दुहूं बानक बने।।

–गोस्वामी तुलसीदास

पत्नी

केवल घर में रहने से कोई गृहस्थ नहीं होता; पत्नी के साथ में रहने से मनुष्य गृहस्थ कहलाता है। जहां भार्या है, वहीं घर है, भार्याहीन गृह तो वन-तुल्य है।

–वृहत्पराशर संहिता

पत्नी के चुनाव में किसी सच्चरित्र माता की पुत्री को पसंद करो।

–फुलर

पत्नी के चुनाव में युद्ध की योजना के समान सिर्फ एक बार गलती करना हमेशा के लिए मिट जाना है।

–मिडिल्टन

पत्नी के लिए इस लोक और परलोक में एक मात्र पति ही सदा आश्रय देने वाला है।

–शरण

पत्नी पुरुष की अर्द्धांगिनी और परम मित्र है। संसार में जिसका सहायक कोई न हो, उसकी पत्नी जीवन यात्रा में साथ देती है।

–महात्मा गांधी

पत्नी की दृष्टि में हीन और अश्रद्धेय होने से बड़ा दुर्भाय दुनिया में और कोई नहीं है।

–शरतचन्द्र चटर्जी

जिसके पत्नी नहीं, वह मनुष्य निश्चय ही गरीब है, भले ही वह अत्यन्त धनवान हो।

–हजरत मोहम्मद

पत्नीव्रत

जिसने न पत्नी व्रत किया, कुछ भी नहीं उसने किया,
संसार में जप तप, नियम सब व्यर्थ ही उसने किया।।
माया बिना क्या ब्रह्म निर्गुण सृष्टि करता है कहीं?
जब तक न दर्शन दे प्रकृति, तब तक पुरुष छुटता नहीं।।

–रामचरित उपाध्याय

पत्र

एक नारी के पत्र से बढ़कर पृथ्वी पर कुछ नहीं है।

–बाइरन

पत्र लिखना समय नष्ट करने का दिलचस्प तरीका है।

–लॉर्ड मार्ले

प्रेम-पत्र पढ़ने के लिए लोग भोजन भी त्याग सकते हैं।

–जी० जे० नाथन

मेरे विचार में विद्वत्‌जनों के पत्र मानव के समस्त कथनों से श्रेष्ठ हैं।

–फ्रांसिस बेकन

पदवी

सद्‌गुण कुलीनता की पहली पदवी है।

–मोलियर

पर-घर

कौन बड़ाई जलधि मिलि, गंग नाम भो धीम।
केहि की प्रभुता नहिं घटी, पर घर गए रहीम।।

–रहीम

परतंत्र

मनुष्य अपना स्वामी नहीं है, वह परिस्थितियों का दास है, विवश है। वह कर्त्ता नहीं है, वह केवल साधन है।

भगवतीचरण वर्मा

मनुष्य प्रकृति का अनुचर और नियति का दास है।

–जयशंकर प्रसाद

लाई हयात आए, कजा ले चली चले।
अपनी खुशी न आए, न अपनी खुशी चले।।

–जौक

हे अर्जुन ! ईश्वर सब प्राणियों के हृदय में निवास करता है और अपनी माया के द्वारा उनका इस प्रकार संचालन करता है, जैसे वे यंत्र पर बैठे हों।

–श्रीमद्‌भगवत्‌ गीता

परनारी

जननी सम जानहिं परनारी। धनु पराय विष ते विष भारी।।

(सज्जन लोग दूसरे की स्त्री को माता के समान और दूसरे के धन को विष के समान समझते हैं।)

–गोस्वामी तुलसीदास

परनारी पैनी छुरी, ताहि न लाओ अंग।
रावन हूं को सिर गयो, पर नारी के संग।।

–भारतेन्दु हरिश्चन्द्र

रघुवंसिन्ह कर सहज सुभाऊ। मन कुपंथ पगु धरइ न काऊ।।
मोहि अतिसय प्रतीति मन केरी। जेहि सपनेहूं परनारि न हेरी।।

–गोस्वामी तुलसीदास

'व्यास' पराई कामिनी, कारी नागिन जान।
सूंघत ही मरि जायगी, गरुड़ मंत्र नहिं मान।।

–व्यास

परपीड़ा

अठारहों पुराणों में व्यास जी ने दो ही बातें कहीं हैं। परोपकार करने से पुण्य होता है और दूसरों को पीड़ा पहुंचाने से पाप होता है।

–अज्ञात

परपीड़ा सम नहिं अधमाई।

दूसरों को पीड़ा पहुंचाने से बढ़कर कोई नीचता या पाप नहीं है।

–गोस्वामी तुलसीदास

यदि तुम्हारे एक शब्द से भी किसी को पीड़ा पहुंचती है, तो तुम अपनी सब नेकी नष्ट हुई समझो।

–संत तिरुवल्लुवर

पर-हानि

जो दूसरों को हानि पहुंचाना चाहता है, वह अपना नुकसान पहले कर लेता है।

–हजरत अली

परदा

बे परदा नजर आईं कल जो चन्द बीबियां।
अकबर जमीं में गैरतें कौमी से गड़ गया।।
पूछा जो उनसे आप का परदा वह क्या हुआ।
कहने लगीं अक्ल पै मरदों के पड़ गया।।

–अकबर

परमपद

हिन्दू मन्दिर की वन्दना करते हैं, मुसलमान मस्जिद की, पर योगी परमपद की आराधना करते हैं, जहां मन्दिर है न मस्जिद।

–गोरखनाथ

परमात्म-दर्शन

परमात्मा हमारी बुद्धि को प्रकाश देकर स्वयं हमारी बुद्धि के अन्दर गुप्त रूप से प्रकाशित है। इसलिए वहिरंग बुद्धि को अन्तरंग में निमग्न करना ही परमात्म दर्शन है।

–रमण महर्षि

परमात्मा

उस परमात्मा में ही सम्पूर्ण लोक स्थित है।

–यजुर्वेद

जिसने अपने स्वरूप को नहीं जान लिया है, वह परमात्मा को नहीं जान सकता। इसलिए परम-पुरुष परमात्मा को जानने के लिए पहले अपने को ही निश्चयपूर्वक जानना चाहिए।

–ज्ञानार्णव

परमात्मदेव को जानने पर सारे बन्धन कट जाते हैं, क्लेशों के क्षीण होने पर जन्म और मृत्यु से छुटकारा मिल जाता है।

–श्वेताश्वतर उपनिषद

परमात्मा की देन की सीमा नहीं हो सकती। उनकी रक्षा में कभी क्षीणता नहीं आती।

–ऋग्वेद

परमात्मा सत्य है और प्रकाश उसकी छाया।

–प्लेटो

परमात्मा ही सबकी आंखों से दूसरों की ओर देखता है।

–गुरु अर्जुन देव

देखिए, 'ईश्वर', 'परमेश्वर'

परमानन्द

जगत् में दो ही परमानन्द में रहते हैं (1) मूर्ख एवं उद्यम-रहित बालक और (2) भगवतप्राप्त गुणातीत पुरुष।

–श्रीमद्भागवत

जिसकी कृपा मूक को वाचाल बना देती है, पंगु को पर्वत पार करा देती है, मैं उस परमानन्द माधव की वन्दना करता हूं।

–अज्ञात

जिसने देह का अभिमान छोड़ दिया है, वह परमानन्द रूप है और जिसको देह का अभिमान है, वह परम दुखी है।

–योगवाशिष्ट

परमार्थ

इस विशाल भारतवर्ष के विराट् जन-समाज में और भी एक श्रेणी के लोग हैं जो जप-तप और ध्यान-धारण के लिए मानव को त्याग कर, घर-गृहस्थी को गरीबी और दुःख के हाथ सौंप कर परमार्थ कमाने चल देते हैं।

–रवीन्द्रनाथ ठाकुर

परमेश्वर

एक ही परमेश्वर को विप्र लोग बहुत-से नामों से वर्णन करते हैं।

–ऋग्वेद

परमेश्वर को कोई आंखों से नहीं देख सकता, किन्तु हम में से प्रत्येक मन को पवित्र करके विमल बुद्धि से परमेश्वर को देख सकता है।

–श्वेताश्वतर उपनिषद

देखिए, 'ईश्वर', 'परमात्मा'

परम्परा

जीवित परम्परा आत्महीन नहीं होती, वह समाप्त नहीं होती। उसमें नाना रूपों और प्रारूपों में खिलते जाने की शक्ति प्रवाहित रहती है।

—जैनेन्द्र कुमार

परम्परा इतिहास को विशेष सहयोग प्रदान करती है, लेकिन उसकी बातों का सूक्ष्म रूप से निरीक्षण कर तभी हमें उस पर विश्वास करना चाहिए।

–एडीसन

परस्त्रीगमन

जो आपन चाहइ कल्याना। सुजस सुमति सुभ गति सुख नाना।।
सो परनारि-लिलार गोसाईं। तजइ चौथ के चन्द की नाईं।।

(जो मनुष्य अपना कल्याण, सुयश, सद्बुद्धि, शुभगति तथा अनेक प्रकार के सुख चाहता है, उसे दूसरे की स्त्री के ललाट को इस प्रकार त्याग देना चाहिए जैसे भाद्रपद के शुक्ल पक्ष की चतुर्थी के चन्द्रमा का त्याग किया जाता है। ऐसा विश्वास है कि उपर्युक्त तिथि के चन्द्रमा को देखने से अकारण कलंक लगता है।)

–गोस्वामी तुलसीदास

पर-अन्न, पर-वस्त्र, पर-शैय्या, पर-स्त्री का सेवन और पराए घर का वास इन्द्र की भी महिमा को नष्ट कर देता है।

–चाणक्य

पर-सहायता : परहित

यदि आप लंगड़े और असमर्थ हैं तो दूसरे की सहायता और कृपा से सत्य नगर के दिव्य प्राचीर पर चढ़ने में लज्जा का अनुभव नहीं करना चाहिए।

–सन्त मारकस अरलियस

परहित बस जिनके मन माहीं। तिन्ह कहुं जग दुर्लभ कछु नाहीं।।

–गोस्वामी तुलसीदास

(जिन मनुष्यों के मन में दूसरों के कल्याण का भाव रहता है, उनके लिए संसार में कुछ दुर्लभ नहीं होता।)

परहित लागि तजहिं जो देही। संतत संत प्रसंसहिं तेही।।

(जो मनुष्य दूसरों के कल्याण के लिए अपना शरीर त्याग देते हैं, सज्जन लोग सदैव उनकी प्रशंसा करते हैं।)

–गोस्वामी तुलसीदास

परहित सरिस धरम नहिं भाई। परपीड़ा सम नहिं अधमाई।।

–गोस्वामी तुलसीदास

देखिए, 'परोपकार'

पराक्रम

प्रगति-पथ के बाधक अनुत्साह का अवलम्बन करके पड़े रहना ठीक नहीं है, क्योंकि समृद्धियां उत्साही पुरुष का आश्रय लेती हैं और अनुत्साही का परित्याग कर देती हैं।

–भारवि

बिना पराक्रम के कोई पदोन्नति नहीं कर सकता।

–साइरस

देखिए, 'वीरता'

पराजय

पराजय क्या है ? कुछ नहीं, सिर्फ शिक्षा तथा अपेक्षाकृत अच्छी स्थिति की ओर प्रथम पग है।

–बेन्डेल फिलिंग

पराजय से सत्याग्रही और अहिंसक को निराशा नहीं होती। उससे तो कार्य क्षमता और लगन बढ़ती है।

–महात्मा गांधी

रियायत राजनीति में पराजय की सूचक है।

–प्रेमचन्द

पुत्र से पराजित होना मानो दूसरा पुत्र जन्म है।

–श्रुति

बड़ें से हारना भी अच्छा है।

–महाभारत

मनुष्य को चाहिए कि वह सर्वत्र जय की, परन्तु अपने पुत्र से पराजय की इच्छा करे।

–श्रुति

देखिए, 'हार'

पराधीन : पराधीनता

पर-भाषा, पर-भाव, पर-भूषण, पर-परिधान।
पराधीन जन की अहै, यही पूर्ण पहचान।।

–वियोगी हरि

पराधीन सपनेहुं सुख नाहीं।

–गोस्वामी तुलसीदास

मनुष्य अपनी इच्छानुसार कुछ नहीं कर सकता, क्योंकि पराधीन होने के कारण वह असमर्थ है। काल उसे इधर-उधर खींचता रहता है।

–वाल्मीकि रामायण

स्वाधीन होना ही जन्म की सफलता है। जो पराधीन होकर जीते हैं, वे मृतक के समान हैं।

–हितापदेश

शोणित के बदले जहां अश्रु बहता है,
वह देश कभी स्वाधीन नहीं रहता है।

–दिनकर

पराधीन रह अपना सुख-शोक न कह सकता है।
यह अपमान जगत् में केवल पशु ही सह सकता है।।
अपना शासन आप करो तुम यही शान्ति है, सुख है।
पराधीनता से बढ़कर जग में नहीं दूसरा दुख है।।

–रामनरेश त्रिपाठी

पराधीनता दुख महा, सुख जग में स्वाधीन।
सुखी रमत सुक बन विषै, कनक पींजरे दीन।।

–दीनदयाल गिरि

पराधीनता दुर्गुणों को जगाती है।

–प्रेमचन्द

शासन किसी पर जाति का चाहे विवेक विशिष्ट हो।
सम्भव नहीं है किन्तु जो सर्वांश में वह इष्ट हो।।

–मैथिलीशरण गुप्त

बिना देशाटन किए पराधीनता का यथेष्ट ज्ञान नहीं होता।

–प्रेमचन्द

परामर्श

जो मानव नेक परामर्श देता है, वह एक हाथ से निर्माण करता है, और जो मानव उपयुक्त परामर्श के साथ-साथ दृष्टान्त भी देता है, वह दोनों हाथों से निर्माण करता है।

–फ्रांसिस बेकन

परिग्रह

जो सबका है उसे अपना बनाकर रखना, उसका संग्रह करना परिग्रह है।

–काका साहेब कालेलकर

परमात्मा परिग्रह नहीं करता, वह अपने लिए आवश्यक वस्तु रोज-रोज पैदा करता है।

–महात्मा गांधी

परिग्रह का मतलब संचय या इकट्ठा करना है। सत्य-शोधक अहिंसक परिग्रह नहीं कर सकता।

–महात्मा गांधी

सच्चे सुधार का, सच्ची सभ्यता का लक्षण परिग्रह बढ़ाना नहीं है, बल्कि विचार और इच्छापूर्वक उसको घटाना है।

–महात्मा गांधी

हमें दुर्ग नहीं चाहिए, दूसरा राज प्रसाद नहीं चाहिए। परिग्रह में सन्तोष और शान्ति नहीं है।

–यशपाल

परिग्रही

जो मनुष्य अपने दिमाग में निरर्थक ज्ञान ठूंस रखता है, वह परिग्रही है।

–महात्मा गांधी

परिचय

किसी को अपना परिचय देना बुरा नहीं है, बुरा तभी है जब वह किसी स्वार्थ या अहंकार से दिया जाता है।

–अज्ञात

परस्पर परिचय का अभाव ही मानव के प्रभेद को बड़ा बना देता है।

–रवीन्द्रनाथ ठाकुर

सबके प्रति सौजन्य और बहुतों से रक्खो राम-सलाम।
मेल-जोल थोड़े लोगों से, मैत्री किसी एक जन से।।

–रामधारीसिंह दिनकर

परिणति

सकल वस्तु परिणति के पथ पर है, किन्तु फिर भी किसी वस्तु की परिसमाप्ति दिखाई नहीं देती।

–रवीन्द्रनाथ ठाकुर

परिणाम

फलत्याग का यह अर्थ भी नहीं है कि परिणाम के सम्बन्ध में लापरवाही रहे। परिणाम और साधन का विचार और उसका ज्ञान अत्यावश्यक है।

–महात्मा गांधी

देखिए, 'फल'

परित्यक्त

वही पीड़ा जो बाल विधवा सहती है और सहने में अपना गौरव समझती है, परित्यक्ता के लिए असह्य हो जाती है।

–प्रेमचन्द

परित्याग

जिसका सबने परित्याग कर दिया, वह अपनी आत्मा में एक क्षण के लिए

भी परित्यक्त नहीं है, पथ ही जिसका घर है, उसके अन्तर के आश्रय को कोई महाशक्तिमान् अत्याचारी भी, एक मुहूर्त के लिए भी, नहीं छीन सकता।

–रवीन्द्रनाथ ठाकुर

परिपूर्णता

छोटी-छोटी बातों से पूर्णता प्राप्त होती है, और पूर्णता कोई छोटी बात नहीं है।

–माइकेल ऐन्जेलो

परिपूर्णता धीरे-धीरे प्राप्त होती है, उसको समय की आवश्यकता होती है।

–वॉल्टर

मानव की परिपूर्णता अपनी अपूर्णता को जान लेने में है।

–आगस्टाइन

परिमाण

परिमाण किसी भी व्यक्ति या राष्ट्र की महानता की निकृष्टतम कसौटी है।

–जवाहरलाल नेहरू

परिवर्तन

एक सौ वर्ष, नगर उपवन।
एक सौ वर्ष, विजय वन।।
यही तो है असार संसार।
सृजन, सिंचन, संहार।।
आज गर्वोन्नत हर्म्य अपार।
रत्न, दीपावलि, मंत्रोच्चार।।
उलूकों के कल भग्न विहार।
झिल्लियों की झन्कार।।

–सुमित्रानंदन पंत

देखो यह जग का परिवर्तन !
रहती थी नित्य बहार जहां,
बहती थी रस की धार जहां,
था सुषमा का संसार जहां,
है आज वहां बस ऊजड़ वन।
देखो यह जग का परिवर्तन !

–गोपालशरण सिंह

परिवर्तन ही सृष्टि है, जीवन है। स्थिर होना मृत्यु है। निश्चेष्ट शान्ति मरण है। प्रकृति क्रियाशील है।

–जयशंकर प्रसाद

परिवर्तन है प्राण प्रकृति के अविकल क्रम का।
परिवर्तन-क्रम मर्म है निगमागम का।।

(परिवर्तन प्रकृति के नैरन्तरिक क्रम का प्राण है। परिवर्तन वेद-शास्त्र का मर्म है।)

–श्रीधर पाठक

हर चीज बदलती है, नष्ट कोई वस्तु नहीं होती।

–अरविन्द घोष

परिवार

सुख सम्पत्ति परिवार बड़ाई। सब परिहरि करिहउं सेवकाई।।

(हे प्रभो ! सुख, सम्पत्ति, परिवार और मान-सम्मान सब कुछ छोड़कर मैं आप की सेवा करूंगा।)

–गोस्वामी तुलसीदास

सुत-बनितादि जानि स्वारथरत, न करु नेह सब ही ते।
अंतहु तोहिं तजहिं गे पामर, तू न तजै अब ही ते।।

(पुत्र और स्त्री आदि कुटुम्बियों को स्वार्थी समझ कर उनसे प्रेम मत करो। हे नीच ! वे अन्त में तुम्हारा त्याग करेंगे। इसलिए यह अच्छा है कि तुम अभी से उनका त्याग कर दो।)

–गोस्वामी तुलसीदास

परिश्रम : परिश्रमी

अपने अमूल्य समय का एक-एक क्षण परिश्रम में व्यतीत करना चाहिए। इसी में आनन्द है।

–इमर्सन

जग में पूजा ना मिले, बिना घिसाये चाम।
रगड़-रगड़ खा कर बने, पाहन शालिग्राम।।

(बिना परिश्रम किए हुए कोई संसार में पूज्य नहीं होता। देखिए, अनेक बार रगड़ खा कर पत्थर शालिग्राम (ठाकुर जी) बन जाता है।)

–सत्यदेव परिव्राजक

जो अपने हिस्से का काम किए बिना ही भोजन करते हैं, वे चोर हैं।

–महात्मा गांधी

परिश्रम उज्ज्वल भविष्य का पिता है।

–अज्ञात

परिश्रम सभी पर विजयी होता है।

–होमर

परिश्रम हमारा देवता है।

–विनोबा भावे

बिना स्वयं परिश्रम किए देवों की मैत्री नहीं मिलती।

–ऋग्वेद

परिस्थिति

गम्भीर परिस्थिति ही महापुरुषों का विद्यालय है।

–महात्मा गांधी

पुरुषार्थ परिस्थितियों को अपने अनुकूल बनाने में है।

–महात्मा गांधी

मनुष्य परतंत्र है, परिस्थितियों का दास है।

–भगवतीचरण वर्मा

मनुष्य परिस्थितियों का अनन्य भक्त है।

–जयशंकर प्रसाद

मनुष्य परिस्थिति का दास नहीं, अपितु परिस्थितियां मनुष्य की दासी हैं।

–डिसरैली

मनुष्य बिगड़ता है या तो परिस्थितियों से या पूर्व संस्कारों से।

–प्रेमचन्द

मानव परिस्थितियों की क्रीड़ा है जबकि परिस्थितियां ही मानव को क्रीड़ा प्रतीत होती हैं।

–वाइरन

स्वतंत्र बुद्धि के लोग भी एक हद तक यदि परिस्थिति के गुलाम नहीं होते, तो कम से कम परिस्थिति द्वारा गढ़े जाते हैं।

–विनोबा भावे

परीक्षा

जिस तरह कंचन को काटकर, तपा कर, घिसकर और पीटकर उसकी पहचान की जाती है, उसी तरह त्याग, शील, गुण और कर्म–इन चार प्रकारों से मानव की भी परीक्षा की जाती है।

–चाणक्य

दाता की परीक्षा अकाल में, शूरवीर की युद्ध में, मित्र की आपत्काल में, पत्नी की निर्धनता में, अच्छे कुल की विपत्ति में, प्रेम की परोक्ष में और सत्य की संकट में होती है।

–शिवपुराण

विद्यार्थी की परीक्षा जब तक नहीं होती, वह उसी की तैयारी में लगा रहता है, लेकिन परीक्षा में उत्तीर्ण हो जाने के बाद भावी जीवन-संग्राम की चिन्ता उसे हतोत्साह कर दिया करती है। उसे अनुभव होता है कि जिन साधनों से अब तक मैंने सफलता प्राप्त की है, वे इस नए, विस्तृत, अगम्य क्षेत्र में अनुपयुक्त हैं।

–प्रेमचन्द

ईश्वर जिन पर कृपा करना चाहता है,उनकी कभी-कभी इन्तहाई परीक्षा लेता है।

–महात्मा गांधी

स्वर्ग में ऐसा कोई मुकुटधारी नहीं हैं, जो यहां क्रूसधारी न रह चुका हो।

–स्पर्जियन

परोपकार : परोपकारी

जिस शरीर से धर्म न हुआ, यज्ञ न हुआ और परोपकार न हो सका, उस शरीर को धिक्कार है, ऐसे शरीर को पशु-पक्षी भी नहीं छूते।

–अज्ञात

जो गरीब को हित करै, धनि रहीम वे लोग।
कहा सुदामा बापुरो, कृष्ण मिताई जोग।।

–रहीम

जो तोकूं कांटा बुवै, ताहि बोइ तू फूल।
तोको फूल के फूल हैं, वाको है तिरसूल।।

–कबीर

जो निःस्वार्थ भाव से किसी का उपकार करता है, वही साधु कहलाता है; जो बदले में किसी वस्तु की आकांक्षा करके उपकार करता है, उसकी साधुता में कौन गुण हैं ?

स्कंदपुराण

जो परोपकार में प्रवृत्त रहता है उसी का जीवन सफल माना जाता है।

–ब्रह्मपुराण

ज्यों-ज्यों परोपकार के लिए रुपए की थैली खाली होती है त्यों-त्यों हमारा हृदय भरता जाता है।

–विक्टर ह्यूगो

तरुवर फल नहिं खात हैं, सरवर पियहिं न पानि।
कह रहीम पर काज हित, संपति संचहिं सुजानि।।

–रहीम

पर उपकार वचन-मन-काया। संत सहज सुभाव खगराया।

(कागभुशुंडी जी कहते हैं—हे गुरुड़जी ! यह सन्तों का सहज स्वभाव होता है कि वे मन, वचन और कर्म से दूसरों की भलाई करते हैं।)

–गोस्वामी तुलसीदास

परोपकार का प्रत्येक कार्य स्वर्ग की ओर एक कदम है।

–एच० डब्ल्यू० वीवर

परोपकार के लिए मरने का सौभाग्य तो संस्कार वालों ही को प्राप्त होता है।

–प्रेमचन्द

परोपकार-रहित मनुष्य के जीवन को धिक्कार है। उससे तो वे पशु ही अच्छे जिनका चमड़ा भी दूसरों के काम आता है।

–अज्ञात

परोपकार ही धर्म है, परपीड़न ही पाप।

–विवेकानन्द

बड़ा हुआ तो क्या हुआ, जैसे पेड़ खजूर।
पंथी को छाया नहीं, फल लागै अति दूर।।

–कबीर

वह थकते हैं और चैन पाती है दुनिया।
कमाते हैं वह और खाती है दुनिया।।

–हाली

वह शरीर क्या जिससे जग का कोई भी उपकार न हो।
वृथा जन्म उस नर का जिसके मन में दया-विचार न हो।।

–आरसी प्रसाद सिंह

विधाता ने चन्दन के वृक्ष को फल-फूल से रहित बनाया है, फिर भी वह अपने शरीर से ही दूसरों का सन्ताप मिटाता है।

–गोवर्द्धनाचार्य

सत्पुरुषों की संपत्ति का यही फल है कि विपत्ति में पड़े हुए मनुष्यों के दुःखों को दूर करे।

–कालिदास

सज्जनों की विभूतियां परोपकार के लिए ही होती हैं।

–कालिदास

पर-उपकारी पुरुष जिमि नवहिं सुसंपति पाय।

–गोस्वामी तुलसीदास

फल आने से वृक्ष झुक जाते हैं, नए बरसाती जल से भरे हुए बादल खूब फैलकर झुक जाते हैं, समृद्धियों के आने से सज्जन पुरुष नम्र हो जाते हैं—परोपकारियों का यही स्वभाव होता है।

–कालिदास

यदि मनुष्य परोपकारी नहीं है, तो उसमें और दीवार पर खिंचे चित्र में क्या अन्तर है ?

–शेख सादी

परोपदेश

पर उपदेश कुसल बहुतेरे। जे आचरहिं ते नर न घनेरे।।

(दूसरों को उपदेश देने में कुशल अनेक लोग हैं, परन्तु जो लोग अपने उपदेशों के अनुसार आचरण करते हैं, वे थोड़े हैं।)

–गोस्वामी तुलसीदास

पर्वत : पहाड़

उस स्वर्ण या रजत के पर्वत से क्या लाभ है जहां पैदा होने वाले वृक्ष वैसे ही वृक्ष रह गये। हम तो मलयाचल को ही श्रेष्ठ मानते हैं जिस पर पैदा होने वाले ककोल, नीम और कुटज के वृक्ष भी चन्दन हो जाते हैं।

–भर्तृहरि

पर्वत के ऊपर की हरियाली देखकर किसे पता लग सकता है कि उसके हृदय में कैसी भयंकर अग्नि दहक रही है।

–अज्ञात

पवित्र : पवित्रता

देह जल से पवित्र होती है, मन सत्य से, आत्मा धर्म से और बुद्धि ज्ञान से पवित्र होती है।

–मनुस्मृति

मन चंगा तो कठौती में गंगा।

–रैदास

सरिता अपने उद्गम स्थान पर हमेशा अधिक पवित्र होती है।

–पैस्कल

जहां पवित्रता है, वहीं निर्भयता हो सकती है।

–महात्मा गांधी

पवित्रता के बिना एकाग्रता का कोई मूल्य नहीं है।

–स्वामी शिवानन्द

पवित्रता वह धन है जो प्रेम के बाहुल्य से प्राप्त होता है।

–रवीन्द्रनाथ ठाकुर

वेश-भूषा की परवाह भले ही न करो, पर अपनी आत्मा को पवित्र रखो।

–मार्कट्वेन

जिनका मन पवित्र नहीं, उनका कोई कर्म पवित्र नहीं होता।

–जुन्नैद

साधना की सामग्री तो पवित्रता ही है।

–रवीन्द्रनाथ ठाकुर

पवित्रात्मा

पवित्र आत्मायें इस संसार में चिरकाल तक नहीं ठहरतीं।

–प्रेमचन्द

पशु

जिन मनुष्यों में न विद्या है, न तप है, न दान है, न ज्ञान है और न जिनमें शील, गुण और धर्म है, वे इस मर्त्यलोक में पृथ्वी के भार स्वरूप हैं। वे मनुष्य के रूप में पशु की भांति विचरते हैं।

–चाणक्य

जिस व्यक्ति ने साहित्य और संगीत शास्त्र नहीं सीखा, वह बिना पूंछ और सींग का साक्षात् पशु है। वह बिना तृण खाए ही जीता है। यह पशुओं का परम भाग्य है।

–भर्तृहरि

पशु-पक्षी

खाने के लिए पशु-पक्षियों का नाश करने वाले आगे पशु-पक्षी ही बनते हैं।

–उपासनी

पशु-पीड़ा

पशु-पीड़ा दरिद्रता।

(जो मनुष्य पशुओं को पीड़ा पहुंचाता है, वह दरिद्र हो जाता है।)

–अज्ञात

पशु-हिंसा

गीता-युग के पहले कदाचित् यज्ञ में पशु-हिंसा मान्य रही हो, पर गीता के युग में उसकी कहीं गंध तक नहीं है।

–महात्मा गांधी

पश्चात्ताप

सच्चा पश्चात्ताप यह है कि पाप करना छोड़े।

–एम्ब्रोज

मुझे कोई पछतावा नहीं है क्योंकि मैंने कभी किसी का कोई बुरा नहीं किया।

–महात्मा गांधी

उम्र सारी तो कटी इश्क बुता में 'मोमिन'
आखिरी वक्त में क्या मुसलमान होंगे ?

–मोमिन

करता था तो क्यों किया, अब करि क्यों पछिताय।
बोया पेड़ बबूल का, आम कहां ते खाय।।

–अज्ञात

जो व्यक्ति फल का विचार किए बिना कर्म करता है, वह फल के समय ऐसे ही पछताता है जैसे सुन्दर लाल-लाल फूलों को देखकर सुन्दर फूलों की आकांक्षा से ढाक की सेवा करने वाला मूर्ख मनुष्य।

–वाल्मीकि रामायण

सुबह गुजरी शाम होने आई 'मीर'
तू न चेता औ बहुत दिन कम रहा।

–मीर तकी मीर

साधन-संजम कुछ नहीं, विषय भरो हिय मांझ।
बेगि सुधारो राम जी, जीवन की भई सांझ।।

–अज्ञात

पाखण्डी

पाखंडी मनुष्य अनार्य होकर भी आर्य के समान प्रतीत होता है, शौचाचार से हीन होकर भी अपने को पवित्र रूप में प्रकट करता है, उत्तम लक्षणों से हीन होकर भी सुलक्षण-सा दिखाई पड़ता है, और दुःशील होकर भी दिखाने के लिए सुशील-सा आचारण करता है।

–वाल्मीकि रामायण

सदा शुद्ध अति जानकी, निंदक यों खलजाल।
जैसे श्रुतिहि सुभाव ही, पाखंडी सब काल।।

–केशवदास

पागलपन

कोई भी पवित्रात्मा पागलपन के मिश्रण से मुक्त नहीं है।

–अरस्तू

मनुष्यों का पागलपन असाधारण बात है, लेकिन गिरोहों, दलों, राष्ट्रों और युगों का पागलपन नियम है।

–नीत्शे

पाठशाला

आजीविका का साधन शरीर है और पाठशाला चरित्र-निर्माण की जगह है। उसे शरीर की जरूरतें पूरी करने का साधन समझना, चमड़े की जरा-सी रस्सी के लिए भैंस को मारने के समान है।

–महात्मा गांधी

घर ही उत्तम शिक्षालय है। सफल पुरुष पाठशाला में नहीं, जीवन-शाला में अध्ययन करते हैं।

–जैनेन्द्रकुमार

जो मानव एक पाठशाला खोलता है, वह विश्व का एक वंदीगृह बंद कर देता है।

–विक्टर ह्यूगो

पात्र

पात्र जितना गम्भीर रूप से शून्य होता है, सुधा रस से भरकर उतना ही अधिक पूर्ण होता है।

–रवीन्द्रनाथ ठाकुर

पाप

अपने पापों पर पर्दा डालना अपने भविष्य पर पर्दा डालना है।

–अज्ञात

अपने पाप सबको भोगने पड़ते हैं, भगवान् का इसमें कोई दोष नहीं होता।

–प्रेमचन्द

असत्य भाषण पाप है और झूठी निन्दा करना और भी बड़ा पाप है। स्वजाति की निन्दा से बढ़कर कोई दूसरा पाप नहीं है।

–रवीन्द्रनाथ ठाकुर

असफलता नहीं अपितु निकृष्ट ध्येय ही पाप है।

–टेनीसन

कृतघ्नता से बड़ा कोई पाप नहीं है।

–प्रेमचन्द

न खुद फंसो, न किसी को फंसाओ, फंसना-फंसाना दोनों पाप है।

–श्री ब्रह्मचैतन्य

नहिं असत्य सम पातक पुंजा। गिरि सम होहिं कि कोटिक गुंजा।।

(अनेक पाप मिलाकर असत्य के बराबर नहीं हो सकते, जैसे करोड़ों घुघुचियां मिलाकर पहाड़ के बराबर नहीं हो सकतीं।)

–गोस्वामी तुलसीदास

पाप का दंड अवश्य भोगना पड़ता है।

–प्रेमचन्द

पाप का पारिश्रमिक मृत्यु है।

–इंजील

पाप का न करना अच्छा है, पाप करने से पीछे सन्ताप होता है। पुण्य करना श्रेयस्कर है, क्योंकि उसे करने के बाद मनुष्य को सन्ताप नहीं होता।

–धम्मपद

पाप की कल्पना आरम्भ में अफीम के फल की तरह सुन्दर और मनोहारिणी होती है; किन्तु अन्त में नागिन के आलिंगन की तरह विनाशमयी है।

–हरिओम उपाध्याय

पाप की स्वीकृति मुक्ति का श्रीगणेश है।

–लूथर

पाप के अथाह दलदल में जहां एक बार पड़े कि फिर प्रति क्षण नीचे ही चले जाते हैं।

–प्रेमचन्द

पाप के पंजे में फंसा हुआ मन पतझड़ का पत्ता है, जो हवा के जरा-से झोंके से गिर पड़ता है।

–प्रेमचन्द

भय में से पाप की उपज है।

–जैनेन्द्र कुमार

बेकसूर पर कसूर थोपना महापाप है।

–कुरान शरीफ

पाप का फल दुख नहीं; किन्तु एक दूसरा पाप है।

–जयशंकर प्रसाद

पापों के मूल कारण से डरो, वह है अपनी आत्मा को न जानना।

–स्वामी रामतीर्थ

पाप में पड़ने वाला मानव होता है, जो पाप पर पछताता है, वह सज्जन है, जो पाप पर गर्व करता है, वह शैतान है।

–फुलर

पाप में लिप्त होने के बनिस्बत मुसीबत में गिरफ्तार रहना अच्छा है।

–शेख सादी

पाप से घृणा करो, पापी से नहीं।

–महात्मा गांधी

मनुष्य जब एक बार पाप के नागपाश में फंसता है तब वह उसी में और भी लिपटता जाता है।

–जयशंकर प्रसाद

मां का दिल दुखाना महापाप है।

–प्रेमचन्द

मनोभावों से ही पाप माना जाता है, वचन या कर्म से नहीं। पत्नी और पुत्री के आलिंगन में भाव की ही भिन्नता होती है।

–शरण

युद्ध में जाकर लड़ना कोई बहुत बड़ा पाप नहीं है। वास्तव में पाप हैं हमारे समाज की वे बातें जिनके कारण युद्ध होते हैं।

–डॉ० राधाकृष्णन

शरीर को रोगी और दुर्बल रखने के समान दूसरा कोई पाप नहीं है।

–बालगंगाधर तिलक

संसार में दुर्बल और दरिद्र होना पाप है।

–प्रेमचन्द

संसार में प्राणी स्वतंत्र और स्वाभाविक जीवन व्यतीत करने के लिए आए हैं, उनको स्वार्थ के लिए कष्ट पहुंचाना महान पाप है।

–बालगंगाधर तिलक

सर्वत्र यदि पापों का भीषण दंड तत्काल ही मिल जाया करता तो यह सृष्टि पाप करना छोड़ देती।

–जयशंकर प्रसाद

पापकर्म

पाप कर्म स्वच्छ दूध के समान तत्काल ही विकार नहीं लाता, वह तो राख से ढकी अग्नि के समान शनैः-शनैः जलते हुए मूर्ख आदमी का पीछा करता रहता है।

–गौतम बुद्ध

पाप-पुण्य

जिस साधक का किसी भी द्रव्य के प्रति राग, द्वेष और मोह नहीं होता है, जो सुख-दुःख में समभाव रखने वाला है, उसे न पुण्य का आगमन होता है न पाप का।

–आचार्य कुन्दकुन्द

मनुष्य यहां जो भी पाप-पुण्य करता है, वही उसका अपना होता है। उसे ही लेकर वह परलोक में जाता है।

–गौतम बुद्ध

पापी

जैसे सूखी लकड़ियों के साथ गीली लकड़ी भी जल जाती है, उसी प्रकार पापियों के सम्पर्क में रहने से धर्मात्माओं को भी उन्हीं की तरह दंड भोगना पड़ता है।

–महाभारत

जो अपने लिए ही भोजन पकाते हैं (दान, यज्ञ आदि नहीं करते हैं), वे पापी हैं, वे पाप खाते हैं।

–श्रीमद्‌भगवत गीता

जो पापियों से जान-बूझकर कड़े शब्द कहता है, वह मानो उनके पाप रूपी घाव पर नमक छिड़ता है।

–गौतम बुद्ध

पाप करने वाला लोक-परलोक दोनों जगह शोक करता है।

–गौतम बुद्ध

पापवन्त कर सहज सुभाऊ। भजन मोर तेहि भाव न काऊ।।

(पापियों का यह सहज स्वभाव होता है कि उनको मेरा भजन अच्छा नहीं लगता है।)

–गोस्वामी तुलसीदास

पापी का पैसा पुण्य कार्य में लगाने से उसके पाप का भी छेदन हो जायेगा।

–विनोबा भावे

पापी से घृणा न करो, उसके पाप से घृणा करो, क्योंकि पूर्ण निष्पाप तो तुम भी न होगे।

–महावीर स्वामी

सेंध के द्वार पर पकड़ा गया पापी चोर जैसे अपने कर्म से मारा जाता है, उसी प्रकार पापी मनुष्य मर कर परलोक में अपने ही कर्म से पीड़ित होता है।

–गौतम बुद्ध

सोने की चोरी करने वाला, शराबी, गुरुपत्नी-गामी, ब्रह्महत्यारा–ये चारों महापापी होते हैं, और जो इनके साथ सम्पर्क रखता है, वह पांचवां भी महापापी है।

–अज्ञात

हम सब पापी हैं। हममें से कोई जिस बात के लिए दूसरे को दोषी ठहराता है, उसे वह अपने ही दिल में पाएगा।

–सेनेका

जिनकी आत्मायें छोटी होती हैं, बहुधा वे ही बड़े-बड़े पाप-कांडो का निर्माण करते हैं।

–गेटे

पारखी

हंसा बगुला एक सा मान सरोवर माहिं।
बगा ढंढोरै माछरी, हंसा मोती खाहिं।।

–कबीर

हरि हीरा जन जौहरी, ले ले मांडिय हाट।
जबर मिलैगा, पारिषू, तब हीरा की साटि।।

–कबीर

पारस

इक लोहा पूजा में राखत, इक घर बधिक परो।
पारस गुन-अवगुन नहिं चिनवै, कंचन करत खरो।।

–सूरदास

पारस के स्पर्श से जो क्षुद्र था, उसमें एक क्षण में गौरव-संचार हो जायेगा; जो मलिन था, वह उज्ज्वल हो उठेगा और जिसका कोई दाम नहीं था, उसका मूल्य बढ़ जायेगा।

–रवीन्द्रनाथ ठाकुर

पारस को छूकर लोहा भी सोना हो जाता है, पारस लोहा नहीं हो जाता।

–प्रेमचन्द

पाश

गिरा, विचार, तर्क पर हमें न पाश चाहिए।
(हमको वाणी, विचार और तर्क पर अंकुश नहीं चाहिए।)

–प्रभाकर माचवे

पिता

त्वमेव माता च पिता त्वमेव, त्वमेव बन्धुश्च सखा त्वमेव।
(हे प्रभो ! आप ही मेरे माता और पिता हैं, आप ही मेरे भाई और मित्र हैं।)

–अज्ञात

पिता की सेवा अथवा उनकी आज्ञा के पालन के समान कोई भी दूसरा धर्म नहीं है।

–बाल्मीकि रामायण

मोरे प्रभु तुम गुरु पितु माता। जाउं कहां तजि पद जलजाता।
(हे प्रभो ! आप ही मेरे गुरु, माता और पिता हैं। आपके चरण-कमल छोड़ कर मैं कहां जाऊं।)

–गोस्वामी तुलसीदास

श्री रामचन्द्र जी कहते हैं– हे सीते ! पिता की सेवा जैसी हितकारी मानी गई है, वैसा कल्याणकारी न सत्य है, न दान-सम्मान है, और न दक्षिणा वाले यज्ञ ही हैं।

–वाल्मीकि रामायण

पिपासा

पिपासा तृप्त होने की चीज नहीं है। आग को पानी की आवश्यकता नहीं होती, उसे घृत की आवश्यकता होती है, जिससे वह और भड़के।

–भगवतीचरण वर्मा

देखिए, 'प्यास'

पीड़ा : पीड़ित

इस मीठी-सी पीड़ा में, डूबा जीवन का प्याला।
लिपटी-सी उतराती है, केवल आंसू की माला।।

–महादेवी वर्मा

कबिरा सोई पीर है, जो जाने पर-पीर।
जो पर-नीर न जानही सो काफिर बेपीर।।

–कबीर

जब देह के किसी भाग में पीड़ा होती है, तो सारी देह बेचैन हो उठती है।

–शेख सादी

जाके पांव न फटी बिवाई। सो क्या जाने पीर पराई।।

–कहावत

मन की पीड़ा के आगे मैं मृत्यु की पीड़ा को भी नगण्य समझता हूं।

–भगवती प्रसाद वाजपेयी

पीड़ा पाप का परिणाम है।

–गौतम बुद्ध

मानसिक पीड़ा शारीरिक पीड़ा की अपेक्षा अधिक कष्टदायक होती है।

–साइरस

पीड़ित प्राणियों के लिए रात एक कठिन तपस्या है।

–प्रेमचंद

पीड़ित हृदय कभी निश्शंक नहीं होता।

–प्रेमचंद

पीतल

पीतल सोने का गौरव प्राप्त नहीं कर सकता।

–शरण

पुण्य

जिसने पुण्य कर लिया है, वह दोनों लोकों में सुख पाता है।

–गौतम बुद्ध

जैसे धन के नाश होने पर सगे-सम्बन्धी छोड़ देते हैं, वैसे ही पुण्य क्षीण हो जाने पर देवता भी मनुष्य को स्वर्ग से गिरा देते हैं।

–महाभारत

जैसे पुण्य का हृदय से ही सम्बन्ध है, उसी प्रकार पाप का भी हृदय से ही सम्बन्ध है। पाप और पुण्य दोनों तुम्हारी मानसिक अवस्था से सम्बन्धित हैं।

–स्वामी रामतीर्थ

परमार्थ दृष्टि से पुण्य भी मोक्ष-प्राप्ति में बाधक है।

–निशीथ चूर्ण

परलोक में सिर्फ पुण्य ही प्राणियों का सहारा होता है।

–गौतम बुद्ध

पुण्यकर्म से जीवन पवित्र होता है और पापकर्म से पापात्मा होता है।

–वृहदा० उपनिषद्

वन में, रण में, शत्रु, जल और अग्नि के बीच में, समुद्र में तथा चोटी पर, सोए हुए, असावधान और संकट में पड़े हुए मनुष्य की रक्षा पूर्व जन्म के पुण्य ही करते हैं।

–भर्तृहरि

पुण्यात्मा : पुण्यकर्ता

पुण्य न करने वालों के लिए न यहां सुख है न वहां। पुण्यकर्ताओं के लिए लोक-परलोक दोनों जगह सुख है।

–गौतम बुद्ध

पुण्यात्मा जहां कहीं भी जाता है, सब जगह सफलता एवं सुख पाता है।

–गौतम बुद्ध

पुत्र

पांच वर्ष की अवस्था तक पुत्र का लालन-पालन करना चाहिए, तत्पश्चात् दस वर्ष तक ताड़न करते हुए शिक्षा देनी चाहिए। परन्तु जब वह सोलह वर्ष का हो जाये, तब उसके साथ मित्र के समान व्यवहार करना चाहिए।

–चाणक्य

पुत्र का मोह प्रकृति का सबसे बड़ा आकर्षण है।

–लक्ष्मीनारायण मिश्र

पुत्र के प्रति पिता का यही कर्तव्य है कि वह उसे पहली पंक्ति में बैठने योग्य बना दे।

–सन्त तिरुवल्लुवर

पुत्रात्पराजयो द्वितीयं पुत्रजन्म।

(पुत्र से हार जाना दूसरे पुत्र के जन्म के समान सुखकर है।)

–काव्य मीमांसा

सुनु जननी सोइ सुतु बड़भागी।
जो पितु मातु वचन अनुरागी।।

–तुलसीदास

पुत्र तथा पुत्री

पिता के लिए पुत्र-आत्म-तुल्य होता है और पुत्री पुत्र-तुल्य।

–मनुस्मृति

पुत्रवती

पुत्रवती युवती जग सोई। रघुपति भक्त जासु सुत होई।।

(संसार में वही स्त्री 'पुत्रवती' कहने योग्य है, जिसका पुत्र भगवान् राम का भक्त हो।)

–गोस्वामी तुलसीदास

पुनर्जन्म

आत्मा एक चेतन तत्व है, जो अपने रहने के लिए उपयुक्त देह का आश्रय लेता है और एक देह से दूसरी देह में जाता रहता है।

–गेटे

धारत वसन नवीन जिमि, जर्जर मनुज उतारि।
तजि तिमि आत्महु जीर्णतनु, लेत अन्य नव धारि।।

–द्वारकाप्रसाद मिश्र

मैं सब्ज अर्थात् घास की तरह पैदा हुआ हूं। मैंने सात सौ सत्तर देह देखी हैं।

–मौलाना रूमी

पुरस्कार

जो व्यक्ति दूसरे की भलाई चाहता है, उसने अपना भला पहले ही कर लिया।

–कन्फ्यूशस

पुराना

कोई वस्तु केवल इस कारण उत्तम नहीं है कि वह पुरानी है।

–कालिदास

पुराना होना ही सच्चाई का कोई प्रमाण नहीं है।

–स्वामी रामतीर्थ

पुरानी बात भी आत्मबल के साथ कही जाती है, तो नई हो जाती है।

–स्वामी रामतीर्थ

पुरुष

जो वीरता से भरा हुआ है, जिसका नाम लोग बड़े गौरव से लेते हैं, शत्रु भी जिसके गुणों की प्रशंसा करते हैं, वही पुरुष वास्तव में पुरुष है।

–गणेशशंकर विद्यार्थी

पुरुष के मन का भाव, उसका अन्याय और अविचार सभी जगह समान हैं।

–शरत्चन्द्र चटर्जी

पुरुष ! तेरे लिए ऊपर उठना है, न कि नीचे गिरना।

–अथर्ववेद

स्वाभिमानी और पवित्र हृदय पुरुष निर्धन होने पर भी श्रेष्ठ गिना जाता है।

–बालगंगाधर तिलक

पुरुष और स्त्री

पुरुष है कुतूहल और प्रश्न; और स्त्री है विश्लेषण, उत्तर और सब बातों का समाधान।

–जयशंकर प्रसाद

पुरुषार्थ : पुरुषार्थी

आत्मा को मोक्ष-पुरुषार्थ की अभिलाषा होती है, शरीर को काम-पुरुषार्थ प्रिय है। दोनों एक-दूसरे का नाश करने की ताक में हैं।

–विनोबा भावे

ईश्वर-रूप हुए बिना मनुष्य का समाधान नहीं होता, उसे शान्ति नहीं मिलती। ईश्वर-रूप होने का प्रयत्न ही सच्चा और एकमात्र पुरुषार्थ है।

–महात्मा गांधी

कर्म, ज्ञान और भक्ति इन तीनों का जिस तरह ऐक्य होता है, वही श्रेष्ठ पुरुषार्थ है।

–अरविन्द घोष

धर्म, अर्थ, काम और मोक्ष–ये चार पुरुषार्थ बतलाए गए हैं, इनमें से मोक्ष और काम दो परस्पर विरोधी सिरों पर स्थित हैं।

–विनोबा भावे

पुरुषार्थ खेत है और दैव को बीज बताया गया है। खेत और बीज के संयोग से ही अन्न उत्पन्न होता है।

–महाभारत

बुद्धिमान् सज्जन लोग पुरुषार्थ को बड़ा मानते हैं। असमर्थ अकर्मण्य एवं कापुरुष दैव की उपासना करते हैं, अर्थात् भाग्य के भरोसे रहते हैं।

–शुक्राचार्य

लक्ष्य पूरा करने के लिए अपनी समस्त शक्तियों द्वारा परिश्रम करना ही पुरुषार्थ है।

–पंतजलि

आलस्य को भय के रूप में और उद्योग को क्षेम के रूप में देखकर मानव को सदैव उद्योगशील पुरुषार्थी होना चाहिए। यह बुद्धों का अनुशासन है।

–गौतम बुद्ध

देवता पुरुषार्थी से प्रेम करते हैं, आलसी से नहीं।

–ऋग्वेद

पुरुषार्थ मेरे दायें हाथ में है और सफलता मेरे बायें हाथ में।

–अथर्ववेद

पुरुषार्थ ही सौभाग्य को खींच लेता है।

–जयशंकर प्रसाद

ब्रह्मा से कुछ लिखा भाग्य में मनुज नहीं लाया है।
अपना सुख उसने अपने भुजबल से ही पाया।।

–दिनकर

पुरुषार्थी वह है जो भाग्य की रेखायें बदल दे।

–शीलनाथ

पुरुषार्थहीन

पुरुषार्थहीन मनुष्य जीते जी मरा हुआ है।

–शंकराचार्य

पुरुषोत्तम

कार्य-करण-स्वरूप उस पुरुषोत्तम को तत्व से जान लेने पर इस (जीवात्मा) की गांठ खुल जाती है, सम्पूर्ण संशय कट जाते हैं और समस्त शुभाशुभ कर्म नष्ट हो जाते हैं।

–उपनिषद

पुरोहित

पुरोहित पंडे हो स्वार्थांध, अंध विश्वासों का बुन जाल।
नरक में जन को गए ढकेल, देश को अंधकार में डाल।।

–सुमित्रानंदन पंत

पुष्प

ईश्वर निम्नलिखित आठ पुष्पों से पूजे जाने पर प्रसन्न होते हैं, प्रथम

अहिंसा; द्वितीय, इन्द्रिय-संयम; तृतीय, जीवों पर दया; चतुर्थ, शम; पंचम, दम; षष्टम दम; सप्तम ध्यान और अष्टम सत्य। हे नृपश्रेष्ठ ! अन्य पुष्प तो पूजा के बाह्य अंग हैं।

–पद्म पुराण

भारतीय संस्कृति में तो सृष्टि के सृजन के साथ ही पुष्प की गौरव गाथा जुड़ी है। क्षीर सागर में शेषनाग की शय्या पर शयन करते विष्णु की नाभि से निकले कमल के आसन पर बैठकर ही ब्रह्मा ने सम्पूर्ण सृष्टि रची। वैभव की देवी लक्ष्मी, विदुषी सरस्वती और शक्ति के आगार विष्णु सभी कमल को धारण करते हैं। देवताओं से विरासत में मिला पुष्प प्रेम भारतीय संस्कृति में इतना गाढ़ा घुल गया है कि हिन्दू धर्म की चौंसठ कलाओं में से दो कलाएं पुष्पों की सजावट से ही जुड़ी हुई हैं।

–लोकेन्द्र चतुर्वेदी

पुस्तक

अच्छी पुस्तकों के पास होने से हमें अपने भले मित्रों के साथ न रहने की कमी नहीं खटकती।

–महात्मा गांधी

अच्छी पुस्तक एक महान् आत्मा का अमूल्य जीवन-रक्त।

–मिल्टन

असभ्य राष्ट्रों को छोड़कर शेष सम्पूर्ण विश्व पर पुस्तकों का ही शासन है।

–वॉल्टेयर

आज के लिए और सदा के लिए सबसे बड़ा मित्र है अच्छी पुस्तक।

–टपर

जिसे पुस्तकें पढ़ने का शौक है, वह सब जगह सुखी रह सकता है।

–महात्मा गांधी

नेत्रों के सम्मुख जो वस्तु पड़ी हुई है, उसे जानने के लिए भी हमें पुस्तकों का मुंह ताकना पड़ता है।

–रवीन्द्रनाथ ठाकुर

पुस्तक जेब में रखा हुआ बाग है।

–अरबी कहावत

पुस्तकें मन के लिए साबुन का काम करती हैं।

–महात्मा गांधी

पुस्तकें वे विश्वस्त दर्पण हैं जो संतों एवं शूरों के मस्तिष्क का परावर्तन हमारे मस्तिष्क पर करती हैं।

–गिबन

पुस्तकों का मूल्य रत्नों से भी अधिक है, क्योंकि रत्न बाहरी चमक-दमक दिखाते हैं जबकि पुस्तकें अन्तःकरण को उज्ज्वल करती हैं।

–महात्मा गांधी

पुस्तकों का संकलन ही आज के युग का वास्तविक विद्यालय है।

–कारलाइल

बुरी पुस्तकों का पठन विषपान के समान है।

–टॉल्स्टॉय

मैं नरक में भी अच्छी पुस्तकों का स्वागत करूंगा, क्योंकि उनमें वह शक्ति है कि जहां वे होंगी वहीं स्वर्ग बन जायेगा।

–गंगाधर तिलक

विचारों के युद्ध में पुस्तकें ही अस्त्र हैं।

–जार्ज बर्नार्ड शॉ

पुस्तक-प्रेमी सबसे अधिक धनी और सुखी होते हैं।

–बनारसीदास चतुर्वेदी

कुछ पुस्तकें मात्र चखने योग्य होती हैं और कुछ निगल डालने योग्य। कुछ ही ऐसी होती हैं जिन्हें चबाया और पचाया जा सकता है।

–बेकन

पूजा

उपवास करना और जोर-जोर से चिल्लाकर प्रार्थना अथवा कीर्तन करने ही का नाम पूजा नहीं है। हृदय का निवेदन ही सच्ची पूजा है।

–डॉ राधाकृष्णन

'पूजा' शब्द का अर्थ सत्कार है। देव की पूजा करने से परमात्मा का सत्कार करना, यह अर्थ होता है। चेतन पदार्थों का ही केवल सत्कार सम्भावित है; जड़ पदार्थों का अर्थात् मूर्तियों का सत्कार सम्भव नहीं होता।

–स्वामी दयानन्द सरस्वती

मनुष्य ही परमात्मा का सर्वोच्च साक्षात् मन्दिर है; इसलिए साकार देवता की पूजा करो।

–विवेकानन्द

लाखों गूंगों के हृदय में ईश्वर विराजमान है। मैं उसके सिवा अन्य किसी ईश्वर को नहीं मानता।.......मैं इन लाखों की सेवा द्वारा उस ईश्वर की पूजा करता हूं जो सत्य है अथवा उस सत्य की जो ईश्वर है।

–महात्मा गांधी

पूर्ण : पूर्णता

छोटी-छोटी बातों से पूर्णता मिलती है और पूर्णता कोई छोटी चीज नहीं है।

–माइकेल एन्जेलो

जिस परिमाण में हममें ज्ञान, प्रेम तथा कर्म का मिलन होता है, उसी परिमाण में हमारे अंदर की पूर्णता है।

–रवीन्द्रनाथ ठाकुर

पूर्णता ही आनन्द है।

–श्वेताश्वतर उपनिषद्

देखिए, 'परिपूर्णता'

ओउम् पूर्णमदः पूर्णमिदं पूर्णात् पूर्णमुदच्यते।
पूर्णस्य पूर्णमादाय पूर्णमेवावशिष्यते।।

(वह पूर्ण है। यह जगत पूर्ण है। पूर्ण से पूर्ण उत्पन्न होता है। पूर्ण से पूर्ण लेने पर पूर्ण ही शेष बचा रहता है।)

–ईशोपनिषद्

पेट

जब पेट खाली होता है, तो शरीर रूह बन जाता है और जब वह भरा होता है, तो रूह शरीर बन जाती है।

–शेख सादी

पापी पेट, तू सब कुछ कर सकता है।

–प्रेमचन्द

पेट की ज्वाला ही बड़वाग्नि है, जो कभी नहीं बुझती।

–जयशंकर प्रसाद

भले को भी बुरा तूने बनाया, सेठों के सामने मुझको नचाया।
हुआ है भार जीवन आज मुझको, उदर ! पर है न लगती लाज तुझको।।

–रामचरित उपाध्याय

रहिमन अपने पेट सों बहुत कह्यो समुझाय।
जो तू अनखाये रहे, तोसों को अनखाय।।

–रहीम

रहिमन कहत पेट सों, क्यों न भये तुम पीठ।
भूखे मान बिगारहू, भरे बिगारहु डीठ।।

–रहीम

पेटू

पेट की भूख मिट जाने पर भी पेटू के मन की भूख नहीं मिटती।

–रवीन्द्रनाथ ठाकुर

बहुत खाने वाले मनुष्य का कभी आदर नहीं होता।

–शेख सादी

पैसा

जिस पैसे को स्वीकार करने से पाप की प्रतिष्ठा बढ़ती है या दोषी जीवन का रंग चढ़ना सम्भव है, ऐसा पैसा नहीं लेना चाहिए।

–विनोबा भावे

पैसा आदमी को रंक बना देता है।

–महात्मा गांधी

पैसे को अपना ईश्वर मानिए, तो वह शैतान की तरह आप को भ्रष्ट कर देगा।

–पिल्डिंग

यदि आप पैसे का उपयोग जानते हैं, तो वह आपका दास है; परन्तु यदि आप उसका उपयोग नहीं जानते हैं, तो वह आपका स्वामी है।

–होरेस

पोशाक

अच्छी पोशाक के लिए सभी द्वार खुले रहते हैं।

–टॉमस फुलर

तुम्हारी पोशाक उतनी ही बहुमूल्य होनी चाहिए जितनी बनवाने की तुम्हारी क्षमता हो।

–शेक्सपियर

सादी पोशाक ब्रह्मचर्य पालन में सहायक होती है।

–महात्मा गांधी

सर्वोत्तम पोशाक वह है जिसे कोई नहीं देखता।

–ट्रोलप

देखिए, 'वेशभूषा'

पौरुष

जो अपने पौरुष से दैव (भाग्य) को विवश कर देने में समर्थ हैं, वे मनुष्य दैवी आपदाओं से कदापि दुखित नहीं होते।

–वाल्मीकि रामायण

प्यार

अपने आप को प्यार करना आजीवन रोमांस की शुरुआत है।

–ऑस्कर वाइल्ड

जिसे हम प्यार करते हैं, उसी के अनुसार हमारा रूप और आकार निर्मित होता है।

–गेटे

प्यार एक प्यास है।

–जैनेन्द्र कुमार

प्यार और खांसी छिपाए नहीं छिपती।

–हर्बर्ट

प्यार ही प्यार का इनाम है।

–ड्राइडन

बल और शक्ति की आज्ञा टालना आसान है, मगर प्यार की आज्ञा टालना आसान नहीं है।

–सुदर्शन

देखिए, 'प्रेम' 'मुहब्बत'

प्यास

देहिक प्यास के अतिरिक्त और भी एक प्यास मनुष्य में होती है। उसी प्यास की सूचना संगीत, चित्र, साहित्य आदि है।

–रवीन्द्रनाथ ठाकुर

देखिए, 'पिपासा'

प्रकाश

तमसो मा ज्योतिर्गमय।

(हे प्रभो, हमको अंधकार से प्रकाश में ले चलो।)

–श्रुति

नया प्रकाश, नया प्रकाश चाहिए।
हमको नया प्रकाश चाहिए, नया प्रकाश चाहिए।

–प्रभाकर माचवे

प्रकाश प्रभु की छाया है।

–प्लेटो

प्रकाश सच का प्रतीक है।

–जे०आर० लोवेल

हे कृपालु प्रकाश ! हमारा मार्ग-दर्शन करो।

–कार्डिनल न्यूमन

लम्बा और कठिन है वह मार्ग जो नरक से प्रकाश की ओर जाता है।

–मिल्टन

प्रकृति

कुछ भी हो संसार आप चलता नहीं।
मर जाओ पर प्रकृति नियम टलता नहीं।।

–मैथिलीशरण गुप्त

कोटि जतन कोऊ करौ, परै न प्रकृतिहिं बीच।
नल-बल जलु ऊंचे चढ़ै, अन्त नीच को नीच।।

–बिहारी लाल

जो कार्य प्रकृति के करने का है, उसे मनुष्य हरगिज नहीं कर सकता।

–रवीन्द्रनाथ ठाकुर

प्रकृति अपरिमित ज्ञान का भंडार है, पत्ते-पत्ते में शिक्षापूर्ण पाठ हैं, परन्तु उनसे लाभ उठाने के लिए अनुभव आवश्यक है।

–अयोध्यासिंह उपाध्याय

प्रकृति ईश्वर की शक्ति का क्षेत्र है और जीवात्मा उनके प्रेम का क्षेत्र है।

–रवीन्द्रनाथ ठाकुर

प्रकृति का यह एक साधारण नियम है जो कभी नहीं बदलेगा कि योग्य अयोग्यों पर शासन करते रहेंगे।

–डायोनिसियस

प्रकृति की आज्ञा मानकर ही हम उसका नेतृत्व करते हैं।

–गौत्तम बुद्ध

प्रकृति के क्षेत्र में जो साधना करते हैं, उन्हें शक्ति प्राप्त होती है।

–रवीन्द्रनाथ ठाकुर

प्रकृति के चरण-चिह्नों पर चलो। उसका रहस्य है धैर्य।

–इमर्सन

प्रकृति अपनी प्रगति और विकास में रुकना नहीं जानती। हर अकर्मण्यता पर वह अपने शाप का ठप्पा लगाती है।

–गेटे

प्रकृति ईश्वर की कृति है।

–हार्वे

प्रकृति कोई कार्य व्यर्थ नहीं करती।

–सर थाम्स ब्राउन

प्रगति

पारस्परिक व्यवहार प्रगति का सार है।

–बक्सटन

सच्ची प्रगति विचारों के एक आनन्त सिलसिले के सहारे अधिक स्वतन्त्रता की ओर ले जाती है।

–बोबी

सो गया जो फिर उसे पाषाण कहना चाहिये
एक गतिमय जीव को इन्सान कहना चाहिये।

–रामावतार त्यागी

देखिए, 'उत्थान', 'उन्नति'

प्रजा

प्रजा और राजा में बाप-बेटे का नाता है।

–अज्ञात

प्रजा का असन्तोष राजनीति का अभिशाप है।

–रामकुमार वर्मा

प्रजा के लिए ही नृपोद्योग है, इसी के लिए राजा का योग है।
प्रजा-श्रेय ही सर्वदा ध्येय है, इसी से प्रजा-सम्मति ज्ञेय है।

–मैथिलीशरण गुप्त

प्रजा के साथ मेल करके शत्रु के साथ लड़ना चाहिए। प्रजा-पालक राजा की प्रजा सेना के समान ही है।

–शेख सादी

प्रजा अत्यन्त बुद्धिमान् आलोचक से भी अधिक बुद्धिमान होती है।

–बेनक्राफ्ट

प्रजातंत्र

कोई भी गुप्त बात प्रजातंत्र के वास्तविक अर्थ को बाधा पहुंचाती है।

–महात्मा गांधी

प्रजातंत्र का अपना संगठन और शासन होना चाहिए, परन्तु व्यक्तिगत स्वतंत्रता ही उसका प्राण है।

–सी०ई० ब्रूजेज

प्रजातंत्र का अर्थ प्रजा का, प्रजा के द्वारा और प्रजा के लिए शासन है।

–अब्राहम लिंकन

प्रजातंत्र का अर्थ मैं यह समझता हूं कि इसमें नीचे से नीचे और ऊंचे से ऊंचे आदमी को आगे बढ़ने का समान अवसर मिले।

–महात्मा गांधी

प्रजातंत्र ने साधारण श्रमिक को पहले से कहीं अधिक गौरव प्रदान किया है।

–सिनक्लेयर लूई

प्रत्येक व्यक्ति की अच्छाई ही प्रजातंत्रीय शासन की सफलता का मूल सिद्धांत है।

–राजगोपालाचारी

मैं प्रजातंत्र में इसलिए विश्वास करता हूं कि वह प्रत्येक मनुष्य की शक्ति को उन्मुक्त करता है।

–वुड्रो विल्सन

हो सकती हैं प्रजातंत्र में भी कुछ त्रुटियां,
प्रासादों से हीन न होंगी उसमें कुटियां।
एक श्रमिक जो आज भूमि ही खन सकता है,
कल सुयोग्य हो वही राष्ट्रपति बन सकता है।।

–मैथिलीशरण गुप्त

प्रज्ञा

जिस मनुष्य की अपनी प्रज्ञा न हो, उसके लिए शास्त्र बेकार है, जैसे दोनों आंखों से रहित अंधे मनुष्य के लिए दर्पण व्यर्थ है।

–हितोपदेश

देखिए, 'बुद्धि', 'प्रतिभा'

प्रण

पपिहा पन को न तजै, तजै तो तन बेकार।
तन छूटै तो कुछ नहीं, पन छूटे है लाज।।

–कबीर

शिवि दधीचि बलि जो कछु भाखा। तन धन तजेउ वचन प्रण राखा।।

(शिवि, दधीचि और बलि जो कहते थे, उसे पूरा करते थे। वे अपने शरीर तथा धन का त्याग करते थे, परन्तु अपने प्रण का पालन करते थे।)

–गोस्वामी तुलसीदास

प्रणय

कहते हैं, धरती पर सब रोगों से कठिन प्रणय है।

–रामधारीसिंह दिनकर

नेह लगाने का जग में परिणाम यही होता है।
एक भूल के लिए आदमी जीवन भर रोता है।।

–रामधारीसिंह दिनकर

देखिए, 'प्रेम', 'प्रीति'

प्रतिज्ञा

दृढ़ प्रतिज्ञा एक गढ़ के सदृश है जो भयानक प्रलोभनों से हमारी रक्षा करता है और दुर्बलता एवं अस्थिरता से हमें बचाता है।

–महात्मा गांधी

प्रतिज्ञाहीन जीवन बिना नींव का घर है, अथवा यों कहिए कि कागज का जहाज है।

–महात्मा गांधी

प्रतिभा

ऐसी कोई महती प्रतिभा नहीं है जिसमें लगन का सम्मिश्रण न हो।

–अरस्तू

जो दूसरों को कठिन लगे वह करने में कौशल है; जो कौशल को असम्भव लगे वह कर दिखाने में प्रतिभा है।

–ऐमिएल

धीरज प्रतिभा का आवश्यक अंग है।

–डिसरैली

प्रतिभा अपने प्रति अडिग ईमानदारी को कहते हैं।

–जैनेन्द्र कुमार

प्रतिभा अपनी राह स्वयं निर्धारित कर लेती है और अपना दीप स्वयं लिये चलती है।

–विल्मट

प्रतिभा के माने हैं बुद्धि में नई-नई कोंपलें फूटते रहना। नई कल्पना, नया उत्साह, नई खोज, नई स्फूर्ति—ये सब प्रतिभा के लक्षण हैं।

–विनोबा भावे

प्रतिभा जन्मजात होती है, वह सिखाई नहीं जाती।

–ड्राइडेन

लम्बी-चौड़ी पढ़ाई के नीचे प्रतिभा दबकर मर जाती है।

–विनोबा भावे

सच्चाई के प्रति स्नेह ही प्रतिभा की पहली और आखिरी मांग है।

–गेटे

प्रतिरोध

प्रतिरोध से बड़ी शक्तियां रुकती नहीं, प्रत्युत उनका वेग और भी बढ़ जाता है।

–जयशंकर प्रसाद

प्रतिष्ठा

अच्छी प्रतिष्ठा-प्राप्ति का अर्थ है स्वयं को उतना योग्य बनाने का प्रयास करना जितना कि तुम दूसरों की नजरों में दीखना चाहते हो।

–सुकरात

केवल अपने मुंह से अपनी बड़ाई करने से कोई मूर्ख संसार में प्रतिष्ठा नहीं पा सकता।

–महाभारत

प्रतिष्ठा बनाने में कई वर्ष लग जाते हैं, कलंक एक क्षण में लग जाता है।

–अज्ञात

मनुष्य की प्रतिष्ठा उसकी छाया की तरह है। जब वह मानव के आगे चलती है, तो बहुत बड़ी हो जाती है और जब उसके पीछे चलती है, तो उसकी तुलना में बहुत छोटी हो जाती है।

–टालरैंड

प्रतीक

मनुष्य की चरम भावना प्रतीकों द्वारा अभिव्यक्त होनी चाहिए, क्योंकि प्रतीक ही चरम को अभिव्यक्त कर सकते हैं।

–पॉल टिलिक

प्रतीक्षा

प्रतीक्षा का एक-एक पल एक-एक युग के समान होता है।

–अज्ञात

प्रतीक्षा में जो आनन्द है, वह प्राप्ति में नहीं है।

–अज्ञात

हर एक चीज आती है यदि आदमी केवल प्रतीक्षा करे।

–डिसरैली

देखिए, 'इंतजार'

प्रथा

ऐसी लोक-प्रथा का बुरा हो, जो अभागिनी कन्याओं को किसी-न-किसी पुरुष के गले बांध देना अनिवार्य समझती है।

–प्रेमचन्द

कोई कुप्रथा उपेक्षा या निर्दयता से नहीं मिटती। उसका नाश शिक्षा, ज्ञान और दया से होता है।

–प्रेमचन्द

प्रदूषण

जीव-जगत् पर्यावरण को प्रदूषित करता है। वृक्ष पर्यावरण को शुद्ध करते हैं। प्रदूषण का दुष्प्रभाव जीवन-जगत् तथा वृक्ष दोनों पर पड़ता है।

–अज्ञात

प्रधानमन्त्री

अच्छी प्रकार से राष्ट्र-शासन करने वाले प्रधानमन्त्री के लिए अधिक सुनना और कम बोलना बहुत आवश्यक है।

–रिचलू

प्रधानमन्त्री के लिए सबसे आवश्यक गुण धीरज है।

–पिट

शान्त स्वभाव का होना प्रधानमन्त्री का सबसे आवश्यक गुण है।

–ऐन्ड्री मॉरिस

प्रभु : प्रभुता

प्रभु की परिभाषा करना चर्वित चर्वण है, क्योंकि एकमात्र परम अस्तित्व जिसे हम जानते हैं, वही है।

–विवेकानन्द

प्रभु है और सर्वत्र है। इस तथ्य का हमारे ज्ञान में अभाव नहीं है, किन्तु हम अपने दैनिक जीवन में इस तरह आचरण करते हैं जैसे वह कहीं है ही नहीं।

–रवीन्द्रनाथ ठाकुर

नहिं कोउ अस जनमा जग माहीं। प्रभुता पाइ जाहि मद नाहीं।।

(संसार में ऐसा कोई नहीं पैदा हुआ है जिसको प्रभुता पा कर अभिमान नहीं होता।)

–गोस्वामी तुलसीदास

प्रभुता को सब कोई भजै, प्रभु को भजै न कोय।
कह कबीर प्रभु को भजै, प्रभुता चेरी होय।।

–कबीर

प्रभुता पाते ही लोगों की निगाहें बदल जाती हैं, किसी को पहचानते तक नहीं, जमीन पर पांव तक नहीं रखते।

–प्रेमचन्द

प्रभुता भ्रष्ट करती है और पूर्ण प्रभुता पूर्ण रूप से भ्रष्ट करती है।

–लार्ड आक्टन

प्रभुता विनाशकारी प्लेग के समान है, वह जिसे स्पर्श करती है उसे भ्रष्ट करती है।

–शैली

प्रयत्न : प्रयास

असफलताओं से न घबराकर लगातार प्रयत्न करने वाले लोगों की गोद में सफलता खुद आकर बैठ जाती है।

–भारवि

प्रयत्न देवता है और भाग्य दैत्य; इसलिए प्रयत्न देव की उपासना करना ही श्रेयस्कर है।

–रामदास

महान ध्येय के प्रयत्न में ही आनन्द है, खुशी है और एक हद तक प्राप्ति की मात्रा भी।

—रामदास

आदर्श को पकड़ने के लिए सहस्र बार आगे बढ़ो और यदि सहस्र बार असफल हो जाओ, फिर भी एक बार नया प्रयास अवश्य करो।

—विवेकानन्द

आनन्द की दृष्टि से देखें, तो साक्षात् स्वराज्य की अपेक्षा स्वराज्य-प्राप्ति के प्रयास का आनन्द कुछ और ही है।

—विनोबा भावे

सच्चा प्रयास कभी निष्फल नहीं होता।

—विल्सन

प्रयोग

त्रिगुणात्मक है जगत्, यहां है,
कोई नहीं पदार्थ हानिकर,
भला-बुरा उनका प्रयोग ही,
है सुख-दुःख का हेतु यहां पर,
सदुपयोग से विष पावक भी,
हो जाते हैं सुख उत्पादक,
किन्तु अबुध अनुचित प्रयोग से,
कर लेते हैं उन्हें विघातक।

—रामनरेश त्रिपाठी

प्रयोजन

प्रयोजन के दावे अत्यन्त प्रबल हैं और वे असंख्य हैं।

—रवीन्द्रनाथ ठाकुर

विश्व में कोई प्रयोजन लेकर किसी मानव के पास जाना हमारे जीवन की एक अल्पता ही है।

—रवीन्द्रनाथ ठाकुर

प्रलोभन

कुछ प्रलोभन परिश्रमी व्यक्ति को हो सकता है, परन्तु सारे प्रलोभन आलसी व्यक्ति पर ही आक्रमण करते हैं।

—स्पर्जन

प्रलोभन के अवरोध का प्रत्येक क्षण विजय है।

—फेबर

शुरू के झगड़ों और प्रलोभनों को यदि मनुष्य जीत ले, तो समग्र प्रकृति को उसकी चेरी बनना पड़ेगा।

–स्वामी रामतीर्थ

प्रवृत्ति

धर्म का भले ही नाश हो रहा हो, जातीय जीवन भले ही रसातल को जा रहा हो, देव-मन्दिरों की भले ही ईंट से ईंट बज रही हो, परन्तु नीच प्रवृत्ति का व्यक्ति अपनी स्वार्थ-निद्रा से नहीं जागता।

–गुरु गोबिन्द सिंह

हमारी वर्तमान प्रवृत्तियां हमारे पिछले विचारपूर्वक किए गए कर्मों का परिणाम हैं।

–विवेकानन्द

प्रवृत्ति रजोगणु का लक्षण है, अप्रवृत्ति तमोगुण का। इधर खाई, उधर कुंआ।

–विनोबा भावे

प्रशंसा (तारीफ़)

अपनी तारीफ सुनकर हम इतने मतवाले हो जाते हैं कि फिर हम में विवेक की शक्ति ही लुप्त हो जाती है। बड़े से बड़ा महात्मा भी अपनी प्रशंसा सुनकर फूल उठता है।

–प्रेमचन्द

बड़ा बुराई ना करे, बड़ा न बोले बोल।
हीरा मुख से ना कहे, लाख हमारा बोल।।

–अज्ञात

अयोग्य व्यक्तियों की प्रशंसा छिपे हुए व्यंग्य के समान होती है।

–ब्राडहर्स्ट

किसी के गुणों की प्रशंसा में अपना वक्त फजूल में मत गंवाओं, उसके गुणों को अपनाने का प्रयास करो।

–कार्ल मार्क्स

किसी को अपनी सराहना करने के लिए विवश कर देने का सिर्फ एक ही उपाय है कि आप शुभ काम करें।

–वाल्तेयर

लोक-प्रशंसा प्रायः सभी को प्रिय होती है।

–प्रेमचन्द

सोने और हीरे के समान प्रशंसा का मूल्य सिर्फ उसके दुर्लभत्व में ही होता है।

–डा० सैमुअल जॉनसन

हम प्रशंसा, आशा और स्नेह से जीते हैं।

–वर्ड्सवर्थ

हर इन्सान प्रशंसा चाहता है।

–अब्राहम लिंकन

जो मूर्खों की बड़ाई करते हैं, वे उन्हें हानि पहुंचाते हैं।

–डेमोक्रिटस

बिना प्रशंसा किये किसी को खुश नहीं किया जा सकता और बिना झूठ बोले प्रशंसा नहीं की जा सकती।

–डा० जानसन

प्रश्न

प्रश्न में जिज्ञासा है, अभीप्सा है। उससे आदमी बढ़ता और ऊपर को उठता है, किन्तु वही जब संशय बन जाये, तब वह खाने लगता है।

–जैनेन्द्र कुमार

प्रशासक

जो राजा (शासन) का हितकारी होता है, वह संसार में जनता का द्वेषी बन जाता है और जो जनता का हितकारी होता है वह राजा (शासन) द्वारा त्याग दिया जाता है। इस महान विरोध के रहते हुए शासन तथा जनता दोनों के लिए समान रूप से प्रिय कार्यकर्ता (प्रशासक) दुर्लभ होता है।

–पंचतंत्र

प्रशासन-कार्य

प्रशासन-कार्य अत्यन्त दुःसाध्य है, क्योंकि इसमें मनुष्य को आन्तरिक एवं ब्राह्य दोनों संघर्षों में सदैव निरन्तर रहना पड़ता है।

–अज्ञात

प्रसन्न : प्रसन्नता

चित्त के प्रसन्न रहने से सब दुःख दूर हो जाते हैं। जिसे प्रसन्नता मिल जाती है, उसकी बुद्धि तुरन्त स्थिर हो जाती है।

–श्रीमद्भगवत गीता

मनुष्य अपनी प्रसन्नता के लिए स्वयं ही उत्तरदायी है।

–थोरो

प्रसन्नता स्वास्थ्य है, इसके विपरीत उदासी रोग है।

–हालीबर्टन

दुनिया में प्रसन्न रहने का एक ही उपाय है और वह यह कि अपनी जरूरतें कम करो।

–महात्मा गांधी

प्रसन्न रहना हमारा कर्तव्य है। यदि हम प्रसन्न रहेंगे, तो अज्ञात रूप से संसार की बहुत भलाई करेंगे।

–स्टिवेन्सन

प्रसन्न रहने के लिए तुम स्वयं अपने को भूल जाओ, परोपकारी बनो, दूषित विचार को दूर करने का केवल यही एक उपाय है।

–बुल्वर

यदि कोई मनुष्य अप्रसन्न है, तो वह स्वयं उसी का दोष है, क्योंकि ईश्वर ने सभी को प्रसन्न बनाया है।

–इपिकुरस

यदि हम प्रसन्न हैं, तो सारी प्रकृति ही हमारे साथ मुस्कराती प्रतीत होती है।

–स्वेट मार्डेन

सदैव प्रसन्न रहो। इससे मस्तिष्क में अच्छे विचार आते हैं और चित्त शुभ कामों की ओर लगा रहता है।

–रवीन्द्रनाथ ठाकुर

हंसमुख और प्रसन्न रहने में कुछ प्रयत्न की आवश्यकता है। अपने आप को प्रसन्न रखना भी एक कला है।

–लॉर्ड एवेबरी

अपनी वर्तमान प्रसन्नताओं को इस प्रकार भोगो कि भावी प्रसन्नताओं को क्षति न पहुंचे।

–सेनेका

घमंड बिजली की क्षणिक चमक के समान है, जब कि प्रसन्नता मन में सूर्य के समान प्रकाश करती है।

–जोजेफ ऐडिसन

जब बोझ प्रसन्नतापूर्वक उठाया जाये तो वह हल्का हो जाता है।

–ओविड

जो प्रसन्नतामय है, वह उपयोगी लोगों में अपना नाम कर लेता है।

–सिडनी स्मिथ

प्रसन्नता आत्मा को शक्ति देती है।

–सैम्युअल स्माइल्स

प्रसन्नता और शोक वास्तव में मन की स्थितियां हैं और मन को वश में रखना अपने हाथ में है।

–मार्क्स ऑरेलियस

प्रसन्नता की शक्ति बीमार और निर्बल व्यक्ति के लिए बहुत ही मूल्यवान् है।

–स्वेट मार्डेन

प्रसन्नता के दिन पवन की भांति सन्न से निकल जाते हैं और पता भी नहीं चलता। वे दुर्भाग्य के दिन और विपत्ति की रातें हैं, जो काटे नहीं कटतीं।

–प्रेमचन्द

प्रसन्नता के मार्ग में बड़ी बाधा यह है कि मनुष्य अत्यधिक आशा लगा बैठता है।

–फोटेनेल

प्रसन्नता जीवनी-शक्ति है।

–स्वेट मार्डेन

प्रसन्नता परमात्मा की दी हुई औषधि या दवा है।

–स्वेट मार्डेन

प्रसन्नता सर्वप्रथम स्वास्थ्य में है।

–जी० डब्ल्यू० कर्टिस

प्रसन्नता सभी सद्गुणों की मां है।

–गेटे

प्रसन्नता स्वास्थ्य है; इसके विपरीत उदासी बीमारी है।

–हॉली बर्टन

मन की प्रसन्नता ही व्यवहार में उदारता बन जाती है।

–प्रेमचन्द

मनुष्य अपनी प्रसन्नता के लिए स्वयं ही उत्तरदायी है।

–थोरो

मुझे मरना है, तो क्या मैं दुःखी होकर मरूं। मुझे हथकड़ी लगनी है, तो क्या मैं शोक करूं ? मुझे निर्वासित होना पड़े, तो क्या मुझे प्रसन्नतापूर्वक और संतोष के साथ जाने से रोका जा सकता है ?

–इपिकुरस

मुझे सबसे अधिक प्रसन्नता श्रम में प्राप्त होती है।

–ग्लैडस्टन

यदि विश्व में एक गुण है जो हम सबका सदैव ध्येय होना चाहिए, तो वह प्रसन्नता है।

–लॉर्ड लिटन

प्रसन्नचित्त : प्रसन्नहृदय : प्रसन्नहृदयता

प्रसन्नचित मनुष्य अधिक जीते हैं।

–शेक्सपियर

प्रसन्नचित्त लोग चिरकाल तक जीते हैं।

–स्वेट मॉर्डेन

वे ही प्रसन्नचित्त हैं, जो अपने मन को अपनी व्यक्तिग्रत प्रसन्नता की अपेक्षा किसी लक्ष्य में स्थिर कर देते हैं।

–स्वेट मार्डेन

एक प्रसन्नहृदय, उज्ज्वल तथा सन्तोषी मनुष्य घर के अन्य सभी लोगों की चित्तवृत्ति को स्थिर तथा आनंदपूर्ण करने में सफल होता है।

–स्वेट मार्डेन

प्रसन्नहृदयता का स्वभाव प्रत्यक्ष दिखाई देने वाले दुर्भाग्य को वरदान में बदल देता है।

–स्वेट मार्डेन

प्रसिद्ध : प्रसिद्धि

प्रसिद्ध होने का यह एक दण्ड है कि मनुष्य को निरन्तर उन्नतिशील बने रहना पड़ता है।

–चैपिन

प्रसिद्धि वीरता के कामों की महक है।

–सुकरात

प्रसिद्धि श्वेत वस्त्र के सदृश है, जिस पर धब्बा भी नहीं छिप सकता।

–प्रेमचन्द

लोक-प्रसिद्धि कभी इतनी अधिक मात्रा में आती है कि वह सिरदर्द और भार बन जाती है।

–विवेकानन्द

प्राचीन

प्राचीन बातें ही भली हैं, यह विचार अलीक है।
जैसी अवस्था हो जहां, वैसी व्यवस्था ठीक है।।

–मैथिलीशरण गुप्त

प्राणायाम

इच्छानुसार श्वास लेने और छोड़ने की क्रिया को रोकने का अभ्यास प्राप्त करने का नाम प्राणायाम है, जो कि आसन-विजय के बाद ही प्राप्त होता है।

–पातञ्जलि

प्राणायाम रहस्यमयी गुप्त कुंडलिनी शक्ति को जाग्रत करना है।

–स्वामी शिवानंद

प्राप्ति

प्रत्येक व्यय एक प्रकार की प्राप्ति है। हम रुपए देते हैं, तो कुछ और चीज पाते हैं। ऐसा हो नहीं सकता कि हम दें और लें नहीं।

–जैनेन्द्र कुमार

प्राप्ति ही प्राप्ति को घसीट लाती है।

–रवीन्द्रनाथ ठाकुर

मानव जब स्वभाव से भ्रष्ट होता है, तो कभी उसे मंगल की प्राप्ति नहीं हो सकती।

–रवीन्द्रनाथ ठाकुर

तुझे जो प्राप्त करना है उसे तलवार से नहीं, मुस्कान से प्राप्त कर।

–शेक्सपियर

श्रद्धा से जो कुछ मांगोगे, मिलेगा।

–बाइविल

प्रायश्चित

जो पुरुष अपनी जाति, आश्रम या कुल के धर्म को त्याग देते हैं, उनकी शुद्धि किसी प्रायश्चित से नहीं हो सकती।

–महाभारत

जो मनुष्य अधिकारी व्यक्ति के सामने स्वेच्छापूर्वक अपने दोष शुद्ध हृदय से कह देता है, और फिर कभी न करने की प्रतिज्ञा करता है, वह मानो शुद्धतम प्रायश्चित करता है।

–महात्मा गांधी

पश्चात्ताप के कड़वे फल कभी-न-कभी सभी को चखने पड़ते हैं।

–प्रेमचन्द

सुधार के बिना प्रायश्चित ऐसा है जैसे छिद्र बंद किए बिना नाव में से जल निकालना।

–पामर

देखिए, 'पश्चात्ताप'

प्रार्थना

असतो मा सद् गमय। तमसो मा ज्योतिर्गमय। मृत्योर्मा अमृतं गमय।

(हे प्रभो ! मुझे असत् से सत् की ओर ले चल ! मुझे अंधकार से प्रकाश की ओर ले चल ! मुझे मृत्यु से अमरत्व की ओर ले चल।)

–शतपथ ब्राह्मण

असहाय अवस्था में प्रार्थना के अतिरिक्त और कोई उपाय नहीं है।

–जयशंकर प्रसाद

अहंकार को शून्य करने में प्रार्थना मदद दे सकती है।

–विनोबा भावे

उसकी प्रार्थना सर्वोत्तम है जिसका प्रेम सर्वोत्तम है।

–कोलरिज

जितना समझा जाता है, प्रार्थना से उससे कहीं अधिक काम होता है।

–टेनिसन

प्रातः काल उठकर सूर्य को सम्बोधित करते हुए अपने सम्बन्ध में कामना करो–हे भास्कर ! तू दिशाओं में अकेला कमल के समान खिल रहा है, मैं भी मनुष्यों में एक कमल ही भांति खिल जाऊं।

–वृहदा० उपनिषद्

प्रार्थना आत्म-शुद्धि का आह्वान है, यह विनम्रता का द्योतक है, प्रार्थना पश्चात्ताप का एक चिह्न है। प्रार्थना हमारे अधिक शुद्ध होने की आतुरता को सूचित करती है।

–महात्मा गांधी

प्रार्थना अर्थात् ईश्वर के पास पहुंचने की इच्छा। हम भगवान् की शरण में आए हैं–यह भावना प्रार्थना में होनी चाहिए।

–विनोबा भावे

प्रार्थना का अर्थ है श्रद्धालु मनोवृत्ति से ईश्वर से कुछ मांगना।

–महात्मा गांधी

प्रार्थना के बिना मैं कब का पागल हो गया होता।

–महात्मा गांधी

प्रार्थना के संयोग से हमें बल मिलता है। अपने पास का सम्पूर्ण बल काम में लाकर और बल की ईश्वर से मांग करना–यही प्रार्थना का मतलब है।

–विनोबा भावे

प्रार्थना कोई यांत्रिक वस्तु नहीं है, वह हृदय की क्रिया है।

–विनोबा भावे

प्रार्थना धर्म का निचोड़ है। प्रार्थना याचना नहीं है; वह आत्मा की पुकार है। प्रार्थना दैनिक दुर्बलताओं की स्वीकृति है, वह हृदय के भीतर चलने वाले अनुसंधानों का नाम है।

–महात्मा गांधी

प्रार्थना में दैववाद और प्रयत्नवाद का समन्वय है; दैववाद में जो नम्रता है वह जरूरी है, प्रयत्नवाद में जो पराक्रम है वह भी आवश्सक है। प्रार्थना इनका मेल साधती है।

–विनोबा भावे

प्रार्थना में हम अपनी सीमाओं को कृतज्ञता-भाव से स्वीकार करते हैं। प्रार्थना में हम अपने को यज्ञ मानते हैं, इसी कारण प्रार्थना से बल मिलता है।

–जैनेन्द्र कुमार

प्रार्थना लाजिमी हो ही नहीं सकती। प्रार्थना तभी प्रार्थना है जब वह अपने आप हृदय से निकलती है।

–महात्मा गांधी

प्रार्थना वही कर सकता है, जिसकी आत्मा उच्च हो।

–संत मैकेरियस

प्रार्थना से जो उठा है पूत होकर।
प्रार्थना का फल उसे मिल गया।।

–रामधारीसिंह दिनकर

भगवान् की प्रार्थना में सारे भेदों के भूल जाने का अभ्यास हो सकता है।

–विनोबा भावे

मेरी प्रार्थना है कि हे भगवन् ! मैं अन्दर से सुन्दर बनूं।

–सुकरात

मैं कोई काम बिना प्रार्थना के नहीं करता। प्रार्थना मेरी आत्मा के लिए उतनी ही अनिवार्य है जितना शरीर के लिए भोजन।

–महात्मा गांधी

शब्द-रहित सहृदय प्रार्थना हृदयहीन मुखर प्रार्थना से श्रेष्ठ है।

–जॉन बनियन

शरीर की शक्ति कायम रखने के लिए हमको रोज खाना पड़ता है। आत्मा के लिए तो चौबीस घंटे प्रार्थना की जरूरत है।

–विनोबा भावे

सज्जन से की हुई प्रार्थना कभी निष्फल नहीं होती।

–कालिदास

सर्वे भवन्तु सुखिनः सर्वे सन्तु निरामयाः।
सर्वे भद्राणि पश्यन्तु मा कश्चिद् दुःखभाग् भवेत्।।

(सब लोग सुखी हों, सब लोग निरोग रहें। सबका कल्याण हो। कोई दुखी न हो।)

–उपनिषद्

हमारी प्रार्थनायें जन-साधारण की भलाई के लिए होनी चाहिए, क्योंकि ईश्वर जानते हैं कि हमारे लिए कल्याणकर क्या है।

–सुकरात

हे ईश्वर ! हमें उन्नत करो, जिससे हम संसार में सम्मान के साथ विचरण कर सकें, जीवित रह सकें।

–ऋग्वेद

प्रार्थना में भाव शून्य शब्दों के स्थान पर शब्द शून्य भाव अधिक उत्तम है।

–बनयान

प्रार्थना यही शोभा दे सकती है कि भगवान जो उचित समझे करे।

–महात्मा गांधी

प्रार्थना कहते ही हैं उसे जहां हीनता खोली और प्रभु के समक्ष बिछा दी जाती है।

–जैनेन्द्र कुमार

प्रिय

चिरकाल तक साथ रहने से प्रिय भी अप्रिय हो जाता है।

–जातक कथा

जो जिसके चित्त में बसता है, वह उससे दूर होते हुए भी दूर नहीं रहता निकट ही जान पड़ता है। इसके विपरीत, जो व्यक्ति जिसके चित्त में नहीं रहता, वह समीप होते हुए भी दूर जान पड़ता है।

–चाणक्य

जो जेहि भाव नीक तेहि सोई।

(जो जिसको अच्छा लगता है, उसके लिए वही अच्छा है।)

–गोस्वामी तुलसीदास

प्रीति

कोई भीतरी कारण ही पदार्थों को परस्पर मिलाता है; बाहरी गुणों पर प्रीति आश्रित नहीं होती।

–भवभूति

घृणा घाव नित करती,
प्रीति घाव शत भरती,
स्नेह-स्पर्श से ही रे,
हरी-भरी यह धरती।

–सुमित्रानंदन पंत

निकट रहे आदर घटे, दूरि रहे दुख होय।
'सम्मन' या संसार में, प्रीति करो जनि कोय।।

–सम्मन

'पलटू' ऐसी प्रीति करु ज्यों मजीठ को रंग।
टूक-टूक कपड़ा उड़ै, रंग न छाड़ै संग।।

–पलटूदास

हे प्रियतम ! मुझसे प्रेम लगाकर दूर देश को मत जाओ। हमारी नगरी में रहो। हम मांगेंगे और तुम खाना।

–अज्ञात

जाने बिनु न होई परतीती। बिनु परतीति होय नहिं प्रीती।।

(किसी व्यक्ति को जाने बिना उस पर विश्वास नहीं होता, और बिना विश्वास के प्रेम नहीं होता।)

–गोस्वामी तुलसीदास

रहिमन खोजो ऊख में जहां रसन की खानि।
जहां गांठ तहं रस नहीं, यही प्रीति की हानि।।

–रहीम

सुर नर मुनि सबकी अस रीती। स्वारथ लागि करहिं सब प्रीती।।

(देवता मनुष्य और मुनि सबका यह नियम है कि वे सब स्वार्थ के लिए प्रेम करते हैं।)

–गोस्वामी तुलसीदास

देखिए, 'प्रेम', 'प्यार', 'मुहब्बत'

प्रेम

आवत ही हरषे नहीं, नैनन नहीं सनेह।
तुलसी तहां न जाइए, कंचन बरसे मेह।।

–गोस्वामी तुलसीदास

कहा करौं बैकुंठ लै, कल्पवृक्ष की छांह।
रहिमन ढांक सुहावनो, जो प्रीतम गल बांह।।

–रहीम

गंधविहीन फूल है जैसे, चन्द्र चन्द्रिकाहीन।
यों ही फीका है मनुष्य का, जीवन प्रेमविहीन।।
प्रेम स्वर्ग है स्वर्ग प्रेम है, प्रेम अशंक अशोक।
ईश्वर का प्रतिबिम्ब प्रेम है, प्रेम हृदय-आलोक।।

–रामनरेश त्रिपाठी

जब मैं था तब गुरु नहीं, अब गुरु हैं हम नाहिं।
प्रेम गली अति सांकरी, तामें दो न समाहिं।।

–कबीर

जहां प्रेम और भक्ति नहीं है, वहां परमात्मा नहीं है।

–समर्थ गुरु रामदास

जा घट प्रेम न संचरै, सो घट जान मसान।
जेसे खाल लोहार की, सांस लेत बिनु प्रान।।

–कबीर

जिससे प्रेम होता है, उससे हम कोई भेद नहीं रखते।

–प्रेमचन्द

जैसे नारी का प्रेम हृदय को आच्छन्न कर देता है, वैसे ही उसके रूप का मोह भी बुद्धि को मूर्छित कर डालता है।

–शरतचन्द्र चटर्जी

जैसा बन्धन प्रेम, तैसो बन्धन और।
काटहिं भेदै कमल को, छेदि न निकरै भौंर।।

–वृन्द

जो प्रेम अपने को नित्य नवीन नहीं रखता, वह पहले आदत का रूप धारण कर लेता है और फिर दासता में परिवर्तित हो जाता है।

–खलील जिब्रान

जो प्रेम व्यवस्थाहीनता में व्यक्त होता है, वह अंधा प्रेम है।

–महात्मा गांधी

धन और वैभव हृदय की प्यास नहीं बुझा सकते, उसके लिए आवश्यकता है निर्धन प्रेम की।

–रामकुमार वर्मा

धन से चाहे आदमी का जी भर जाये, प्रेम से तृप्ति नहीं होती। ऐसे कान बहुत कम हैं, जो प्रेम के शब्द सुनकर फूल न उठें।

–प्रेमचंद

नारी की आत्मा प्रेम में वास करती है।

–श्रीमती सिगोरने

परमात्मा पूजा का नहीं, प्रेम का भूखा है।

–स्वामी दयानन्द सरस्वती

परस्पर प्रेम के रहस्य को हृदय ही जान सकता है।

–भवभूति

पीया चाहै प्रेम रस, राखा चाहै मान।
एक म्यान में दो खड्ग, देखा सुना न कान।।

–कबीर

पोथी पढ़ि-पढ़ि जग मुआ, पंडित हुआ न कोय।
ढाई अच्छर प्रेम का, पढ़ै सो पंडित होय।।

–कबीर

प्रेम अंधा है और प्रेमी उन सुन्दर नूर्खताओं को, जिन्हें वे करते हैं, नहीं देख सकते।

–शेक्सपियर

प्रेम असीम विश्वास है, असीम धैर्य है, और असीम बल है।

–प्रेमचन्द

प्रेम आंखों से नहीं हृदय से होता है। अतः प्रेम के देवता को अंधा बताया गया है।

–शेक्सपियर

प्रेम आत्मा से होता है, शरीर से नहीं।

–भगवतीचरण वर्मा

प्रेम और संशय कभी साथ-साथ नहीं चलते।

–खलील जिब्रान

प्रेम का एक ही मूल मंत्र है और वह है सेवा।

–प्रेमचन्द

प्रेम का नाता संसार के सभी सम्बन्धों से पवित्र और श्रेष्ठ है।

–प्रेमचन्द

प्रेम कितना उन्मादक ! प्रेम सुखद भी अवसादक भी प्रेम !
मधुर भी और तिक्त भी प्रेम ! पूर्ण भी और रिक्त भी प्रेम !

–राजेन्द्रदेव सेंगर

प्रेम की गहराई कविता की वस्तु है और साधारण बोल-चाल में व्यक्त नहीं हो सकती।

–प्रेमचन्द

प्रेम की पवित्रता का इतिहास ही मनुष्य की सभ्यता का इतिहास है, उसका जीवन है।

–शरतचन्द्र चटर्जी

प्रेम क्रय नहीं किया जाता, वह अपने आप को अर्पित करता है।

–लांग फेलो

प्रेम की शक्ति दण्ड की शक्ति से हजार गुनी प्रभावशाली और स्थायी होती है।

–महात्मा गांधी

प्रेम दो प्रेमियों के बीच पारदर्शी परदा है।

–खलील जिब्रान

प्रेम न बाड़ी उपजै, प्रेम न हाट बिकाय।
राजा परजा जेहि रुचै, सीस देइ लै जाय।।

–कबीर

प्रेम पर ऐश्वर्य, सौन्दर्य और वैभव का कुछ भी अधिकार नहीं है।

–प्रेमचन्द

प्रेम पियाला जो पियै, सीस दच्छिना देय।
लोभी सीस न दे सकै, नाम प्रेम का लेय।।

–कबीर

प्रेम बलिदान है, आत्म-त्याग है, ममत्व का विस्मरण है।

–भगवतीचरण वर्मा

प्रेम बिना जन हैं जीवन्मृत,
प्रेम बिना अपने में सीमित,
मिलता जहां प्रणय चरणामृत,
मृत्यु न आती पास तहां !
प्रेम नहीं प्राणों का बन्धन,
प्रेम नहीं अस्थिर विरह मिलन,
प्रेम मुक्ति है प्रेम ही सृजन,
सुख-दुख में आनन्द जहां।

–सुमित्रानंदन पंत

प्रेम बिना तर्क का तर्क है।

–शेक्सपियर

प्रेम भाग्य के वश है।

–शेक्सपियर

प्रेम में नियम नहीं होता। नियम आदमी बनाता है। प्रेम पर उसका बस नहीं। वह ऐसी चीज है जैसे भूकम्प।

–जैनेन्द्र कुमार

प्रेम में स्वर्गिक आनन्द और मृत्यु की सौ यंत्रणा है, किन्तु जो प्रेम करता है, वही सच्चा सुखी और भाग्यवान् है।

–गेटे

प्रेम में हमें स्वाद आता है पर प्रेम अपने को दे डालने की आतुरता के सिवाय और क्या है ?

–जैनेन्द्र कुमार

प्रेम मृत्यु से अधिक शक्तिशाली है, मृत्यु जीवन से अधिक शक्तिशाली है। यह जानते हुए भी मानव-मानव के मध्य कितनी संकुचित सीमा खिंची है।

–खलील जिब्रान

प्रेम वसन्त समीर है, द्वेष ग्रीष्म की लू।

–प्रेमचंद

प्रेम व्यथा तन में बसे, सब तन जर्जर होय।
राम वियोगी न जिए, जिए तो बौरा होय।।

–कबीर

प्रेम से मर्यादाओं की सृष्टि होती है।

जैनेन्द्र कुमार

प्रेम स्वर्गीय शक्ति का जादू है। इसमें पड़कर राक्षस भी देवता बन जाता है।

–सुदर्शन

प्रेम हमें अपने पड़ोसी अथवा मित्र पर ही नहीं, अपितु जो हमारे शत्रु हैं उन पर भी रखना है।

–महात्मा गांधी

भूले-भटकों को प्रेम ही सन्मार्ग पर लाता है।

–प्रेमचन्द

मनुष्य की समस्त दुर्बलताओं पर विजय प्राप्त करने वाली अमोघ वस्तु प्रेम मेरे विचार से परमात्मा की सबसे बड़ी देन है।

–डॉ० राधाकृष्णन

यह तो घर है प्रेम का, खाला का घर नाहिं।
सीस उतारै, भुंइ धरै, तब पैठे घर माहिं।।

–कबीर

रस अनरस समझे न कछु, पढ़ै प्रेम की गाथ।
बीछू मंत्र न जानहीं, सांप पिटारे हाथ।।

–वृन्द

सच्चा प्रेम संयोग में भी वियोग की मधुर वेदना का अनुभव करता है।

–प्रेमचन्द

सच्चा प्रेम स्तुति से प्रकट नहीं होता, सेवा से प्रकट होता है।

–महात्मा गांधी

सच्चे प्रेम में मनुष्य अपने आपको भूल जाता है।

–स्वामी रामतीर्थ

साथ रहने से चाहे मनुष्य हो या पशु, हृदय में प्रेम उत्पन्न हो ही जाता है।

–जातक कथा

स्वामी हम तुम एक हैं, कहन-सुनन को दोय।
मन से मन को तोलिए, कबहुं न दो मन होय।।

–रसनिधि

हमारे अन्तर में यदि प्रेम जाग्रत न हो, तो विश्व हमारे लिए कारागार ही है।

–रवीन्द्रनाथ ठाकुर

प्रेम केवल पास ही नहीं खींचता, दूर भी ढेल देता है।

–शरतचन्द्र

मादक थी मोहमयी थी मन बहलाने की क्रीड़ा।
अब हृदय हिला देती है, वह मधुर प्रेम की पीड़ा।।

–जयशंकर प्रसाद

स्त्रियों के प्रेम का अन्त नहीं है। भक्ति एक चीज है, प्रेम दूसरी चीज।

–बंकिमचन्द्र

केवल प्रेम को ही नियम भंग करने का अधिकार है।

–स्वामी रामतीर्थ

दैवी सौन्दर्य के लिये मानव की भूख को प्रेम कहते हैं।

–सुकरात

प्रेम के स्पर्श से हर व्यक्ति कवि बन जाता है।

–प्लेटो

प्रेम प्रभु का सार है।

–रिचार्ड गार्नेट

प्रेम और द्वेष

प्रेम द्वेष को परास्त करता है। ईश्वर निरन्तर शैतान के दांत खट्टे करता है।

–महात्मा गांधी

प्रेम और सौन्दर्य

प्रेम ही सर्वोच्च कानून है और सौन्दर्य भी। दोनों ही पूर्णता को प्राप्त करते हैं। एक तो स्त्री-पुरुष के अविभाज्य ऐक्य में, दूसरा अनन्त आनन्द में।

–कन्हैयालाल माणिकलाल मुंशी

प्रेमविहीन हृदय के लिए संसार काल-कोठरी है, जो नैराश्य और अंधकार से भरी है।

–प्रेमचन्द

प्रेमिका : प्रेमी

पागल हो, प्रेमी हो अथवा कवि—इन तीनों की कल्पना-शक्ति बड़ी तीव्र होती है।

–शेक्सपियर

प्रेमी की यह पहचान, परुषता को न जीभ पर लाते हैं।
दुनिया देती है जहर, किन्तु वे सुधा छिड़कते जाते हैं।।

–रामधारीसिंह दिनकर

प्रेमी हृदय उदार होता है, वह दया और क्षमा का सागर है, ईर्ष्या और दम्भ के नाले उसमें मिलकर उसे विशाल बना देते हैं।

–प्रेमचन्द

सच्चा प्रेमी अपने सुखों की तनिक भी इच्छा नहीं करता, वरन् जिस पर प्रेम करता है उसके सुख पर अपने सुख का उत्सर्ग कर देता है।

–अज्ञात

हजारों बार मर कर भी न मर पाया कभी प्रेमी।
मरण हर बार आ आकर नए ही प्राण देता है।।

—हरिकृष्ण प्रेमी

प्रेय और श्रेय

प्रेय न छोड़ो किन्तु उसी से फूल न जाओ।
चरम लक्ष्य है श्रेय भाइयो भूल न जाओ।

—मैथिलीशरण गुप्त

प्रेरणा

प्रेरणा ईश्वर-ज्योति है जो सात्विक प्रकृति के महापुरुषों को अपना जीवन कार्य करने का आदेश एवं उत्साह देती है।

—अज्ञात

प्रेरणा ही तो कवि का जीवन है।

—शरण

फल

जो कर्म छोड़ता है वह गिरता है। कर्म करते हुए भी जो उसका फल छोड़ता है, वह चढ़ता है।

—महात्मा गांधी

फल-त्याग से मतलब है फल के संबंध में आसक्ति का अभाव। वास्तव में फलत्यागी को हजारगुना फल मिलता है।

—महात्मा गांधी

श्रीकृष्ण जी अर्जुन को समझाते हैं—हे धनंजय ! तुम्हारा कर्म करने ही में अधिकार है, उसके फलों में नहीं। अतएव तुम कर्मों के फल का हेतु मत हो तथा कर्म न करने में भी तुम्हारी आसक्ति न हो।

—श्रीमद्‌भगवत्‌ गीता

फलहीन

उत्तम कुल में उत्पन्न किन्तु फलहीन (दया, दाक्षिण्य आदि गुणों से रहित) राजा को छोड़कर नौकर अन्यत्र चले जाते हैं, जैसे सूखे पेड़ को छोड़कर पक्षी दूसरे पेड़ पर चले जाते हैं।

—पंचतंत्र

फिलॉसफर

दार्शनिक का सर्वप्रथम कर्तव्य अपने अहंकार को तिलांजलि देना है।

—इपिक्टस

दार्शनिक होना केवल सूक्ष्म विचार रखना ही नहीं है बल्कि ज्ञान की इस तरह आराधना करना है कि यह जीवन उसी के नियमानुसार व्यतीत होने लगे।

–थोरो

देखिए, 'दार्शनिक'

फिलासफी

फिलासफी कलाओं की रानी और स्वर्ग की बेटी है।

–बर्क

फिलासफी की यदि यथार्थ परिभाषा की जाय, तो वह केवल 'ज्ञान से प्रेम' के अतिरिक्त कुछ नहीं है।

–सिसरो

एक सदी की फिलासफी, दूसरी सदी की 'साधारण समझ' बन जाती है।

–लार्ड बीचर

देखिए, 'दर्शन'

फुलवारी

फुलवारी लगाना ईश्वर के साथ टहलना है।

–बोवी

फूट

कह गिरिधर कविराय, फूट जेहि के घर आई।
हिरणाकश्यप कंस गए बलि रावण भाई।।

–गिरिधर कविराय

फूल

चिन्ताओं से भरा हुआ जीवन यह भी किस काम का,
विरम सकें दो घड़ी नहीं, यदि हम फूलों के सामने ?

–रामधारीसिंह दिनकर

प्रकाश जब काले बादलों का चुम्बन करता है, तो वे स्वर्ण के फूल बन जाते हैं।

–रवीन्द्रनाथ ठाकुर

फूल की पंखुड़ियों को तोड़कर तुम उनका सौन्दर्य नहीं ग्रहण कर सकते।

–रवीन्द्रनाथ ठाकुर

फूल प्रकृति की उदारता का दान है।.....उसके सूंघने से हृदय पवित्र होता है, मेधा बढ़ती है और मस्तिष्क प्रफुल्ल होता है।

–जयशंकर प्रसाद

फूल प्रेम की सच्ची भाषा है।

–पी० बेन्जमन

लुभावने फूल ईश्वर की अच्छाई की मुस्कान है।

–लिबर फोर्स

सुगंधित फूल की स्वाभाविक स्थिति यह है कि वह मस्तक पर धारण किया जाय, पैरों से न रौंदा जाये।

–कालिदास

फूल : फल

फूल ! रूप-गुन में कहीं मिला न तेरा जोड़।
फिर भी तू फल के लिए अपना आसन छोड़।।

–मैथिलीशरण गुप्त

बन्धन

जो कर्म यज्ञ के लिए किए जाते हैं, उनके अतिरिक्त अन्य कर्मों से इस लोक में बंधन पैदा होता है।

–श्रीमद्भगवद् गीता

जो यथालाभ से संतुष्ट रहता है, जो सुख-दुःख आदि द्वन्द्वों से मुक्त हो गया है, जो द्वेष रहित हो गया है, जो सफलता-निष्फलता में तटस्थ है, वह कर्म करते हुए भी बन्धन में नहीं पड़ता।

–श्रीमद्भगवत् गीता

देख ! कोई तुझे बन्धन में न डाल सके।

–अथर्ववेद

बन्धन ही नारी जाति के पतन का कारण है।

–शरण

मनुष्य स्वयं अपने आप को बन्धन में डालता है।

–रवीन्द्रनाथ ठाकुर

मनुष्य के हक को हड़पना ही तो बंधन है।

–रवीन्द्रनाथ ठाकुर

यदि जीते जी तुम्हारे बन्धन न टूटे, तो मरने पर मुक्ति की क्या आशा की जा सकती है। वास्तव में बंधन में कौन है ? विषयानुरागी।

–विमुक्ति

बन्धन-मुक्ति क्या है ? विषयों से विरक्त होना।

–शंकराचार्य

बन्धु

जब बन्धु विरोधी होते हैं, सारे कुलवासी रोते हैं।

–रामधारीसिंह दिनकर

बचपन

जिस प्रकार प्रभात दिन का आभास करता है, उसी प्रकार बचपन युवावस्था का।

–मिल्टन

स्वर्ग बचपन के आस-पास रहता है।

–वर्ड्सवर्थ

बच्चा

चिन्तारहित खेलना-खाना वह करना निर्भय स्वच्छन्द।
कैसे भूला जा सकता है बचपन का अतुलित आनन्द।।

–सुभद्राकुमारी चौहान

दण्ड न देना बच्चों को बर्बाद करना है।

–कहावत

बच्चों के साथ समझदार बच्चे बनकर मां-बाप उन पर जितना असर डाल सकते हैं, जितनी शिक्षा दे सकते है, उतनी बूढ़े बनकर नहीं।

–प्रेमचन्द

बच्चों को बहुत मारना-पीटना नहीं, मारने से बच्चे जिद्दी और बेहया हो जाते हैं।

–प्रेमचन्द

वह समझदार बच्चा है जो अपने पिता को जानता है।

–होमर

देखिए, 'शिशु'

बड़प्पन

अभिप्राय में उदारता, कार्य-सम्पादन में मानवता, सफलता में संयम–इन्हीं तीन चीजों से महान् व्यक्ति जाना जाता है।

–बिस्मार्क

छोटी बातों में बड़ा होना ही सच्चा बड़प्पन है।

–डा० सैम्युअल जॉनसन

छोटों के साथ सद्व्यवहार करके ही बड़ा मनुष्य अपने बड़प्पन को प्रकट करता है।

–कारनाईल

बड़प्पन सिर्फ उम्र में नहीं, उम्र के कारण मिले हुए ज्ञान और चतुराई में भी है।

–महात्मा गांधी

बड़प्पन सूट-बूट और ठाठ में नहीं है, जिसकी आत्मा पवित्र है, वही बड़ा है।

–प्रेमचन्द

बलवान् होने में बड़प्पन नहीं है, अपितु बल का सदुपयोग करने में बड़प्पन है।

–एच० डब्ल्यू० पीचर

समस्त महापुरुष मध्यम वर्ग से उत्पन्न होते हैं।

–इमर्सन

देखिए, 'महानता'

बड़ाई

बड़े बड़ाई ना करैं, बड़े न बोलैं बोल।
रहिमन हीरा कब कहै, लाख टका है मोल।।

–रहीम

बड़े लोग : बड़े आदमी

बड़ा आदमी वही है जो गुस्से में भी औल-फौल नहीं बकता।

–शेख सादी

क्षमा बड़न को चाहिए, छोटन को उत्पात।
कहा विष्णु को घटि गयो, जो भृगु मारी लात।।

–रहीम

तुलसी झगरा बड़न के, बीच परहु जनि धाय।
लड़े लोह पाहन दोऊ, बीच रुई जल जाय।।

–गोस्वामी तुलसीदास

बड़े सनेह लघुन सन करहीं। गिरि निज सीस सदा तृन धरहीं।।
(बड़े लोग सदैव छोटे लोगों से स्नेह करते हैं। देखिए पहाड़ सदा अपने सिर पर घास-फूस रखते हैं।)

–गोस्वामी तुलसीदास

बदनामी

अपने कर्तव्य में लगे रहना और चुप रहना बदनामी का सबसे अच्छा जवाब है।

–वाशिंगटन

बहुत-सी ऐसी बदनामियां है जिनके सामने भोलापन भी साहस छोड़ देता है।

–नेपोलियन

मनुष्य की अच्छी बात तो दब-दबा जाती है, किन्तु बुरी और बदनामी की बात जेठ की लू की भांति चारों ओर फैल जाती है।

–रवीन्द्रनाथ टैगोर

बदला

जो बदला लेने की बात सोचता है, वह अपने ही घाव को हरा रखता है जो अब तक कभी का अच्छा हो गया होता।

–बेकन

बदला अमानुषिक शब्द है।

–सेनेका

बदला लेने से मुनष्य शत्रु के समान हो जाता है, किन्तु न लेने से वह उससे श्रेष्ठ बन जाता है।

–बेकन

बदला साहस नहीं है, परन्तु उसका सहना साहस है।

–शेक्सपियर

हत्या के रूप में बदला लेना शैतान का काम है।

–कहावत

बनावट

ढोंग बनावट से न, किसी का काम चलेगा।
कृत्रिम नीरस वृक्ष, न कोई फूल फलेगा।।

–नाथूराम शंकर

बनावट की बात ऐसी चुभती है कि सच्ची बात उसके सामने बिल्कुल फीकी मालूम होती है। उसमें बनावट की गंध अवश्य होती है।

–प्रेमचन्द

बर्ताव

जैसे बर्ताव की तुम लोगों से अपने प्रति अपेक्षा रखते हो, वैसा ही बर्ताव तुम उनके प्रति करो।

–बाइबिल

बल

दुष्टों का बल हिंसा है, राजाओं का बल दण्ड-विधि है, स्त्रियों का बल सेवा है और गुणवानों का बल क्षमा है।

–विदुर

बल सब पर विजय प्राप्त करता है, परन्तु वह विजय क्षणिक होती है।

–अब्राहम लिंकन

बल से जो शत्रु को जीतता है, वह केवल उसको आधा ही जीत पाता है।

—मिल्टन

बालानां रोदनं बलम्।

(रोना ही बालकों का बल है।)

—वाल्मीकि रामायण

भोग को अर्पण किया हुआ बल अपने तथा संसार के नाश का कारण होगा।

—वाल्मीकि रामायण

शारीरिक क्षमता से बल प्राप्त नहीं होता। वह तो अदम्य इच्छा-शक्ति से मिलता है।

—महात्मा गांधी

सेवा के लिए अर्पण किया हुआ बल टिकेगा, अमर रहेगा।

—वाल्मीकि रामायण

देखिए, 'शक्ति'

बलवान

अधिक बलवान् तो वे ही होते हैं जिनके पास बुद्धि-बल होता है। जिनमें केवल शारीरिक बल होता हैं, उन्हें वास्तविक बलवान् नहीं माना जाता।

—महाभारत

सच्चा बलवान वही है जिसने अपने बल पर काबू पा लिया है।

—अज्ञात

बलिदान

छोटी-छोटी वस्तुओं की अपेक्षा बड़ी वस्तुओं का बलिदान सरल है।

—मॉन्टेन

बलिदान प्रसन्न और विनम्र होता है, उद्धत और उद्दण्ड नहीं। उद्धत और उद्दण्ड बलिदान में से सही लोक शिक्षण नहीं प्राप्त होता, न लोकतंत्र की बुनियाद बनती है।

—जैनेन्द्र कुमार

बहादुर : बहादुरी

अग्नि सोने को परखती है और आपद् बहादुरों को।

—सेनेका

कायर बहुसंख्यक होने में प्रसन्न होते हैं। बहादुर अकेले ही लड़ने में अपना गौरव समझते हैं।

—महात्मा गांधी

जो मनुष्य दुःख को जीवन का सबसे बड़ा अभिशाप समझता है, वह बहादुर नहीं हो सकता।

–सिसरो

बहादुर अमीरी को ठोकर मारता है, बनिया उससे चिपटता है।

–जैनेन्द्र कुमार

बहादुर रोग-शय्या पर मरने की अपेक्षा रण-क्षेत्र में मरना पसंद करता है।

–महात्मा गांधी

यदि अन्याय न रहे, तो बहादुरी का गुण समाप्त हो जाये।

–एजिसलस

विवेक बहादुरी का उत्तम अंश है।

–शेक्सपियर

बहुमत

अन्तःकरण के मामले में बहुमत के सिद्धान्त को कोई स्थान नहीं है।

–महात्मा गांधी

जिसके साथ ईश्वर है, वह बहुमत में है।

–वेन्डेल फिलिप्स

बहुमत की आवाज न्याय की द्योतक नहीं है।

–शिलर

यह मेरा सिद्धान्त है कि बहुमत का निर्णय मान्य हो।

–जेफरसन

बहुसंख्यक

ऐसे आदमियों की भीड़ अत्यन्त बहुसंख्यक है, जो सोचते बहुत कम हैं और बोलते बहुत ज्यादा है।

–ड्रायडन

बहू

जिस बहू की चमड़ी सास के शासन में सख्त हो जाती है, वह स्वयं सास बनकर बहू पर शासन करके आनन्द पाती है।

–रवीन्द्रनाथ ठाकुर

बहू आकर लड़के को तो अपने बस में कर ही लेती है। तब इतना कष्ट उठाने वाली, इतना स्नेह करने वाली मां न जाने कहां हट जाती है।

–रवीन्द्रनाथ ठाकुर

बात : बातचीत

अगर किसी की कड़वी बात न सुनना चाहे, तो उसका मुंह मीठा करे।

–शेख सादी

जो इंसान तोलकर बात नहीं करता, उसे सख्त बातें सुननी पड़ती हैं।

–शेख सादी

किसी आदमी की भलाई-बुराई उस समय तक मालूम नहीं होती जब तक वह बातचीत न करे।

–शेख सादी

मनुष्य के चरित्र का पता उसकी बातचीत से चल जाता है।

–मीनेण्डर

बातचीत का अच्छा ढंग यह है कि प्रस्तुत प्रसंग के साथ कुछ तर्क भी मिला रहे, दृष्टान्तों और कथाओं के साथ युक्ति भी रहे, प्रश्नों के साथ सम्मति भी प्रकाशित की जाये और हंसी-दिल्लगी के साथ कुछ काम की बात भी रहे।

–बेकन

बातचीत का प्रथम अंश है सत्य। द्वितीय सुन्दर समझ-बूझ, तृतीय सुन्दर विनोद और चतुर्थ वाक्-चातुर्य।

–सर डब्ल्यू टेम्पिस

बातचीत प्रिय हो पर ओछी न हो, चुहुल हो पर बनावट लिए न हो, स्वच्छन्द हो पर अश्लील न हो, विद्वतापूर्ण हो पर दम्भयुक्त न हो, अनोखी हो पर असत्य न हो।

–शेक्सपियर

बातचीत से मनुष्य उद्यत बुद्धि का (हाजिर जवाब) हो जाता है, क्योंकि उसके लिए मनुष्य को अपनी जानकारी इस प्रकार तैयार रखनी पड़ती है जिससे जब सुअवसर आ पड़े, तब उसे काम में ला सके।

–बेकन

मौन बातचीत की एक महान् कला है।

–हैजलिट

सुनना सीखो। तुम्हें उन लोगों से भी लाभ होगा जिन्हें ठीक तरह बातचीत करना नहीं आता।

–प्लूटार्क

बात करना आदमी की अपनी गढ़ी बात है, प्रकृति की देन नहीं।

–रवीन्द्रनाथ टैगोर

बात बिगड़ती है तो बिगड़ती ही चली जाती है।

–उमाशंकर

जोर से हमें वही बात कहनी पड़ती है जो सच्ची नहीं होती।

–आचार्य रजनीश

बाधा

जिस मनुष्य को चारों ओर विघ्न-बाधायें ही दीख पड़ती हैं, उसका

आत्मबल क्षीण हो जाता है, वह कोई महान् कार्य नहीं कर सकता।

–स्वेट मार्डेन

देखिए, 'विघ्न'

बालक

क्या तुम जानते हो कि बालक होता क्या है ? इससे तात्पर्य है प्रेम में विश्वास करना, सौन्दर्य में विश्वास करना तथा विश्वास में विश्वास करना।

–फ्रांसिस टॉमसन

जीवन की महत्वाकांक्षायें बालकों के रूप में आती हैं।

–रवीन्द्रनाथ ठाकुर

प्रत्येक बालक यह संदेश लेकर संसार में आता है कि ईश्वर अभी मनुष्यों से निराश नहीं हुआ है।

–रवीन्द्रनाथ ठाकुर

बररे बालक एक सुभाऊ। इनहिं न सन्त विदूषहिं काऊ।।

(श्री रामचन्द्र जी परशुराम जी को समझाते हैं–बर्रे और बालक एक स्वभाव के होते हैं। कोई इनको दोषी नहीं कहता। इसलिए यदि बालक लक्ष्मण से कुछ गलती हो गई हो, तो उसे क्षमा करिए।)

–गोस्वामी तुलसीदास

बालक और मूर्ख सत्य बोलते हैं।

–कहावत

बालक जीवन की चिन्ता को बढ़ा देते हैं, किन्तु मृत्यु की स्मृति को कम कर देते हैं।

–कहावत

बालक निर्धन का धन है।

–कहावत

बालक भगवान् के जीते-जागते खिलौने हैं। बालकों में भगवान् का दर्शन जितनी जल्दी हो सकता है, उतना शायद ही किसी में हो।

–हरिभाऊ उपाध्याय

बालक मानव का जनक है।

–वर्डसवर्थ

बालक वे चमकते हुए तारे हैं जो भगवान् के हाथ से छूटकर धरती पर गिर पड़े हैं।

–चक्रवर्ती राजगोपालाचारी

बालक शुद्ध और ब्रह्मरूप हैं।

–अज्ञात

बालक समस्त मानव समाज की सम्पति हैं।

–रवीन्द्रनाथ ठाकुर

बालकों की कर्तव्यशीलता ही सब गुणों की नींव है।

–सिसरो

यदि स्वर्ग में पहुंचने की इच्छा है, तो पहले बालक बनो।

इंजील

राजनीतिक सम्मेलनों से हमारी उलझनें कभी न सुलझेंगी। यदि इन गुत्थियों को सुलझाना है, तो इसके लिए बालक की शरण लेनी होगी।

–रूजवेल्ट

सत्य, अहिंसा का पाठ मैंने बालक से सीखा है।

–महात्मा गांधी

सबकी अपनी-अपनी जगह शोभा है। बालक में बुद्धिमानी अच्छी नहीं लगती। उसमें बचपन चाहिए।

–जैनेन्द्र कुमार

बाल-विधवा

बाल-विधवाओं का अस्तित्व हिन्दू धर्म के ऊपर एक कलंक है।

–महात्मा गांधी

बिगड़ी बात

बिगड़ी बात बनै नहीं, लाख करो किन कोय।
रहिमन बिगरे दूध को, मथे न माखन होय।।

–रहीम

बिरादरी

बिरादरी से बैर करना पानी में रह कर मगर से बैर करना है। कोई-न-कोई ऐसा अवसर अवश्य ही आ जाता है, जब हमको बिरादरी के सामने सिर झुकाना पड़ता है।

–प्रेमचन्द

बीमारी

कठिन बीमारी के लिए तीव्र चिकित्सा की आवश्यकता है।

–कहावत

बीमारी प्रकृति के साथ किए हुए अनाचार का प्रतिकार है।

–होसिया वैलू

बुजदिली

बुजदिली दूरदर्शिता का पर्यायवाची नहीं होता प्रायः ऐसा है कि वीरता विवेक का उत्तम भाग बनती है।

–हैजलिट

देखिए, 'कायरता'

बुढ़ापा

अपनी सन्तान को विवाहित देखना बुढ़ापे की सबसे बड़ी अभिलाषा है।

–प्रेमचन्द

आज बचपन का कोमल गात जग का पीला पात।
चार दिन सुखद चांदनी रात और फिर अंधकार अज्ञात।।

–सुमित्रानंदन पंत

जरा अवस्था सदृश नहीं, नीच अवस्था आन।
अभिव्यंजक सब रोग की, किरपणता की खान।।

–गिरधर कविराय

बुढ़ापा अत्याचारी है जो मृत्यु का डर दिखाकर यौवन के सारे उल्लासों का निषेध कर देता है।

–रोशोको

बुढ़ापा तृष्णा रोग का अन्तिम समय है, जब सम्पूर्ण इच्छायें एक ही केन्द्र पर आ लगती हैं।

प्रेमचन्द

बुढ़ापा बहुधा बचपन का पुनरागन हुआ करता है।

–प्रेमचन्द

बुढ़ापा भरी हुई अभिलाषाओं की समाधि है, या पुराने पापों का पश्चात्ताप।

–प्रेमचन्द

साधारण पुरुषों को पहले चित्त में और बाद में शरीर में बुढ़ापा आता है। सत्पुरुषों को शरीर में ही बुढ़ापा आता है, चित्त में कभी नहीं।

–पंचतन्त्र

बूढ़ा

नई चीज सीखने की जिसने आशा छोड़ दी, वह बूढ़ा है।

–विनोबा भावे

बूढ़े लोग बनाव-श्रृंगार को भी सन्देह की दृष्टि से देखते हैं।

–प्रेमचन्द

बूढ़ों के लिए अतीत के सुखों, वर्तमान के दुःखों और भविष्य के सर्वनाश से ज्यादा मनोरंजक और कोई प्रसंग नहीं होता।

–प्रेमचन्द

बूढ़ों में यही दोष होता है कि पास में कोई रहता है तो उनका मुंह चलता ही रहता है।

–रवीन्द्रनाथ ठाकुर

मनुष्य की आयु चाहे कम ही क्यों न हो, पर यदि यौवन के विचार उसके मन से निकल गए हैं, उसका उत्साह ढीला पड़ गया है, उसका कार्यबल कमजोर हो गया है, तो उसे बूढ़ा ही समझना चाहिए।

–स्वेट मार्डेन

मनुष्य तब तक बूढ़ा नहीं होता जब तक उसके जीवन में माधुर्य और उत्साह बना रहता है, जब तक उसके हृदय में महत्वाकांक्षा बनी रहती है, जब तक उसके मन में कार्यशक्ति का प्रवाह बना रहता है।

–स्वेट मार्डेन

बुद्धि

उसी की बुद्धि स्थिर रह सकती है जिसकी इन्द्रियां उसके वश में हों।

–श्रीमद्भगवत गीता

कष्ट सहन के फलस्वरूप ही हमें बुद्धि-विवेक की प्राप्ति होती है।

–डॉ० राधाकृष्णन्

केवल बुद्धि के द्वारा ही मनुष्य का मनुष्यत्व प्रकट होता है।

–प्रेमचन्द

जाको बुद्धिबल होत है, ताहि न रिपु कौ त्रासु
घन बूदैं का करि सकैं, सिर पर छलना जासु।।

–वृन्द

जिसको बुद्धि नहीं है, उसको बिना सींग का पशु समझना चाहिए।

–प्रेमचन्द

जिसको बुद्धि नहीं है, उसको शास्त्र से क्या लाभ ? जैसे नेत्रहीन मनुष्य के लिए दर्पण बेकार है।

–चाणक्य

जिस मनुष्य की बुद्धि का विकास नहीं होता या जो बुद्धिद्रोही अथवा अविवेकी होता है, वह मानवता से गिर जाता है।

–चाणक्य

जैसी जाकी बुद्धि है, तैसी कहै बनाय।
ताको बुरा न मानिए, लेन कहां सो जाय।।

रहीम

जो तमोगुण से घिरी हुई बुद्धि अधर्म को धर्म मान लेती है तथा इसी प्रकार अन्य सम्पूर्ण पदार्थों को भी विपरीत मान लेती है, वह बुद्धि तामसी है।

–श्रीमद्भगवत गीता

जो बुद्धि धर्म और अधर्म को तथा कर्तव्य और अकर्तव्य को नहीं जानती, वह बुद्धि राजसी है।

–श्रीमद्भगवत गीता

तुम्हारी बुद्धि ही तुम्हारा गुरु है।

–शेक्सपियर

प्रथम हृदय है, फिर बुद्धि । प्रथम सिद्धांत, फिर प्रमाण......। प्रथम कर्म, फिर बुद्धि। इसीलिए बुद्धि कर्मानुसारिणी कही गई है।

–महात्मा गांधी

प्रवृत्ति-निवृत्ति, कार्य-अकार्य, भय-अभय तथा बन्धन-मोक्ष का रहस्य जो बुद्धि जानती है,.. वह सात्विक है।

–श्रीमद्भगवत गीता

बुद्धि आत्मा के इस प्रकार अधीन है, जिस प्रकार कोई भोला आदमी चालाक स्त्री के वश में होता है।

–शेख सादी

बुद्धि की शुद्धि के लिए भगवान की भक्ति से बढ़कर कोई भी साधन आज तक अनुभव में नहीं आया।

–विनोबा भावे

बुद्धि की स्थिरता के बिना कोई भी आदर्श पूरा नहीं होता।

–विनोबा भावे

बुद्धि के सिवां विचार-प्रचार का दूसरा कोई शास्त्र नहीं है, क्योंकि ज्ञान ही अज्ञान को मिटा सकता है।

–शंकराचार्य

बुद्धि तृष्णा की दासी हुई, मृत्यु का सेवक है विज्ञान।
चेतन तक भी नहीं मनुष्य, विश्व का क्या होगा भगवान ?

–रामधारीसिंह दिनकर

बुद्धि तो केवल क्रिया का चेतनाहीन अंग है। भावना का संयोग होने पर ही उस अंग में गति आती है और वे कार्य करने लगते हैं।

–विवेकानन्द

बुद्धि भगवान की देन है, साधना की बपौती नहीं।

–शरण

बुद्धि-विकास के लिए सच्चा क्षेत्र गांव ही है, शहर नहीं।

–महात्मा गांधी

बुद्धि से विचार कर किए जाने वाले कार्य उत्तम होते हैं; केवल बाहुबल के सहारे होने वाले मध्यम श्रेणी के। विचार और उत्साहरहित मात्र पैरों के भरोसे होने वाले कार्य निकृष्ट होते हैं, जो केवल भाररूप हैं।

–महाभारत

भगवान ने बुद्धि की कोई सीमा निर्धारित नहीं की।

–बेकन

मन के हाथी को बुद्धि के अंकुश में रक्खो।

–रामकृष्ण परमहंस

मनुष्य के पास बुद्धि और बल से बढ़कर कोई उत्तम वस्तु नहीं है।

–महाभारत

मनुष्य सर्वत्र ही अपनी क्षुद्र बुद्धि और तुच्छ प्रवृति का शासन फैलाकर कहीं भी सुख शान्ति का स्थान न रहने देगा।

–रवीन्द्रनाथ ठाकुर

सांसारिक बुद्धि को सारथी बनाना दुख ही दुख पाना है।

–स्वामी रामतीर्थ

विनाशकाले विपरीत बुद्धिः।

–चाणक्य

बुद्धिमान : बुद्धिमानी : बुद्धिमत्ता

कोई कार्य तुच्छ नहीं है। यदि मनपसंद कार्य मिल जाये, तो मूर्ख भी उसे पूरा कर सकता है, किन्तु बुद्धिमान पुरुष वही है जो प्रत्येक कार्य को अपने लिए रुचिकर बना ले।

–विवेकानन्द

खाली पेट कोई भी बुद्धिमान नहीं हो सकता।

–जॉर्ज इलियट

थोड़ा पढ़ना, अधिक सोचना; कम बोलना, अधिक सुनना–यह बुद्धिमान् बनने के उपाय हैं।

–रवीन्द्रनाथ ठाकुर

बुद्धिमान आदमी को उचित है कि वह अपनी कमाई के धन का उपयोग रसायन की भांति धीरे-धीरे संभाल कर करे; उसके साथ खेल न करे।

–पंचतंत्र

बुद्धिमान का एक दिन मूर्ख के जीवन भर के बराबर होता है।

–कहावत

बुद्धिमान् की बुद्धि दर्पण के समान है। वह स्वर्गिक प्रकाश लेकर उसे परावर्तित करा देती है।

–हेयर

बुद्धिमानों की बुद्धि के सम्मुख संसार में कुछ भी असाध्य नहीं है। बुद्धि से ही शस्त्रहीन चाणक्य ने सशस्त्र नन्दवंश का नाश कर दिया।

–पंचतंत्र

बुद्धिमान की भुजायें बड़ी लम्बी होती हैं, जिनसे वह दूर तक वार करता है।

–पंचतंत्र

बुद्धिमान के पास थोड़ा-सा धन हो, तो वह भी बढ़ता रहता है। वह दक्षतापूर्वक काम करते हुए सर्वत्र प्रतिष्ठा प्राप्त कर लेता है।

—महाभारत

बुद्धिमान दूसरों की त्रुटियों से शिक्षा लेते हैं, मूर्ख अपनी त्रुटियों से।

—कहावत

बुद्धिमान बोलने से पहले सोचता है, मूर्ख बोल लेता है, फिर सोचता है कि क्या कह गया।

—फ्रांसीसी कहावत

बुद्धिमान मनुष्य अपने अनुभवों से तथा अधिक बुद्धिमान् दूसरों के अनुभवों से सीखता है।

—चीनी सुभाषित

बुद्धिमान विवेक से, साधारण मनुष्य अनुभव से, अज्ञानी आवश्यकता से और पशु स्वभाव से सीखते हैं।

—सिसरो

मूर्ख लोग छोटा-सा कार्य आरम्भ करते हैं और उसी में अत्यन्त व्याकुल हो जाते हैं। बुद्धिमान् बड़े से बड़ा कार्य आरम्भ करते हैं, और निश्चिन्त बने रहते हैं, अर्थात् सफलता प्राप्त कर ही लेते हैं।

—माघ

वह आदमी वास्तव में बुद्धिमान है जो क्रोध में भी गलत बात मुंह से नहीं निकालता।

—शेख सादी

सलाह तो अनेकों प्राप्त करते हैं, किन्तु उससे लाभ उठाना बुद्धिमानों को ही आता है।

—प्यूब्लियस साइरस

अच्छी तरह सोचना बुद्धिमत्ता है, अच्छी योजना बनाना उत्तम है, और अच्छी तरह काम को पूरा करना सबसे अच्छी बुद्धिमता है।

—फारसी कहावत

जीवन में बुद्धिमानी की बात तो एकाग्रता है।

—इमर्सन

बुध

बुध नहिं करहिं अधम कर संगा।
(बुद्धिंमान् मनुष्य दुष्टों और नीचों का संग नहीं करते।)

—गोस्वामी तुलसीदास

सकुचहुं तात कहत एक बाता।
अरध तजहिं बुध सरबस जाता।।

(तात ! संकोचपूर्वक एक बात कहता हूं कि बुद्धिमान सारा जाता देखकर आधे का त्याग कर देते हैं।)

–गोस्वामी तुलसीदास

बुरा : बुराई

आप भले तो सबहि भलो है, बुरा न काहू कहिए।
जाके मन कछु बसै बुराई, तासों भागे रहिए।।

–मलूकदास

बुरा जो देखन मैं चला, बुरा न दीखा कोय।
जो दिल खोजा आपना, मुझसा बुरा न कोय।।

–कबीर

बुरी बातों को भूल जाना चाहिए, बुरी बातों को ही देखते रहेंगे, तो इन्सान हैवान बन जायेगा।

–विनोबा भावे

बुराइयां मनुष्य के मर जाने के बाद भी जीवित रहती हैं।

–शेक्सपियर

बुराई नौका में छिद्र के समान है। वह छोटी हो या बड़ी, एक दिन नौका को डुबो देती है।

–कालीदास

अपनी बुराई को अपने से पहले ही मर जाने दो।

–ब्रेंजमिन फ्रैंकलिन

एक बुराई दूसरी बुराई को जन्म देती है।

–शेक्सपियर

जब तक मनुष्य रहेंगे, तब तक बुराई रहेगी।

–टेसिटस

दो बुराइयों में से छोटी बुराई पसंद करो।

–यूरोपीय कहावत

बुराइयां गुप्त रहकर जीवित रहती हैं और अच्छी तरह पनपती हैं।

–वर्जिल

बुराई का मुख्य उपचार मनुष्य का सद्ज्ञान है। इसके बिना कोई उपाय सफल नहीं हो सकता।

–प्रेमचन्द

बुराई की हस्ती नहीं है। बुराई अपने आप में टिक नहीं सकती।

–जैनेन्द्र कुमार

बुराई के बीज चाहे गुप्त स्थान में बोओ, वह स्थान किले की तरह चाहे

सुरक्षित ही क्यों न हो, पर प्रकृति के अत्यन्त कठोर, निर्दय, अमोघ, अपरिहार्य कानून के अनुसार तुम्हें ब्याज-सहित कर्मों का मूल्य चुकाना होगा।

–स्वामी रामतीर्थ

बुराई के बदले भलाई करो, बुराई दब जायेगी; बुराई के बदले बुराई करोगे, तो बुराई फिर उभर आएगी।

–अरबी कहावत

मनुष्य की बुराइयां उसकी मृत्यु के पीछे तक कलंकित करती रहती हैं। भलाइयों को तो लोग मृत्यु होते ही भूल जाते हैं।

–शेक्सपियर

हम स्वयं अपना बुरा किए बगैर किसी का बुरा नहीं कर सकते।

–देसमहिस

बेईमान

बेईमान ईमानदार को नुकसान नहीं पहुंचा सकता। बेईमान अगर ईमानदार को धोखा देने की कोशिश करेगा तो वह धोखा लौटकर बेईमान को ही नुकसान पहुंचायेगा।

–जेम्स ऐलन

बेईमानी का प्रत्येक व्यवहार डंडी मारने से कम नहीं है।

–रस्किन

वह आदमी जो समस्या के दोनों पहलुओं पर विचार नहीं करता बेईमान है।

–लिंकन

बेकार : बेकारी

व्याधि न वैरिनि विश्व महं, बेकारी सम आन।
है बेकार मनुष्य को, जीवन स्वान समान।।

–रामेश्वर अरुण

बेवकूफ़ : बेवकूफ़ी

जहां देवता भी पग रखते हुए डरते हैं, वहां बेवकूफ़ झपट पड़ते हैं।

–पोप

जो अपने को अक्लमंद समझता है, वह बहुत बेवकूफ़ है।

–वॉल्टेयर

पढ़ा-लिखा बेवकूफ़ अनपढ़ की अपेक्षा ज्यादा बेवकूफ़ होता है।

–मोलियर

बेवकूफ़ को उससे बड़ा बेवकूफ़ उसका प्रशंसक मिल जाता है।

–वाइली

बेवकूफ़ी की आवाज तेज होती है, वर्ना उसको कोई सुनता नहीं।

–ग्लैडस्टन

हर रोग का इलाज है पर बेवकूफ़ी का नहीं।

–पंचतंत्र

बैर

जब किसी से बैर बंध जाये, तो उसकी चिकनी-चुपड़ी बातों में आकर विश्वास नहीं करना चाहिए। ऐसा करने से बैर दूर नहीं होता बल्कि विश्वास करने वाला ही मारा जाता है।

–महाभारत

जहां परस्पर संयोग किसी सांस्कृतिक भावना को सामने रखकर नहीं होता, वहां जल्दी या देर में वह बैर का कारण हो जाता है।

–जैनेन्द्र कुमार

जैसे मिट्टी का घड़ा एक बार टूट जाने पर फिर नहीं जुड़ सकता है, वैसे ही जब किसी कुल में दुःखदायी बैर बंध जाता है, तो वह शान्त नहीं होता।

–महाभारत

बैर का अन्त बैरी के जीवन के साथ हो जाता है।

–प्रेमचन्द

बैर के कारण उत्पन्न होने वाली आग एक पक्ष को स्वाहा किए बिना शान्त नहीं होती।

–महाभारत

ब्रह्म

जिसका नेत्रों द्वारा दर्शन तथा हाथों द्वारा ग्रहण नहीं हो सकता, जिसमें कोई रंग नहीं है, जो आंख-कान और हाथ-पैर आदि से रहित है, उस नित्य, सर्वगत, अत्यन्त सूक्ष्म एवं अविनाशी ब्रह्म को धीर पुरुष ही सब ओर देखते हैं।

–मुण्डकोपनिषद्

जिसका मन के द्वारा मनन नहीं होता, किन्तु जिसकी शक्ति से ही मन मनन व्यापार में सफल होता है उसी को तुम ब्रह्म जानो।

–केनोपनिषद

जिससे ये सम्पूर्ण प्राणी जन्म लेते, जन्म लेकर जिससे जीवन धारण करते तथा प्रलय के समंय जिसमें पूर्णतः प्रवेश कर जाते हैं, वह ब्रह्म है, उसको जानने की इच्छा करो।

–तैत्तिरीय उपनिषद

जैसे जलती हुई आग से उसी के समान रूप वाली सहस्रों चिनगारियां

निकलती हैं, उसी प्रकार अविनाशी ब्रह्म से नाना प्रकार के भाव (जीव) उत्पन्न होते और उसी में लीन होते रहते हैं।

–मुण्डकोपनिषद

जैसे मकड़ी अपने शरीर से ही जाले को बनाती है और फिर उसे निगल लेती है, जैसे पृथ्वी से अन्न आदि औषधियां उत्पन्न होती है, जैसे जीवित पुरुष से ही द्वेष, लोभ आदि उत्पन्न होते हैं, उसी प्रकार अक्षर ब्रह्म से ही सम्पूर्ण जगत् प्रकट होता है।

–मुण्डकोपनिषद

जो आंख से नहीं देखता, अपितु आंख ही जिसके द्वारा देखती हैं, उसी को तुम ब्रह्म जानो। जिस भौतिक जगत् की लोग ब्रह्म रूप में उपासना करते हैं, वह ब्रह्म नहीं है।

–केनोपनिषद्

जो ब्रह्म है, जो भूमा है, जो सबसे महान् है, उसी को मनुष्य के सामने रखने से उसके मन को सान्त्वना मिल सकती है, दुःख निवृत्ति से नहीं।

–रवीन्द्रनाथ ठाकुर

निश्चयपूर्वक आकाश ही नाम और रूप का निर्वाह करने वाला अर्थात् उनका आधार है, वे दोनों जिसके भीतर हैं, वह ब्रह्म है।

–छान्दोग्य उपनिषद

ब्रह्म, नित्य, शुद्ध, बुद्ध, मुक्त स्वभाव, चित्त्, एक एवं असंग है।

–शंकर

ब्रह्म वेद ब्रह्म एव भवति।
(ब्रह्म को जाननेवाला स्वयं ब्रह्म हो जाता है।)

–मुण्डकोपनिषद

जो शून्य से चलते हैं वे निर्वाण कहते हैं, जो पूर्ण से चलते हैं वे ब्रह्म कहते हैं।

–आचार्य रजनीश

सहस्र शीर्षा पुरुषः सहस्राक्षः सहस्रपात।
(ब्रह्म के सहस्र शिर, सहस्र आंखे और सहस्र चरण हैं।)

–ऋग्वेद

पास ही रे ! हीरे की ख़ान
खोजता कहां और नादान।

–सूर्यकांत त्रिपाठी निराला

कार्यब्रह्म और उसके ऊपर कारण-ब्रह्म (अव्यक्त) और उसके ऊपर भी कार्यकारणातीत ब्रह्म स्थित है।

इसी प्रकार परब्रह्म, अवरब्रह्म, शाश्वतब्रह्म, शब्दब्रह्म, एकाक्षर ब्रह्म के अनेकों भेदों को भी जिज्ञासु व्यक्ति को समझना चाहिए।

–स्वामी करपात्री जी

ब्रह्म व्यापक रूप से सर्वत्र विद्यमान है।

–रवीन्द्रनाथ ठाकुर

ब्रह्म सनातन सत्य है, अप्रमेय ज्ञान है।

–तैत्तिरीयोपनिषद

ब्रह्म ही सत्य है, वह एक, अद्वय, अपरिणामी, चिद्घन है....ब्रह्म ही ज्ञाता, ज्ञान और ज्ञेय है।

–सम्पूर्णानन्द

ब्रह्मैवेदं सर्वम्।

(ब्रह्म ही यह सब है।)

–नृसिह ता० उपनिषद्

यह सब कुछ अमृतमय ब्रह्म ही है। आगे ब्रह्म है, पीछे ब्रह्म है तथा दायें और बायें भी ब्रह्म है।

–मुण्डकोपनिषद

रसो वै सः।

(वह परब्रह्म रस-रूप है।)

–तैत्तिरीय उपनिषद

व्यापक एक ब्रह्म अविनासी। सत चेतन घन आनंद रासी।।
आदि अन्त कोउ जासु न पावा। मति अनुमान निगम जस गावा।।

(ब्रह्म व्यापक, एक और अनश्वर है। वह सत्, चित् और आनन्दराशि अर्थात् सच्चिदानन्द है। कोई उसका आदि और अन्त नहीं जानता। ज्ञानी अपनी बुद्धि के अनुसार उसका यशोगान करते हैं।)

–गोस्वामी तुलसीदास

शिवशक्त्यात्मकं ब्रह्म।

(शिव और शक्ति–यही ब्रह्म है।)

–अज्ञात

सत्यं ज्ञानमनन्तं ब्रह्मं

(ब्रह्म सत्य स्वरूप, ज्ञान स्वरूप तथा अनन्त है।

–तैत्तिरीय उपनिषद

सर्वं खल्विदं ब्रह्म।

(यह सब ब्रह्म है।)

–अज्ञात

सर्वं ब्रह्मैव में भाति क्व मित्रं क्व मे रिपुः।

(मुझे सब कुछ ब्रह्मरूप ही भासता है। अतएव जगत् में कौन मेरा मित्र और कौन मेरा शत्रु है ? अर्थात् कोई नहीं।)

–बाल्मीकि रामायण

हवन की सामग्री भी ब्रह्म है, घी भी ब्रह्म हे, अग्नि भी ब्रह्म है, हवन करने वाला भी ब्रह्म है। इस प्रकार जो कर्म के साथ ब्रह्म का मेल साध लेता है, वह ब्रह्म ही हो जाता है।

–श्रीमद्भगवत गीता

सगुण-निर्गुण ब्रह्म

पुष्पे गन्धं तिले तैलं काष्ठेऽग्निः पयांसि घृतम्।
इक्षौ गुडं यथा देहे तथाऽऽत्मास्ति शरीरिणाम्।

(जैसे फूल में गन्ध, तिल में तेल, काष्ठ में अग्नि और दूध में घी, ईख में गुड़ निराकार रूप से वर्तमान रहता है, उसी प्रकार सगुण शरीर में आत्मा व्याप्त रहता है।)

–योगवाशिष्ठ

पः पृथिव्यां तिष्ठन् पृथिव्या अन्तरो यं पृथिवी न वेद यस्य
पृथिवी शरीरं, यः पृथिवीमन्तरो यमयत्येषत आत्मान्तर्याम्यमृतः।

(जो पृथिवी में रहता हुआ पृथिवी का नियमन करता है, पृथिवी जिसको नहीं जानती, पर पृथिवी जिसका शरीर है, वह अन्तर्यामी अमृतरूप आत्मा है।)

–वृहदारण्यक उपनिषद

सुवर्णाज्जायमानस्य सवर्णात्वं च शाश्वतम्।
ब्रह्मणो जायमानस्य ब्रह्मत्वं च तथा भवेत्।।

(सुवर्ण से बने आभूषण सुवर्ण ही होते हैं, वैसे ही ब्रह्म से उत्पन्न संसार की ब्रह्म से पृथक कोई सत्ता नहीं होती है।)

–योगवाशिष्ठ

सगुनहिं अगुनहिं नहिं कछु भेदा। गावहिं मुनि पुरान बुध वेदा।
अगुन अरूप अलख अज जोई। भगत प्रेम बस सगुन सो होई।।

(शंकर जी पार्वती जी को समझाते हुए कहते हैं–सगुण और निर्गुण में कुछ भेद नहीं है। ऐसा मुनि, पुराण, बुद्धिमान् तथा वेद कहते हैं। जो भगवान् निर्गुण, निराकार, अलख तथा अजन्मा हैं, वही प्रेम के वश में होकर सगुण रूप धारण करते हैं।)

–गोस्वामी तुलसीदास

राम ब्रह्म व्यापक जग जाना। परमानन्द परेस पुराना।
जगत प्रकास्य प्रकाशक रामू। मायाधीस ग्यान गुन धामू।।

(संसार जानता है कि श्रीराम व्यापक ब्रह्म, परमानन्द, परमेश्वररूप हैं। वह विश्व के प्रकाश्य और प्रकाशक हैं। वह मायापति और ज्ञान तथा गुण के भंडार हैं।)

–गोस्वामी तुलसीदास

ज्ञान और अज्ञान, अंधकार और प्रकाश की भांति निर्गुण तथा सगुण भी सापेक्ष हैं। निर्गुण की उपासना बिना सगुणाराधना के सम्यक्तया संभव नहीं है।

–कल्याण

ज्ञान कहै अग्यान बिनु तम बिनु कहै प्रकास।
निरगुन कहै जो सगुन बिनु, सो गुरु तुलसीदास।।

(जो बिना अज्ञान का वर्णन किए हुए ज्ञान का वर्णन कर दे, बिना अंधकार का वर्णन किए हुए प्रकाश का वर्णन कर दे और बिना सगुण का वर्णन किए हुए निर्गुण का वर्णन कर दे, वह गुरु है और मैं तुलसीदास उसका शिष्य हूं।)

–गोस्वामी तुलसीदास

हिय निरगुन नयनन्हि सगुन, रसना नाम सुनाम।
मनहुं पुरट संपुट लसत, तुलसी ललित ललाम।।

(हृदय में निर्गुण ब्रह्म का विचार करते और नेत्रों से सगुण ब्रह्म की लीला एवं उनके अर्चावतार को देखते हुए जिह्वा से श्रीराम जी के सुन्दर नाम का रसास्वादन करना ऐसा है मानो सोने के डिब्बे में मनोहर रत्न सुशोभित हो।)

–गोस्वामी तुलसीदास

द्वे रूपे ब्रह्मणस्तस्य मूर्तं चामूर्तमेव च। क्षराक्षरस्वरूपे ते सर्वभूतेष्वस्थिते।।
अक्षरं तत्परं ब्रह्म क्षरं सर्वमिदं जगत्। एकदेशास्थित स्याग्नेज्योत्स्ना विस्तारिणी यथा।।

परस्य ब्रह्मण शक्तिस्तयेदमखिलं जगत्।।

(उस ब्रह्म के मूर्त और अमूर्त दो रूप हैं, जो क्षर और अक्षर रूप से समस्त प्राणियों में स्थित हैं। अक्षर ही वह परब्रह्म है और क्षर सम्पूर्ण जगत् है। जैसे एकदेशीय अग्नि का प्रकाश सर्वत्र फैला रहता है, उसी प्रकार यह सम्पूर्ण जगत् परब्रह्म की ही शक्ति है।)

–विष्णु पुराण

ब्रह्मचर्यः ब्रह्मचारी

उस ब्रह्मचर्याश्रम-नियम का ध्यान जब से हट गया,
सम्पूर्ण शारीरिक तथा वह मानसिक बल घट गया।

जब से हमारे देश में ब्रह्मचर्याश्रम-नियम का पालन करना समाप्त हो गया, तब से हम लोगों का शारीरिक तथा मानसिक बल कम हो गया।

—मैथिलीशरण गुप्त

ऊंचा आदर्श सामने रखना है और उसके लिए संयमी जीवन का आचरण—यही ब्रह्मचर्य है।

—विनोबा भावे

एक ब्रह्मचर्य की साधना करने से अनेक गुण स्वयं अधीन हो जाते हैं।

—महावीर स्वामी

एक ब्रह्मचर्य के नष्ट होने पर सहसा अन्य सब गुण नष्ट हो जाते हैं, एक ब्रह्मचर्य की आराधना कर लेने पर अन्य सब शील, तप, विद्या आदि व्रत आराधित हो जाते हैं।

—महावीर स्वामी

जो शुद्ध भावना से ब्रह्मचर्य पालन करता है, वास्तव में वही भिक्षु है।

—महावीर स्वामी

तप और ब्रह्मचर्य बिना जल का स्नान है।

—गौतम बुद्ध

तप, ब्रह्मचर्यादि की साधना के द्वारा जो फल सत्युग में दस वर्ष में मिलता है, वह त्रेता में एक वर्ष, द्वापर में एक मास और कलियुग में सिर्फ दिन-रात में ही प्राप्त हो जाता है।

—विष्णु पुराण

तपों में सर्वोत्तम तप है, ब्रह्मचर्य।

—महावीर स्वामी

देव, दानव, गंधर्व, यक्ष, राक्षस और किन्नर—सभी ब्रह्मचर्य के साधक को नमस्कार करते हैं, क्योंकि वह एक बहुत ही कठिन कार्य होता है।

—महावीर स्वामी

परमात्मा की प्राप्ति के इच्छुक ब्रह्मचर्य का पालन करते हैं।

—अथर्ववेद

पवित्र क्या है ? ब्रह्मचर्य। दर्शनीय क्या है ? ब्रह्मचर्य।

—गोपथ ब्राह्मण

ब्रह्मचर्य अर्थात् ब्रह्म की, सत्य की शोध में चर्या अर्थात् तत्सम्बन्धी आचार।

—महात्मा गांधी

ब्रह्मचर्य उत्तम तप, नियम, ज्ञान, दर्शन, चरित्र सम्यकत्व और विनय का मूल है।

—महावीर स्वामी

ब्रह्मचर्य और तप के द्वारा ही राजा स्वराष्ट्र का भली भांति पालन करता है। आचार्य भी अपने ब्रह्मचर्य के द्वारा ही जिज्ञासु ब्रह्मचारी को अपना शिष्य बनाना चाहता है।

–अथर्ववेद

ब्रह्मचर्य का अर्थ है मन, वचन और शरीर से समस्त इन्द्रियों का संयम। जब तक अपने विचारों पर इतना अधिकार न हो जाये कि अपनी इच्छा के बिना एक भी विचार न आए तब तक सम्पूर्ण ब्रह्मचर्य नहीं है।

–महात्मा गांधी

ब्रह्मचर्य की प्रतिष्ठा होने पर शक्ति-बल का लाभ होता है।

–योगदर्शन

ब्रह्मचर्य के मानी होते हैं ब्रह्म (यानी परमतत्त्व, परम सत्य) का साक्षात्कार करने के लिए आवश्यक साधना।......यह साधना सब कर्मेन्द्रियों, सब ज्ञानेन्द्रियों और मन , बुद्धि, अहंकार आदि से करनी पड़ती हैं।.....इसलिए ब्रह्मचर्य का कारगर अर्थ होता है इन्द्रिय-जय, इन्द्रिय-शुद्धि।

–काका साहेब कालेलकर

ब्रह्मचर्य रूपी तप के प्रभाव से ही देवताओं ने मृत्यु को अपहत किया है, वे अमर हुए हैं। इन्द्र ने भी ब्रह्मचर्य की साधना से ही देवताओं के लिए स्वर्ग का सम्पादन किया है।

–अथर्ववेद

ब्रह्मचर्य रूपी तपोबल से ही विद्वानों ने मृत्यु पर विजय पाई है।

–अथर्ववेद

ब्रह्मलोक उनका है, जो तप, ब्रह्मचर्य तथा सत्य में निष्ठा रखते हैं।

–प्रश्नोपनिषद

भगवान की प्राप्ति के इच्छुक ब्रह्मचर्य का पालन करते हैं।

–श्रीमद्भगवत गीता

मन, वाणी और शरीर से सम्पूर्ण संयम में रहने का नाम ही ब्रह्मचर्य है।

–महावीर स्वामी

विषय-मात्र का निरोध ही ब्रह्मचर्य है।

–महात्मा गांधी

ब्रह्मचारी को कभी भी अधिक मात्रा में भोजन नहीं करना चाहिए।

–महावीर स्वामी

ब्रह्मचारी को कभी दुःख प्राप्त नहीं होता, उसको सब प्राप्य है।

–भीष्म पितामह

ब्रह्मचारी को घी-दूध आदि रसों का अधिक सेवन नहीं करना चाहिए, क्योंकि रस प्रायः उद्दीपक होते हैं। उद्दीप्त पुरुष के पास काम-भावनायें वैसे

ही चली आती हैं, जैसे स्वादिष्ट फल वाले वृक्ष के पास पक्षी-गण चले आते हैं।

–महावीर स्वामी

ब्रह्मचारी रहने का यह अर्थ नहीं है कि स्त्री को स्पर्श न करूं, अपनी बहन का स्पर्श न करूं। ब्रह्मचारी होने का यह अर्थ है कि स्त्री का स्पर्श करने से किसी प्रकार का विकार न उत्पन्न हो, जिस तरह कि कागज को स्पर्श करने से नहीं होता।

–महात्मा गांधी

ब्रह्मचारी स्वाभाविक सन्यासी होता है।

–महात्मा गांधी

ब्रह्मचारी स्त्री-संसर्ग को विषलिप्त कांटे के समान समझकर उससे दूर रहे।

–महावीर स्वामी

ब्रह्मज्ञान

आतम अनुभव ज्ञान की, जो कोई पूछै बात।
सो गूंगा गुड़ खाइ के, कहै कौन मुख स्वाद।।

–कबीर

ताल-पोखरे नर न पूछता, पूर्ण जलाशय मिलने पर।
कर्मकाण्ड को तुच्छ समझता, ब्रह्मज्ञान त्यों नर पाकर।।

–लोक गीता

ब्रह्मज्ञान प्राप्त हो जाने पर मनुष्य शीघ्र ही परमानन्द का अधिकारी होता है।

–श्रीमद्भगवत गीता

ब्रह्मज्ञान मूक ज्ञान है, स्वयंप्रकाश है। सूर्य को अपना प्रकाश मुंह से नहीं बताना पड़ता। वह हमें दिखाई देता है। यह बात ब्रहाज्ञान के बारे में भी है।

–महात्मा गांधी

ब्रह्मतेज-बल

क्षत्रियबल को धिक्कार है। ब्रह्मतेज जनित बल ही वास्तविक बल है।

–महाभारत

ब्राह्मण

जल में लिप्त न होने वाले कमल के समान तथा आरे की नोंक पर न टिकने वाले सरसों के दाने के समान जो विषयों में लिप्त नहीं होता, उसे मैं ब्राह्मण कहता हूं।

–गौतम बुद्ध

जिन ब्राह्मणों ने लोभ को सतत तिरस्कृत किया–
देखो, उन्हीं के वंशजों को आज उसने ग्रस लिया।

अब आप उनकी दक्षिणा पहले नियत कर दीजिए—
फिर निन्द्य से भी निन्द्य उनसे काम करवा लीजिए।

—मैथिलीशरण गुप्त

जो काम-भोगों में लिप्त नहीं है, जिसकी आत्मा द्वेषरहित है, जो सब उपाधियों से मुक्त है, ऐसा विरक्त ब्राह्मण सदा सुखपूर्वक सोता है।

—गौतम बुद्ध

जो जाति विश्व के मस्तिष्क का शासन करने का अधिकार लिए उत्पन्न हुई है, वह कभी चरणों के नीचे न बैठेगी।

—जयशंकर प्रसाद

ब्राह्मण माने हैं साहस की साक्षात् प्रतिमा।

—विनोबा भावे

ब्राह्मण को चाहिए कि सम्मान से विष के समान बचे और असम्मान की अमृत के समान इच्छा करे।

—मनुस्मृति

ब्राह्मण मुखमासीत्।

(ब्राह्मण विराट् पुरुष का मुंह था।)

—पुरुष सूक्त

ब्राह्मण वास्तव में वह है जिसे भय नहीं है। जो लोभ से घृणा करता है, जो सहनशीलता से कष्टों पर विजय प्राप्त करता है, जो प्रभावों पर दृष्टि नहीं डालता, जिसने अपने विशुद्ध हृदय को परब्रह्म में लीन कर रखा है, जो अटल है, शान्त है तथा युक्त है। उसी ब्राह्मण को भारतवर्ष चाहता है।

—रवीन्द्रनाथ ठाकुर

युगरूपा हि ब्राह्मणः।

(ब्राह्मण (विद्वान) युग के अनुरूप होते हैं।)

—पराशरस्मृति

योग, तप, दम, दान, सत्य, शौच, दया, श्रुत, विद्या, विज्ञान और आस्तिक्य ये ब्राह्मण के लक्षण हैं।

—वसिष्ठ स्मृति

ब्राह्मण न किसी के राज्य में रहता है और न किसी के अन्न से पलता है; स्वराज्य में विचरता है और अमृत होकर जीता है।

—जयशंकर प्रसाद

ब्राह्मणत्व एक सार्वभौम शाश्वत बुद्धि वैभव है।

—जयशंकर प्रसाद

भक्त : भक्ति

जल ज्यों प्यारा माछरी, लोभी प्यारा दाम।
माता प्यारा बालका, भक्त पियारा नाम।।

–कबीर

जहां भगवान है और जहां भक्त है, वहां सब कुछ है, लेकिन भगवान को तो हमने देखा नहीं, भक्त को हम देख सकते हैं। इसलिए हमारी निगाह में भक्त की महिमा बढ़ जाती है।

–विनोबा भावे

भगवान कृष्ण कहते हैं: जिनका मैं ही एकमात्र परम आश्रय हूं, उन साधुस्वभाव भक्तों को छोड़कर मैं न तो अपने आप को चाहता हूं और न अपनी हृदयगमा अविनाशिनी लक्ष्मी को।

–श्रीमद्भगवत गीता

जिससे कोई भी जीव उद्वेग को नहीं प्राप्त होता और जो स्वयं भी किसी जीव से उद्वेग को प्राप्त नहीं होता, तथा जो हर्ष, अमर्ष, भय और उद्वेगादि से रहित है, वह भक्त मुझको प्रिय है।

–श्रीमद्भगवत गीता

जो एकनिष्ठ होकर मेरा चिन्तन करते हैं और मेरी उपासना करते हैं, उनका योग-क्षेम मैं चलाता हूं।

–श्रीकृष्ण

जो पुरुष आकांक्षा से रहित, पवित्र, दक्ष, पक्षपात-रहित और दुःखों से छूटा हुआ है, वह सब आरम्भों का त्यागी मेरा भक्त मुझको प्रिय है।

–श्रीमद्भगवत गीता

भक्त को आलोचना से प्रेम नहीं होता।

–प्रेमचन्द

भक्त वही है जो किसी के दिल को नहीं दुखाता, बल्कि जहां तक बने, सबकी सेवा करता है।

–उड़िया बाबा

सच्चे ईश्वर-भक्त की भक्ति किसी भी लोक-परलोक की कामना के लिए नहीं होती, वह तो अहैतुकी हुआ करती है।

–रबिया

भक्तों की स्थूल दीखने वाली क्रिया भी मानसिक अर्थ से भरी होती है।

–सन्त ज्ञानेश्वर

भक्त और भगवान

है भक्त जहां भगवान वहीं, भगवान जहां है भक्त वहीं।
दोनों का मिलन जहां रहता, रहता है देश सशक्त वहीं।।

–दयाराम पाठक

भक्तों के भक्त

हे अर्जुन ! जो केवल मेरे ही भक्त हैं, वे मेरे वास्तविक भक्त नहीं। मेरे उत्तम भक्त तो वे हैं, जो मेरे भक्तों के भक्त हैं।

–श्रीकृष्ण

अधिकार के कारण जो श्रद्धा-भक्ति होती है, वह सच्ची श्रद्धा-भक्ति नहीं है।

–इमर्सन

ईश्वर के प्रति सम्पूर्ण अनुराग ही भक्ति है।

–भक्तिदर्शन

कामी क्रोधी लालची, इनतें भक्ति न होय।
भक्ति करै कोई सूरमा, जाति बरन कुल खोय।।

–कबीर

जब लग नाता जगत का, तब लगि भक्ति न होय।
नाता तोड़ै हरि भजै, भक्त कहावै सोय।।

–कबीर

जैसे समुद्र में जाकर सारी नदियां एक हो जाती हैं, सब काष्ठ अग्नि में जल कर एक हो जाते हैं, वैसे ही सब हृदय भगवान की भक्ति में विलीन होकर एक रूप हो जाते हैं।

–विनोबा भावे

पत्थर की मूर्ति को परमात्मा बना देने वाली शक्ति भक्त की भक्ति में ही तो है।

–जैनेन्द्र कुमार

परमात्मा की भक्ति के बिना कोई दूसरी पावन वस्तु नहीं हैं जो हृदयों को धो सकती है और सबको एक बना सकती है।

–विनोबा भावे

भक्तिशून्य कर्म अहंकार का प्रतीक है और भक्ति रहित उपासना दम्भ का नामान्तर है।

–चक्रवर्ती राजगोपालाचारी

भक्ति संकल्प की दृढ़ता, विनयशीलता तथा श्रद्धा का समन्वित रूप है, जिसके द्वारा हमारा कर्म और हमारी उपासना दूसरों के लिए तथा अपने लिए भी कल्याणकारक एवं सफल होती हो।

–चक्रवर्ती राजगोपालाचारी

मानवमात्र को एक करने के लिए भगवान की भक्ति से बढ़कर कोई साधन नहीं है।

–विनोबा भावे

सुख सम्पत्ति परिवार बड़ाई। सब परिहरि करिहउं सेवकाई।।
ए सब राम भगति के बाधक। कहहिं संत तब पद अबराधक।।

–गोस्वामी तुलसीदास

अनन्य-भक्ति

का बरनौं छवि आजु की, भले बने हो नाथ।
तुलसी मस्तक तब नवै, धनुष बाण लो हाथ।।

–गोस्वामी तुलसीदास

मेरे तो गिरधर गोपाल दूसरों न कोई।।
जाके सिर पर मोर मुकुट मेरो पति सोई।
तात मात भ्रात बंधु आपनो न कोई।।
छांड़ि दई कुल की कानि कहा करिहै कोई।
संतन ढिग बैठि बैठि लोक लाज खोई।

–मीराबाई

मेरे लिए न तो माता है, न पिता है, न कोई सगा-सम्बन्धी ही है। भगवान के सिवा मेरा कोई नहीं।

–भक्त प्रह्लाद

नवधा भक्ति

प्रथम भगति सन्तन्ह कर संगा। दूसरि रति मम कथा प्रसंगा।।
गुरुपद पंकज सेवा, तीसरि भगति अमान।
चौथि भगति मम गुनगान, करइ कपट तजि गात।।
मंत्र जाप मम दृढ़ विस्वासा। पंचम भजन सो वेद प्रकासा।
छठ दम सील विरति बहु करमा। निरत निरन्तर सज्जन धरमा।।
सातवां सम मोहि मय जग देखा। मोतें संत अधिक करि लेखा।।
आठवां जथालाभ संतोषा। सपनेहुं नहिं देखइ पर दोषा।।
नवम सरल सब सन छलहीना। मम भरोस हियं हरष न छीना।।

(पहली भक्ति संतों की संगति है; दूसरी भक्ति मेरी कथा में अनुराग है। तीसरी भक्ति मानरहित होकर अपने गुरु के चरण-कमल की सेवा है। चौथी भक्ति निष्कपट रूप से भगवान् का गुणगान करना है। पांचवीं भक्ति दृढ़ विश्वासपूर्वक मेरे मंत्र का जाप करना है, ऐसा वेदों का कहना है। छठी भक्ति दम, शील तथा विराग के कर्म करना है। सज्जनों का धर्म है कि वे सदैव ऐसे कर्म में लगे रहें। सातवीं भक्ति सारे संसार को ईश्वरमय देखना तथा भगवान् से अधिक संतों को समझना है। आठवीं भक्ति यह है कि जो कुछ लाभ हो

उससे सन्तोष करे और दूसरों के अवगुणों पर दृष्टिपात न करे। नवीं भक्ति सरल तथा सबसे निष्कपट रहना तथा हर्ष-विवाद का हृदय में न रखना है।)

–गोस्वामी तुलसीदास

श्रवणं कीर्तनै विष्णोः स्मरणं पादसेवनम्।
अर्चनं वंदनं दास्यं संख्यमात्मनिवेदनम्।।

(विष्णु की कथा का श्रवण, कीर्तन, स्मरण, उनके चरणों की सेवा, उनकी अर्चना, वन्दना, दास्य, सख्य और आत्म-निवेदन यही नवधा भक्ति है।)

–श्रीमद्‌भगवत गीता

नवविधा भक्ति

'सतां संङ्गतिरेवात्र साधनं प्रथमं स्मृतम्।' सज्जनों की संगति; 'द्वितीयं मत्कथालापः।' मेरी कथा का श्रवण, पाठ या संवाद। 'तृतीयं मद्‌गुणोरणम्।' मेरे गुणों का गान तृतीय साधन है। व्याख्यातृत्वं मद्वचसां चतुर्थं साधनं भवेत्', आचार्योपासनं भद्रे मद्‌बुद्धयामाययासदा।' मेरी कही वाणी की व्याख्या करना तथा ईश्वर बुद्धि से आचार्य की उपासना चौथी भक्ति है। 'पंञ्चमं पुण्यशीलत्वं यमादि नियमादि च।' पवित्र स्वभाव और यमनियमादि का पालन पांचवां साधन है। निष्ठा मत्पूजने नित्यं षष्टं साधनमीरितम्।' मेरी पूजा में नित्य निष्ठा छठी साधना है। 'मम मंत्रोपासकत्वं साङ्ग सप्तममुच्यते।' मेरे मंत्र के साङ्गोपाङ्ग जप से निष्ठा सातवां साधन है।

मद्‌भक्तेष्वधिका पूजा सर्वभूतेषु मन्मतिः।
बाह्यार्थेषु विरागित्वं शमादिसहितं तथा।।'

आठवां साधन है—मुझसे अधिक मेरे भक्तों की पूजा, सब प्राणियों में मैं ही हूं—यह भावना, संसार के पदार्थों से विराग तथा शम-दम आदि का धारण।

नवमं तत्त्वविचारो मम भामिति !
ईश्वर-तत्त्व विचार नवम साधन है।

–अध्यात्म रामायण

भक्ति का उपाय

जननी जनक बंधु सुत दारा। तनु धनु भवन सुहृद परिवारा।।
सबके ममता ताग बटोरी। मम पद मनहिं बांध बरि डोरी।।

भगवान श्री राम कहते हैं—माता, पिता, भाई, पुत्र, पत्नी, शरीर, धन, घर मित्र और परिवार--सबकी ममता के धागे को बटोर कर उससे रस्सी बनाकर मन को मेरे चरणों में बांध दो।

–गोस्वामी तुलसीदास

भक्ति सुतंत्र सकल सुख खानी। बिनु सत्संग म पावहिं प्रानी।।
पुन्य पुंज बिनु मिलहिं न संता। सतसंगति संसृति कर अंता।।

(भक्ति स्वतंत्र और सब गुणों की खान है। यह बिना सत्संग के नहीं प्राप्त होती। बिना अत्यधिक पुण्य के सन्त नहीं मिलते। सत्संगति से मनुष्य संसार से मुक्त हो जाता है।)

—गोस्वामी तुलसीदास

राम-भक्ति तथा शिव-भक्ति का समन्वय

भगवान राम का निर्देश है कि मेरी भक्ति उसे सुलभ होगी, जो शंकर का भजन करेगा।

औरउ एक गुपुत मत, सबहिं कहउं कर जोरि।
संकर भजन बिना नर, भगति न पावइ मोरि।।

(श्री रामचन्द्र जी कहते हैं—मैं हाथ जोड़ कर सबसे एक गुप्त बात कहता हूं कि शंकर जी का भजन न करने वाला व्यक्ति मेरी भक्ति नहीं प्राप्त कर सकता।)

—गोस्वामी तुलसीदास

भगवान

जिन लोगों का भगवान जितना ही अधिक सूक्ष्म और अधिक जटिल है, वे लोग उतने ही अधिक उलझकर मरते हैं और जिन लोगों के भगवान जितने ही अधिक स्थूल और सहज हैं, वे लोग उलझनों से उतने ही दूर, किनारे के समीप है।

—शरतचन्द्र चटर्जी

तत्त्ववेत्ता लोग सजातीय-विजातीय-स्वगतभेदशून्य अद्वयज्ञान को ही तत्त्व कहते हैं। निरतिशय बृहत् होने के कारण यही तत्त्व ब्रह्म, सर्वोत्कृष्ट एवं सबका अन्तरात्मा होने से परमात्मा और सर्वविध भजनीय गुणों से सम्पन्न होने के कारण भगवान् कहलाता है।

'भगवत्' शब्द का आद्य अक्षर भकार धारण-पोषणार्थक भष्ट' धातु से सम्बद्ध होने के कारण धारण तथा पोषण अर्थ का द्योतक माना गया है। द्वितीय अक्षर 'ग' गत्यर्थक 'गम्' धातु से निष्पन्न होने से तीन अर्थों का द्योतक है—१. कर्मफल की प्राप्ति करने वाला (नेता), २. लय करने वाला 'गमयिता' तथा ३. स्रष्टा (उत्पन्न करने वाला)......अन्तिम अक्षर 'व' 'वस्' निवासे (निवासार्थक 'वस्' धातु) से सम्बद्ध होने से ऐसे अव्यय परमात्मा का सूचक है जिस अखिल भूताधार में समस्त प्राणी निवास करते हैं और जो स्वयं अशेष प्राणियों में वास करता है।

वसन्ति तत्र भूतानि भूतात्मन्यखिलात्मनि।
स च भूतेष्वशेषेषु वकारार्थस्ततोऽव्ययः।।

–विष्णु पुराण

समस्त तात्पर्यों को एकत्र समेट कर हम कह सकते हैं कि भगवान् सबका स्रष्टा, पालयिता, कर्मफल का प्रापक, अन्त में अपने में लीन करने वाला, सब प्राणियों में निवासकर्ता तथा सब प्राणियों के निवास का आधारभूत अव्यय परमतत्व है।

–आचार्य बलदेव उपाध्याय

भगवान से सम्बन्ध

मालिक से सम्बन्ध रखोगे तो पूरी वाटिका से लाभ उठा सकोगे। भगवान से सम्बन्ध बना लो तो भगवान की वाटिका रूप यह सारा संसार तुम्हारा हो जायेगा।

–श्री ब्रह्मानन्द सरस्वती

भजन

कवनिउ सिद्धि कि बिनु विश्वासा।
बिनु हरि भजन न भव भय नासा।।

(बिना विश्वास के कोई सिद्धि प्राप्त नहीं होती और भगवान् के भजन के बिना संसार का कष्ट नहीं कटता।)

–गोस्वामी तुलसीदास

भजन कह्यौ तातैं भज्यौ, भज्यौ न एकौ बार।
दूरि भजन जातै कह्यौ, सौ तैं भज्यौ गंवार।।

–बिहारीलाल

भजन का फल अनन्त है, महान् है, उसे वाणी द्वारा व्यक्त नहीं किया जा सकता है।

–महाभारत

राम भजन बिनु मिटहिं कि कामा। थल बिहीन तरु कबहुं कि जामा।।

(काकभुशुंडि जी गरुड़ जी कहते हैं–भगवान राम का भजन किए बिना काम का नाश उसी प्रकार नहीं होता जैसे स्थल के बिना वृक्ष कभी नहीं जमता।)

–गोस्वामी तुलसीदास

साधु सन्तों की भाषा के पीछे जो कल्पना होती है, वह देखनी चाहिए। वे साकार ईश्वर का चित्र खींचते हैं, किन्तु भजन निराकार का करते हैं।

–महात्मा गांधी

भद्र मनुष्य

क्रोध, क्षमा, दया, शासन, विनय, उपेक्षा आदि सभी समय के अनुसार व्यवहार्य हैं। जो लोग समाज में सभ्रान्त या भद्र गिने जाते हैं, उन्हें इन सब गुणों को उचित रीति से व्यवहार में लाना चाहिए।

–ज्ञानेन्द्र मोहन दास

भय

किसी भारी विपत्ति का भय हल्के आघात को वैसे ही भुला देता है जैसे घातक की तलवार देखकर कोई प्राणी रोग-शैया से उठ कर भागता है।

–प्रेमचन्द

जब तक मय अपने ऊपर न आये, तभी तक डरते हुए उसे टालने का प्रयास करना चाहिए, किन्तु जब भय सामने आ ही जाये, तो फिर निर्भय होकर उसका यथोचित प्रतिकार करना चाहिए।

–महाभारत

जिस मनुष्य को अपने मनुष्यत्व का भान है वह ईश्वर के सिवा और किसी से भय नहीं करता।

–महात्मा गांधी

जैसे पके हुए फलों को गिरने के अतिरिक्त दूसरा कोई भय नहीं होता, उसी प्रकार उत्पन्न हुए मनुष्य को मृत्यु के सिवा अन्यत्र कोई भय नहीं है।

–बाल्मीकि रामायण

भय की भावनाओं पर धर्मों का आरम्भ हुआ, यह बात झूठ नहीं है।

–जैनेन्द्र कुमार

भय से भक्ति सबै करै, भय ते पूजा होय।
भय पारस है जीव को, निर्भय होय न कोय।।

–कबीर

भय दूरदर्शिता की जननी है।

–एच० टेलर

भय बिनु भाव न ऊपजै, भय बिनु होय न प्रीति।
जब हिरदे ते भय गया, मिटी सकल रस रीति।।

–कबीर

भय वह कर है जिसे अन्तःकरण अपराध को देता है।

–सिवेल

भय संहार का हेतु है। निर्भय रहने से संहार की आवश्यकता निःशेष होगी।

–जैनेन्द्र कुमार

भय से उत्पन्न दुर्वृत्तियां सब तरह के पुरुषार्थ को नष्ट कर देती हैं।

–अज्ञात

भय से ही दु:ख आते हैं। भय से ही मृत्यु होती है और भय से ही बुराइयां उत्पन्न होती हैं।

–विवेकानन्द

भय ही पतन और पाप का निश्चित कारण है।

–विवेकानन्द

लोगों में रोग का भय है, ऊंचे कुल में पतन का भय है, धन में राजा का, मान में दीनता का, बल में शत्रु का, तथा रूप में वृद्धावस्था का भय है और शास्त्र में वाद विवाद का, गुण में दुष्टजनों का तथा शरीर में काल का भय है। इस प्रकार संसार में मनुष्यों के लिए सभी वस्तुयें भयपूर्ण हैं, भय से रहित तो केवल वैराग्य ही है।

–भर्तृहरि

मनुष्य का भय और आशा खरगोश के सींग के समान हैं।

–अज्ञात

मूर्ख मनुष्य भय से पहले ही डर जाता है, कायर भय के समय ही डरता है और साहसी भय के बाद डरता है।

–रिशर

विनय न मानत जलधि जड़, गए तीनि दिन बीति।
बोले राम सकोप तब, भय बिनु होइ न प्रीति।।

(श्री रामचन्द्र तट पर बैठकर समुद्र से प्रार्थना करने लगे कि हमारी सेना को लंका में जाने के लिए मार्ग दे दो। तीन दिन बीत गए परन्तु जड़ समुद्र ने उनकी प्रार्थना पर ध्यान नहीं दिया। तब क्रुद्ध होकर भगवान् ने कहा—बिना भय के प्रीति नहीं होती।)

–गोस्वामी तुलसीदास

सचिव बैद गुरु तीनि जो, प्रिय न वचहिं भय आस।
राज धर्म तन तीनि कर, होइ बेगि ही नास।।

(यदि भय के कारण राज मंत्री, वैद्य और गुरु—ये तीनों प्रिय बात न कहें, तो राज्य, धर्म और शरीर—इन तीनों का शीघ्र ही नाश हो जाता है।)

–गोस्वामी तुलसीदास

सच्ची वीरता को मृत्यु से जितना कष्ट नहीं होता उससे कहीं अधिक कष्ट बुजदिली को भय से होता है।

–सर पी० सिडनी

जिसे दुख का डर है, उसे डर का दुख भी है।

–फ्रांस

हम दूसरों से कभी नहीं हारते, अंपने ही भय से हारते हैं।

–आचार्य रजनीश

भरोसा

एक भरोसो एक बल, एक आस विस्वास।
स्वाति सलिल रघुनाथ जस, चातक तुलसीदास।।

(मुझको केवल भगवान् राम का भरोसा है, उन्हीं का बल है, उन्हीं से आशा है और उन्हीं का विश्वास हैं। मैं तुलसीदास चातक के समान हूं और रघुनाथ जी का यश स्वाती के जल के समान है।)

–गोस्वामी तुलसीदास

भला

अगर हम भले हैं तो सारी दुनिया हमारे लिए भली है।

–स्वामी रामदास

क्या तुम चाहते हो कि मनुष्य तुम्हें भला कहें, तो तुम अपने आप को भला मत कहो।

–पैस्कल

तू भला है तो बुरा हो नहीं सकता है जौक।
बुरा वह ही कि जो तुझको बुरा जानता है।

–जौक

भले बनकर तुम दूसरों की भलाई का कारण भी बन जाते हो।

–सुकरात

भले बुरे सब एक से, जौ लौं बोलत नाहिं।
जान परत हैं काक-पिक, ऋतु वसन्त के माहिं।।

–वृन्द

यदि हम भले हैं तो सारा संसार हमारे लिए भला है।

–रामदास

भलाई

जैसे एक छोटे दीप का प्रकाश बहुत दूर तक फैलता है, उसी प्रकार इस बुरे संसार में भलाई बहुत दूर तक चमकती है।

–शेक्सपियर

जो तोको कांटा बुवै, ताहि बोय तू फूल।
तोको फूल को फूल है, वाको है तिरसूल।।

–कबीर

जो दूसरों की भलाई करता है, वह अपनी भलाई स्वयं कर लेता है; परिणाम में नहीं वरन् कर्म में, क्योंकि अच्छा कर्म करने का भाव ही अच्छा इनाम है।

–सेनेका

जो भलाई से प्रेम करता है, वह देवताओं की पूजा करता है, आदरणीयों को सम्मान करता है और ईश्वर के निकट रहता है।

–इमर्सन

दुर्जनों के साथ भलाई करना सज्जनों के साथ बुराई करने के समान है।

–शेख सादी

पाप न करना दुनिया की भलाई करना है।

–स्वामी दयानन्द सरस्वती

भलाई करना कर्तव्य नहीं आनन्द है, क्योंकि वह तुम्हारे स्वास्थ्य और सुख की वृद्धि करता है।

–जरथूष्ट्र

भलाई करना मनुष्य का सबसे शानदार कर्तव्य है।

–सॅफोक्लीज

भलाई का मार्ग भय से पूर्ण है, परन्तु परिणाम अति उत्तम है।

–अज्ञात

भलाई की इच्छा बुराई की इच्छा को दबा देती है।

–हजरत अली

भलाई जितनी अधिक की जाती है, उतनी ही अधिक फैलती है।

–मिल्टन

भलाई बुराई का अभाव नहीं वरन् उस पर विजय है।

–सर अर्नेस्ट बोर्न

भलाई रह जाती है, इसके अतिरिक्त सब वस्तुयें नष्ट हो जाती हैं।

–कहावत

मानव की भलाई करने के सिवा और किसी अन्य कर्म के द्वारा मनुष्य ईश्वर के इतने निकट नहीं पहुंच सकता।

–सिसरो

भवितव्यता

तब हुआ फल के विषय में इस प्रकार विचार।
मुक्त है सर्वत्र ही भवितव्यता का द्वार।।

–मैथिलीशरण गुप्त

तुलसी जस भवितव्यता, तैसी मिलै सहाय।
आपु न आवै ताहि पै, ताहि तहां लै जाय।।

–गोस्वामी तुलसीदास

भविष्य

प्राणी 'निज भविष्य-चिन्ता से
वर्तमान का सुख छोड़े,
दौड़ चला है बिखराता-सा
अपने ही पथ में रोड़े।

—जयशंकर प्रसाद

भविष्य कैसा भी सुखमय हो, उस पर विश्वास मत करो और अतीत की बातों को भूल जाओ।

—लांगफेलो

भविष्य को जानने की जरूरत नहीं, वह अज्ञेय है, उसी में उसका रस है। भविष्य होता नहीं है, उसका हमें निर्माण करना होता है। यही हमारी मनुष्यता है। यदि हम भविष्य जान जायें, तो वर्तमान की हमारी तत्परता शिथिल हो जाये।

—जैनेन्द्र कुमार

भूतकाल के ज्ञान और कष्ट के आधार पर भविष्य जाना जा सकता है।

—फरार

मैं भविष्य विचार के महलों में आनन्द मानता हूं, क्योंकि इससे मुझे आराम मिलता है। मैं यह कल्पना नहीं करता कि मुझे भविष्य में नरक में रहना पड़ेगा। नित्य चिन्ता द्वारा गढ़े खोदकर मैं अपने जीवन को दयनीय नहीं बनाना चाहता।

—इमर्सन

सब कुछ नष्ट हो जाने पर भी भविष्य बाकी रहता है।

—बोवी

भाई

फिर अपने भाई लाख बुरे हों, हैं तो अपने भाई ही। अपने हिस्से बांटने के लिए सभी लड़ते हैं, पर इससे खून थोड़े ही बंट सकता है।

भाई का नाता बड़ा गहरा होता है। भाई चाहे अपना शत्रु भी हो, लेकिन कौन आदमी है जो भाई को मार खाते देखकर क्रोध को रोक सके।

—प्रेमचन्द

भाग्य

आज का पुरुषार्थ ही कल का भाग्य है।

—पाल शिरट

करम गति टारे नाहिं टरी।
मुनि वसिष्ठ से पंडित ज्ञानी, सोध के लगन धरी।
सीता हरन मरन दसरथ को, वन में विपति परी।।
कोटि गाय नित पुन्न करत नृप, गिरगिट जोनि परी।
पाण्डव जिनके आप सारथि, तिन पर विपति परी।।

–कबीर

दाता के द्वार पर सभी भिक्षुक जाते हैं, अपना-अपना भाग्य है, किसी को एक चुटकी मिलती है, किसी को पूरा थाल।

–प्रेमचन्द

नर-समाज का भाग्य एक है, वह श्रम, वह भुजबल है।

–रामधारीसिह दिनकर

ब्रह्मा से कुछ लिखा भाग्य में मनुज नहीं लाया है।
अपना सुख उसने अपने भुजबल से ही पाया है।।

–रामधारीसिंह दिनकर

भाग्य एक बाजार है जहां कुछ देर ठहरने से आम तौर पर भाव गिर जाता है।

–बेकन

भाग्य की कठोरता उस समय अधिक असह्य हो जाती है, जब भाग्य सुनहरा रथ ले आता है परन्तु जिसके पहिए बेकार होते हैं।

–रवीन्द्रनाथ ठाकुर

भाग्य के भरोसे बैठे रहने पर भाग्य सोया. रहता है, और साहसपूर्वक खड़े होने पर भाग्य भी उठ खड़ा होता है।

-अज्ञात

भाग्य के सम्बन्ध में एक बात निश्चित है कि वह बदलेगा।

–विल्सन मिजनर

भाग्यचक्र लगातार घूमा करता है, कौन कह सकता है कि आज मैं उच्च शिखर पर पहुंच जाऊंगा।

–कन्फ्यूशस

भाग्य जिसे प्यार करता है उसे मूर्ख बना देता है।

–बेकन

भाग्य पर नहीं चरित्र पर निर्भर रहो।

–फ्यूलियस साइरस

भाग्य पर वह भरोसा करता है, जिसमें पौरुष नहीं होता।

–प्रेमचन्द

भाग्यं फलति सर्वत्र न विद्या न च पौरुषम्।
समुद्रमथनाल्लेभे हरिर्लक्ष्मी हरो विषम्।।

(भाग्य ही सर्वत्र फलता है, विद्या और पौरुष नहीं। समुद्र का मंथन होने पर विष्णु जी को लक्ष्मी प्राप्त हुई और शंकर जी को विष प्राप्त हुआ।)

–अज्ञात

भाग्य साहसी मनुष्य की सहायता करता है।

–वर्जिल

मनुष्य अपने भाग्य का स्वयं ही निर्माता है।

–स्वामी रामतीर्थ

मानव-जीवन बुद्धि की अपेक्षा भाग्य से अधिक शासित होता है।

–ह्यूम

मृत अतीत को दफना दो, अनन्त भविष्य तुम्हारे सामने है और स्मरण रखो कि प्रत्येक शब्द, विचार और कर्म तुम्हारे भाग्य का निर्माण करता है।

–विवेकानन्द

लिखा विरंचि जो अंक बनाई,
के तेह्नि मेटि करे अधिकाई।

(ब्रह्मा ने भाग्य में जो कुछ लिख दिया है, उसे मिटाकर उससे अधिक कार्य कौन कर सकता है ?)

–दरिया साहब

वह भाग्य है, ज्ञान नहीं जो मनुष्य पर शासन करता है। **–सिसरो**

समय पर न मनुष्य का रूप काम आता है, न कुल और न शील। विद्या और यत्नपूर्वक की हुई सेवा भी फल नहीं देती। पूर्व तपस्या से संचित भाग्य ही समय पर वृक्ष की भांति मनुष्य को फल देता है।

–भर्तृहरि

सौभाग्य दरवाजा खटखटाता है और पूछता है–"क्या समझदारी घर में मौजूद है ?"

–डेनिश कहावत

स्त्री के चरित्र और पुरुष के भाग्य को देवता भी नहीं जानते, मनुष्य क्या है ?

–भर्तृहरि

हम अपना ऐश्वर्य स्वयं बनाते हैं और उसे भाग्य कहते हैं।

–डिसरेली

भाग्य रेखा

'ब्रह्म' भनै गिर मेरु टरै, पर कर्म की रेख टरै नहिं टारी।

(बीरबल 'ब्रह्म' कहते हैं कि चाहे सुमेरु पर्वत अपनी जगह से टल जाये, परन्तु भाग्य की रेखा नहीं टल सकती।)

–बीरबल

भाग्यवान

फूलों ही की सेज सदा जिनको मिली,
भाग्यवान मैं उन्हें कदापि न मानता,
जिनको पथ में बिछे खड़े कांटे मिले,
मैं तो उनका भाग्य सदैव बखानता।

–गिरजादत्त शुक्ल

वह मनुष्य बड़ा भाग्यवान है जिसकी कीर्ति उसकी सत्यता से अधिक प्रकाशमान् नहीं है।

–रवीन्द्रनाथ ठाकुर

भारत : भारतवर्ष

इस देश को हे दीनबन्धो ! आप फिर अपनाइए,
भगवान् ! भारतवर्ष को फिर पुण्य-भूमि बनाइए।

–मैथिलीशरण गुप्त

जयपाणि जो वर्द्धक हुआ है एशिया के हर्ष का,
है शिष्य वह जापान भी इस वृद्ध भारतवर्ष का।

–मैथिलीशरण गुप्त

अरब में ज्योतिष विद्या का विकास भारतवर्ष से हुआ।

–प्रो० वेबर

अत्रापि भारतं श्रेष्टं जम्बू द्वीपे महामुने
यतो हि कर्म भूरेवां ह्यतोऽन्याभोग भूमयः

(हे महामुनि ! जम्बूद्वीप में भारतवर्ष सर्वश्रेष्ठ है, क्योंकि यह कर्मभूमि है और शेष सब भोग भूमि हैं।)

–विष्णु पुराण

अन्य देश मनुष्यों की जन्मभूमि हैं। यह भारत मानवता की जन्मभूमि है।

–जयशंकर प्रसाद

पश्चिमी संसार को जिन बातों का अभिमान है, वे असल में भारतवर्ष से ही वहां गई हैं।

–इंडियन रिव्यू

भारत की सेवा करने का मतलब भारत में रहने वालों की सेवा करना है।.......जनता की सेवा भारत की सेवा है।

–अज्ञात

भारत समग्र विश्व का है और सम्पूर्ण वसुन्धरा इसके प्रेम-पाश में आबद्ध है, अनादिकाल से ज्ञान की, मानवता की ज्योति यह विकीर्ण कर रहा है, वसुन्धरा का हार भारत किस मूर्ख को प्यारा न होगा।

–जयशंकर प्रसाद

भारतवर्ष केवल हिन्दू धर्म का ही घर नहीं है, वरन् वह संसार की सभ्यता का आदि भण्डार है।

–काउन्ट जौन्स जेनी

भारतवर्ष ने चीन और अरब को ज्योतिष और अंकगणित सिखाया।

–कोलब्रुक

यदि संसार में कोई एक देश है जहां जीवित मनुष्य के सभी सपनों को, उस प्राचीनकाल से जगह मिली है जब से मनुष्य ने अस्तित्व का सपना प्रारम्भ किया, तो वह भारत है।

–रोम्या रोलां

यदि हम सम्पूर्ण विश्व की खोज करें, ऐसे देश का पता लगाने के लिए जिसे प्रकृति ने सर्वसम्पन्न, शक्तिशाली और सुन्दर बनाया है, तो मैं भारतवर्ष की ओर संकेत करूंगा।

–मैक्समूलर

संसार में भारतवर्ष के प्रति लोगों का प्रेम और आदर उसकी बौद्धिक, नैतिक और आध्यात्मिक सम्पत्ति के कारण है।

–प्रो० लूई रेनाल्ड

संसार, रेखागणित के लिए, भारत का ऋणी है, यूनान का नहीं।

–डॉ० थाबा

स्वर्ग के देवता भी यह गीत गाते हैं कि वे लोग धन्य हैं जो स्वर्ग और अपवर्ग को देने वाली भारतभूमि में देवताओं से फिर मनुष्य होकर निवास करते हैं।

–श्रीमद्भगवत गीता

भारतीय : भारतवासी

भारतीय मेरे बांधव हैं, घर है मेरा सारा देश।
बस यह मेरा आत्मचरित्र ही, है मेरा अन्तिम संदेश।।

–मैथिलीशरण गुप्त

तुच्छ नहीं समझो अपने को, तुम हो पृथ्वीवासी।
फिर तुम भारतवासी हो जो वसुधैव कुटुम्ब प्रकाशी।।

–सुमित्रानन्दन पंत

भारतीय संस्कृति

जब हम पूर्व की और उसमें भी शिरोमणि स्वरूप भारत की साहित्यिक एवं दार्शनिक वृत्तियों का अवलोकन करते हैं, तब हमें ऐसे अनेक गंभीर सत्यों का पता चलता है, जिनकी उन निष्कर्षों से तुलना करने पर, जहां पहुंच कर यूरोपीय प्रतिभा कभी-कभी रुक गई है, हमें पूर्व के तत्त्वज्ञान के आगे घुटना टेक देना पड़ता है।

–विक्टर कोसिन

प्राच्य आदर्शवाद के प्रचुर प्रकाश की तुलना में उच्चतम यूरोपीय दर्शन भी ऐसा प्रतीत होता है, जैसे मध्याह्न सूर्य के व्योमव्यापी प्रताप की पूर्ण प्रचुरता में टिमटिमाती हुई अनलशिखा की कोई आदि किरण, जिसकी अस्थिर् और निस्तेज ज्योति ऐसी हो रही हो मानो अब बुझी कि तब बुझी।

–फ्रेडरिक शिलिंग

भारत की श्रेष्टता

भारत है त्रिलोक-सिरताज हमारा।
सर्वस्व है हमारा, गुरुराज है हमारा।
उसके लिए मरेंगे, मन में नहीं डरेंगे।
पुर जायेगा मनोरथ, सब आज हमारा।

–रामचरित उपाध्याय

हां, वृद्ध भारतवर्ष ही संसार का सिरमौर है,
ऐसा पुरातन देश कोई विश्व में क्या और है ?
भगवान् की भव-भूतियों का यह प्रथम भण्डार है,
विधि ने किया नर-सृष्टि का पहले यहीं विस्तार है।।

–मैथिलीशरण गुप्त

भारतीयता

भारत जब तक जग में होगा,
भारतीयता तब तक होगी।
भारतीयता होगी जब तक,
जग होगा तब तक नीरोगी।।

–बलदेवप्रसाद मिश्र

भार्या

जिसके घर में माता न हो और भार्या अप्रिय भाषिणी हो, उसे वन में चले जाना चाहिए, क्योंकि उसके लिए जैसा वन है, वैसा घर है।

–पंचतंत्र

पुरुष की सर्वोत्तम सम्पत्ति उसकी भार्या है।

–महाभारत

यत्र भार्या गृहं तत्र।

(जहां भार्या है, वहीं घर है।)

–अज्ञात

देखिए, 'पत्नी', 'स्त्री'

भाव

किसी-किसी समय जब हमारे सद्भाव पराजित हो जाते हैं, तब दुष्परिणाम का भय ही हमें कर्मच्युत होने से बचा लेता है।

–प्रेमचन्द

गुण और दोष के उत्पन्न होने का कारण भाव ही है।

–आचार्य कुंदकुंद

जिस वस्तु का जिस भाव से चिन्तन किया जाता है, वह वस्तु उसी प्रकार से अनुभव में आने लगती है।

–योगवाशिष्ठ

जो भाव से श्रमण हैं, वे ध्यानरूप कुठार से भववृक्ष को काट डालते हैं।

–आचार्य कुंदकुंद

दुर्दिन में मन के कोमल भावों का सर्वनाश हो जाता है और उनकी जगह कठोर एवं पाशविक भाव जाग्रत हो जाते हैं।

–प्रेमचन्द

दूसरे के मन का भाव समझने में समय लगता है; परन्तु कभी-कभी यह बात अपने विषय में भी लागू होती है। बहुत-से लोंग अपने मन के भाव भी नहीं समझ पाते।

–रवीन्द्रनाथ ठाकुर

देवता न तो काठ में रहते हैं, न पत्थर में और न मिट्टी में। देवता तो भाव में रहते हैं, इसलिए भाव ही सबका कारण है।

–चाणक्य

देहधारी जीव स्नेह से, द्वेष से अथवा भय से जिस किसी में संपूर्ण रूप से अपने चित्त को लगा देता है, अन्त में वह वैसा ही हो जाता है।

–श्रीमद्भगवत गीता

भाव कुभाव अनख आलसहूं। नाम जपत मंगल दस दिसहूं।

(प्रेम से, वैर से, क्रोध से अथवा आलस्य से यदि कोई भगवान् के नाम का जप करे, तो दस दिशाओं अर्थात् पूर्व, पश्चिम, उत्तर, दक्षिण, पूर्वोत्तर,

दक्षिण-पूर्व, पश्चिमोत्तर,. दक्षिण-पश्चिम, ऊपर तथा नीचे-सब ओर उसका मंगल होगा।)

–गोस्वामी तुलसीदास

भाव से शून्य मनुष्य कभी सिद्धि नहीं प्राप्त कर सकता।

–आचार्य कुंदकुंद

मित्रता और शत्रुता के भाव तो बादलों के समान क्षण-क्षण में बदलते रहते हैं।

–महाभारत

भावना

काम से ज्यादा काम के पीछे की भावना का महत्व होता है। जो काम शुद्ध हृदय से होता है, वह देखने में छोटा भले ही हो परन्तु उसका फल बड़ा ही महत्वपूर्ण होता है। बड़े से बड़ा काम अगर हीन आदर्श लेकर किया जाये, तो उसकी कोई बड़ी कीमत नहीं हो सकती।

–राजेन्द्र प्रसाद

जब हम अपना दिन भर का कर्तव्य पूर्ण करते हैं, तब यह भावना हमें अर्द्धरात्रि को मधुर संगीत सुनाती है।

–जॉर्ज हर्बर्ट

जहां जैसी हमारी मानसिक भावना रहती है, वहां परमेश्वर हमारे लिए उसी रूप में प्रकट हो जाते हैं।

–विनोबा भावे

जिन्हके रही भावना जैसी। प्रभु मूरति देखी तिन तैसी।।

(जब सीता स्वयंवर में श्रीरामचन्द्र जी गए, तब वहां के लोगों ने उन्हें विभिन्न रूपों में देखा। गोस्वामी जी कहते हैं कि जिसकी जैसी भावना रही, उसने भगवान की मूर्ति को वैसी ही देखा।)

–गोस्वामी तुलसीदास

जिस मनुष्य में भावनाओं का उफान आता है, वह 'हिस्टिरिकल' है।

–महात्मा गांधी

प्रसन्नता की भावना की तुलना झर-झर बहते, चमकते जल के साथ हो सकती है।

–स्वेट मार्डेन

भावना दो-तिहाई विश्व पर शासन करती है–भूत और भविष्य पर, जब कि यथार्थता वर्तमान तक सीमित है।

–रिचर

भावना मार भी सकती है, जिला भी सकती है।

–कहावत

भावना से कर्तव्य ऊंचा है।

—अज्ञात

भावना सौन्दर्य से भी बढ़कर है।

—कहावत

मंत्र, तीर्थ, ब्राह्मण, देवता, ज्योतिषी, औषधि और गुरु में जैसी भावना होती है, वैसी ही सिद्धि मिलती है।

—पंचतंत्र

सदा अमृतरूप से चिन्तन करने से विष भी अमृत हो जाता है और सदा मित्र भाव से चिन्तन करने से शत्रु भी मित्र हो जाता है।

—अज्ञात

हम जितनी ही जल्दी लोगों की भावनाओं का अनुमान लगा सकें, उतना ही दुनिया की भलाई के लिए एक अच्छा काम होगा।

—डॉ० राधाकृष्णन

भावना निजता की सीमा का अतिक्रमण करती हुई स्वत्व से बाहर अन्य की ओर बढ़ी है।

—जैनेन्द्र कुमार

भावनाशून्य जीवन ठंडे लावे के समान है।

—श्रीराम शर्मा 'राम'

भावावेश

जो कि भावावेश में ही प्रण कर लेते हैं।
उनका सौभाग्य सदा बनता कुभाग्य है।।?

—रामकुमार वर्मा

भावी

निज कर क्रिया रहीम कहि, सुधि भावी के हाथ।
पांसे अपने हाथ में, दांव न अपने हाथ।।

—रहीम

भवितव्यानां द्वाराणि भवन्ति सर्वत्र।
(भावी के लिए सर्वत्र द्वार होता है।)

—कालिदास

भावी काहू सों न टरै।
कहं वह राहु कहां वह रवि ससि, आनि संजोग परै।
मुनि वसिष्ठ पंडित अति ज्ञानी रचि रचि लगन धरै।
तात मरन, सिय हरन, राम वन-वपुधरि विपति परै।।

—सूरदास

पल भर की भावुकता मनुष्य को कहां से कहां ले जाती है।

–जयशंकर प्रसाद

भावुक

भावुक जन से ही महत्कार्य होते हैं,
ज्ञानी संसार असार मान रोते हैं।

–मैथिलीशरण गुप्त

भाषण

अनावश्यक भाषण का परित्याग करना चाहिए।

–उड़िया बाबा

भाषण मानव के मस्तिष्क पर शासन करने की कला है।

–प्लेटो

भाषण मस्तिष्क का दर्पण है।

–सेनेका

भाषण चांदी है, मौन सोना है, भाषण मानवीय और मौन दैविक है।

–जर्मन कहावत

भाषण शक्ति है, भाषण कायल करने के लिए, मत बदलने के लिए और बाध्य करने के लिए है।

–इमर्सन

भाषा

जिस भाषा में बहादुरी, सच्चाई, दया वगैरह के लक्षण नहीं होते, उस भाषा के बोलने वाले बहादुर, सच्चे और दयावान् नहीं होते।

–महात्मा गांधी

देशी भाषा का अनादर राष्ट्रीय आत्महत्या है।

–महात्मा गांधी

पराई भाषा के साहित्य से ही आनन्द लेने की आदत चोरी के माल से आनन्द लूटने की चोर की आदत जैसी है।

–महात्मा गांधी

भाषा और साहित्य की जागृति राष्ट्रीय उन्नति के मार्ग की पहली मंजिल है।

–पुरुषोत्तम दास टंडन

भाषाबद्ध करबि मैं सोई। मोरे मन प्रबोध जेहि होई।।

(गोस्वामी जी कहते हैं कि श्रीरामचन्द्र जी की जो कथा मैंने अपने गुरुदेव जी से सुनी है उसी को हिन्दी भाषा में लिखूंगा जिससे मेरे मन में उसका भली भांति बोध हो जाय।)

–गोस्वामी तुलसीदास

भाषा मनुष्य की बुद्धि के सहारे चलती है, इसलिए जब किसी विषय तक बुद्धि नहीं चहुंचती, तब भाषा अधूरी होती है।

–महात्मा गांधी

भाषा में भी जब प्रबल अनुभूति का संघात लगता है, तब वह शब्दार्थ की अधिकाधिक सीमा को लांघ जाती है।

–रवीन्द्रनाथ ठाकुर

भाषा विचार की पोशाक है।

–सैम्युअल जॉनसन

भाषा से हम परस्पर एक-दूसरे को तथ्यगत संवाद जताते हैं और जनाते हैं व्यक्तिगत मनोभाव।

–रवीन्द्रनाथ ठाकुर

विदेशी भाषा द्वारा शिक्षा पाने की पद्धति से अपार हानि होती है।

–महात्मा गांधी

हमारी भाषा हमारा अपना प्रतिबिम्ब है।

–महात्मा गांधी

सच्चे की भाषा सदा सरल होती है।

–मूरीपिडीज

भिक्षा

तगड़े और तन्दुरुस्त आदमी को भीख देना, दान करना अन्याय है। कर्महीन मनुष्य भिक्षा के दान का अधिकारी नहीं हो सकता।

–विनोबा भावे

मांगन मरन समान है, मति कोई मांगो भीख।
मांगन ते मरना भला, यह सतगुरु की सीख।।

–कबीर

भिक्षुक

आप भिक्षुक को नहीं चाहते, भगवान भी भिक्षुकों को नहीं चाहता। भगवान तो सच्चे सेवकों का प्रेमी है।

–रस्किन

भिक्षुक को दुत्कारा जा सकता है, द्वार पर आने से रोका नहीं जा सकता।

–प्रेमचन्द

भिक्षुक द्वार-द्वार इसलिए जाता है कि एक द्वार से उसकी क्षुधा-तृप्ति नहीं होती।

–प्रेमचन्द

मांगने पर भिक्षुक को देना श्रेष्ठ है, किन्तु बिना मांगे स्वयं भिक्षुक की खोज करके देना श्रेष्ठतर है।

–विनोबा भावे

भिखारी

तू दयालु दीन हौं, तू दानि हौं भिखारी।
हौं प्रसिद्ध पातकी, तू पाप-पुंजहारी।।

–गोस्वामी तुलसीदास

भीख

भीख भीख की ही तरह दी जाती है, लुटाई नहीं जाती।

–प्रेमचन्द

भीख मांगना भी किसी-किसी दशा में क्षम्य है।

–प्रेमचन्द

भीख मांगने से हांडी तो चढ़ जाती है, परन्तु मनुष्य का गौरव गिर जाता है।

–शेख सादी

परमात्मा के नाम पर भीख मांगते फिरना धिक्कार के योग्य है।

–हजरत मोहम्मद

भिक्षा तक तो स्वार्थ के लिये ही देते हैं।

–प्रेमचन्द

मर जाऊँ मांगू नहीं, अपने तन के काज।
पर कारज के कारने, मांगत मोहि न लाज।।

–कबीर

रहिमन वे नर मर चुके, जे कहूं मांगन जायं।
उनते पहिले वे मुए, जिन मुख निकसत नाहिं।।

–रहीम

मांगन मरन समान है, मति कोई मांगों भीख।
मांगन से मरना भला, यह सतगुरु की सीख।।

–कबीर

भीड़

चित्रकूट के घाट पर, भइ सन्तन की भीर।
तुलसीदास चंदन घिसत, तिलक देत रघुवीर।।

–गोस्वामी तुलसीदास

जैसे समुद्र के बीच बूंद-बूंद नहीं होती, वैसे ही भीड़ में आदमी-आदमी नहीं रहता। भीड़ का अपने में एक अस्तित्व है, एक व्यक्तित्व है। वह अतर्क्य है।

–जैनेन्द्र कुमार

भुजदंड

काम न आये आजु लौं, ह्वै अनाथ-रखवार।
दिए तोहिं भुजदण्ड ये, कहा जानि करतार।।

–वियोगी हरि

भुजबल : बाहुबल

जिनको सहारा नहीं, भुज के प्रताप का है।
बैठते भरोसा किए, वे ही आत्मबल का।।

–रामधारीसिंह दिनकर

भूख

अपनी भूख सहने वाले तपस्पी की शक्ति उतनी नहीं होती जितनी कि दूसरों की भूख मिटाने वाले दानी की शक्ति।

–संत तिरुवल्लुवर

आगि बड़वागि ते बड़ी है आग पेट की !
(पेट की आग अर्थात् भूख बड़वाग्नि से बड़ी होती है।)

–गोस्वामी तुलसीदास

बुद्धि के आदेश भूख को मानने चाहिए।

–सिसरो

भूख पर अच्छा नियंत्रण स्वतंत्रता का एक बड़ा भाग है।

–सेनेका

भूख लगना जिन्दा मनुष्य का धर्म है। भूख तो भगवान् का सन्देश है। भूख न होती, तो दुनिया बिल्कुल अनीतिमय और अधार्मिक बन जाती। फिर नैतिक प्रेरणा ही हमारे अन्दर न होती।

–विनोबा भावे

भूख विधाता ने रची, सबका हरै गुमान।
क्षुधा निवारण के अरथ, क्या नहिं करै पुमान।।

–गिरधर कविराय

भूखा धर्म न रख सके, डगमगात ईमान।
कलुषित करती आत्मा, भूख बड़ी शैतान।।

–मेलाराम

भूखी स्त्री अपने पुत्र को छोड़ देती है, भूखी नागिन अपने अंडे को खा लेती है। भूखा व्यक्ति क्या-क्या पाप नहीं करता है ? क्षीण मनुष्य निर्दय होते हैं।

–हितोपदेश

भोजन के लिए सबसे अच्छी चटनी भूख है।

–सुकरात

भूदान

जमीन दो कि शांति से नया समाज ला सकें।
जमीन दो कि राह विश्व को नई दिखा सकें।
जमीन दो कि प्रेम से समत्व सिद्धि पा सकें।
जमीन दो कि दान से कृपण को लजा सकें।
सुरम्य शांति के लिए, जमीन दो, जमीन दो।

–रामधारीसिंह दिनकर

भूल

अपनी भूल अपने ही हाथों सुधर जाये, तो यह उससे कहीं अच्छा है कि कोई दूसरा उसे सुधारे।

–प्रेमचन्द

इस जीवन-संसार में भूलों का गर्द-गुबार उठेगा ही। जो इतने नाजुक हैं कि इस गर्द-गुबार को भी सहन नहीं कर सकते, वे पंक्ति के बाहर निकल कर खड़े हो जायें।

–विवेकानन्द

एक भूल करके नहीं, होता कोई भ्रष्ट;
अनुचित है देना उसे, कुछ सामाजिक कष्ट।

–मैथिलीशरण गुप्त

जान-बूझकर की गई भूल हमारी इच्छा पर निर्भर करती है, पर अनजान में की गई भूल की भी कोई सीमा है।

–रस्किन

जो जान गया कि उससे भूल हो गई और उसे ठीक नहीं करता, वह एक और भूल कर रहा है।

–कन्फ्यूशस

दूसरों की भूलों से बुद्धिमान् लोग अपनी भूलें सुधारते हैं।

–प्यूब्लियस साइरस

भूल करने में पाप तो है ही, परन्तु उसे छिपाने में उससे भी बड़ा पाप है।

–महात्मा गांधी

यदि मनुष्य सीखना चाहे, तो उसकी प्रत्येक भूल उसे कुछ न कुछ शिक्षा दे सकती है।

–डिकेन्स

जिसकी भूल छिपी रहे वह सुचरित्र बना रहता है।

–माणिक चन्द्र

भूषण

उत्तम चरित्र ही भूषणों में उत्तम भूषण है।

–शंकराचार्य

ऐश्वर्य का भूषण सज्जनता, शूरता का मित भाषण, ज्ञान का शांति, कुल का भूषण विनय, धन का उचित व्यय, तप का क्रोध, बलवान का क्षमा और धर्म का भूषण निश्छलता है। यह तो सबका पृथक्-पृथक् हुआ, परन्तु सबसे बढ़कर सबका भूषण शील है।

–भर्तृहरि

मनुष्य का सबसे मूल्यवान् भूषण उसका चरित्र है।

–अज्ञात

रैन को भूषन इन्दु है, दिवस को भूषन भानु।
दास को भूषन भक्ति है, भक्ति को भूषन ज्ञान।।
ज्ञान को भूषन ध्यान है, ध्यान को भूषन त्याग।
त्याग को भूषन शांति पद, तुलसी अमल अदाग।।

–गोस्वामी तुलसीदास

सेवार लिपटी रहने पर भी कमल सुन्दर लगता है, मलिन होने पर भी चन्द्रमा शोभा बढ़ाता है। यह मुनिकन्या बल्कल पहनने पर भी बहुत शोभायमान है। निश्चय ही सुन्दर व्यक्तियों के लिए भूषण व्यर्थ होते है।

–कालिदास

भेद

जो मनुष्य नौकर से अपना भेद कहता है, वह उसे अपना स्वामी बना लेता है।

–अज्ञात

रहिमन अंसुआ नयन ढरि, जिय दुख प्रगट करेय।
जाहि निकारो गेह ते, कस न भेद कहि देय।।

–रहीम

जिसने यह जता दिया कि उसके पास भेद है उसने आधा भेद तो खोल ही दिया, शेष आधा ही शीघ्र ही खुल जायेगा।

–लुकमान

भोग

एक तरह से भोग के लिए संसार नहीं है। पर, कर्नव्य क्या स्वयं ही उपभोग्य नहीं है ? कर्तव्य कर्म करने के बाद जो आनन्द व्यक्ति को प्राप्त होता है, वैषयिक तृप्ति उसकी समता कर सकती है ? इसलिए यह कहा जा सकता है कि भोग भी कर्तव्य में ही समाया हुआ है, नहीं तो विवेकहीन होकर भोग तो दुःख ही पैदा करता है।

–जैनेन्द्रकुमार

त्याग ने भोग की ओर सिर झुका दिया, मर्यादा की बेड़ी गले में पड़ी।

–प्रेमचन्द

भोग को सीमित और कम करने में ही सम्पति का यथार्थ गौरव है।

–रवीन्द्रनाथ ठाकुर

भोग से आत्मा का शोषण होता है, त्याग से आत्मा को पोषण मिलता है।

–विनोबा भावे

भोगने से कब घटे हैं, रोग-रूपी राग ?
और बढ़ती है निरन्तर, ईंधनों से आग।।

–मैथिलीशरण गुप्त

मैं भोग को योग के विरोध में नहीं देख पाता हूं जैसे कि बचपन को युवावस्था के विरोध में नहीं देख पाता हूं। भोग को नष्ट करके कोई योग साधेगा, यह भ्रान्त धारणा है।

–जैनेन्द्रकुमार

भोग-लिप्सा

भोग-लिप्सा मनुष्य को स्वार्थान्ध बना देती है।

–प्रेमचन्द

भोग-विलास

मुक्त भोग आत्मा के विलास में बाधक नहीं होता है।

–प्रेमचन्द

भोगवाद की मनमानी, नीतिवाद की ज्यादती के कारण भी उपजी हो सकती है।

–जैनेन्द्र कुमार

भोग-विलास, सैर-तमाशे से आत्मा उसी भांति सन्तुष्ट नहीं होती, जैसे कोई चटनी और अचार खाकर अपनी क्षुधा को शान्त नहीं कर सकता।

–प्रेमचन्द

भोगी

जो मनुष्य भोगी होता है, वह हाथ जोड़कर अहं की अर्चना करता है। वह जीवन पर्यन्त इस अहं का मुँह ताकते मरता है।

–रवीन्द्रनाथ ठाकुर

भोजन

अरु भोजन सो इहि विधि करै। आधो उदर अन्न सो भरै।
आधे में जलवायु समावै। तब तिहि आलस कबहुँ न भावै।।

–सूरदास

इस कथन में बड़ी सचाई है कि आदमी जैसा भोजन लेता है वैसा हो जाता है।

–महात्मा गांधी

भोजन का उद्देश्य केवल संचालन की शक्ति को उत्पन्न करना है। जब वह शक्ति हमें भोजन करने की अपेक्षा कहीं अधिक आसानी से मिल सकती है, तो उदर को क्यों अनावश्यक वस्तुओं से भरें ?

–प्रेमचन्द

भोजन से पूर्व हमें सदैव यह ध्यान रखना चाहिए कि हमारी कमाई बिल्कुल खरी है।

–रस्मिन

सुन्दर हाथों से परोसा हुआ भोजन, चाहे म्लेच्छ का अन्न ही क्यों न हो, देवता का भोग हो सकता है।

–रवीन्द्रनाथ ठाकुर

भ्रम

अशुभ की जड़ यह भ्रम है कि हम देह मात्र हैं। यदि कोई मौलिक या आदि पाप है, तो वह यही है।

–विवेकानन्द

मन में जब एक भ्रम का प्रवेश हो जाता है, तो उसका निकालना कठिन हो जाता है।

–प्रेमचन्द

भ्रमण

भाव-संचार का भ्रमण अतीव सुखमय होता है।

–प्रेमचन्द

संसार एक बड़ी पुस्तक है जिसमें वे लोग, जो घर से बाहर नहीं जाते, केवल एक पृष्ठ ही पढ़ पाते है।

–ऑगस्टाइन

भ्रमर : भौंरा

भौंरा भोगी बन भ्रमै, मोद न मानै ताप।
सब कुसुमनि मिल रस करै, कमल बधावै आप।।

–सूरदास

भ्रमर, इधर मत भटकना, ये खट्टे अंगूर।
लेना चम्पक गंध तुम, किन्तु दूर ही दूर।।

–मैथिलीशरण गुप्त

भ्रष्टाचार

आज हमारे जीवन के प्रत्येक क्षेत्र में भ्रष्टाचार का बोलबाला है। किसी संस्था में जाइए, किसी कार्यालय में जाइए आप का काम तभी होगा जब आप संबंधित व्यक्तियों को 'पत्रं पुष्पं फलं तोयं' देकर उन्हें तृप्त करेंगे।

–हरिवंशराय शर्मा

भ्रष्टाचार अर्थ-सभ्यता का फल और बल है।

–जैनेन्द्रकुमार

भ्रातृ-प्रेम

जौ जनतेउं वन बन्धु-बिछोहू। पिता वचन मनतेउँ नहिं ओहू।।
सुत वित नारि भवन परिवारा। होहिं जाहिं जग बारहिं बारा।।
अस विचारि जिय जागहु ताता। मिलइ न जगत सहोदर भ्राता।।
जथा पंख बिनु खग अति दीना। मनि बिनु फनि करिवर कर हीना।।
अस मम जिवन बंधु बिनु तोही। जौ जड़ दैव जिआवै मोही।।
जैहउँ अवध कौन मुंह लाई। नारि हेतु प्रिय भाई गँवाई।।

(शक्ति (वाण) लगने से लक्ष्मण बेहोश पड़े हैं। आधी रात हो गई है। हनुमान संजीवनी बूटी लेकर नहीं लौटे हैं। इसलिए भगवान राम विलाप कर रहे हैं–हे भाई ! यदि मैं जानता कि वन में तुमसे विछोह हो जायेगा, तो मैं पिता का वचन मान कर वन न आया होता। पुत्र, धन, स्त्री घर और परिवार संसार में बार-बार होते हैं। परन्तु संसार में सहोदर भाई दूसरी बार नहीं मिलता। हे तात ! ऐसा विचार कर तुम फिर होश में आ जाओ। जैसे पंख के बिना पक्षी अति दीन हो जाता है, जैसे मणि के बिना सर्प और सूंड़ के बिना हाथी बहुत दुःखी हो जाता है, उसी प्रकार यदि जड़ भाग्य मुझे जीवित रखेगा, तो तुम्हारे बिना मेरा जीवन अत्यन्त शोकपूर्ण हो जायेगा। स्त्री के लिए अपने प्रिय भाई को खोकर मैं कौन मुंह लेकर अयोध्या वापस जाऊंगा ?)

–गोस्वामी तुलसीदास

भौतिकवाद : भौतिकवादी

कहता भौतिकवाद वस्तु जग का कर तत्वान्वेषण।
भौतिक भव ही एकमात्र मानव का अन्तर दर्पण है।

–सुमित्रानन्दन पंत

यह मानना कि मन ही सब कुछ है, विचार ही सब कुछ है–केवल एक प्रकार का भौतिकवाद है।

–विवेकानन्द

जिनका दृश्य में राग है और प्रयोगशाला का निर्णय ही जिनका परम प्रमाण है, वे भौतिकवादी हैं। उनकी दृष्टि से किसी जगत्कर्ता की सिद्धि नहीं होती और चेतन आत्मा भी प्रकृति का ही परिणाम है।

–स्वामी सनातनदेव

मंत्र

मंत्र के प्रभाव व प्रेरणा से मनुष्य का जीवन तदनुरूप अपने आप बनता है।

–विनोबा भावे

मंत्र तोप के गोले से भी बलवान होता है।

–विनोबा भावे

मंत्र परम लघु जासु बस, विधि हरिहर सुर सर्व।
महामत्त गजराज कहँ, बस कर अंकुस खर्व।।

(मंत्र बहुत छोटा होता है, परन्तु ब्रह्मा, विष्णु, शिव तथा सब देवता उसके वश में होते हैं, जैसे छोटा-सा अंकुश विशालकाय मस्त हाथी को वश में कर लेता है।)

–गोस्वामी तुलसीदास

मननात् त्रायते इति मंत्रः।

(जिसके मनन करने से त्राण मिलता है, वह मंत्र है।)

–अज्ञात

विवाह के समय स्त्री और पुरुष की ग्रंथि बांध देते हैं। उसे मंत्र के साथ बांधते हैं, वही मंत्र मन में भी ग्रन्थि बांधता है।

–रवीन्द्रनाथ टाकुर

मन्दिर

ईश्वर के समीप पहुंचने के लिए दूर की आवश्यकता नहीं है। अपने हृदय के भीतर ही टटोलो। इस हृदय को गंदा मत करो। यह ईश्वर का मन्दिर है।

–अज्ञात

जहां मनुष्य का मन रहस्य में खो जाये,
जहां लीन अपने भीतर नर हो जाये,
भूल जाय जन जहां स्वकीय इयत्ता को,
जहां पहुँच नर छुए अगोचर सत्ता को।
धर्मालय है वही स्थान, वह हो चाहे सुनसान में।
या मन्दिर-मसजिद में अथवा जूते की दूकान में।।

–रामधारीसिंह दिनकर

मठ-मंदिर सच्चे हों सिद्ध, न हों वहां वे कर्म निषिद्ध।
उनको ऐसा करो सुधार, बहे स्वयं श्रद्धा की धार।।

–मैथिलीशरण गुप्त

मनुष्य ही परमात्मा का सर्वोच्च साक्षात् मन्दिर है।

–विवेकानन्द

स्वामि सखा पितु मातु गुर, जिन्हके सब तुम्ह तात।
मन-मन्दिर तिनके बसहु, सीय सहित दोउ भ्रात।।

–गोस्वामी तुलसीदास

मजदूर : मजदूरी

नंगी घूमा करती दुनिया,
मिलता न अन्न भूखी मरती।
मजदूर भुजायें जो तेरी,
मिट्टी से नहीं युद्ध करती।।

(हे मजदूर ! यदि तुम्हारी भुजायें पृथ्वी से युद्ध करके, कठिन परिश्रम कर के अन्न न पैदा करतीं, तो सारा संसार भूखों मरता और लोगों को पहनने के लिए कपड़े नहीं मिलते।)

–सोहनलाल द्विवेदी

मजहब

दोनों के मज़हब अलग-अलग माना ! पर
मानवता के विकास का साधन मज़हब,
जो नफरत की बुनियादों पर कायम है,
वह नहीं खुदा का, वह शैतान का क़रतब।।

–भगवतीचरण वर्मा

मज़हब नहीं सिखाता आपस में बैर रखना।
हिन्दी हैं हम, वतन है हिन्दोस्तां हमारा।।

–डॉ० मुहम्मद इकबाल

देखिए 'धर्म'

मजाक

अच्छा मजाक आत्मा का स्वास्थ्य है, चिन्ता उसका विष है।

–स्टैनिलस

अच्छा मज़ाक एक उत्तम पोशाक है जिसे समाज में पहना जा सकता है।

–थेकरे

अच्छी और सही वस्तु का मजाक उड़ाना जितना सरल होता है, मजाक की वस्तु का मजाक उड़ाना उतना सरल नहीं होता।

–रवीन्द्रनाथ ठाकुर

जब मजाकिया स्वयं हंस पड़ता है, तो मजाक का सारा लुत्फ चला जाता है।

–शिलर

जो मजाक करता है, वह दुश्मनी मोल लेता है।

–बेंजमिन फ्रैंकलिन

मजाक प्रायः मित्र को खो देता है और एक भी शत्रु पर विजय नहीं पाता है।

–सी० सिमन्स

मज़ाक हृदय की शान्ति है।

–डी० जेरोल्ड

मत

अपनों का भी अंध चुनाव । है मकड़ी का जाल बुनाव।।
उससे क्या होगा उद्धार। उलटा बंधन है तैयार।।
मतदाता माली अनुकूल। चुन ले कांटों से भी फूल।।

–मैथिलीशरण गुप्त

मतवारे सब है रहे, मतवारे मत मांहि।।
सिर उतारि सतधर्म पै, कोउ चढ़ावत नाहिं।।

–वियोगी हरि

मतोद्देश्य

अनेक मत हैं, अनेक साधन हैं, हजारों प्रकार की क्रियाएं हैं, उन सबका हेतु एक ही है–दोषों की निवृत्ति और परमेश्वर की प्राप्ति।

–श्री ब्रह्मचैतन्य

मतलब

सांई या संसार में, मतलब का व्यवहार।
जब लग पैसा गांठ में, तब लग ताको यार।।

–गिरिधर कविराय

मति

जाकँह प्रभु दारुण दुःख देहीं। ताकर मति पहिलेहिं हरि लेहीं।।

(भगवान जिसको कठोर दुःख देते हैं, उसकी बुद्धि का पहले ही विनाश कर देते हैं।)

–गोस्वामी तुलसीदास

मद

धनी को अपने धन का मद रहता है, घमण्ड रहता है, परन्तु गरीब के झोंपड़े में क्रोध और अहंकार के लिए स्थान नहीं रहता है।

–प्रेमचन्द

नहिं अस कोउ जनमा जग माहीं। प्रभुता पाइ जाहि मद नांहीं।।

(संसार में ऐसा कोई मनुष्य नहीं पैदा हुआ, जिसे सम्पत्ति या उच्च पद पाकर घमण्ड नहीं होता।)

–गोस्वामी तुलसीदास

भरतहिं होइ न राजमदु, विधि हरिहर पद पाइ।।
कबहुँ कि कांजी सीकरनि छीरसिंधु बिलगाइ।।

(लक्ष्मण की भ्रान्ति का निराकरण करने के लिए भगवान श्री राम उन्हें समझाते हैं–अयोध्या का राज्य तो बहुत छोटी चीज है। ब्रह्मा, विष्णु तथा शिव का पद प्राप्त होने पर भी भरत को घमण्ड नहीं हो सकता, जैसे सिरके की कुछ बूँदें पड़ने से क्षीर सागर का दूध नहीं फट सकता।)

–गोस्वामी तुलसीदास

मसक फूँक बरु मेरु उड़ाई। होइ न नृपमदु भरतहिं भाई।।

(श्री रामचन्द्र जी लक्ष्मण को समझाते हैं–हे भाई ! चाहे मच्छर के फूंकने से सुमेरु पर्वत उड़ जाये, परन्तु भरत को राजमद (राज्य प्राप्ति का अभिमान) नहीं हो सकता।)

–गोस्वामी तुलसीदास

मदिरा

जब मदिरा मनुष्य में प्रवेश करती है, तब बुद्धि को बाहर कर देती है।

–अज्ञात

जहां शैतान स्वयं नहीं पहुंच सकता, वहां मदिरा को भेज देता है।

–अज्ञात

जिसने कभी मदिरा का सेवन न किया हो, मद-लालसा होने पर भी वह उसे मुंह से लगाते हुए झिझकता है।

–प्रेमचन्द

तुम देकर मदिरा के प्याले
मेरा मन बहला देती हो,
उस पार मुझे बहलाने का
उपचार न जाने क्या होगा !
इस पार प्रिये, मधु है, तुम हो
उस पार न जाने क्या होगा !

–हरिवंशराय बच्चन

मदिरा और यौवन आग पर आग है।

–फील्डिंग

मदिरा–उपयोग तो स्वयं को भुलाने के लिए है, स्मरण करने के लिए नहीं और जीवन का सर्जनात्मक विकास अपनेपन की चेतना में ही संभव है।

–महादेवी वर्मा

समर, दुर्भिक्ष और महामारी इन तीनों से मिलकर मनुष्य जाति को इतनी हानि नहीं पहुंचाई, जितनी अकेली मदिरा ने पहुंचाई है।

–ग्रैडस्टन

सागर की अपेक्षा मदिरा ने अधिक मनुष्यों को डुबोया है।

–कहावत

आकाश का गोलार्द्ध मेरा प्याला है, और चमकती हुई रोशनी मेरी शराब।

–स्वामी रामतीर्थ

वह मदिरा हलाहल है, पाप है, जो मधुर अधरों की उच्छिष्ट नहीं।

–जयशंकर प्रसाद

मधुर वचन

मधुर वचन बोलो सदा, करो न मन अभिमान।
क्षमा दया भूलो नहीं, जो चाहो कल्यान।।

–अज्ञात

मन

आकार, इंगित, गति, चेष्टा, वाणी एवं नेत्र और मुख के बदलते हुए भावों से मन के विचारों का पता लग जाता है।

--मनुस्मृति

कायर मन कर एक अधारा। दैव दैव आलसी पुकारा।।

(जिस मनुष्य का मन भीरु और साहसहीन होता है, वह भाग्य के भरोसे पड़ा रहता है, परिश्रम नहीं करता। एकमात्र दैव ही उसका सहारा होता है।)

–गोस्वामी तुलसीदास

काम क्रोध मद लोभ की, जौलौं मन में खान।
तौलों पंडित मूरखौ, तुलसी एक समान।।

(जब तक मन में काम, क्रोध, मद और लोभ रहता है, तब तक पंडित और मूर्ख एक समान होते हैं। ऐसा तुलसीदास जी का विचार है)

–गोस्वामी तुलसीदास

गोधन गजधन बाजि धन, और रतन धन खान।
जब आवत सन्तोष मन, सब धन धूरि समान।।

(गऊ का धन, हाथी का धन, घोड़े का धन, हीरे-जवाहर का धन तथा अन्य प्रकार के धन होते हैं। पर जिसके मन में संतोष आ जाता है, उसके लिए सब धन धूल के समान हो जाते हैं।)

–गोस्वामी तुलसीदास

जब तक मन अस्थिर और चंचल है, तब तक अच्छे गुरु और साधु लोगों की संगति मिल जाने पर भी किसी को कोई लाभ नहीं होता।

–रामकृष्ण परमहंस

जब तक मन नहीं जीता जाता और राग द्वेष शान्त नहीं होते, तब तक मनुष्य इन्द्रियों का गुलाम बना रहता है।

–विनोबा भावे

जिस तरह ईंधन की समाप्ति पर अग्नि स्वयं ही अपने स्थान पर बुझ जाती है, उसी तरह वृत्तियों का नाश होने पर मन स्वयमेव ही अपने उत्पत्ति-स्थान में शान्त हो जाता है।

–मैत्रायणी आरण्यक

जिसने मन को जीत लिया उसने जगत् को जीत लिया।

–शंकराचार्य

तुलसी मन महाराज के, दृग से नहीं दिवान।
जाहि देखि रीझै नयन, मन तेहि हाथ बिकान।।

(तुलसीदास जी कहते हैं कि मन रूपी राजा के नयन रूपी अद्वितीय दीवान हैं जिसको देखकर नयन प्रसन्न होते हैं, मन उसी के हाथ बिक जाता है।)

–गोस्वामी तुलसीदास

दुर्दिन में मन के कोमल भावों का सर्वनाश हो जाता है और उनकी जगह कठोर पाशविक भाव जागृत हो जाते हैं।

–प्रेमचन्द

न्हाए धोए क्या हुआ, जो मन मैल न जाय।
मीन सदा जल में रहे, धोए बास न जाय।।

–कबीर

पशु रस्सी से खींचे जाते हैं और मूर्ख मनुष्य मन से खींचे जाते हैं।

–योग वाशिष्ठ

बड़ा मौजी है मानव मन !
रंग बदलता ही रहता है तरल तरंगित तोयधि बन।।
है कुबेर का कान काटता कभी नराधिप बनता है।
कभी विहंसता है वह, आंसू कभी आंख से छनता है।।

–अयोध्यासिंह उपाध्याय

मन आत्मा का दिव्य नेत्र है, अर्थात् उसी के द्वारा आत्मा आगे-पीछे, भूत-भविष्य सब देखता है।

–छान्दोग्य उपनिषद

मन का धर्म है मनन करना, मनन में ही उसे आनन्द मिलता है, मनन में बाधा होने से उसे पीड़ा होती है।

–रवीन्द्रनाथ ठाकुर

मन की शक्ति अभ्यास है, विश्राम नहीं।

–पोप

मन के प्रसन्न एवं शान्त हो जाने पर शुभाशुभ कर्म नष्ट हो जाते हैं और प्रसन्न तथा शान्त मन मनुष्य आत्मा में स्थिर होकर अव्यय आनन्द को प्राप्त करता है।

–मैत्रायणी आरण्यक

मन को कर्तव्य की डोरी से बांधना पड़ता है, नहीं तो उसकी चंचलता आदमी को न जाने कहां लिए-लिए फिरे।

–प्रेमचन्द

मन जब निश्चित-सा कर लेता
कोई मत है अपना,
बुद्धि दैव-बल प्रमाण का
सतत निरखता सपना।

–जयशंकर प्रसाद

मन पछितैहै अवसर बीते।
दुर्बल देह पाइ हरिपद भजु करम वचन अरु ही ते।।
सहसबाहु दसवदन आदि नृप बचे न काल बली ते।
हम हम करि धन धाम संवारे अन्त चले उठि रीते।।

–गोस्वामी तुलसीदास

मन प्राप्त के प्रति आकर्षण अनुभव नहीं करता, अप्राप्त की ओर जाता है।

–जैनेन्द्रकुमार

मन में दुःख होने पर देह भी ठीक वैसे ही सन्तप्त होने लगती है जैसे घड़े में तपाए हुए लोहे के गोल को डाल देने से उसमें रखा हुआ ठंडा पानी भी गर्म हो जाता है।

–महाभारत

मन ही अपने लिए जीवन की राह बनाता है और मृत्यु की राह भी मन में ही तैयार होती है, विचार उस राह की सीमा निश्चित कर देते हैं।

–स्वेट मार्डेन

मन ही नर है, मन से अतिरिक्त नर कुछ नहीं है।

–योगवाशिष्ठ

मन ही ब्रह्मा है।

–गोपथ ब्राह्मण

मन ही बन्ध और मोक्ष का कारण है। विषयासक्त मन बन्ध है, निर्विषय मोक्ष है।

–पंचदशी

मन ही संसार है। प्रयास करके उसी को शुद्ध करना चाहिए। जैसा मन होता है वैसा ही मनुष्य बन जाता है। यह सनातन रहस्य है।

–मैत्रायणी आरण्यक

मनुष्य सर्वप्रथम मन में सोचता है, फिर उसे वाणी से बोलता है; इसलिए मन पूर्वरूप है और वाणी उत्तर रूप है।

–शाङ्ख्यायन आरण्यक

मनुष्यों के बन्धन और मोक्ष का कारण एकमात्र मन ही है। विषयों में आशक्त रहने वाला मन बंधन का कारण है और विषयों से मुक्त रहने वाला मन मोक्ष का कारण है।

–मैत्रायणी आरण्यक

मेरो मन अनत कहां सुख पावै ?
जैसे उड़ि जहाज को पच्छी फिरि जहाज पै आवै।।
कमल नयन को छांड़ि महातम और देव को ध्यावै।
परम गंग को छांड़ि पियासो दुर्मति कूप खनावै।।
जिन मधुकर अंबुज रस चाख्यो क्यों करील फल खावै।
'सूरदास' प्रभु कामधेनु तजि छेरी कौन दुहावै।।

–सूरदास

मेरो मन हरि हठ न तजै।
निस दिन नाथ देउं सिख बहु विधि करत सुमाव निजै।

(हे नाथ ! मेरा मन हठ नहीं छोड़ता है। रात दिन उसे शिक्षा देता हूं परन्तु वह अपनी प्रवृत्ति नहीं छोड़ता।)

–गोस्वामी तुलसीदास

रहिमन निज मन की व्यथा मन ही राखो गोय।
सुनि अठिलैहें लोग सब, बांटि न लैहें कोय।।

–रहीम

रहिमन मनहिं लगाय के, देखि लेहु किन कोइ।
नर को बस करि को कहा, नारायण बस होइ।।

–रहीम

श्री रामचन्द्र कृपालु भजु मन हरन भव भय दारुणम्।
नव कंजलोचन कंजमुख करकंज पद कंजारुणम्।।

–गोस्वामी तुलसीदास

सब इच्छायें मन में ही उत्पन्न होती हैं। यही कारण है कि सब लोग इच्छित पदार्थों का सबसे पहले मन से ही ध्यान करते हैं।

–एतरेय आरण्यक

(अर्जुन ने कहा) हे श्रीकृष्ण ! यह मन बड़ा चंचल, प्रमथनस्वभाव वाला, बड़ा दृढ़ और बलवान है। इसलिए उसका वश में करना मैं वायु को रोकने की भांति अत्यन्त दुष्कर मानता हूं।

–श्रीमद्भगवत गीता

(श्रीकृष्ण जी ने उत्तर दिया) हे महाबाहो ! यह मन चंचल और कठिनता से वश में होने वाला है; परन्तु हे कुन्तीपुत्र अर्जुन ! यह अभ्यास और वैराग्य से वश में होता है।

–श्रीमद्भगवत गीता

मन एक भीरु शत्रु है, जो सदैव पीठ के पीछे से वार करता है।

–प्रेमचन्द

मन संकल्प और विकल्पात्मक है।

–जयशंकर प्रसाद

मन एक ऐसे पशु के समान है जो कितनी ही वस्तुओं के पीछे भागता है तथा उसकी रचना कुछ इस प्रकार की है कि सभी वस्तुओं के साथ वह एकाकार हो जाता है।

–गोलवलकर

देखो, मन सदा हृदय से धोखा खा जाता है।

–रोशे

मनन

आत्मा का अपने साथ बातचीत करना ही मनन है।

–प्लेटो

जिन पदार्थों पर हम स्थिति कायम करते हैं, जिनका हम मनन करते हैं, वे ही हमारी मानसिक माला में गुंथ जाते हैं।

–स्वेट मार्डेन

भाव मनन का पोषक है और विचार मनन का भोजन।

–सी० सिमन्स

मनस्वी

पर्वत में ऊंचाई है, अगाध गहराई नहीं है और समुद्र में अगाध गहराई है, ऊंचाई नहीं है। परन्तु अलंघनीय होने के कारण ये दोनों ही मनस्वी पुरुष में विद्यमान रहते हैं, अर्थात् मनस्वी पुरुष पर्वत के समान ऊंचे तथा समुद्र के समान गंभीर होते हैं, उनका पार पाना बहुत कठिन है।

–माघ

फूलों के गुच्छे के समान मनस्वी मनुष्य की प्रकृति दो प्रकार की होती है; या तो वह सबके सिर पर रहे या वन में कुम्हला जाये।

–हितोपदेश

मनस्वी मनुष्य मर भले ही जाये, पर कृपणता नहीं करता, जैसे आग बुझ भले ही जाये, पर ठंडी नहीं होती।

–हितोपदेश

मनाना

टूटे सुजन मनाइए, जो रूठै सौ बार।
रहिमन फिरि-फिरि पोहिए, टूटे मुक्ताहार।।

–रहीम

मनुज

देव सदा देव तथा दनुज दनुज हैं।
जा सकते किन्तु दोनों ओर ही मनुज हैं।।

–मैथिलीशरण गुप्त

बरसाकर प्रेम सुधारस को, मजहब का जहर मिटाता है।
समभाव सिखा सब जनता को, देशों के भेद भगाता है।।
जो दीन-हीन के दुखों पर, निज करुणा-स्रोत बहाता है।
इस विश्व चराचर रचना में वह मनुज पुनीत कहाता है।।

–सत्यदेव परिव्राजक

श्रेय होगा सुष्ठु-विकसित मनुज का वह काल,
जब नहीं होगी धरा नर के रुधिर से लाल।
श्रेय होगा धर्म का आलोक वह निर्बन्ध,
मनुज जोड़ेगा मनुज से जब उचित सम्बन्ध।

–रामधारीसिंह दिनकर

सहज शत्रु हैं मनुज के, चिरनिद्रा तन रोग।
ऋण लालच सन्ताप छल, क्रोध मदादिक भोग।।

–शिवदुलारे 'नूतन'

मनुष्य

ईमानदार मनुष्य ईश्वर की सर्वोत्तम कृति है।

–पोप

एक मनुष्य के लिए संसार बंजर है, नीरस है, व्यर्थ है, जब कि दूसरे मनुष्य के लिए संसार ऐश्वर्य, मनोरंजन और अर्थ से भरपूर रहता है।

–शोपेनहार

केवल मनुष्य ही ऐसा जीव है जो हास्य की शक्ति से सम्पन्न है।

–ग्रेविल

जिस तरह मजबूत खम्भों वाला मकान भी पुराना होने पर गिर जाता है, उसी तरह मनुष्य बुढ़ापे और मृत्यु के वश में फंस कर नष्ट हो जाते हैं।

–बाल्मीकि रामायण

मनुष्यता बड़ी है परन्तु मनुष्य छोटा।

–बोर्न

बस कि दुश्वार है हर काम का आसां होना,
आदमी को भी मयस्सर नहीं इन्सां होना।

–गालिब

खुदा तो मिलता है इन्सान ही नहीं मिलता
ये चीज वो है कि देखी कहीं-कहीं मैंने।

–इकबाल

फरिश्ते से बेहतर है इन्सान बनना,
मगर इसमें पड़ती है मेहनत ज़ियादा।

–हाली

जो मनुष्य अपनों का पालन न कर सका, वह दूसरों की किस मुंह से मदद करेगा।

–प्रेमचन्द

जो मनुष्य अपने क्रोध को अपने ही ऊपर झेल लेता है, वही दूसरों के क्रोध से बच सकता है।

–**सुकरात**

जो मनुष्य साधु होते हैं उन्हें अहं दिखाई ही नहीं देता, वे लोग आत्मा ही देखते हैं। उन्हें कहते हैं महात्मा। उनके जीवन में आत्मा का ही प्रकाश होता है।

–**रवीन्द्रनाथ ठाकुर**

प्रत्येक मनुष्य वास्तव में ईश्वर है, परन्तु मूर्खों जैसा अभिनय कर रहा है।

–**इमर्सन**

प्रयत्नशील मनुष्यों के लिए सदा आशा है।

–**गेटे**

भगवान ने मनुष्य को अपने ही समान बनाया, पर दुर्भाग्य से मनुष्य ने भगवान को अपने जैसा बना डाला।

–**महात्मा गांधी**

मनुष्य अपने आदर्शों के अनुरूप ही विश्व का निर्माण करता है।

–**डॉ० राधाकृष्णन**

मनुष्य अपने को सुगमता से ईश्वर क्यों नहीं समझ लेता, इसका कारण पेट है।

–**नीत्शे**

मनुष्य आसक्ति के खिंचाव में अनेक पापों में भी लिप्त हो जाता है।

–**रवीन्द्रनाथ ठाकुर**

मनुष्य इसीलिए है कि वह पशु को भी मनुष्य बनावे।

–**जयशंकर प्रसाद**

मनुष्य उदार हो, तो फरिश्ता है और नीच हो, तो शैतान है। ये दोनों मानवीय वृत्तियों के ही नाम हैं।

–**प्रेमचन्द**

मनुष्य एक ऐसा शिकारी जानवर नहीं है जो सदैव अपने कमजोर पड़ोसियों को हड़प कर जाता है।

–**डॉ० राधाकृष्णन्**

मनुष्य एक दृष्टिगोचर रहस्य है जो दो अनन्तों और दो अपरिमितियों के बीच घूमता है।

–**कार्लसन**

मनुष्य की आदतें पैदाइशी नहीं होती हैं। वे अनेक तरह के अनुभवों से तैयार होती हैं।

–**डॉ राधाकृष्णन**

मनुष्य की शक्ति का मूल उसके अहं की प्रतीति में है।

–विनायक दामोदर सावरकर

मनुष्य को ठगना असाध्य काम नहीं है, इसीलिए संसार में अनेक प्रकार के धोखे और आडम्बर चलते रहते हैं।

–रवीन्द्रनाथ ठाकुर

मनुष्य जितना छोटा होता है, उसका अहंकार उतना ही बड़ा होता है।

–रोमो

मनुष्य जिस मार्ग पर जाये, उस पर उसे फूल बिखराते हुए जाना चाहिए।

–स्वेट मार्डेन

मनुष्य न तो कभी मरता है, न कभी जन्म लेता है। शरीर मरते हैं, पर वह कभी नहीं मरता।

–विवेकानन्द

मनुष्य प्रकृति पर विजय प्राप्त करने के लिए उत्पन्न हुआ है, उसका अनुकरण करने के लिए नहीं।

–विवेकानन्द

मनुष्य सृष्टिकर्ता के प्रतिबिम्ब में ईश्वरतुल्य कार्य करने के लिए बनाया गया है।

–डिसरैली

मनुष्य स्वभावतः विनोदशील है।

–प्रेमचन्द

मनुष्य स्वभावतः शांतिप्रिय होता है।

–प्रेमचन्द

मुस्कान और आंसू के बीच मानव तू एक गतिशील यंत्र है।

–बायरन

यदि तुम पढ़ना जानते हो, तो प्रत्येक मनुष्य अपने आप में पूर्ण एक ग्रंथ है।

–चैमिंग

यह मनुष्य आकार चेतना का है विकसित,
एक विश्व अपने आवरणों में है निर्मित।।

यह मनुष्य विकसित चेतना का आकार है। यह अपने आवरणों में बनाया हुआ एक विश्व है।

–जयशंकर प्रसाद

वह मनुष्य जो अपने मन का दास बना रहता है, कभी भी प्रभावशाली नहीं हो सकता।

–स्वेट मार्डेन

विश्व आश्चर्यजनक वस्तुओं से भरा पड़ा है, परन्तु मनुष्य से बड़ा कोई आश्चर्य नहीं है।

–सॉफोक्लीज

हंसमुख, विनोदपूर्ण, आशापूर्ण और सन्तुष्ट मनुष्य हर जगह अपना रास्ता बना लेता है। सब उसका सम्मान करते हैं, सब उसकी प्रशंसा करते हैं।

–स्वेट मार्डेन

मनुष्य होना राजा होने से अच्छा है।

–जयशंकर प्रसाद

केवल मुनष्य ही रोता हुआ जन्मता है, शिकायतें करता हुआ जीता है और निराश मरता है।

–जवाहरलाल नेहरू

साधारण आदमी भला इतना नहीं होता, जितना प्रिय।

–लिनयुटांग

मनुष्य के आनन्द का रहस्य इसी में है कि वह अपनी ताकत को सड़ने न दे।

–शेख सादी

जितना आदमी अनैतिक होता जाता है उतनी ही उसकी वर्जना सख्त होती जाती है।

–आचार्य रजनीश

मनुष्यता

धन-सम्पत्ति और विद्या के साथ मनुष्यता का सम्बन्ध नाम मात्र का है। मनुष्यता एक और ही वस्तु है। आत्मा के साथ उसका घनिष्ठ सम्बन्ध है। जिन्हें आत्मबल है, उन्हीं को मनुष्यता प्राप्त होती है। आत्मसंयम और आत्म-त्याग–ये ही दो मनुष्यता के लिए प्रधान गुण हैं।

–ज्ञानेन्द्रमोहन दास

नागरिकता मनुष्यता की भूमिका है।

–जैनेन्द्र कुमार

मैं मनुष्यता का पुजारी हूं। मनुष्यत्व के आगे मैं जाति-पांत नहीं मानता।

–मदनमोहन मालवीय

मैं मनुष्यता को सुख की जननी भी कह सकता हूं, किन्तु पतित को पशु कहना भी कभी नहीं सह सकता हूं।

–मैथिलीशरण गुप्त

अपने आप को वश में रखने से ही मनुष्यत्व प्राप्त होता है।

–हर्बर्ट स्पेन्सर

जिससे मनुष्यत्व का अपमान होता है वह किसी भी दशा में उन्नति का रास्ता नहीं हो सकता।

–रवीन्द्रनाथ ठाकुर

मैं मनुष्यत्व को भातृ-प्रेम से उच्चतर समझता हूं।

–प्रेमचन्द

हिन्दू हो या मुसलमान हो, नीच रहेगा फिर भी नीच।
मनुष्यत्व सबके ऊपर है, मान्य महीमण्डल के बीच।।

–मैथिलीशरण गुप्त

मनोकामना

इन्द्रिय गन अरु मन रहै, नित मेरे बश माहिं।
काम क्रोध मद मोह के, होउँ कबहुँ वश नाहिं।।

–अज्ञात

कायर बनूं अधर्म ढिग, अरु सुधर्म ढिग वीर।
सम्पतिं में विजयी बनूं, विपत्ति समय में धीर।।

–अज्ञात

बालक सम मेरी रहै, निर्मल मति गति नित्य।
छल प्रपंच तजि सत्ययुत, करौं सदा शुभकृत्य।।

–अज्ञात

मणि मुक्ता चाहूं नहीं, नहीं राज-सम्मान।
मैं चाहूं सच्चरित-युत, जीवन शुद्ध महान।।

–अज्ञात

सुनु सिय सत्य असीस हमारी। पूजिहि मनोकामना तुम्हारी।।

–गोस्वामी तुलसीदास

मनोबल

अपनी इच्छा-शक्ति से ही तृण-भक्षी हिरण अपने सामने आते सिंह को ललकार सकता है और गीदड़ वराह को जंगल से भगा सकता है।

–ऋग्वेद

आपत् स्थिति में मन को डांवाडोल नहीं होने देना चाहिए।

–महावीर स्वामी

उत्साह ही इन्द्र है, उत्साह ही देव है।

–अथर्ववेद

उत्साही मनुष्य बड़े से बड़े कार्य में भी अवसन्न नहीं होते।

–वाल्मीकि रामायण

जीवन में शंकाओं से ग्रस्त होकर मत चलो।

–महावीर स्वामी

जीवन-संघर्ष में मुझे कोई अवरुद्ध नहीं कर सकता। यदि मैं चाहूं, तो विशाल पर्वत भी मेरी प्रगति में बाधक नहीं हो सकते।

–ऋग्वेद

तुम भयभीत तथा चंचल मत बनो हृदय में स्फूर्ति एवं शक्ति धारण करो।

–यजुर्वेद

देह का बल ही वीर्य है और बल के अनुसार ही आत्मा में शुभाशुभ भावों का तीव्र अथवा मंद परिणामन होता है।

–वृहत्कल्प भाष्य

वह कौन-सा कठिन कार्य है जिसे धैर्यवान मनुष्य सम्पन्न नहीं कर सकता।

–वृहत्कल्प भाष्य

विश्व में अदीन भाव से रहना चाहिए।

–महावीर स्वामी

हे आर्य ! उत्साह ही बलवान है, उत्साह से बढ़कर दूसरा कोई बल नहीं है। उत्साही मनुष्य को इस लोक में कुछ भी दुर्लभ नहीं है।

–वाल्मीकि रामायण

मनोरथ

ऐसा कोई स्थान नहीं है जहां मनोरथ की पहुंच न हो।

–कालिदास

पुरवहु मोर मनोरथ स्वामी। कृपा रूप सब अन्तर्यामी।।

–गोस्वामी तुलसीदास

मोर मनोरथ जानहु नीके। बसहु सदा उर पुर सबही के।।

(हे प्रभो ! आप भली भांति मेरा मनोरथ जानते हैं। आप सबके हृदय में वास करते हैं।)

–गोस्वामी तुलसीदास

सिय सुरसरिहिं कहेउ कर जोरी। मातु मनोरथ पुरउबि मोरी।।

(हाथ जोड़कर सीता जी ने गंगा जी से प्रार्थना की–हे माता ! मेरे मनोरथ को पूरा कीजिएगा।)

–गोस्वामी तुलसीदास

हाय रे मनुष्य के मनोरथ ! तेरी भित्ति कितनी अस्थिर है। बालू की दीवार तो वर्षा में गिरती है, पर तेरी दीवार बिना पानी-बूंद के ढह जाती है।

–प्रेमचन्द

मनोरंजन

जिस समय तुम्हें अपना मनोरंजन करना हो, उस समय अपने सहवास में रहने वालों के साथ सद्‌गुणों का चिन्तन करो।

–मारकस आरेलियस

मनोरंजन नवीनता का दास है और समानता का शत्रु।

–प्रेमचन्द

मनोवृत्ति

पाप-पुण्य सब मनोवृत्तियों के लक्षणों पर निर्भर है। यदि मनोवृत्ति शुद्ध हो और कोई व्यक्ति पाप कर बैठे, तो पाप नहीं। यदि मनोवृत्ति दूषित हो और ऐसे समय कोई पुण्य भी बन जाये, तो उसका कोई फल नहीं।

–वृन्दावनलाल वर्मा

मनोवृत्तियां सुगंध के समान हैं जो छिपाने से नहीं छिपतीं।

–प्रेमचन्द

मराल

क्षीर-नीर के भेद-विवेचक, तू है मर्यादा को पाल।
अपने प्रण को प्राण समझना, यही बड़ों का चिह्न मराल।।

–रामचरित उपाध्याय

मर्त्य

विचार लो कि मर्त्य हो, न मृत्यु से डरो कभी,
मरो, परन्तु यों मरो, कि यदि जो करें सभी।
हुई न यों मृत्यु तो वृथा मरे वृथा जिये,
मरा नहीं वही कि जो, जिया न आपके लिये।

–मैथिलीशरण गुप्त

मर्द

घोड़े और मर्द कभी बूढ़े नहीं होते, केवल उन्हें रातिब मिलना चाहिए।

–प्रेमचन्द

जिस तरह मर्द के मर जाने से औरत अनाथ हो जाती है, उसी तरह औरत के मर जाने से आदमी के हाथ-पांव कट जाते हैं।

–प्रेमचन्द

मर्द की उम्र उसका भोजन है।

–प्रेमचन्द

मर्यादा

आहत मर्यादा किसी आहत सर्प की भांति ही तड़प उठती है।

–प्रेमचन्द

कुल मर्यादा युगों में बनती है और क्षण में बिगड़ जाती है।

–प्रेमचन्द

हमारी मर्यादा का तकाजा है कि प्रेम और विवाह दो समानान्तर रेखा में चलें। इससे वे कभी मिलेंगे नहीं और एक दूसरे को काटेंगे भी नहीं।

–जैनेन्द्र कुमार

मस्तिष्क

दुर्बल शरीर मस्तिष्क को दुर्बल बना देता है।

–रूसो

मनुष्य का मस्तिष्क बंजर खेत की तरह है, जब तक इसमें बाहर से मसाला नहीं जायेगा इसमें कुछ भी पैदा नहीं हो सकता।

–रेनाल्ड्स

मनुष्य सतत प्रयत्नशील है। एवरेस्ट को उसके सामने झुकना ही पड़ेगा क्योंकि उसके दुर्बल पतले शरीर में मस्तिष्क एक ऐसी चीज है जो किसी बंधन को नहीं मानती औरर उसमें ऐसी भावना है जो पराजय को कभी स्वीकार नहीं करती।

–जवाहरलाल नेहरू

मानव मस्तिष्क ठीक एक पैराशूट की तरह है–जब तक वह खुला रहता है तभी तक कार्यशील रहता है।

–लॉर्ड डेवन

यदि तू मस्तिष्क को शान्त रख सकता है, तो तू विश्व पर विजयी होगा।

–गुरु नानकदेव

शून्य मस्तिष्क शैतान की कर्मशाला है।

–कहावत

मस्तिष्क और हृदय

हमारा मस्तिष्क स्पंज है और हमारा हृदय जलधारा। यह विचित्र नहीं है कि हममें से अधिकांश चूसना पसन्द करते हैं, बहना नहीं।

–खलील जिब्रान

महत्त्वाकांक्षा

महत्त्वकांक्षा मानव हृदय की इतनी शक्तिशाली अभिलाषा है हम चाहे कितने ही उच्च पद पर पहुंच जाएं, हम सन्तुष्ट नहीं होते।

–मैकियावेली

महत्त्वाकांक्षा लालसा का केवल निकृष्ट प्रतिबिम्ब है।

–मैकडानल्ड

महत्त्वाकांक्षी बनो और महत्त्वाकांक्षा की कोई सीमा न होने दो। निष्क्रियता के जीवन से यशस्वी जीवन और यशस्वी मृत्यु अधिक अच्छी है।

–चन्द्रशेखर बैंकटरामन

सौन्दर्य और विलास के आवरण में महत्त्वाकांक्षा उसी प्रकार पोषित होती है जैसे मखमली म्यान में तलवार शयन करती है।

–रामकुमार वर्मा

महाजन

कहते नहीं महत्‌जन पहले करके ही दिखलाते हैं।
कार्यसिद्धि करने से पहले बातें नहीं बनाते हैं।।

–मैथलीशरण गुप्त

महाजनों को कभी न ओछे भेद-भाव ये भाते।
जाति-धर्म के पाश बांधकर उन्हें नहीं रख पाते।।

–राम खेलावन

महाजनो येन गतः स पन्थाः।
(महान् लोगों ने जिस मार्ग से जीवन-यात्रा की है, वही श्रेयस्कर मार्ग है।)

–अज्ञात

महात्मा

आजकल अनेक ढोंगी और कपटाचारी सिद्ध महात्मा बन कर लोगों को ठगते हैं।

–हरिवंशयराय शर्मा

महात्माओं का चरित्र विभिन्न होता है। वे धन-वैभव को तिनके के समान समझते हैं, किन्तु इसके प्राप्त होने पर बोझ से झुक जाते हैं।

–चाणक्य

महात्मा लोग शरणागत शत्रुओं पर भी अनुग्रह करते हैं। बड़ी नदियां अपनी सपत्नी (छोटी-मोटी) पहाड़ी नदियों को भी समुद्र तक (अपने पति तक स्वयं) पहुंचाती हैं।

–माघ

विपत्ति में धैर्य, ऐश्वर्य में क्षमा, सभा में वाक्पटुता, युद्ध में पराक्रम, यश में रुचि, शास्त्र में अनुराग—ये विशेषतायें महात्माओं में स्वभाव-सिद्ध होती हैं।

–भर्तृहरि

सम्पूर्ण संसार से जिनकी आसक्ति नष्ट हो गई है, जिनका अज्ञान नष्ट हो चुका है और जो कल्याणरूप परमात्मा तत्त्व में स्थिर हैं, वही महात्मा हैं।

–शंकराचार्य

महान : महानता

अभी तक कोई भी व्यक्ति वास्तव में महान नहीं हुआ जो साथ ही साथ गुणवान् न रहा हो।

–बेंजमिन फ्रैंकलिन

आदमी वह महान नहीं है जिसके पास बहुत सामान है, बल्कि महान वह है जिसके पास बहुत सहानुभूति है।

–जैनेन्द्र कुमार

इस संसार में प्रत्येक वस्तु वट-वृक्ष के बीज के समान है, जो यद्यपि देखने में तो सरसों के दाने के समान लघु दीख पड़ता है तथापि अपने अन्दर विशाल वट-वृक्ष को छिपाए हुए है। सचमुच महान वही है जो यह बात परख कर प्रत्येक कार्य को महान् बनाने में सफलता प्राप्त कर दिखाये।

–विवेकानन्द

कर्म में रहकर ही हम कर्म से महान हो सकते हैं। परित्याग करके या पलायन करके किसी प्रकार भी यह सम्भव नहीं है।

–रवीन्द्रनाथ ठाकुर

जो महान् होते हैं वे अपनी शरण में आए हुए नीच लोगों से भी वैसा ही अपनापन बनाए रहते हैं जैसा सज्जनों के साथ।

–कालिदास

बिना सत्य के कोई भी वस्तु वास्तव में महान नहीं हो सकती।

–डॉ० सैम्युअल जॉनसन

मनुष्य उतना ही महान होगा जितना वह अपनी आत्मा में सत्य, त्याग, दया, प्रेम और शक्ति का विकास करेगा।

–स्वेट मार्डेन

महान ऋषियों का जन्म संसार को कोई विशेष संदेश देने के लिए होता है, न कि अपना नाम चलाने के लिए।

–बिहारीलाल

महान त्याग के द्वारा ही महान कार्य सम्भव है।

–विवेकानन्द

वह महान नहीं है, जो बहुत भला नहीं है।

–शेक्सपियर

वह मनुष्य कभी महान नहीं हो सकता जो केवल अपनी वर्तमान शक्ति

पर ही अवलम्बित रहता है और देवी तत्व का ज्ञान नहीं प्राप्त करता।

–स्वेट मार्डेन

वही व्यक्ति महान् है जो शान्त चित्त होकर और धैर्यपूर्वक कार्य करता है।

–डा० राधाकृष्णन

महानता की आकांक्षा करने से हमारी आत्मा की सर्वोत्कृष्ट शक्तियों का विकास होता है, वे जाग्रत हो जाती हैं।

–स्वेट मार्डेन

बहुत सारे विचारों वाला नहीं एक निश्चय वाला व्यक्ति महान बनता है।

–काटवस

महान की महानता का पता इससे लगता है कि वह छोटे व्यक्तियों के साथ कैसा व्यवहार करता है।

–कार्लायल

महापुरुष

जहां चक्रवर्ती भूपाल की शस्त्रधारा कुंठित हो जाती है, वहां महापुरुष का एक मधुर वचन ही काम कर जाता है।

–अयोध्यासिंह उपाध्याय

जैसे तारे टूट भस्म हो उज्ज्वल जग कर जाते,
वैसे महापुरुष खुद तपकर राष्ट्र सजग कर पाते।

–श्रीमनूनारायण

जैसे सूर्य आकाश में छिपकर नहीं विचर सकता वैसे ही महापुरुष भी संसार में छिपकर नहीं रह सकते।

–महाभारत

जो महापुरुष हैं, वे संसार के ज्ञान को अपने माहात्म्य से ही ग्रहण करते हैं और ग्रहण करने के बाद अपने जीवन में उतार कर जगत् में उसकी सच्चाई का प्रकाश चमका देते हैं।

–रवीन्द्रनाथ ठाकुर

बड़े सहज ही बात तें, रीझि देत बकसीस।
तुलसी दल ते विष्णु ज्यों, आक धतूरे ईस।।

–वृन्द

महान पुरुष अवसर की कमी की शिकायत कभी नहीं करते।

–इमर्सन

महान लोग महान उदारता के कार्य करने में सक्षम होते हैं।

--सर्वेन्तीज

लोकोत्तर महापुरुषों के चित्त को जानने में कौन समर्थ है ? वह वज्र से भी अधिक कठोर और फूल से भी अधिक कोमल होता है।

–भवभूति

वायु मृदु, क्षुद्र तथा सब प्रकार से झुके हुए तृणों का उन्मूलन नहीं करती। उन्नत चित्त वालों का यह स्वभाव ही है कि बड़े-बड़े लोग बड़ों से ही विक्रम दिखाते हैं।

–अज्ञात

वास्तविक महापुरुष तीन चिह्नों द्वारा जाना जाता है–योजना में उदारता, उसे पूरा करने में मानवता और सफलता में संयम।

–बिस्मार्क

विश्व महापुरुषों के बिना नहीं रह सकता, किन्तु महान् व्यक्ति संसार के लिए बहुत दुःखदायी सिद्ध होते हैं।

–गेटे

सभी महापुरुष मध्यम वर्ग से आते हैं।

–इमर्सन

मां

बच्चे का भाग्य सदैव उसकी मां की कृति है।

–नैपोलियन

मां के बलिदानों का प्रतिशोध कोई बेटा नहीं कर सकता, चाहे वह भूमण्डल का स्वामी ही क्यों न हो।

–प्रेमचन्द

मां निरादर-अपमान, जली-कटी, घुड़की-झिड़की सब कुछ बच्चों के लिए सह लेती है।

–प्रेमचन्द

मां-बाप जन्म के साथी होते हैं किसी के कर्म के साथी नहीं होते।

–प्रेमचन्द

देखिए, 'माता', 'जननी'

मांगना

आब गया, आदर गया, नैनन गया सनेहु;
ये तीनों तब ही गए, जबहि कहा कछु देहु।।

–कबीर

'कुछ दीजिए' यह वचन मुख से निकलते ही मनुष्य के शरीर के ये पांच देवता–बुद्धि, श्री, लज्जा, शान्ति और कीर्ति निकल कर चले जाते हैं।

–ब्रह्मपुराण

केवल अपने लिए मांगने वाला भिखारी कहा जा सकता है, परन्तु सबके लिए मांगने वाला देने वाले का स्वामी ही रहेगा।

—महादेवी वर्मा

जो कुछ मांगना हो खुदा से मांग ऐ अकबर।
यही वह दर है कि जिल्लत नहीं सवाल के बाद।

—अकबर

मनुष्य के गुण और गौरव तभी तक सुरक्षित रहते हैं, जब तक वह दूसरों के आगे हाथ नहीं फैलाता।

—ब्रह्मपुराण

मांगे घटत रहीम पद, कितो करो बढ़ि काम।
तीन पैग वसुधा करी, तऊ बावने नाम।।

—रहीम

रहिमन वे नर मर चुके, जो कहुं मांगन जाहिं।
उनते पहिले वे मुए जिन मुख निकसत नाहिं।।

—रहीम

वे ही धन्य हैं, जो विपत्तिग्रस्त होने पर भी कभी दीनता से प्रेरित होकर धनोन्मत्त पुरुषों के आंगन में नहीं जाते।

—स्कन्दपुराण

संसार में लोग मांगने वाले से चिढ़ जाते हैं।

—महाभारत

माता

अपनी सन्तान का अहित कोई माता नहीं कर सकती है।

—प्रेमचन्द

घर के कोने और माता के अंचल में बड़ा अन्तर है। एक शीतल जल का सागर है, दूसरा मरुभूमि।

—प्रेमचन्द

जौ केवल पितु आयुस ताता। तौ जनि जाहु जानि बड़ि माता।।
जौ पितु-मातु कहेउ बन जाना। तौ कानन सत अवध समाना।।

(कौशल्या जी भगवान राम से कहती हैं—हे पुत्र ! यदि केवल पिता ने तुम्हें वन जाने के लिए कहा है, तो तुम अपनी माता मुझको उनसे बड़ी समझकर वन मत जाओ। परन्तु यदि माता (कैकयी) तथा पिता दोनों ने तुम्हें वन जाने के लिए कहा है, तो वन सैकड़ों अवध के समान है, तुम अवश्य जाओ।)

—गोस्वामी तुलसीदास

नारी की पूर्णता पुत्र को स्वानुरूप करने में।
करते हैं साकार पुत्र ही माता के सपने को।।

–रामधारीसिंह दिनकर

मनुष्य वही होते हैं जो उनकी माता उन्हें बनाती है।

–इमर्सन

माता का हृदय बच्चे की पाठशाला है।

–बीचर

मातृत्व

मातृत्व दीर्घ तपस्या है।

–प्रेमचन्द

मातृ-प्रेम

जब मां बच्चों का मुंह देखती है, तो वात्सल्य से उसका चित्त गद्‌गद् हो जाता है।

–प्रेमचन्द

भाई-बहिनों को एक करने वाली कोई शक्ति है, तो मातृ-प्रेम है।

–विनोबा भावे

मातृभाषा

मातृभाषा का अनादर भी मां के अनादर के बराबर है। जो मातृभाषा का अपमान करता है, वह स्वदेश-भक्त कहलाने लायक नहीं है।

–महात्मा गांधी

मातृभाषा, मातृसभ्यता और मातृभूमि तीनों सुखकारिणी स्थिर रूप देवियां हमारे हृदयासन पर विराजती रहें।

–वेद

मातृभूमि

जिसकी रज में लोट-लोट कर बड़े हुए हैं।
घुटनों के बल सरक-सरक कर खड़े हुए हैं।।
परमहंस सम बाल्यकाल में सब सुख पाए।
जिसके कारण धूल भरे हीरे कहलाए।।
हम खेले-कूदे हर्षयुत, जिसकी प्यारी गोद में।
हे मातृभूमि ! तुझको निरख मग्न क्यों न हों मोद में।।

–मैथिलीशरण गुप्त

जैन, बौद्ध, पारसी, यहूदी, मुसलमान, सिक्ख और ईसाई—सब लोग मिलकर करोड़ों कण्ठ से कह दें कि हम सब भाई-भाई हैं। यही देश पुण्य भूमि

है, स्वर्णभूमि है और हमारी जन्मभूमि है। संसार भर में इससे बढ़कर अथवा इसके समान दूसरा देश नहीं है।

–अज्ञात

हे मातृभूमि ! धन और यश तुझसे ही मिलता है और यह तेरे ही वश में है कि तू उन्हें दे अथवा अपने पास रखे। किन्तु मेरा शोक बिल्कुल अपना है और जब मैं इसे भेंट करने के लिए तेरे पास लाता हूं, तो तू मुझे आशीर्वाद देती है।

–रवीन्द्रनाथ ठाकुर

मातृ-हृदय

माता का हृदय दया का आगार है। उसे जलाओ तो उसमें से दया की ही सुगंध निकलती है। पीसो तो दया का ही रस निकलता है। वह देवी है। विपत्ति की क्रूर लीलायें भी उस निर्मल और स्वच्छ स्रोत को मलिन नहीं कर सकतीं।

–प्रेमचन्द

मादकता

कनक-कनक ते सौ गुनी मादकता अधिकाय।
वह खाए बौरात नर, यह पाए बौराय।।

–बिहारीलाल

मान

अमी पियावत मान बिन, रहिमन मोहिं न सुहाय।
प्रेम सहित मरिबो भलो, जो विष देइ बुलाई।।

–रहीम

घटने न देना मान, करना मोह मत धन-धाम का।
यदि मान ही जाता रहा, तो धन रहा किस काम का।।

–अज्ञात

जिस आदमी का मान उसके अपने ख्याल से मर चुका है, वह जितनी हानि अपने को पहुंचा सकता है, उतनी दूसरा और कोई नहीं पहुंचा सकता।

–महात्मा गांधी

तुच्छ मनुष्यों को जीविका की हानि का, मध्यम श्रेणी के लोगों को जीवन की हानि का, और उत्तम पुरुषों को मान-हानि का बड़ा भय रहता है।

–महाभारत

निम्न श्रेणी के मनुष्य केवल धन की कामना करते हैं, मध्यम श्रेणी के

मनुष्य धन और मान दोनों की कामना करते हैं, परन्तु श्रेष्ट पुरुष केवल मान की ही कामना करते हैं। मान ही श्रेष्ठ पुरुषों का धन है।

–चाणक्य

मान-सम्मान तभी तक है, जब तक किसी के सामने मदद के लिए हाथ न फैलाया जाये।

–प्रेमचन्द

मान सहित विष खाइ के संभु भये जगदीश।
बिना मान अमृत पिए, राहु कटायो सीस।।

–रहीम

माया तजी तो क्या भया, मान तजा नहिं जाय।
जेहि मानै मुनिवर ठगे, मान सबन को खाय।।

–कबीर

मानव

अहो नृजन्माखिल जन्म शोभनम्
(सभी जन्मों में मानव जन्म श्रेष्ठ है।)

–श्रीमद्भागवत

कितना भी छोटा आदमी क्यों न हो, उसे कभी मनुष्य से हीन मत समझना। यही समझना कि वह महान् मानव जाति का एक घटक है। किसी विशिष्ट जाति, कौम, राष्ट्र या देश का है, ऐसा कभी मत सोचना।

–रवीन्द्रनाथ ठाकुर

जीवन के इस अंचल पट पर, मानव है दृढ़ता की पुकार।
जो कभी खोल देता आंखें, फिर कभी बंद करता प्रसार।।

–रांगेय राघव

मानव का दानव होना उसकी हार है, मानव का महामानव होना उसका चमत्कार है और मनुष्य का मानव होना उसकी जीत है।

–डॉ० राधाकृष्णन

मानव की परख तभी होती है जब रुपयों का मामला आकर पड़ता है। इसी जगह धोखा-धड़ी नहीं चलती। यहीं मानव का सच्चा स्वरूप दिखाई दे जाता है।

–शरतचन्द्र चटर्जी

संसार भर में दो ही व्यक्ति ऐसे हैं जो सही शब्दों में मानव हैं। एक जो मर चुका है, दूसरा जिसका अभी तक जन्म नहीं हुआ है।

–चीनी कहावत

मानव-चरित्र

मानव चरित्र की एक विशेषता यह है कि हम बहुधा ऐसे काम कर डालते हैं जिन्हें करने की इच्छा नहीं होती। कोई गुप्त प्रेरणा हमें इच्छा के विरुद्ध ले जाती है।

–प्रेमचन्द

मानव-चरित्र न बिल्कुल श्यामल होता है, न बिल्कुल श्वेत। उसमें दोनों ही रंगों का विचित्र सम्मिश्रण होता है, किन्तु स्थिति अनुकूल हुई तो वह ऋषितुल्य हो जाता है, प्रतिकूल हुई तो नराधम।

–प्रेमचन्द

मानव की महत्ता

मानव की महत्ता उसमें नहीं है जिसे वह प्राप्त कर लेता है; अपितु उसमें है जिसे वह प्राप्त करने की आकांक्षा करता है।

–खलील जिब्रान

वस्तुतः महान वही है जो न तो किसी का शासन मानता है, और न किसी पर शासन करता है।

–खलील जिब्रान

मानव-जीवन

देव भी तीन बातों की इच्छा करते रहते हैं—मानव जीवन, आर्य क्षेत्र में जन्म और कुल की प्राप्ति।

–महावीर स्वामी

मानव-जीवन की भिन्न-भिन्न अवस्थाओं में भिन्न-भिन्न वासनाओं का प्राबल्य रहता है, बचपन मिठाइयों का समय है, बुढ़ापा लोभ का। यौवन प्रेम और लालसाओं का समय है। इस अवस्था में मीना बाजार की सैर मन में विप्लव मचा देती है। जो दृढ़ हैं, लज्जाशील या भाव-शून्य हैं वे संभल जाते हैं। शेष फिसलते हैं और गिर पड़ते हैं।

–प्रेमचन्द

मानवता

कोई मनुष्य मानवता से बड़ा नहीं है।

–बेडोर मार्कर

जाति-पांति धर्मों में पथराई, क्षुद्र मनुजता को मिटना निश्चित।
रीति-नीतियों में खंडित भू को, नव मानवता में होना विकसित।।

–सुमित्रानंदन पंत

मानवता का खेल प्रातःकालीन रवि के समान सुन्दर है।

–रस्किन

मानवता का उचित अध्ययन ही मानवता है।

–पोप

मानवता, मुक्त होने की इच्छा और महान पुरुषों का संग ये तीनों भगवत् कृपा से प्राप्त होने वाली बड़ी ही दुर्लभ वस्तुयें हैं।

–शंकराचार्य

मानवता का वास्तविक स्वरूप शान्तिमय हृदय में है, वाचाल मन में नहीं।

–खलील जिब्रान

मानवता प्रकाश की वह नदी है, जो सीमित से असीम की ओर बहती है।

–खलील जिब्रान

मानव-प्रकृति

जहां तक मानव-प्रकृति से सम्बन्ध है, यह नहीं कहा जा सकता कि वह कब बदल जाय, यहां तक कि मरते समय जो मति हो वैसी ही गति बतलाई जाती है। पुराने दिनों का स्मरण करके भविष्य में भी विश्वास खो बैठने का अर्थ है मानव प्रकृति में निहित शिवत्व की भावना में अविश्वास।

–सरदार वल्लभभाई पटेल

मनुष्य निर्दयी होते हैं, परन्तु मानव स्वभाव दयालु है।

–रवीन्द्रनाथ ठाकुर

मानस-तीर्थ

सत्य तीर्थ है, क्षमा तीर्थ है, इन्द्रियों पर नियंत्रण करना भी तीर्थ है, सब प्राणियों पर दया करना तीर्थ है और सरलता भी तीर्थ है। दान तीर्थ है, मन का संयम तीर्थ है, सन्तोष भी तीर्थ कहा जाता है। ब्रह्मचर्य का पालन उत्तम तीर्थ है। प्रिय वचन बोलना भी तीर्थ ही है। ज्ञान तीर्थ है, धैर्य तीर्थ है, तप को भी तीर्थ कहा गया है। तीर्थों में भी सबसे बड़ा तीर्थ है, अन्तःकरण की आत्यन्तिक शुद्धि।

––महर्षि अगस्त्य

माप

धनवानों के हाथ में माप ही एक है। वे विद्या, सौन्दर्य, बल, पवित्रता और तो क्या, हृदय भी उसी से मापते हैं। वह माप है–उनका ऐश्वर्य।

–जयशंकर प्रसाद

मांफी

अपराधी माफ करने के योग्य है या नहीं, ऐसा सोचना तो माफ करना

नहीं है। माफी अपराधी की योग्यता का विचार करके नहीं चलती।

–शरतचन्द्र चटर्जी

माया

अति प्रचंड रघुपति कै माया। जेहि न मोह अस को जग जाया।।

(भगवान् राम की माया, अत्यन्त बलवती है। संसार में कोई भी ऐसा व्यक्ति नहीं उत्पन्न हुआ है, जिसे वह मोहित न कर लेती हो।)

–गोस्वामी तुलसीदास

ईश्वर सर्वभूतानां हृद्देशेऽर्जुन तिष्ठति।
भ्रामयन् सर्व भूतानि यंत्रारूढ़ा मायया।।

(श्रीकृष्ण जी कहते हैं–हे अर्जुन ! ईश्वर सब प्राणियों के हृदय में रहता है और अपनी माया से सब जीवों का इस प्रकार संचालन करता है मानो वे यंत्र पर सवार हों।)

–श्रीमद्भगवत गीता

कोई बिरला ही जानता है कि माया और छाया एक-सी है। भागते के पीछे फिरती हैं और जो पीछे पड़ता है उसके आगे भागती है।

–कबीर

देख ली जाने पर माया बिजली की तरह लुप्त हो जाती है।

–स्वामी शंकराचार्य

जो मिथ्या है वह हमें सत्य लगता है, जो सत्य है वह मिथ्या लगता है।

–गुरु रामदास

माया सत् और असत् से विलक्षण है, अनादि है और सदा ही परमात्मा के आश्रय में रहने वाली है। यह त्रिगुणात्मिका माया ही चराचर जगत को उत्पन्न करती है।

–स्वामी शंकराचार्य

देव दनुज मुनि नाग मनुज सब माया बिबस विचारे।
तिनके हाथ दास तुलसी प्रभु कहा अपनपौ हारे।

(देवता, राक्षस, मुनि, नाग और मनुष्य–सब माया के वश में हैं। तुलसी दास जी कहते हैं कि उनके हाथ में अपनत्व हार कर कोई लाभ नहीं है।)

–गोस्वामी तुलसीदास

माया दीपक नर पतंग, भ्रमि भ्रमि इवै पड़ंत।
कहै कबीर गुरु ज्ञान ते, एक आध उबरंत।।

(माया दीपक की तरह है और मनुष्य पतंग की तरह हैं जिसमें वे बार-बार पड़ते हैं। कबीरदास जी कहते हैं कि गुरु के ज्ञान देने पर कोई-कोई मनुष्य माया से बच जाते हैं।)

–कबीर

वेदान्त के अनुसार यह निद्रा-अवस्था और जाग्रत अवस्था भी माया या भ्रम के सिवा और कुछ नहीं है।

–स्वामी रामतीर्थ

रामाख्यं जगदीश्वरं सुरगुरुं माया मनुष्यं हरिम्।
वन्देऽहं करुणाकरं रघुवरं भूपाल चूड़ामणिम्।।

(राम नामधारी संसार के स्वामी, देवताओं के गुरु, माया से मनुष्य रूप धारण करके रघुकुल-श्रेष्ठ राजाओं के मूर्धन्य परम दयालु भगवान राम की मैं वन्दना करता हूं।)

–गोस्वामी तुलसीदास

सुरनर मुनि कोउ नांहि, जेहि न मोह माया प्रबल।
अस विचारि मन मांहि, भजिअ महा मायापतिहिं।।

(देवता, मनुष्य और मुनि—कोई ऐसा नहीं है जिसे प्रबल माया ने अपने वश में न किया हो। ऐसा विचार कर महा मायापति भगवान राम का स्मरण करना चाहिए।)

–गोस्वामी तुलसीदास

मायावी

मायावी मनुष्य संसार को धोखा दे सकता है, परन्तु अपने आप को धोखा नहीं दे सकता।

–अज्ञात

वे अविवेकी मनुष्य पराजित होते हैं जो मायावियों के सामने मायावी नहीं बनते। वे मायावी पुरुष सरलचित्त व्यक्तियों के अन्तःकरण की बातें जानकर इस प्रकार गला घोंट देते हैं, जैसे तीक्ष्ण धार वाले वाण कवचरहित शरीर में प्रवेश कर घातक बन जाते है।

–भारवि

मार्क्सवाद

मार्क्सवाद तो भौतिकवाद है, इसीलिए वह बेमुरब्बती के साथ धर्म का विरोध करता है।

–लेनिन

मांसाहार

खुस खाना है खीचरी, माहि परा टुक नौन।
मांस पराया खायकर, गरा कटावे कौन।।

–कबीर

बकरी पाती खात है ताकी काढ़ी खाल।
जो बकरी को खात है ताको कवन हवाल।।

—कबीर

माली

अनार के फूल और फल में बाग के माली के रुधिर की याद आती है। उसकी मेहनत के कण जमीन में गिर कर उगते हैं और हवा तथा प्रकाश की सहायता से मीठे फलों के रूप में नजर आते हैं।

—पूर्णसिंह

माली आवत देख के कलियां कहीं पुकार।
फूले-फूले चुन लिए, कालि हमारी बार।।

—कबीर

माशूक

उनके देखे से जो आ जाती है मुंह पै रौनक।
वह समझते हैं कि बीमार का हाल अच्छा है।

—गालिब

मुहब्बत में नहीं है फर्क, जीने और मरने का।
उसी को देखकर जीते हैं, जिस काफिर पै दम निकले।।

—गालिब

मितव्ययी

पैसे सात कमाय कर, खर्च करेगा पांच।
सदा सुरक्षित वह रहे, कभी न आवे आंच।।

—मेलाराम

मितव्ययी हो, कृपण न आर्य।
नहीं अपव्यय है, औदार्य।
ऋण ले लेकर करो न नाम।
यह है चार्वाकों का काम।।

—मैथिलीशरण गुप्त

मित्र

अच्छे दिनों की अपेक्षा विपत्ति के दिनों में मित्र के पास जाने के लिए अधिक उद्यत रहो।

—चिलो

आपतिकाल परखिये चारी। धीरज धरम मित्र अरु नारी।।

(आपत्तिकाल में चार की परीक्षा होती है—धैर्य, धर्म, मित्र और पत्नी।)

—गोस्वामी तुलसीदास

कहि रहीम सम्पत्ति सगे, बनत, बहुत बहु रीति।
विपति कसौटी जे कसे, तेई सांचे मीत।।

—रहीम

कायर मित्र से वीर वैरी अच्छा है।

—थैकरे

चाहे मित्र अनुपस्थित हों वे उपस्थित रहने के ही समान हैं; चाहे वे दरिद्र हों, धनवान होने के समान हैं; चाहे वे दुर्बल हों, स्वस्थ होने के समान हैं और यह बात मानना और भी अधिक कठिन मालूम पड़ता है कि वे जीवित होने के समान हैं यद्यपि वे मर गए हैं।

—सिसरो

जिसके बहुत-से मित्र हैं, निश्चय जानो उसके एक भी मित्र नहीं है।

—अरस्तू

जिसने मित्र कार्य सम्पन्न करने का वचन दिया है, वह उसके समाप्त होने तक शिथिल नहीं पड़ता।

—कालिदास

जे न मित्र दुख होहिं दुखारी। तिन्हहिं बिलोकत पातक भारी।।

(जो लोग अपने मित्र के दुख से दुखी नहीं होते, उन्हें देखने से भारी पाप होता है।)

—गोस्वामी तुलसीदास

जो अपने परिचित्त मित्रों के साथ उचित सम्पर्क तथा सद्व्यवहार नहीं रखता, वह पापी मनुष्य आकृति से मनुष्य होते हुए भी वृक्ष की डाल पर रहने वाले बन्दर के समान है।

—गौत्तम बुद्ध

जो काम पड़ने पर सहायक होता है, वही सच्चा मित्र है।

—गौतम बुद्ध

जो गुण हममें नहीं है, हम चाहते हैं कि कोई ऐसा मित्र मिले जिसमें वह गुण हो। चिन्ताशील मनुष्य प्रफुल्लचित्त मनुष्य का साथ ढूंढ़ता है, निर्बल बली का, धीर उत्साही का। उच्च आकांक्षा वाला चन्द्रगुप्त युक्ति और उपाय के लिए चाणक्य का मुंह ताकता था। नीति विशारद अकबर मन बहलाने के लिए बीरबल की ओर देखता था।

—आचार्य रामचन्द्र शुक्ल

ज्ञानी मित्र के समान जीवन में कोई वरदान नहीं है।

—यूरीपिडीज

तीन विश्वासी मित्र होते हैं—वृद्धा पत्नी, बूढ़ा कुत्ता और नकद धन।

–बैंजमिन फ्रैंकलिन

दुर्दिन में जो साथ दे वही सच्चा मित्र है। समृद्धि की दशा में तो दुर्जन भी मित्र बन जाते हैं।

–पंचतन्त्र

दुष्ट मित्र सामने प्रशंसा करता है, पीठ पीछे निन्दा करता है।

–गौतम बुद्ध

निज दुख गिरि-सम, रज करि जाना।
मित्र के दु:ख रज मेरु समाना।।

(सज्जन पहाड़ के समान बड़े अपने दु:ख को धूल के समान जानते हैं, परन्तु मित्र के धूल के बराबर छोटे दु:ख को मेरु पर्वत के समान विशाल मानते हैं।)

–गं.स्वामी तुलसीदास

मथत-मथत माखन रहै, दही मही बिलगाय।
रहिमन सोई मीत है, भीर परे ठहराय।।

–रहीम

मित्र धनी हो या गरीब, सुखी हो या दुखी, निर्दोष हो या सदोष, वह हमारे लिए सबसे बड़ा सहायक होता है।

–बाल्मीकि रामायण

मिलने पर मित्र का सम्मान करो, पीठ पीछे उसकी प्रशंसा करो और आवश्यकता पड़ने पर उसकी सहायता करो।

–अरस्तू

मुंह के सामने मीठी बातें करने और पीठ पीछे छुरी चलाने वाले मित्र को दुध-मुंहे विषभरे घड़े के समान छोड़ दो।

–हितोपदेश

वही सच्चा मित्र है जो दूसरों के बहकाने में आकर फूट का शिकार न बने।

–गौतम बुद्ध

शस्त्र राहगीर का मित्र है, माता स्वघर का मित्र है, और अपने किए हुए पुण्य कर्म ही परलोक के मित्र हैं।

–गौतम बुद्ध

सब लोग घोड़े, कुत्ते, सम्पत्ति, मान-सम्मान आदि की हवस करके उसके पाने के लिए परिश्रम करते हैं, परन्तु मुझे किसी मित्र के समागम का लाभ होने से जितना संतोष होगा उतना उन सब चीजों के मिलकर प्राप्त होने पर भी नहीं होगा।

–सुकरात

हमारा यदि कोई सच्चा मित्र न हो, तो संसार निर्जन वन के समान प्रतीत होगा।

–बेकन

मित्रता

इस संसार में मित्रता से अधिक मूल्यवान् अन्य कोई वस्तु नहीं है।

–सिसरो

सच्चा प्रेम दुर्लभ है, सच्ची मित्रता और भी दुर्लभ है।

–ला फौन्टेन

विवाह और मित्रता समान स्थिति वाले से करनी चाहिए।

–हितोपदेश

ऐसे मनुष्य से मित्रता मत करो जो तुम से श्रेष्ठ न हो।

–कन्फ्यूशस

दुष्ट की मित्रता सूर्योदय के पीछे की छाया के समान पहले तो लम्बी होती है, फिर क्रम से घटती जाती है और सज्जनों की मित्रता तीसरे पहर की छाया के समान पहले छोटी होती है और फिर क्रमशः बढ़ती जाती है।

–पंचतंत्र

नीचों के साथ उच्च व्यक्तियों की मित्रता नहीं होती, क्योंकि हाथी श्रृगालों के साथ मित्रता नहीं करते।

–भारवि

बारम्बार के अत्यधिक संसर्ग से, संसर्ग के सर्वथा छूट जाने से और असमय की मांग से मित्रता जीर्ण हो जाती है, अर्थात् टूट जाती है।

–अज्ञात

मनुष्य जो स्वयं करे उसे भूल जाये और जो दूसरे से ले उसे सर्वदा याद रखे। मित्रता की यही जड़ है।

–ड्यूमाज

मित्रता अवसरवादिता नहीं है, वह तो सदा ही एक मधुर उत्तरदायित्व है।

–खलील जिब्रान

मित्रता करने में शीघ्रता मत करो, परन्तु करो तो अन्त तक निभाओ।

–सुकरात

मित्रता दैवी देन है और मनुष्य के लिए अत्यन्त बहुमूल्य वरदान।

–डिसरैली

मूर्ख से मित्रता करना रीछ को गले लगाना है।

–अफगानी कहावत

यदि दृढ़ मित्रता चाहते हो तो मित्र से बहस करना, उधार लेना-देना और उसकी स्त्री से बातचीत करना छोड़ दो। यही तीन बातें बिगाड़ पैदा करती है।

–चाणक्य

सच्ची मित्रता में उत्तम से उत्तम वैद्य की सी निपुणता और परख होती है, अच्छी से अच्छी माता का सा धैर्य और कोमलता होती है।

–आचार्य रामचंद्र शुक्ल

सत्पुरुषों की मित्रता कभी जीर्ण नहीं होती।

–महाभारत

सात कदम एक साथ चलने से ही सत्पुरुषों में मित्रता हो जाती है।

–महाभारत

सूर्य उदय होते ही कमलों को श्री प्रदान करता है। वह जगत् को यह दिखाता है कि मित्र पर अनुग्रह करना ही सम्पत्ति का फल है।

–दण्डी

सोना सज्जन साधुजन, टूटि जुरै सौ बार।
दुर्जन कुम्भ कुम्हार का, एकै धका दरार।।

–कबीर

देता है, लेता है, रहस्य कहता है, पूछता है, खाता है, खिलाता है—यही छः मित्रता के लक्षण है।

–पंचतंत्र

कभी उस व्यक्ति से मित्रता मत करो जिसने तीन मित्र बनाकर छोड़ दिये हों।

–सवेटर

मित्रघात

मित्रघात पाप नहीं महापाप है।

–सुदर्शन

मिथ्या

मिथ्या का स्थान यदि कहीं है तो मनुष्य के मन को छोड़कर और कहीं नहीं है।

–शरतचन्द्र चटर्जी

मिथ्या के झोले को सत्य मानकर वहन करने में तो तुम्हारा कल्याण नहीं होगा। उससे तो तुम्हारी महत्ता ही नष्ट होती है।

–रवीन्द्रनाथ ठाकुर

मिथ्या दूरदर्शी नहीं होती है।

–प्रेमचन्द

मिथ्या पाप है; किन्तु मिथ्या को सत्य में मिलाकर कहने के समान पाप दुनिया में थोड़े ही हैं।

–शरत्चन्द्र चटर्जी

मिथ्याचारी

जो मनुष्य कर्म करने वाली इन्द्रियों को रोकता है, परन्तु मन से उन इन्द्रियों के विषयों का चिन्तन करता है, वह मूढ़ात्मा मिथ्याचारी कहलाता है।

–श्रीमद्भगवत गीता

मिथ्याभिमान : मिथ्यावादी

मिथ्याभिमान हमारी निष्क्रियता और पतन का कारण है।

–अज्ञात

जहां बुद्धि और तर्क का कुछ वश नहीं चलता, वहां मनुष्य मिथ्यावादी हो जाता है।

–प्रेमचन्द

मीठा वचन

कागा काको धन हरै, कोयल काको देय।
मीठे वचन सुनाय के, जग को वश कर लेय।।

–अज्ञात

मीठी जबान, प्रेम और खुशी से तू हाथी को एक बाल से खींच सकता है।

–शेख सादी

मुक्त

कायर जन्म-मरण के चक्कर से मुक्त नहीं होते।

–गुरु गोविन्दसिंह

जीवन मुक्त सोइ मुक्ता हो।
जब लग जीवन मुक्ता नाहीं,
तब दुःख-सुख भुगता हो।

–कबीर

मुक्त पुरुष के जीवन का चिंतन करने से हमें अपनी मुक्ति के दर्शन होते हैं।

–ज्ञानदेव

मुक्त वही है जिसने अपना सब कुछ दूसरों के लिए त्याग दिया है। किन्तु जो दिनरात 'मेरी मुक्ति' का राग अलापने में ही अपने मस्तिष्क को खराब करते हैं, वे अपने वर्तमान और भावी कल्याण का नाश कर व्यर्थ ही इधर-उधर भटकते रहते हैं।

–विवेकानन्द

यदि तुम मुक्त करना चाहते हो, तो पहले तुम्हें मुक्त होना चाहिये।

–इमर्सन

संयम के प्रति अरुचि से मुक्त रहने वाला मेधावी साधक पलभर में ही बंधन मुक्त हो सकता है।

–महावीर स्वामी

मुक्ति

अगर जीते-जी तुम्हारे बंधन न टूटे तो मरने पर मुक्ति की आशा क्या की जा सकती है ?

–कबीर

अनुकरण से मुक्ति नहीं मिलती, मुक्ति मिलती है ज्ञान से।

–शरतचन्द्र चटर्जी

कर्म को स्वार्थ की ओर से परमार्थ की ओर ले जाना ही मुक्ति है, कर्म का त्याग मुक्ति नहीं है।

–रवीन्द्रनाथ ठाकुर

जब तक संसार में कीट-पतंग आदि की मुक्ति न हो जायेगी, तब तक मैं अपनी मुक्ति की आकांक्षा नहीं करता।

–गौतम बुद्ध

ज्ञान के समग्र प्रकाश से, अज्ञान एवं मोह के विवर्जन से तथा राग एवं द्वेष के क्षय से आत्मा एकान्त सुख स्वरूप मुक्ति को प्राप्त करता है।

–महावीर स्वामी

न तो कष्टों को निमन्त्रण दो ओर न उनसे भागो। जो आता है, उसे झेलो। किसी चीज से प्रभावित न होना ही मुक्ति है।

–विवेकानन्द

परमार्थ की दृष्टि से ज्ञान, दर्शन और चरित्र ही मुक्ति का मार्ग है, वेद आदि नहीं।

–उत्तराध्ययन चूर्णि

परमेश्वर के ज्ञान के सिवाय मुक्ति पाने का कोई दूसरा मार्ग नहीं है।

–स्वामी दयानन्द सरस्वती

मुक्ति शून्यता में नहीं, पूर्णता में है, पूर्णता सृष्टि करती है, ध्वंस नहीं करती।

–रवीन्द्रनाथ ठाकुर

मुक्ति हमें योग में लाती है और वैराग्य हमें प्रेम-पथ पर लाकर खड़ा कर देता है।

–रवीन्द्रनाथ ठाकुर

मुंह : मुख

मुखिया मुख सों चाहिए, खान-पान को एक।
पाले-पौसै सकल अंग, तुलसी सहित विवेक।।

–गोस्वामी तुलसीदास

मुकदमेबाजी

न्यायालयों में नित्य ही सर्वस्व खोते सैकड़ों,
प्रति बार पग-पग पर वहां है खर्च होते सैकड़ों।
फिर भी नहीं हम चेतते हैं, दौड़कर जाते वहीं;
लघु बात भी हम पांच मिलकर आप निपटाते नहीं।।

–मैथिलीशरण गुप्त

मुनि

दुःखेष्वनुद्विग्नमनाः सुखेषु विगतस्पृहः।
वीतराग भयक्रोधः स्थितधीर्मुनिउच्यते।।

(दुःखों की प्राप्ति होने पर जिसके मन में उद्वेग नहीं होता, सुखों की प्राप्ति में जो सर्वथा निःस्पृह है तथा जिसके राग, भय और क्रोध नष्ट हो गए हैं, ऐसा मुनि स्थिर बुद्धि कहलाता है।)

–श्रीमद्‍भगवत गीता

सुर नर मुनि सबकी यह रीती। स्वारथ हेतु करहिं सब प्रीती।।

–गोस्वामी तुलसीदास

मुमुक्ष

पानी में नाव रहे, मगर नाव में पानी न रहे। मुमुक्षु दुनिया में, रहे, पर दुनिया उसमें न रहे।

–रामकृष्ण परमहंस

मुसकान

जिस मनुष्य का मुखमंडल मुसकराता हुआ न हो, उसे दुकान नहीं खोलनी चाहिए।

–चीनी कहावत

जिस मुख पर मुसकान नहीं आती, वह अच्छा नहीं होता।

–मार्शल

जैसे गुलाब के लिए सुगंध होती है वैसे ही स्त्री के लिए मुसकान होती है।

–सैम्युअल जॉनसन

मधुर हास्य घर में सूर्य-प्रकाश के समान है।

–थैकरे

मुसकान प्रेम की भाषा है।

–होमर

स्त्री के मुख पर सुन्दर मुसकान वैसी ही है जैसे प्राकृतिक दृश्य पर सूर्य

की किरणें। साधारण चेहरे को वह शोभावान् बना देती है और कुरूप को दीप्तिमान्।

–लेवेटर

देखिए, 'हंसी'

मुसीबत

अग्नि स्वर्ण को परखती है, मुसीबत वीर पुरुषों को।

–सेनेका

मुसीबत का हर इक से अहबाल कहना।
मुसीबत से है यह मुसीबत जियादा।।

–हाली

मुसीबत के दिनों में अजीब-अजीब लोगों से जान पहचान हो जाती है।

–शेक्सपियर

मुसीबत जाना ही नहीं चाहती है, एक जाती है तो दूसरी आ खड़ी होती है।

–रवीन्द्रनाथ ठाकुर

मुसीबत में ही आदमी दूसरों के सामने हाथ फैलाता है।

–प्रेमचंद

मुहब्बत

इलाही तर्क मुहब्बत भी क्या मुहब्बत है।
भुलाते हैं उन्हें वह याद आए जाते हैं।।

–जिगर

मुहब्बत त्याग की मां है, जहां जाती है, बेटे को साथ ले जाती है।

–सुकरात

मुहब्बत नहीं, आग खेलना है।
लगाना पड़ेगा, बुझाना पड़ेगा।।

(प्रेम साधारण वस्तु नहीं है, वह आग से खेलने के समान है। उसे लगाना और बुझाना पड़ता है।)

–आरजू

ये दर्द सर ऐसा है कि सर जाये तो जाये।
उल्फत का नशा जब कोई मर जाये तो जाये।

(यह दर्द सर ऐसा है कि सर जाये तो यह भी जाये। मुहब्बत का नशा जब कोई मर जाता है तभी जाता है।)

–जौक

यह इश्क नहीं आसां इतना ही समझ लीजै।
एक आग का दरिया है और डूब के जाना है।।

–जिगर

देखिए, 'प्यार', 'प्रेम'

मूढ़

कहै कवि गंग मन माहि तो विचार देखो।
मूढ़ आगे विद्या जैसे अंध आगे आरसी।।

–कवि गंग

सबसे भले हैं मूढ़, जिन्हें न व्यापे जगद गति।

(मूढ़ सबसे भले हैं जिनके ऊपर संसार की बातों का कोई प्रभाव नहीं होता।)

–गोस्वामी तुलसीदास

मूर्ख

अग्नि की ज्वालायें जैसे घास-फूस को जला डालती हैं, वैसे ही मूर्ख पुरुष को पग-पग पर दुःख चिन्तायें प्राप्त होती हैं और उसे भस्म कर डालती हैं।

–योगवाशिष्ठ

अज्ञः सुखामाराध्यः सुखतरमाराध्यते विशेषज्ञः।
ज्ञानलवदुर्विदग्धं ब्रह्मापि तं नरं न रंजयति।।

(अनजान मनुष्य को सरलता से सुधार सकते हैं, ज्ञानियों को और अधिक सरलता से वश में किया जा सकता है, किन्तु अल्पज्ञ मूर्ख को ब्रह्मा भी प्रसन्न नहीं कर सकता है।)

–भर्तृहरि

अशिक्षित मूर्ख से शिक्षित मूर्ख अधिक भयंकर होता है।

–मोलियर

काग ! भले ही मोतीन चुगु, वसि मानस सर माहिं।
नीर-छीर बिलगाइबो, तेरे बस की नाहिं।।

–किशोरीदास बाजपेयी

कीचड़ में मेढक बनना अच्छा है, विष्टा का कीड़ा बनना अच्छा है और अंधेरी गुफा में सांप होना अच्छा है, परन्तु मनुष्य का अविचारी अर्थात् मूर्ख होना अच्छा नहीं है।

–योगवाशिष्ठ

जैसे सांपों को दूध पिलाना केवल उनका विष बढ़ाना है, वैसे ही मूर्खों को उपदेश देना उनके क्रोध को बढ़ाने वाला होता है, शान्ति देने वाला नहीं होता है।

–हितोपदेश

जो पुत्र पैदा न हुआ हो अथवा पैदा होकर मर गया हो अथवा मूर्ख हो, इन तीनों में पहले दो ही बेहतर हैं, न कि तीसरा। कारण यह है कि प्रथम दोनों तो एक बार ही दुःख देते हैं, जब कि तीसरा पग-पग पर दुःखदायी होता है।

–हितोपदेश

पर्वतों और वनों में वनचरों के साथ विचरना श्रेष्ठ है, परन्तु मूर्खों के साथ स्वर्ग में भी रहना बुरा है।

–भर्तृहरि

फूलै फलै न बेंत, जदपि सुधा बरषहि जलद।
मूरख हृदय न चेत, जो गुरु मिलै विरंचि सम।।

(चाहे बादल अमृत की वर्षा करे परन्तु बेंत में फल-फूल नहीं लगता। उसी प्रकार चाहे ब्रह्मा के समान गुरु मिलें तब भी मूर्ख के हृदय में ज्ञान नहीं होता।)

–गोस्वामी तुलसीदास

बिना पढ़े ही अभिमान करने वाले, दरिद्र होकर भी बड़े-बड़े इरादे रखने वाले और बिना काम-काज किए धन प्राप्ति की इच्छा करने वाले को पंडित लोग मूर्ख कहते हैं।

–महाभारत

मनुष्य घड़ियाल के मुंह से बलपूर्वक मणि निकाल सकता है, ऐसे दुस्तर समुद्र को भी तैर कर पार कर सकता है जिसमें भयंकर लहरें उठती हों तथा क्रोधित सांप को फूल की तरह सिर पर धारण कर सकता है, परन्तु हठी मूर्खों के चित्त को नहीं बदल सकता।

–भर्तृहरि

मूर्ख आदमी अपने को बुद्धिमान समझता है, लेकिन बुद्धिमान अपने आप को सदा मूर्ख समझने का प्रयास करता है।

–शेक्सपियर

मूर्ख आदमी सम्पत्ति को पाकर उससे अपनी ही हानि कर लेता है।

–जातक कथा

मूर्ख एक ही तरफ देखता है, ज्ञानी हर तरफ।

–समर्थ गुरु रामदास

मूर्ख दावत देते हैं, और बुद्धिमान उसे खाते हैं।

–कहावत

मूर्ख का परित्याग कर देना ही उचित है, क्योंकि देखने में तो वह मनुष्य है परन्तु वास्तेव में दो पैरो वाला पशु है और वाक्य रूपी शल्य से बेंधता है जैसे अंधे को कांटा।

–चाणक्य

मूरख को समझावते, ज्ञान गांठि को जाय।
कोयला होय न ऊजरो, नौ मन साबुन लाय।।

–कबीर

मूर्ख द्वारा उपार्जित समस्त ज्ञान उसके लिए अनर्थकारी होता है। वह उसके शुभ गुणों को नष्ट करता है और उसके मस्तिष्क की चेतना का भी नाश करता है।

–धम्मपद

यत्नपूर्वक पेरने से रेत में से तेल निकलना सम्भव है; मृगतृष्णा से प्यासे की प्यास बुझाना सम्भव है; ढूंढने से खरगोश का सींग भी मिल सकता है परन्तु मूर्ख का मन जिस वस्तु की ओर झुक गया है, उससे हटाना सम्भव नहीं है।

–शंकराचार्य

यदि मूर्ख आदमी अपने को मूर्ख समझे, तो उतने अंश में तो वह बुद्धिमान ही है। असली मूर्ख तो वह है जो मूर्ख होते हुए भी अपने आप को बुद्धिमान समझता है।

–धम्मपद

परमेको गुणी पुत्रो न च मूर्ख शतान्यपि।
एकश्चन्द्रस्तमो हन्ति न च तारागणौरपि।।

(एक गुणवाऩ पुत्र बेहतर है, सौ मूर्ख पुत्र नहीं। एक चन्द्रमा सारा अन्धकार दूर कर देता है, जो झुण्ड के झुण्ड तारे नहीं कर पाते।)

–चाणक्य

वह मूर्खों में भारी मूर्ख है जो जानता है कि इस संसार में सुख है।

–गुरु रामदास

विवेकहीन मनुष्य ही मूर्ख हैं।

–शंकराचार्य

विवेकहीन अज्ञानी मनुष्यों का ऐश्वर्य नष्ट हो जाता है।

–महाभारत

सहस्रों की अपनी क्षति सह लें, किन्तु विवाद न करे। यह बुद्धिमान् का मत है। बिना कारण कष्ट उठाना–यह मूर्ख का लक्षण है।

–हितोपदेश

मूर्खता

उसी पत्थर से दुबारा ठोकर खाना मूर्खता है।

–सिसरो

एक की मूर्खता से दूसरे का भाग्य बनता है।

–बेकन

मूर्खता के पंख बाज के हैं, किन्तु आंखें उल्लू की।

–डच कहावत

मूर्खता से बढ़कर जगत् में और कुछ दुःखदायी नहीं है।

–योगवाशिष्ठ

लाभदायक वस्तु को फेंक देना और हानिकारक वस्तु को पकड़ रखना–बस यही मूर्खता है।

–संत तिरुवल्लुवर

साधु के मस्तिष्क में भी मूर्खता का कोना होता है।

–कहावत

जो अपनी मूर्खता से भी कुछ न सीख सके वह निपट मूर्ख है।

–हेअर

भूखों मरना विवशता है और खाकर मरना मूर्खता है।

–आचार्य तुलसी

मूर्ति-पूजा

मूर्ति-पूजा सर्वव्यापी प्रभु के दर्शन की पहली सीढ़ी है।

–अज्ञात

मूर्ति में जिनकी इष्ट-भावना होती है वे ही विश्वासपूर्वक उसकी पूजा करते हैं। इस सत्य को हृदय में उतारने के लिए विश्वास चाहिए।

–विवेकानन्द

मूर्ति में भावना का मौन दर्शन होता है।

–साने गुरुजी

मूल्य

मेरे विचार से मनुष्य का मूल्य उसके काम या उसके कथन से नहीं, बल्कि वह जीवन में स्वयं क्या बन रहा है, इसे देखकर आंकना चाहिए।

–अरविन्द घोष

मृत्यु

अपकीर्ति ही मृत्यु है।

–शंकराचार्य

अब तो घबरा के यह कहते हैं कि मर जायेंगे।
मर के भी चैन न पाया तो किधर जायेंगे ?

–ज़ौक

करो न अटल-मृत्यु-भय व्यर्थ,
रहो समुद्यत उसके अर्थ।
हो जाओ व्रत पर बलिदान,
क्षय हो जय हो उभय समान।

–मैथिलीशरण गुप्त

कोउ हँस के मरा दुनिया में कोई रोके मरा।
जिन्दगी पाई मगर उसने जो कुछ होके मरा।।

–अकबर

जिस मृत्यु पर घर वाले रोयें वह भी कोई मृत्यु है ? वह तो एड़ियां रगड़ना है। वीर मृत्यु वही है जिस पर बेगाने रोयें।

–प्रेमचन्द

जिनसे देवता प्रेम करते है, वे शीघ्र मरते हैं।

–कहावत

दुष्ट पत्नी, कपटी मित्र, जवाब देने वाला नौकर और जिस घर में सांप हों उसमें रहना मृत्यु ही है, इसमें सन्देह नहीं है।

–चाणक्य

फकीरों से सुना है हमने 'हातिम'।
मज़ा जीने का मर जाने में है।।

–हातिम

भूख और प्यास से जितने लोगों की मृत्यु होती है, उनसे कहीं अधिक लोगों की मृत्यु अधिक भोजन और सुरापान से होती है।

–कहावत

मरने से मफर नहीं है जब ऐ 'अकबर।
बेहतर यही है खुशी से मरना सीखो।।

–अकबर

मृत्यु उसकी मुक्तिदायिनी है जिसे स्वाधीनता मुक्त नहीं कर सकती। वह उसकी चिकित्सक है जिसे औषधि निरोग नहीं कर सकती। यह उसकी आनन्ददायिनी है जिसे काल सान्त्वना प्रदान नहीं कर सकता।

–कोस्टन

मृत्यु के कुछ समय पहले स्मृति बहुत साफ़ हो जाती है। जन्म भर की घटनायें एक-एक कर सामने आती हैं। समय की धुंध उन पर से बिल्कुल उठ जाती है।

–चन्द्रधर शर्मा गुलेरी

मृत्यु के द्वार से ही सत्य को प्राप्त करना होगा।

–जैनेन्द्र कुमार

मृत्यु के बारे में सदैव प्रसन्न रहो, और इसे सत्य मानो कि भले आदमी पर जीवन में या मृत्यु के पश्चात् कोई बुराई नहीं आ सकती।

–सुकरात

मृत्यु केवल निद्रा और विस्मृति है।

–महात्मा गांधी

मृत्यु थकावट के समान है, किन्तु सच्चा अन्त तो अनन्त की गोद में ही है।

–रवीन्द्रनाथ ठाकुर

मृत्यु वह सोने की चाभी है, जो अमरत्व के भवन को खोल देती है।

–मिल्टन

मृत्यु सच्चा मित्र है। हमारा अहंभाव हमको दुःख देता है।

–महात्मा गांधी

मृत्यु से नया जीवन मिलता है। जो व्यक्ति और राष्ट्र मरना नहीं जानते, वे जीना भी नहीं जानते।

–जवाहरलाल नेहरू

संभावितस्य चाकीर्तिर्मरणादतिरिच्यते।

(सम्मानित मनुष्य को अपयश मृत्यु से भी बुरा है।)

–श्रीमद्‌भगवत गीता

स्वेच्छित मृत्यु मुक्ति है मृत्यु का चित्र हमें सदा प्रत्यक्ष रहे, तो क्षुद्रता में हम न गिरें।

–जैनेन्द्रकुमार

हे मृत्यु ! तू स्वयं अपनी शक्ति से किसी व्यक्ति का वध नहीं कर सकती। मनुष्य दूसरे कारण से नहीं स्वयं अपने कर्मों से मारा जाता है।

–योगवाशिष्ठ

यमराज ही ऐसा देवता है जिसे उपहारों से खुश नहीं किया जा सकता।

–एशीलस

जीवन की भांति मृत्यु का भी सबसे विशिष्ट आलोक मुख पर ही पड़ता है।

–प्रेमचन्द

मनुष्य के विकास के लिये जीवन जितनी ही मृत्यु आवश्यक है।

–महात्मा गांधी

मृदुता

अपराध के समान होने पर भी राहु सूर्य को चिरकाल बाद और चन्द्रमा को शीघ्र ही जो ग्रसता है, वह (चन्द्रमा की) मृदुता का ही स्पष्ट परिणाम है।

–माध

मेहमान

मेहमान नारायण का साक्षात् स्वरूप होता है। उसकी सेवा बड़े सौभाग्य से प्राप्त होती है।

–स्वामी श्रद्धानन्द

देखिए, 'अतिथि'

मेहरबानी

किसी की मेहरबानी मांगना अपनी आजादी बेचना है।

–महात्मा गांधी

देखिए, 'कृपा', 'दया'

मैं

अहं ब्रह्मास्मि।

–वृहदारण्यकोपनिषद

जब मैं अपने गुण और दूसरे के दोषों को देखता हूं, तो मुझे मालूम होता है कि मैं कोई महात्मा नहीं तो साधु पुरुष अवश्य हूं। पर जब मैं अपने दोष और दूसरे के गुणों पर विचार करता हूं, तो सहसा कह उठता हूं–'मो सम कौन कुटिल खल कामी।' (मेरे समान कुटिल, दुष्ट और कामी संसार में दूसरा कोई नहीं है।)

–हरिभाऊ उपाध्याय

जब 'मैं' है तब हरि नहीं, हरि है तब मैं नाहिं।
प्रेम गली अति सांकरी, तामें द्वै न समाहिं।।

–कबीर

जहां 'मैं' तहां मैं नाहीं।

–गोस्वामी तुलसीदास

जहां अहंकार होता है, वहां मैं (ईश्वर) नहीं रहता। मैं और मेरे पिता दोनों एक हैं।

–ईसामसीह

मैं नामक एक बड़ा-सा पत्थर है उसका भार बड़ा भयानक है :

–रवीन्द्रनाथ ठाकुर

मैं ही अपने भाग्य का स्वामी हूं और मैं ही अपनी आत्मा का सेनाध्यक्ष हूं।

–हेनले

मोक्ष

असक्तो ह्याचरन् धर्म परमाप्नोति पुरुषः।

–श्रीमद्भगवत गीता

(अनासक्त भाव से कर्म करने वाला पुरुष मोक्ष पाता है। इच्छाओं को रोकने से ही मोक्ष की प्राप्ति होती है।)

–महावीर स्वामी

ज्ञान और कर्म से ही मोक्ष प्राप्त होता है।

–महावीर स्वामी

ज्ञान द्वारा जिनके पाप धुल गए हैं वे, ईश्वर का ध्यान धरने वाले, तन्मय, उसमें स्थिर रहने वाले, और उसी को सर्वस्व मानने वाले लोग मोक्ष पाते हैं।

–श्रीमद्‌भगवत गीता

बन्धन और मोक्ष के दो ही आश्रय हैं—ममता और ममता-शून्यता। ममता से प्राणी बंधन में पड़ता है और ममता रहित हो जाने पर मुक्त हो जाता है।

–महाभारत

मन ही मनुष्य के बंधन और मोक्ष का कारण है। विषयासक्त मन बंधन के लिए है और निर्विषय मन मुक्त माना जाता है।

–ब्रह्मविन्दु उपनिषद्

मोक्ष किसी स्थान पर रखा हुआ नहीं मिलता और न उसे ढूंढ़ने के लिए किसी दूसरे गांव को ही जाना पड़ता है। हृदय की अज्ञान ग्रंथि का नष्ट होना ही मोक्ष कहा जाता है।

–शिव गीता

मोक्ष के चार द्वारपाल हैं—शम, विचार, सन्तोष और सत्संग।

–योगवाशिष्ठ

मोक्ष में आत्मा अनन्त सुखमय रहता है। उस सुख की न कोई उपमा ही है और न कोई गणना ही।

–महावीर स्वामी

मोक्ष वह है जो सिखाता है कि इहलोक और परलोक दोनों का सुख गुलामी है, क्योंकि इस प्रकृति के नियमों के परे न इहलोक है और न परलोक।

–विवेकानन्द

वासना का नाश ही मोक्ष है।

–अध्यात्मोपनिषद

वास्तव में विवेक ही मोक्ष है।

–आचारांग चूर्णि

वेदों के अध्ययन का सार है, सत्य-भाषण, सत्य-भाषण का सार है इन्द्रिय-संयम, इन्द्रिय-संयम का सार है मोक्ष। यही सम्पूर्ण धर्मों, ऋषियों एवं शास्त्रों का उपदेश है।

–महाभारत

वे सभी मोक्ष के अधिकारी हैं जो ईश्वर में विश्वास करते हैं और उसकी आज्ञाओं का पालन करते हैं।

–हजरत मुहम्मद

मोह

का नर सोवत मोह निसा में, जागत नाहिं कूच नियराना।
पहिले नगारा सेत केस भी, दूजे बैन सुनत नहिं काना।।

–कबीर

पाप पुण्य तीखे मृदुल, जैसे कण्टक फूल।
अनासक्ति ही पुण्य है, मोह पाप का मूल।।

–श्रीमन्नारायण

बुद्धि का नाश ही मोह है, वह धर्म और अर्थ दोनों को नष्ट करता है। इससे मनुष्य में नास्तिकता आती है और वह दुराचार में प्रवृत्त हो जाता है।

–महाभारत

भय का कारण मोह है।

–अज्ञात

मोह का लक्षण संग्रह और आग्रह है।

–जैनेन्द्रकुमार

मोह का स्थान मन है।

–प्रेमचन्द

मौत

मौत की छाप जीवन के सिक्के को मूल्यवान बना देती है। इसलिए जीवन देकर वास्तव में मूल्यवान वस्तु का खरीदना सम्भव हो जाताा है।

–रवीन्द्रनाथ ठाकुर

मौत हमारे चेहरों के आच्छादनों के सिवा और किसी चीज को नहीं बदलती।

–खलील जिब्रान

देखिए, 'मृत्यु'

मौन

मौन अनन्त की भाषा है।

–रवीन्द्रनाथ ठाकुर

आओ हम मौन रहें ताकि फरिश्तों की कानाफूसियां सुन सकें।

–इमर्सन

आपद में मौन रहना अधिक श्रेयस्कर है।

–ड्राइडेन

किसी के प्रश्न किए बिना न बोले तथा कोई व्यक्ति अन्याय से कोई प्रश्न करता हो तब भी न बोले। मेधावी विद्वान पुरुष मूर्ख पुरुष के समान व्यवहार करे।

–महाभारत

क्रोध को जीतने में मौन जितना सहायक होता है, उतनी और कोई भी वस्तु नहीं।

–महात्मा गांधी

बोलना एक कला है, मौन उससे भी ऊंची कला है।

–महात्मा गांधी

जहां नदी गहरी होती है वहां जल-प्रवाह शांत तथा गंभीर होता है।

–शेक्सपियर

चीटीं से अच्छा कोई उपदेश नहीं देता, और वह मौन रहती है।

–बैंजमिन फ्रैंकलिन

जैसे घोंसला सोती हुई चिड़ियों को आश्रय देता है, वैसे ही मौन तुम्हारी वाणी को आश्रय देगा।

–रवीन्द्रनाथ ठाकुर

नारी का मौन मनुष्य की वाणी के समान होता है, इससे कौन इन्कार कर सकता है ?

–बेन जॉनसन

नारी में मौन सर्वोत्तम आभूषण होता है।

–कहावत

भय से उत्पन्न मौन पशुता और संयम से उत्पन्न मौन साधुता है।

–हरिभाऊ उपाध्याय

मौन का अर्थ कर्म का अभाव, जड़, अकर्मण्यता, आलस भाव नहीं है। वह विचार या वितर्क से खाली रहना नहीं है। वह विधेयात्मक, भाव पदार्थ है। वह परा शांति है।

–रमण महर्षि

मौन के वृक्ष पर शान्ति का फल लगता है।

–अरबी कहावत

मौन निद्रा के समान है। यह ज्ञान में नई स्फूर्ति पैदा करता है।

–बेकन

मौन में शब्दों की अपेक्षा अधिक वाक्शक्ति होती है।

–कारलाइल

मौन रहो और अपनी सुरक्षा करो। मौन कभी तुम्हारे साथ विश्वासघात नहीं करेगा।

–जॉन ब्रायल

मौनं सम्मतिलक्षणम्।

(मौन सम्मत्ति का चिह्न है।)

—कहावत

मौन सर्वोत्तम भाषण है। अगर बोलना ही हो, तो कम से कम बोलो।

—महात्मा गांधी

वाणी का वर्चस्व रजत है, किन्तु मौन कंचन है।

—रामधारीसिंह दिनकर

विधाता ने मौन अर्थात् चुप रहने को ही अज्ञानता का ढक्कन बनाया है। यह मनुष्य के अधीन है तथा इसमें और भी अनेक गुण है। यही ज्ञानियों की सभा में अज्ञानियों का आभूषण है।

—भर्तृहरि

मौन हमारे पवित्रतम् विचारों का देवालय है।

—मिसेज हेल

मौन निद्रा के समान है। वह विवेक को ताजा करता है।

—बेकन

मौन और एकान्त आत्मा के सर्वोत्तम मित्र हैं।

—लांगफेलो

मौन के पेड़ पर शान्ति के फल लगते हैं।

—अरबी कहावत

यन्त्र

यन्त्र और मशीनों के बिना मनुष्य इस जीवन के संघर्ष में जीवित ही नहीं रह सकता।

—विनायक दामोदर सावरकर

यदि उपकरण, यंत्र, मशीन न होती, तो मनुष्य सृष्टि की शक्तियों पर आज जो हुकूमत चला रहा है, वह न चला पाता।

—विनायक दामोदर सावरकर

शरीर से देखने पर मनुष्य अत्यन्त दुर्बल है, किन्तु केवल यंत्र के कारण ही वह प्रबलतम सिद्ध हुआ है।

—विनायक दामोदर सावरकर

यंत्रणा

यंत्रणा में सहानुभूति पैदा करने की शक्ति होती है।

—प्रेमचन्द

यज्ञ

ज्ञान तथा कर्म के समन्वयकारी जो विद्वान विश्व के धारण करने वाले

सत्कर्म रूपी यज्ञ का अनुष्ठान करते हैं, वे स्वर्ग-लोक में गमन करते हुए शोक रहित दिव्य स्थिति को प्राप्त होते हैं, उन्हें फिर किसी की अपेक्षा नहीं रहती है।

–यजुर्वेद

जो मनुष्य यज्ञ से बचा हुआ अन्न खाते हैं, वे सब पापों से मुक्त हो जाते हैं।

–श्रीमद्‌भगवत गीता

दूषित यज्ञ फूटे हुए जलाशय के समान बह जाता हैं।

–गोपथ ब्राह्मण

यज्ञ का अर्थ है मुख्यतः परोपकारार्थ शरीर का उपयोग।

–महात्मा गांधी

यज्ञ के निमित्त किए जाने वाले कर्मों के अतिरिक्त दूसरे कर्मों में लगा हुआ मनुष्य समुदाय ही कर्मों से बंधता है। इसलिए हे अर्जुन ! तू आसक्ति से रहित होकर उस यज्ञ के निमित्त ही भली भांति कर्तव्य कर्म कर।

–श्रीमद्‌भगवत गीता

यज्ञानां जपयज्ञोऽस्मि।

(श्री कृष्ण जी कहते हैं–मैं यज्ञों में जपयज्ञ हूं।)

–श्रीमद्‌भगवत गीता

श्रेयान् द्रव्यमयात् यज्ञात् ज्ञानयज्ञः परन्तप।

(हे अर्जुन ! द्रव्यमय यज्ञ से ज्ञानयज्ञ श्रेष्ठ है।)

–श्रीमद्‌भगवत गीता

यत्न

बार-बार यत्न करने से असम्भव भी सम्भव हो जाता है।

–योगवाशिष्ठ

यश

यश त्याग से मिलता है, धोखे-धड़ी से नहीं।

–प्रेमचन्द

यश का मार्ग स्वर्ग के मार्ग की भांति अत्यन्त कष्टमय है।

–स्टर्न

यश के कपाट सदा खुले रहते हैं और उन पर भीड़ भी सदा बनी रहती है; हां, कुछ लोग इसमें घुसपैठ करके जाते हैं और कुछ धकिया कर।

–स्टेनली बॉल्डविन

यश मित्र का काम करता है, वह सभा-समाज में प्रधानता प्राप्त कराता है। इसको प्राप्त करके सभी प्रसन्न होते हैं, क्योंकि यश के द्वारा दुर्नाम दूर होता है, अन्न प्राप्त होता है, शक्ति मिलती है और सब प्रकार से लाभ होता है।

–ऋग्वेद

कह गिरिधर कविराय, बड़न की बड़ी बड़ाई।
थोरे ही जस होय, जसी पुरुषन को साईं।।

–गिरिधर कविराय

केवल निष्पक्ष व्यक्तियों के कर्म मधुर सुगन्ध देते हैं और धूल में खिलते हैं।

–शर्ले

याचक : याचना

तृण हल्का होता है, तृण से हल्की रुई होती है, रुई से भी हल्का याचक होता है, वायु उसे इसलिए नहीं उड़ाती है कि वह कहीं मुझसे कुछ मांगने न लगे।

–चाणक्य

तृन हू तें अरु तूलतैं, हरवौं जाचक आहि।
जानत है कछु मांगिहै, पवन उड़ावत नाहिं।।

–वृन्द

आब गया आदर गया, नैनन गया सनेहु।
ये तीनों तब ही गए, जबहि कहा कछु देहु।।

–कबीर

'कुछ दीजिए'–यह वचन ज्योंही किसी के मुख से निकलता है त्यों ही उसके शरीर से बुद्धि, श्री, लज्जा, शान्ति और कीर्ति–ये पांच देवता निकलकर चले जाते हैं। जब तक मनुष्य दूसरों के आगे हाथ नहीं फैलाता तभी तक उसके गुण और गौरव सुरक्षित रहते हैं।

–ब्रह्मपुराण

जैसे सेवा सब मान को, चांदनी अंधकार को, बुढ़ापा सुन्दरता को और विष्णु तथा शंकर की कथा पापों को हरती है, वैसे ही याचना सैकड़ों गुणों को हर लेती है।

–हितोपदेश

दीनता की परम मूर्ति धनहीनता नहीं, याचना है। कौपीनधारी होने पर भी शिव जी परमेश्वर ही माने जाते हैं।

–भोजप्रबन्ध

धनहीन मनुष्य यदि अपने प्राणों को अग्नि में झोंक दे, तो अच्छा है, परन्तु अपने मान को छोड़कर उसका कृपण मनुष्य से याचना करना अच्छा नहीं है।

–हितोपदेश

बिन मांगे है दूध बराबर, मांगे मिलै सो पानी।
कह कबीर सो रकत बराबर, जामें ऐंचातानी।।

–कबीर

भीख मांगने से हांड़ी तो चढ़ जाती है, परन्तु मनुष्य का गौरव गिर जाता है।

–शेख सादी

मरि जाऊं मांगू नहीं, अपने तन के काज।
परमारथ के कारने, मोहिं न आवै लाज।।

–कबीर

रहिमन वे नर मर चुके, जो कहुं मांगन जाहिं।
उनतें पहिले वे मुए, जिन मुख निकसत नाहिं।।

–रहीम

संसार में लोग मांगने वाले से बहुत चिढ़ते हैं।

–महाभारत

सज्जन से निष्फल याचना अच्छी है परन्तु दुर्जन से सफल याचना भी अच्छी नहीं है।

–कालिदास

यात्रा : यात्री

यात्रा में सत्संगति रास्ते को छोटा बना देता है।

–अज्ञात

अनुभवहीन यात्री पंखरहित पक्षी के समान हैं।

–शेख सादी

जल एक जगह ठहरे रहने से बदबूदार हो जाता है, दूज का चन्द्रमा यात्रा करते रहने से ही पूर्ण चन्द्रमा बन जाता है।

–इब्ज-उल-वर्दी

याद

किसी राजा ने एक भक्त से पूछा कि “क्या मैं कभी तुम्हें याद आता हूं ?” उत्तर मिला, “हां, जब मैं ईश्वर को भूल जाता हूं।”

–शेख सादी

दुःख की याद वर्तमान खुशी को मधुर बना देती है।

–रिचर

याद रखना भी मिलन का एक रूप है।

–खलील जिब्रान

याद ही केवल ऐसा स्वर्ग है जहां से हम कभी भगाए नहीं जा सकते।

–रिचर

देखिए, ‘स्मरण’, ‘स्मृति’

युग

अपने युग को हीन समझना आत्महीनता होगी।
सजग रहो, इससे दुर्बलता और दीनता होगी।।
जिस युग में हम हुए वही तो अपने लिए बड़ा है।
अहा, हमारे आगे कितना कर्मक्षेत्र पड़ा है।

–मैथिलीशरण गुप्त

कलियुग में रहना है या सतयुग में। यह तो स्वयं चुनो, तुम्हारा युग तुम्हारे पास है।

–विनोबा भावे

युगों से पुरुष स्त्री को उसकी शक्ति के लिए, सहन शक्ति के लिए ही दण्ड देता आ रहा है।

–महादेवी वर्मा

युगधर्म

हर युग का एक धर्म होता है। कभी-कभी एक युग का धर्म दूसरे युग में पूरे तौर से ठीक चस्पां नहीं होता। युग बदलता है, तो धर्म भी थोड़ा बदल जाता है, या धर्म का रूप कुछ बदल जाता है। नए युग में चाहे धर्म वही हो, मगर उस पर अमल करने का तरीका जरूर बदल जाता है।

–जवाहरलाल नेहरू

युग-पुरुष

सबकी पीड़ा के साथ व्यथा अपने मन की जो जोड़ सके,
मुड़ सके जहां तक समय, उसे निर्दिष्ट दिशा में मोड़ सके।
युग-पुरुष वही सारे समाज का विहित धर्म-गुरु होता है,
सबके मन का जो अन्धकार अपने प्रकाश में खोता है।

–रामधारीसिंह दिनकर

युद्ध

युद्ध, युद्ध को बढ़ावा देता है।

–शिलर

जब मनुष्य का युद्ध स्वयं अपने साथ आरम्भ होता है, तब उसका मूल्य होता है।

–ब्राउनिंग

जनमत का दबाव ही सरकार को युद्ध-क्षेत्र में विमुख कर सकता है।

–डॉ० राधाकृष्णन्

धर्म-युद्ध में मरने के बाद भी बहुत कुछ बाकी रह जाता है; हार को पार

करके मिलती है जीत, और मृत्यु को पार करके मिलता है अमृत।

–रवीन्द्रनाथ ठाकुर

युद्ध बर्बर लोगों का पेशा है।

–नेपोलियन

युद्ध ऐसा पेशा है, जिसमें मनुष्य सम्मानपूर्वक नहीं रह सकता। वह ऐसा पेशा है जिसमें लाभ कमाने के लिए सैनिक को झूठा, लुटेरा और क्रूर बनना पड़ता है।

–मैकियावेली

युद्ध का लक्ष्य शान्ति है और व्यवसाय का लक्ष्य अवकाश।

–अरस्तू

युद्ध को वे दिव्य कहते हैं जिन्होंने,
युद्ध की ज्वाला कभी जानी नहीं है।

–रामधारी सिंह दिनकर

युद्ध मानव जाति का विनाशक है, अतः उससे बचने के सभी उपायों से काम लेना चाहिए।

–महात्मा गांधी

युद्ध में शामिल होना धर्म के विरुद्ध आचरण करना है।

–डॉ० राधाकृष्णन्

युद्ध में सत्य की हत्या सबसे पहले होती है।

–कहावत

युद्ध हमसे हमारी इंसानियत को ही छीन लेता है।

–डॉ० राधाकृष्णन्

विचारों के युद्ध में पुस्तकें ही अस्त्र हैं।

–बर्नार्ड शॉ

सामूहिक हत्या का ही नाम युद्ध है।

–डॉ० राधाकृष्णन्

हम सबकी अपनी-अपनी शान्तियों की चिन्ता ही युद्ध की सामग्री और अवसर बनती है।

–जैनेन्द्र कुमार

युवक

देश-प्रेम से उमड़ रहा हो।
जिनकी वाणी में जय-जय स्वर,
हमको ऐसे युवक चाहिएं
सकें देश का जो संकट हर।

–सोहनलाल द्विवेदी

युवक जो ऊपर नहीं देखता नीचे देखेगा; आत्मा जो आकाश में नहीं उड़ती विनीत हो जाती हैं।

–डिसरैली

एक अजीब तरह का पागलपन भरा रहता है इस युवावस्था में। भावना, कल्पना, आकांक्षा। कहीं भी तो स्थायित्व नहीं होता।

–भगवातीचरण वर्मा

युवती

कोमलांगी युवती आगे बढ़े, तो कौन पुरुष पीछे कदम उठाएगा ?

–प्रेमचन्द

पुत्रवती जुवती जग सोई। रघुपति भगतु जासु सुत होई।।

(संसार में वही युवती पुत्रवती है जिसका पुत्र भगवान का भक्त है।)

–गोस्वामी तुलसीदास

युवती के लिए पति कैसी-कैसी मधुर कल्पनाओं का स्रोत होता है।

–प्रेमचन्द

युवावस्था

युवावस्था आवेशमय होती है, क्रोध से आग हो जाती है, तो करुणा से पानी भी हो जाती है।

–प्रेमचन्द

युवावस्था में एकान्तवास चरित्र के लिए बहुत ही हानिकारक है।

–प्रेमचन्द

योग : योगी

आत्मसंचार का एकमात्र उपाय योग है।

–सम्पूर्णानन्द

इन्द्रियों की स्थिरता को ही योग माना गया है। जिसकी इन्द्रियां स्थिर हो जाती हैं, वह अप्रमत्त हो जाता है। योग का अभिप्राय है प्रभव तथा शुद्ध संस्कारों की उत्पत्ति एवं अशुद्ध का विनाश।

–कठोपनिषद्

जो मनुष्य आहार-विहार में, दूसरे कर्मों में और सोने-जागने में परिमित रहता है उसका योग दुःखनाशक होता है।

–श्रीमद्भगवत गीता

योगः कर्मसु कौशलम्।

(कार्य में कुशलता को योग कहते हैं।)

–श्रीमद्भगवत गीता

योगश्चित्तवृत्तिनिरोधः।

(चित्त की वृत्तियों को वश में रखना ही योग है।)

–पतंजलि

सभी चिन्ताओं का परित्याग कर निश्चिन्त हो जाना ही योग है।

–योगशास्त्र

समत्वं योग उच्यते।

(समत्व ही योग कहा जाता है, अर्थात हानि-लाभ, सुख-दुःख आदि में समभाव रखना, विचलित न होना ही योग है।)

–श्रीमद्‍भगवत गीता

हे अर्जुन ! यह योग न तो बहुत खाने वाले का, न बिल्कुल न खाने वाले का, न बहुत शयन करने के स्वभाव वाले का और न सदा जागने वाले का ही सिद्ध होता है।

–श्रीमद्‍भगवत गीता

जो पुरुष एकीभाव में स्थिर होकर सम्पूर्ण भूतों में आत्मरूप से स्थित मुझ सच्चिदानन्द घन वासुदेव को भजता है, वह योगी सब प्रकार से बरतता हुआ भी मुझमें ही बरतता है।

–श्रीमद्‍भगवत गीता

जो सुख-दुःख को सर्वत्र समता से देखता है, वह परम योगी है।

–श्रीमद्‍भगवत गीता

योग में प्रवृत्ति करने का प्रथम फल यही होता है कि योगी की देह हल्की हो जाती है, निरोग हो जाती है, विषयों का लोभ समाप्त हो जाता है, शोभा (कान्ति) बढ़ जाती है, स्वर मधुर हो जाता है, देह से सुगन्ध निकलने लगती है और मल-मूत्र थोड़ा हो जाता है।

–श्वेताश्वतर उपनिषद

हे अर्जुन ! जो योगी अपनी भांति सम्पूर्ण भूतों में सम देखता है। और सुख अथवा दुःख को भी सबमें सम देखता है, वह योगी परम श्रेष्ठ माना गया है।

–श्रीमद्‍भगवत गीता

योग्य : योग्यता

आंधियां और समुद्री लहरें निरन्तर सबसे योग्य नाविकों का साथ देती हैं।

–गिबन

जो अपने को योग्य समझते हैं, वे योग्य हैं।

–वर्जिल

योग्य नहीं बनोगे तो योग्यता का पारितोषिक तुम्हें कौन देगा ?

–शरतचन्द्र चटर्जी

अपनी योग्यता को छिपाने के लिए भी बड़ी योग्यता की आवश्यकता होती है।

–ला रोशोकी

जिसमें अच्छी सेवा की योग्यता है, वह मनुष्य कभी बुरा नहीं होता।

–बर्क

जो विवेकी, विरक्त, शमी, दमी और मुमुक्षु हो, उसी में ब्रह्म-विचार की योग्यता मानी जाती है।

–शंकराचार्य

तुम्हारा सोता हुआ मन जाग जाये, इतनी योग्यता भी क्या तुम में अभी तक नहीं आई ?

–कुरान

बिना अवसर प्राप्त हुई योग्यता से लाभ कम होता है।

–नैपोलियन

प्रत्येक मनुष्य को योग्यता के अनुसार नहीं उसकी आवश्यकता के अनुसार मिलना चाहिए।

–कार्ल मार्क्स

योग्यता के अभाव में यदि हम परस्पर मिलना-जुलना बंद कर दें, तब हममें से बहुतों को अज्ञातवास का व्रत लेना पड़ेगा।

–रवीन्द्रनाथ ठाकुर

यौवन

फट जातीं बंधन की कड़ियां, क्रान्ति उदय होती है,
जब यौवन जीवन-पथ पर तूफान लिए आता है।

–रामदरश मिश्र

यौवन एक अनवरत मादकता है, यह चेततना का ज्वर है।

–ला रोशोकी

यौवन-काल की दुर्वासनायें बड़ी प्रबल होती हैं।

–प्रेमचन्द

यौवन क्या है जिसके मुख पर, लहराता शोणित रंग नहीं ?
यौवन क्या जिसमें आगे बढ़ने की, अमर उमंग नहीं ?
शैशव ही सुखमय है, उस यौवन के आने के पहले,
मर-मर कर जीने की जिसमें, उठती तरल उमंग नहीं।

–सोहनलाल द्विवेदी

यौवन, धन-सम्पत्ति, प्रभुत्व और विवेक—इन चारों में से एक भी अनर्थकारी होता है, जहाँ ये चारों होते हैं वहां की तो बात ही क्या है ?

—हितोपदेश

यौवन प्रेम और लालसाओं का समय है। इस अवस्था में मीना बाजार की सैर मन में विप्लव मचा देती है।

—प्रेमचन्द

यौवन विकारों को जीतने के लिए मिला है। उसे हम व्यर्थ ही न जाने दें।

—महात्मा गांधी

संसार की सबसे उत्तम, देव-दुर्लभ वस्तु यौवन है।

—प्रेमचन्द

सदा न फूलै तोरई, सदा न सावन होय।
सदा न यौवन चिर रहे, सदा न जीवे कोय।

—अज्ञात

रंज

कहकहा मारकर हंसने से रंज करना ज्यादा अच्छा है, क्योंकि रंज से दिल पाक होता है। बुद्धिमान आदमी का दिल हमेशा रंज या मातम के घर में रहता है। और मूर्खों का दिल खुशी और टठोलीबाजी के माहौल में रहता है।

—इंजील

रंज से खूगर हुआ इन्सां तो मिट जाता है रंज।
मुश्किलें मुझ पर पड़ीं इतनी कि आसाँ हो गईं।।

(जब मनुष्य विपत्तियां सहने का अभ्यस्त हो जाता है, तो उनकी असह्यता घट जाती है। मुझ पर इतनी कठिनाइयां पड़ीं कि वे सरल हो गईं।) (खूगर = अभ्यस्त)

—गालिब

रक्षा

जिसकी शस्त्रों से रक्षा हो ही नहीं सकती, उसकी यदि शस्त्रधारी रक्षा न कर सके तो इससे उसका अपयश नहीं होता।

—कालिदास

तुम आत्मा की रक्षा करो, हठपूर्वक वाद न करो, यह जंग कंटीला जंगल है, देख-देख कर पग रखना।

—गोरखनाथ

धैर्यपूर्वक सभी संरक्षण-शक्तियों से अपनी रक्षा करो।

—वेद

विपत्ति के लिए धन बचाना चाहिए, धन से स्त्री को बचाना चाहिए, स्त्री और धन से सदैव अपने को बचाना चाहिए।

–चाणक्य

रण

कहउँ सुभाउन कुलहि प्रसंसी। कालहु डरहिं न रन रघुवंशी।

(भगवान राम परशुराम जी से कहते हैं–मैं रघुवंशियों का स्वभाव कहता हूं। अपने वंश की प्रशंसा नहीं कर रहा हूं। रघुवंशी रण में काल से भी नहीं डरते।)

–गोस्वामी तुलसीदास

जौ रन हमहिं प्रचारै कोऊ। लरहि सुखेन काल किन होऊ।।

(श्री रामचन्द्रजी परशुरामजी से कहते हैं–यदि कोई हमें युद्ध के लिए चुनौती देता है, तो हम उससे सुखपूर्वक लड़ते हैं, चाहे वह काल ही क्यों न हो ?)

–गोस्वामी तुलसीदास

रमणी

रत्नजटित मखमली म्यान में जैसे तेज तलवार छिपी रहती है, जल के कोमल प्रवाह में जैसे असीम शक्ति छिपी रहती है, वैसे ही रमणी का कोमल हृदय साहस और धैर्य को अपनी गोद में छिपाए रहता है।

–प्रेमचन्द

रमणी का अनुराग कोमल होने पर भी बड़ा दृढ़ होता है। वह सहज में छिन्न नहीं होता। जब वह एक बार किसी पर मरती है, तब उसी के पीछे मिटती भी है।

–जयशंकर प्रसाद

रमणी की कातर दृष्टि में जो बल, जो कर्तव्य-शक्ति है, वह मानव-शक्ति की संचालक है।

–जयशंकर प्रसाद

रमणी ! तेरे हास में जीवन-स्रोत का संगीत है।

–रवीन्द्रनाथ ठाकुर

रमणीय : रमणीयता

सिर नीचा कर जिसकी सत्ता सब करते स्वीकार यहां,
सदा मौन हो प्रवचन करते, जिसका वह अस्तित्व कहां ?
हे अनन्त रमणीय ! कौन तुम, यह कैसे मैं कह सकता,
कैसे हो, क्या हो, इसका तो भार विचार न सह सकता।

–जयशंकर प्रसाद

क्षण-क्षण में वस्तु को जो अपूर्व सुन्दरता या नवीनता प्राप्त होती है, वही रमणीयता का सच्चा स्वरूप है।

–माघ

रस

रसो वै सः

(वह (परमात्मा) रस है।)

–श्रुति

समस्त भूतों का रस पृथ्वी है, पृथ्वी का रस जल है, जल का रस औषधियां हैं, औषधियों का रस पुरुष है और पुरुष का रस वाणी है।

–छान्दोग्य उपनिषद्

रसाल

करूँ बड़ाई फूल की या फल की चिरकाल ?
फूला-फला यथार्थ में, तू ही यहां रसाल !

–मैथिलीशरण गुप्त

रहस्य

कोई भी ऐसा रहस्य नहीं है जिसका उद्घाटन नहीं होता।

–बाइबिल

प्रत्येक व्यक्तित्व विश्व का एक रहस्य है।

–जे० सी० पोविस

बिना रहस्य के तो आदमी छूछा हो जाता है। सजीव है इसलिए कि कुछ रहस्य है। कुछ है जो पकड़ में नहीं आता। रहस्य तो जीवन का मर्म ही है। वह बँधे तो कैसे ? प्रयत्न करने से वह और रहस्यात्मक हो जाता है।

–जैनेन्द्र कुमार

यदि तुम अपने रहस्य शत्रु से गोपनीय रखना चाहते हो तो किसी मित्र से भी उनकी चर्चा न करो।

–बेंजामिन फ्रैंकलिन

रहस्य के प्रकट हो जाने पर दुःखी मत हो, बल्कि फूल की तरह खुशी से सदा खिले रहो। इस बहुरूपी संसार में पद और प्रतिष्ठा, मान और मर्यादा-सभी कुछ नष्ट होने वाले हैं।

–हाफिज़

परमेश्वर अपने रहस्य डरपोकों से नहीं खुलवाता।

–इमर्सन

हर जिन्दगी में कुछ न कुछ राज़ होता है। ऐसा राज़ तो जबान पर नहीं आता।

–भगवती प्रसाद वाजपेयी

रहस्यवाद : रहस्यवादी

तमाम आर्य संस्कृति रहस्यवाद पर प्रतिष्ठित है, रामायण, महाभारत रहस्यवाद के ग्रन्थ हैं, सब ऋषि, कवि रहस्यवादी थे, रहस्यवाद सर्वोच्च साहित्य है।

–सूर्यकान्त त्रिपाठी निराला

बुद्धि के सूक्ष्म धरातल पर कवि ने जीवन की अखंडता का दर्शन किया, हृदय की भाव-भूमि पर उसने प्रकृति में बिखरी सौन्दर्य सत्ता की रहस्यमयी, अनुभूति की और दोनों को मिलाकर एक ऐसी काव्य-सृष्टि उपस्थित कर दी जो प्रकृतिवाद, हृदयवाद, आध्यात्मवाद, रहस्यवाद आदि अनेक नामों का भार संभाल सकी।

महादेवी वर्मा

रहस्यवाद जीवात्मा की उस अन्तर्हित प्रवृति का प्रकाशन है जिसमें वह दिव्य और अलौकिक शक्ति से अपना शान्त और निश्छल सम्बन्ध जोड़ना चाहता है और वह सम्बन्ध यहां तक बढ़ गया है कि दोनों में अन्तर नहीं रह जाता।

–रामकुमार वर्मा

रहस्यवाद हृदय की वह दिव्य अनुभूति है, जिसके भावावेश में प्राणी अपने समीप एवं पार्थिव अस्तित्व से उस असीम और स्वर्गिक महाअस्तित्व के साथ एकात्मकता का अनुभव करने लगता है।

–गंगा प्रसाद पाण्डेय

साधना के क्षेत्र में जो अद्वैतवाद है, काव्य के क्षेत्र में वही रहस्यवाद है।

–रामचन्द्र शुक्ल

रहस्यवाद आत्मा की संकल्पात्मक अनुभूति है।

–जयशंकर प्रसाद

राखी

राखी एक वफ़ादारी की निशानी है। एक-दूसरे की हिफ़ाजत करना, रक्षा करना। भाई बहन की रक्षा करे; पड़ोसी-पड़ोसी की और भाई-भाई की।

–जवाहरलाल नेहरू

राग

आसरा मत ऊपर का देख, सहारा मत नीचे का माँग,
यही क्या कम तुझको वरदान, कि तेरे अन्तस्तल में राग;
राग से बांधे चल आकाश, राग से बांधे चल पाताल।
दरसा चल अंधकार का भेद, राग से साधे अपनी चाल।

–हरिवंशराय बच्चन

जिनका कहीं भी किसी से भी राग नहीं है, उन्हें कोई भी दुःख नहीं है।

–गौतम बुद्ध

जीव रागयुक्त होकर कर्मों में बंधता है और विरक्त होकर कर्मों से मुक्त होता है।

–आचार्य कुंदकुंद

राग के समान कोई दुःख नहीं है।

–महाभारत

राग न होने से आवागमन नहीं होता है।

–गौतम बुद्ध

संसर्ग से उत्पन्न राग का वन असंसर्ग से काट दिया जाता है।

–गौतम बुद्ध

राग-द्वेष

राग ओर द्वेष—ये दो कर्म के बीज हैं। कर्म मोह से पैदा होता है। कर्म ही जन्म-मरण का मूल है और जन्म-मरण ही वास्तव में दुःख हैं।

–महावीर स्वामी

राग द्वेष ईर्ष्या मद मोहू। जनि सपनेहुँ इनके बस होहू।

(कभी भी राग, द्वेष, ईर्ष्या, मद और मोह के वश में नहीं होना चाहिए।)

–गोस्वामी तुलसीदास

राग-द्वेष के दावानल से,
जलता है जग का कानन।
उसे तीव्र करता रहता है,
क्षुद्र स्वार्थ का प्रबल पवन।।

–ठाकुर गोपालशरण सिंह

सबसे ऊंचा आदर्श राग-द्वेष से मुक्त हो जाना है।

–महात्मा गांधी

राजकर्मचारी

यदि अकुलीन मूर्ख और सम्मानहीन मनुष्य भी राजकर्मचारी होता है, तो सर्वत्र उसका सम्मान किया जाता है।

–पंचतन्त्र

राजदूत

दयालु हृदय, उच्च-कुल और राजाओं को प्रसन्न करने वाले उपाय—ये सब राजदूतों के विशेष गुण हैं।

–संत तिरुवल्लुवर

नीति विरोध न मारिय दूता।

विभीषण रावण को समझाते हैं—हनुमान राम के दूत हैं। इसलिए नीति के विरुद्ध उनको नहीं मारना चाहिए।

—गोस्वामी तुलसीदास

प्रेममय प्रकृति, सुतीक्ष्ण बुद्धि और वाक्पटुता—ये तीनों बातें राजदूत के लिए अनिवार्य हैं।

—संत तिरुवल्लुवर

सहज विवेक, आकर्षक रूप और मननशील विद्या—ये तीनों जिसमें हों, वही राजदूत बनने योग्य होता है।

—संत तिरुवल्लुवर

राजधर्म

राजधर्म जहँ होइ सूर तहँ प्रजा न जाय सताए।

—सूरदास

राजनीति

आधुनिक राजनीति मूलतः मनुष्यों का नहीं अपितु शक्तियों का संघर्ष है।

—हेनरी ऐडम

मानव प्रकृति का ज्ञान ही राजनीतिक शिक्षा का आदि और अन्त है।

—हेनरी ऐडम

राजनीति में अन्तिम कुछ नहीं होता।

—डिसरैली

मैं इस बात से सहमत नहीं हूं कि धर्म का राजनीति से कोई संबंध नहीं है। धर्म से विलग राजनीति मृतक शरीर के तुल्य है, जो केवल जला देने योग्य है।

—महात्मा गांधी

राजनीति कुछ व्यक्तियों के लाभार्थ अनेक व्यक्तियों का उन्माद है।

—पोप

राजनीति के सदृश कोई दूसरा जुआ नहीं है।

—डिसरैली

राजनीति में कारागार की अपेक्षा अधिक स्वतंत्रता नहीं है।

—विल राजर्स

राजनीति में कुंज की पुष्प-शैया जल उठती है। लाल फूस अंगारों का रूप धारण कर लेते हैं और शीतल समीर सर्पों की फुफकार बन जाती है।

—रामकुमार वर्मा

राजनीति विपत्तियों को खोजने, उसे सर्वत्र प्राप्त करने, गलत निदान करने और अनुपयुक्त चिकित्सा करने की कला है।

–सर अर्नेस्ट वेम

राजनीति वेश्या के समान अनेक प्रकार से व्यवहार में लाई जाती है। वह कहीं झूठ और कहीं कठोर और कहीं प्रियभाषिणी होती है, कहीं हिंसक और कहीं दयालु होती है, कहीं कृपण और कहीं उदार होती है, और कहीं अधिक द्रव्य व्यय करने वाली तथा कहीं बहुत संचय करने वाली होती है।

–भर्तृहरि

राजनीति साधुओं के लिए नहीं है।

–बालगंगाधर तिलक

व्यावहारिक राजनीति यथार्थ को स्वीकार न करने में है।

–हेनरी ऐडम

समस्त राजनीतिक दल अन्त में अपने ही असत्यों से नष्ट हो जाते हैं।

–जॉन अरबुथनट

राजनीतिज्ञ

खाली पेट राजनीतिज्ञ अच्छा परामर्शदाता नहीं है।

–आइन्स्टाइन

राजनीति-जीवियों की, उनकी नाना छल-चतुराइयों के लिए, हम तारीफ कर सकते हैं, किन्तु उनके प्रति भक्ति नहीं कर सकते।

–रवीन्द्रनाथ ठाकुर

राजनीतिज्ञ अगले चुनाव के विषय में और कुशल राजनेता अगली पीढ़ी के विषय में सोचता है।

–जे० एफ० क्रार्क

राजनीतिज्ञ पारे की तरह है। यदि आप उस पर उंगली रखने का प्रयास करें, तो उसके नीचे कुछ नहीं मिलता।

–आस्टिन

राजनीतिक उन्नति

जिस देश को राजनीतिक उन्नति करनी हो, वह यदि पहले सामाजिक उन्नति नहीं कर लेगा, तो राजनीतिक उन्नति आकाश में महल बनाने जैसी होगी।

–महात्मा गांधी

राजमद

कही तात तुम नीति सुहाई। सब तें कठिन राजमदु भाई।।

भगवान् राम लक्ष्मण जी से कहते हैं—हे भाई ! तुमने सुन्दर नीति कही है। राजमद (राजा होने का घमंड) सबसे कठिन होता है।

—गोस्वामी तुलसीदास

भरतहिं होइ न राजमदु, विधि हरिहर पद पाइ।
कबहुं कि कांजी सीकरनि, छीरसिंधु बिनसाइ।।

(श्री रामचन्द्र जी लक्ष्मण जी को समझाते हैं—भरत अनुपम पुरुष हैं। ब्रह्मा, विष्णु और शंकर का पद पाने पर भी उनको राजमद नहीं हो सकता। देखो, यदि क्षीर सागर में कुछ बूंद सिरका पड़ जाये, तो क्षीर सागर नष्ट नहीं हो जाता।)

—गोस्वामी तुलसीदास

राजसत्ता

राजसत्ता दुनिया की सबसे बड़ी शक्ति है।

—हरिवंशराय शर्मा

यदि राजसत्ता अत्याचारी हो तो किसान का सीधा उत्तर है—जा, जा, तेरे जैसे कितने ही राज मैंने मिट्टी में मिलते देखे हैं।

—सरदार वल्लभ भाई पटेल

राजा

अधर्मी राजा के अत्याचार से प्रजा का नाश हो जाता है।

—महात्मा गांधी

जासु राज प्रिय प्रजा दुखारी। सो नृप अवसि नरक-अधिकारी।।

(जिस राजा के राज्य में उसकी प्रजा दुःखी रहती है, वह राजा नरक का अधिकारी होता है।)

—गोस्वामी तुलसीदास

जिस राजा की प्रजा सरोवर में कमलों के समान विकसित होती रहती है, वह सब प्रकार से पुण्य-फलों का भागी होता है और बहुत दिन तक उसका यश छाया रहता है।

—महाभारत

जिसे पुरवासियों और देशवासियों को प्रसन्न रखने की कला आती है, वह राजा इस लोक और परलोक में सुख पाता है।

—महाभारत

जैसे दृष्टि सदा ही देह के हित में लगी रहती है, उसी तरह राजा राष्ट्र को सत्य और धर्म में लगाने वाला होता है।

—वाल्मीकि रामायण

जो राजा प्रजा की भली-भांति रक्षा नहीं करता, वह चोर के समान है।

–महाभारत

बिना राजा के देश में किसी की कोई वस्तु अपनी नहीं रहती। मछलियों की तरह सब लोग सदैव एक दूसरे को अपना ग्रास बना लूटते-खसोटते हैं।

–बाल्मीकि रामायण

बुद्धि ही जिसका शस्त्र है, सेना, अमात्य आदि राज्यांग ही जिसके अंग हैं, दुर्भेद्य मंत्र की सुरक्षा ही जिसका कवच है, गुप्तचर ही जिसके नेत्र हैं, सन्देशवाहक दूत ही जिसका मुख है, इस तरह का राजा कोई अलौकिक ही पुरुष है।

–माघ

यदि राजा दुश्चरित्र हो, तो सारे राष्ट्र को सन्तप्त कर डालता है।

–महाभारत

राजा लोगों को जहां किसी बात की धुन सवार हो गई, फिर उसे पूरा किए बिना न मानेंगे, चाहे उनका राज्य ही क्यों न मिट जाये।

–प्रेमचन्द

राजा एक से एक बड़ा है, पर जन-संगठन से छोटा है।

–ब्रेक्टन

राजा लोग जिसे निकालते हैं, कोई न कोई दाग भी जरूर लगा देते हैं।

–प्रेमचन्द

राजा सत्य है, राजा धर्म है, राजा कुलीन पुरुषों का कुल है, राजा ही माता और पिता है, तथा राजा मनुष्यों का हित-साधन करने वाला है।

–वाल्मीकि रामायण

संसार में जिस दिन राजाओं की जरूरत न होगी, उस दिन उनका अन्त हो जायेगा।

–प्रेमचन्द

राजाश्रय

अपने मित्रों और हितैषियों का उपकार करने के लिए तथा शत्रुओं का अपकार करने के लिए बुद्धिमान लोग राजाओं का आश्रय ग्रहण करते हैं; केवल अपने पेट को कौन नहीं भर लेता ?

–पंचतंत्र

महत्वाकांक्षी विद्वान, शिल्पकार्य में निपुण कारीगर, शूरवीर एवं सेवावृत्ति में चतुर लोगों के लिए राजा के सिवा कहीं अन्यत्र स्थान नहीं मिलता।

–पंचतंत्र

राज्य

किसी राज्य को चलाने के लिए अच्छे कानूनों की उतनी आवश्यकता नहीं होती जितनी कि अच्छे अधिकारी की।

–अरस्तू

प्रजा का आशीर्वाद ही राज्य की सबसे बड़ी शक्ति है।

–प्रेमचन्द

राजा की निगाह चारों ओर दौड़नी चाहिए। अगर उसमें इतनी योग्यता न हो, तो उसे राज्य करने का कोई अधिकार नहीं है।

–प्रेमचन्द

राज्य का बल हृदय का नहीं, कानून का है।

–जैनेन्द्र कुमार

राज्य-पद हमें स्वाधीन नहीं बनाते बल्कि हमारी आध्यात्मिक पराधीनता को और भी पुष्ट कर देते हैं।

–प्रेमचन्द

राज्य पशुबल का ही प्रत्यक्ष रूप है।

–प्रेमचन्द

राज्यों की शक्ति का उतार-चढ़ाव दया और न्याय के अनुपात के आधार पर अवलम्बित है। जनसंख्या की वृद्धि से या अन्य राष्ट्रों को हड़प कर कोई राष्ट्र शक्तिशाली नहीं हो सकता।

–रस्किन

राज्य-व्यवस्था

देश में उसी की राज्य-व्यवस्था होती है, जिस का अधिकार होता है।

–प्रेमचन्द

राज्य-व्यवस्था का आधार न्याय नहीं, भय है।

–प्रेमचन्द

रामनाम

तुलसी 'रा' के कहत ही, निकसत सकल विकार।
पुनि आवन पावत नहीं, देत 'म' कार किवार।।

(तुलसीदास जी कहते हैं कि 'रा' के कहते ही मन की सब बुराइयां बाहर निकल जाती हैं। 'म' कहते ही किवाड़ बन्द हो जाता है; इससे वे अन्दर नहीं आ पाती हैं।)

–गोस्वामी तुलसीदास

ब्रह्म नाम तें नामु बड़, वरदायक वरदानि।
राम चरित सत्कोटि महं, लिय महेस जिय जानि।।

(राम-नाम ब्रह्म नाम से बड़ा वरदाता है। इसीलिए राम के सौ करोड़ चरित्रों में से शंकर जी ने इसी को चुना है।)

–गोस्वामी तुलसीदास

राम एक तापस तिय तारी। नाम कोटि खल कुमति सुधारी।।

(राम ने केवल गौतम की पत्नी अहल्या नामक एक स्त्री का उद्धार किया था। उनके नाम ने करोड़ों दुष्टों की दुर्बुद्धि का सुधार किया है।)

–गोस्वामी तुलसीदास

राम नाम कहि जे जमुहाहीं। तिन्हहिं न पाप-पुंज समुहाहीं।
उलटा नाम जपत जगु जाना। वाल्मीकि भए ब्रह्म समाना।।

(जो लोग जम्हाई लेते समय राम का नाम लेते हैं, उनके सामने कोई पाप नहीं आते। संसार जानता है कि 'राम' के उल्टा 'मरा' का जप करके वाल्मीकि ब्रह्म के समान हो गए।)

गोस्वामी तुलसीदास

राम नाम मनि दीप धरु, जीह-देहरी द्वार।
तुलसी भीतर बाहिरहु, जो चाहसि उजियार।।

(तुलसीदास जी कहते हैं कि यदि आप अपने भीतर तथा बाहर दोनों तरफ प्रकाश चाहते हैं, तो राम-नाम रूपी मणि को जीभ रूपी देहरी के द्वार पर रखिए।)

–गोस्वामी तुलसीदास

राम-नाम मृत्यु के दुःख को मिटा देता है, यह राम-नाम का क्या कोई छोटा मोटा चमत्कार है।

–महात्मा गांधी

राम नाम सुन्दर कर तारी। संसय विहग उड़ावन हारी।।

(राम-नाम हाथ की सुन्दर ताली (थपोड़ी) है जो संशय रूपी पक्षी को उड़ा देती है।)

–गोस्वामी तुलसीदास

वरषा ऋतु रघुपति भगति, तुलसी सालि सुदास।
राम नाम वर बरन जुग, सावन भादौं मास।।

(तुलसीदास जी कहते हैं कि राम भक्ति वर्षा ऋतु के समान है, उनके भक्त धान के समान हैं और 'राम' नाम के दोनों अक्षर 'रा' और 'म' सावन-भादों मास की भांति हैं।)

–गोस्वामी तुलसीदास

सन्तों ने साहित्य का सारा सार राम-नाम में ला रखा है।

–विनोबा भावे

राम-राज्य

दैहिक दैविक भौतिक तापा। राम राज नहिं काहुहि व्यापा।।

(श्री रामचन्द्र जी के राज्य में किसी को दैहिक, दैविक अथवा भौतिक किसी प्रकार का कष्ट नहीं था।)

–गोस्वामी तुलसीदास

धार्मिक दृष्टिकोण से राम-राज्य पृथ्वी पर ईश्वरीय कहा जा सकता है। राजनीतिक दृष्टि से राम-राज्य एक ऐसा पूर्ण प्रजातंत्र है, जहां अधिकार, वर्ण, स्त्री तथा पुरुष के विभेद पर आश्रित असमानतायें तिरोहित हो जाती हैं। इस प्रजातंत्र में भूमि तथा राजसत्ता की अधिकारिणी प्रजा है।

–महात्मा गांधी

रामायण

मैं तुलसीदास जी की रामायण को भक्तिमार्ग का सर्वोत्तम ग्रन्थ समझता हूं। रामचरित मानस विचार रत्नों का भंडार है।

–महात्मा गांधी

रामचरित मानस विमल, संतन जीवन प्रान।
हिन्दुआन को वेद सम, जवनहिं प्रगट कुरान।।

–रहीम

रामायण की सरसता क्या संसार के किसी काव्य से उपलब्ध हो सकती है ? अप्सराओं के अधरों और द्राक्षलताओं ने रामायण का रस न जाने कितनी बार चुरा-चुरा कर चखा है।

–विनायक दामोदर सावरकर

रामायण के द्वारा भारतवर्ष ने स्वार्थपरता का दोष जितना दूर हुआ है उतना किसी भी नीतिवान, धर्मविद्, समाज-सुधारक राजपुरुष के द्वारा नहीं हो सका।

–बंकिमचन्द्र चटर्जी

रामायण में ज्ञान, भक्ति और वैराग्य की निर्मल त्रिवेणी का प्रवाह बहता है।

–मदनमोहन मालवीय

रामायण सुरतरु की छाया। दुःख भय दूर निकट जो आया।।

–गोस्वामी तुलसीदास

रामायण हमारा क्षीर सागर है।

–विनायक दामोदर सावरकर

राष्ट्र

अधिक जनसंख्या होने से या दूसरे देशों को हड़प कर कोई भी राष्ट्र शक्तिशाली नहीं हो सकता।

–रस्किन

एक हजार वर्ष की कठिनाई से एक राष्ट्र बना पाते हैं, परन्तु वह राष्ट्र केवल एक घण्टे भर में समाप्त हो सकता है।

–बायरन

जातियां व्यक्तियों से बनती हैं, लेकिन राष्ट्र का निर्माण केवल संस्थाओं द्वारा ही होता है।

–डिसरैली

जिन्होंने राष्ट्रों का निर्माण किया है, उनकी कीर्ति अमर हो गई है।

–प्रेमचंद

जिस राष्ट्र का व्यापार असत्य पर चलता है उसका शील समाप्त हुआ ही समझना चाहिए।

–विनोबा भावे

जिस राष्ट्र में चरित्रशीलता नहीं हैं, इसमें कोई योजना काम नहीं कर सकती।

–विनोबा भावे

प्रेम और भ्रातृत्व को अपना कर एक विशाल कुटुम्ब की तरह अपनी वृद्धि करने में ही राष्ट्र की सच्ची शक्ति वर्तमान है।

–रस्किन

विवेकपूर्ण लोगों का छोटा-सा दल असंख्य मूर्खों के जंगल से अच्छा है और जिस राष्ट्र ने अपने स्वरूप को पहचान लिया, वही सच्चे साम्राज्य को पाने का अधिकारी है।

–रस्किन

परानुकरण से बढ़कर राष्ट्र की कोई अवमानना नहीं हो सकती।

–गोलवलकर

राष्ट्रतंत्र

राष्ट्रतंत्र के अनेक पापों और दोषों में से एक सबसे बड़ा पाप या दोष है उसमें स्वार्थ ढूंढना, मतलब गांठने की फिराक में रहना। राष्ट्रीय स्वार्थ बहुत बड़ा स्वार्थ है, फिर भी स्वार्थ की जो गंदगी है, वह उसमें आए बिना नहीं रह सकती।

–रवीन्द्रनाथ ठाकुर

राष्ट्र-भाषा

अरे, अड़ो मत अलग बोलियों को ले-लेकर,
पार करेगी नाव राष्ट्रभाषा ही खेकर।
यदि अनुदार विचार धार में बह जाओगे,
कहकर सुनकर भी मूक-बधिर ही रह जाओगे।

–मैथिलीशरण गुप्त

राष्ट्र-सेवा

राष्ट्र सेवा महंगा सौदा है।

–प्रेमचन्द

राष्ट्रीय एकता

बहु प्रान्तों की वाणी का जनमानस हो रस-संगम;
सांस्कृतिक दैन्य की खाई फिर पटे युगों की दुर्गम।
उत्तर दक्षिण छोरों पर नव सेतुबंध हो निर्मित,
इस जन विशाल भू में हो राष्ट्रीय एकता प्रतिष्ठित।।

–सुमित्रानंदन पंत

राष्ट्रीय मनोवृत्ति

अपनी राष्ट्रीय मनोवृत्ति को शुद्ध रखिए आपकी राष्ट्रीय आंखें स्वयं ठीक हो जायेंगी।

–रस्किन

राष्ट्रीयता

राष्ट्रीयता के मानी क्या है ? जो लोग एक देश के हों, वे उससे बंधे हैं। जो लोग भारत के नागरिक हैं, वे भारत गणतंत्र से बंधे हैं। अगर देश में यह बांधनेवाली चीज न हो, तो वह देश नहीं रहा, कानून से भले ही हो या विधान में हो, लेकिन असली चीज यानी एक जानदार देश वह नहीं रहा।

–जवाहरलाल नेहरू

राष्ट्रीयता का अर्थ है कि देश-भर में एकता हो, देश-भर में सब लोग अपने को एक परिवार समझें, चाहे धर्म कोई हो, चाहे कोई हिन्दू हो, मुसलमान हो, बौद्ध हो, ईसाई हो, सिख हो, कोई भी हो, सब लोग अपने को एक परिवार का समझें।

–जवाहरलाल नेहरू

राष्ट्रीयता की सबसे खरी परीक्षा तो आखिर यही है कि हम अपने परिवार के ही पांच-छह व्यक्तियों की या अपनी जाति अथवा (अपने) वर्ग के ही सौ-एक आदमियों की चिंता न कर, उस समूह का हित, जिसे हम राष्ट्र कहते हैं, बिल्कुल इस तरह देखें-मानो वह हमारा अपना ही व्यक्तिगत हित है।

–महात्मा गांधी

रात्रि

बिलपत राउ बिकल बहु भांती। भइ जुग सरिस सिराति न राती।।

(श्रीराम, लक्ष्मण और सीता के वन चले जाने पर राजा दशरथ अत्यन्त व्याकुल होकर अनेक प्रकार से विलाप करते थे। रात युग के समान हो गई थी। उसका अन्त नहीं होता था।)

–गोस्वामी तुलसीदास

रात्रि को निद्रा के समय, हम प्राण के जाल का प्रसार, चेतना के जाल का प्रसार, बिल्कुल बंद करके रखते हैं। वह संशोधन तथा क्षतिपूर्ति का समय है।

–रवीन्द्रनाथ ठाकुर

रिपु

अपने रिपु के लिए भट्ठी इतनी अधिक गर्म न करो कि वह तुम्हें ही भून डाले।

–शेक्सपियर

रिपु तेजसी अकेल अपि, लघु करि गनिय न ताहु।
अजहुं देत दुख रबि ससिहिं, सिर अवसेषित राहु।।

(यदि तेजस्वी शत्रु अकेला भी हो, तो उसे छोटा नहीं गिनना चाहिए। राहु का काटा हुआ सिर आज भी सूर्य और चन्द्रमा को निगल जाता है जिससे सूर्यग्रहण और चन्द्रग्रहण लगता है।)

–गोस्वामी तुलसीदास

रिपु पर दया परम कदराई

(शत्रु पर दया करना बहुत बड़ी कायरता है।)

–गोस्वामी तुलसीदास

सूर समर करनी करहिं, कहि न जनावहिं आप।
विद्यमान रिपु पाइ रन, कायर करहिं प्रलाप।।

(शूरवीर रण-क्षेत्र में बहादुरी का काम करते हैं, अपनी वीरता की डींग नहीं मारते। इसके विपरीत, डरपोक लोग जब लड़ाई के मैदान में शत्रु को देखते हैं, तो लम्बी-चौड़ी बातें करते हैं।)

–गोस्वामी तुलसीदास

रियायत

दुश्मनों के साथ रियायत करना उनको सबसे बड़ी सजा देना है।

–प्रेमचन्द

रियायत करना अपनी दुर्बलताओं और भ्रान्ति की घोषणा करना है।

–प्रेमचन्द

रियायत राजनीति में पराजय की सूचक है।

–प्रेमचन्द

रिश्तेदार

जिस मनुष्य से उसके रिश्तेदार घृणा करते हैं, दूसरा कोई उसका सम्मान नहीं करेगा।

–प्लाउटस

सत्य मेरी माता है, ज्ञान मेरा पिता है, धर्म मेरा भाई है, दया मेरा सखा है, शान्ति मेरी पत्नी है और क्षमा मेरा पुत्र है–ये छः ही मेरे रिश्तेदार हैं।

–आचार्य चाणक्य

रिश्वत

जो किसी से रिश्वत लेता नहीं, वह किसी को देगा कहां से ?

–प्रेमचन्द

न्यायाधीश और सेनेट के सदस्य भी रिश्वत के द्वारा मोल लिए गए हैं।

–पोप

रिश्वत अब भी नब्बे फीसदी अभियोगों पर पर्दा डालती है। फिर भी पाप का भय प्रत्येक हृदय में है।

–प्रेमचन्द

रिश्वत और कर्तव्य दोनों साथ नहीं निभ सकते।

–प्रेमचन्द

रिश्वत का पैसा देह फुला देता है, बिना हराम की कौड़ी खाए देह फूल ही नहीं सकती।

–प्रेमचन्द

रिश्वत की कमाई से बरकत नहीं होती।

–प्रेमचन्द

रिश्वत देकर एक सच्चे आदमी का वोट लेने के लिए सारे संसार की संम्पत्ति अपर्याप्त है।

–सेन्ट ग्रेगरी

रीति-रिवाज़

रीति-रिवाज बुद्धिहीनों के कानून हैं।

–वैनवुड

रुचि

प्रत्येक व्यक्ति की रुचि एक-दूसरे से भिन्न होती है।

–कालिदास

हमारी रुचि हमारे जीवन की कसौटी है, और हमारे मनुष्यत्व की पहचान है।

–रस्किन

रुदन

क्रोध के लिए नहीं अपितु प्रेम के लिए रोओ।

–डंकन

रुदन करना वीरों को उचित नहीं, रोना-धोना स्त्रियों का काम है।

–जयशंकर प्रसाद

रुपया

रुपये में बड़ी ताकत है। वह सफेद को काला कर सकता है। वह हक को खरीद सकता है।

–रईस अहमद जाफरी

जिस प्रकार जोंक चिपटने पर खून चूसे बिना नहीं छोड़ती, उसी प्रकार बनिए का रुपया भी मांस और सम्मान लिए बिना नहीं छोड़ता।

–शरण

रूढ़ि

समाज जितना अधिक जीवित रहता है, उतनी ही रूढ़ियां बनती चली जाती हैं, और वे कुछ सीमा तक उसकी सहायता भी करती हैं। परन्तु अनेक रूढ़ियां उसकी प्रगति में रुकावट भी बन जाती हैं।

–अज्ञात

रूढ़ियां कभी धर्म नहीं होतीं। वे एक समय की बनी हुई सामाजिक शृंखलायें हैं, वे पहले की शृंखलायें जिनसे समाज में सुथरापन था, मर्यादा थी, पर अब जो जंजीरें बन गई हैं।

–सूर्यकान्त त्रिपाठी निराला

रूढ़िवादी

हमारा देश जब से रूढ़िवादी बना, तभी से उसका पतन आरंभ हो गया। जो बातें कभी उसके विकास में सहायक थीं, वे ही उसके पैरों की बेड़ियां बन गईं। बदली परिस्थितियों के साथ नियमों का बदलना जरूरी होता है।

–अज्ञात

रूप

असली रूप तो अपने गुणों से ही झलकता है। अपनी छाप गुणवान् होकर डालनी चाहिए, रूपवान् होकर नहीं।

–महात्मा गांधी

कच्ची धूप-सदृश प्रिय कोई धूप नहीं हैं,
युवती माता से बढ़ कोई रूप नहीं है।

–रामधारीसिंह दिनकर

पुरुषों के लिए अगर रूप-तृष्णा निन्दाजनक है, तो स्त्रियों के लिए विनाशकारक है।

–प्रेमचन्द

रूप अंग में नहीं होता अन्तरंग में होता है।

–जैनेन्द्र कुमार

रूप और गर्व में चोली-दामन का नाता है।

–प्रेमचन्द

रूप की चौखट पर बड़े-बड़े महीप नाक रगड़ते हैं।

–प्रेमचन्द

रूप कोई अच्छी वस्तु नहीं है, वह मन को दबा देता है, हृदय को ढक देता है।

–रवीन्द्रनाथ ठाकुर

रूप जब सो जाता है तो और भी नशीला हो जाता है और जुल्फें जब बिखर जाती हैं तो और भी जहरीली हो जाती हैं।

–सुदर्शन

रूप तो फूल की ही तरह है, पर उसमें प्रेम की सुगंध नहीं है।

–सूर्यकान्त त्रिपाठी निराला

रूप ही दर्शन की सार्थकता है।

–रामकुमार वर्मा

रूप है वह पहला उपहार,
प्रकृति जो रमणी को देती।
और है यही वस्तु वह जिसे,
छीन सबसे पहले लेती।।

–रामधारीसिंह दिनकर

रोग : रोगी

को दीर्घ रोगो ? भव एक साधो।

(बहुत बड़ा रोग क्या है ? हे साधो ! बार-बार जन्म लेना ही है।)

–शंकराचार्य

जब रोग असाध्य हो जाता है, तब दवा भी उस पर विष का काम करती है।

–प्रेमचन्द

तमाखू पीना बुरा रोग है। एक बार पकड़ ले, तो जिन्दगी भर नहीं छोड़ता।

–प्रेमचन्द

फौजों और हथियारों की शक्ति पर विश्वास करना एक बहुत बड़ा रोग

है। इस रोग ने संसार को बहुत कष्ट पहुंचाया है और लोगों को भयभीत कर दिया है।

–डॉ० राधाकृष्णन

बड़े आदमियों के रोग भी बड़े होते हैं। वह बड़ा आदमी ही क्या जिसे कोई छोटा रोग हो ?

–प्रेमचन्द

रोग का अन्त करने के लिए रोगी का अन्त कर देना, न बुद्धिसंगत है, न न्यायसंगत। आग-आग से शान्त नहीं होती, पानी से शान्त होती हैं।

–प्रेमचन्द

रोग का निवारण मौत से नहीं, दवा से होता है।

–प्रेमचन्द

रोग की सबसे अच्छी औषधि निराहार है।

–जैनेन्द्र कुमार

डाक्टर के निराश हो जाने पर रोगी सदैव मर ही जाता है। ऐसी बात नहीं है।

–रवीन्द्रनाथ ठाकुर

रोगी आदमी को प्रेम का एक शब्द सौ डाक्टरों से बढ़कर है।

–श्री ब्रह्मचैतन्य

रोगी जब तक बीमार रहता है, तब तक उसे सुध नहीं रहती कि कौन मेरी औषधि करता है, और कौन मुझे देखने के लिए आता है।

–प्रेमचन्द

स्वस्थ आदमी अगर नीम की पत्ती चबाता है, तो अपने स्वास्थ्य को बढ़ाने के लिए। वह शौक से पीसता और शौक से पीता है, पर रोगी वह पत्तियां पीता है तो नाक सिकोड़कर, मुंह बनाकर, झुंझला कर और अपनी तकदीर को रोकर।

–प्रेमचन्द

रोटी

जो अपनी रोटी दूसरों के साथ बाँट कर खाता है, उसे भूख की बीमारी कभी नहीं सताती।

–तिरुवल्लुवर

आदमी केवल रोटी से नहीं जीवित रहता।

–बाइबिल

आदमी महज रोटी नहीं चाहता, और भी चीजें चाहता है।

–प्रेमचन्द

इसांन से बढ़कर मूल्य है रोटी का। यह रोटी किसी की जिन्दगी से खेल जाती है और किसी के सतीत्व से। आज यह पेट न होता, तो मानव की दृष्टि में रोटी का इतना महत्व नहीं होता।

–शरण

गरीब रोटी ढूंढ़ता है और अमीर भूख।

–डेनिश कहावत

सच है, अगर लोग भूखे हैं, भूख मिटानी ही होगी,
चाहे मिले जहां लेकिन, रोटी तो लानी ही होगी।
सच तो है, रोटियां नहीं तो क्या ये कविता खायेंगे?
थाली में धर कर विराट कवियों के गीत चबायेंगे ?

–रामधारीसिंह दिनकर

रोना

रोना और हंसना–ये ही तो मानवी सभ्यता के आधार हैं, इसी के लिए सभ्यता की कल्पना है–इसी के साधन मनुष्य की उन्नति के लक्षण कहे जाते हैं।

–जयशंकर प्रसाद

लक्ष्मी

जहां मूर्ख नहीं पूजे जाते, जहां अन्न संचित रहता है और जहां स्त्री-पुरुष में कलह नहीं होती, वहां लक्ष्मी आप ही आकर विराजमान रहती है।

–चाणक्य

जो उत्साही है, आलसी नहीं है, कार्य करने की विधि को जानता है, किसी भी प्रकार के व्यसन में आसक्त नहीं है, शूरवीर है, कृतज्ञ है, जिसकी मित्रता दृढ़ होती है, ऐसे सज्जन के पास रहने के लिए लक्ष्मी स्वयं जाती है।

–पंचतंत्र

जो लक्ष्मी को पाना चाहता हो, उसे लक्ष्मी भले ही न मिले, पर जिसे स्वयं लक्ष्मी चाहे, वह उसे न मिले, यह कैसे हो सकता है ?

–कालिदास

धनवान् लोगों के मन में हमेशा शंका रहती है, इसलिए यदि हम लक्ष्मी देवी को खुश रखना चाहते हैं, तो हमें अपनी पात्रता सिद्ध करनी पड़ेगी।

–महात्मा गांधी

धैर्य, क्षमा, दम (इन्द्रिय-दमन), पवित्रता, करुणा, कोमल वचन तथा मित्रों से अद्वेष–ये सात लक्ष्मी के साधन हैं।

–महाभारत

न्याय और नीति सब लक्ष्मी के ही खिलौने हैं, वह जैसे चाहती है नचाती है।

–प्रेमचन्द

मलिन वस्त्र वाले, गन्दे दांत वाले, बहुत खाने वाले, कठोर बोलने वाले और सूर्योदय एवं सूर्यास्त के समय में सोने वाले को लक्ष्मी त्याग देती है, चाहे वह विष्णु ही क्यों न हो।

–चाणक्य

लक्ष्मी उन्हीं की सहायता करती है जिनका निर्णय विवेकशील होता है।

–यूरीपीडीज

लक्ष्मी उसी के लिए वरदान है, जो उसे दूसरों के लिए वरदान बना देता है।

–फील्डिंग

लक्ष्मी के पास में रहने से उतना आनन्द नहीं होता जितना उसके खो जाने से, छिन जाने से दुःख होता है।

–सेन्ट ग्रेगरी

लक्ष्मी शुभ कार्य से उत्पन्न होती है, चतुरता से बढ़ती है, अत्यन्त निपुणता से जड़ बांधती है तथा संयम से स्थिर रहती है।

–महाभारत

वेदान्त धर्म का सच्चा अधिकारी और पात्र वही हो सकता है, जो सामर्थ्यवान हो, सम्पन्न हो और लक्ष्मी जिसके चरण चूमती हो।

–विवेकानन्द

लक्ष्य

अन्तिम लक्ष्य बना देता है, पतित साधनों को भी पावन,
यह सिद्धान्त निपट मिथ्या है, न लें सहारा इसका जगजन;
जो साधन नर के शोणित से, लथपथ वे कब हैं श्रेयस्कर ?
आओ जगजन, आज त्याग दें, यह सिद्धान्त कुरूप घृणाभर।

–बालकृष्ण शर्मा नवीन

अपने जीवन का एक लक्ष्य बनाइए और इसके बाद अपने पूरे शारीरिक और मानसिक बल को अपने काम में लगा दीजिए जो ईश्वर ने आपको दिया है।

–कारलाईल

आत्मा में परमात्मा का साक्षात्कार प्राप्त करना ही जीवन का परम लक्ष्य है।

–रवीन्द्रनाथ ठाकुर

उन्नत होना और आगे बढ़ना प्रत्येक जीव का लक्ष्य है।

–अथर्ववेद

ओंकार ही धनुष है, आत्मा ही वाण है, और परब्रह्म परमात्मा ही उसका लक्ष्य कहा जाता है। वह प्रमादहीन मनुष्य द्वारा ही बेधा जाने योग्य है। उसे बेधकर बाण की भांति उसमें तन्मय हो जाना चाहिए।

–महर्षि अंगिरा

जो अपने लक्ष्य के प्रति पागल हो गया है, उसे ही प्रकाश के दर्शन होते हैं। जो थोड़ा इधर, थोड़ा उधर हाथ मारते हैं, वे कोई लक्ष्य पूर्ण नहीं कर पाते। वह कुछ क्षणों के लिए बड़ा जोश दिखाते हैं, किन्तु वह शीघ्र ठंडा हो जाता है।

–विवेकानन्द

लक्ष्य को ही अपना जीवन-कार्य समझो। हर समय उसी का चिन्तन करो, उसी का स्वप्न देखो। उसी के सहारे जीवित रहो।

–विवेकानन्द

देखिए, 'ध्येय'

लक्ष्य-प्राप्ति

"उठो, जागो और तब तक न रुको
जब तक लक्ष्य प्राप्ति न हो।"

–विवेकानन्द

लगन

जिसको लगन है वह साधन भी जुटा लेता है; यदि नहीं जुटा पाता, तो वह उन्हें स्वयं बना लेता है।

–चैनिंग

परिश्रम और लगन का पुरस्कार कौन दे सकता है ?

–प्रेमचन्द

बुद्धि द्वारा सधा हुआ उत्साह ही लगन है।

–पास्कल

मन के लिए लगन हो एक, मगन रहे वह रक्खे टेक।
इतने से ही तुम कृतकृत्य, करती रहे नियति निज नृत्य।
मन को एक केन्द्र मिल जाय, तो इन्द्रासन भी हिल जाय।।

–मैथिलीशरण गुप्त

मानव-जीवन में लगन बड़े महत्व की वस्तु है। जिसमें लगन है, वह बूढ़ा भी जवान है; जिसमें लगन नहीं है, वह जवान भी मृतक है।

–प्रेमचन्द

लगन अपने से उल्टी दिशा में मनुष्य को उसी प्रकार नहीं दौड़ा सकती जिस प्रकार तेज बहती हुई नदी अपने प्रवाह के विरुद्ध नौका को नहीं ले जा सकती।

–फील्डिंग

लगन को कांटों की परवाह नहीं होती।

–प्रेमचन्द

लगन से ज्ञान मिलता है; लगन के अभाव में ज्ञान खो जाता है।

–गौतम बुद्ध

लघु

धनि रहीम जल पंक को, लघु जिय पियत अघाय।
उदधि बड़ाई कौन है, जगत पियासो जाय।।

–रहीम

रहिमन देख बड़ेन को, लघु न दीजिए डारि।
जहां काम आवै सुई, कहा करै तरवारि।।

–रहीम

लघुता

जिसके गुण की प्रशंसा दूसरे लोग करते हैं, वह निर्गुण होते हुए भी गणवान् हो जाता है। परन्तु अपने गुणों की स्वयं प्रशंसा करने से इन्द्र भी लघुता को प्राप्त होता है।

–चाणक्य

लघुता से प्रभुता मिलै, प्रभुता से प्रभु दूरि।
चींटी लै शक्कर चली, हाथी के सिर धूरि।।

–कबीर

शिखरों से ऊपर उठने देती न हाय ! लघुता आयी;
मिट्टी पर झुकने देता है देव ! नहीं अभिमान हमें।

–रामधारीसिंह दिनकर

सबते लघुताई भली, लघुता से सब होय।
जस द्वितिया को चन्द्रमा, शीश नवैं सब कोय।।

–कबीर

लज्जा

हृदय नग्न, तो सात पटों के भी आवरण वृथा हैं;
वसन व्यर्थ, यदि भली-भांति आवृत भीतर का मन है।

–दिनकर

केवल आदमी ही वह प्राणी है जो लज्जित होता है, या जिसे वैसा होने की जरूरत है।

–मार्क ट्वेन

जो अपने होश में नहीं है, उसे किसी की लज्जा और संकोच नहीं होता।

–प्रेमचन्द

तुम मेरी राखो लाज हरी।
तुम जानत सब अन्तर्यामी करनी कछु न करी।।

–सूरदास

धन-धान्य के प्रयोग में, विद्योपार्जन में तथा भोजन करने में लज्जा-संकोच न करें।

–पंचतंत्र

धनहीन प्राणी को जब कष्ट-निवारण का कोई उपाय नहीं रह जाता, तो वह लज्जा को त्याग देता है।

–प्रेमचन्द

यदि कोई सुन्दरी लज्जा त्याग देती है, तो वह अपनी सुन्दरता का सबसे बड़ा आकर्षण खो देती है।

–सेन्ट ग्रेगरी

यह बात याद रखनी चाहिए कि व्यर्थ की लज्जा आवश्यक लज्जा को मार डालती है।

–रवीन्द्रनाथ ठाकुर

लज्जा एक संकेत है जिसे प्रकृति पवित्रता और सम्मान का सम्मान दिखाने के लिए बाहर लटका देती है।

–गाटहोल्ड

लज्जा का आकर्षण सौन्दर्य से अधिक होता है।

–शेक्सपियर

लज्जा तो दुर्बल स्वभाव का लक्षण है। बहुत-से-व्यक्ति अपने पिता का परिचय देने में भी लज्जा का अनुभव करते हैं।

–रवीन्द्रनाथ ठाकुर

लज्जा ने सदैव वीरों को परास्त किया है। जो काल से भी नहीं डरते, वे भी लज्जा के सामने खड़े होने की हिम्मत नहीं करते।

–प्रेमचन्द

लज्जा सुन्दरता और सद्‌गुणशीलता का किला है।

–डिमेड्रस

लज्जा स्त्रीनां भूषणम्।
(लज्जा स्त्रियों का आभूषण है।)

–अज्ञात

देखिए, 'शर्म'

लज्जाशीलता : लज्जाशून्य

लज्जाशीलता रमणियों का सबसे सुन्दर आभूषण है।

–प्रेमचन्द

जो मनुष्य सदैव सर्व-सम्मानित रहा हो, जो सदा आत्माभिमान से सिर उठा कर चलता रहा हो, जिसकी सुकृति की सारे शहर में चर्चा होती रही हो, वह कभी सर्वथा लज्जाशून्य नहीं हो सकता।

–प्रेमचन्द

लड़की

यदि किसी लड़की की त्रुटि को जानना चाहते हो, तो उसकी सखियों से उसकी प्रशंसा करो।

–बेंजमिन फ्रैंकलिन

लड़ाई

झूठी लड़ाई में सच्ची वीरता नहीं होती।

–शेक्सपियर

मित्र, मंत्री और आपस के लोग जब दृढ़ शुभचिन्तक हों और शत्रुओं के विपरीत हों, तब लड़ाई करनी चाहिए।

–हितोपदेश

राज्य, मित्र और सुवर्ण–यह तीन लड़ाई के फल हैं। जब यह तीनों निश्चित हो जायें, तब लड़ाई करनी चाहए।

–हितोपदेश

लड़ाई में सत्य सदा खो जाता है।

–प्यूब्लियस साइरस

देखिए, 'युद्ध', 'रण'

लांछन

अपने कर्तव्य में निरन्तर लगे रहना और मौन रहना लांछन का सबसे अच्छा उत्तर है।

–वाशिंगटन

मनुष्य को पापी कहना ही पाप है; यह कथन मानव-स्वभाव पर एक लांछन है।

–विवेकानन्द

देखिए, 'कलंक', 'निन्दा'

लाचार

लाचार तो जड़ होता है, हम चेतन हैं, आत्म-स्वरूप हैं, अपना वातावरण हम स्वयं बनायेंगे।

–विनोबा भावे

लाठी

लाठी में गुन बहुत हैं, सदा राखिए संग।
गहरी नदी नारा जहां, तहां बचावै अंग।।

–गिरिधर कविराय

लाभ

कभी-कभी खोना ही सबसे अच्छा लाभ है।

–हर्बट

जो प्राप्ति हो फूल तथा फलों की,
मधूक, चिन्ता न करो दलों की।
हो लाभ पूरा पर हानि थोड़ी,
हुआ करे तो वह भी निगोड़ी।।

–मैथिलीशरण गुप्त

जो लाभ आत्मा की प्रतिष्ठा के साथ न हो, उसे कौन चाहेगा।

–महाभारत

प्रेम में जो त्याग है, वही लाभ है। जिससे प्रेम करते हैं, उसें देना लाभ ही है।

–रवीन्द्रनाथ ठाकुर

उन कामों से सदा दूर रहो जिनसे न यश मिलता है न लाभ।

–तिरुवल्लुवर

शुभ लाभ सुख में नहीं है, बल्कि शान्ति से भोगे जाने वाले दुःख में है।

–सन्त पिंगल

लालच : लालची

इंसान अगर लालच को ठुकरा दे, तो बादशाह से भी ऊंचा दर्जा हासिल कर सकता है, क्योंकि सन्तोष ही हमेशा इन्सान का माथा ऊंचा रख सकता है।

–शेखसादी

जैसे-जैसे धन में वृद्धि होती हैं, लालच बढ़ता जाता है।

–जूविनल

बुद्धि और हृदय के लिए लालच वैसे ही है जैसे साधुवृत्ति के लिए इन्द्रिय सुख।

–श्रीमती जैकसन

लालच बुरी बला है।

–कहावत

लालच भी एक छूत की बीमारी है।

–शरत्चन्द्र चटर्जी

लालची किसी के प्रति उदार नहीं होता, पर अपने प्रति तो बहुत ही कठोर होता है।

–अज्ञात

लालची पूरी दुनिया पाने पर भी भूखा रहता है, मगर सन्तोषी एक रोटी से भी पेट भर लेता है।

–शेख सादी

लालसा

जो मृत्यु को सम्मुख देखकर भी संसार के भोग्य पदार्थों की ओर मन को चलायमान कर देती है, वही तीव्र लालसा है।

–प्रेमचंद

लिपि और भाषा

अब एक लिपि से ही अधिकतर एक भाषा इष्ट है,
जिसके बिना होता हमारा सब प्रकार अनिष्ट है।
अतएव ज्यों है एक लिपि के योग्य केवल 'नागरी',
त्यों एक भाषा योग्य है 'हिन्दी' मनोज उजागरी।।

–मैथिलीशरण गुप्त

लेखक

उपन्यास-लेखक में तप चाहिए–तप यानी कायम और ठंडा जोश।

–जैनेन्द्र कुमार

प्रत्येक लेखक कुछ अंशों में अपने को ही अपनी कृतियों में चित्रित करता है, भले ही ऐसा करना उसकी इच्छा के विरुद्ध हो।

–गेटे

महान् लेखक अपने पाठक का मित्र और शुभचिन्तक होता है।

–मेकॉले

लिखने में शीघ्रता मुंशी की योग्यता है, लेखक की नहीं।

–शरत्चन्द्र चटर्जी

लेखक के लिखने का उद्देश्य अपने को सबमें बांट देना है।

–जैनेन्द्र कुमार

लेखनी

लेखनी पुस्तकं नारी परहस्ते न दीयते।

(कलम, किताब और स्त्री दूसरे के हाथ में नहीं दी जाती।)

–अज्ञात

विश्व में दो ही शक्तियां हैं—तलवार और कलम; और अन्त में तलवार सदैव कलम से पराजित होती है।

—नेपोलियन

देखिए, 'कलम'

लोकतंत्र : लोकतंत्रात्मक : लोकतन्त्रवादी

बहुमत भी लोकतंत्र की सच्ची कसौटी नहीं है। सच्चा लोकतंत्र लोगों की वृत्ति और अभिलाषाओं का प्रतिनिधित्व करने वाले थोड़े व्यक्तियों से असंगत नहीं है।

—महात्मा गांधी

मेरी भावना का लोकतंत्र वह है जिसमें छोटे से छोटे व्यक्ति की आवाज को भी उतना ही महत्व मिले जितना एक समूह की आवाज को।

—महात्मा गांधी

लोकतन्त्र जनता का, जनता द्वारा और जनता के लाभ के लिए शासन है।

—अब्राहम लिंकन

वही राष्ट्र सच्चा लोकतंत्रात्मक है, जो अपने कार्यों को बिना हस्तक्षेप के सुचारु और सक्रिय रूप से चलाता है।

—महात्मा गांधी

लोकतंत्रवादी कहलाने का अधिकार केवल उसी व्यक्ति को है जो मानव जाति के अत्यन्त दीन प्राणियों के साथ भी आत्मीयता दिखला सके, जो उनसे अधिक सुखमय जीवन बिताने की इच्छा न रखता हो, और साथ ही साथ उनकी समता करने का यथाशक्ति प्रयत्न करता हो।

—महात्मा गांधी

हर लोकतंत्रवादी का पूर्ण रूप से निःस्वार्थ होना आवश्यक है। उसे अपने और दल के स्वार्थ के लिए नहीं, बल्कि लोकतंत्र के लिए हीं सोचना और स्वप्न देखना चाहिए।

—महात्मा गांधी

लोकप्रिय : लोकप्रियता

जो लोकप्रिय है, वह खुदा का धनी है। किन्तु जो लोकप्रिय बनता है, उसकी दुर्दशा ही होती है।

—स्वामी रामतीर्थ

लोकप्रियता से बचो ! इसमें बहुत-से फन्दे हैं, मगर कोई सच्चा नहीं है।

—पैन

लोकमत

लोकमत का अर्थ है जिस समाज की राय हमें चाहिए उसका मत। यह मत नीति विरुद्ध न हो, तब तक उसका आदर हमारा धर्म है।

—महात्मा गांधी

लोकराज

आजादी का मतलब होना चाहिए लोकराज। लोकराज का अर्थ है कि हर शख्स को वृद्धि पाने का मौका मिलै।

–महात्मा गांधी

लोकलाज

सब काम मटियामेट करने के लिए लोकलाज साथ लगी रहती है।

–सन्त तुकाराम

लोभ

अनेक शास्त्रों के जानने वाले, दूसरों की शंका का समाधान करने वाले बहुश्रुत पंडित भी लोभ के वशीभूत होकर विश्व में कष्ट ही पाते हैं।

–महाभारत

आदमी लोभ का प्याला पीकर बेअक्ल और दीवाना हो जाता है।

–शेख सादी

काम, क्रोध और लोभ, नरक के तीन द्वार हैं हे अर्जुन।
आत्म-नाश करने वाले हैं, तीनों त्याज्य सुनिश्चित सुन।।

(हे अर्जुन ! काम, क्रोध और लोभ–ये नरक के तीन द्वार आत्मा का नाश करने वाले हैं। इसलिए इनका त्याग कर देना चाहिए।)

–लोकगीता

जन्म से लेकर वृद्धावस्था तक किसी भी अवस्था में लोभ का परित्याग करना कठिन है।

–महाभारत

जिसमें लोभ है, उसे दूसरे अवगुण की क्या आवश्यकता है।

–भर्तृहरि

मनुष्य बूढ़ा हो जाता है किन्तु लोभ बूढ़ा नहीं होता।

–सुदर्शन

यदि लोभ को हटाना चाहते हो तो तुम्हें पहले उसकी मां विलासिता को हटाना होगा।

–सिसरो

जिस व्यक्ति पर धन का लोभ छा गया, उसने अपनी जिन्दगी के खलिहान को हवा में उड़ा दिया।

–शेख सादी

ज्यों-ज्यों लाभ होता है, त्यों-त्यों लोभ होता है। इस तरह लाभ से लोभ लगातार बढ़ता ही जाता है। दो माशा सोने से सन्तुष्ट होने वाला मनुष्य करोड़ों स्वर्ण मुद्राओं से भी सन्तुष्ट नहीं हो पाया।

–महावीर स्वामी

ज्ञानी तापस सूर कवि, कोविद गुन आगार।
केहि की लोभ विडम्बना, कीन्ह न ऐहि संसार।।

(इस संसार में ज्ञानी, तपस्वी, शूरवीर, कवि, विद्वान् और गुणवान्—सब मनुष्य लोभ के कारण उपहास के पात्र हुए हैं।)

—गोस्वामी तुलसीदास

पाप और अधर्म की जड़ लोभ है।

—महाभारत

पाप का क्षणिक प्रभाव विलोक, लोभ यदि सके न कोई रोक।
शोक तो उसकी मति पर शोक ! बना क्या, बिगड़ा जब परलोक !
विजय है वही कि सब संसार, करे पीछे भी जय-जयकार।

—मैथिलीशरण गुप्त

वलिभिर्मुखमाक्रान्तं पलितै रञ्जितं शिरः।
गात्राणि शिथिलायन्ते तृष्णैका तरुणायते।।

(चेहरे पर झुर्रियां छा गई हैं। सिर के बाल सफेद हो गये है। शरीर ढीला पड़ गया। लेकिन लोभ जोर पकड़ता जा रहा है।)

—वेदव्यास

हृदय से लालच निकल जाये तो गले से जंजीर निकल जाये।

—जाविदान-ए-खिरद

आग सोने की परख करती है, प्रलोभन मनुष्य की सच्चाई की।

—फेवर.

आदमी लोभ का प्याला पीकर मूर्ख और दीवाना बन जाता है।

—शेख सादी

मनुष्य लोभ-ग्रस्त होकर असत्य बोलता है।

—महावीर स्वामी

लोभ की पूर्ति कभी नहीं होती, इसलिए लोभ के साथ क्षोभ सदा लगा रहता है।

—रामदास

लोभ के इच्छा दम्भ बल, काम के केवल नारि।
क्रोध के परुष वचन बल, मुनिवर कहहिं विचारि।।

(श्रेष्ठ मुनिगण विचार कर कहते हैं कि लोभ के इच्छा और दम्भ दो बल होते हैं, काम का बल केवल स्त्री है, और क्रोध का बल कठोर वचन होते हैं।)

—गोस्वामी तुलसीदास

लोभो धर्मस्य नाशाय।

लोभ धर्म का नाशक है।)

—महाभारत

लोभ भी एक छूत की बीमारी है।

—शरत्चन्द्र चटर्जी

लोभ मुक्ति मार्ग का बाधक है।

—महावीर स्वामी

लोभ से मोह और मोह से भय उत्पन्न होता है—ऐसा भय जो मरने के बाद भी आत्मा पर बोझ बना रहता है।

—मैथिलीशरण गुप्त

लोभी

गहरे जल से भरी हुई नदियां समुद्र में मिल जाती हैं, परन्तु जैसे उनके जल से समुद्र तृप्त नहीं होता, उसी प्रकार चाहे जितना धन प्राप्त हो जाये, पर लोभी तृप्त नहीं होता।

—महाभारत

घरु-घरु डोलत दीन है, जनु-जनु जाचतु जाइ।
दिए लोभ-चसमा चखनु, लघु पुनि बड़ो लखाइ।।

—बिहारीलाल

लोभिहिं प्रीति काहु ते नाहीं। स्वार्थहि इक निवसत मन माही।
कूप तृणावृत दारुन जैसे। संवृत आशय लोभिहु तैसे।।

—द्वारकाप्रसाद मिश्र

लोभी मनुष्य की कामना कभी पूरी नहीं होती है।

—महाभारत

लोभी मनुष्य सदैव क्रोध और द्वेष में डूबे रहते हैं।

—महाभारत

लोभी आदमी रेगिस्तान की बंजर रेतीली जमीन की तरह है जो तृष्णा से तमाम बरसात और ओस को सोख लेती है, मगर दूसरों के लाभ के लिए कोई फलद्रुम जड़ी-बूटी या पौधा नहीं उगाती।

—जैनो

वक्त

वक्त और समुद्र की लहरें किसी का इन्तजार नहीं देखती।

—कहावत

वक्त को नष्ट मत करो, क्योंकि जीवन इसी से बना है।

—बेंजमिन फ्रैंकलिन

वक्त सबसे अधिक बुद्धिमान परमर्शदाता है।

—पेरिक्लीज

देखिए, 'काल', 'समय'

वक्ता

बिना बुद्धि के वक्ता बिना लगाम के घोड़े की तरह होता है।

–ब्यूफ्रास्टस

व्रक्त अपनी गहराई के अभाव को लम्बाई से पूरा करता है।

–मॉन्टेस्क्यू

विरोधी को जवाब देते समय अपने विचारों को क्रम दो, शब्दों को नहीं।

–कोल्टन

वक्तृता

वक्तृता अवसर विशेष के प्रभाव से प्रभावित होकर बनती है।

–रामकुमार वर्मा

वक्तृता केवल शब्दों के चुनाव में ही नहीं वरन् शब्दों के उच्चारण में, आंखों में और चेष्टा में होती है।

–लारोशोकी

सर्वोत्तम वक्तृता वह है जो स्वेच्छया कर्म करा ले और निकृष्ट वह है जो उसमें बाधा डाले।

–लायड जार्ज

वक्तव्य

सोचो चाहे जो कुछ, कहो वही जो तुम्हें करना चाहिए।

–फ्रांसीसी कहावत

वचन

जीत हार कुछ भी मिले, रखना अपनी आन।
डटा रहे निज वचन पर, नर की यह पहचान।।

–श्रीमन्नारायण

तुलसी मीठे वचन तें, सुख उपजत चहुँ ओर।
वशीकरन एक मंत्र है, तज दे वचन कठोर।।

(तुलसीदास जी कहते हैं कि मीठी बातों से सर्वत्र सुख प्राप्त होता है कठोर वचन का त्याग करना एक वशीकरण मंत्र है।)

–गोस्वामी तलुसीदास

मधुर वचन है औषधी, कटुक वचन है तीर।
श्रवण द्वार है संचरै, सालै सकल शरीर।।

–कबीर

मनुष्य तो केवल वचन ही दे सकता है, पर उसे सफल करना जिसके हाथ है, उसी पर भरोसा करना ठीक है।

–रवीन्द्रनाथ ठाकुर

मातु पिता गुरु प्रभु कै बानी।
बिनहिं बिचार करिअ सुभ जानी।।

–गोस्वामी तुलसीदास

रघुकुल रीति सदा चलि आई।
प्रान जाहु पर वचनु न जाई।।

–गोस्वामी तुलसीदास

शुद्ध हृदय से निकला हुआ वचन कभी व्यर्थ नहीं जाता।

–महात्मा गांधी

बड़े काम करो, पर बड़े वचन न बोलो।

–पाइथागोरस

युक्तियुक्त वचन बालक का भी ग्रहण कर लो, युक्तिशून्य वचन ब्रह्मा का भी त्याग कर दो।

–समर्थ गुरु रामदास

लाभप्रद तथा चित्ताकर्षक वचन बहुत दुर्लभ होता है।

–भारवि

विश्व रूपी वट वृक्ष के अमृत के समान दो फल हैं, सरस प्रिय वचन और सज्जनों की संगति।

–चाणक्य

सच्चे हृदय से निकला हुआ वचन कभी असत्य नहीं होता।

–महात्मा गांधी

हंसी-मजाक में भी कड़वे वचन आदमी के दिल में चुभ जाते हैं।

–सन्त तिरुवल्लुवर

व्यवहार

अकेले स्वादिष्ट भोजन नहीं करना चाहिए, अकेले किसी गूढ़ विषय पर विचार नहीं करना चाहिए, अकले रास्ता न चलना चाहिए और बहुत-से लोग सोये हों तो उनमें अकेले जागते नहीं रहना चाहिए।

–महाभारत

अनुचित उचित काज कछु होऊ। समुझि करिय भल कह सब कोऊ।।

(उचित अथवा अनुचित जो भी काम हो उसे खूब सोच-विचार कर करना चाहिए। सब लोग ऐसे व्यवहार को अच्छा कहते हैं।)

–गोस्वामी तुलसीदास

आयु, क्रिया, धन, विद्या और कुल के अनुरूप वेश, वचन और बुद्धि रखता हुआ संसार में रहे।

–मनुस्मृति

उद्योग से दरिद्रता नहीं रहती, जप से पाप नहीं रहता, मौन रहने से कलह नहीं होता, और जागते रहने से भय नहीं होता।

–चाणक्य

ऐश्वर्यशाली पुरुष अपने सामने दूसरे की प्रशंसा नहीं सह सकते।

–वाल्मीकि रामायण

करि हंस को वेष बड़ो सबसों,
तजि दे बक, बायस की करनी।

(हे बगला ! हंस का सबसे बड़ा वेश बनाकर कौवे के निन्दनीय कामों को छोड़ दो। तात्पर्य यह है कि मनुष्य को अपने वेश के अनुरूप आचरण करना चाहिए।)

–गोस्वामी तुलसीदास

गिरिधर, तहाँ न बैठिए जँह कोउ देय उठाय।

–गिरिधर कविराय

गुप्त बात छः कानों में पड़ने से खुल जाती हैं, चार कानों में अर्थात् दो आदमियों के बीच में स्थिर रहती है–इधर-उधर फैलती नहीं है इसलिए बुद्धिमान मनुष्यों को उचित है कि उसे छः कानों में न पड़ने दे।

–पंचतंत्र

चिथड़े का निरादर मत करो, क्योंकि उसने भी किसी समय किसी की लाज रखी थी।

–शेख सादी

जब तू कानों के देश में पहुंचे, तो तू भी अपनी एक आंख बंद कर ले।

–शेख सादी

जो शस्त्र उठाता है उसका अन्त भी शस्त्र के द्वारा ही होता है।

–राल्फ वाल्डो ट्राइन

दूसरों के गुण और अपने अवगुण ढूंढो।

–बेंजामिन फ्रैंकलिन

दो विरोधियों के बीच में इस प्रकार बात मत करो कि कभी यदि वे मित्र हो जायें, तो तुम्हें लज्जित होना पड़े।

–शेख सादी

नाथ बैर कीजिय ताही सों। बुधिबल सकिय जीति जाही सों।।

(हे नाथ ! शत्रुता उसी के साथ करनी चाहिए जिसे बुद्धि तथा शक्ति के द्वारा जीत सकें।)

–गोस्वामी तुलसीदास

मैंने यह हमेशा देखा है कि दुनिया में कामयाब होने के लिए आदमी को ऊपर से मूर्ख जैसा बना रहना चाहिए, पर वास्तव में बुद्धिमान होना चाहिए।

–मान्टेस्क्यू

लोगों के छिपे हुए ऐब जाहिर मत करो। इससे उनकी इज्जत तो जरूर घट जायेगी। मगर तुम्हारा तो एतबार ही उठ जायेगा।

–शेख सादी

अपने प्रति दूसरों के जिस व्यवहार को तुम पसन्द नहीं करते, वैसा व्यवहार स्वयं भी दूसरों के प्रति मत करो।

–कन्फ्यूशियस

व्यवहार वह दर्पण है जिसमें प्रत्येक का प्रतिबिम्ब देखा जा सकता है।

–गेटे

जो मिट्टी से भी सोना बनाते हैं, वही व्यवहार कुशल है।

–डिसरैली

व्यापार

मूल्य तो प्रत्येक व्यक्ति घटा सकता है, किन्तु सुन्दर वस्तु उत्पन्न करने के लिए मस्तिष्क की आवश्यकता होती है।

–पी०डी० अमरन

व्यापार में धर्म और धर्म में व्यापार होना चाहिए। जो व्यक्ति अपने धार्मिक जीवन को व्यापार का रूप नहीं देता उसका जीवन शक्तिहीन होता है और जो अपने व्यापारिक जीवन को धार्मिक नहीं बना सकता उसका व्यापारिक जीवन चरित्रहीन हो जाता है।

–बेबकॉक

व्यापार तो तेल की भांति है। यह व्यापार को छोड़कर और किसी भी वस्तु से नहीं मिल सकता।

–जे० ग्राहम

जो व्यापार सार्वजनिक व्यापार है, वह किसी का भी व्यापार नहीं है।

–आइजक बाल्टन

व्यापारी आदमी से केवल व्यापार के समय अपना व्यापार सुलझाने के लिए मिलो और उसे अपना व्यापार करने का अवकाश देकर अपना व्यापार करते चले जाओ।

–वेलिंगटन

धन का विलासोपयोग रोकने का मार्ग चालक को रोकना है, न कि गाड़ी को रोक देना।

–वुडरो विल्सन

वर्ण : वर्णव्यवस्था

अपना चातुर्वर्ण्य विधान् है, गुण-कर्म-स्वभाव-प्रधान।
छोड़ो ऊंच-नीच का दम्भ, सम है हम सबका आरंभ।।

सभी जन्म से शिशु सुकुमार, फिर गुण कर्म प्रकृति संस्कार।
इन चारों के ही अनुसार, वर्णों के हैं चार प्रकार।
ये चारों ही मान्य समान, हो समाज में सबका मान।।

–मैथिलीशरण गुप्त

चारों वर्ण क्रमशः बौद्धिक, सैनिक, व्यावसायिक तथा शारीरिक श्रमजीवियों के समानार्थक हैं।

–डॉ० राधाकृष्णन्

विवाह और निमंत्रण के समय वर्ण का विचार करना चाहिए, धर्म के प्रश्न में नहीं, क्योंकि धर्म का सम्बन्ध सद्‌गुणों से होता है और सद्‌गुणों एवं वर्णों में कोई सम्बन्ध नहीं है।

–डॉ० राधाकृष्णन

वर्तमान

कर्तव्य और वर्तमान हमारा है, फल और भविष्य ईश्वर का है।

–होरेस ग्रेले

कायर है वह जो अतीत की छलना में विस्मृत रहता है।
वर्तमान की भयद अग्नि में तप कर पीछे को मुड़ता है।

–रांगेय राघव

जो वर्तमान की उपेक्षा करता है। वह अपना सब कुछ खो देता है।

–शिलर

भविष्य वर्तमान के द्वारा खरीदा जाता है।

–डॉ० सेम्युअल जॉनसन

दस हजार गुजरे हुए कल एक आज की बराबरी नहीं कर सकते।

–वर्ड्सवर्थ

वयस्क

जिस दिन आप पहली बार अपने आप पर हंसते हैं, उसी दिन आप वयस्क होते हैं।

–ईथलबेरी मोर

वर

वनिता-मुख पर दृग रहे, कभी उसे दुख दे न।
कर वैदिक विधि से वरण, वर वरना भूले न।।

–अयोध्यासिंह उपाध्याय

वश

नम्रता, प्रेमपूर्ण व्यवहार तथा सहनशीलता से मनुष्य तो क्या देवता भी तुम्हारे वश में हो जाते हैं।

–लोकमान्य बालगंगाधर तिलक

लोभी को धन से, अभिमानी को हाथ जोड़कर, मूर्ख को उसका मनोरथ पूरा करके और पंडित को यथार्थ बात कहकर वश में करना चाहिए।

–हितोपदेश

विनय से मित्र को, सम्मान से बांधवों को, दान और मान से स्त्री और सेवकों को और चातुर्य से अन्य लोगों को वश में करना चाहिए।

–हितोपदेश

वसुन्धरा

मिटने वाले बीजों का ही तरुओं पर फल है।
वसुन्धरा उसकी ही है जिसके हाथों में बल है।

(जो बीज पृथ्वी में अपने को मिला देते हैं उन्हीं के फल वृक्षों पर दीख पड़ते हैं। जिस मनुष्य के हाथों में बल होता है, उसी की यह पृथ्वी होती है।)

–रघुवीरशरण मित्र

या वसुधा को भाग भरि भोगत भुज मजबूत।
कहा भोगिहै भूमि ये, कायर कूर कपूत।।

–वियोगी हरि

वीर भोग्या वसुन्धरा।

(वीर लोग ही पृथ्वी का उपभोग कर सकते हैं।)

–अज्ञात

वस्तु

जहां जिस वस्तु का स्थान न हो, वहां वह केवल अनावशक ही नहीं, अनिष्टकर भी हो जाती है।

–रवीन्द्रनाथ ठाकुर

जो वस्तु बाहर की है, वह बाहर ही रखनी पड़ेगी, उसे अन्तर में ले जाने से वह वहां का जंजाल बन जाती है।

रवीन्द्रनाथ ठाकुर

वस्त्र

क्या न होता है उसमें दिल उजला,
मैले कपड़े से क्यों झिझकते हो ?
देख उजला लिबास मत भूलो।
दिल ही मैला कहीं न उसमें हो ?

–अयोध्यासिंह उपाध्याय

जीर्ण-शीर्ण ज्यों वस्त्र त्याग कर, अन्य नये धारण करता।
जीर्ण शरीर त्याग त्यों देही, नया ग्रहण करता रहता।।

–लोकगीता

फटते हैं मैले होते हैं, सभी वस्त्र व्यवहार से।
किन्तु पहनते हैं क्या उनको हम सब इसी विचार से।।

–मैथिलीशरण गुप्त

वस्त्र एक नैमित्तिक वस्तु है। इससे हमारी आवश्यकतायें पूर्ण होती हैं, बस। वस्त्रों पर हमारा प्रभुत्व सदैव से रहा है, हम पर वस्त्रों का प्रभुत्व कभी नहीं रहा।

–रवीन्द्रनाथ ठाकुर

वस्त्र लोक-जीवन के लिए अनिवार्य है। उससे मर्यादाशीलता और शुचिता का रक्षण होता है। वह वासना पर आवरण है।

–जैनेन्द्र कुमार

वाचाल

मूक होहिं वाचाल, पंगु चढ़ैं गिरिवर गहन।
जासु कृपा सो दयालु, द्रवहु सदा कलि-मल-दहन।।

(जिस भगवान की कृपा से गूंगे बोलने लगते हैं और पंगु बड़े-बड़े पर्वतों पर चढ़ जाते हैं, वही कलयुग के पापों को नष्ट करने वाले दयालु परमेश्वर मेरे ऊपर कृपा करें।)

–गोस्वामी तुलसीदास

हमारी वास्तविकता शान्त है और कृत्रिमता वाचाल है।

–खलील जिब्रान

जिनके पास कहने के लिए कम से कम होता है, वे बोलते अधिक से अधिक हैं।

–प्रायर

वाणी

ऐसी बानी बोलिए, मन का आपा खोय।
औरन को शीतल करै, आपहु सीतल होय।।

–कबीर

जैसा अन जल खाइए, तैसा ही मन होय।
जैसा पानी पीजिए, तैसी बानी सोय।।

–कबीर

वाणी मन का चित्र है।

–कहावत

वाणी मन की सेविका है।

–सेनेका

वाणी से भी वाण-वृष्टि होती है। जिस पर इसकी बौछारें पड़ती हैं, वह दिन रात दुखी रहता है।

—महाभात

सब कार्य वाणी द्वारा नियंत्रित होते हैं। वाणी उनका मूल है। वाणी से उनकी उत्पत्ति होती है। जो व्यक्ति वाणी से ईमानदार नहीं, वह सब कामों में बेईमान होता है।

—मनुस्मृति

वात्सल्य

बंधु-बुधूरत कहि किए, वचन निरुत्तर बालि।
तुलसी प्रभु सुग्रीव को, चितई कछु न कुचालि।।

(बालि ने भगवान राम से पूछा कि आपने मुझे क्यों मारा ? श्री रामचन्द्र जी ने उत्तर दिया कि तुमने अपने भाई सुग्रीव की पत्नी अपनी पत्नी बना ली थी। इस महापाप के लिए मैंने तुम्हारा वध कर दिया है।)

—गोस्वामी तुलसीदास

वात्सल्य सूर का अनुपम है, श्रृंगार सूर का अनुपम है।
शिशु लीला से बालक लीला युगपुरुष कृष्ण का अनुपम है।

—दयाराम पाठक

वाद-विवाद

वाद विवाद से बचना चाहिए; वह ज्यादातर निरर्थक होता है, और कम ही अर्थपूर्ण होता है।

—वाइल्ड

वामपंथी

होते हैं सब कहीं वामपंथी कुछ वैसे।
हममें भी हैं बन्धु हमारे ही कुछ ऐसे।
जो स्वदेश में स्वयं विदेशी से हो बैटे।
सुन सुदूर के ढोल निकट की सुध खो बैटें।।

—मैथिलीशरण गुप्त

वायु

वायु पेड़ को जड़ से उखाड़ सकती है पर पहाड़ को नहीं हिला सकती।

—कालिदास

वायदा

सच्चे दिल का मजबूत आदमी कभी अपना वायदा पूरा करने से मुंह नहीं मोड़ेगा। वायदा कसम से बढ़ कर होता है जिसे पूरा करना ही होगा।

—नेपोलियन

वासना

एक छोटी, एक सीधी बात,
विश्व में छाई हुई है वासना की रात।
वासना की यामिनी जिसके तिमिर से हार,
हो रहा नर भ्रान्त अपना आप ही आहार;
बुद्धि में नभ की सुरभि, तन में रुधिर की कीच,
यह वचन से देवता, पर कर्म से पशु नीच।

–रामधारीसिंह दिनकर

जब तक वासना है, तब तक कर्म जारी रहेंगे; कर्म समाप्त करना है तो वासना को मारना होगा; और वह भगवान का नाम लेने से मरती है।

–चैतन्य

जिसके हृदय में सेवा का स्रोत बह रहा हो, उसमें वासनाओं के लिए स्थान कहां ?

–अज्ञात

वासना उम्र के साथ बढ़ती जाती है।

–प्रेमचन्द

वासना की दीवानगी थोड़ी देर रहती है, किन्तु उसका पछतावा बहुत देर तक रहता है।

–शिलर

वासना के आगे विवेक भी झुक जाता है।

–प्रेमचन्द

वासना खोटे सोने के समान चमकती तो बहुत है, परन्तु परीक्षा की आग में पड़ कर वह चमक स्थिर नहीं रहती।

–सुदर्शन

वासना पर आत्मा की विजय होने से घृणा के बादल एवं विषय-वासना की चिनगारियां नष्ट हो जाती हैं।

–डॉ० राधाकृष्णन्

वासना यदि जीवन में सबसे प्रबल हो उठे, तो हमारा जीवन तामसिक अवस्था के त्याग में समर्थ नहीं होगा।

–रवीन्द्रनाथ ठाकुर

वासना प्रेम का ही अधूरा और ओछा रूप है।

–जैनेन्द्र कुमार

किन्हीं दासों का ऐसा उत्पीड़न नहीं होता जैसा वासना के दासों का।

–लैस पिनास

वास्तविक जीवन

वास्तविक जीवन सौन्दर्य की खोज में ही है। शेष सब कुछ तो प्रतीक्षा-मात्र है।

–खलील जिब्रान

विकार

जड़ चेतन गुन दोषमय, विश्व कीन्ह करतार।
संत हंस गुन गहहिं पय, परिहरि वारि विकार।।

(ब्रह्मा ने संसार को जड़-चेतन तथा गुण-दोष-मय बनाया है। हंस रूपी संत दूध रूपी गुण को ग्रहण करते हैं और पानी रूपी विकार को छोड़ देते हैं।)

–गोस्वामी तुलसीदास

जो शरीर को काबू में रखता हुआ जान पड़ता है, किन्तु मन के विकार को पोषण किया करता है, वह मूढ़ मिथ्याचारी है।

–श्रीमद्भगवत गीता

प्रेम की साधना में विकार की आशंका रहती है।

–रवीन्द्रनाथ ठाकुर

मन को विकारपूर्ण रहने देकर शरीर को दबाने की कोशिश करना हानिकर है।

–महात्मा गांधी

विकार रूपी मैल को दूर करने से प्रेम बढ़ता है।

–महात्मा गांधी

विकास

परस्पर-व्यवहार विकास की आत्मा है।

–बकस्टन

प्रकृति अपनी प्रगति और विकास में रुकना नहीं जानती, और अपना अभिशाप प्रत्येक अकर्मण्यता पर लगाती है।

–गेटे

मानव इतिहास का नियम है कि एक भी कदम पीछे न पड़े।

–थियोडोर पार्कर

लक्ष्य दूर है, और विकास धीमे-धीमे चलता है।
इस विशाल तरु में फल सदियों बिना नहीं फलता है।।

(लक्ष्य दूर है और विकास धीमे-धीमे होता है। विकास रूपी वृक्ष पर लक्ष्य रूपी फल लगने लगें, इसके लिए शताब्दियों तक कर्म करते हुए धैर्यपूर्वक प्रतीक्षा करनी होगी।)

–रामधारीसिंह दिनकर

विकास परमात्मा का अग्रोन्मुख पग है।

–विक्टर ह्यूगो

विकास ही जीवन और संकोच ही मृत्यु है।

–विवेकानन्द

विघ्न

नीच व्यक्ति विघ्न के भय से काम शुरू नहीं करते; मध्यम प्रकृति वाले कार्यारम्भ तो कर देते हैं किन्तु विघ्न उपस्थित होने पर उसे छोड़ देते हैं, परन्तु उत्तम लोग बार-बार विघ्नों के आने पर भी काम को एक बार प्रारम्भ कर देने के बाद उसे फिर नहीं छोड़ते।

–भर्तृहरि

विघ्न हमारे हृदय की सम्पूर्ण शक्ति को जागृत करने के लिए ही आता है।

–रवीन्द्रनाथ ठाकुर

विचार

अगर कोई मनुष्य गुफा में रहे, वहीं पर उच्च विचार करे और विचार करता हुआ ही मर जाये, तो वे विचार कुछ समय पश्चात् गुफा की दीवारें फाड़कर बाहर निकलेंगे और सब जगह छा जायेंगे तथा अन्त में सारे मानव समाज को प्रभावित कर देंगे। विचारों में इतनी शक्ति है।

–विवेकानन्द

अच्छी प्रकार अपने विचारों की रक्षा करो, क्योंकि विचार स्वर्ग में सुने जाते हैं।

–यंग

अच्छे विचार रखना भीतरी सुन्दरता है।

–स्वामी रामतीर्थ

अनुभव, ज्ञान-उन्मेष और वयस मनुष्य के विचारों को बदलते हैं।

–अयोध्यासिंह उपाध्याय

अपने विचारों को अपना बन्दीगृह मत बनाओ।

–शेक्सपियर

आचरण-रहित विचार कितने ही अच्छे क्यों न हों, उन्हें खोटे मोती की तरह समझना चाहिए।

–महात्मा गांधी

आध्यात्मिक शक्ति भौतिक शक्ति से बढ़कर है, विचार ही विश्व पर शासन करते हैं।

–इमर्सन

एक विचार को केवल उसके नएपन से आकर्षित होकर अपना लेना और

फिर उससे भी नए विचार के लिए उसको त्याग देने की वृत्ति से ही पूरी शक्तियां बिखर जाने का भय है।

–विवेकानन्द

केवल मूर्ख और मृतक–ये दो ही अपने विचारों को नहीं बदलते।

–लोवेल

जैसे हमारे विचार होते हैं वैसी ही हमारी शारीरिक स्थिति होती है। हम चाहें कि हमारी स्थिति इसके विपरीत हो यह बात सर्वथा असम्भव है।

–स्वेट मार्डेन

कोई भी वस्तु न अच्छी है और न बुरी। विचार ही उसे अच्छा या बुरा बना देते हैं।

–शेक्सपीयर

जो विचार कार्य रूप में परिणत नहीं होता है उसकी तुलना 'गर्भपात' से की गई है। उस कर्म की जो विचार-आश्रित नहीं है, अंधेर खाते और अराजकता में गिनती है।

–जवाहरलाल नेहरू

दुष्ट विचार ही मनुष्य को दुष्ट कार्य की ओर ले जाता है।

–उपनिषद

निश्चयात्मक विचार से निर्माण-शक्ति का विकास होता है।

–अज्ञात

निषेधात्मक विचार मनुष्य की शक्ति को क्षीण करते हैं।

–विल्टन

बिना विचार के सीखना परिश्रम नष्ट करना है, बिना शिक्षा प्राप्त किए विचार करना भयावह है।

–कन्फ्यूशस

मन के विचार को मन ही में लय न करके उसको दृश्य रूप में रखना अत्यन्त आवश्यक है।

–स्वेट मार्डेन

मनुष्य जैसा अपने हृदय में विचारता है वैसा ही बन जाता है।

–बाइबिल

महान विचार जब कार्यरूप में परिणत हो जाते हैं, तब महान कृतियां बन जाती हैं।

–हैजलिट

यदि आप दरिद्रता के विचारों को ही अपने मन में स्थान दिए रहेंगे, तो आप कभी भी धनी नहीं बन सकते। पर यदि आप अच्छे विचारों को ही अपने मन में स्थान देंगे और दरिद्रता, नीचता आदि कुविचारों की ओर से मुंह मोड़े

रहेंगे, उनको मन में कोई स्थान नहीं देंगे, तो आपकी उन्नति होती जायेगी और समृद्धि के भवन में आसानी से प्रवेश कर सकेंगे।

–स्वेट मार्डेन

यदि आप सुखी और समृद्धिशाली होना चाहें तो आपको सुख-समृद्धि के ही विचार पैदा करने चाहिएं।

–स्वेट मार्डेन

लोकाचार और हमारे हृदय में जमे हुए विचार हमारे जीवन में आकस्मिक परिवर्तन नहीं होने देते।

–प्रेमचन्द

विचार का चिराग बुझ जाने से आचार अंधा हो जाता है।

–विनोबा भावे

विचार चाहे पुराना हो और बहुत बार प्रस्तुत किया जा चुका हो, लेकिन आखिरकार वह है उसी का जो उसे सुन्दर ढंग से प्रस्तुत करे।

–लोवेल

विचार, मर्यादित, सहानुभूति-मूलक और परिमित होने से ही समादृत होता है।

–अयोध्यासिंह उपाध्याय

विचार से अधिक ठोस वस्तु ब्रह्माण्ड में नहीं है।

–इमर्सन

विचार ही हमारे मुख्य प्रेरणा-स्रोत होते हैं। मस्तिष्क को उच्चतम विचारों से भर दो। प्रतिदिन उनका श्रवण करो, प्रतिमास उनका चिन्तन करो।

–विवेकानन्द

विचार ही हमारे चरित्र का संगठन करते हैं।

–स्वेट मार्डेन

विचारों का अजीर्ण, भोजन के अजीर्ण से कहीं बुरा है, क्योंकि भोजन के अजीर्ण की तो दवा है, पर विचारों का अजीर्ण आत्मा को बिगाड़ देता है।

–महात्मा गांधी

वे व्यक्ति कभी अकेले नहीं होते, जिनके साथ सुन्दर विचार हैं।

–महात्मा गांधी

कर्म सरल है, विचार कठिन है।

–गेटे

आदमी विचार-विशेष के लिये जान दे देगा, पर उसका विश्लेषण नहीं करेगा।

–जे० ब्राउन

विचार को न तो अत्यन्त गरीबी सुन सकती है, न अत्यन्त अमीरी।

–फील्डिंग

जो कुछ कहो उसे अवश्य पूरा करो, पूरा करने का विचार ही न हो तो वो मत कहो।

–बाइबिल

विचारक

विचारकों को जो चीज आज स्पष्ट दीखती है, दुनिया उस पर कल अमल करती है।

–विनोबा भावे

विचारकता कुछ बुद्धिजीवियों की निजी सम्पत्ति बनी रहेगी।

–गेटे

मूर्ख की अमरता से विचारकता का एक वर्क बेहतर है।

–अज्ञात

विजय

अगर तू संसार पर विजय करना चाहता है, तो पहले अपने पर विजय पा, अगर तू अपने पर विजय पाना चाहता है, तो औरत की दुनिया से बचकर रह।

–सुदर्शन

अपने ऊपर विजय प्राप्त करना सबसे बड़ी विजय है।

–प्रेटो

अर्थ देकर विजय खरीदना तो देश की वीरता के प्रतिकूल है।

–जयशंकर प्रसाद

जीवन-संग्राम में विजय प्राप्त कर लेना कोई आसान काम नहीं है। इसके लिए अत्यन्त कठोर साधना की आवश्यकता है।

–सर आर्थर हेल्पस

जो शक्ति के बलबूते पर विजय प्राप्त करता है, वह अपने शुभ पर पूर्णतया विजय नहीं प्राप्त कर पाता।

–मिल्टन

धन से कृपणता पर विजय प्राप्त करो। शान्ति से क्रोध पर विजय प्राप्त करो। सत्य से असत्य पर विजय प्राप्त करो। यही सन्मार्ग है। यही स्वर्ग है। स्वर्ग की ओर जाओ। प्रकाश की ओर जाओ।

–सामवेद

प्रत्येक व्यक्ति की हर समय परीक्षा होती रहती है और जो कसौटी पर खरे उतरते हैं, विजयश्री उन्हीं के हाथ है।

–हरिभाऊ उपाध्याय

मनोवृत्ति का परिवर्तन ही हमारी असली विजय है।

–प्रेमचन्द

विजय ध्येय की प्राप्ति में नहीं है, वरन उसको पाने के लिए निरन्तर प्रयास करने में है।

–महात्मा गांधी

विजय प्राप्त करने के लिए अविचल श्रद्धा की बहुत आवश्यकता है।

–स्वेट मार्डेन

विजय है जीवन का उल्लास,
पराजय मरण और अपमान।

(विजय जीवन का उल्लास है और पराजय मृत्यु तथा अपमान है।)

–रांगेय राघव

विजयाभिलाषी लोग बल-वीर्य से वैसी विजय नहीं प्राप्त कर सकते हैं।

–महाभारत

सत्यमेव जयति नानृमम्।

(सत्य की ही विजय होती है, असत्य की नहीं।)

–मुण्डकोपनिषद

सर्वोत्तम विजय प्रेम की है जो सदा के लिए विजेताओं का हृदय बांध लेती है।

–अशोक

विजयी

जीवन में वही विजयी होता है जो दिनरात 'युद्धस्व विगतज्वर', का शंखनाद सुना करता है।

–जयशंकर प्रसाद

भगवान के विरुद्ध आचरण करने वाला बड़े से बड़ा वीर भी विजयी नहीं हो सकता।

–महाभारत

मनुष्य युद्ध में सहस्रों पर विजय प्राप्त कर सकता है, लेकिन जो स्वयं पर विजय पा लेता है, वही सबसे बड़ा विजयी है।

–गौतम बुद्ध

विश्व विजयी पर विश्वास करता है। उस व्यक्ति का विश्वास करता है जिसके चेहरे पर विजय के भाव झलकते हों।

–स्वेट मार्डेन

वे ही विजयी हो सकते हैं, जिन्हें विश्वास है कि वे विजयी होंगे।

–वर्जिल

विज्ञान

जहां विज्ञान हमें बाहरी दुनिया के निर्माण में सहायता करता है वहीं दर्शन हमारे नैतिक और आध्यात्मिक जीवन का निर्माण करता है।

–डॉ० राधाकृष्णन

पौराणिक कथाओं के पुरातन आश्चर्य से भी विज्ञान आगे बढ़ गया है।

—इमर्सन

विज्ञान अगर प्राणियों का उपकार न करे, तो उसका मिट जाना ही अच्छा है। केवल जिज्ञासा को शान्त करने, विलास में योग देने या यथार्थ की सहायता करने में योग करना उसका दुरुपयोग करना है।

—प्रेमचन्द

विज्ञान आत्म-हत्या कर लेता है, जब वह किसी एक मत को स्वीकार करता है।

—हक्सले

विज्ञान और कला का सम्बन्ध समस्त विश्व से है और उनके आगे राष्ट्रीयता की सीमाएं लुप्त हो जाती हैं।

—गेटे

विज्ञान को विज्ञान तभी कह सकते हैं जब वह शरीर, मन और आत्मा की भूख मिटाने की पूरी ताकत रखता हो।

—महात्मा गांधी

विज्ञान ने अंधों को आंख दी है और बहरों को सुनने की शक्ति। उसने जीवन को लम्बा बना दिया है, दीर्घ बना दिया है और भय को कम कर दिया है। उसने पागलपन को वश में कर लिया है और रोग को रौंद डाला है।

—आर्केडियन फ़रार

विज्ञान में इतनी विभूति है कि वह काल के चिह्नों को भी मिटा दे।

—प्रेमचन्द

विज्ञान में सत्य-मिथ्या का विचार ही अन्तिम विचार है।

—रवीन्द्रनाथ टाकुर

विज्ञान यह भी कहता है कि जीवन एक ही बार मिलता है और मानव जीवन का कोई अंग नित्य नहीं है, मृत्यु में उसका सम्पूर्ण अवसान हो जाता है। कुछ भी नहीं रहता जो पुनर्जन्म पा सके।

—सच्चिदानंद हीरानंद वात्स्यायन

संघटित ज्ञान का नाम विज्ञान है।

—एच० स्पेन्सर

विज्ञान और रूहानियत

कुछ दिन हुए, हमारे बड़े बुजुर्ग आचार्य विनोबा भावे ने जो कि निहायत धार्मिक और बहुत ऊँचे दर्जे के आदमी हैं कहा—आजकल का ज़माना मज़हब सियासत का नहीं रहा। उन्होंने कहा—आजकल का ज़माना विज्ञान और रूहानियत का जमाना है। एक तो उन्होंने पकड़ा साइंस को, जो कि आजकल

की चीज़ है। दूसरे, बजाय मज़हब के उन्होंने उसकी जड़ रूहानियत, यानी स्पिरिच्युएलिटी की बात की जिसमें लड़ाई नहीं है, वह रूहानियत है। हिन्दू, मुसलमान, ईसाई वगैरह जो वहां तक पहुंचे हैं, उनमें रूहानियत के बारे में कोई झगड़ा हो ही नहीं सकता।

–जवाहरलाल नेहरू

वित्त

वित्त से अमृत तत्त्व की आशा करना बेकार है।

–बिनोबा भावे

विद्या

एक मात्र विद्या ही परम तृप्तिदायिनी है।

–महाभारत

करती है विद्या सुगम स्वर्गलोक का पंथ,
निश्रेयस-सोपान से समझो तुम सद्ग्रन्थ।।

–मैथिलीशरण गुप्त

उत्तम विद्या नीच से भी श्रद्धापूर्वक लेनी चाहिये।

–मनुस्मृति

पुण्य के बिना विद्या शरीर की थकावट मात्र है।

–स्वामी रामतीर्थ

जिसके पास विद्या रूपी नेत्र नहीं है, वह अन्धे के समान है।

–हितोपदेश

जैसे कुदारी से खोदकर मनुष्य पाताल से जल प्राप्त करता है। वैसे ही गुरु-गत विद्या सेवा से प्राप्त होती है।

–चाणक्य

जैसे सूर्य सबको एक-सा प्रकाश देता है, बरसात जैसे सबके लिए बरसती है, उसी तरह विद्या-वृष्टि सब पर बराबर होनी चाहिए।

–महात्मा गांधी

जो मनुष्य अपनी विद्या और ज्ञान को कार्यरूप में परिणत कर सकता है वह दर्जनों कल्पना करने वालों से श्रेष्ठ है।

–इमर्सन

जो विद्या की ओर ध्यान नहीं देता और समय को व्यर्थ नष्ट करता है, वह सदा मनुष्य-जन्म के फूल से वंचित रहता है।

–प्रेमचन्द

बहुत-सी पुस्तकों में निर्दोष आनन्द लेने का अटूट भंडार भरा है। वह विद्या के बिना हमें नहीं मिल सकता।

–महात्मा गांधी

भए न जो पढ़ि सत्यव्रत, सबल शूर स्वाधीन।
तो विद्या-लगि वादि धन, समय, शक्ति व्यय कीन।।

–वियोगी हरि

'मैं देह हूं' इस बुद्धि का नाम ही अविद्या है, और मैं देह नहीं, चेतन आत्मा हूं, इसी को विद्या कहते हैं।

–आध्यात्म रामायण

वर्षहि जलद भूमि नियराये। यथा नवहिं बुध विद्या पाये।।

(बादल भूमि के निकट आकर बरसते हैं, जैसे बुद्धिमान् लोग विद्या पाकर झुक जाते हैं।)

–गोस्वामी तुलसीदास

विद्या अमूल्य और अनश्वर धन है।

–ग्लैडस्टन

विद्या का अन्तिम लक्ष्य चरित्र-निर्माण होना चाहिए।

–महात्मा गांधी

विद्या का धर्म है आत्मिक उन्नति।

–प्रेमचन्द

विद्या का प्रचार होने से प्रायः सभी प्राणी कुछ न कुछ उदार हो जाते हैं।

–प्रेमचन्द

विद्या कामधेनु है।

–चाणक्य

विद्या के सदृश कोई चक्षु नहीं है।

–महाभारत

विद्या गुरु की भक्ति सों, कै कीन्हें अभ्यास।
भील द्रोण के बिन कहे, सीख्यो बान विलास।।

–वृन्द

विद्या ददाति विनयं विनयाद्याति पात्रताम्।
पात्रत्वाद् धनमाप्नोति धनाद् धर्मस्ततः सुखम्।।

(विद्या विनय को देती है, विनय से योग्यता मिलती है, योग्यता से धन, धन से धर्म और धर्म से सुख की प्राप्ति होती है।)

–हितोपदेश

विद्या स्वयं ही शक्ति है।

–बेकन

सुकर्म विद्या का अन्तिम लक्ष्य होना चाहिए।

–सर फिलिप सिडनी

सुख चाहै विद्या पढ़ै, विद्या है सुख हेतु।
भवसागर से तरन को, विद्या है दृढ़ सेतु।।

–अज्ञात

सुन्दर, तरुण और बड़े कुल में उत्पन्न भी विद्याहीन मनुष्य उसी प्रकार शोभित नहीं होते जैसे गन्धहीन पलाश के फूल।

–चाणक्य

विद्यादान

विद्या के अतिरिक्त और कोई श्रेष्ट दान नहीं है।

–फुलर

विद्यार्थी

अपनी इच्छा से बने विद्यार्थी के जीवन को अकथनीय आनन्द प्राप्त होता है।

–गोल्डस्मिथ

विद्यार्थी की चेष्टा कौवे की भांति, ध्यान बकुले की भाँति और निद्रा कुत्ते की भांति होनी चाहिये। वह स्वल्पभोजी तथा गृहत्यागी और सुख से दूर रहनेवाला होता है।

–अज्ञात

विश्वविद्यालयों के विद्यार्थियों की परीक्षा उनके ज्ञान से नहीं वरन् उनके धर्माचरण द्वारा होगी।

–महात्मा गांधी

सुखार्थी को विद्या कहां, विद्यार्थी को सुख कहां ? सुख को चाहे, तो विद्या छोड़ दे और विद्या को चाहे तो सुख को छोड़ दे।

–चाणक्य

विद्यालय

आजकल विद्यालयों में अनुशासहीनता चरम सीमा पर पहुँच गई है। वे राजनीति के अखाड़े बन गए हैं। न अध्यापक पढ़ाना चाहते हैं और न विद्यार्थी पढ़ना चाहते है। शिक्षक-नेताओं और छात्र-नेताओं में राजनीति की होड़ लगी है। सब राजनीतिज्ञ बन रहे हैं और चमक-दमक, अनशन, घेराव और परीक्षा बहिष्कार करके लोक-ख्याति के चक्कर में स्वर्णिम स्वप्न देख रहे हैं।

–हरिवंशराय शर्मा

विद्यालय में विनोद की जितनी लीलायें होती रहती हैं वे यदि एकत्र की जा सकें, तो मनोरंजन की बड़ी उत्तम सामग्री हाथ आये। वहां अधिकांश छात्र

जीवन की चिन्ताओं से मुक्त रहते हैं।........उनका क्रियाशील उत्साह कभी विद्यालय के नाट्य मंच पर प्रकट होता है, कभी विशेष उत्सवों के अवसर पर।

—प्रेमचन्द

विद्रोह

अत्याचारों के प्रति विद्रोह परमात्मा की आज्ञा मानना है।

—जेफरसन

अन्यायी के क्रूर कृत्य से
जब विद्रोह भड़कता भीषण,
उस अन्तर्मन के विप्लव को,
रोक नहीं पाते शत रावण।।

—सुमित्रानंदन पंत

विद्वता

अधिक अनुभव, अधिक मुसीबतें सहन करना और अधिक अध्ययन—यही विद्वता के तीन स्तम्भ हैं।

—डिसरैली

विद्वता अच्छे दिनों में आभूषण है, कष्ट में सहायक और वृद्धावस्था में संचित भण्डार है।

—अरस्तु

विद्वता असंख्य मनुष्यों को, जितने वे स्वाभाविक रूप से हैं, उससे कहीं अधिक मूर्ख बना देती है।

—शोपेनहार

विद्वता का अभिमान करना सबसे बड़ी अज्ञानता है।

—जेरेमी टेलर

विद्वत्ता की महान् कला है कि एक समय में थोड़ा-सा कार्य लिया जाये।

—लॉक

विद्वत्ता को अभिमान है कि उसने बहुत कुछ सीख लिया है, ज्ञान नम्र है कि वह अधिक नहीं जानता।

—कूपर

विद्वता युवकों को संयमी बना देती है। वह बुढ़ापे का विश्राम है, दरिद्रता में धन का काम देती है और रईसों के लिए आभूषण का काम करती है।

—सिसरो

विद्वता से मनुष्य स्वयं अपना योग्य साथी बन जाता है।

—यंग

विद्वान

अधिक विद्वान् प्रायः बहुत संकीर्ण विचार के होते हैं।

—हैज़लिट

मूर्ख अपने घर में पूजा जाता है, प्रधान या मुखिया अपने गांव में पूजा जाता है, राजा की पूजा अपने राज्य में होती है, परन्तु विद्वान सर्वत्र पूजा जाता है।

—चाणक्य

यदि ब्राह्मण भी मूर्ख हो, तो वह मेरे नगर से बाहर चला जाये, परन्तु यदि कुम्हार भी विद्वान हो तो मेरे नगर में बसे। यह राजा भोज की घोषणा थी।

—राजशेखर

विद्वान ज्ञाने के जलाशय हैं, स्रोत नहीं।

—नार्थकोट

विद्वान पुरुष न तो दैव के भरोसे रहता है और न केवल पुरुषार्थ पर ही आश्रित रहता है, किन्तु वह शब्द और अर्थ दोनों की अपेक्षा करने वाले सुकवि की भांति दैव और पुरुषार्थ दोनों की अपेक्षा करता है।

—माघ

विद्वान वे व्यक्ति है। जो अपने ज्ञान के अनुसार आचरण करते हैं।

—हजरत मुहम्मद

विश्व में हुए महान पुरुष अक्सर ऊंचे विद्वान नहीं हुए हैं और ऊंचे विद्वान महान पुरुष नहीं बने हैं।

—होम्स

विद्वता और नम्रता

विद्वता के साथ नम्रता होना सोने पर हीरा होने के समान है।

—सूक्ति रत्नावली

विधवा

तुम बूढ़े भी विषयासक्त, बनी रहें वे किन्तु विरक्त।
आप बनो विषयों के दास, वे अभागिनी रहें उदास।।
विधवाओं का पुनर्विवाह, नहीं उच्च आदर्श विवाह।
पर उससे अच्छा सौ बार, जो है दुराचार व्यभिचार।।

—मैथिलीशरण गुप्त

तेरे मन में ही छिपी हुई रोती हैं सब चाहें तेरी।
उर के भीतर ही गूंज रह जाती हैं आहें तेरी।।

चढ़ते सूरज की आदर से सब दुनिया पूजा करती है।
पर अस्त हो गए दिनकर पर बस तू ही जग में मरती है।।

–ठाकुर गोपाल शरणसिंह

मैं हिन्दू विधवा हूं। मुझे दीर्घजीवी होने के लिए कहना मानों मुझे शाप देना है।

–शरतचन्द्र चटर्जी

विधवा का जीवन तप है। लोकमत इसके विपरीत कुछ नहीं देख सकता।

–प्रेमचन्द

विधवा के लिए पूजा-पाठ है, तीर्थ-व्रत है, मोटा खाना है, मोटा पहनना है। उसे विनोद और विलास, राग और रंग की क्या ज़रूरत ? विधाता ने उसके सुख के द्वार बंद कर लिए हैं।

–प्रेमचन्द

विधाता की विमुखता

मूर्खों से राय लेना, दुष्टों से प्रीति करना, उचित बात से द्वेष करना, प्रमाद करना और सामर्थ्यवान पुरुष से विरोध करना–यह सब विधाता की विमुखता के लक्षण हैं।

–क्षेमेन्द्र

विधान

किसी सर्वश्रेष्ठ निरंकुश शासक की अपेक्षा एक अच्छा विधान अधिक उत्तम होता है।

–मेकॉले

विधान को सम्पूर्णतया स्वीकार करने पर ही विधान में हमारा कर्तव्य अधिकार जन्मता है।

–रवीन्द्रनाथ ठाकुर

संविधान के ऊपर भी एक बड़ा कानून है।

–सिवर्ड

विधि

विधि का विधान जान, हानि-लाभ सहिए।
जाही विधि राखें राम, ताही विधि रहिए।।

–अज्ञात

विधि सम्पत्तिवान के लिए सदैव उपयोगी है, जिनके पास कुछ भी नहीं है उनके लिए अप्रिय है।

–रूसो

सुनहु भरत भावी प्रबल, विलखि कहेउ मुनिनाथ।
हानि लाभु जीवनु-मरुन, जसु अपजसु विधि हाथ।।

(वसिष्ठ जी ने विलाप करके कहा—हे भरत ! सुनो, भावी बहुत प्रबल होती है। संसार में हानि-लाभ, जीना-मरना, और यश-अपयश ब्रह्मा के हाथ में होता है।)

—गोस्वामी तुलसीदास

विनम्रता

जो तेरे सामने झुकता है, उसके सामने तू भी झुक जा।

—शेख सादी

नर की अरु नल-नीर की, गति एकै कर जोय।
जेतो नीचो है चलै, तेतौ ऊंचौ होय।।

(मनुष्य और नल के पानी की एक ही दशा है। नल जितना ही निम्नगामी होता है उससे उतना ही ऊंचा पानी निकलता है। इसी प्रकार मनुष्य जितना नम्र होकर चलता है, उतना ही ऊंचा अर्थात् सम्माननीय होता है।)

—बिहारीलाल

नानक नन्हें है रहो, जैसे नन्हीं दूब।
घास-पात सब जरि गये, दूब खूब की खूब।।

—गुरु नानकदेव

विनय

विनय और श्रद्धा के सामने तर्क पेश नहीं किया जाता।

—सुदर्शन

विनय करों में सकल सफलता की है ताली।
विनय पुट बिना नहिं रहती मुखड़े की लाली।।

—अयोध्यासिंह उपाध्याय

विनय के साथ विवेक दुगुने प्रकाश से चमकता है। योग्य और नम्र मनुष्य किसी राज्य के समान बहुमूल्य रत्न है।

—पेन

विनय प्रायः गर्व की अपेक्षा अधिक प्राप्त कर लेती है।

—इटैलियन कहावत

विनय समस्त गुणों की आधार-शिला है।

—कन्फ्यूशस

विनय स्वयं का ठीक-ठाक मूल्यांकन है।

—स्वर्जन

विनाश

विनाशकाले विपरीत बुद्धिः।

(विनाशकाल में बुद्धि उलटी हो जाती है।)

–चाणक्य

विनीत

कष्ट और हानि के बाद मनुष्य अधिक विनीत और ज्ञानी हो जाता है।

–बेंजमिन फ्रैंकलिन

बड़ों की कुछ समता हम अत्यन्त विनीत होकर कर सकते हैं।

–रवीन्द्रनाथ ठाकुर

विनोद : विनोदी

धनिकों का विनोद सदा सफल होता है।

–गोल्डस्मिथ

यदि मुझ में विनोद का भाव न होता, तो मैंने बहुत पहले आत्महत्या कर ली होती।

–महात्मा गांधी

विनोद का उपयोग रक्षा के लिए करना चाहिए, उसे दूसरों को घायल करने के लिए खड्ग नहीं बनाना चाहिए।

–फुलर

विनोद बातचीत का नमक है, भोजन नहीं।

–हैज़लिट

विपत्ति

आवत समय विपत्ति के, मित्र शत्रु ह्वै जाय।

–वृन्द

ईश्वर हमको ऐसी कोई विपत्ति नहीं देता जो हमसे सहन न कीं जा सके।

–कहावत

कष्ट और विपत्ति मनुष्य को शिक्षा देने वाले श्रेष्ठ गुण हैं। जो मनुष्य साहस के साथ उन्हें सहन करते हैं, वे अपने जीवन में विजयी होते हैं।

–लोकमान्य बालगंगाधर तिलक

कहि रहीम सम्पति सगे, बनत बहुत बहु रीत।
विपति कसौटी जे कसे, तेई सांचे मीत।।

–रहीम

को रहीम पर द्वार पर, जात न जिय पछितात।
सम्पत्ति के सब जात हैं, विपति सबहि लै जात।।

–रहीम

जब हमारे ऊपर कोई बड़ी विपत्ति आ पड़ती है, तो उससे हमें केवल दुःख ही नहीं होता—हमें दूसरों के ताने भी सुनने पड़ते हैं।

—प्रेमचन्द

जितने दुःख, जितनी विपत्तियां हमें प्राप्त होती हैं, उनका कारण यही है कि अनन्त ऐश्वर्ययुक्त सर्वशक्तिमान ईश्वर की ओर हम भिन्नता का भाव रखते हैं।

—स्वेट मार्डेन

जिसने विपत्ति नहीं झेली, उसे राजमुकुट नहीं मिलता।

—कार्ल्स

तुलसी साथी विपति के, विद्या विनय विवेक।
साहस, सुकृत, सत्यव्रत, राम-भरोसो एक।।

(तुलसीदास जी कहते हैं कि विपत्ति के साथी विद्या, विनय, विवेक, साहस, सत्कर्म, सत्यव्रत और भगवान पर विश्वास होते हैं।)

—गोस्वामी तुलसीदास

दुरदिन परे रहीम कहि, भूलत सब पहचानि।
सोच नहीं चित हानि को, जो न होय हित हानि।।

—रहीम

निरन्तर सफलता हमें संसार का केवल एक ही पहलू दिखाती है; विपत्ति हमें चित्र का दूसरा पहलू भी दिखाती है।

—कोल्टन

रहिमन विपदाहू भली जो थोरे दिन होय।
हित अनहित या जगत में, जानि परत सब कोय।।

—रहीम

वचन काय मन मम गति जाही। सपनेहुं बुझिअ विपति कि ताही।

(भगवान श्री राम कहते हैं कि मन, वचन और शरीर से जो मेरा विश्वास करता है, उस पर कभी भी विपत्ति नहीं आती है।)

—गोस्वामी तुलसीदास

विपत्ति अकेली नहीं आती।

—कहावत

विपत्ति के आने पर अपनी रक्षा के लिए व्यक्ति को अपने पड़ोसी शत्रु से भी मेल कर लेना चाहिए।

—महाभारत

विपत्ति के सदृश कोई शिक्षा नहीं है।

—डिसरैली

विपति परे धन ना रहे, रहे जो लाख करोर।
नभ तारे छिप जात हैं, ज्यों रहीम भए भोर।।

–रहीम

विपत्ति में पड़े बिना सुख की महिमा समझ में नहीं आती।

–अज्ञात

विपत्ति में भी जिस हृदय में सद्ज्ञान उत्पन्न न हो, वह एक ऐसा सूखा वृक्ष है, जो पानी पाकर पनपता नहीं बल्कि सड़ जाता है।

–प्रेमचंद

विपत्ति में हमारा मन अन्तर्मुखी हो जाता है

–प्रेमचंद

विपत्ति वह हीरक रज है, जिससे ईश्वर अपने रत्नों को चमकाता है।

–लेटन

विपत्ति से बढ़कर तजुर्बा सिखाने वाला कोई विद्यालय आज तक नहीं खुला।

–प्रेमचन्द

विश्वास के कारण उत्पन्न होने वाली विपत्ति जीव का समूल नाश कर डालती है।

–महाभारत

सुदिन अच्छी तुला नहीं है, विपत्ति ही केवल ऐसी तुला है जिस पर हम मित्रों को तोल सकते हैं।

–प्लूटार्क

हे जगद्गुरो ! हमारे जीवन में सर्वत्र पद-पद पर विपत्तियां आती रहें, क्योंकि विपत्तियों में ही निश्चित रूप से आपके दर्शन हुआ करते हैं और आपके दर्शन हो जाने पर फिर जन्म-मृत्यु के चक्कर में नहीं आना पड़ता।

–कुन्ती

अग्नि से सोना परखा जाता है और विपत्ति से वीर पुरुष।

–सेनेका

विपत्ति में भी एक गुण है-वह एक पैमाना है जिससे तुम अपने मित्रों को नाप सकते हो।

–सन्त तिरुवल्लुवर

विपत्तियां कभी अकेले नहीं आतीं।

–स्वामी रामतीर्थ

न रगड़ के बिना रत्न पर पालिश होती है, न विपत्तियों के बिना आदमी में पूर्णता आती है।

–चीनी कहावत

विभूति

महान विभूतियां देह छोड़ने पर ही अधिक बलवान बनती हैं।

–बिनोबा भावे

वियोग

जैसे महांसागर में बहते हुए दो काठ कभी एक दूसरे से मिल जाते हैं और मिलकर कुछ काल के बाद एक दूसरे से विलग भी हो जाते हैं, उसी प्रकार स्त्री, पुत्र, कुटुम्ब और धन भी मिल कर बिछुड़ जाते हैं। इनका वियोग अवश्यम्भावी है।

–बाल्मीकि रामायण

प्रेम में घंटे महीनों के और दिन वर्षों के समान होते हैं, और प्रत्येक छोटा वियोग एक युग के समान होता है।

–ड्राइडेन

मेरे प्रभु ! तुम्हारे वियोग के क्षण मुझे शत्रुओं के बाणों के समान लगते हैं। तुम्हारे हाथ कब उन बाणों को मेरे शरीर से दूर करेंगे।

–अज्ञात

वियोग हृदय को और अधिक आसक्त बना देता है।

–टॉमस हेन्स वेली

सभी प्रिय वस्तुओं एवं प्रियजनों से एक दिन अवश्य वियोग होगा।

–गौतम बुद्ध

वियोगी

यह न पानी से बुझेगी,
यह न पत्थर से दबेगी,
यह न शोलों से डरेगी,
यह वियोगी की लगन है !
यह पपीहे की रटन है !

–हरिवंशराय बच्चन

वियोगी होगा पहला कवि,
आह से उपजा होगा गान;
उमड़कर आंखों से चुपचाप,
वही होगी कविता अनजान।

–सुमित्रानंदन पंत

विरक्ति

नैराश्य की अन्तिम अवस्था विरक्ति होती है।

–प्रेमचन्द

विरह

कठिन विरह भी मिलन की आशा में सह्य हो जाता है।

–कालिदास

जैसे अग्नि के लिए आंधी है, वैसे ही प्रेम के लिए विरह है। यह तुच्छ को बुझा देती हैं और महान को प्रकाशमान बना देती है।

–ब्रूसे

प्रायः दूरी मित्रता को प्रिय बना देती है और विरह उसे मधुर बना देता है।

–जे० हॉवेल

पिय बिन जिय तरसत रहै, पल-पल विरह सताय।
रैन दिवस मोहि कल नहीं, सिसक-सिसक जिय जाय।।

–कबीर

मिलन अन्त है मधुर प्रेम का, और विरह जीवन है।
विरह प्रेम की जाग्रत गति है, और सुषुप्ति मिलन है।।

–रामनरेश त्रिपाठी

मिलन की प्रसन्नता विरह की वेदना को सह्य बना देती है। यदि ऐसा न होता, तो उसे कौन सहता ?

–गेटे

विरह का ताप रमणी के सौन्दर्य को सुकुमार कर देता है।

–रवीन्द्रनाथ ठाकुर

विरह बान जेहि लागिया, औषध लगत न ताहि।
सुसुक-सुसुक मरि-मरि जिए, उटै कराहि-कराहि।।

–कबीर

विरह में वनिता के फूल जैसे हृदय को आशा ही कुम्हला जाने से बचाती है।

–कालिदास

होता जिसका ध्यान ही, अति अप्रिय सब काल,
अनुभव ऐसे विरह का, क्यों न करे बेहाल ?

–मैथिलीशरण गुप्त

विरह भुवंगम तन डसा, मंत्र न लागै कोय।
नाम वियोगी जानिए, जिए तो बाउर होय।।

–कबीर

विरही

जो सुखी हैं उनका भी चित्त बादलों को देखकर स्थिर नहीं रहता, फिर जो विरही हैं उनकी तो बात ही क्या ?

–कालिदास

विराग

जब आदमी को कोई आशा नहीं रहती, तो वह मर जाना चाहता है। यह विराग नहीं है। विराग ज्ञान से होता है और उस दशा में किसी को घर से निकल भागने की जरूरत नहीं होती।

–प्रेमचन्द

विरागी

विरागी जन मुक्ति की खोज में भटक गए हैं, और संसारी जन-सुख की तलाश में यहीं भटक रहे हैं।

–जैनेन्द्र कुमार

विरोध

उचित विरोध न बहुजन संगा। लघु पिपीलिकहु बधहि भुजंगा।।

(बहुत लोगों से विरोध करना उचित नहीं है। बहुत-सी छोटी-छोटी चीटियां मिलकर सांप को मार डालती हैं।)

–द्वारकाप्रसाद द्विवेदी

एक सत्य दूसरे सत्य का कभी विरोध नहीं करता।

–हूकर

कठिनाई और विरोध वह देसी मिट्‌टी है, जिसमें शौर्य और आत्म-विश्वास का विकास होता है।

–जॉन नील

कोई भी सरकार प्रबल विरोधी दल के बिना अधिक दिन नहीं टिक सकती।

–डिसरैली

विरोध उत्साहियों को सदैव उत्तेजित करता है, उन्हें बदलता नहीं।

–शिलर

विवाह

विवाह सामाजिक समझौता है, उसे तोड़ने का अधिकार न पुरुष को है न स्त्री को।

–प्रेमचन्द्र

शादी से पहले आदमी को आंखें पूरी तरह खुली रखनी चाहिए और शादी के बाद अधखुली।

–मदाम शूरे

प्यार में आदमी सपनों में खोया रहता है किन्तु शादी होते ही उसकी आंखे खुल जाती है।

–पोप

अच्छा पति बनाने के लिए स्त्री को प्रतिभाशालिनी होना चाहिए।

–बालजैक

अच्छी नारी के साथ विवाह जीवन के तूफान में बन्दरगाह और बुरी नारी के साथ विवाह बन्दरगाह में ही तूफान है।

–जे० पी० सेन

कुलीन कन्या कुरूप भी हो, तो विवाह कर लो। सुन्दर, किन्तु नीच संस्कारों वाली नारी से कभी विवाह न करो।

–मनुस्मृति

छोड़ो बेजोड़ विवाह, होता है जिनसे गृहदाह।
गृह में गृहलक्ष्मी की पूर्ति, वन में सावित्री की पूर्ति।
रण में असुरनाशिनी शक्ति, आविर्भूत करे निज भक्ति।

(बेजोड़ विवाह छोड़ दो, क्योंकि उनसे घर में लड़ाई-झगड़ा होता है। स्त्री को घर में गृहलक्ष्मी, वन में सावित्री के समान और रण में असुरनाशिनी दुर्गा की भांति होना चाहिए। इस प्रकार वह अपनी भक्ति को आविर्भूत करे।)

–मैथिलीशरण गुप्त

जीविका का प्रश्न हल हो जाने के बाद ही विवाह शोभा देता है।

–प्रेमचन्द

जो विवाह को धर्म का बंधन नहीं समझता है, उसे केवल वासना की तृप्ति का साधन समझता है, वह पशु है।

–प्रेमचन्द

तजहु आस निज-निज गृह जाहू। विधि न लिखा वैदेहि विवाहू।

(जब सीता-स्वयंवर में एकत्र राजा शिवजी के धनुष को नहीं तोड़ सके, तब महाराज जनक ने उनसे कहा—अब आप लोग आशा का त्याग करके अपने-अपने घर जाइये। ऐसा प्रतीत होता है कि ब्रह्मा ने सीता का विवाह नहीं लिखा है।)

–गोस्वामी तुलसीदास

नारी-जीवन का साधना-मार्ग विवाह ही है। यह चाहे सुखमय हो, अथवा दुःखमय, उसे एकाग्रचित्त से ग्रहण करना चाहिए। गृहस्थाश्रम का व्रत ही स्त्रियों के लिए सर्वश्रेष्ठ व्रत है।

–रवीन्द्रनाथ ठाकुर

पहली बार विवाह कर्त्तव्य है, दूसरी बार मूर्खता और तीसरी बार पागलपन है।

–डच कहावत

फांसी और विवाह भाग्य के अनुसार ही होता है।

–अज्ञात

बेटे का विवाह कर लेना आसान है, पर कन्या के विवाह में आबरू निबाह ले जाना कठिन है।

–प्रेमचंद

लड़कियों की पसन्द की चिन्ता न करके माता-पिता की पसन्द से विवाह करना बर्बरता है।

–रवीन्द्रनाथ ठाकुर

विवाह एक धार्मिक व्रत है, एक आत्मिक प्रतिज्ञा है। जब हम गृहस्थाश्रम में प्रवेश करते हैं, जब हमारे पैरों में धर्म की बेड़ी पड़ती है, जब हम सांसारिक कर्तव्य के सामने अपने सिर को झुका देते हैं, जब जीवन का भार और उसकी चिन्तायें हमारे सिर पर पड़ती हैं, तब ऐसे पवित्र संस्कार के अवसर पर हमको गाम्भीर्य से काम लेना चाहिए।

–प्रेमचन्द

विवाह एक प्रकार का समझौता है, दोनों पक्षों को अधिकार हैं, जब चाहें उसे तोड़ दें।

–प्रेमचन्द

विवाह और मित्रता समान स्थिति वाले से करना चाहिए।

–ला रोश फूको

विवाह का उद्देश्य भोग नहीं, आत्मा का विकास है।

–प्रेमचंद

विवाह का सम्बन्ध देह से नहीं आत्मा से है।

–प्रेमचंद

विवाह के मंत्र, कर्त्तव्य-बुद्धि दे सकते हैं, भक्ति दे सकते हैं, सहमरण की प्रवृत्ति दे सकते हैं; किन्तु माधुर्य देने की शक्ति उनमें नहीं हैं।

–शरत्चंद्र चटर्जी

विवाह लोकप्रिय इसलिए है कि वह सबसे अधिक आनन्द का सबसे अधिक अवसर से मेल कराता है।

–जार्ज बर्नार्ड शॉ

विवाह सामाजिक संस्था है। उससे परिवार बनता है जो समाज की इकाई है। उसे केवल दो का निजी सम्बन्ध समझना और उस आधार पर विवाह को स्थापित करना गलत होगा, क्योंकि तब उसकी भूमिका सामाजिक न होकर कामुक होगी।

–जैनेन्द्र कुमार

शरीर का विवाह नहीं होता, विवाह हेाता है हृदय का, आत्मा का। यही विवाह का धार्मिक महत्व है। इसी से नैतिक महत्त्व की उपलब्धि हुआ करती है।

–जनार्दनप्रसाद झा 'द्विज'

हर एक नारी का यह कर्तव्य है कि वह जितनी शीघ्र सम्भव हो सके विवाह कर ले और पुरुष का, जहां तक सम्भव हो सके, उससे दूर रहे।

–जार्ज बर्नार्ड शॉ

हिन्दुओं का विवाह मुख्यतः एक सहयोगी भावना का आदर्श है।

–डॉ० राधाकृष्णन्

विवेक : विवेकी

तुम्हारा विवेक ही तुम्हारा गुरु है।

–शेक्सपियर

अपने विवेक को अपना शिक्षक बनाओ। शब्दों का कर्म से और धर्म का शब्दों से मेल कराओ।

–शेक्सपियर

उड़ने की अपेक्षा जब हम झुकते हैं, तब विवेक के अधिक निकट होते हैं।

–वर्ड्सवर्थ

पराक्रम का प्रमुख अंग विवेक है।

–शेक्सपियर

भौतिक बन्धन से मुक्त होने का उपाय है पूर्ण विवेक से काम लेना।

–पतंजलि

यौवन और सौन्दर्य में विवेक शायद ही होता है।

–होमर

विवेक जीवन का नमक और कल्पना उसकी मिठास है। एक उसको सुरक्षित रखता है और दूसरा उसे मधुर बनाता है।

–बोबी

विवेक बुद्धि की पूर्णता है, यौवन के सभी कर्तव्यों में वह हमारा पथ-प्रदर्शक है।

–ब्रूसे

विवेक केवल सत्य से पाया जाता है।

–गेटे

साधारणतः मनुष्य सत्य की अपेक्षा बाहरी आकार से ही अनुमान लगाते हैं। सभी के नेत्र होते हैं, किन्तु, किसी-किसी को ही विवेक का वरदान होता है।

–मैकियावली

हंस दूध को निकाल लेता है उसमें मिले हुए पानी को छोड़ देता है।

–कालिदास

उपासना के द्वारा विवेक उत्पन्न होता है, विवेकी होने से क्षणिक वस्तुओं से शोक और आनन्द ये दोनों नहीं होते।

–स्वामी दयानन्द सरस्वती

विवेकी मनुष्य को पाकर गुण सुन्दरता को प्राप्त होते हैं, सोने से जड़ा हुआ रत्न, अत्यन्त सुशोभित होता है।

–चाणक्य

क्रोध और दुर्भाव, ईर्ष्या और प्रतिशोध विवेक को वक्र बना देते हैं।

–टिलटसन

आदमी में लक्ष्मी और विवेक बहुत कम साथ मिलते हैं।

–लिबी

विवेक न सोना है, न चांदी, न प्रसिद्धि, न धन, न स्वास्थ्य, न शक्ति, न सौन्दर्य।

––प्लूटार्क

विवेक अपना स्फुरण अहं के बजाय आत्मा से प्राप्त करता है।

–जैनेन्द्र कुमार

विवेकशील

विवेकशील कीचड़ में पड़े रत्न को भी ग्रहण करते हैं, कीचड़ में लिप्त होने के कारण उसे अग्राह्य नहीं करते।

–अयोध्यासिंह उपाध्याय हरिऔध

विश्राम

उद्योग का परिवर्तन ही विश्राम है; इसमें बहुत सत्य है।

–महात्मा गांधी

कार्य के लिए विश्राम वैसा ही है, जैसा नेत्रों के लिए पलकों का होना।

–रवीन्द्रनाथ ठाकुर

जैसे पक्षी दिन में चारों तरफ इधर-उधर उड़ता-फिरता है, लेकिन शाम के समय अपने घोंसले में जा कर स्थिर हो जाता है, वैसे ही जीवात्मा सब संसार के सब तरह के कामों में थक कर भटक जाता है, तब विश्राम के लिए परमेश्वर के पास पहुंच जाता है।

–बिनोवा भावे

बहुत अधिक विश्राम स्वयं दर्द बन जाता है।

–होमर

विश्राम परिश्रम की मधुर चटनी है।

–प्लूटार्क

विश्राम में भी उद्यम की गति है।
शान्त समुद्र की तरंगे गतिहीन नहीं हैं।

(विश्राम में भी उद्यम की गति होती है। शान्त समुद्र की लहरें भी गतिशील हैं।)

–रवीन्द्रनाथ ठाकुर

व्यवसाय का अभाव विश्राम नहीं है, शून्य मस्तिष्क दुःखी मस्तिष्क है।

–कूपर

विश्व

विश्व केवल दुकान ही नहीं है। बटखरे से तोल-तोल कर बांध देने से ही मनुष्य का मनुष्य के प्रति कर्त्तव्य समाप्त नहीं हो जाता।

–शरत्‌चन्द्र चटर्जी

विश्व में केवल एक आत्म-तत्व है, सब कुछ उसी की अभिव्यक्तियां हैं।

–विवेकानन्द

विश्व में बहुत-सी ऐसी वस्तुयें हैं, जिन्हें छोड़ने पर ही पाया जाता है।

–शरत्‌चन्द्र चटर्जी

विश्व है परमात्मा का व्यक्त रूप।

–विवेकानन्द

समस्त विश्व ईश्वर से पूर्ण है। अपने नेत्र खोलो और उसे देखो।

–विवेकानन्द

विश्वात्मा

विश्वात्मा को ही जब कोई अपनी आत्मा समझने लगता है, तब अखिल विश्व उसके शरीर का काम देता है।

–स्वामी रामतीर्थ

स्वच्छ बनो आन्तरिक स्वर्ग में, रमण करो होकर निष्काम,
आत्म-समर्पण करो उसी विश्वात्मा को पुलकित होकर,
प्रकृति मिला दो विश्व-प्रेम में विश्व स्वयं ही ईश्वर है।

–जयशंकर प्रसाद

विश्व-नागर

किन्तु हमारा लक्ष्य एक अम्बर भू सागर,
एक नगर-सा बने विश्व हम उसके नागर।

–मैथिलीशरण गुप्त

विश्व-बंधु

भारतमाता के बच्चे।
विश्व-बन्धु तुम हो सच्चे।।

–मैथिलीशरण गुप्त

विश्व-शान्ति

दलित पतित पीड़ित मनुजों का,
अभ्युत्थान अपेक्षित है।

जगती की सुख-शान्ति इसी पर,
सभी भांति अवलम्बित है।

–ठाकुर गोपालशरण सिंह

मध्य युगों की नैतिकता के
पूर्व ग्रहों से पीड़ित भू-मन,
अति भौतिक तृष्णा प्रमाद से
लक्ष्य भ्रष्ट युग का जग-जीवन !
बाह्य नियंत्रण से भी समधिक
आज चाहिए आत्म-संयमन
शान्ति प्रतिष्ठित हो जग में तब
जब हो बहिरन्तर संयोजन !

–सुमित्रानंदन पंत

यदि तुम्हारा हृदय पवित्र है, तो तुम्हारा आचरण भी सुन्दर होगा; यदि तुम्हारा आचरण सुन्दर है, तो तुम्हारे घर में शान्ति रहेगी; यदि घर में शान्ति है, तो राष्ट्र में सुव्यवस्था रहेगी और यदि राष्ट्र में सुव्यवस्था है, तो समस्त विश्व में शान्ति और सुख रहेगा।

–कन्फ्यूशस

युद्ध की आशंका समाप्त कर सकने और चिरस्थायी विश्व-शान्ति के लिए केवल हमारा देश ही नहीं बल्कि संसार के सभी राष्ट्रों की जनता उत्सुक है। जिन देशों ने युद्ध के विध्वंस को अपनी छाती पर सहा है, निश्चय ही वे विश्व-शान्ति की स्थापना के लिए हमारे देश से भी अधिक आतुर हैं।

–यशपाल

विश्वास

विश्वास प्रेम की पहली सीढ़ी है।

–प्रेमचन्द

हम विश्वास से चलते हैं, आंखों से नहीं।

–बाइबिल

प्रेम सबसे करो, विश्वास थोड़ों का करो।

–शेक्सपियर

जो अपने-आप में विश्वास नहीं करता, वह नास्तिक है।

–स्वामी विवेकानंद

जो एक बार विश्वासघात कर चुका है उसका विश्वास न करो।

–शेक्सपियर

ईश्वर की अपने अन्दर उपस्थिति का चैतन्य ज्ञान ही विश्वास है।

–महात्मा गांधी

केवल विश्वास ही हमारा एक ऐसा संबल है, जो हमें अपनी मंजिल पर पहुंचा देता है।

–स्वेट मार्डेन

जब तक स्वयं में विश्वास नहीं करते, परमात्मा में विश्वास नहीं कर सकते।

–विवेकानंद

जिसने पहले अपकार किया हो, वह धन और मान द्वारा बहुत सत्कार करे तो भी उसका विश्वास नहीं करना चाहिए।

–महाभारत

जिस मनुष्य के चित्त से विश्वास जाता रहता है, उसे मृतक समझना चाहिए।

–प्रेमचंद

जिस वस्तु का अस्तित्व नहीं है, उसे हम विश्वास से उत्पन्न नहीं कर सकते।

–टेनिसन

जैसे फल के पहले फूल होता है, वैसे ही सत्कार्य के पहले विश्वास होता है।

–ह्वेटली

जो अपने आप में विश्वास नहीं करता, वह नास्तिक है।

–विवेकानंद

जो जाति या राष्ट्र अपनी नई जिन्दगी शुरू करता है, उसमें विश्वास की जबरदस्त शक्ति अवश्य होनी चाहिए।

–रवीन्द्रनाथ ठाकुर

जो विश्वास के योग्य नहीं है, उस पर तो विश्वास करना ही नहीं चाहिए; परन्तु जो विश्वास करने योग्य है उस पर भी अधिक विश्वास (आँख मूँदकर भरोसा) नहीं करना चाहिए।

–महामना मदनमोहन मालवीय

प्रेम सबसे करो, विश्वास कुछ पर करो, बुरा किसी का मत करो।

–शेक्सपियर

विश्वास प्रेम की पहली सीढ़ी है।

–प्रेमचन्द

हम विश्वास से चलते हैं, आंखों से नहीं।

–बाइबिल

प्रेम सबसे करो, विश्वास थोड़ों का करो।

–शेक्सपियर

जो अपने-आप में विश्वास नहीं करता, वह नास्तिक है।

–स्वामी विवेकानंद

जो एक बार विश्वासघात कर चुका है उसका विश्वास न करो।

–शेक्सपियर

बिना विश्वास के काम करना अगाध गढ़े में गिरने के समान है।

–महात्मा गांधी

मंत्र जाप मम दृढ़ विश्वासा। पंचम भजन सो वेद प्रकासा।।

(भगवान राम कहते हैं–मंत्र जाप, मेरे ऊपर दृढ़ विश्वास यह पांचवी भक्ति है। ऐसा वेद कहते हैं।)

–गोस्वामी तुलसीदास

मनुष्य उसी काम को ठीक तरह से कर सकता है, उसी में सफलता प्राप्त कर सकता है ज़िसकी सिद्धि में उसका सच्चा विश्वास हो।

–स्वेट मार्डेन

महापुरुषों का विश्वास इतना प्रबल और अनन्य होता है कि वे पानी का घी और बालू की चीनी तक बना सकते हैं।

–स्वामी शिवानन्द

विश्वास उन शक्तियों में से एक है जो मनुष्य को जीवित रखती है, विश्वास का पूर्ण अभाव ही जीवन का अवसान है।

–विलियम जेम्स

विश्वास करने की शक्ति सबमें समान नहीं होती।

–रवीन्द्रनाथ ठाकुर

विश्वास का अभाव अज्ञान है।

–स्वामी रामतीर्थ

विश्वास क्या है ? अपने को ईश्वर की मर्जी पर पूरी तरह छोड़ देना।

–स्वामी रामदास

विश्वास जीवन है, अविश्वास मृत्यु।

–रामकृष्ण परमहंस

विश्वास तूफानी सागर में हमको खेता है, पर्वतों को डिगा देता है। सागर लँघा देता है। विश्वास कोई कोमल पुष्प नहीं है जो साधारण वायु के झोंके में कुम्हला जाये। यह हिमालय के सदृश अडिग है।

–महात्मा गांधी

विश्वास प्रेम की सीढ़ी है।

–प्रेमचंद

विश्वास प्रेम के सदृश है, वह विवश नहीं किया जा सकता। जैसे बलपूर्वक प्रेम करना घृणा उपजाता है, वैसे ही धार्मिक विचारों में विवश करना अविश्वास उत्पन्न करता है।

–शोपेनहावर

विश्वास मैत्री का मुख्य अंग है।

–प्रेमचंद

विश्वास वह पक्षी है जो प्रभात के पूर्व अंधकार में ही प्रकाश का अनुभव करता है और गाने लगता है।

–रवीन्द्रनाथ ठाकुर

विश्वास सारे वरदानों का आधार है।

–जेरेमी टेलर

विश्वास से विश्वास उत्पन्न होता है और अविश्वास से अविश्वास। यही प्राकृतिक नियम है।

–प्रेमचंद

विश्वास ही हमें वह मार्ग बताता है जो हमें अपनी मंजिल पर पहुँचा देता है।

–स्वेट मार्डेन

श्रद्धा और विश्वास के स्वरूप श्री भवानी जी और श्री शंकर जी की मैं वन्दना करता हूँ, जिनके बिना सिद्ध लोग अन्तःकरण में स्थित ईश्वर को नहीं देख सकते।

–गोस्वामी तुलसीदास

सदाचार के अतिरिक्त विश्वास को दृढ़ करने वाली दूसरी वस्तु नहीं है।

–ऐडिसन

अपने निर्वाह के लिये जो चिन्ता या प्रपंच नहीं करता वही सच्चा विश्वासी है।

–जुन्नैद

उनका विश्वास देखभाल कर करना चाहिये जिनके आगे-पीछे कोई नहीं है क्योंकि उनके दिलों में ममता और लज्जा नहीं होती।

–तिरुवल्लुवर

बिना कर्म के विश्वास बिना पंख की चिड़िया के समान है।

–बोमेन्ट

विश्वास का प्रमुख अंग सन्तोष है।

–मैकडोनेल्ड

विश्वासी

अविश्वासी के श्रेष्ठ विचार से विश्वासी की भूल अधिक अच्छी है।

–टॉमस रसल

विश्वासघात : विश्वासघाती

जो एक बार विश्वासघात कर चुका हो, उसका विश्वास मत करो।

–शेक्सपियर

तू वाण मार यदि मृग के प्राण लेता,
तो व्याध, मैं अधिक दोष तुझे न देता।
की किन्तु देकर प्रतीति अनीति तूने,
मारा सुनाकर उसे कल शीति तूने।।

—मैथिलीशरण गुप्त

लेन-देन के मामले में वादा पूरा न करना विश्वासघात है।

—प्रेमचंद

विश्वासघात से बचने की कोई युक्ति नहीं है।

—कहावत

विश्वासघात विष से कम घातक नहीं होता।

—प्रेमचन्द

जब विश्वासघाती प्रेम का अभिनय करे, तब वह डरने का समय है।

—शेक्सपियर

विष

एक का भोजन दूसरे का विष है।

—कहावत

का आचरज भरत अस करहीं। नहिं विष बेलि अमिय फल फरहीं।।

(भरत जी मन्त्रियों, कुटुम्बियों और सेना के सहित भगवान को अयोध्या लौटाने के उद्देश्य से जा रहे हैं। निषादराज ने समझा है कि यह भगवान से युद्ध करने जा रहे हैं। इसलिए वह कहता है कि यदि भरत ऐसा करते हैं तो इसमें कोई आश्चर्य की बात नहीं है। विष की लता (कैकेयी) पर अमृत का फल नहीं लग सकता।)

—गोस्वामी तुलसीदास

प्रेमपूर्ण व्यवहार अमृत है और दोषपूर्ण व्यवहार ही विष है।

—हनुमानप्रसाद पोद्दार

बिना अभ्यास के शास्त्र विष हो जाता है, अजीर्ण में भोजन विष हो जाता है। दरिद्रों के लिए सभा विष और वृद्ध के लिए युवती विष हो जाती है।

—चाणक्य

विषमता

उत भूखे क्रन्दन करत, कलपि किसान मजूर।
इत मसनद पै मद छकै, सुनत अलाप हजूर।।

—वियोगी हरि

विषमता की पीड़ा में व्यस्त
हो रहा स्पन्दित विश्व महान,

यही दुख-सुख विकास का सत्य
यही भूमा का मधुमय दान।

–जयशंकर प्रसाद

वे भी यहीं, दूध से जो अपने श्वानों को नहलाते हैं।।
ये बच्चे भी यहीं, कब्र में दूध, दूध ! जो चिल्लाते हैं।

–रामधारीसिंह दिनकर

संचित समस्त युग संपद धनपतियों में मुट्ठी भर,
अब मध्यनिम्न वर्गों के जन निर्धन से निर्धनतर।।

–सुमित्रानंदन पंत

हमारी रुचि, आकांक्षा, चेष्टा सभी एक दूसरे से भिन्न केन्द्र का आश्रय होकर एक अपरूप मूर्ति धारणा करके बैठी है। प्रत्येक कार्य में एक की दूसरे के साथ धक्का-मुक्की, विघ्न बाधा चल रही है। छीना, झपटी, खींचातानी का कोई अन्त नहीं है। इससे इतनी विषमता तथा इतने उत्ताप का जन्म होता है जिसकी सीमा नहीं है।

–रवीन्द्रनाथ ठाकुर

विषय

जो विषया सन्तन तजी, मूढ़ ताहि लपटात।
ज्यों नर डारत वमन कर, स्वान स्वाद सों खात।।

–रहीम

नाथ विषय-सम मद कछु नाहीं। मुनि मन मोह करै क्षण माहीं।।

(हे नाथ विषय के समान दूसरा कोई मद नहीं है, वह क्षण भर में मुनियों के भी मन में मोह पैदा कर देता है।)

–गोस्वामी तुलसीदास

विषय के सुखों में घोर दुःख भरा है, प्रारम्भ में वे मीठे लगते हैं, लेकिन अन्त में उनके कारण संताप ही होता है।

–रामदास

विषय-भोग में धन का ही सर्वनाश नहीं होता, इससे कहीं अधिक बुद्धि और बल का भी नाश होता है।

–प्रेमचन्द

विषय-वस्य सुर नर मुनि स्वामी।

–गोस्वामी तुलसीदास

विषयों के सम्बन्ध में सोचने से उनसे सम्पर्क हो जाता है।

–श्रीमद्भगवत गीता

विषयों को हमने नहीं भोगा, बल्कि विषयों ने ही हमें भोग लिया; हमने तप को नहीं तपा, बल्कि विषयों ने ही हमें तपा डाला।

–भर्तृहरि

सारे विषय-भोग विष से भी भारी विष हैं।

–शंकराचार्य

सुनहु उमा ते लोग अभागी। हरिपद छाड़ि विषय अनुरागी।।

(शंकर जी कहते हैं–हे उमा ! सुनो जो मनुष्य भगवान की चरण-सेवा छोड़कर विषय-भोग में लिप्त हो जाते हैं वे बड़े अभागे हैं।)

–गोस्वामी तुलसीदास

सेवन से, और और बढ़ते विषय हैं,
अर्थ जितन हैं सब काम में ही लय हैं।
एक बार पीकर प्रमत्त हुआ जो जहां,
सुध फिर अपनी पराई उसको कहां ?

–मैथिलीशरण गुप्त

विषयी

असंयमी और विषयी युवक क्षीण शरीर को बुढ़ापे के हवाले करता है।

–सिसरो

विषयी का शरीर मृतक आत्मा का कफ़न है।

–बोबी

विषाद

जो पराक्रम का अवसर उपस्थित होने पर विषादग्रस्त हो जाता है, तेज से रहित उस व्यक्ति से फिर पुरुषार्थ नहीं होता।

–वाल्मीकि रामायण

मन को विषाद-ग्रस्त नहीं बनाना चाहिए, विषाद में बहुत बड़ा दोष है। जैसे क्रोध में भरा हुआ सांप बालक को काट खाता है, वैसे ही विषाद पुरुष का नाश कर डालता है।

–वाल्मीकि रामायण

राम चलत अति भयउ विषादू। सुनि न जाय पुर आरत नादू।।
कुसगुन लंक अवध अति सोकू। हरष-विषाद बिबस सुरलोकू।।

(श्री रामचन्द्र जी के वन को प्रस्थान करते ही सबको बहुत दुःख हुआ। अयोध्यापुरी का हाहाकार सुना नहीं जाता था। लंका में अशकुन हुए और अवध में बड़ा शोक छा गया। देवलोक में देवता लोग हर्ष और विषाद के वश हो गए।)

–गोस्वामी तुलसीदास

विष्णु जी

नील सरोरुह स्याम, तरुन अरुन वारिज नयन।
करउ सो मम उर धाम, सदा हरि सागर सयन।।

(जो भगवान नील कमल के समान श्याम शरीर के हैं, जिनके नेत्र प्रभात कालीन लाल कमल के समान हैं, जो सदा क्षीर सागर में शेषनाग पर सोते हैं, वही प्रभु मेरे हृदय में निवास करें।)

–गोस्वामी तुलसीदास

विस्तृत

पानी में तेल, दुष्ट मनुष्य से कही हुई गुप्त बात, सुपात्र को दिया हुआ दान और बुद्धिमान मनुष्य का शास्त्राभ्यास यदि थोड़ा भी होता है, तब भी वह अपनी शक्ति के अनुसार स्वयं विस्तृत हो जाता है।

–चाणक्य

विस्मृति

कोई ऐसी स्मृति नहीं है जिसे समय भुला न दे, कोई ऐसी पीड़ा नहीं है जिसे मृत्यु समाप्त न कर दे।

–सर्वेन्टीज़

क्षति की स्मृति न रखना मधुर विस्मृति है।

–सी० सिमन्स

वीतराग

गीतरागभयक्रोधा मन्मया मामुपाश्रिताः।
बहवो ज्ञानतपसा पूता मद्भावमागताः।।

(जिनके राग, भय और क्रोध सर्वथा नष्ट हो गए हैं और जो मुझ में अनन्य प्रेमपूर्वक स्थिर रहते हैं, ऐसे मेरे आश्रिति रहने वाले बहुत से भक्त ज्ञान रूप तप से पवित्र होकर मेरे स्वरूप को प्राप्त होते हैं।

–श्रीमद्भगवत गीता

सबसे ऊंचा आदर्श यह है कि हम वीतराग बनें।

–महात्मा गांधी

वीर

कायर जीवित ही मरत, दिन में बार हज़ार।
प्रान पखेरू वीर के, उड़त एक ही बार।।

(डरपोक आदमी दिन में अनेक बार मरते हैं, परन्तु वीर जीवन में केवल एक बार मरता है।)

–वियोगी हरि

कायर मृत्यु के पूर्व अनेक बार मरते हैं, किन्तु वीर एक ही बार मरते हैं।

–शेक्सपियर

गृहदाह में जलने वाले वीर रणक्षेत्र के वीरों से कम महत्त्वशाली नहीं होते।

–प्रेमचन्द

थे कर्मवीर कि मृत्यु का भी ध्यान कुछ धरते न थे,
थे युद्धवीर कि काल से भी हम कभी डरते न थे।
थे दानवीर कि देह का भी लोभ हम करते न थे,
थे धर्मवीर कि प्राण के भी मोह पर मरते न थे।।

–मैथिलीशरण गुप्त

जीवित वह जो तोड़ चुका हो भय की मकड़ी के जाले को।
निगल उगल कर मौत खा रही मरने से डरने वाले को।।

–नरेन्द्र

मानवता के वीर नैतिक जगत के पर्वत एवं पर्वतीय प्रदेश है।

–ए०मी० स्टैनली

यदि तुम्हें क्षमावान और सत्यवादी वीर बनना हो, तो तुम्हें वीर्य की अच्छी तरह रक्षा करनी चाहिए।

–महात्मा गांधी

वही सच्चा वीर है, जो संसार की माया के बीच में रहकर भी पूर्णता को प्राप्त करता है।

–रामकृष्ण परमहंस

वीर पुरुष अपने पौरुष के भरोसे युद्ध करता है, सैनिकों की संख्या के बल पर नहीं।

–महाभारत

वीर पुरुष दयालु होते हैं, असहायों पर, स्त्रियों पर और दुर्बलों पर उन्हें क्रोध नहीं आता।

–प्रेमचन्द

वीर पुरुष वह कहलाता है जो दुनिया को जीतता है, लेकिन महावीर वह है जिसने अपने ऊपर जय पाई हो और दुनिया में ऐसे छिप गया हो जैसे दूध में शक्कर।

–विनोबा भावे

वीरात्मा

वीरात्मायें सत्कार्य में विरोध की परवाह नहीं करती और अन्त में उस पर विजय ही पाती हैं।

–प्रेमचन्द

वीरगति

कलिंग राज वीर प्रकृति के थे। भरे यौवन में युद्ध के घावों के कारण वीरगति से देवलोक आरोहण करते समय भी वे अधीर नहीं हुए।

–यशपाल

वीरता

अहिंसा वीरों की होनी चाहिए, दुर्बलों की कदापि नहीं। जब शस्त्र की धार शरीर में लगती है, तभी वीरता की परीक्षा होती है।

–महात्मा गांधी

आत्मविश्वास वीरता का सार है।

–इमर्सन

कायरता की भांति वीरता भी संक्रामक होती है।

–प्रेमचंद

आंखों का मोह-त्याग करना वीरता का रहस्य है।

–जयशंकर प्रसाद

बात पूछने को विवेक से, जभी वीरता आती,
पी जाती अपमान पतित हो, अपना तेज गँवाती।

(जब कभी वीरता विवेक से बात पूछने को जाती है, तब उसे अपमान का घूंट पीना पड़ता है और वह निस्तेज एवं पतित होकर रह जाती है।)

–रामधारीसिंह दिनकर

भय पर आत्मा की शानदार विजय ही वीरता है।

–एमियल

योद्धाओं के लिए वीरगति से बढ़कर और कौन मृत्यु हो सकती है ? इससे बढ़कर उनकी वीरता का और क्या पुरस्कार मिल सकता है ? यह रोने का नहीं, आनन्द मनाने का अवसर है।

–प्रेमचन्द

वीरता क्या है ? निर्भीक और बेधड़क होकर स्वयं को बड़े से बड़े कष्ट एवं संकट का सामना करने के लिए तैयार रखना।

–हरिभाऊ उपाध्याय

वीरता मारने में नहीं है, मरने में है; किसी की प्रतिष्ठा बचाने में है, प्रतिष्ठा गँवाने में नहीं।

–महात्मा गांधी

वीरता ही मनुष्य का सबसे उज्ज्वल गुण है।

–प्रेमचन्द

वीरत्व

जो अनेक जन एक पर मिलकर करें प्रहार।
है उनके वीरत्व को बार-बार धिक्कार।।

–मैथिलीशरण गुप्त

रसिकों के हास-विलास, गुण्डों के रूप-रंग और डकैतों के दाव-घात का वीरत्व की दृष्टि में रत्ती भर भी मूल्य नहीं है।

–प्रेमचन्द

वीरपूजा

वीरपूजा वहां पर सबसे अधिक होती है, जहां पर मनुष्य की स्वतंत्रता का बहुत कम ध्यान रहता है।

–हर्बर्ट स्पेन्सर

सारी मानवता में विश्वव्यापी वीर पूजा है, रही है और सदैव रहेगी।

–कारलाइल

वृक्ष

जो मनुष्य सड़क के किनारे तथा जलाशयों के तट पर वृक्ष लगाता है, वह स्वर्ग में उतने ही वर्षों तक फूलता-फलता है, जितने वर्षों तक वृक्ष फूलता-फलता है।

–पद्म पुराण

वृक्ष अपने सिर पर गरमी सह लेता है परन्तु अपनी छाया से औरों को गरमी से बचाता है।

–कालिदास

वृत्तिहीन

वृत्तिहीन मनुष्य का चित्त स्थिर नहीं रहता।

–शेख सादी

वेतन

मासिक वेतन तो पूर्णमासी का चाँद है जो एक दिन दिखाई देता है और घटते घटते लुप्त हो जाता है।

–प्रेमचन्द

वेद

विख्यात चारों वेद मानों चार सुख के सार हैं,
चारों दिशाओं में हमारे वे. जयध्वज चार है।

वे ज्ञान-गरिमागार हैं, विज्ञान के भण्डार हैं,
वे पुण्य-पारावार हैं आचार के आधार हैं।

–मैथिलीशरण गुप्त

वेदना

मानसिक वेदना शारीरिक वेदना की अपेक्षा अधिक कष्टदायक होती है।

–प्यूब्लियस

वेदना और बेइज्जती के मुकाबिले दुनिया में ऐसी कोई चीज नहीं है जो मनुष्य की सच्ची रूह को खींचकर बाहर ला सके।

–शरत्चन्द्र चटर्जी

वेदना और हर्ष, प्रकाश और छाया की तरह, एक के बाद एक आते हैं।

–लारेन्स स्टर्न

वेदना कुत्सित आनन्द का वेतन है।

–कहावत

वेदना पाप का परिणाम है।

–गौतम बुद्ध

वेदना में एक शक्ति है जो दृष्टि देती है।

–अज्ञेय

वेदान्त

भारत को वेदान्त भुलाने की आवश्यकता है और पश्चिम को वेदान्त सीखने की जरूरत है।

–विवेकानन्द

वेदान्त का उद्देश्य संसार को दुःख, सुख, भाग्य, मोहादि से विमुक्त करना है।

–स्वामी रामतीर्थ

वेदान्त की शिक्षा ग्रहण करने पर मनुष्य शोक, भय और चिन्ता से विमुक्त हो जाता है।

–स्वामी रामतीर्थ

वेदान्त हिन्दू सभ्यता एवं संस्कृति की पराकाष्ठा है.......अपने जीवन को सर्वोच्च और सर्वोत्तम प्रकार से बिताने के विज्ञान और कला को वेदान्त कहते हैं।........वेदान्त कहता है तुम यह नश्वर शरीर नहीं हो, वरन् तुम सबमें व्याप्त अमर आत्मा हो।

–स्वामी शिवानन्द

वेदान्त के अनुसार नितान्त कर्म ही विश्राम है।

–स्वामी रामतीर्थ

आपुहि मीच जियन पुनि आपुहि, आपुहि तन मन सोय।
आपुहि आप करै जो चाहै, कहां सो दूसर कोय।।

—मलिक मोहम्मद जायसी

वेश्या

खूब साज-सिंगार किए और बनी-ठनी वेश्या के सुकुमार बाहु एक तरह की गन्दी दोज़खी नाली हैं जिनमें घृणित मूर्ख लोग जाकर अपने को डुबा देते हैं।

—सन्त तिरुवल्लुवर

पैसे वाले कोढ़ी और जराजीर्ण को वेश्या कामदेव के समान सुन्दर समझती है और बिना पैसे वाले को, चाहे वह कामदेव के समान सुन्दर ही क्यों न हो, कोढ़ी और बुढ़ापे से जीर्ण समझती है।

—भर्तृहरि

वह कटाक्ष करती बैठी हैं, सुन्दरियां जो मांसल मांसल,
क्या उनका जीवन भी सुन्दर, क्या ऐसा ही उज्ज्वल उज्ज्वल;

—रांगेय राघव

वेश्या सौन्दर्य रूपी ईंधन से जलती हुई प्रचंड कामाग्नि है। कामी पुरुष अपने धन और यौवन को इस ज्वाला में भस्म कर देते हैं।

—भर्तृहरि

वेश्यायें विचारशून्य नहीं, भावशून्य नहीं, बुद्धिहीन नहीं, लेकिन माया के हाथों में पड़ कर उनकी सारी सद्वृत्तियाँ उलटे मार्ग पर जा रही हैं, तृष्णा ने उनकी आत्माओं को निर्बल, निश्चेष्ट बना दिया है।

—प्रेमचन्द

वैधव्य

कोई यातना इतनी दुस्सह, इतनी हृदय-विदारक नहीं हो सकती जितनी कि वैधव्य। और ये लोग जानबूझकर अपनी पुत्री को वैधव्य के अग्निकुंड में डाल देते हैं।

—प्रेमचन्द

वैधव्य यातना नहीं है, जीवोद्धार का साधन है।

—प्रेमचन्द

वैभव

अन्तरात्मा द्वारा निर्धारित राह पर चलना ही वैभव की सबसे छोटी राह है।

—होम

इस जीवन का वैभव पागलपन के समान है।

–शेक्सपियर

धर्म का भूषण वैराग्य है, वैभव नहीं।

–महात्मा गांधी

वैभव अपने ध्येय तक पहुँचने के प्रयास में है, न कि उस तक पहुँचने में।

–महात्मा गांधी

वैभव का मार्ग केवल कब्र की ओर जाता है।

–टॉमस ग्रे

वैभव गुण के पीछे उसकी छाया की भांति चलता है।

–सिसरो

वैभव में पशुता है, पशुता ही नहीं दानवता है।

–भगवतीचरण वर्मा

वैमनस्य

जाति को जाति देश को देश, हड़पने को हैं व्यग्र विशेष।
नहीं मन में ममता का लेश, विषमता-क्षमता का प्रवेश,
दिखाने को संरक्षक भाव, भरा है भीतर भक्षक-भाव।।

–मैथिलीशरण गुप्त

वैर

अपने से अधिक शक्तिशाली के साथ वैर करना परिणाम में दुःखद होता है।

–भारवि

इस बात को विद्वान पुरुष भली भांति जानते हैं कि वैर पाँच कारणों से हुआ करता है—स्त्री के लिए, घर और भूमि के लिए, कठोर वाणी के कारण, जातिगत द्वेष के कारण, और अपराध के कारण।

–महाभारत

इस संसार में वैर से वैर कभी शान्त नहीं होते। प्रेम से ही वैर शान्त होते हैं। यही सदा का नियम है।

–धम्मपद

वैर की यथार्थ शुद्धि वैर नहीं प्रेम है।
और इस विश्व का इसी में छिपा प्रेम है।।

–मैथिलीशरण गुप्त

वैर-विरोध से झगड़ा-बखेड़ा शुरू हो जाता है और वह कुलनाश के लिए बिना लोहे का शस्त्र है।

–महाभारत

साईं वैर न कीजिए, गुरु पंडित कवि यार।
बेटा वनिता पँवरिया यज्ञकरावन हार।।

—गिरिधर कविराय

वैराग्य

अपने दुःखों का अनुभव और दूसरों की आपत्ति का दृश्य बहुधा वह वैराग्य उत्पन्न करता है जो असंग, अध्ययन और मन की प्रवृत्ति से भी संभव नहीं है।

—प्रेमचन्द

तू मत जानै बावरे, मेरा है सब कोय।
पिंड प्राण से बंधि रहा, सो अपना नहिं होय।।

—कबीर

दुनिया की मुहफ़िलों से उकता गया हूं या रब !
क्या लुत्फ अंजुमन में, जब दिल ही बुझ गया हो।

—मुहम्मद इकबाल

दुनिया में हूं दुनिया का तलबगार नहीं हूं।
बाजार से गुजरा हूं खरीदार नहीं हूं।।
वह गुल हूं खिजां ने जिसे बरबाद किया है।
उलझूं किसी दामन से मैं वो खार नहीं हूं।।

—अकबर

निर्बल क्रोध ही तो वैराग्य है।

—प्रेमचन्द

प्रत्यक्ष वास्तव के प्रति हमारी अश्रद्धा को जगा देना वैराग्य साधना का श्रेष्ठ उपाय है।

—रवीन्द्रनाथ ठाकुर

प्रान कहै सुन काया मेरी, हम तुम मिलन न होय।
तुम सम मीत बहुत हम कीना, संग न लीना कोय।।

—कबीर

भोगों को हमने नहीं भोगा, भोगों ने ही हमको भोग लिया। हमने तप नहीं किया, हम स्वयं ही तप्त हो गये। काल नहीं व्यतीत हुआ, हम स्वयं व्यतीत हो गए। तृष्णा जीर्ण नहीं हुई, पर हम जीर्ण हो गए।

—भर्तृहरि

यह हंसना और खुशी मनाना कैसा जबकि चारों ओर नित्य आग लगी है। अंधकार से घिरे होकर भी तुम प्रकाश को क्यों नहीं खोजते ?

—धम्मपद

वैराग्य के बिना कोई भी अपने सम्पूर्ण अन्तःकरण को परोपकार में नहीं उड़ेल सकता। विरागी मनुष्य ही सबको समान दृष्टि से देखता है और सबकी सेवा में अपने को लगा सकता है।

–विवेकानन्द

वैराग्य तो मन से होता है। संसार में रहे, पर संसार का होकर न रहे, इसी को वैराग्य कहते हैं।

–प्रेमचन्द

वैरागी

आत्मानुराग में निमग्न वैरागी तो वन में रह सकता है, परन्तु एक स्त्री जिसकी अवस्था हंसने खेलने में व्यतीत हुई हो, बिना किसी नौका के सहारे विराग सागर को किस प्रकार पार करने में समर्थ हो सकती है।

–प्रेमचन्द

जब तक हम वैरागी न होंगे, दुःख से नहीं बच सकते।

–प्रेमचन्द

वैरी

तृण वृत्ति वाले मृग, जल वृत्ति वाली मछली और सन्तोष वृत्ति वाले सज्जनों के भी इस संसार में शिकारी, मछुवारे और चुगलखोर बिना कारण के ही वैरी रहते हैं।

–भर्तृहरि

वैरी वैर करता है और फिर दूसरों के वैर का भागी होता है। इस प्रकार वैर से वैर आगे बढ़ता जाता है।

–महावीर स्वामी

वोट

वोट देते हैं टके की वोट में, हैं सभाओं में बहुत ही ऐंठते।
कुछ उल्लू लोग ऐसे हैं कि जो, हैं उठाते हाथ उठते-बैठते।।

–अयोध्यासिंह उपाध्याय हरिऔध

वोट बन्दूक की गोली से अधिक शक्तिशाली है।

–अब्राहम लिंकन

वोटों को गिनना नहीं तोलना चाहिए।

–शिलर

व्यंग्य

ऐसा व्यंग्य कभी स्वीकार के योग्य नहीं होता जो दूसरों को दुःख पहुंचाये।

–मर्फ़ी

किसी व्यक्ति को दूसरे से कटु वचन कहने का उसी प्रकार अधिकार नहीं है जिस प्रकार उसे ढकेल देने का।

–डॉ० जॉन

कोई तलवार इतनी बेदर्दी से नहीं काटती जितना कि व्यंग्य।

–सर पी० सिडनी

तीव्र व्यंग्य तेज कृपाण की भांति प्रायः अपने मालिक की ही उंगलियों को काट देता है।

–एरोस्मिथ

व्यंग्य और ताना मेरे देखने में शैतान की भाषा है। इसी से बहुत दिनों से मैंने उसे छोड़ दिया है।

–कारलाईल

व्यंग्योक्ति

व्यंग्योक्ति के तीर से बचने के लिए रसिक स्वभाव सर्वोत्तम ढाल है।

–सी० सिमन्स

व्यक्ति

इस विश्व में वही व्यक्ति अपने कार्य में सफल होते हैं, जो अपनी परिस्थितियों को अनुकूल बना लेते हैं और यदि वे बना नहीं सकते तो अपने अनुकूल परिस्थितियों को पैदा कर लेते हैं।

–जार्ज बनार्ड शॉ

इस संसार में हम केवल यथार्थ वस्तुएं ही नहीं हैं जैसे कि पत्थर के टुकड़े होते हैं; हम तो व्यक्ति हैं और इसलिए हमें इससे सन्तोष नहीं होता कि हम परिस्थितियों के प्रवाह के साथ बहते जायें।

–रवीन्द्रनाथ ठाकुर

किसी राष्ट्र का मूल्य उसके व्यक्तियों का मूल्य है जिनसे वह बना है।

–जे० एस० मिल

वे व्यक्ति तेजी से आगे बढ़ते हैं जो अकेले चलते हैं।

–नेपोलियन

व्यक्ति कितना विवश है। उसके अपराध भी उसके नहीं है।

–जैनेन्द्र कुमार

व्यक्ति-समष्टि समस्या ही क्या ? जो कि व्यक्ति वह ही समष्टि है।
ज्यों न बूंद से खाली बदली, जो कि बूंद है वही वृष्टि है।।

–प्रभाकर माचवे

स्वकीय विशेषताओं में जो व्यक्त हुआ है, उसी को व्यक्ति कहते हैं। यह व्यक्ति सर्वथा स्वतंत्र है। विश्व में उसके सम्पूर्ण अनुरूप दूसरा नहीं है।

–रवीन्द्रनाथ ठाकुर

व्यक्तित्व

बलवान मनुष्य यदि अकेला रहे, तो और बलवान बन जाता है।

–हिटलर

व्यक्तित्व अलग-अलग तरह के होते हैं। उनकी पूर्णता भी अलग राह से मिलती है।

–जैनेन्द्र कुमार

व्यक्तित्व की सभी जगह रक्षा और सम्मान करना चाहिए, क्योंकि यह सभी अच्छाइयों का आधार है।

–रिचर

व्यक्तित्व, जो जितना समृद्ध और सम्पन्न होगा उतना ही विरोधाभासों का क्रीड़ा केन्द्र होगा।

–जैनेन्द्र कुमार

व्यथा

दो वस्तुयें पवित्र करने की हैं—व्यथा और हर्ष।

–पैस्कल

रहिमन निज मन की व्यथा, मन ही राखो गोय।
सुनि अटिलैहैं लोग सब, बांटि न लैहें कोय।।

–रहीम

व्यभिचार

किसी स्त्री के सतीत्व को भंग करने से पहले मर जाना उत्तम कार्य है।

–महात्मा गांधी

धन के लोभी के पास सच्चाई नहीं होती, और व्यभिचार करने वाले के पास पवित्रता नहीं होती।

–चाणक्य

व्यभिचार ऐसा बढ़ रहा है, देख लो, चाहे जहां,
जैसा शहर, अनुरूप उसके एक 'चकला' है वहां।
जाकर जहां हम धर्म-धन खोते सदैव सहर्ष हैं।
होते पतित, कंगाल, रोगी, सैकड़ों प्रति वर्ष हैं।।

–मैथिलीशरण गुप्त

व्यय

विद्वत्ता, चतुराई और बुद्धिमानी की बात यही है कि मनुष्य अपनी आय से कम व्यय करे।

–पंचतंत्र

व्यवसाय : व्यवसायी

अपने व्यवसाय के काम पर श्रद्धा करके ही पुरुष अपने पर श्रद्धा करता है, यह उसकी अपनी शक्ति के आगे अपना समर्पण है।

–रवीन्द्रनाथ ठाकुर

व्यवहार

अच्छे व्यवहार छोटे-छोटे त्याग से बनते हैं।

–इमर्सन

अपने साथ जो जैसा व्यवहार करता है उसके साथ वैसा ही बर्ताव करना धर्मनीति है, मायावी पुरुष के साथ मायावीपन और साधु पुरुष के साथ साधुता का व्यवहार करना चाहिए।

–महाभारत

औरों के साथ ऐसा व्यवहार मत करो जैसा कि अगर और लोग तुम्हारे साथ करने लगे तो तुम्हें बुरा लगे। दूसरों के लिए वही चाहो जो अपने लिए चाहते हो।

–महाभारत

खराब व्यवहार और चिड़चिड़े स्वभाव की तरह कम ही वस्तुयें अतिशीघ्र प्रभावित करती हैं।

–ए०जी० गार्डिनर

जैसे बुरे व्यवहार का प्रभाव बुरा पड़ता है, वैसे ही अच्छे व्यवहार का प्रभाव अच्छा पड़ता है।

–ए०जी० गार्डिनर

जो बात सिद्धान्त से गलत है, वह व्यवहार में कभी उचित नहीं है।

–डॉ० राजेन्द्रप्रसाद

दूसरों के साथ वैसा व्यवहार करो जैसाकि तुम चाहते हो कि वे तुम्हारे साथ करें।

–बाइबिल

नित्य और नैमित्तिक कर्म, रखते नहीं एक ही मर्म।
रक्खो अवसर के अनुसार, अपने साधारण व्यवहार।।

–मैथिलीशरण गुप्त

न्यायोचित धर्मानुकूल व्यवहार करके ही सच्चे और सरल कर्म को जाना जा सकता है।

–रस्किन

पुरुष नियम बनाते हैं और स्त्रियां व्यवहार।

–डी० सीगर

मनुष्य का व्यवहार एक दर्पण हैं, जिसमें वह अपना चित्र दिखाता है।

–गेटे

महापुरुष अपनी महत्ता का परिचय छोटे मनुष्यों के साथ किए गए अपने व्यवहार से देते हैं।

–कारलाइल

मैं कर्म के लिए कर्म करता हूं, किन्तु व्यवहार में इससे कठिन कोई अन्य वस्तु नहीं है।

–विवेकानन्द

लोगों के साथ व्यवहार करने की योग्यता वैसे ही क्रय वस्तु है, जैसे चीनी और कॉफी।

–जॉन डी० रॉकफैलर

व्यवहार ज्ञान को सुशोभित करता है और विश्व में अपने पथ को सरल बनाता है।

–अज्ञात

व्यवहार पोशाक की भांति ही होना चाहिए, जो तंग न हो बल्कि ऐसा हो जिसमें हरकत और कसरत आसानी से हो सके।

–बेकन

सद्व्यवहार प्रायः भाग्य का निर्माण करते हैं।

–कहावत

सभ्य और सुन्दर व्यवहार हर जगह आदर पाने के लिए प्रवेशपत्र है।

–डॉ० सैम्युअल जॉनसन

स्त्रियों की संगति उत्तम व्यवहार की नींव है।

–गेटे

व्याख्यान

ऐ शब्दों का मूल्य जानने वाले पवित्र पुरुषों ! पहले अपने श्रोताओं की मानसिक स्थिति को समझ लो और फिर उपस्थित जनसमूह की अवस्था के अनुसार अपने व्याख्यान देना आरम्भ करो।

–संत तिरुवल्लुवर

छपा हुआ व्याख्यान मुरझाए सुमन के समान है जिसमें सार तो है, किन्तु रंग उड़ा हुआ है, और सुगंध चली गई है।

–लॉरिन

व्याख्यान शक्ति है, व्याख्यान कायल करने, मत बदलने एवं बाध्य करने के लिए हैं।

–इमर्सन

व्यापार

आज का व्यापार जन-समूह को राजी करने में है।

–जी० ई० ली

व्यापार कष्टदायक हो सकता है परन्तु आलस्य नाशकारी है।

–कहावत

व्यापार की उपेक्षा करना व्यापार को खोना है।

–कहावत

व्यापार तेल के सदृश है। उसका मिश्रण व्यापार में ही होता है किसी अन्य वस्तु से नहीं।

–जे० ग्राहम

व्यापार मनुष्य को बनाता है और उसकी परीक्षा भी लेता है।

–कहावत

व्यापार वसति लक्ष्मी।

(व्यापार में लक्ष्मी निवास करती है। व्यापार करने से लक्ष्मी की प्राप्ति होती है।)

–कहावत

व्यायाम

आनन्द का अति आवश्यक सिद्धान्त स्वास्थ्य है एवं स्वास्थ्य का व्यायाम।

–टॉमस

गीतापाठ करने की अपेक्षा व्यायाम करने से तुम स्वर्ग के अधिक समीप पहुंच सकोगे।

–विवेकानन्द

नेम से व्यायाम को नित कीजिए, दीर्घ जीवन का सुधा-रस पीजिए।

(नित्य नियमपूर्वक व्यायाम करके दीर्घ जीवन के अमृत-रस का पान कीजिए।)

–सत्यदेव परिव्राजक

ब्रह्मचर्य धारण करो, नित्य करो व्यायाम।
बुद्धि तेज बल प्राप्त कर, बनो सकल गुणधाम।।

–मेलाराम वफा

मेरे लिए व्यायाम की परिभाषा बिना थकावट के परिश्रम है।

–डॉ० सैम्युअल जॉनसन

व्यायाम करने वालों पर बुढ़ापा सहसा आक्रमण नहीं कर पाता।

–चरक

शंकर जी

कुंद इंदु सम देह, उमा रमन करुना अयन।
जाहि दीन पर नेह, करउ कृपा मर्दन मयन।।

(जिस भगवान शंकर का शरीर कुंद तथा चन्द्रमा के समान श्वेत है, जो उमा के साथ रमण करते हैं, जो दया के सागर हैं, जो दीनों पर स्नेह करते हैं, कामदेव का नाश करने वाले वही भगवान शंकर मेरे ऊपर कृपा करें।)

–गोस्वामी तुलसीदास

शंका

जब शंका हो, तो काम करने से रुक जाओ।

–जरदुस्त

जब हम थोड़ा जानते हैं, तभी ठीक-ठीक जानते हैं। ज्ञान-वृद्धि के साथ शंका बढ़ती है।

–गेटे

मानवीय ज्ञान शंका का जनक है।

–ग्रेवाइल

शंका मानव-आत्मा में नरक के समान है।

–गैस्प्रेन

शंका से शंका बढ़ती है और विश्वास से विश्वास बढ़ता है। यह अनुभव का शास्त्र है।

–बिनोवा भावे

शंकाओं की समाप्ति शान्ति का आरम्भ है।

–पेट्रार्क

हमारी शंकायें हमारे साथ विश्वासघात करती हैं और हमें उन अच्छाइयों से वंचित रखती हैं जिन्हें हम प्रयास से पा जाते हैं।

–शेक्सपियर

शक्ति

अन्याय, असत्य और कपट की बुनियाद पर स्थायी शक्ति स्थापित करना असम्भव है।

–डिमॉस्थेनीज़

अपनी शक्ति को प्रकट न करने से शक्तिशाली मनुष्य भी अपमान सहन करता है, काठ के भीतर रहने वाली आग को लोग आसानी से लांघ सकते हैं, किन्तु जलती हुई अग्नि को नहीं!

–पंचतंत्र

असीमित शक्ति अपने धारण करने वाले को पतित कर देती है।

—विलियम पिट

ईश्वर से हम जितना सम्बन्ध जोड़ेंगे, उतनी ही शक्ति हमें प्राप्त होगी, क्योंकि शक्ति वहीं से आती है।

—स्वेट मार्डेन

जितनी हैं शक्तियां मनुज को, प्राप्त हुईं इस जग के भीतर।
उन्हें दान करते रहना ही, है मनुष्य का धर्म यहां पर।।

—रामनरेश त्रिपाठी

जिसके पास अधिक शक्ति है, उसे उसका उपयोग मृदुलता से करना चाहिए।

—सेनेका

जिसके पास अपनी शक्ति है, उसे भगवान भी शक्ति नहीं दे सकता। शक्ति आत्मा के अन्दर से आती है, बाहर से नहीं आती। जो बाहर की शक्ति पर भरोसा करता है, वह अपने लिए काले दिनों को पुकारता है।

—सुदर्शन

जो मनुष्य अपनी शक्ति का विचार न करके अज्ञानवश भयानक मार्ग में चल पड़ता है, उसका जीवन उस मार्ग में ही समाप्त हो जाता है।

—महाभारत

ज्ञान ही शक्ति है।

—विवेकानन्द

प्रतिबंध रहित शक्ति की भूख उपयोग से बढ़ती है।

—जवाहरलाल नेहरू

मनुष्य अपनी ठीक-ठीक शक्ति को तब तक नहीं प्राप्त कर सकता, जब तक कि वह इस बात को मन, वचन और शरीर से न समझ ले कि विश्व के महान तत्त्व का मैं एक अंश हूं।

—स्वेट मार्डेन

मनुष्य की चमत्कारिक शक्तियां कठिन कार्य करने से नहीं प्राप्त होतीं बल्कि इस कारण प्राप्त होती हैं कि वह कार्य शुद्ध हृदय से करता है।

—रिचर्ड बी० ग्रेग

शक्ति का संचय करो, शक्ति की उपासना करो, शक्ति ही जीवन है, शक्ति ही धर्म है, शक्ति ही सत्य है और शक्ति ही सब कुछ है। शक्ति की ही सर्वत्र आवश्यकता है। बलवान बनो, वीर बनो, आत्मनिर्भर बनो, साहसी बनो, स्वतंत्र बनो एवं शक्तिशाली बनो।

—सागर तिवारी

शक्ति की लालसा सभी वासनाओं से नीचे है।

–टैसिटस

शक्ति द्वारा शत्रु पर विजय अधूरी विजय है।

–मिल्टन

शक्ति वस्तु है वह विख्यात, कि हो दोष भी गुण-सा ज्ञात।
बना डिठौना चन्द्र-कलंक, सगुण विगुण भी है निश्शंक।।

–मैथिलीशरण गुप्त

शक्ति भ्रष्ट करती है, पूर्ण शक्ति पूर्ण रूप से।

–लॉर्ड ऑक्टन

शक्ति ही जीवन है, परम सुख है, जीवन अजर, अमर है।

–विवेकानन्द

संगठित शक्ति आग्रहमय होती है, अत्याचार से उत्तेजित हो जाती है।

–प्रेमचन्द

सबको प्रसन्न करने की शक्ति सबमें नहीं होती।

–रवीन्द्रनाथ ठाकुर

शक्ति कभी उपहासास्पद नहीं है।

–नेपोलियन

संसार में सबसे शक्तिशाली वह है, जो सबसे अधिक अकेला है।

–इब्सन

आत्मा का उल्लास शक्ति का परिचायक है।

–एमर्सन

तुम शक्तियों को मत ढूंढो, शक्तियां तुम्हें ढूंढेंगी।

–स्वामी रामतीर्थ

शक्तिशाली और शक्तिहीन

पत्थर की जो चट्टान कमजोर आदमियों की राह का रोड़ा बनती है, वह शक्तिशाली लोगों के लिए सफलता की सीढ़ी बन जाती है।

–कारलाईल

शत्रु

अपना कल्याण चाहने वाले पुरुष को बढ़ते हुए शत्रु की उपेक्षा नहीं करनी चाहिए, क्योंकि (नीति के) पंडितों ने बढ़ने वाले रोग और शत्रु को समान बताया है।

–माघ

अपनी इन्द्रियाँ ही अपनी शत्रु हैं, परन्तु यदि वे जीत ली जायें तो वे मित्र हैं।

–शंकराचार्य

अपने शत्रु को कभी छोटा मत समझो, देखो तृण के ढेर को आग की छोटी सी चिनगारी भस्म कर देती है।

–वृन्द

आलस्य ही मनुष्य की देह में रहने वाला सबसे बड़ा शत्रु है, उद्यम के समान मनुष्य का कोई बन्धु नहीं है–जिसके करने से मनुष्य कभी दुखी नहीं होता।

–भर्तृहरि

क्या आपके पचास मित्र हैं ? – ये अधिक नहीं हैं। क्या आपका एक शत्रु है ? – यह बहुत अधिक है।

–कहावत

कोई शत्रु छोटा नहीं होता।

–बेंजमिन फ्रैंकलिन

तरह-तरह के कुविचार हमारी शान्ति, सुख और विजय के घोर शत्रु हैं।

–स्वेट मार्डेन

न कोई किसी का मित्र है, न कोई किसी का शत्रु। शत्रुता और मित्रता केवल व्यवहार से ही होती है।

–हितोपदेश

बलवान शत्रुओं से कभी वैर नहीं ठानना चाहिए, क्योंकि आग जैसे तिनके में बैठ जाती है उसी प्रकार बुद्धिमान की बुद्धि भी उसके नाश का उपाय निकाल लेती है।

–महाभारत

बुद्धिमान शत्रु अच्छा होता है, मूर्ख मित्र नहीं।

–महाभारत

वह माता शत्रु है और पिता वैरी है, जिन्होंने अपने बालक को नहीं पढ़ाया। इस कारण वह सभा में इस प्रकार शोभा नहीं पाता जैसे हंसों के बीच में बगुला।

–चाणक्य

शत्रु को कभी दुर्बल नहीं समझना चाहिए।

–शेख सादी

स्वाभिमानी पुरुष शत्रुओं का समूल नाश किए बिना उन्नति नहीं प्राप्त करते।

–माघ

हित करने वाला शत्रु भी मित्र होता है और अहित करने वाला मित्र भी शत्रु होता है। अपनी देह से उत्पन्न हुआ रोग भी शत्रु है और वन में उत्पन्न औषधि मित्र है।

–महाभारत

शत्रु का प्रसन्न होना या रुष्ट होना एक समान है। पानी ठंडा हो या गर्म, आग को बुझा देता है।

–महात्मा विदुर

शत्रुता

किसी से शत्रुता करना अपने विकास को रोकना है।

–विनोबा भावे

शत्रुता का अन्त शत्रु के जीवन के साथ ही हो जाता है।

–प्रेमचन्द

किसी से शत्रुता या वैर करना अपने विकास को रोकना है।

–विनोबा भावे

वैर का अन्त मृत्यु के साथ ही होता है।

–वाल्मीकि

वैर से उत्पन्न होने वाली आग एक पक्ष को राख किए बिना कभी शांत नहीं होती।

–महाभारत

शपथ

न वृथा शपथ कुर्यात्
(व्यर्थ शपथ नहीं खाना चाहिए।)

–मनुस्मृति

शब्द

'असम्भव' शब्द मेरे कोश में नहीं है।

–नेपोलियन

एक शब्द सुखरास है, एक शब्द दुखरास।
एक शब्द बंधन कटैं, एक शब्द गल फांस।।

–कबीर

कबीर सबद सरीर मैं, बिन गुण बाजै तंति !
बाहरि भीतरि भरि रह्या, ताथैं छूटि भरति।।

–कबीर

शब्द की शक्ति हमारी सारी उन्नति का आधार है।

–जैनेन्द्र कुमार

शब्द पत्तियों के समान है और जब उनकी सर्वाधिक बहुलता होती है, तो उनके नीचे बुद्धिमानी का फल कदाचित् ही कभी मिलता है।

–पोप

शब्द शक्तिशाली औषध है, जिसका मनुष्य उपयोग करता है।

–रुड्यार्ड किपलिंग

सतगुरु सांचा सूरिवां, सबद जु बाह्या एक।
लागत ही मैं मिलि गया, पड़्या कलेजा छेक।।

–कबीर

शरण

राम सत्य संकल्प प्रभु, सभा कालबस तोरि।
मैं रघुबीर सरन अब, जाउं देहु जनि खोरि।।

(जब रावण ने विभीषण को लात मारी, तब विभीषण ने उससे कहा–हे राजन् ! राम सत्यसंकल्प और समस्त संसार के स्वामी हैं। तुम्हारी सभा अब कालवश है। मैं भगवान राम की शरण में जा रहा हूं। मुझे लांछन मत लगाना।)

–गोस्वामी तुलसीदास

श्रवण सुजसु सुनि आयउं, प्रभु भजन भव भीर।
त्राहि-त्राहि आरति हरन, सरन सुखद रघुबीर।।

(विभीषण जी श्री रामचन्द्र जी से कहते हैं–हे संसार के दुःख दूर करने वाले प्रभो ! मैं कानों से आपका सुयश सुनकर आया हूं। हे रघुवीर ! जो कोई आपकी शरण में आता है आप उसे सुख देते हैं। हे भगवन् ! आप मेरी रक्षा कीजिए, रक्षा कीजिए।)

–गोस्वामी तुलसीदास

सब धर्मों का परित्याग कर, शरण पकड़ मेरी केवल।
तुझको पापमुक्त कर दूंगा, सोच न कर पा मेरा बल।।

–लोकगीता

शरणागत

शरणागत कहँ जे तजहिं, हित अनहित अनुमानि।
ते नर पामर पापमय, तिन्हहिं बिलोकत हानि।।

(जो मनुष्य शत्रु और मित्र का विचार करके शरण में आए हुए व्यक्ति का त्याग कर देते हैं, वे नीच और पापी हैं। उन्हें देखने से हानि होती है अर्थात् पाप लगता है।)

–गोस्वामी तुलसीदास

शरणागत की रक्षा करना बड़े ही पुण्य का काम है। ऐसा करने से पापी के भी पाप का प्रायश्चित हो जाता है।

–महाभारत

शराफ़त

शराफ़त ठाट-बाट बढ़ाने में नहीं है, अपनी आबरू बनाने में है।

–प्रेमचन्द

शराफ़त रोग है और कुछ नहीं।

–प्रेमचन्द

शराफ़त सबके प्रति दरशाओ, घनिष्ठता कुछ के प्रति, लेकिन कुछ को अच्छी तरह आजमाने के बाद ही अपना विश्वासपात्र बनाना।

–वाशिंगटन

शराब

जिन लोगों को शराब पीने की घृणित आदत है, उनसे सुन्दरी लज्जा अपना मुंह फेर लेती है।

–सन्त तिरुवल्लुवर

यह तो हद दर्जे की बेवकूफी और नादानी है कि अपना रुपया खर्च करें और बदले में सिर्फ बेहोशी और बदहवासी हाथ लगे।

–सन्त तिरुवल्लुवर

संसार की सारी सेनायें मिलकर इतने मनुष्यों और इतनी सर्म्पत्ति को नष्ट नहीं करती जितनी शराब पीने की आदत।

–मिल्टन

शरीर

नख से शिखा पर्यन्त यह सारा शरीर दुर्गन्ध से भरा हुआ है, फिर भी मनुष्य बाहर से इस पर अगर, चंदन, कपूर आदि का लेप करता है।

–शंकराचार्य

धर्म के रहने की जगह होने के कारण शरीर तीर्थ जैसा पवित्र है।

–महात्मा गांधी

शरीर तो अपने आप में पवित्र है।
गन्दा है तो वह दिमाग का नाला है।
जो आदमी के भीतर बहता है।
मन के कारण शरीर ताप सहता है।

–रामधारीसिंह दिनकर

शरीरमाद्यं खलु धर्मसाधनम्।

(सब प्रकार के धर्म-कर्म करने के लिए शरीर साधन है।)

–महाभारत

शरीर वीणा है और आनन्द संगीत। इसलिए आवश्यक है कि यंत्र ठीक रहे।

–बीचर

शहीद

जो किसी अच्छे ध्येय के लिए अपना सारा जीवन सपर्पित करता है, वही शहीद है।

–विनोबा भावे

यह ध्येय है, मृत्यु नहीं, जो मनुष्य को शहीद बना देता है।

–नेपोलियन

हम सभी को इतना अधिक वीर होना चाहिए कि शहीद की मौत मर सकें, परन्तु हममें शहीद होने की तृष्णा नहीं होनी चाहिए।

–महात्मा गांधी

शादी

शादी वह नाटक अथवा वह उपन्यास है,
जिसका नायक मर जाता है पहले ही अध्याय में।

–रामधारीसिंह दिनकर

शान

हमारी सबसे बड़ी शान कभी न गिरने में नहीं है, अपितु जब हम गिरें, तब हर बार उठने में है।

–कन्फ्यूशस

शान्ति

अपने अन्दर ही यदि शान्ति मिल गई, तो सारा विश्व शान्तिमय प्रतीत होता है।

–योगवाशिष्ठ

आनन्द उछलता-कूदता जाता है; शान्ति मुस्कराती हुई चलती हैं।

–हरिभाऊ उपाध्याय

जहाँ बुद्धि शासन करती है, वहां शान्ति में वृद्धि होती है।

–कहावत

जो कुछ मिले उसी में सन्तोष तथा दूसरों से ईर्ष्या न करना ही शांति की कुंजी है।

–धम्मपद

विहाय कामान्यः सर्वान्पुमांश्चरति निःस्पृहः।
निर्ममो निरहंकारः स शान्तिमधिगच्छति।।

(जो मनुष्य सब कामनाओं का त्याग कर ममतारहित, अहंकाररहित और स्पृहारहित होकर विचरता है, उसी को शान्ति प्राप्त होती है।)

–श्रीमद्भगवत गीता

शान्ति के समान कोई तप नहीं, सन्तोष से बढ़कर कोई सुख नहीं है, तृष्णा से बढ़कर कोई व्याधि नहीं है, दया के समान कोई धर्म नहीं है।

–चाणक्य

शाश्वत

जो चीजें दिखती हैं, वे क्षणिक हैं, लेकिन जो नहीं दिखतीं, वे शाश्वत हैं।

–इंजील

शासक

दूसरों को सिखाने की भावना रखने वाला स्वयं कुछ नहीं सीख सकता, दूसरों पर अपना रौब गालिब करनेवाला अधिकार-लोलुप कभी अच्छा शासक नहीं बन सकता।

–रसखान

वह शासक अत्याचारी है जो अपनी रुचि के अतिरिक्त और कोई नियम नहीं जानता।

–वॉल्टेयर

शासन

एक राष्ट्र दूसरे राष्ट्र पर राज्य करे—यह विचार दोनों के लिए असह्य है, बुरा है और दोनों को नुकसान पहुंचाने वाला है।

–महात्मा गांधी

कसीदे से न चलता है, न ये दोहे से चलता है।
समझ लो खूब कारे सल्तनत लोहे से चलता है।।

–अज्ञात

कौन शासन सर्वोत्तम हैं ? जो आत्म-शासन की शिक्षा देता है।

–गेटे

जो अपने ऊपर शासन कर सकते हैं, वही दूसरों पर भी करते हैं।

–हैजलिट

पूंजी शासन करती है, श्रम शोषित होता है।

–जैनेन्द्र कुमार

प्रेम से शासन करना मानवता है, अन्याय से शासन करना बर्बरता है।

–प्रेमचन्द

राज्य-शासन के अधिकार जितने कम हों उतना अच्छा है। प्रजा-जीवन में राज्य-शासन का हस्तक्षेप जितना कम हो, उतना अच्छा है।

–थोरो

वह शासन है स्वयं कलंक, जिसमें जन हों दिन-दिन रंक।
भूखों मरें न पावें वस्त्र, हो जावें निर्बल निःशास्त्र।

–मैथिलीशरण गुप्त

शासन का प्रधान कर्तव्य भीतर और बाहर की अशान्तिकारी शक्तियों से देश को बचाना है। शिक्षा और चिकित्सा, उद्योग और व्यवसाय गौण है।

–प्रेमचन्द

शासन-प्रणाली की रूपरेखा पर मूर्खों को वाद-विवाद करने दो। वही सर्वोत्तम शासन है, जो सुव्यवस्थित हो।

–अलेक्जेन्डर पोप

सम्पूर्ण राष्ट्र के रक्तरहित विरोध के समक्ष कोई शासन सम्भवतः टिक नहीं सकता।

–महात्मा गांधी

शासन-नीति

भीति-भरी शासन की नीति,
पाती नहीं प्रजा की प्रीति।।

–मैथिलीशरण गुप्त

शास्त्र

जिस मनुष्य में अपनी बुद्धि नहीं है, उसके लिए शास्त्र बेकार है, जैसे दोनों आंखों से रहित अन्धे को दर्पण क्या करेगा ?

–हितोपदेश

जैसे अनेक इन्द्रियां एक ही चीज के विविध गुणों को बतलाती हैं, उसी तरह नाना शास्त्र एक ही प्रभु के असंख्य गुणों को दर्शाते हें।

–श्रीमद्‌भगवत गीता

शास्त्र सबके लिए नेत्र के समान है। जिसे शास्त्र का ज्ञान नहीं है, वह अंधा है।

–हितोपदेश

शिक्षक

ऐसे सत्य सिखाना जग को, अनाचार जग से मिट जाए।
मिटे स्वर्ग की असत् कल्पना, शाश्वत सत्य भूमि पर आए।।
तुम भू के भगवान्, तुम्हारे चरणों में ईश्वर मिलते हैं।
तुम अन्तर के माली, तुमसे फूल जिन्दगी के खिलते हैं।।
मैं भूलूं पर तुम मुझसे भूलों पर उदास न होना।
तुम शिक्षक, विद्वान् तुम्हारी प्रतिभा से लोहा भी सोना।।

–रघुवीरशरण मित्र

लोक-शिक्षक चरित्रहीन हो तो वह बिना खारेपन के नमक जैसा फीका होगा।

–महात्मा गांधी

शिक्षक मोमबत्ती के सदृश है जो स्वयं जलकर दूसरे को प्रकाश देती है।

–सूफ़िनी

शिक्षण

शिक्षण का कार्य कोई स्वतन्त्र तत्त्व उत्पन्न करना नहीं है; सुप्त को जाग्रत करना है।

–विनोबा भावे

शिक्षण दण्ड है–यह गुलामी की भावना ही आज विद्यार्थियों में प्रचलित है।

–बिनोवा भावे

शिक्षा

अंग्रेजी शिक्षा ने ऐसा पद-दलित कर दिया है कि जब तक यूरोप का कोई विद्वान् किसी विषय के गुण-दोष प्रकट न करे, तब तक आप उस विषय की ओर से उदासीन रहते हैं।

–प्रेमचन्द

कभी-कभी उन लोगों से शिक्षा मिलती है, जिन्हें हम अभिमानवश अज्ञानी समझते हैं।

–प्रेमचन्द

जिन्होंने मनुष्य पर शासन करने की कला का अध्ययन किया है, उन्हें यह विश्वास हो गया है कि युवकों की शिक्षा पर ही राज्यों का भाग्य आधारित है।

–अरस्तू

जैसे सूर्य सबको एक-सा प्रकाश देता है, बादल जैसे सब के लिए समान बरसते हैं, उसी तरह विद्या-वृष्टि सब पर बराबर होनी चाहिए।

–महात्मा गांधी

जो शिक्षा मनुष्य को इतना संकीर्ण और स्वार्थी बना देती है, उसका मूल्य किसी युग में चाहे जो रहा हो, अब नहीं है।

–शरत्‌चन्द्र चटर्जी

जो शिक्षा हमें निर्बलों को सताने के लिए तैयार करे, जो हमें धरती और धन का गुलाम बनाए, जो हमें भोग-विलास में डुबाए, जो हमें दूसरों का रक्त पीकर मोटा होने का इच्छुक बनाए, वह शिक्षा नहीं भ्रष्टता है।

–प्रेमचन्द

देह और आत्मा में अधिक से अधिक जितने सौन्दर्य और जितनी सम्पूर्णता का विकास हो सकता है, उसे सम्पन्न करना ही शिक्षा का उद्देश्य है।

–प्लेटो

मनुष्य में जो सम्पूर्णता गुप्त रूप से विद्यमान है, उसे प्रत्यक्ष करना ही शिक्षा का कार्य है।

–विवेकानन्द

मनुष्यों को पूर्ण जीवन व्यतीत करने के लिए तैयार करना ही शिक्षा का उद्देश्य है।

–हर्बर्ट स्पेन्सर

यदि मनुष्य सीखना चाहे, तो उसकी हर भूल उसे कुछ शिक्षा दे सकती है।

–महात्मा गांधी

युवकों को यह शिक्षा मिलना बहुत जरूरी है कि वे अपने सामने सर्वोत्तम आदर्श रखें।

–म० गे० मास

शिक्षा का महान् उद्देश्य ज्ञान नहीं कर्म है।

–हर्बर्ट स्पेन्सर

शिक्षा का ध्येय चरित्र-निर्माण है।

–हर्बर्ट स्पेन्सर

शिक्षा का फल उदारता, त्याग, सदिच्छा, सहानुभूमि, न्यायापरकता और दयाशीलता है।

–प्रेमचन्द

शिक्षा क्या है ? पुस्तकों का ढेर ? बिल्कुल नहीं, बल्कि विश्व के साथ, मनुष्यों के साथ और कार्यों से पारस्परिक सम्बन्ध।

–बर्क

शिक्षा जीवन की तैयारी का शिक्षण-काल है।

–विल्मट

शिक्षा जीवन की परिस्थितियों का सामना करने की योग्यता का नाम है।

–जॉन जी० हिबन

शिक्षा मानवात्मा के लिए वैसी ही है जेसे संगमरमर के टुकड़े के लिए शिल्पकला है।

–ऐडिसन

शिक्षा राष्ट्र की सस्ती सुरक्षा है।

–बर्क

शिक्षा विविध जानकारियों का ढेर नहीं है।

–विवेकानन्द

संसार में जितने प्रकार की प्राप्तियां हैं, शिक्षा सबसे बढ़कर हैं।

–सूर्यकांत त्रिपाठी निराला

सदाचार और निर्मल जीवन सच्ची शिक्षा का आधार है।

–महात्मा गांधी

सबसे प्रथम कर्तव्य है शिक्षा बढ़ाना देश में,
शिक्षा बिना ही पड़ रहे हैं आज हम सब क्लेश में।
शिक्षा बिना कोई कभी बनता नहीं सत्पात्र है,
शिक्षा बिना कल्याण की आशा दुराशा मात्र है।।

–मैथिलीशरण गुप्त

सर्वव्यापी शिक्षा के बिना व्यापक मताधिकार अभिशाप बन सकता है।

–वैलैन्ड

हमारी आज की शिक्षा में चाहे जितने सद्‌गुण हों, किन्तु उसमें जो सबसे बड़ा दुर्गुण है, वह यही है कि उसमें बुद्धि को ऊंचा और श्रम को नीचा स्थान दिए जाने की भावना है।

–अज्ञात

शिक्षा का माध्यम

अंग्रेजी का माध्यम भारतीयों की शिक्षा में सबसे बड़ा विघ्न है।

–महामना मदनमोहन मालवीय

दुनिया भर में भारत को छोड़कर कोई भी ऐसा देश नहीं मिलेगा, जहां एक विदेशी भाषा के माध्यम से शिक्षा दी जाती है।

–पी० कुँजिर

शिल्प : शिल्पी

शिल्पकला चित्रकला की अपेक्षा काव्य के अधिक निकट है।

–केबिल

शिल्पी पत्थर या मिट्टी में से मूर्ति उत्पन्न नहीं करता। वह तो उसमें है ही, सिर्फ छिपी हुई है, उसे प्रकट करना उसका काम है।

–रस्किन

शिशु

इतिहास की धूलि से मलिन न होते हुए, शिशु, अनन्त काल के रहस्य में सदैव निवास करता है।

–रवीन्द्रनाथ ठाकुर

छोटे बच्चे तो भगवान की, परब्रह्म की छोटी-छोटी मूर्तियां हैं।

–साने गुरु

देवालय के गंभीर अंधकार में से शिशु धूल में बैठने के लिए बाहर भाग आते हैं। ईश्वर उन्हें खेलते हुए देख उनकी रखवाली करता है और पुजारी को भूल जाता है।

–रवीन्द्रनाथ ठाकुर

जीवन की महत्वाकांक्षायें शिशुओं के रूप में आती हैं।

–रवीन्द्रनाथ ठाकुर

नीरव रात्रि में माता का सौन्दर्य आभासित होता है, और कोलाहलपूर्ण दिवस में शिशु का।

–रवीन्द्रनाथ ठाकुर

प्रेरणाशक्ति के द्वारा शिशुओं की उन शक्तियों का विकास किया जा सकता है, जिन पर उनका स्वास्थ्य, सफलता और सुख निर्भर है।

–स्वेट मार्डेन

शिशु ऊपर से देखने पर तो सभी का आश्रित है, किन्तु वस्तुतः वही सम्पूर्ण परिवार का सम्राट होता है।

–विवेकानन्द

शिशु के आत्म-विश्वास को नष्ट करना, उसके मन पर निराशा की छाया डालना, बड़ा ही भयानक पाप है।

–स्वेट मार्डेन

शिशुओं की दुनिया अलौकिक है, अद्‌भुत है, अद्वितीय है और आराध्य है।

–अज्ञात

शिशुओं को तो शाबाशी, प्रशंसा और उत्साह की आवश्यकता है। इन्हीं से जीवन प्रगतिशील हो सकता है।

–स्वेट मार्डेन

क्रान्ति की राह पकड़कर शिशुत्व का बाना पहनो।

–रस्किन

महापुरुष जन्मसिद्ध शिशु है। जब वह मरता है, तो अपना शिशुत्व संसार को प्रदान कर जाता है।

–रवीन्द्रनाथ ठाकुर

शील : शीलवान

अपनी प्रभुता के लिए चाहे जितने उपाय किए जायें, किन्तु शील के बिना विश्व में सब फीका है।

–महाभारत

धर्म, सत्य, सदाचार, बल और लक्ष्मी सब शील के ही आश्रय पर रहते हैं। शील ही सबकी जड़ है।

–महाभारत

सब धर्मों में शील एक छिपा खजाना है।

–महाभारत

सील कि मिल बिन सुध सेवकाई। जिमि बिनु तेज न रूप गोसाईं।।
(हे गोसाईं ! बिना सेवकत्व किए शील नहीं मिलता, जैसे बिना तेज के रूप में विकास नहीं होता।)

–गोस्वामी तुलसीदास

शील द्वारा ही चरित्र का निर्माण होता है, शील हमारी गति के लिए संबल है।

–रवीन्द्रनाथ ठाकुर

शील मानव जीवन का अमूल्य रत्न है। जिस मनुष्य ने उसे खो दिया, उसका जीवित रहना ही व्यर्थ है। वह चाहे कितना ही धनवान अथवा भरे-पूरे घर का हो, उसका मूल्य नहीं रहता।

–महाभारत

सील छिमा जब ऊपजै, अलख दृष्टि तब होय।
बिना सील पहुंचे नहीं, लाख कथै जो कोय।।

–कबीर

सुख का सागर सील है, कोइ न पावै थाह।
सब्द बिना साधू नहीं, द्रव्य बिना नहिं साह।।

–कबीर

ज्ञानी, धानी, संयमी, दाता सूर अनेक।
जपिया तपिया बहुत हैं, सीलवन्त कोइ एक।।

–कबीर

सीलवंत सबसे बड़ा, सर्व रतन की खानि।
तीन लोक की सम्पदा, रही सील में आनि।।

–कबीर

शुद्ध

ज्ञान शुद्ध होता नहीं दृश्यमान जगती का,
स्थिति से, परिस्थिति से प्रभावित वह रहता है।
नील होती जलतरंग जमुना में मिलते ही
वही जल गंगा में स्फटिक रूप गहता है।

–उदयशंकर भट्ट

बहता पानी और रमता योगी ही शुद्ध रहते हैं।

–विवेकानन्द

शूद्र

रक्खो न व्यर्थ घृणा कभी, निज वर्ग से या नाम से,
मत नीच समझो आप को, ऊंचे बनो कुछ काम से।
उत्पन्न हो तुम प्रभु-पदों से, जो सभी को ध्येय हैं,
तुम हो सहोदर सुरसरी के, चरित जिसके गेय हैं।।

–मैथिलीशरण गुप्त

शून्य

पुत्रहीन का घर शून्य (सूना) है, वंधुरहित दिशायें शून्य हैं, मूर्ख का हृदय शून्य है, और दरिद्रता के होने पर सब कुछ शून्य है।

–चाणक्य

बौद्ध दर्शन में तो शून्यवाद ही प्रख्यात है, जिनमें सभी कुछ शून्य से प्रादुर्भूत और उसी में विलीन होना माना जाता है।

–नागेन्द्र पांडे

शून्य वह है जो स्वयं कोई संख्या नहीं, सभी संख्याओं का वर्द्धक एवं बौद्धों की दृष्टि में आदि भी है।

–नागेन्द्र पांडे

शूर

जरहिं पतंग विमोह-बस, भार बहहिं खरवृंद।
ते नहिं सूर कहावहीं, समुझि देखु मतिमंद।।

(बहुत से पतंग दीपक की लौ में जल मरते हैं और गधे बोझा ढोते हैं। परन्तु, हे मूर्ख ! समझ कर देखो कि वे शूरवीर नहीं कहलाते हैं।)

–गोस्वामी तुलसीदास

ब्रह्म ज्ञानी को स्वर्ग तिनके के समान है, शूर को जीवन तिनके के समान है जितेन्द्रिय को नारी तिनके के समान जान पड़ती है, निःस्पृह के लिए संसार तिनके के समान है।

–चाणक्य

शूर वीर वही है जो बिना शस्त्र धारण किए शत्रु के सामने छाती खोलकर मरने का साहस करता है।

–महात्मा गांधी

सच्चे शूर-वीरों के सामने सेना की शक्ति कुछ काम नहीं करती।

–महाभारत

शूर समर करनी करहिं, कहि न जनावहिं आप।
विद्यमान रिपु पाइ रन, कायर करहिं प्रलाप।।

(शूर वीर युद्ध-क्षेत्र में वीरता करते हैं, परन्तु वीरता करके वे अपने आप उसकी घोषणा नहीं करते। इसके विपरीत, साहसहीन लोग युद्ध क्षेत्र में, शत्रु को मौजूद देख कर डींग मारने लगते हैं।)

–गोस्वामी तुलसीदास

हत्या में वीरत्व नहीं है, यह तो है क्रूरों का कर्म,
निधन नहीं, रक्षा करना ही है, सच्चे शूरों का धर्म।।

–सियारामशरण गुप्त

शैतान

गया शैतान मारा एक सिज्दे के न करने से,
अगर लाखों बरस सिज्दे में सर मारा तो क्या मारा ?

(एक सिज्दा न करने से शैतान मारा गया। अगर उसने लाखों बरस खुदा का सिज्दा किया था, तो उससे क्या लाभ हुआ ?)

–ज़ौक

दुष्ट आदमी के हाथ में नीति-शास्त्र का हथियार आने से ही वह शैतान कहलाता है।

–महात्मा गांधी

शैतान शास्त्र उद्‌धृत कर सकता है।

–शेक्सपियर

शैतान कभी नहीं सोता।

–थामस कैम्पी

शैतानों को शैतानों के द्वारा खदेड़ना चाहिये।

–जर्मन कहावत

शैशव

कुछ लोगों का शैशव शीघ्र समाप्त हो जाता है, और कुछ बहुत अधिक समय तक शिशु बने रहते हैं।

–रवीन्द्रनाथ ठाकुर

न तो सोचता है भविष्य पर, न तो भूत का धरता ध्यान,
केवल वर्तमान का प्रेमी, इसलिए शैशव छविमान।

–रामधारीसिंह दिनकर

भगवान इस बात की प्रतीक्षा करता है कि मनुष्य अपने शैशव-काल में ज्ञान प्राप्त कर ले।

–रवीन्द्रनाथ ठाकुर

शैशव कभी-कभी मानव के जीवन में एक बार पुनः आता है, पर यौवन कभी नहीं।

–श्रीमती जेन्सन

शैशव-काल मानव का वैसे ही आभास कराता है जैसे प्रातः काल दिन का।

–मिल्टन

शोक

ऐसा कोई शोक नहीं है जिसे समय की गति कम और हल्का न कर दे।

–सिसरो

कम शोक कथनीय है, किन्तु महान शोक गूंगा होता है।

–सेनेका

किसी के बहुत सताने पर भी उसे सताने का प्रयास नहीं करना चाहिए, क्योंकि दुःखी प्राणी का शोक ही सताने वाले का नाश कर देता है।

–महाभारत

निज पुत्र की मृत्यु का शोक जाति पर पड़ने वाली विपत्ति से कहीं अधिक होता है। निज शोक मर्मान्तक होता है, जाति-शोक निराशाजनक। निज शोक पर हम रोते हैं, जाति-शोक पर चिन्तित हो जाते हैं।

–प्रेमचन्द

विपत्ति में शोक और भी दुस्सह हो जाता है।

–प्रेमचन्द

शोक की सीमा कंठावरोध है, पर शुष्क और दाहयुक्त आनन्द की सीमा भी कंठावरोध है, पर आर्द्र और शीतल।

–प्रेमचन्द

शोक की सर्वोत्तम औषधि कार्य में संलग्न रहना है।

–यंग

शोक धैर्य का नाश करता है, शोक शास्त्रज्ञान को भी नष्ट कर देता है, शोक सब कुछ नष्ट कर डालता है और शोक के समान कोई शत्रु नहीं है।

–वाल्मीकि रामायण

शोचनीय

जो स्वयं शोचनीय स्थिति में है, वह दूसरों की क्या चिन्ता करेगा ?

–वाल्मीकि रामायण

शोभा

कोकिलों की शोभा स्वर है, स्त्रियों की शोभा पतिव्रत धर्म है।
असुन्दरों की शोभा विद्या है, और तपस्वियों की शोभा क्षमा है।

–अज्ञात

दरिद्रता वीरता से शोभित होती है, स्वच्छता से कुवस्त्र अच्छा लगता है, कुअन्न उष्णता से अच्छा लगता है और कुरूपता सुशीलता से शोभित होती है।

–चाणक्य

द्विज सोहत विद्या पढ़े, छत्री रन जय पाय।
लक्ष्मी सोहत दान सो, तिमि कुलबधू लजाय।

–भारतेन्दु हरिश्चन्द्र

शोभा चाल-चलन में होती है, दिखावट में नहीं।

–महात्मा गांधी

शोषण

आज समाज में बड़े से बड़ा यदि कोई रोग फैला हो, पाप घुसा हो और अनीति को आश्रय दिया जाता हो, तो वह एक व्यक्ति का दूसरे व्यक्ति द्वारा होने वाला शोषण है। जो तालीम यह शोषण बंद नहीं कर सकती, वह बुनियादी तालीम नहीं है–राष्ट्रीय शिक्षा नहीं है।

–काका कालेलकर

जागो, एक कतार बना लो,
जीभ खींच लो इस शोषण की,
तोड़ो डाढ़ें करो इति श्री
तुम मिलकर निज उच्छोषण की,

–बालकृष्ण शर्मा 'नवीन'

जिसको शोषण कहा जाता है, उसकी जड़ में संकीर्ण स्वार्थ की वृत्ति हैं।

–जैनेन्द्र कुमार

शौर्य

शारीरिक शौर्य पाशविक प्रवृत्ति है। नैतिक शौर्य बहुत उच्च और सच्चा शौर्य है।

–वेन्डेल फिलिप्स

शौर्य किसी में बाहर से पैदा नहीं किया जा सकता, यह तो मनुष्य के स्वभाव में होना चाहिए।

–महात्मा गांधी

श्मशान

मेरा यह शरीर मरा है। इसको लोग श्मशान में ले जायेंगे और जलाकर राख बना देंगे।

–रमण महर्षि

संसार का मूक शिक्षक 'श्मशान' क्या डरने की वस्तु है ? जीवन की

नश्वरता के साथ ही सर्वात्मा के उत्थान का ऐसा सुन्दर स्थल और कौन हैं ?

—जयशंकर प्रसाद

श्रद्धा

किसी मनुष्य में जन-साधारण से विशेष गुण या शक्ति का विकास देख उसके संबंध में जो एक स्थायी आनन्द-पद्धति हृदय में स्थापित हो जाती है, उसे श्रद्धा कहते हैं।

—आचार्य रामचन्द्र शुक्ल

जहां श्रद्धा है, वहां पराजय नहीं है। श्रद्धालु का अकर्म भी कर्म हो जाता है।

—महात्मा गांधी

जो काम श्रद्धा से न किया जाये, वह न इस लोक में काम आता है, न परलोक में।

—श्रीमद्‌भगवत गीता

प्रेम में केवल दो पक्ष होते हैं, श्रद्धा में तीन। प्रेम में कोई मध्यस्थ नहीं, पर श्रद्धा में मध्यस्थ अपेक्षित है।

—आचार्य रामचन्द्र शुक्ल

प्रेम में कुछ मान भी होता है, कुछ महत्व भी। श्रद्धा तो अपने को मिटा डालती है और अपने मिट जाने को ही अपना इष्ट बना लेती है।

—प्रेमचन्द

बुद्धि पंगु है। श्रद्धा सर्वसमर्थ है। बुद्धि बहुत नहीं चलती, वह थककर कहीं न कहीं ठहर जाती है। श्रद्धा अघटित कार्य सिद्ध कर दिखाती है।

—रामकृष्ण परमहंस

बुद्धि में सद्‌विचार रखना श्रद्धा है। श्रद्धा मनुष्य को शक्ति देती है, सद्‌प्रेरणा देती है और उसके जीवन को सार्थक बनाती है।

—विनोबा भावे

श्रद्धा—आस्था ही हमारे आदर्श की बाह्य रेखा है।

—स्वेट मार्डेन

श्रद्धा एक ऐसी आनन्दपूर्ण कृतज्ञता है, जिसे हम केवल समाज के प्रतिनिधि रूप में प्रकट करते हैं।

—आचार्य रामचन्द्र शुक्ल

श्रद्धा का अर्थ है आत्म-विश्वास और आत्म-विश्वास का अर्थ है ईश्वर पर विश्वास।

—महात्मा गांधी

श्रद्धा का मूल तत्त्व है दूसरे का महत्त्व-स्वीकार।

—आचार्य रामचन्द्र शुक्ल

श्रद्धा का व्यापार-स्थल विस्तृत है, प्रेम का एकान्त। प्रेम में घनत्व अधिक है और श्रद्धा में विस्तार।

–आचार्य रामचन्द्र शुक्ल

श्रद्धा की गुंजाइश तो वहीं है, जहाँ बुद्धि कुंठित हो जाये।

–महात्मा गांधी

श्रद्धा महत्त्व की आनन्दपूर्ण स्वीकृति के साथ-साथ पूज्य बुद्धि का संचार है।

–आचार्य रामचन्द्र शुक्ल

श्रद्धां हृदय्या याकूत्या, श्रद्धया बिन्दते वसु।

(सब लोग हृदय के दृढ़ संकल्प से श्रद्धा की उपासना करते हैं क्योंकि श्रद्धा से ही ऐश्वर्य प्राप्त होता है।)

–ऋग्वेद

श्रद्धा सत्य रूपी ब्रह्म से सबसे पहले पैदा हुई।

–तैत्तिरीय ब्राह्मण

बिना श्रद्धा के मनन नहीं होता।

–छांदोग्य उपनिषद्

सत्त्वानुरूपा सर्वस्य श्रद्धा भवति भारत।
श्रद्धामयोऽयं पुरुषो यो यच्छ्रद्धः स एव सः।

(श्री कृष्ण जी अर्जुन को समझाते हैं–हे भारत ! सबकी श्रद्धा अपने स्वभाव का अनुसरण करती है। मनुष्य में कुछ न कुछ श्रद्धा तो होती ही है। जिसकी जैसी श्रद्धा होती है, वैसा वह होता है।)

–श्रीमद्भगवत गीता

सद्विचार पर बुद्धि रखने का ही नाम श्रद्धा है। यही श्रद्धा मनुष्य को बल देती है, सब तरह से प्रेरणा देती है और उसके जीवन को सार्थक बनाती है।

–बिनोवा भावे

श्रद्धावान

श्रद्धावान ही ज्ञान प्राप्त कर सकता है और ज्ञान प्राप्ति के बाद ही इन्द्रियों को संयत रखा जा सकता है।

–श्रीमद्भगवत गीता

श्रम

जिसका श्रम हो, भूमि उसी की,
अन्न-वस्त्र, घर हो उसका,

शासन उसका संस्कृति उसकी,
नव युग का स्वर हो उसका।

--जगन्नाथ प्रसाद मिलिन्द

जो श्रम नहीं करता, देव उससे दोस्ती नहीं करते।

–अज्ञात

परश्रम का उपभोग करे नर,
इससे सुखकर स्वयं करे श्रम,
जीवन विमुख रहे मन-मतिभ्रम,
इन्द्रिय सुख-रत रहे, नरकतम।

–सुमित्रानंदन पंत

पायेंगे प्रयास बिना लोग खाने-पीने को,
फिर क्यों बहायेंगे श्रम के पसीने को ?
होंगे अकर्मण्य, उन्हें क्या-क्या नहीं सूझेगा ?
कोई कुछ मानेगा न जानेगा न बूझेगा।

–मैथिलीशरण गुप्त

बिना श्रम के कोई भी प्रगति नहीं करता।

–सफ़ोक्लीज

बिना श्रम के सुख नहीं मिलता।

–लोकोक्ति

श्रम ईश्वर की उपासना है।

–कारलाइल

श्रम और उद्योग चुम्बक के समान है, जो सब अच्छे-अच्छे पदार्थों को पास खींच लाते हैं।

–बार्टन

श्रम ही जीवन है।

–कारलाइल

श्रम सभी पर विजयी होता है।

–होमर

श्रम श्रेष्ट पुरुषों की श्रेष्टता का मूल मन्त्र है।

–सेनेका

स्वप्न को आकार देने कीं घड़ी है
चिन्तना को छोड़कर कुछ श्रम करो।

–दिनकर

श्रम से स्वास्थ्य और स्वास्थ्य से सन्तोष पैदा होता है।

–बेट्टी

श्रम है केवल सार, काम करना अच्छा है,
चिन्ता है दुःखभार, सोचना पागलपन है।

–रामधारीसिंह दिनकर

श्री

जहाँ योगेश्वर कृष्ण हैं। जहाँ धनुर्धारी पार्थ हैं, वहाँ श्री है, विजय है, वैभव है और अचल नीति है—ऐसा मेरा मत है।

–श्रीमद्भगवत गीता

श्रेष्ठ

एक गुणी पुत्र श्रेष्ठ है, सैकड़ों मूर्ख पुत्र नहीं। एक ही चन्द्रमा अंधकार को नष्ट कर देता है, सहस्रों तारे नहीं।

–चाणक्य

जो मनुष्य इन्द्रियों को मन से नियमित करके राग रहित होकर कर्म करने वाली इन्द्रियों द्वारा कर्मयोग का आरम्भ करता है, वह श्रेष्ठ पुरुष है।

–श्रीमद्भगवत गीता

जो सम्पूर्ण प्राणियों को शान्त रखने का प्रयत्न करता है, सर्वदा सत्य व्यवहार करता है, कोमल स्वभाव होकर सबका सम्मान करता है, सर्वदा शुद्ध भाव से रहता है, वह कुल में सर्वश्रेष्ठ माना जाता है।

–विदुर

महात्मा लोग गुणहीन साधारण जीवों पर भी दया करतें हैं। चन्द्रमा चाण्डाल के घर से अपनी किरणों को हटा नहीं लेता।

–हितोपदेश

वास्तव में वे ही लोग श्रेष्ठ है जिनके हृदय में सर्वदा दया और धर्म बसता है, जो अमृत वाणी बोलते हैं तथा जिनके नेत्र नम्रता से सदा नीचे रहते हैं।

–मलूक दास

सर्वश्रेष्ठ मनुष्य वह है जो अटल प्रतिज्ञा के साथ सत्य का अनुसरण करता है, जो आन्तरिक तथा बाह्य सभी प्रलोभनों का प्रतिरोध करता है, जो भारी से भारी बोझों को खुशी से सहता है, जो तूफानों में शान्त रहता है, धमकियों एवं त्यौरियों में निडर रहता है और सत्य, नेकी तथा ईश्वर पर जिसकी निर्भरता सदा अडिग है।

–चेनिंग

सर्वश्रेष्ठ मनुष्य वही है जिसने मन रूपी राक्षस को अपने वश में कर लिया है।

–मीराबाई

संकट

जो मनुष्य निरुत्साह, दीन और शोकाकुल रहता है, उसके सभी काम बिगड़ जाते हैं और वह बड़े संकट में पड़ जाता है।

–वाल्मीकि रामायण

प्रायः संकट का काल विजय के साथ ही आता है।

–नेपोलियन

महान संकट में और जब आशा बहुत कम हो, तब सबसे निडर सम्मति ही सबसे बड़ी सुरक्षा है।

–लिवी

संकल्प

अच्छे काम करने में धन की आवश्यकता कम पड़ती है, पर अच्छे हृदय और संकल्प की अधिक।

–मूर

इस संसार में प्रत्येक वस्तु संकल्प-शक्ति पर निर्भर है।

–डिसरैली

इतिहास, पुराण सभी साक्षी हैं कि मनुष्य के संकल्प के सम्मुख देव, दानव सभी पराजित होते हैं।

–इमर्सन

दृढ़ संकल्प एक गढ़ के समान है जो कि भयंकर प्रलोभनों से हमको बचाता है, दुर्बल और डाँवाडोल होने से वह हमारी रक्षा करता है।

–महात्मा गांधी

दृढ़ संकल्प में जीवन-सिद्धि है। जो बाधाओं से नहीं डरता, वही कुछ करता है।

–जैनेन्द्र कुमार

लोगों में बल की नहीं, संकल्प शक्ति की कमी होती है।

–विक्टर ह्यूगो

संकल्प स्वतंत्र नहीं होता—वह भी कार्यकारण से बंधा एक तत्त्व है। लेकिन संकल्प के पीछे कुछ है, जो स्वतंत्र है।

–विवेकानन्द

संकल्प ही आदमी का बल है।

–जैनेन्द्र कुमार

मुझे रास्ता मिलेगा, नहीं तो मैं बनाऊँगा।

–सर फिलिप सिडनी

सकंल्प-दृढ़ता

गिरे वज्र सिर पर, मही डोल जावे;
अभी सामने काल भी दौड़ आवे।
जले सिन्धु, बरसे हलाहल शशि भी,
सतावे हमें सर्वदा बेकसी भी।
न तो भी कभी सत्य का साथ छोड़ो,
कभी दुर्जनों को नहीं हाथ जोड़ो।।

—रामचरित उपाध्याय

संकोच

कतिपय मनुष्यों को अपनी प्रशंसा सुनने से जितना संकोच होता है, उतना ही किसी दूसरे की प्रशंसा करने से होता है।

—प्रेमचन्द

प्रेममय आग्रह संकोच का लंगर उखाड़ फेंकता है।

—प्रेमचन्द

हम मोह और संकोच में पड़कर अपने जीवन के सुख और शान्ति का होम कर देते हैं।

—प्रेमचन्द

संगठन

संगठन संभव तभी, जब पक्ष दोनों तुल्य हों,
आज तक जुड़ते न देखा, गर्म-लोहा सर्द से।।

—रसिकेश

सबसे पहले हमें अपनी जाति की आध्यात्मिक और लौकिक शिक्षा का भार ग्रहण करना होगा। तुम्हें इस विषय पर सोचना-विचारना होगा, इस पर तर्क-वितर्क और आपस में परामर्श करना होगा, दिमाग लगाना होगा और अन्त में उसे कार्य में परिणत करना होगा। तब तक जाति का उद्धार होना असम्भव है और अब इसके लिए आवश्यकता है एक संगठन की।

—विवेकानन्द

संग : संगति

अगर आदमी सम्मान चाहे तो सम्माननीय लोगों का संग करे।

—ला ब्रूयर

असत संग के बास सों, गुन अवगुन है जात।
दूध पिवै कलवार घर, मदिरा सबहिं बुझात।।

—विदुर

ऐ दिल ! अगर तू अक्लमन्द और होशियार है तो जाहिलों की संगत मत कर, जाहिलों से तीर की तरह भाग।

–शेख सादी

कवि-कोविद गावहिं अस नीती। खल सन कलह न भल नहिं प्रीती।।
उदासीन नित रहिय गुसाईं। खल परिहरिय स्वान की नाईं।।

(कवि और पंडित ऐसी नीति बतलाते हैं कि दुष्टों से न झगड़ा करना अच्छा होता है और न प्रेम करना। उनके प्रति उदासीन रहना चाहिए और कुत्तों के समान उन का त्याग कर देना चाहिए।)

–गोस्वामी तुलसीदास

कबिरा संगति साधु की, ज्यों गंधी का बास।
जो कुछ गंधी दे नहीं, तो भी बास-सुबास।।

–कबीर

कहु रहीम कैसे निभै, बेरु-केरु को संग।
वे डोलत रस आपने, उनके फ़ाटत अंग।।

–रहीम

खल-मंडली बसहु दिन राती। सखा धर्म निबहै केहिं भांती।।

(हनुमान जी विभीषण से कहते हैं—हे मित्र ! रात-दिन दुष्टों के बीच में रहते हो, धर्म का निवाह किस भांति होता है।)

–गोस्वामी तुलसीदास

गगन चढ़इ रज, पवन-प्रसंगा

(हवा का साथ पाकर धूल आकाश में बहुत ऊँचाई पर पहुँच जाती है।)

–गोस्वामी तुलसीदास

तुच्छ विचार वालों की संगति से मनुष्य की बुद्धि तुच्छ हो जाती है, समान श्रेणी के मनुष्यों की संगति से वह ज्यों की त्यों बनी रहती है और उच्च विचार वालों की संगति से वह उत्कर्ष को प्राप्त होती है।

–महाभारत

धूम कुसंगति कारिख होई। लिखिय पुरान मंजु मसि सोई।।

(धुआं कुसंगति से कालिख हो जाता है परन्तु सुसंगति से उससे स्याही बनती है जिससे पुराण लिखा जाता है।)

–गोस्वामी तुलसीदास

न दुष्ट मित्र की संगति करे और न अधम पुरुष की। कल्याणकारी मित्र और उत्तम पुरुष की ही संगति करनी चाहिए।

–धम्मपद

बिनु सत्संग विवेक न होई।

–गोस्वामी तुलसीदास

बुरे साथी हमें नरक में जाने के लिए निमंत्रित और प्रलोभित करते हैं।

–फील्डिंग

मुझे बताइए आप के संगी-साथी कौन हैं और मैं बता दूंगा कि आप कौन हैं।

–गेटे

शठ सुधरहिं सतसंगति पाई। पारस परस कुधातु सुहाई।।

(सज्जनों का साथ पाकर शठ भी सुधर जाते हैं; जैसे पारस को छूकर लोहा भी सोना हो जाता है।)

–गोस्वामी तुलसीदास

संगति सुमति न पावई, परै कुमति के धंध।
राखो मेलि कपूर में, हींग न होय सुगंध।।

–बिहारीलाल

संसार मार्ग में मनुष्य को अपने से श्रेष्ठ अथवा अपने जैसा साथी न मिले तो वह दृढ़तापूर्वक अकेला ही चले, परन्तु मूर्ख की संगति कभी न करे।

–धम्मपद

सत संगत के बास सों, अवगुन हूं छिपि जात।
अहिर धाम मदिरा पिबैं, दूध जानिए तात।।

–बिहारीलाल

हाथ में लाठी लेते ही यूं ही किसी को मारने के भाव हो जाते हैं। यह है लाठी की संगति का असर। हाथ में माला लें तो उसे जपने का ही मन होगा।

–श्री ब्रह्मचैतन्य

संगीत

जो मंजु मानस में तरंगे था उठाता भक्ति की–
अब आग भड़काता वही संगीत विषयासक्ति की।

–मैथिलीशरण गुप्त

मधुर संगीत आत्मा के ताप को शान्त कर सकता है।

–महात्मा गांधी

मनोव्यथा जब असह्य और अपार हो जाती है, तब उसे कहीं त्राण नहीं मिलता, जब वह रुदन और क्रन्दन की गोद में भी आश्रय नहीं पाती, तो वह संगीत के चरणों में आ गिरती है।

–प्रेमचन्द

विश्व मुझसे चित्रों में बात करता है, मेरी आत्मा संगीत में उत्तर देती है।

–रवीन्द्रनाथ ठाकुर

संगीत आत्मा की प्रतिदिन की मलिनता को दूर कर देता है।

–आवेर बेच

संगीत ऐसा होना चाहिए कि दिल पर असर पड़े। जिस गाने से मन में भक्ति वैराग्य, प्रेम और आनन्द की तरंगे न उटें, वह संगीत नहीं है।

—प्रेमचन्द

संगीत की कसौटी यही है कि उससे जड़ दीप जल उठे।

—डॉ राजेन्द्र प्रसाद

संगीत के आनन्द में विस्मृति है; पर वह विस्मृति कितनी स्मृतिमय होती है; अतीत को जीवन और प्रकाश से रंजित करके प्रत्यक्ष करने की शक्ति संगीत के सिवा और कहां है।

—प्रेमचन्द

संगीत के पीछे-पीछे खुदा चलता है—जिस दिल के दरिया को संगीत की बयार तरंगित नहीं कर देती, समझो कि उस दिल से शैतान भी डरता है।

—शेख सादी

संगीत को देवदूतों की भाषा ठीक ही कहा है।

—कारलाइल

संगीत टूटे हुए हृदय की औषधि है।

—ले हंट

संगीत मानव की विश्वव्यापी भाषा है।

—लांगफेलो

संगीत में क्रूर हृदय को भी शान्त करने का जादू है।

—जेम्स ब्रन्सटन

संगीत में जब से मदन की मूर्ति अंकित हो गई—
वह भावुकों की भक्ति-वाणी भी कलंकित हो गई।
करते प्रकट थे हाय ! वे जिससे अनन्योपासना।
बढ़ने लगी देखो उसी से अब विषय की वासना।।

—मैथिलीशरण गुप्त

हर वस्तु में संगीत है, यदि मनुष्य उसे सुन सके।

—बायरन

संगीत का दूसरा नाम संजीवनी है।

—शेख सादी

संगीत से क्रोध मिट जाता है।

—महात्मा गांधी

हमारे यहां भगवान भी तो बिना मुरली या डमरू के पूरे नहीं समझे गए हैं, मानव का तो कहना ही क्या है ? यह अकारण ही नहीं है कि विद्या की अधिष्ठात्री देवी सरस्वती के हाथ में पुस्तक के साथ-साथ वीणा भी बताई जाती है।

—डॉ० राजेन्द्र प्रसाद

हे पण्डितों की राय यह-संगीत भी साहित्य है,
श्रुति-मार्ग से मन को सुधा-रस वह पिलाता नित्य है।
विष किन्तु उसमें भी यहां हमने मिलाकर रख दिया,
हतभाग्य घुलघुल कर मरा जिसने कि यह रस चख लिया।।

–मैथिलीशरण गुप्त

संग्रह

एक-एक बूंद से जैसे धीरे-धीरे घड़ा भर जाता है, वैसे ही सभी विद्याओं, धर्म और धन का भी थोड़ा-थोड़ा संचय करने से विशाल संग्रह हो जाता है।

–चाणक्य

शहद की मक्खियां बड़े परिश्रम से शहद इकट्ठा करती हैं, पर उसे और ही कोई ले जाता है। संग्रह का नतीजा नाश है।

–भागवत

संग्राम

मन के साथ संग्राम करना ही सबसे बड़ा संग्राम है।

–स्वामी शिवानंद

संग्राम की अपेक्षा संग्राम का भय अधिक निकृष्ट है।

–सेनेका

संग्राम चोरों को उत्पन्न करता है और शान्ति उन्हें सूली पर चढ़ाती है।

–कहावत

संग्राम मृत्यु का भोज है।

–कहावत

संग्राम विनाश का विज्ञान है।

–एबॉट

संघटन

छोटी-छोटी वस्तुओं के संघटन से भी कार्य सिद्ध हो जाता है, जैसे घास की बटी हुई रस्सियों से मतवाले हाथी बांधे जाते हैं।

–हितोपदेश

संघटन में हमारा अस्तित्व कायम रहता है, विभाजन में हमारा पतन होता है।

–जॉन डिकिन्सन

संघटन में ही शक्ति है।

–कहावत

संघर्ष

यदि हो जाए ज्ञान यह सबको,
सबका हित है एक यहां।
वे भ्रम-मूलक हैं मनुजों में,
जो हैं भेद अनेक यहां।।
तो हो जाय अन्त निश्चय ही,
संघर्षों का भूतल में।
सब मानव खिल उठें प्रेम से,
शतदल के समान जल में।।

–ठाकुर गोपालशरण सिंह

संघर्ष वह सामाजिक प्रक्रिया है जिसमें व्यक्ति या समूह अपने विरोधी को प्रत्यक्ष रूप से हिंसा या हिंसा की चुनौती देकर अपने उद्देश्यों की पूर्ति करना चाहते हैं।

–गिलिन

संत

तुलसी संत सुअम्ब तरु, फूलि फरहिं पर हेत।
इतते ये पाहन हनत, उततें वे फल देत।।

–गोस्वामी तुलसीदास

(दुःखी और दीन पुरुषों के लिए संत ही परम आश्रम हैं।)

–महाभारत

नहिं शीतल है चन्द्रमा, हिम नहिं शीतल होय।
कबिरा शीतल संत जन, नामसनेही सोय।।

–कबीर

बिनु हरि कृपा मिलहिं न सन्ता।

–गोस्वामी तुलसीदास

बूंद अघात सहैं गिरि कैसे। खल के वचन संत सह जैसे।

–गोस्वामी तुलसीदास

मधुकर सरिस संत गुणग्राही।

(सन्त लोग भौरे के समान गुणग्राही होते हैं।)

–गोस्वामी तुलसीदास

मुद मंगलमय संत समाजू। जो जग जंगम तीरथ राजू।।

(संत-समाज आनन्द तथा मंगलदाता होता है, वह संसार में सचल तीर्थराज प्रयाग है।)

–गोस्वामी तुलसीदास

बंदउं संत समान चित, हित अनहित नहिं कोय।
अँजलिगत सुभ सुमन जिमि, सम सुगंध कर दोय।।

(मैं समान चित्त वाले संतों की बंदना करता हूं, जिनका कोई मित्र या शत्रु नहीं हौता; जैसे हथेलियों में लिए गये फूल दोनों हाथों को समान रूप से सुगंधित करते हैं।)

–गोस्वामी तुलसीदास

संत उदय संतत सुखकारी। विश्व सुखद जिमि इन्दु तमारी।।

(सन्त लोगों का उत्कर्ष सदा सुखकारी होता है, जैसे अंधकार के शत्रु सूर्य तथा चन्द्रमा का उदय संसार भर को सुखद होता है।)

–गोस्वामी तुलसीदास

संत कष्ट सहि आपुही, सुखी करै जु समीप।
आप जरै तऊ और को, करै उजेरो दीप।।

–वृन्द

संत कहहिं अस नीति दसानन। चौथेपन जाइय नृप कानन।।

(हे रावण संत लोग ऐसी नीति कहते हैं कि चौथेपन (वृद्धावस्था) में राजा गृहस्थाश्रम का त्याग करके वानप्रस्थ हो जाते हैं।)

–गोस्वामी तुलसीदास

सन्त न छोड़ै सन्तई, कोटिक मिलैं असन्त।
मलय भुजंगहि बेधिया, सीतलता न तजंत।।

–कबीर

संत वह है जिसमें कोई इच्छा न हो, जिसमें क्रोध न हो, जिसकी इच्छायें आत्मा में केन्द्रीभूत हो गई हों और जिसका खजाना 'नाम' है।

–समर्थ रामदास

संत विटप सरिता गिरि धरनी। परहित हेतु सबन्ह कै करनी।।

(संत, वृक्ष, नदी, पर्वत और पृथ्वी-सबका काम दूसरों की भलाई के लिए होता है।)

–गोस्वामी तुलसीदास

संत सरल चित जगत हित, जानि सुभाउ सनेहु।
बाल विनय सुनि करि कृपा, राम चरन रति देहु।।

(सन्त स्वभाव से ही सरलचित्त और संसार के हितैषी होते हैं। उनका ऐसा स्वभाव और स्नेह जानकर मैं बालक उनसे प्रार्थना करता हूं कि वे मुझे ऐसा आशीर्वाद दें कि मेरे हृदय में भगवान राम के चरणों में प्रेम उत्पन्न हो जाए।)

–गोस्वामी तुलसीदास

संत हृदय नवनीत समाना। कहा कविन्ह पर कहै न जाना।
निज परिताप द्रवै नवनीता। पर दुख द्रवहि संत सुपुनीता।।

(कवियों ने कहा है कि सन्तों का हृदय मक्खन की तरह कोमल होता है। परन्तु उनकी यह उक्ति त्रुटिपूर्ण है, क्योंकि मक्खन अपने परिताप से द्रवित होता है, परन्तु सन्तों का हृदय दूसरे लोगों का दुःख देखकर द्रवित होता है।)

–गोस्वामी तुलसीदास

सच्चा सन्त लोक-प्रतिष्ठा नहीं चाहता और भगवान के दिये में सन्तोष मानता है।

–सन्त पिंगल

हर मज़हब में जितने सन्त हुए हैं, उन सबका हृदय एक है; आपस में जो भेद दिखाई देते हैं, वे अन्य लोगों ने पैदा किए हैं, सन्तों ने नहीं।

–कुरान शरीफ़

सन्त सौ गुणों का शिक्षक होता है।

–इमर्सन

हरि भक्त सन्त न पैदा हुए होते तो संसार जल मरता।

–कबीर

सब कुछ छाया की तरह चंचल जानकर सन्त वन में चले जाते हैं।

–अज्ञात

सज्जनों को दूसरों से अधिक लज्जा होती है।

–नैषधीय

सन्त अपने जीवन में गरीबों के होते हैं। मृत्यु के बाद अमीर उन्हें छीन लेते हैं।

–यशपाल

संतान

शिक्षा दीक्षा रक्षा-योग्य, प्राप्त करो धन बल आरोग्य।
तब उत्पन्न करो सन्तान, तभी सुगति होगी मतिमान।।

–मैथिलीशरण गुप्त

संतान किसको प्यारी नहीं होती ? कौन उसे सुखी नहीं चाहता ? पर उस पर अपना काबू भी होना चाहिए।

–प्रेमचन्द

संतान को विवाहित देखना बुढ़ापे की सबसे बड़ी अभिलाषा है।

–प्रेमचन्द

संतान वह सबसे कठिन परीक्षा है जो ईश्वर ने मनुष्य को परखने के लिए गढ़ी है।

–प्रेमचन्द

संतान ही आकांक्षाओं का स्रोत, चिन्ताओं का आधार, प्रेम का बंधन और जीवन का सर्वस्व है।

–प्रेमचन्द

सन्तान ही परम धर्म है।

–वेदव्यास

संतोष

अगर संतोष मूर्खता है, तो संसार के नीति-ग्रन्थ, उपनिषदों से लेकर कुरान तक मूर्खता के ढेर हो जायेंगे। संतोष से अधिक और किसी तप की महिमा नहीं पाई गई है।

–प्रेमचन्द

असंतोष ही सबसे बढ़कर दुःख है और संतोष ही सबसे बड़ा सुख है। अतएव सुख के इच्छुक पुरुष को सदैव संतुष्ट रहना चाहिए।

–गौतम बुद्ध

कोउ विश्राम कि पाव, तात सहज संतोष बिन।
जल बिनु चलइ कि नाव, कोटि जतन रचि पचि मरिय।।

(हे तात ! स्वाभाविक सन्तोष के बिना किसी को सुख नहीं मिलता, जैसे करोड़ों उपाय करने पर भी बिना पानी के नाव नहीं चल सकती।)

–गोस्वामी तुलसीदास

गोधन, गजधन, बाजि धन, और रतन धन खान।
जब आवै संतोष धन, सब धन धूरि समान।।

–कबीर

जैसे हरा चश्मा लगा लेने से सभी वस्तुयें हरी-हरी दीखती हैं, उसी प्रकार संतोष धारण कर लेने पर सारा संसार आनन्द रूप ही दिखाई पड़ता है।

–स्वामी भजनानन्द

जो खुशकिस्मत है, सन्तोष करते हैं। अगर तू खुशकिस्मत होना चाहता है तो सन्तोष के नूर से अपनी जान को रोशन कर।

–शेख सादी

दान के समान दूसरी निधि नहीं है, लोभ के समान दूसरा शत्रु नहीं है, शील के समान दूसरा भूषण नहीं है, और सन्तोष के समान दूसरा धन नहीं है।

–पंचतंत्र

बिनु सन्तोष न काम नसाहीं। काम अछत सुख सपनेहुं नाहीं।।

(सन्तोष के बिना काम का नाश नहीं होता, और काम के रहते हुए स्वप्न में भी सुख नहीं मिलता।)

–गोस्वामी तुलसीदास

मनुष्य को स्वस्थ रखने के लिए संतोष एक सर्वोत्तम भोज्य पदार्थ है तथा रोगी को निरोग रखने के लिए सर्वोत्तम औषधि है।

–डब्ल्यू सीकर

शान्ति के समान दूसरा तप नहीं है, न सन्तोष से परे सुख है, तृष्णा से बढ़कर दूसरी व्याधि नहीं है, और न दया से बढ़कर धर्म है।

–चाणक्य

सन्तोष को कभी नहीं छोड़ना चाहिए। इस मन्त्र से कठिन से कठिन समय में भी मन विचलित नहीं होता।

–प्रेमचन्द

सन्तोष दरिद्रता का दूसरा नाम है।

–प्रेमचन्द

सन्तोष दो प्रकार का है– एक परिश्रम से सम्बद्ध है दूसरा प्रमाद से। पहला पुण्य है दूसरा पाप।

–श्रीमती ऐजवर्थ

संतोष मुकुट पहनाता है, जहां भाग्य उससे वंचित रखता है।

–फोर्ड

सन्तोष यद्यपि कड़वा वृक्ष है तथापि इसका फल बड़ा ही मधुर और हितकर है।

–मौलाना रूमी

सन्तोष रूपी अमृत से जो मनुष्य तृप्त होते हैं, उन्हें जो शान्ति और सुख होता है, वह धन के लोभियों को, जो इधर-उधर भागा करते हैं, नहीं होता।

–चाणक्य

सन्तोष वह पारस है जो जिस वस्तु को स्पर्श करता है उसे स्वर्ण बना देता है।

–कहावत

संतोष साम्राज्य से भी बढ़कर है।

–कहावत

संतोष से परमानन्द की प्राप्ति होती है। सुख चाहने वाले को संयम होना चाहिए। सुख का मूल संतोष है और दुःख का असन्तोष।

–मनुस्मृति

संतोष से बढ़कर अन्य कोई लाभ नहीं है। जो मनुष्य इस विशेष गुण से सम्पन्न है, वह त्रिलोक में सबसे धनी व्यक्ति है।

–स्वामी शिवानन्द

संतोष स्वाभाविक धन है, विलासिता कृत्रिम निर्धनता है।

–सुकरात

सुख का मूल संतोष है। एक आदमी जल और स्थल के सारे रत्न पाकर गरीब रह सकता है, दूसरा फटे वस्त्रों और सूखी रोटियों से भी धनी हो सकता है।

–प्रेमचंद

सुख सन्तोष से प्राप्त होता है। विलास से सुख कभी नहीं मिल सकता।

–प्रेमचंद

असली प्रसन्नता सन्तुष्ट मन में से पैदा होती है।

–चुंगची

अहं भावना का त्याग करके विपत्ति को भी सम्पत्ति मानना ही सच्चा सन्तोष है।

–जुन्नैद

असन्तुष्ट आदमी को यहां, वहां सब कहीं भय ही रहता है।

–आचारांग चूर्णि

संदेह

इतना है उत्तप्त धरातल सन्देहों का,
जहां कि हर विश्वास पिघल कर बह जाता है।

(सन्देहों का धरातल इतना गरम होता है कि उस पर प्रत्येक विश्वास पिघल कर बह जाता है, अर्थात् संदेह विश्वास का नाश कर देता है।)

–बुद्धमल

किसी पर सन्देह करने से अपना चित्त मलिन होता है।

–प्रेमचंद

जो आदमी मूंग की दाल और मोटे आटे के दो फुल्के खाकर भी नमक सुलेमानी का मोहताज हो, उसके छैलपन पर उन्माद का सन्देह हो, तो आश्चर्य ही क्या है ?

–प्रेमचंद

दुःखी आत्मा दूसरों की नेकनीयती पर सन्देह करने लगती है।

–प्रेमचन्द

मनुष्य सन्देह करने के लिए नहीं, वरन् उपासना करने के लिए बनाया गया है।

–यंग

शक करने से आदमी शक्की हो जाता है और तब बड़े-बड़े अनर्थ हो जाते हैं।

–प्रेमचन्द

संदेह नैराश्य का भ्राता है।

–ओरेली

सन्देह पानी का बुलबुला नहीं है जो क्षण में भंग हो जाता है। सन्देह तो धूमकेतु की रेखा है जो आकाश में एक छोर से दूसरे छोर तक फैली रहती है। और धूमकेतु जानते हो किस बात का प्रतीक है ? भय का, आशंका का, अमंगल का।

–रामकुमार वर्मा

सन्देह हमारा शत्रु है, वह हमारे हृदय में डर पैदा करता है, जिसके कारण जिस पर विजय प्राप्त करने का पूरा भरोसा होता है, उसी के सम्मुख हमें नतमस्तक होना पड़ता है।

–शेक्सपियर

सन्देह सच्ची मित्रता के लिये जहर है।

–आगस्टाइन

संशय का मतलब है साफ झूठ।

–हजरत मोहम्मद

संधि

उपकारी शत्रु के साथ भी संधि कर लेना उचित है, परन्तु अपकारी मित्र के साथ (कभी) नहीं, क्योंकि इस उपकार और अपकार को ही मित्र और शत्रु का लक्षण समझना चाहिए।

–माघ

सन्यास : सन्यासी

कामना से उत्पन्न हुए कर्मों के त्याग को ज्ञानी सन्यास के नाम से जानते हैं।

–प्रेमचंद

काम्यानां कर्मणां न्यास संन्यासं कवयो विदुः।

(काम्य कर्मों के त्याग को बुद्धिमान् लोग 'सन्यास' नाम से जानते हैं।)

–श्रीमद्‌भगवत गीता

गीता का प्रेरक मन्त्र यह कहा जा सकता है–'सब धर्मों को तज कर एकमात्र मेरी शरण में आओ।' परन्तु सब धर्मों के त्याग का मतलब सब कर्मों का त्याग नहीं है। परोपकार के कर्मों में भी जो सर्वोत्कृष्ट कर्म हों, उन्हें ईश्वर के अर्पण करना और फलेच्छा का त्याग करना, यह सर्वधर्म त्याग या संन्यास है।

–महात्मा गांधी

कर्म-मात्र का त्याग गीता के संन्यास को भाता नहीं। गीता का सन्यासी अतिकर्मी होने पर भी अति अकर्मी है।

–महात्मा गांधी

जो सन्यासी कंचन के बारे में सोचता है, उसकी इच्छा करता है, वह आत्मघात करता है।

–विवेकानन्द

सन्यासी के लिए सेवा-कार्य छोड़ने की जरूरत नहीं है, अहंकार और आसक्ति छोड़ने की आवश्यकता है।

–विनोबा भावे

सन्यासी वह यात्री है, जिसकी अभिलाषा समाज से पार हो जाये। न उसे अब समाज की मान्यता चाहिए, न सत्ता चाहिए। समाज की अवज्ञा भी अब उस से नीची रह जाती है। मानापमान संसारी के लिए बहुत महत्व की बात है, सन्यासी को वह छूता भी नहीं है।

–जैनेन्द्र कुमार

संपत्ति

अपने को सबके मंगल के लिए लुटा देना ही सबसे बड़ी सम्पत्ति है।

–संस्कृत रत्नाकर

आपत्ति में पड़े हुए मनुष्यों की पीड़ा हर लेना ही सत्पुरुषों की सम्पत्ति का अच्छा फल है। सम्पत्तिवान होकर भी मानव यदि विपत्ति-ग्रस्तों के काम न आया, तो उसकी सम्पत्ति किस काम की ?

–कालिदास

उत्तम मनुष्यों की सम्पत्ति का मुख्य प्रयोजन यही है कि औरों की विपत्ति का नाश हो।

–कालिदास

जहां सुमति तहँ सम्पत्ति नाना।

–गोस्वामी तुलसीदास

तौ लहि सोग बिछोह का, भोजन भरा न पेट।
पुनि बिसरन भा सुमिरना, जब संपत्ति भइ भेट।।

–मलिक मुहम्मद जायसी

दूसरों को मर्मघाती चोट पहुंचाये बिना, अत्यन्त क्रूर कर्म किये बिना तथा मछेरों की भांति बहुतों के प्राण लिए बिना कोई भी मनुष्य बड़ी सम्पत्ति प्राप्त नहीं कर सकता।

–महाभारत

पवित्रता वह संपत्ति है जो प्रेम के बाहुल्य से पैदा होती है।

–रवीन्द्रनाथ ठाकुर

मनुष्यों में उत्साह भरने की अपनी योग्यता को ही मैं अपनी सबसे बड़ी संपत्ति मानता हूं और मानव के भीतर जो कुछ सर्वोत्तम है उसका विकास,

प्रशंसा एवं प्रोत्साहन द्वारा ही किया जा सकता है।

–चार्ल्स श्वेव

मुझ मोक्षदायक को प्रसन्न करके जो केवल सामान्य संपत्ति की इच्छा करता है, वह सचमुच मन्दभाग्य है।

–श्रीकृष्ण

सत्पुरुषों की सम्पत्ति का यही फल है कि विपत्ति में पड़े हुए मनुष्यों के दुःखों को दूर करे।

–कालिदास

सम्पत्ति भरम गंवाइ के, हाथ रहत कछु नाहिं।
ज्यों रहीम ससि रहत है, दिवस अकासहि माहिं।।

–रहीम

संपत्ति का समान वितरण

हर एक को खाने-पीने के लिए भरपूर मिलना चाहिए, यही संपत्ति का समान वितरण है।

–श्रीब्रह्म चैतन्य

संपादक

कर्तव्य के आगे व्यक्ति कोई चीज़ नहीं है। संपादक अगर अपना कर्तव्य पूरा न कर सके, तो उसे इस आसन पर बैठने का कोई हक नहीं है।

–प्रेमचंद

पत्र का सम्पादक परम्परागत नियमों के अनुसार जाति का सेवक है।

–प्रेमचंद

पत्र-सम्पादक अपनी शान्ति-कुटीर में बैठा हुआ कितनी धृष्टता और स्वतंत्रता के साथ अपनी प्रबल लेखनी से मंत्रिमण्डल पर आक्रमण करता है।

–प्रेमचंद

सम्पादक की सबसे शानदार मौत यही है कि वह न्याय और सत्य की रक्षा करता हुआ अपना बलिदान कर दे।

–प्रेमचन्द

संप्रदाय

विभिन्न योग्यता के साधकों के लिए आचार्यों ने जो साधन-पद्धतियां आविष्कृत की हैं वे ही विभिन्न सम्प्रदाय हैं। अतः जिसका कोई सम्प्रदाय नहीं है, वह साधक नहीं है और जिसे किसी सम्प्रदाय-विशेष का आग्रह है, वह सिद्ध नहीं है। सम्प्रदाय तो साधनरूप हैं, परन्तु साम्प्रदायिकता अभिशाप है।

–स्वामी सनातन देव

संभाषण

ऐसी बानी बोलिए, मन का आपा खोय।
औरन को शीतल करै, आपौ शीतल होय।।

–कबीर

जो मनुष्य वाणी का संयमी है, मनन करके बोलता है, विनयी है। अर्थ-धर्म को प्रकाशित करता है, उसका भाषण मधुर होता है।

–धम्मपद

थोड़ा और सारयुक्त बोलना ही वाग्मिता है।

–नैषध

तुलसी मीटे वचन तें, सुख उपजत चहुं ओर।
बसीकरन इक मंत्र है, परिहर वचन कठोर।।

–गोस्वामी तुलसीदास

नीकी पै फीकी लगै, बिन अवसर की बात।
जैसे बरनत युद्ध में, रस सिंगार न सुहात।।

–वृन्द

प्रत्येक मनुष्य की बात सुनो, पर अपनी बात कम सुनाओ।

–शेक्सपियर

बातूनी लोग छिद्रयुक्त बर्तन के तुल्य हैं, जिनमें से सभी वस्तुएं बह जाती हैं।

–सी० सिमन्स

बोली तो अनमोल है, जो कोई जानै बोल।
हिए तराजू तौलि के, तब मुख बाहर खोल।।

–कबीर

सम्भाषण एक अच्छी वस्तु है, परन्तु मुख्य वस्तु निर्णय है।

–डैनियल ओकानल

सुनत मधुर परिनाम हित, बोलिय वचन विचारि।

(विचार करके ऐसी बात बोलनी चाहिए कि जो सुनने में मधुर हो और जिसका परिणाम हितकर हो।)

–गोस्वामी तुलसीदास

हितकर और प्रिय वचन दुर्लभ है।

–भारवि

संयम

किसी प्रिय लगने वाली किन्तु साथ ही अनिष्टकारी चीज को तजने का अभ्यास संयम है।

–जैनेन्द्र कुमार

जो आत्म-संयमी हैं, वही सर्वशक्तिमान् है।

–सेनेका

जो आत्म-संयमी नहीं है, वह स्वतन्त्र नहीं है।

–पाइथागोरस

डर से जो होता है, वह संयम नहीं है। संस्कृति संयम का फल है।

–जैनेन्द्र कुमार

बलवान बनने के लिए एक और जरूरी बात है संयम। मैं इन्द्र हूं, ये इन्द्रियां मेरी शक्ति हैं।

–विनोबा भावे

विद्यार्थी अवस्था में संयम की महान विद्या सीख लेनी चाहिए। जब आप संयम की शक्ति का संग्रह कर लेंगे तो एकाग्रता भी, जो जीवन की एक महान शक्ति है, पा लेंगे।

–विनोबा भावे

संयम ही सीमा की तर्जनी से असीम का निर्देश करता है।

–रवीन्द्रनाथ ठाकुर

जो अपने पर शासन नहीं करेगा, वह सदा दूसरों के शासन में रहेगा।

–गेटे

असंमत प्रदर्शनों की अपेक्षा संवेगों का संयमन अधिक शक्तिप्रद और मोहक होता है।

–गोलवलकर

एक रस के जीत लेने पर सब रस जीते जा सकते हैं।

–श्रीमद्भागवत

संयमी

जो, आत्म-संयमी नहीं है, वह स्वतन्त्र नहीं है।

–पाइथागोरस

जो बुद्धिमान मनुष्य मन, वचन तथा शरीर से सयत है, वास्तव में वही सुसंयमी माने जा सकते हैं।

–धम्मपद

संविधान

जिन नियमों के अनुसार किसी देश के शासन का संचालन होता है, उन्हें संविधान कहते हैं। प्रत्येक देश का संविधान अलग-अलग होता है। भारतीय संविधान लिखित संविधान है और मुख्यतया ब्रिटेन के संविधान पर आधारित है। उसमें कर्तव्यों की अपेक्षा अधिकारों पर अधिक बल दिया गया है।

–हरिवंशराय शर्मा

हमारा संविधान सब सम्प्रदायों को राजनीतिक स्वतन्त्रता देता है और उनसे सामाजिक रूप से उदार होने की अपेक्षा रखता है।

–बी०के० केलकर

संवेदना

प्रायः मैं कोई सकाम प्रार्थना नहीं करता था। इस आत्मा की बहिर्मुख धारा के साथ ही आंसू झड़ने लगते थे, पर इसमें किसी प्रकार के सुख अथवा दुःख की संवेदना प्रतीत नहीं होती थी।

–रमण महर्षि

रोगी को देख आना एक बात है, दवा लाकर उसे देना दूसरी बात है। पहली बात शिष्टाचार से होती है, दूसरी सच्ची संवेदना से।

–प्रेमचंद

संशय

जहां जांच-पड़ताल से इन्कार कर दिया जाता है, वहां संशय गुप्त राह से उपस्थित हो जाता है।

–जोवेट

जो अज्ञानी, श्रद्धारहित और संशयवान हैं, उनका नाश होता है। संशयवान के लिए न यह लोक है, न परलोक है। उसे कहीं सुख नहीं है।

–श्रीमद्भगवत गीता

संशय बड़े घातक हैं। ये हमारी उत्पादक शक्ति को नष्ट कर देते हैं, हमारी अभिलाषा को पंगु और शक्तिहीन बना देते हैं।

–स्वेट मार्डेन

संशयशील व्यक्ति के साथ कभी नहीं रहना चाहिए; सदाचारी पुरुषों का तो आधे क्षण का भी संयोग प्रशंसनीय है।

–विष्णु पुराण

संसार

आदि में छिप जाता अवसान,
अंत में बनता नव्य विधान,
सूत्र ही है क्या यह संसार
गूंथे जिसमें सुख-दुख जय-हार ?

–महादेवी वर्मा

ऐसा है यह संसार, जैसा सेमर फूल।
दिन दस के व्योहार में, झूटे रंग न भूल।।

–कबीर

कहीं विद्वानों की गोष्ठी होती है, तो कहीं मदोन्मत्त लोगों का ऊधम दिखाई पड़ता है; एक ओर वीणा की मधुर ध्वनि सुनाई पड़ती है, दूसरी ओर हाहाकार के साथ क्रन्दन मचा है। यदि कहीं सुन्दरी रमणी मिलती है, तो कहीं जराजीर्ण शरीर वाले वृद्ध मिलते हैं। पता नहीं यह संसार अमृतमय है या विषमय।

–भर्तृहरि

तुलसी यहि संसार में, भांति-भांति के लोग।
सबसों हिलि-मिलि चालिये, नदी-नाव संजोग।।

(तुलसीदास जी कहते हैं कि इस संसार में तरह-तरह के लोग रहते हैं। संयोगवश हम लोगों का साथ हुआ है। अतएव हम लोगों को परस्पर मेल-जोल से रहना चाहिए।)

–गोस्वामी तुलसीदास

तुम शान्त संसार कभी नहीं पा सकते, जब तक कि मनुष्य जाति से राष्ट्र प्रेम निकाल नहीं फेंकते।

–जार्ज बर्नार्ड शॉ

दुःख-सुख में उठता गिरता
संसार तिरोहित होगा।
मुड़कर न कभी देखेगा
किसका हित अनहित होगा।।

–जयशंकर प्रसाद

प्रतिदिन कितने प्राणी यमलोक को जाते हैं। फिर भी बचे हुए लोग संसार में बने रहना चाहते हैं। इससे बढ़कर आश्चर्य और क्या होगा ?

–महाभारत

मिथ्या यह संसार और मिथ्या यह माया।
मिथ्या है यह देह कहौ क्यों हरि बिसराया।।

–सूरदास

मैं तोहि अब जान्यो संसार।
देखत ही कमनीय, कछु नाहिन पुनि किए विचार।
ज्यों कदली तरु-मध्य निहारत, कबहूं न निकसत सार।।

–गोस्वामी तुलसीदास

यह संसार एक सुन्दर पुस्तक है, परन्तु जो इसे पढ़ नहीं सकता उसके लिए व्यर्थ है।

–गोल्डोनी

यह संसार एक व्यायामशाला है, जहां हम अपने आप को बलवान बनाने के लिए आते हैं।

–विवेकानन्द

यह संसार प्रचंड तूफानों का संसार है। सौंदर्य-संगीत इसको शान्त किए हुए है।

–रवीन्द्रनाथ ठाकुर

यह संसार हाट का लेखा, सब कोइ बनिजहि आया।
जिन जस लादा तिने तस पाया, मूरख मूल गंवाया।।

–नामदेव

यह सारा संसार है, उस प्रभु का परिवार।
सबसे रखना चाहिए, प्रेमपूर्ण व्यवहार।।

–मैथिलीशरण गुप्त

'व्यास' न सुख संसार में, जो सिर छत्र फिरात।
रैन घनौ धन देखियत, भोर नहीं ठहरात।।

–व्यास

संसरणता (एक रूप से दूसरे रूप में सरकते जाना) इसका स्वभाव है। इसी लिए इसको संसार कहते हैं

–राजबली त्रिपाठी

संसार पापस्थली नहीं, पुण्य भूमि है।

–जैनेन्द्र कुमार

संसार में कोई चीज़ बिल्कुल बुरी नहीं है। यदि यहां शैतान है, तो ईश्वर भी है, अन्यथा वह होता ही नहीं।

–विवेकानन्द

है संसार असार नहीं।
यदि उसमें है सार नहीं, तो सार नहीं है कहीं।।

–अयोध्यासिंह उपाध्याय

इस संसार में सबसे बड़ी वस्तु यह नहीं है कि हम कहां है, बल्कि यह कि हम किस ओर चल रहे हैं।

–सुकरात

जो झुकना जानता है, दुनिया उसे उठाती है। जो केवल अकड़ता है, दुनिया उसे उखाड़ फेंकती है।

–शेख सादी

संस्कार

जन्म से मनुष्य शूद्र ही पैदा होता है, किन्तु संस्कार होने से द्विज कहलाता है। जो संस्कार हृदय से बद्धमूल हो जाते हैं, वे जीवन-पर्यन्त साथ नहीं छोड़ते।

–अयोध्यासिंह उपाध्याय

विचार जब आचार में दृढ़ता का रूप धारण कर लेते हैं, तभी उन्हें संस्कार कहा जाता है।

–रवीन्द्रनाथ ठाकुर

संस्कृत

इसमें कोई शक नहीं कि हिन्दुस्तान की सभ्यता कहिए, संस्कृति कहिए, उसमें संस्कृत का इतना ज़बर्दस्त हिस्सा है कि जिसकी इन्तहा नहीं। मैं संस्कृत बहुत ही कम जानता हूं। बचपन में थोड़ी-सी सीखी थी। लेकिन जितना मैंने इसका हाल पढ़ा, मैंने देखा, करीब-करीब हिन्दुस्तान के ख्याल की जितनी जड़ें हैं, सब संस्कृत में हैं। भारत के विचारों की और हमारी कल्चर की जड़ें संस्कृत में हैं। यह इतनी ज़बर्दस्त ज़बान थी......कि इसने और ज़बानों को बढ़ने नहीं दिया।

–जवाहरलाल नेहरू

संस्कृति

आस्तिक भावना और ईश्वर में विश्वास भारतीय संस्कृति का मुख्य अंग है।

–प्रकाशवीर शास्त्री

उपासना, मत और ईश्वर सम्बन्धी विश्वास की स्वतन्त्रता भारतीय संस्कृति की परम्परा रही है।

–अटलबिहारी वाजपेयी

कोई भी संस्कृति जीवित नहीं रह सकती यदि वह अपने को अन्य से पृथक रखने का प्रयास करे।

–महात्मा गांधी

जो-जो धर्म-ग्रन्थ अपौरुषेय समझे गए हैं, उनमें समाविष्ट की गई संस्कृति भी स्वाभाविक रूप से अपरिवर्तनीय समझी जाती है।

–विनायक दामोदर सावरकर

जो संस्कृति महान होती है, वह दूसरों की संस्कृति को भय नहीं देती, बल्कि उसे साथ लेकर पवित्रता देती है।

–साने गुरु

भारत की एकता का मुख्य आधार है एक संस्कृति, जिसका उत्साह कभी नहीं टूटा। यही इसकी विशेषता है। भारतीय एकता अक्षुण्ण है, क्योंकि भारतीय संस्कृति की धारा निरन्तर बहती रही है और बहेगी।

–मदनमोहन मालवीय

मनुष्य की श्रेष्ठ साधनायें ही संस्कृति है।

–हजारीप्रसाद द्विवेदी

युग-युग के संचित संस्कार, ऋषि-मुनियों के उच्च विचार।
धीरों-वीरों के व्यवहार, हैं निज संस्कृति के श्रृंगार।।

–मैथिलीशरण गुप्त

विश्व के सर्वोत्कृष्ट कथनों और विचारों का ज्ञान ही संस्कृति है।

–मैथ्यू आरनल्ड

संस्कृति इस तरह मानव-जाति की वह रचना है जो एक को दूसरे के मेल में लाकर उनमें सौहार्द की भावना पैदा करती है। वह जोड़ती और मिलाती है। उसका परिणाम व्यक्ति में आत्मोपमता की भावना का विकास और समाज का सर्वोदय है।

–जैनेन्द्र कुमार

संस्कृति उस दृष्टिकोण को कहते हैं, जिससे कोई समुदाय-विशेष जीवन की समस्याओं पर दृष्टि-निक्षेप करता है।

–सम्पूर्णानन्द

हिन्दू संस्कृति आध्यात्मिकता की अमर आधारशिला पर आधारित है।

–विवेकानन्द

हिन्दू संस्कृति या आर्य संस्कृति की यदि कोई विशेषता कही जा सकती है तो वह यही है कि उसने स्वार्थसिद्धि की अपेक्षा पर सेवा, समाज-सेवा और स्वार्थ की अपेक्षा परमार्थ पर अधिक जोर दिया है।

–हरिभाऊ उपाध्याय

धनवान धन के जोर से काम करा सकता है, संस्कृति नहीं खरीद सकता।

–स्माइल्स

आदमी या औरत उसकी संस्कृति का पता इस बात से लगता है कि व्यक्ति झगड़े के समय कैसा आचरण करता है।

–बर्नार्ड शॉ

सच

सांच बराबर तप नहीं, झूठ बराबर पाप।
जाके हिरदे सांच है, ताके हिरदे आप।।

–कबीर

सुवरन होत खरो, लहै आंच को संग।
सुजनन पै त्यों सांच तैं, चढ़त चौगुनो रंग।।

–दुलारेलाल भार्गव

सच्चरित्र : सच्चरित्रता

कर्मशील बनो और उच्च चरित्रवान बनो।

–नेपोलियन

विनीत, दयालु और सच्चरित्र होना धर्म का परम तत्त्व है।

–विलियम पेन

संसार में सच्चरित्र मनुष्य ही प्रगति कर सकता है।

–चेस्टरफील्ड

सच्चरित्रता ही वह सर्वोत्तम सम्पत्ति है जो कोई भी व्यक्ति आने वाली संतानों के लाभ के लिए दे सकता है।

–विवेकानन्द

सच्चा : सच्चाई

सच्ची बात विश्वासोत्पादक होती है।

–प्रेमचन्द

सच्चे आदमी को हम धोखा नहीं दे सकते।

–प्रेमचन्द

सबसे मुख्य बात यह है कि अपने प्रति सच्चे बनो।

–शेक्सपियर

सांचे साप न लागई, सांचे काल न खाय।
सांचे को सांचा मिलै, सांचे माहिं समाय।।

–कबीर

यदि हमारे मन में सच्चाई है, तो उसका प्रभाव अपने आप लोगों पर पड़ेगा।

–महात्मा गांधी

सच्चाई से जिसका मन भरा है, वह विद्वान न होने पर भी देश-सेवा बहुत कर सकता है।

–मोतीलाल नेहरू

सच्चाई स्वयं अपना इनाम है।

–प्रेमचन्द

सच्चिदानन्द

सत्य के साथ ज्ञान, शुद्ध ज्ञान अवश्यंभावी है। जहां सत्य नहीं है, वहां शुद्ध ज्ञान की सम्भावना नहीं है। इसी से ईश्वर के नाम के साथ चित् अर्थात् 'ज्ञान' शब्द की योजना हुई है और जहां सत्य ज्ञान है—वहां आनन्द ही होगा, शोक होगा ही नहीं। सत्य के शाश्वत होने के कारण आनन्द भी शाश्वत होता है। इसी कारण ईश्वर को हम सच्चिदानन्द के नाम से भी पहचानते हैं।

–महात्मा गांधी

सज्जन

कीचड़ से कांचन लेना—यह तो सज्जनों की रीति है।

–विनोबा भावे

जग सूरज चंद टरै तो टरै, पै न सज्जन नेहु कभौं विचलै।
धन सम्पति सर्वस गेह नसौ नहिं प्रेम की मेड़ सों एड़ टरै।।

–भारतेन्दु हरिश्चंद्र

जहं सज्जन तहं प्रीति है, प्रीति तहाँ सुख ठौर।
जहं पुष्प तहं बास है, जहं बास तहुं भौंर।

–वृन्द

जानो सज्जन की यही एकमात्र पहचान।
इनके होते तीन है–मन, वच, कर्म समान।।

–अनाम

टूटे सुजन मनाइए, जो टूटै सौ बार।
रहिमन फिरि फिरि पोहिए, टूटे मुक्ताहार।।

–रहीम

निज गुन श्रवण सुनत सकुचाहीं।
पर गुन सुनत अधिक हरषाहीं।।

–गोस्वामी तुलसीदास

मछली, कछुई और पक्षी–ये दर्शन, ध्यान और स्पर्श से अपने बच्चों (अंडों) का सदैव पालन करते हैं। वैसे ही सज्जनों की संगति होती है।

–चाणक्य

मेघों के समान सज्जन पुरुष भी दान करने के लिए ही किसी वस्तु को ग्रहण करते हैं।

–कालिदास

शान्ति और धर्म सज्जन पुरुष के लक्षण हैं।

–इमर्सन

संसार में सज्जन पुरुष ही स्वतंत्र होते हैं, नीच पुरुष सेवक होते हैं।

–प्लूटार्क

सज्जन अपने मित्रों पर कृपा-दृष्टि डालते हैं, वाणों की वर्षा नहीं करते।

–कालिदास

सज्जनों का लक्षण यह है कि वे सदैव दयावान और करुणाशील होते हैं।

–महाभारत

सज्जन दुर्जनों के साथ नहीं रहते, हंस श्मशान में नहीं रहता।

–चाणक्य

सज्जन दूसरों का उपकार बड़ी विनम्रता से करता है और ऐसा लगता है कि वह उपकार पा रहा है जबकि वह उसे कर रहा है।

–कार्डिनल न्यूमन

सज्जन पुरुष की वास्तविक परिभाषा यही है कि वह कभी किसी पुरुष को पीड़ित नहीं करता।

–कार्डिनल न्यूमन

हे बादल ! बिना गरजे हुए भी तुम चातक को वर्षा-जल से तृप्त करते

हो, क्योंकि प्रार्थियों के मनोरथ को पूरा कर देना ही सज्जनों का उत्तर होता है।

–कालिदास

सज्जन से सज्जन मिलता है तो दो बातें होती हैं; गधे से गधा मिलता है तो परस्पर लातें मारते हैं।

–कबीर

सज्जन फटे हाल भी हो तो भी वह ठाटबाट वाले दुर्जन से अधिक शक्तिशाली होता है।

–मैसिंजर

धनी की नहीं खोज में घूमते, न लिख्खाड़ के पैर को चूमते।
न विद्वान मक्कार ही चाहिये, कहीं से खरा आदमी लाइये।।

–सत्यदेव परिव्राजक

सज्जन और दुर्जन

हंसा बगुला एक-सा मानसरोवर माहिं।
बगा ढढोरे माछरी, हंसा मोती खाहिं।।

–कबीर

सज्जनों की सेवा

जिनके विद्या, कुल और कर्म श्रेष्ठ हैं, उन सज्जनों की सेवा में रहो। उनके साथ उठना-बैठना शास्त्र पढ़ने से भी बढ़कर है।

–महाभारत

सज्जनता

राजकीय ठाट-बाट की अपेक्षा सज्जनता की निर्धनता अधिक मीठी होती है।

–रस्किन

सज्जनता उत्कृष्ट मानवता के लिए दूसरा शब्द है।

–टार्स्कन

सत्य और न्याय का समर्थन मनुष्य की सज्जनता और सभ्यता का एक अंग है।

–प्रेमचन्द

सती

सती की दासियां दो हैं, रमा वाणी बनी रहतीं।
सती को इसलिए जग में, प्रतिष्ठा प्राप्त है महती।।

(लक्ष्मी और सरस्वती सती की दो दासियां बनी रहती हैं। इसलिए संसार में सती को महती प्रतिष्ठा प्राप्त है।)

—रामचरित उपाध्याय

सती के सत्य से संभला, हुआ यह विश्व सारा है।
वही कलिकाल में कल्मष, मिटाने का सहारा है।।

(यह सारा विश्व सती के सत्य से संभला हुआ है। कलियुग में पाप को मिटाने का वही सहारा है।)

—रामचरित उपाध्याय

सती-पद ब्रह्म-पद के सम, सुखद है, कुछ न भय करना।
सतीपन-साधना क्या है ? चराचर पर विजय करना।।

(सती का पद ब्रह्म के पद के समान ऊंचा है। इसलिए सती को कुछ भय नहीं करना चाहिए। सतीत्व की साधना क्या है ? वह सारे संसार के चर और अचर पर विजय प्राप्त करता है।)

—रामचरित उपाध्याय

सती-प्रथा

सती-प्रथा के उस युग में था
सबका ही तो यह विश्वास—
पति के शव पर जल जाना है
पत्नी का कर्तव्य सहास।

—देवीदयाल चतुर्वेदी 'मस्त'

सतीत्व

एकनिष्ठ प्रेम और सतीत्व ठीक एक ही वस्तु नहीं है।

—शरत्चन्द्र चटर्जी

सतीत्व को मैं भी तुच्छ नहीं कहता, किन्तु इसी को स्त्री-जीवन का चरम और परम श्रेय मानने को भी मैं कुसंस्कार समझता हूं।

—शरत्चन्द्र चटर्जी

सतीत्व घर की चहारदीवारी में नहीं उपजता; यह ऊपर से लादा नहीं जा सकता। परदे की दीवारें इसकी रक्षा नहीं कर सकतीं। यह अन्तःकरण से उत्पन्न होता है और इसका मूल्य तभी कुछ है जब इसमें सभी प्रलोभनों पर विजय पाने की क्षमता होती है।

—महात्मा गांधी

सतीत्व वह सम्पत्ति है जो प्रेम के बाहुल्य से पैदा होती है।

—रवीन्द्रनाथ टाकुर

सत्कर्म

शुभकृच्छुभमाप्नोति पापकृत्यापमश्नुते।

(सत्कर्म करने वाला शुभ फल पाता है और पापकर्म करने वाला अशुभ फल पाता है।)

—वाल्मीकि रामायण

सत्कार

आवत ही हरषे नहीं, नयनन नहीं सनेह।
तुलसी तहाँ न जाइए, कंचन बरसे मेह।।

(यदि कोई मनुष्य हमारे आते ही प्रसन्न न हो और उसकी आंखों में हमारे लिए स्नेह न हो, तो चाहे सोना भी बरसे, वहां नहीं जाना चाहिए। तुलसीदास का ऐसा विचार है।)

—गोस्वामी तुलसीदास

रहिमन रहिला की भली, जो परसै चित्त लाय।
परसत तन मैला करै, सो मैदा जरि जाय।।

—रहीम

सत्ता

तेरी सत्ता के बिना, हे प्रभु जग के मूल।
पत्ते भी हिलते नहीं, खिले न एको फूल।।

—अज्ञात

सत्ता लुप्त भले ही हो जाये, किन्तु उसका नाश नहीं होता। गृह का रूप न रहेगा तो ईंटें रहेंगी जिनके मिलने पर गृह बने थे। वह रूप भी परिवर्तित हुआ तो मिट्टी हुई, राख हुई, परमाणु हुए। उस चेतन के अस्तित्व की सत्ता कहीं नहीं जाती; और न उसका चेतनमय स्वभाव उससे भिन्न होता है।

—जयशंकर प्रसाद

सत्ता धीरे-धीरे सभी मानवीय और अच्छे गुणों का नाश कर देती है।

—बर्क

सत्पुरुष

पुष्प, चन्दन, अगर या चमेली-किसी की सुगंध वायु के विपरीत कभी नहीं जाती। किन्तु संतों का यश वायु के विपरीत भी फैलता है। सत्पुरुष सभी दिशाओं को अपनी सुगंध से वासित कर देते हैं।

—गौतम बुद्ध

सत्त पुरुष निजु आप से, कीन्ह माया विस्तार।
सत्त वचन यह बूझि कै, संत करहु निरुआर।।

(सत्त पुरुष ने अपने आप अपनी माया का विस्तार किया। हे सन्तो यह सत्य वचन समझकर सब वस्तुओं का निर्णय करो।)

—दरिया साहब

सत्य

अपनी स्वयं की आत्मा के द्वारा सत्य का अनुसन्धान करो।

—महावीर स्वामी

ऐसा सत्य वचन बोलना चाहिए जो हित, मित और ग्राह्य हो।

—महावीर स्वामी

का सुब्राह्मण का डोम भर, का जैनी क्रिस्तान।
सत्य बात पर जो रहै, सोई जगत महान।।

(ब्राह्मण, डोम, जैन या क्रिस्तान होने का कोई महत्व नहीं है। जो सत्य बात पर अडिग रहता है, संसार में वही महान है।)

—सुधाकर द्विवेदी

जब तक जीवित रहो, सत्य बोलो और शैतान को लज्जित करो।

—शेक्सपियर

जिसके साथ सत्य है वह अकेला होते हुए भी बहुमत में है।

—डगलस

सच बोलने का सबसे बड़ा लाभ यह है कि यह याद रखना नहीं पड़ता किससे, कहां, क्या कहा था।

—राबर्ट बेन्सन

सत्य सदा अप्रिय है, विकट है।

—स्वामी रामतीर्थ

सत्य का मार्ग सुगम है।

—ऋग्वेद

सत्य ही श्री है, सत्य ही ज्योति है।

—शतपथ ब्राह्मण

हर सत्य सापेक्ष है।

—अज्ञात

सत्य प्रभु की तलवार है। उसका प्रहार चूकता नहीं।

—जुन्नुन

जब शिष्य यज्ञोपवीत धारण करके वेद पढ़ना आरम्भ करता है, तब आचार्य उसे पहला उपदेश यह देता है: 'सत्य बोलो। धर्म पर चलो। सत्य से कभी विचलित मत हो।'

—तैत्तिरीयोपनिषद्

जान बचाने के लिए या किसी का भला करने के लिए तो क्या, हिन्दुस्तान के स्वराज्य के लिए भी मैं सत्य को नहीं छोड़ूंगा। सत्य का द्रोह करने से किसी का भी भला नहीं होगा अगर कुछ लाभ हुआ तो वह सचमुच लाभ नहीं, हानि ही होगी।

–महात्मा गांधी

जिस प्रकार सूर्य की किरणें किसी पदार्थ से अपवित्र नहीं की जा सकतीं, उसी प्रकार सत्य को भी बाह्य स्पर्श से पवित्र करना असम्भव है।

–मिल्टन

जिस सत्य का मुझे दर्शन हुआ, उसके पालन के लिए मुझको ही कष्ट सहन करने चाहिए।

–महात्मा गांधी

जिसके हृदय में सत्य है, उसे डरने की आवश्यकता नहीं है, भले ही उसकी वाणी में लुभाने का अभाव हो।

–रस्किन

जो दूसरों का सहारा ढूंढ़ता है, वह सत्ता स्वरूप भगवान् की सेवा नहीं कर सकता।

–विवेकानन्द

जो मेधावी साधक सत्य की आज्ञा में उपस्थित रहता है, वह मृत्यु के प्रवाह को तैर जाता है।

–महाभारत

जो सत्य की खोज में रहता है, उसे किसी एक देश का नहीं होना चाहिए।

–वाल्टेयर

जो सत्य जानता है, मन से, वचन से और काया से सत्य का आचरण करता है, वह परमेश्वर को पहचानता है। इससे वह त्रिकालदर्शी हो जाता है। उसे इसी देह में मुक्ति प्राप्त हो जाती है।

–महात्मा गांधी

जो सच बोलना नहीं जानता वह खोटा सिक्का है, उसकी कुछ कीमत नहीं है।

–महात्मा गांधी

जो सत्य पर जान देता है, उसे अपनी कब्र के लिए पवित्र भूमि हर जगह मिल जाती है।

–जर्मन कहावत

जो सत्य है, उसी को सब समय, सब अवस्थाओं में ग्रहण करने की चेष्टा करनी चाहिए। इससे चाहे वेद ही मिथ्या हो जायें। वे सत्य से बढ़कर नहीं हैं। सत्य की तुलना में उनका कोई मूल्य नहीं है।

–शरत्चन्द्र चटर्जी

तलवार का मुंह ताकने वाला सत्य ही मिथ्या है।

–प्रेमचंद

दुर्लघ्य मार्गों को लाँघो, क्रोध को अक्रोध से, असत्य को सत्य से जीतो।

–सामवेद

धरमु न दूसर सत्य समाना।
आगम निगम पुरान बखाना।

(वेद, शास्त्र और पुराणों ने ऐसा कहा है कि सत्य के समान दूसरा धर्म नहीं है।)

–गोस्वामी तुलसीदास

न सत्य अनेक हैं, न नाना हैं।

–गौत्तम बुद्ध

नन्हें-नन्हें हाथों से समुद्र के प्रवाह को रोकने वाले साहस का एक ही स्रोत हो सकता है और वह है सत्य पर अटल विश्वास।

–प्रेमचन्द

नहीं सत्य का अंत कहीं है, मानव है केवल बालक सा,
प्रगति निरन्तर है उसका पथ, जिस पर जायेगा वह बढ़ता।।

–रांगेय राघव

परमेश्वर सत्य है; यह कहने के बजाय 'सत्य ही परमेश्वर है' यह कहना अधिक उपयुक्त है।

–महात्मा गांधी

प्रजापति ने सत्यासत्य को देखकर उन्हें विचारपूर्वक पृथक्-पृथक् स्थापित किया। असत्य में अश्रद्धा और सत्य में श्रद्धा को स्थापित किया।

–यजुर्वेद

प्रभु सत्य है और प्रकाश उसकी छाया।

–प्लेटो

सत्य एक जलते हुए दीप की भांति है जो अंधकार में छिपाया नहीं जा सकता, क्योंकि वह अपना प्रकाश स्वयं लेकर चलता है।

–एडवर्ड विलसन

सत्य एक ही है, दूसरा नहीं।

–गौतम बुद्ध

सत्य एक ही है, विद्वान उसका अनेक प्रकार से वर्णन करते हैं।

–ऋग्वेद

सत्य एक है, उसकी उपासना करने वाले उसे अलग-अलग नामों से पुकारते हैं।

–विनोबा भावे

सत्य और अहिंसा से तुम संसार को अपने सामने झुका सकते हो।

–महात्मा गांधी

सत्य कभी वृद्ध नहीं होता।

–कहावत

सत्य का ज्ञान धार्मिक विश्वास का फल नहीं होता, वरन् गम्भीर नैतिक आचरण का अनुभव होता है।

–डॉ० राधाकृष्णन्

सत्य का मार्ग सुगम है।

–ऋग्वेद

सत्य का सर्वोत्कृष्ट अलंकार नग्नता है।

–कहावत

सत्य का सर्वश्रेष्ठ अभिनन्दन यह है कि हम उसे आचरण में लायें।

–इमर्सन

सत्य का सबसे बड़ा मित्र समय है। इसका सबसे बड़ा शत्रु पक्षपात और इसका अचल साथी नम्रता है।

–कोल्टन

सत्य का हर एक उल्लंघन मानव समाज के स्वास्थ्य में छुरी भोंकने के समान है।

–इमर्सन

सत्य किरणों की किरण, सूर्यों का सूर्य, चन्द्रमाओं का चन्द्रमा तथा नक्षत्रों का नक्षत्र है—सच सबका सारभूत तत्व है।

–डिकेन्स

सत्य किसी से बहिर्गत नहीं है, न सत्य से कुछ बहिर्गत है।

–जैनेन्द्र कुमार

सत्य की एक चिनगारी असत्य के पहाड़ को भस्म कर सकती है।

–प्रेमचन्द

सत्य की कभी हार नहीं होती।

–प्रेमचन्द

सत्य की साधना करने वाला साधक सब ओर दुःखों से घिरा रह कर भी घबराता नहीं है, विचलित नहीं होता है।

–महाभारत

सत्य के ऊपर और कोई ईश्वर नहीं है, सत्य ही सर्वप्रथम खोजने की वस्तु है।

–महात्मा गांधी

सत्य के तीन भाग हैं, प्रथम, जिज्ञासा जो उसकी आराधना है; द्वितीय, ज्ञान जो कि उसकी उपस्थिति है, और तृतीय, विश्वास, जो कि उसका उपभोग है।

–बेकन

सत्य के मित्र कम होते हैं।

–प्रेमचन्द

सत्य के लिए सब कुछ त्यागा जा सकता है, पर सत्य को किसी भी चीज़ के लिए छोड़ा नहीं जा सकता, उसकी बलि नहीं दी जा सकती।

–विवेकानन्द

सत्य को कह देना ही मेरे परिहास का ढंग है।

–जार्ज़ बर्नार्ड शॉ

सत्य को नकारना वैसी ही मूर्खता होगी जैसे घर बढ़ने के डर से बच्चों की हत्या करना।

–विनायक दामोदर सावरकर

सत्य को प्रकट कर सकना ही सत्य की ऊंची शिक्षा है।

–रवीन्द्रनाथ ठाकुर

सत्य को यदि दबा भी दिया जाये, तो वह स्वतः प्रकट हो जायेगा।

–ब्रायन्ट

सत्य को स्वीकार करने में कायरता, दुविधा और संशय हमारे मन को ऐसे घेर लेते हैं कि उस व्यूह से बाहर निकलना हमारे बूते के बाहर हो जाता है।

–रवीन्द्रनाथ ठाकुर

सत्य कोई ऐसी सुलभ वस्तु नहीं है, जिसे मूल्य चुकाए बिना सुगमता से हर व्यक्ति प्राप्त कर सके।

–रवीन्द्रनाथ ठाकुर

सत्य गोपनीयता से घृणा करता है।

–महात्मा गांधी

सत्य चाहे सिर कटा दे, लेकिन कदम पीछे नहीं हटता।

–प्रेमचन्द

सत्य चिर-नवीन होता है, उसका रस अक्षय है।

–रवीन्द्रनाथ ठाकुर

सत्य पर विश्वास रखना प्रत्येक मनुष्य का धर्म है। जिस मनुष्य के चित्त से विश्वास जाता रहता है, उसे मृतक समझना चाहिए।

–प्रेमचन्द

सत्य-परायणता, न्यायवर्तिता, आत्म-संयम, आडंबरहीनता, क्षमा, नम्रता, सहिष्णुता, अनसूया, दाक्षिण्य, परोपकार, आत्मजय, दया और अहिंसा—ये तेरहों सत्य के रूप हैं।

—महाभारत

सत्य प्रभु की आत्मा और प्रकाश उसकी देह है।

—पाइथागोरस

सत्य मिथ्या के साथ कभी मैत्री नहीं कर सकता। चाहे सारी दुनिया मेरे विरुद्ध हो जाये, अन्त में सत्य ही जीतेगा।

—विवेकानन्द

सत्यमेव जयते नानृतम्।

(सत्य की ही विजय होती है, असत्य की नहीं।)

—मुण्डकोपनिषद

सत्य ब्रह्माणि, ब्रह्म तपसि।

(सत्य ब्रह्म में प्रतिष्ठित है और ब्रह्म तप में।)

—गोपथ ब्राह्मण

सत्यमेव देवाः।

(सत्य ही देवता है।)

—शतपथ ब्राह्मण

सत्यमेव ब्रह्म।

(सत्य ही ब्रह्म है।)

—शतपथ ब्राह्मण

सत्य या ज्ञान पर किसी का मालिकाना अधिकार नहीं है। दुनिया का संपूर्ण धर्म, जगत का सम्पूर्ण सत्य तुम्हारा है।

—स्वामी रामतीर्थ

सत्य सनातन ब्रह्म है......सब कुछ सत्य में प्रतिष्ठित है।

—महाभारत

सत्य सहस्रों अश्वमेधों से भी श्रेष्ट है।

—महाभारत

सत्य से आत्मा भी बलवान हो जाती है।

—प्रेमचंद

सत्य से बढ़कर और कुछ नहीं है और सत्य को अन्य सभी वस्तुओं से पवित्र मानना चाहिए।

—वाल्मीकि रामायण

सत्य से बढ़कर और कोई धर्म नहीं है, और असत्य से बढ़कर कोई पाप नहीं है। वस्तुतः सत्य ही धर्म का मूल है।

—महाभारत

सत्य से बढ़कर धर्म नहीं है। सत्य स्वयं परब्रह्म परमात्मा है।

–महाभारत

सत्य से ही धरा अधर में स्थित है, अर्थात् सत्य से ही पृथ्वी धान्य एवं शस्यादि से फलित है।

–ऋग्वेद

सत्य हजार ढंग से कहा जा सकता है, और फिर भी हर ढंग सच हो सकता है।

–विवेकानन्द

सत्य हमारे जीवन का नियम है।

–महात्मा गांधी

सत्यं हि इन्द्रः।

(सत्य ही इन्द्र है।)

–शाङ्ख्यायन आरण्यक

सत्य ही जीतता है, झूठ नहीं। सत्य का ही वह मार्ग है, जिस पर देव अर्थात् विद्वान लोग चलते हैं। इसी मार्ग पर चलकर, अपनी सब कामनाओं को पूर्ण कर चुकने वाले ऋषि उस ब्रह्म में लीन हो कर मुक्त हो जाते हैं, जो सत्य का परम विधान है।

–मुण्डकोपनिषद

सत्य ही भगवान है।

–महाभारत

सत्य ही श्री है, सत्य ही प्रकाश है।

–शतपथ ब्राह्मण

सत्य ही सर्वोत्तम नीति है।

–महात्मा गांधी

सदा हितकारी सत्य वचन बोलना चाहिए।

–महाभारत

सब रसों में सत्य का रस ही श्रेष्ठ है।

–गौतम बुद्ध

समय मूल्यवान है, परन्तु सत्य समय की अपेक्षा अधिक मूल्यवान है।

–डिसरैली

सरल सत्य विश्व की सर्वोत्कृष्ट वस्तुओं में से एक है।

–वुल्वर

सृष्टि में एकमात्र सत्य की ही सत्ता है।

–महात्मा गांधी

सौन्दर्य ही सत्य है, और सत्य ही सौन्दर्य।

–जॉन कीट्स

सत्यभाषी

जो लोग सत्यभाषी होते हैं, उनके मन में शान्ति, हृदय में साहस, बोली में स्पष्टता और दृष्टि में तेज भरा रहता है। सभ्य समाज में उनका आदर होता है।

–अनाम

सत्य मार्ग

सत्य का, अहिंसा का मार्ग सीधा है, उतना ही संकरा भी है। तलवार की धार पर चलने के समान है। नट लोग जिस रस्सी पर एक निगाह रखकर चल सकते हैं, सत्य और अहिंसा की रस्सी उससे भी पतली है।

–महात्मा गांधी

सत्य का मार्ग सुख से गमन करने योग्य, सरल है।

–ऋग्वेद

सत्य के मार्ग को दुष्कर्मी पार नहीं कर सकते।

–ऋग्वेद

सत्यवादिता : सत्यवादी

जगजीवनदास सांची कहै,
सो वैकुण्ठहि जाय।

(जगजीवन दास कहते हैं कि सत्यवादी लोग स्वर्ग में जाते हैं।)

–जगजीवनदास

जो असत्यभाषी हैं उनसे अपने जन भी डरते हैं
किन्तु सत्यवादी मानव का अरि भी आदर करते हैं।

–रामधारीसिंह दिनकर

तनु तिय तनय धामु धन धरनी। सत्यसंध कहं तृन सम बरनी।

(जो सत्यप्रतिज्ञ हैं उनके लिए शरीर, स्त्री, पुत्र, घर, धन तथा पृथ्वी का तृण के समान वर्णन किया गया है।)

–गोस्वामी तुलसीदास

भूमि, कीर्ति, यश और लक्ष्मी–ये सत्यवादी पुरुष को प्राप्त करना चाहते हैं और उसी का अनुसरण करते हैं; अतएव सदा सत्य का ही सेवन करना चाहिए।

–वाल्मीकि रामायण

सत्यवादी मनुष्य पर कोई विपत्ति है, तो लोग उसके साथ सहानुभूति करते हैं।

–प्रेमचन्द

सत्याग्रह : सत्याग्रही

सत्याग्रह ऐसी तलवार है जिसके सब ओर धार है। उसे काम में लाने वाला और जिस पर वह काम में लाई जाती है, दोनों सुखी होते हैं। खून न बहाकर भी वह बड़ी कारगर होती है। उस पर न तो कभी जंग लगता है और न कोई उसे चुरा ही सकता है।

–महात्मा गांधी

सत्याग्रह तो बल-प्रयोग के सर्वथा विपरीत होता है। हिंसा के सम्पूर्ण त्याग में ही सत्याग्रह की कल्पना की गई है।

–महात्मा गांधी

सत्याग्रह स्वयं आर्त हृदय की एक मूक और अचूक प्रार्थना है।

–महात्मा गांधी

सत्याग्रह है कवच हमारा, कर देखे कोई भी वार।
हार मान कर शत्रु स्वयं ही, यहां करेंगे मित्राचार।।

–मैथिलीशरण गुप्त

गर्व और सत्याग्रही के बीच तो समुद्र लहराता है। सत्याग्रही का बल संख्या में नहीं, आत्मा में है। दूसरे शब्दों में, ईश्वर में है।

–महात्मा गांधी

सत्याग्रही के लिए अविनयी होना तो दूध में जहर पड़ने के समान है। विनय सत्याग्रह का सबसे कठिन अंश है। विनय है विरोधी के प्रति भी मन में आदर रखना, सरल भाव से उसके हित की रक्षा करना और उसी के अनुसार अपना बर्ताव रखना।

–महात्मा गांधी

सत्याचरण

सत्याचरण व्रतधारी के लिए कोई युक्ति नहीं है। यह तो उसके शरीर से लगी हुई वस्तु है, उसका स्वभाव है।

–महात्मा गांधी

सत्संग : सत्संगति

कबिरा खाई कोट की, पानी पीवै न कोय।
जाय मिलै जब गंग से, सब गंगोदक होय।

–कबीर

कबिरा संगत साधु की, ज्यों गंधी की बास।
जो कुछ गंधी दे नहीं, तौ भी बास सुबास।।

–कबीर

कबिरा संगत साधु की, हरै और की व्याधि।
संगति बुरी असाधु की, आठों पहर उपाधि।।

–कबीर

गंग पाप, शशि ताप हर, कल्प दरिद्रहि चूर।
पाप ताप अरु दीनता, संत संग हो दूर।।

–गिरिधर कविराय

तात स्वर्ग अपवर्ग सुख, धरिय तुला एक अंग।
तूल न ताहि सकल मिलि, जो सुख लव सतसंग।।

(हे तात ! स्वर्ग और मोक्ष के सुख को यदि तराजू के एक पलड़े पर रखा जाये तो वह उस सुख के बराबर नहीं हो सकता तो सत्संग से क्षणमात्र में प्राप्त होता है।)

–गोस्वामी तुलसीदास

पूर्ण महात्मा एवं सज्जनों के साथ को ही सत्संग कहते हैं। यदि सत्संग करे, तो लोहे से सोना बन जाये।

–योगवाशिष्ठ

जो दुनिया के विषयों से तथा विषयी लोगों से दूर रहता है और सज्जनों का संग करता है वही सच्चा ईश्वर भक्त है।

–जुन्नुन

असत्पुरुष नरक में ले जाते हैं और सत्पुरुष स्वर्ग में।

–इतिवृत्तक

बिनु सत्संग विवेक न होई। राम कृपा बिनु सुलभ न सोई।।
सतसंगत मुद मंगल मूला। सोइ फल सिंधि सब साधन फूला।।
सठ सुधरहिं सतसंगति पाई।। पारस परस कुधातु सुहाई।।
विधि हरिहर कवि कोविद बानी। कहत साधुमहिमा सकुचानी।।

–गोस्वामी तुलसीदास

मति कीरति गति भूति भलाई। जब जेहि जतन जहां जेहि पाई।
सो जानब सतसंग प्रभाऊ। लोकहु वेद न आन उपाऊ।।

(जब कभी किसी ने जिस उपाय से मति, कीर्ति, गति एवं ऐश्वर्य प्राप्त किया वह सब सत्संग के प्रभाव से ही जानना चाहिए। लोक तथा वेद में उनको प्राप्त करने का दूसरा उपाय नहीं है।)

–गोस्वामी तुलसीदास

यदि प्रभु में आसक्त मनुष्यों का पल भर भी संग प्राप्त हो जाये, तो उससे स्वर्ग और मोक्ष तक की तुलना नहीं कर सकते। फिर अन्य अभिलषित पदार्थों की तो बात ही क्या है ?

–महाभारत

सठ सुधरहिं सत्संगति पाई। पारस परसि कुधातु सुहाई।।

(सत्संगति प्राप्त होने से शठ भी सुधर जाते हैं। पारस के स्पर्श से लोहा सोना हो जाता है।)

–गोस्वामी तुलसीदास

सत संगति दुर्लभ संसारा। निमिष दंड भरि एकउ बारा।।

(संसार में एक क्षण और दंड के लिए भी सत्संगति कठिनाई से प्राप्त होती है।)

–गोस्वामी तुलसीदास

सत्संगति बुद्धि की जड़ता नष्ट करती है, वाणी को सत्य से खींचती है। मान बढ़ाती है, पाप मिटाती है, चित्त को प्रसन्नता देती है, और संसार में यश फैलाती है। सत्संगति मनुष्य के लिए क्या नहीं करती ?

–भर्तृहरि

सदाचार : सदाचारी

आत्म-शुद्धि पर ही निर्भर है,
मनुष्य जाति का सदाचरण।
कर सकती है वही हृदय से,
दुर्भावों का निराकरण।

–ठाकुर गोपालशरण सिंह

कबिरा, आप ठगाइए और न ठगिए कोय।
आप ठगै सुख ऊपजै, और ठगे दुख होय।।

–कबीर

चन्दन या तगर, कमल या जूही–इन सभी की सुगन्धों से सदाचार की सुगंध उत्तम है।

–धम्मपद

जो शूद्र दम, सत्य और धर्म में रत है, उसे मैं ब्राह्मण मानता हूं, क्योंकि सदाचार से ही द्विज बनता है।

–महाभारत

महापुरुष हमेशा सदाचार का विचार करता है, क्षुद्र आदमी सुख का। महापुरुष शास्त्रज्ञान का विचार करता है क्षुद्र आदमी लाभ का।

–कन्फ्यूशस

मेरा ऐसा मत है कि आचारहीन मनुष्य का केवल ऊंचा कुल गौरव का प्रमाण नहीं हो सकंता, क्योंकि नीच कुल में उत्पन्न मुनष्यों का भी सदाचार श्रेष्ठ माना जाता है।

--महाभारत

लोहे का मोर्चा उसी से उत्पन्न हो कर उसी को खाता है; वैसे ही सदाचार के उल्लंघन करने वाले मनुष्य के अपने ही कर्म उसे दुर्गति को प्राप्त कराते हैं।

–धम्मपद

विनय अपयश का नाश करता है, पराक्रम अनर्थ को दूर करता है, क्षमा सदैव क्रोध को मिटा देती है और सदाचार कुलक्षण को मिटा देता है।

–महाभारत

श्रेष्ट पुरुष दूसरे पापाचारी प्राणियों के पाप को नहीं ग्रहण करता, उन्हें अपराधी मानकर उनसे प्रतिरोध लेना नहीं चाहता। इस उत्तम सदाचार की सदैव रक्षा करनी चाहिए, क्योंकि सदाचार ही सत्पुरुषों का भूषण है।

–वाल्मीकि रामायण

सदाचार-सम्पन्नता की बढ़ी कीर्ति है।

–हरिभाऊ उपाध्याय

एक सदाचारी मनुष्य बिना ज़बान हिलाये सैंकड़ों मनुष्यों का सुधार कर सकता है। पर जिसका आचरण ठीक नहीं है, उसके लाखों उपदेशों का कुछ फल नहीं होता।

–मौलाना रूमी

सद्‌गुण

अपने शत्रु में उत्तम बातों को खोजने और उन्हें अपनाने में ही सद्‌गुण है।

–महात्मा गांधी

पुष्पों की सुगन्ध वायु के विपरीत नहीं जाती, किन्तु सद्‌गुणों की सुगंध सभी दिशाओं में व्याप्त हो जाती है।

–धम्मपद

यद्यपि सद्‌गुण क्षण भर के लिए लज्जित किया जा सकता है तथापि उसे मिटाया नहीं जा सकता।

–प्यूब्लियस साइरस

यही दैवी नियम है कि केवल सद्‌गुण ही अचल है और वह तूफानों के द्वारा विचलित नहीं किया जा सकता।

–पाइथागोरस

सद्‌गुण और प्रसन्नता मां और बेटी है।

–कहावत

सद्‌गुण का पुरस्कार केवल सद्‌गुण ही है।

–इमर्सन

सद्‌गुण को समझो सदा, खोया रत्न विशाल।
पाओ तुम उसको जहां, अपनाओ तत्काल।।

–मैथिलीशरण गुप्त

सद्‌गुण पृथ्वी पर मनुष्य को ख्याति प्रदान करता है, कब्र में प्रख्यात कर देता है और स्वर्ग में अमर बना देता है।

–चिलो

सद्‌गुण में भी चार चांद लग जाते हैं जब वह किसी सुन्दर व्यक्ति में होता है।

–वर्जिल

सम्मान सद्‌गुण का पुरस्कार है।

–सिसरो

सद्‌गुरु

दास गरीब कबीर सतगुरु मिले, सुरत निरत का तार जोड़ा।

(गरीबदास कहते हैं कि हमें कबीर दास सत्गुरु मिले जिन्होंने सुरति और निरति के तार को जोड़ दिया।)

–गरीबदास

सद्‌भावना

सब लोग सुखी होवें, सब लोग निरोग हों, सबका कल्याण हो और किसी को दुःख न हो।

–श्रुति

सन्मार्ग

जिस पथ पर तुम्हारे पूर्वज लोग चले हों, उस सत्पथ पर चलो। उस सन्मार्ग के यात्री का कभी पतन नहीं होता।

–मनुस्मृति

सन्मार्ग पर चलते हुए अगर लोग तुम्हें बुरा कहें, तो यह उससे अच्छा है कि कुमार्ग पर चलते हुए लोग तुम्हारी प्रशंसा करें।

–शेख सादी

सपूत

देश, काल को खूब देखकर करते हैं थोड़े में बात,
कैसे सभी सुखी हों इसमें चिन्तित रहते हैं दिन-रात।
मानामान समान समझकर करते हैं कुछ अच्छे काम,
लक्षण यही सपूतों के जो नहीं चाहते अपना नाम।।

–रामचरित उपाध्याय

देश-प्रेम ही सिद्ध मंत्र है और सुखों का मूल सपूतो !
भारत के आगे त्रिभुवन को, समझो पग की धूल सपूतो !

–रामचरित उपाध्याय

भिक्षुक बनने से भिक्षा भी मिल सकती है नहीं सपूतो !
निर्जल भूतल पर क्या नलिनी, खिल सकती है कहीं सपूतो !

–रामचरित उपाध्याय

सफल

किसी कठिन कार्य में सफल हो जाना आत्म-विश्वास के लिए संजीवनी के समान है।

–प्रेमचन्द

वही सफल होता है जिसका काम उसे निरन्तर आनन्द देता रहता है।

–थोरो

सफलता

आप अपना जो मूल्य आंकते हैं, सफलता उसी का साकार रूप है।

–अलबर्ट हबर्ड

इस पृथ्वी पर केवल सफलता ही अच्छे-बुरे का निर्णायक है।

–हिटलर

किसी ध्येय की सफलता के लिए मनुष्य की पूर्ण एकाग्रता और समर्पण आवश्यक है।

–ब्राउन

जिन्होंने जीवन में कभी सफलता नहीं पाई है, उनके लिए सफलता का मूल्यांकन मधुरतम होता है।

–इमली डिकन्स

जिस मनुष्य से आप वार्तालाप कर रहे हैं, उसमें पूर्ण ध्यान देने में ही सफल व्यवसाय (का गुर) निहित है।

–इलियट

जीवन में सफलता पाना प्रतिभा और अवसर की अपेक्षा एकाग्रता और निरन्तर प्रयास पर कहीं अधिक अवलम्बित है।

–सी० डब्ल्यू बैन्डेल

निःस्वार्थता की मात्रा के अनुपात में ही सफलता की मात्रा रहती है।

–विवेकानन्द

प्रत्येक सफल मनुष्य के जीवन में अटूट निष्ठा, तीव्र प्रामाणिकता का कोई-न-कोई केन्द्र अवश्य रहता है और वही उसके जीवन में सफलता का मूल स्रोत होता है।

–विवेकानन्द

मेरा विश्वास है कि किसी भी व्यवसाय में विशेष सफलता पाने का ठीक मार्ग उस व्यवसाय का अपने को पूर्ण ज्ञाता बना लेना है।

–कारनेगी

सफलता का एक कोई पथ नहीं।
विफलता की गोद में ही जीत है।।
हार कर भी जो नहीं हारा कभी।
सफलता उसके हृदय का गीत है।।

–उदयशंकर भट्ट

सफलता का कोई रहस्य नहीं है। वह केवल अत्यधिक परिश्रम चाहती है।

–हेनरी सी० क्रैक

सफलता का मूल रहस्य इसमें है कि साधनों को भी उतना ही महत्त्व दिया जाये जितना साध्य को।

–विवेकानन्द

सफलता के लिए साहस सबसे बड़ी वस्तु है।

–ब्राउन

सफलता-प्राप्ति का साधन निर्भीकता है।

–स्वामी रामतीर्थ

सफलता में दोषों को मिटाने की विलक्षण शक्ति है।

–प्रेमचन्द

सब कार्यों में सफलता पूर्व तैयारी पर निर्भर रहती है। पूर्व तैयारी के बगैर निश्चित रूप से असफलता ही हाथ लगती है।

–कन्फ्यूशस

सिद्धान्ततः जीवन में वही सबसे अधिक सफल व्यक्ति है, जो सबसे अधिक जानकार है।

–डिसरैली

हर ठीक कदम पर सफलता चलती है।

–इमर्सन

सफाई

न्हाए धोए क्या भया, जो मन मैल न जाय।
मीन सदा जल में रहे, धोए बास न जाय।।

–कबीर

शारीरिक सफाई का सम्मान सदा ईश्वर, समाज और अपने प्रति उचित सम्मान से हुआ है।

–बेकन

सब्र

सब्र जिन्दगी के मकसद का दरवाजा खोलता है, क्योंकि सिवाय सब्र के उस दरवाजे की और कुंजी नहीं है।

–शेख सादी

सबल

दुर्बल मनुष्य, जो सबल और शक्तिशाली लोगों का अपमान करता है, वह मानो यमराज को अपने पास आने का इशारा करता है।

–संत तिरुवल्लुवर

सबै सहायक सबल के, कोउ न निबल सहाय।
पवन जगावत आग को, दीपहिं देत बुझाय।।

–वृन्द

सभापति

देख सभा का रंग ढंग से काम चलावे।
पचड़ों में पड़ धूल में न सिद्धान्त मिलावे।।
हमें चाहिए नीति निधान सभापति ऐसा।
जो सब उलझी हुई गुत्थियों को सुलझावे।।

–अयोध्यासिंह उपाध्याय

सभ्यता

अधिक साधन और अधिक अवकाश मानव को सभ्य बनाने वाले हैं।

–डिसरैली

घूम रही सभ्यता दानवी, 'शान्ति ! शान्ति ! करती भूतल में।
पूछे कोई भिगो रही वह, क्यों अपने विषदंत गरल में।।

–रामधारीसिंह दिनकर

नीति का पालन करना, अपने मन और इन्द्रियों को वश में रखना और अपने को पहचानना सभ्यता है, इसके विरुद्ध जो है, वह असभ्यता है।

–महात्मा गांधी

नैतिक और आध्यात्मिक आदर्शों को लेकर चलने वाला समाज ही विज्ञान द्वारा एवं साधनों के सम्पर्क-उपयोग द्वारा सभ्यता का सच्चा एवं वास्तविक विकास कर सकता है।

–डॉ० राधाकृष्णन्

मनुष्य की बड़ी से बड़ी सभ्यता स्वीकरण-शक्ति के प्रभाव से ही पूर्ण माहात्म्य प्राप्त कर सकी है।

–रवीन्द्रनाथ ठाकुर

महान् सभ्यतायें कभी नहीं मरतीं।

–कन्हैयालाल माणिकलाल मुंशी

यदि सभ्यता का कुछ भी अर्थ हो, तो वह यही है कि असमर्थ और निर्बलों के न्यायोचित दावे जबरदस्ती के बाहुबल से परास्त न हो।

–शरत्चन्द्र चटर्जी

व्यक्ति की भांति राष्ट्र भी जीवित रहते हैं और मरते हैं। किन्तु सभ्यता का कभी पतन नहीं होता।

–मैज़िनी

सभ्यता एकान्तिक वस्तु नहीं है। उसका अर्थ हर एक जगह एक ही नहीं होता। पश्चिम की सभ्यता पूर्व की सभ्यता हो सकती है।

–महात्मा गांधी

सभ्यता का सही मूल्यांकन अच्छी नारियों का उस पर प्रभाव है।

–इमर्सन

सभ्यता की वास्तविक परीक्षा राष्ट्र की जनगणना अथवा नगरों की रूपरेखा अथवा फसल से नहीं होती, अपितु किस प्रकार के व्यक्ति देश उत्पन्न करता है, इससे होती है।

–इमर्सन

सभ्यता क्या है ? वह तो पूरी राक्षसी है। जो सभ्यता गरीबों के मुंह का और जन-साधारण का जीवन मुट्ठी में करके उन्हें मरने को लाचार बना दे, वह राक्षसी नहीं तो और क्या कहलाएगी ?

–शरत्चन्द्र चटर्जी

हमारी आजकल की सभ्यता का सबसे बड़ा दोष यह है कि हम अपनी नाक के आगे नहीं देखते। हम केवल आगे की बात सोचते हैं, कल का हमको ध्यान नहीं है।

–डॉ० राधाकृष्णन्

हमारी प्राचीन सभ्यता

थो दूसरों की आपदा हरणार्थ अपनी सम्पदा,
कहते नहीं थे किन्तु हम करके दिखाते थे सदा।
नीचे गिरे को प्रेम से ऊंचा चढ़ाते थे हमीं,
पीछे रहे को घूमकर आगे बढ़ाते थे हमीं,

–मैथिलीशरण गुप्त

शैशव दशा में देश प्रायः जिस समय सब व्याप्त थे,
निःशेष विषयों में तभी हम प्रौढ़ता को प्राप्त थे।
संसार को पहले हमीं ने ज्ञान-शिक्षा दान की।
आचार की, व्यापार की, व्यवहार की, विज्ञान की।

–मैथिलीशरण गुप्त

हम दूसरों के दुःख को थे दुःख अपना मानते।
हम मानते कैसे नहीं, जब थे सदा यह जानते–
जो ईश कर्त्ता है हमारा दूसरों का है वही,
हैं कर्म भिन्न परन्तु सब में तत्त्व-समता हो रही।।

–मैथिलीशरण गुप्त

समदर्शी

प्रभु मेरे अवगुन चित न धरो।
समदर्शी है नाम तुम्हारो, चाहे तो पार करो।

—सूरदास

समदृष्टी तब जानिये, शीतल समता होय।
सब जीवन की आत्मा, लखै एक-सी सोय।

—कबीर

विद्याविनय सम्पन्ने ब्राह्मणे गवि हस्तिनि।
शुनि चैवे श्वपाके च पण्डिताः समदर्शिनः।।

(पण्डित लोग विद्वान और विनयी ब्राह्मण में, गाय में, हाथी में, कुत्ते में तथा चाण्डाल में समान दृष्टि रखते हैं।)

—श्रीमद्‌भगवत गीता

समझ

ईश्वर ने समझ की कोई सीमा नहीं रखी है।

—बेकन

समझ मस्तिष्क का प्रकाश है।

—विल्स

समझ मस्तिष्क की शक्ति है।

—सिचलर

देखिए, 'बुद्धि'

समझदारी

संघर्ष और उथल-पुथल के बिना जीवन बिल्कुल नीरस हो जाता है। इसलिए जीवन में आने वाली विषमताओं को सह लेना ही समझदारी है।

—बिनोबा भावे

समत्व : समता

योगस्थः कुरु कर्माणि संगं त्यक्त्वा धनंजय।
सिद्धचसिद्धयोः समो भूत्वा समत्वं योग उच्यते।।

(हे धनंजय ! (अर्जुन !) आसक्ति का त्याग कर और सिद्धि तथा असिद्धि में समान बुद्धि वाला होकर तू कर्त्तव्य कर्मों को कर। समता ही योग कहलाता है।)

—श्रीमद्‌भगवत गीता

समः शत्रौ च मित्रे च तथा मानापमानयोः।
शीतोष्णसुखदुःखेषु समः सङ्गविवर्जितः।।

(जो शत्रु-मित्र में तथा मान-अपमान में सम है और सरदी-गरमी तथा सुख दुःखादि द्वन्द्वों में सम हैं और आसक्ति से रहित है, वह भक्तिमान पुरुष मुझको प्रिय है।)

–श्रीमद्‌भगवत गीता

समता सुख या ऐशो-आराम से नहीं, संयम से प्राप्त होती है।

–विनोबा भावे

समता ही सिद्धि की कसौटी है।

–अज्ञात

समय

अपनी समय पपीहा बोले। सुनि ता बहुत मन डोले।
अपनी समय मेघ जल ढारा। हरित होइ धरती संसारा।।

–नूर मुहम्मद

का वरषा जब कृषी सुखाने। समय चूक पुनि का पछिताने।।

(जब खेती सूख जाये, तब वर्षा होने से कोई लाभ नहीं होता। जब हम समय पर चूक जाते हैं, तब पछिताने से कुछ नहीं होता।)

–गोस्वामी तुलसीदास

किसी भी विचारशील मनुष्य के लिए जीवन की क्षणभंगुरता का अंतिम अर्थ यह नहीं है कि वह उन क्षणों को नष्ट करे।

–रस्किन

जैसे नदी बह जाती है और लौटकर नहीं आती, उसी प्रकार रात और दिन मनुष्य की आयु लेकर चले जाते हैं, फिर नहीं आते।

–महाभारत

जो अपने समय का सबसे ज्यादा दुरुपयोग करते हैं, वे ही समय की कमी की सबसे ज्यादा शिकायत करते हैं।

–ब्रूयर

दौड़ना व्यर्थ है। मुख्य बात तो समय पर काम निकालना है।

–ला फांते

एक युग विशाल नगरों का निर्माण करता है, एक क्षण उसका ध्वंस कर देता है।

–सेनेका

बीता हुआ समय और कहे हुए शब्द कदापि वापस नहीं आ सकते।

–कहावत

मैंने समय को नष्ट किया है। अब समय मुझको नष्ट कर रहा है।

–शेक्सपियर

समय और विचार महान शोक को भी निस्तेज कर देता है।

–कहावत

समय का उचित उपयोग करना समय को बचाना है।

–बेकन

समय की पाबन्दी सुशीलता का चिह्न है।

–सम्राट् लुई

समय कीमती है, पर सत्य समय से भी ज्यादा कीमती है।

–डिसरैली

समय पर थोड़ा-सा प्रयत्न भी आगे की बहुत-सी परेशानियों को बचाता है।

–कहावत

समय परिवर्तन का धन है, परन्तु घड़ी उसका उपहास करती है। उसे केवल परिवर्तन के रूप में दिखाती है, धन के रूप में नहीं।

–रवीन्द्रनाथ ठाकुर

'समय फिरै रिपु होहिं पिरीते।'

(समय फिरने पर मित्र भी शत्रु हो जाते हैं।)

–गोस्वामी तुलसीदास

समय बदलने पर लोगों की आंखें भी बदल जाती हैं।

–जयशंकर प्रसाद

समय सत्य का पथ-प्रदर्शक है।

–सिसरो

समय ही धन है।

–कहावत

सोने का प्रत्येक धागा मूल्यवान होता है, इसी प्रकार समय का प्रत्येक क्षण भी मूल्यवान होता है।

–मेसन

समर

छत्रिय तनु धरि समर सकाना। कुल कलंकु तेहिं पांवर जाना।।

(क्षत्रिय का शरीर धारण करके जो युद्ध से डरता है, उस नीच को कुल-कलंक समझना चाहिए।)

–गोस्वामी तुलसीदास

समरथ

समरथ कहं नहिं दोष गुसाईं। रवि पावक सुरसरि की नाईं।

(जैसे सूर्य, अग्नि और गंगा को दोष नहीं लगता, उसी प्रंकार समर्थ व्यक्ति को भी दोष नहीं लगता।)

–गोस्वामी तुलसीदास

समाचार

समाचारों का प्रातःकालीन वायु के समान स्वागत होता है।

–चैपमैन

समाचारपत्र

आजकल हम विचारों के लिए संघर्ष करते हैं और समाचारपत्र हमारी किलेबन्दियां हैं।

–हेन

मैं लाखों संगीनों की अपेक्षा तीन विरोधी समाचारपत्रों से अधिक डरता हूं।

–नेपोलियन

समाचारपत्र जनता के विश्वविद्यालय हैं।

–जे० पार्टन

समाचारपत्र विश्व के दर्पण हैं।

–जेम्स एलिस

समाचारपत्र साधारण जनता के शिक्षक हैं।

–बीचर

समाज

अगर हम में शक्कर का गुण है, तो हम समाज में ऐसे विलीन हो जायेंगे जैसे समुद्र में नदी या सिन्धु में बिन्दु। सिन्धु में विलीन होने पर बिन्दु स्वयं ही सिन्धु हो जाता है, बिन्दु नहीं रहता।

–विनोबा भावे

अच्छा समाज शरीर जैसा है। समाज में जो दुःखी हिस्सा है उसकी ओर सब को ध्यान देना उचित है।

–विनोबा भावे

कर्तव्य का पालन न करना समाज की नाक काटना है।

–प्रेमचन्द

जिस समाज का एकमात्र लक्ष्य न्याय होगा, वही समाज आदर्श समाज कहलायेगा।

–डॉ० राधाकृष्णन्

जो आश्वासन समाज पुरुष को दे सकता है, वह प्रेयसी नहीं दे सकती।

समाज पुरुष के लिए बहुत आवश्यक है। उसके लिए एक मान का स्थान चाहिए।

–जैनेन्द्र कुमार

जो व्यक्ति मिलनसार नहीं है, उसके लिए समाज सुखदायक नहीं होता।

–शेक्सपियर

जो समाज दुःखी का दुःख नहीं समझता, आफत-विपद् में हिम्मत नहीं बंधाता, वह समाज मेरा नहीं है, वह समाज तो बड़े आदमियों का है।

–शरत्चन्द्र चटर्जी

परीक्षा के लिए समाज चाहिए। अकेले रहते हो, तो प्रेम का क्या कहना है ? प्रेम-धर्म तब प्राप्त होगा, जब हम समाज में रहेंगे। मानव के जितने धर्म हैं, सब समुदाय में ही हैं।

–विनोबा भावे

प्रत्येक समाज में कोई न कोई अभिप्राय है, किन्तु वह सहज ही समझा नहीं जा सकता। मनुष्य को उचित है कि वह जड़वत् होकर उसका अनुसरण न करके, उसे जानने की चेष्टा अवश्य करे।

–रवीन्द्रनाथ ठाकुर

यह नियम है कि जब हमारा कोई अंग विकृत हो जाता है, तो उसे काट डालते हैं, जिससे उसका विष समस्त शरीर को नष्ट न कर डाले। समाज में इसी नियम का पालन होना चाहिए।

–प्रेमचन्द

वही समाज सदा सुखी रह सकता है, जिसने नैतिक गुणों को आत्मसात् कर लिया है।

–रस्किन

सबसे अधिक सुखी समाज वह है जिसमें प्रत्येक व्यक्ति परस्पर हार्दिक सम्मान की भावना रखता है।

–गेटे

समाज की ऐसी व्यवस्था, जिसमें कुछ लोग मौज करें और अधिक लोग पिसें और खपें, कभी सुखद नहीं हो सकती।

–प्रेमचन्द

समाज को प्रसन्न करने के लिए बुद्धि के दोनों चक्षुओं को अंधा नहीं करना चाहिए।

–रवीन्द्रनाथ ठाकुर

समाज तो भय के बल से चलता है। आज समाज का अंकुश जाता रहे, फिर देखो संसार में क्या-क्या अनर्थ होने लगते हैं।

–प्रेमचन्द

समाज व्यक्ति ही से बनता है, और व्यक्ति को भूलकर हम किसी व्यवस्था पर विचार नहीं कर सकते हैं।

–प्रेमचन्द

समाज सदस्यों के लाभ के लिए होता है न कि सदस्य समाज के लाभ के लिए।

–हर्बर्ट स्पेन्सर

समाज अपने पर्दे को हटाने वाले से प्रेम नहीं करता।

–इमर्सन

जो सामाजिक बन्धन हमें जीवित सच्चाई से दूर कर दें, उन्हें धिक्कार हैं।

–टेनीसन

समाजवाद

शोषण-मुक्त समाज की रचना करके वर्तमान समाज की प्रचलित दासता, विषमता और असहिष्णुता को सदा के लिए दूर करके समाजवाद स्वतंत्रता, समता और भातृत्व की वास्तविक स्थापना करना चाहता है।

–आचार्य नरेन्द्र देव

समाजवाद मनुष्य को विवशता के क्षेत्र से हटाकर उसे स्वाधीनता के राज्य में ले जाना चाहता है।

–कार्ल मार्क्स

समाजवाद का सार है व्यक्तिगत स्पर्द्धाशील पूंजी को संयुक्त सामूहिक पूंजी बना देना।

–शौकिल

समाधि

परब्रह्म के ज्ञान से देह के अभिमान के नष्ट होने पर जहां-जहां मन जाता है वहां-वहां समाधि है।

–चाणक्य

समाधि में ही साक्षात्कार होता है। समाधि के एक क्षण की तुलना में पठन-पाठन और मनन का सहस्र वर्ष भी नहीं ठहरता।

–सम्पूर्णानन्द

सहज समाधि

सन्त-मत की आदर्श समाधि वह अपूर्व स्थिति है, जो साधकों में जीवनभर एकरस बनी रहे और जिसमें किसी क्षणिक परिवर्तन की आशंका न आने पाये। इसीलिए उसे 'सहज समाधि' का नाम दिया गया है।

–अज्ञात

साधो सहज समाधि भली।
गुरु प्रताप जा दिन से जागी, दिन-दिन अधिक चली।।

....

आंख न मूंदौं कान न रूंधौं, तनिक कष्ट नहिं धारौं।
खुले नैन पहिचानौं हंसि-हंसि सुन्दर रूप निहारौं।।

–कबीर

समालोचक

जिसका हृदय सहानुभूति के भाव से परिपूर्ण है, उसे ही आलोचना करने का अधिकार है।

–अब्राहम लिंकन

ठीक-ठीक रचना करने की अपेक्षा समालोचक होना अधिक सरल है।

–डिसरैली

सबसे कटु आलोचक हमेशा वे व्यक्ति रहे हैं, जिन्होंने कभी लिखने का प्रयास नहीं किया या वे व्यक्ति जो मौलिक रचना करने में असफल रहे हैं।

–हैजलिट

समालोचक वे व्यक्ति हैं जो साहित्य और कला में असफल रहे हैं।

–डिसरैली

समालोचना

कभी-कभी मौन रह जाना सबसे कटु आलोचना होती है।

–चार्ल्स बक्सटन

वास्तविक समालोचना का ध्येय प्रशंसा अथवा निन्दा नहीं है। ठीक-ठीक मूल्यांकन करना, दृढ़ता से प्रमाणित करना, बुद्धिमानी से स्वीकृत करना और ईमानदारी से पुरस्कृत करना—यही समालोचना का ध्येय और उचित कर्तव्य है।

–सिम्स

सबसे अच्छी समालोचना वह है जिसमें समालोचक लेखक का शत्रु नहीं वरन् प्रतिद्वन्द्वी हो।

–डिसरैली

समूह

यह बहुत ठीक ही कहा गया है कि समूह के अनेक सिर होते हैं परन्तु मस्तिष्क एक भी नहीं होता।

–खारोल

समूह सदैव गलती पर होता है।

–हिलन

सम्बन्धी

सबसे निकृष्ट घृणा अपने सम्बन्धी की होती है।

–टैसीटस

सम्बन्धियों का झगड़ा वास्तव में बड़ा भयानक होता है और उनमें संधि कराना बड़ा कठिन कार्य है।

–यूरोपिडीज

सम्मति

अच्छी सम्मति अमूल्य होती है।

–मैजिनी

अच्छी सम्मति स्वीकार करना अपनी योग्यता बढ़ाना ही है।

–गेटे

बिना पूछे सम्मति मत दो।

–जर्मन कहावत

युद्ध में जाने की अथवा विवाह करने की सलाह किसी को मत दो।

–स्पेनी कहावत

सम्मति बहुत-से लोग लेते हैं, पर केवल बुद्धिमान ही उससे लाभ उठाते हैं।

–प्यूब्लियस साइरस

सम्मान

अच्छा सम्मान पाने का मार्ग यह है कि तुम जैसा समझे जाने की कामना करते हो वैसा ही बनने का प्रयास करो।

–सुकरात

जीवन प्रत्येक मनुष्य को प्रिय है। परन्तु शूर वीर को अपना सम्मान जीवन से भी अधिक मूल्यवान और प्रिय है।

–शेक्सपियर

दूसरों का सम्मान करो, लोग तुम्हारा भी सम्मान करेंगे।

–कन्फ्यूशियस

धन, बन्धु, अवस्था, कर्म और विद्या—ये पांचों सम्मान के स्थान हैं। किन्तु इनमें क्रमशः एक से दूसरा स्थान उत्तरोत्तर श्रेष्ठ माना गया है।

–मनुस्मृति

प्रख्यात मृतक पुरुषों का सर्वश्रेष्ठ सम्मान हम उनका अनुकरण करके ही करते हैं।

–महात्मा गांधी

बिना मान तजि दीजियौ, स्वर्गहु सुकृत समेत।
रहौ मान तो कीजियौ, नरकहु नित्य निकेत।।

–वियोगी हरि

मैं अपने सम्मान पर आघात पहुंचाने की अपेक्षा दस बार मरना अधिक अच्छा समझता हूं।

–ऐडिसन

विद्वान सम्मान को विष के समान समझकर सदैव उससे डरता रहे।

–मनुस्मृति

सरकार

वही पूर्ण (आदर्श) सरकार है जिसमें एक दीन व्यक्ति के साथ किया गया अन्याय सभी का अपमान समझा जाता है।

–सोलन

वही सरकार सबसे अच्छी है जो सबसे कम शासन करती है।

–थोरो

सभी सरकारों का ध्येय समाज का सामूहिक सुख है, अथवा होना चाहिए और इसकी पूर्ति अच्छी नीति के परिपालन से अच्छी तरह की जा सकती है।

–वाशिंगटन

सरकार का कर्तव्य सबकी पूरी रक्षा करना है।

–विनोबा भावे

देखिए, 'शासन'

सरस

निज कवित्त केहि लाग न नीका। सरस होउ अथवा अति फीका।।
(अपनी कवित्ता सबको अच्छी लगती है, चाहे वह सरस हो अथवा नीरस।)

–गोस्वामी तुलसीदास

सरस हृदय जन बहुधा मृदुल स्वभाव के होते हैं।

–कालिदास

सरस्वती

देव-पद के अभिलाषी सरस्वती का आवाहन करते हैं।

–ऋग्वेद

हे सरस्वती देवी ! विद्या रूपी यह आपका अपूर्व कोष है जो व्यय करने से तो बढ़ता है और संचय करने से नष्ट होता है।

–अज्ञात

सरस्वती से उत्तम कोई वैद्य नहीं और उसकी साधना से बढ़िया कोई औषधि नहीं।

–जापानी शाही कला भवन के द्वार पर अंकित

सर्जन

वह अच्छा सर्जन है जो किसी अंग को काट सकता है, परन्तु वह सर्जन उससे भी अच्छा है जो उस अंग को बचा सकता है।

–सर ए० कूपर

सर्व-प्रशंसित

'गालिब' बुरा न मान जो वायज़ बुरा कहे।
ऐसा भी है कोई कि सब अच्छा कहें जिसे।।

–गालिब

सर्वव्यापी : सर्वव्यापक

जो सर्वव्यापी हैं, उन्हें सर्वत्र प्राप्त करके योगयुक्त धीर पुरुष सर्व में ही प्रवेश करते हैं।

–रवीन्द्रनाथ ठाकुर

जो स्वयं अकाय हैं, उन्होंने कायारूपी काव्य रचना की है, जो अपाप-विद्ध हैं, वह पाप-पुण्यमय मन के अधिपति होकर बैठे हैं, वही सर्वव्यापी हैं।

–रवीन्द्रनाथ ठाकुर

सर्वश्रेष्ठ

सर्वश्रेष्ठ मनुष्य वही है जिसने मनरूपी राक्षस को अपने वश में कर लिया है।

–मीराबाई

सर्वश्रेष्ठ व्यक्ति वह है जिसे पूर्ण सन्तोष है।

–हर्बर्ट स्पेन्सर

सर्वार्थसिद्धि

जो सबके लिए हितकर हो और अपने लिए भी सुखकर हो उसी का नित्य आचरण् करना चाहिए, क्योंकि वही सर्वार्थसिद्धि का मूल है।

–महाभारत

सहनशील

सहनशील होना अच्छी बात है, परन्तु अन्याय का विरोध करना उससे भी उत्तम है।

–जयशंकर प्रसाद

सहनशीलता

जैसी परै सो सहि रहै, कहि रहीम यह देह।
धरती ही पर परत सब, शीत घाम अरु मेह।।

–रहीम

मनुष्य कटु उक्तियों को किसी प्रकार सह लेता है; परन्तु जब उसके ग्रन्थों और धर्म-नेताओं पर आक्रमण होता है, तब उसकी सहनशीलता की प्रायः समाप्ति हो जाती है।

–अयोध्यासिंह उपाध्याय

सह्नशीलता सर्वोत्तम धन है।

–विक्टर ह्यूगो

सहयोग

पारस्परिक सहयोग एवं शान्ति के साथ ही समाज का निर्माण हो सकता है।

–डॉ० राधाकृष्णन

सहयोग वह प्रक्रिया है जिसके द्वारा व्यक्ति और समूह अपने प्रयत्नों को न्यूनाधिक संगठित रूप से सामान्य उद्देश्यों की सिद्धि के लिए संयुक्त कर देते हैं।

–फेयरचाइल्ड

सहानुभूति

क्रियात्मक सहानुभूति ग्राम-निवासियों का विशेष गुण हैं।

–प्रेमचन्द

घूमना-फिरना मस्तिष्क को विशद करने में साधारणतया उपयोगी ही है। उससे सहानुभूति व्यापक होती है और जी खुलता है।

–जैनेन्द्र कुमार

प्रेम के बाद सहानुभूति मानव-हृदय की पवित्रतम भावना है।

–बर्क

यदि तुम्हारे अंदर दूसरों के प्रति सहानुभूति नहीं है, तो तुम चाहे संसार के सबसे बड़े बुद्धिवादी क्यों न हो, तुम कुछ भी नहीं बन सकोगे।

–विवेकानन्द

यह सहानुभूति की भावना ही वह जीवन है, वह शक्ति है, वह बल है, जिसके बिना अनेक बौद्धिक व्यायाम से तुम ईश्वर को नहीं प्राप्त कर सकते।

–विवेकानन्द

सहानुभूति से हीन होकर मनुष्य की सुधार-साधना सम्भवनीय कार्य नहीं है।

–जैनेन्द्र कुमार

सहायता

अपनी सहायता स्वयं करो, तो भगवान तुम्हारी सहायता करेंगे।

–हर्बर्ट स्पेन्सर

ईश्वर उनकी सहायता करता है जो अपनी सहायता स्वयं करते हैं।

–कहावत

इस विश्व में किसी दुःखी मानव के लिए थोड़ी-सी सहायता ढेरों उपदेशों से कहीं अच्छी है।

–बुल्वर

जब हम अपने को अपने पैर की धूल से भी नम्र समझते हैं, तब ईश्वर हमारी सहायता करता है। केवल निर्बल और असहायों पर ही दैवी कृपा होती है।

–महात्मा गांधी

सहारा

साहसी पुरुष का कोई सहारा नहीं होता, तो वह चोरी करता है; कायर पुरुष का कोई सहारा नहीं होता, तो वह भीख मांगता है।

–प्रेमचन्द

तिनके का सहारा पा जाने वाले की आशायें बहुत फैल जाती हैं।

–अज्ञात

है करम रेख मुट्ठियों में ही, बेहतरी बांह के सहारे है।
कर नहीं कौंन काम हम सकते, क्या नहीं हाथ में हमारे है ?

(हमारी भाग्य-रेखा हमारे हाथों में है, हमारी उन्नति हमारी बांहों पर निर्भर है। हम कौन काम नहीं कर सकते और क्या हमारे हाथों में नहीं है ?)

अयोध्यासिंह उपाध्याय

साजन

सौ जोजन साजन बसै, मानो हृदय मंझार।
कपट सनेही आंगने, जानु समुन्दर पार।।

–कबीर

सान्त्वना

अश्रु सान्त्वना का ओस कण है।

–बायरन

साम्प्रदायिकता

मसजिद से मन्दिर लड़ते हैं,
गिरजा से लड़ते विहार मट,
धर्म अनर्थ कर रहा कितना
करते हैं अधर्म पामर शठ।

–सोहनलाल द्विवेदी

सात्त्विक

क्या तुम्हें मालूम है कि सात्विक प्रकृति का मनुष्य कैसे ध्यान करता है ? वह आधी रात को अपने बिस्तर पर मसहरी के अन्दर ध्यान करता है, ताकि और लोग उसे न देख सकें।

–रामकृष्ण परमहंस

साथी

जब तुम्हें अवसर मिले, तो अपने से अधिक अच्छे लोगों का साथ करो।

–चेस्टरफील्ड

जो अन्त तक साथ निभाए, ऐसा साथी पत्नी के सिवा दूसरा नहीं है।

–प्रेमचंद

जो व्यक्ति अपने साथियों के चुनाव में विवेकी नहीं है, वह अपने समय का सदुपयोग नहीं कर सकता।

–जेरेमी टेलर

तेरा साथी अगर जल्दी करता है, तो वह तेरा साथी नहीं है।

–शेख सादी

साधक

जो साधक हैं, उनके लिए परमार्थ-लाभ के लिए अपनी शक्ति का रक्षण आवश्यक है।

–रवीन्द्रनाथ ठाकुर

नाव जल में रहे, तो कुछ हर्ज नहीं, परन्तु नाव में जल नहीं जाना चाहिए। इसी प्रकार साधक चाहे संसार में रहे, परन्तु साधक के मन में संसार नहीं रहना चाहिए।

–रामकृष्ण परमहंस

साधक के लिए 'सन्त मत' में सत्संग के वातावरण में रहना भी अत्यन्त आवश्यक ठहराया गया है।

–अनाम

साधन

अभ्यास की दृष्टि रही, तो साधन काम आते हैं। अभ्यास की दृष्टि न रही तो उत्तम साधन भी निकम्मे हो जाते हैं।

–विनोबा भावे

आदर्श की प्राप्ति परिणाम-मात्र है। साधन उसका कारण है। अतः साधनों की चिन्ता ही जीवन की सफलता की कुंजी है।

–विवेकानन्द

जो साधन आत्म-शक्ति को जाग्रत करता है, वह इतना परिपूर्ण हो जाता है कि अपने को गुप्त नहीं रख सकता।

–रवीन्द्रनाथ ठाकुर

पाप-कर्म से दूर रहना, लगातार पुण्य में लगे रहना, अच्छी मनोवृत्ति रखना और शुभ आचरण करना–यह कल्याण का सबसे बड़ा साधन है।

–महाभारत

सहनशीलता ही साधक के लिए सबसे पहला साधन है।

–उड़िया बाबा

साधना

आत्मा द्वारा विश्वात्मा में प्रवेश करना ही हमारी साधना का लक्ष्य है।

–रवीन्द्रनाथ ठाकुर

आत्मा में परमात्मा के अनन्त-आनन्द की अबाध उपलब्धि करने का उपाय है–पाप-परिशून्य मंगल-भावना।

–रवीन्द्रनाथ ठाकुर

अलभ है इष्ट, अतः अनमोल,
साधना ही जीवन का मोल।

–सुमित्रानंदन पंत

भीतरी साधना जब आरम्भ हो जाती है, तो बाहर उसके कई एक लक्षण प्रकाशित होने लगते हैं।

–रवीन्द्रनाथ ठाकुर

साधना के दो अंग हैं–एक ग्रहण करना और दूसरा त्याग–एक कठिन और दूसरा सरल।

–रवीन्द्रनाथ ठाकुर

रुकना न तुम जब तक तुम्हारे श्वास का लवलेश है।
हिम्मत न हारो रे हृदय, साधना का देश है।

(जब तक जरा-सा सांस भी तुम्हारे शरीर में है, तब तक मत रुकना। हे हृदय ! हिम्मत मत हारना, यह साधना का देश है।)

–शिवमंगलसिंह सुमन

साधु

एक कामरी में रहैं, दस साधु सुख पाय।
द्वै नरेस इक देश में, पै नहिं सकत समाय।।

(एक कम्बल में दस साधु सुखपूर्वक रहते हैं, परन्तु एक देश में दो राजा नहीं रह सकते।)

–महावीर प्रसाद द्विवेदी

कपड़े रंग कर जो न कपट का जाल बिछावे।
तन पर जो न विभूति पेट के लिए लगावे।।
हमें चाहिए सच्चे जी वाला वह साधू।
जाति देश जग हित कर जो निज जन्म बनावे।।

–अयोध्यासिंह उपाध्याय

कबिरा संगत साधु की, हरै और की व्याधि।
संगत बुरी असाधु की, आठो पहर उपाधि।।

–कबीर

जहां सदैव अपने मन को ही सुख मिलता है, वह स्वर्ग भी नरक के समान है। अतएव साधु पुरुष सदैव दूसरों के सुख से ही सुखी होते हैं।

–पद्मपुराण

जाति न पूछो साधु की, पूछ लीजिए ज्ञान।
मोल करो तलवार का, पड़ी रहन दो म्यान।।

–कबीर

दुर्जन के अपशब्दों से त्रस्त हुए मन को शान्त करने वाले साधु इस दुनिया में बहुत ही बिरले हैं।

–श्रीमद्भगवत गीता

वृक्ष कबहुं नहिं फल भखै, नदी न संचै नीर।
परमारथ के कारनै, साधुन धरौ शरीर।।

–कबीर

सब बन तौ चन्दन नहीं, सूरा का दल नाहिं।
सब समुद्र मोती नहीं, यों साधू जग माहिं।।

–कबीर

साधु चरित सुभ सरिस कपासू। निरस विसद गुनमय फल जासू।।
जो सहि दुख परछिद्र दुरावा। वंदनीय जेहि जग जस पावा।।

(साधु का चरित्र कपास की भांति शुभ, नीरस तथा श्वेत होता है, कपास की ही भांति वह दुख सहकर दूसरों की बुराइयों को ढक देता है। वह वंदनीय होता है और संसार में उसका बहुत सम्मान होता है।)

–गोस्वामी तुलसीदास

साधु वही है जो अपने साथियों की सेवा करता है और आपस में प्रेम सम्बन्ध स्थापित करता है।

–डॉ० राधाकृष्णन्

साधुओं का दर्शन ही पुण्य है, क्योंकि साधु तीर्थरूप है। तीर्थ तो कुछ समय के बाद फल देता है, परन्तु साधु की संगति तुरन्त फल देती है।

–चाणक्य

सिंहन के लेंहड़े नहीं, हंसन की नहिं पांत।
लालन की नहिं बोरियां, साधु न चलै जमात।।

–कबीर

हर एक पर्वत पर माणिक्य नहीं होता, प्रत्येक हाथी में मुक्ता नहीं होती और प्रत्येक वन में चंदन नहीं होता। इसी प्रकार प्रत्येक स्थान में साधु नहीं होते।

–चाणक्य

साध्य

साध्य कितने भी पवित्र क्यों न हों, साधन की पवित्रता के बिना उनकी उपलब्धि सम्भव नहीं होती।

–कमलापति त्रिपाठी

साध्य के लिए साधन होते हैं, साधन के लिए साध्य नहीं।

–विनोबा भावे

सामंजस्य

प्रकृति में भी स्थिति और गति का सामञ्जस्य हम केवल एक जगह देख पाते हैं और वह है प्रेम।

–रवीन्द्रनाथ ठाकुर

सामर्थ्य

अपने सामर्थ्य का ज्ञान हमें शीलवान बना देता है।

–प्रेमचंद

जो मनुष्य ब्राह्मण को नेवता देता है, वह उसे दक्षिणा देने की भी सामर्थ्य रखता है।

–प्रेमचन्द

साम्यवाद

ईश्वर ने इस जग को रचकर सबको स्वत्व समान दिया;
नहीं किसी का अब तक उसने न्यूनाधिक सम्मान किया।

–रामचरित उपाध्याय

साम्राज्य : साम्राज्यवाद

साम्राज्य में एक हठ, गर्व और अकड़ होती है जिस पर वह सैकड़ों गुलामों का कत्ले आम कर सकता है।

–सुभाषचन्द्र बोस

साम्राज्यवाद की वृकोदर-वृत्ति की इमारत हिंसा के ही पाये पर रची जा सकती है।

–पतंजलि

साम्राज्यवाद ईश्वर की हस्ती से इंकार है।

–महात्मा गांधी

सावधान : सावधानी

उस पर विश्वास मत करो जिसने तुम्हें एक बार धोखा दिया है। जिसने तुम्हें एक बार धोखा दिया, वह तुम्हें फिर धोखा देगा।

–शेक्सपियर

जब बादल दिखलाई पड़ते हैं, तब बुद्धिमान मनुष्य जामा पहन लेते हैं।

–शेक्सपियर

दूसरे की मुसीबत से सावधान रहो, जिससे दूसरे लोग तुमसे सबक ले सकें।

–शेख शादी

दूसरे की विपत्ति से सावधान होना अच्छा है।

–प्यूब्लियस साइरस

सावधान मनुष्य कदाचित् ही गलती करते है।

–कन्फ्यूशियस

सभी तरह की सावधानी में प्रेम की सावधानी, कदाचित् सच्चे सुख के लिए घातक नहीं है।

–बी० रसेल

सावधानी बुद्धिमानी की सबसे बड़ी सन्तान है।

–विक्टर ह्यूगो

साहस

उचित को जानना और उस पर अमल न करना साहस का अभाव है।

–कन्फ्यूशियस

थोड़े से साहस के अभाव में काफी प्रतिभा खो जाती है।

–सिडनी स्मिथ

निहचै चला भरम जिउ खोई। साहस जहां सिद्धि तहं होई।।

(वह निश्चित रूप से भ्रम छोड़कर चला। जहां साहस होता है। वहीं सिद्धि उपलब्ध होती है।)

–मलिक मुहम्मद जायसी

बिना निराश हुए पराजय को सह लेना पृथ्वी पर साहस की सबसे बड़ी परीक्षा है।

–आर० जी० इंगरसोल

बिना भय के अपने को संकट में डालना साहस नहीं, वरन् उचित ध्येय में दृढ़निश्चयी होना है।

–प्लूटार्क

मानव के सभी गुणों में साहस पहला गुण है, क्योंकि यह सभी गुणों की जिम्मेदारी लेता है।

–चर्चिल

संकट में साहस होना आधी सफलता प्राप्त कर लेना है।

–प्लाउटस

साहस के बिना विद्या उस मोम के पुतले के समान है जो देखने में तो सुन्दर लगता है मगर किसी वस्तु के छूते ही पानी हो जाता है।

–महात्मा गांधी

साहस दो प्रकार का होता है। एक प्रकार है तोप के सामने अड़ना, दूसरा प्रकार है आध्यात्मिक विश्वासों पर डटे रहना।

–विवेकानन्द

साहसी

कोई भी ऐसा व्यक्ति साहसी नहीं हो सकता जो पीड़ा को जीवन की सबसे बड़ी बुराई समझता है।

–सिसरो

साहसी व्यक्ति विश्वासी भी होता है।

–सिसरो

साहित्य

ज्ञान राशि के संचित कोश का नाम ही साहित्य है।

–महावीरप्रसाद द्विवेदी

जिस साहित्य से हमारी सुरुचि न जागे, आध्यात्मिक और मानसिक तृप्ति न मिले, हम में गति और शक्ति न पैदा हो, हमारा सौन्दर्य प्रेम न जाग्रत हो, जो हममें संकल्प और कठिनाइयों पर विजय पाने की सच्ची दृढ़ता न उत्पन्न करे, वह हमारे लिए बेकार है, वह साहित्य कहलाने का अधिकारी नहीं है।

–प्रेमचंद

जीवन की सत्योन्मुखी स्फूर्ति जब भाषा द्वारा मूर्त और दूसरे को प्राप्त होने योग्य बनती है, तब वहीं साहित्य होता है।

–जैनेन्द्र कुमार

जो आनन्द देता है उसी को मन 'सुन्दर' कहता है, और वही सत्य की सामग्री है।

–रवीन्द्रनाथ ठाकुर

दुनिया में जो कुछ सत्य घटित होता है, उसी को बिना विचारे आंख मूंदकर साहित्य का उपकरण बनाने से वह सत्य तो हो सकता है, पर सत्साहित्य नहीं होता।

–शरतचन्द्र चटर्जी

प्रत्येक देश का साहित्य वहां की जनता की चित्तवृत्ति का संचित प्रतिबिम्ब होता है।

–रामचन्द्र शुक्ल

महत् साहित्य का गुण है अपूर्वता, यानी मौलिकता। साहित्य जब अक्लान्त शक्तिमान रहता है, तब वह चिरंतन को भी नए रूप में प्रकाशित कर सकता है। यही- उसका काम है; इसी का नाम है मौलिकता।

–रवीन्द्रनाथ ठाकुर

वर्तमान काल ही साहित्य का चरम हाईकोर्ट नहीं है।

–शरतचन्द्र चटर्जी

दुख-दग्ध जगत और आनन्दपूर्ण स्वर्ग का एकीकरण साहित्य है।

–जयशंकर प्रसाद

मृत हो कि जीवित जाति का साहित्य जीवन-चित्र है।
वह भ्रष्ट है तो सिद्ध फिर वह जाति भी अपवित्र है।।

–मैथिलीशरण गुप्त

राजनीति क्षणभंगुर है, चंचल है, परन्तु साहित्य चिरस्थायी है, मंगलमय है, उसके आधारभूत मूल्य की क्षति नहीं होती।

–अनन्त गोपाल शेवड़े

विशुद्ध साहित्य अप्रयोजनीय है, उसका जो रस है वह अहैतुक है। सच्चे साहित्य का निर्माण तो एकान्त चिन्तन और एकान्त साधनों में होता है।

–रवीन्द्रनाथ ठाकुर

साहित्य का अध्ययन नवयुवकों का पालन-पोषण करता है, वृद्धों का मनोरंजन करता है, उन्नति का श्रृंगार करता है, मुसीबत में धीरज देता है, घर में प्रमुदित करता है और बाहर विनम्र बनाता है।

–सिसरो

साहित्य का पतन राष्ट्र के पतन का द्योतक है, पतन की ओर वे परस्पर एक-दूसरे का साथ देते हैं।

–गेटे

साहित्य का सहज अर्थ है नैकट्य, अर्थात् सम्मिलन। भाषा के क्षेत्र में 'साहित्य' शब्द का तात्पर्य है, हृदय को योग कर देना, जहां योग ही अन्तिम लक्ष्य है।

–रवीन्द्रनाथ ठाकुर

साहित्य के अन्तर्गत सारा वाङ्मय लिया जा सकता है जिसमें अर्थ-बोध के अतिरिक्त भावोन्मेष अथवा चमत्कारपूर्ण अनुरंजन हो तथा जिसमें ऐसे वाङ्मय की विचारात्मक समीक्षा या व्याख्या हो।

–रामचंद्र शुक्ल

साहित्य में अच्छा लगना और बुरा लगना ही चरम बात है।

–रवीन्द्रनाथ ठाकुर

साहित्य वह है जिसे पढ़ने से प्रतीत हो कि लेखक ने अन्तर में सब कुछ पुष्प की तरह प्रस्फुटित कर दिया है।

–शरतचन्द्र चटर्जी

साहित्य-संगीत-कला-विहीनः साक्षात्पशुः पुच्छ-विषाणहीनः।
तृणं न खादन्नपि जीवमानस्तद् भागधेयं परमं पशूनाम।।

–भर्तृहरि

साहित्य सच्चिदानन्द की प्यास और खोज का प्रत्यर्पण है।

–जैनेन्द्र कुमार

साहित्य से ही साहित्य जाग उठता है।

–रवीन्द्रनाथ ठाकुर

साहित्यकार

साहित्यकार ही अपने साहित्य द्वारा समाज को आशा प्रदान कर उसे प्राणवान बनाता है।

–शिवकुमार मिश्र

साहित्यकार किसी विशेष जाति, सम्प्रदाय का नहीं होता। वह हिन्दू, मुसलमान, यहूदी, ईसाई सब कुछ है।

–शरतचन्द्र चटर्जी

सिद्धांत

महत्वपूर्ण सिद्धान्त लचीले हो सकते हैं और होने भी चाहिएं।

–अब्राहम लिंकन

यदि मैं एक मिट्टी के ढेले को पूर्णतया जान लूं, तो सारी मिट्टी को जान लूंगा। यह है सिद्धान्तों का ज्ञान, किन्तु उनका समायोजन अलग-अलग होता है। जब तुम स्वयं को जान लोगे, तो सब कुछ जान लोगे।

–विवेकानंद

वास्तविक तथ्यों के कारण, सिद्धान्तों में व्यावहारिक दृष्टि से परिवर्तन हो जाता है।

–कूपर

सिद्धान्त सत्य और न्याय के लिए उत्कण्ठा का नाम है।

–हैजलिट

सिद्धि

बिना कर्म किसी ने सिद्धि नहीं पाई।

–गीता

जो सिद्ध सत्य है उसे पहचानना और उसमें स्थित होना ही सच्ची सिद्धि है।

–महर्षि रमण

जब सिद्धि की मूर्ति किसी परिणाम में दिखाई देने लगती है, तब वह आनन्द की ओर हमें अपने आप खींच ले जाती है।

–रवीन्द्रनाथ ठाकुर

तपस्या करके ही सिद्धि प्राप्त की जा सकती है।

–रवीन्द्रनाथ ठाकुर

योगाभ्यास आत्मा का विषय है। इसीलिए सिद्धियां शरीर को प्राप्त नहीं होतीं बल्कि आत्मा को होती हैं।

–स्वामी दयानन्द सरस्वती

सिपाही

सिपाही की बहादुरी का प्रमाण उसकी तलवार है, उसकी जबान नहीं।

–प्रेमचंद

सिफारिश

किसी की सिफारिश से स्वर्ग जाना नरक जाने के बराबर है।

–शेख सादी

सीख

जिन-जिन मनुष्यों से मैं मिलता हूं, वे किसी-न-किसी रूप में मुझसे श्रेष्ठ होते हैं। इस प्रकार मैं उनसे कुछ सीख पाता हूं।

–इमर्सन

विनयी होना राजपुत्रों से सीखना चाहिए, विद्वानों से सुभाषित, जुआरियों से झूठ बोलना और स्त्रियों से प्रपंच करना सीखना चाहिये।

–चाणक्य

सीख का कदाचित् ही स्वागत होता है। जिनको इसकी अधिक आवश्यकता होती है, वे ही इसको सबसे कम पसंद करते हैं।

–डॉ० सैम्युयल जॉनसन

सीख वाको दीजिए, जाको सीख सुहाय।
सीख न दीजै बाँदरा, अपनी हानि कराय।।

–अज्ञात

देखिए, 'नसीहत', 'शिक्षा'

सीधापन

बहुत सीधा नहीं होना चाहिए। वन में जाकर देखो, वहां सीधे वृक्ष ही काटे जाते हैं, टेढ़े वृक्ष खड़े रहते हैं, वे नहीं काटे जाते।

–चाणक्य

बहुत सिधाइहु तें बड़ दोषू।
(बहुत सीधेपन में दोष होते हैं।)

–गोस्वामी तुलसीदास

सीमा

जगत में जगदीश्वर का जो प्रकाश है, वह सीमा में असीम का प्रकाश है।

–रवीन्द्रनाथ ठाकुर

सीमा अपने संयम की ओट में स्वयं को छिपाकर सत्य को प्रकाशित करती है।

–रवीन्द्रनाथ ठाकुर

सुकर्म

सुकर्म कभी नष्ट नहीं होता, यह निधि कर्त्ता की आवश्यकता के लिए सुरक्षित रखी रहती है।

–काल्ड्रैयन

सुख

इस जीवन में मनुष्य का सुख वासनाओं के अभाव में नहीं है, वरन् उन पर शासन करने में है।

–टेनीसन

सुख का स्रोत हमारे हृदयों में है।

–इमर्सन

मानव-जीवन में कभी पतझड़ है, कभी वसन्त।

–जयशंकर प्रसाद

एक महान उद्देश्य के लिए प्रयत्न में स्वतः ही आनन्द है, सुख है और किसी अंश तक प्राप्ति की मात्रा भी है।

–जवाहरलाल नेहरू

औरों को हंसते देखो मनु
हंसो और सुख पाओ,
अपने सुख को विस्तृत कर लो
सबको सुखी बनाओ।

–जयशंकर प्रसाद

केवल सद्‌गुण ही इस पृथ्वी पर सुख है।

–शेक्सपियर

जग में सुख की प्राप्ति के लिए एक़ सहायक दुःख है।
वही जगाता है सद्‌गुण को सद्‌गुण लाता सुख है।।

–रामनरेश त्रिपाठी

जिसके सुख की घर-गृहस्थी है, स्नेह की छाया है, वह हर पग पर सुख की तसवीर खींचता जाता है, आशा के बीज बोता जाता है।

—रवीन्द्रनाथ ठाकुर

जिस प्रकार बिना भूख के खाया हुआ भोजन नहीं पचता, उसी प्रकार बिना दुख के सुख नहीं पचता।

—महात्मा गांधी

जीवन में सबसे महान सुख किसी वस्तु के त्याग कर चले जाने में है। सबसे महान सुख किसी वस्तु की प्राप्ति में नहीं वरन् उसके त्याग में है।

—चक्रवर्ती राजगोपालाचारी

जो अति आतप व्याकुल होई। तरु-छाया सुख जानइ सोई।।

—गोस्वामी तुलसीदास

जो पूर्ण है वह सुख है, अल्प में सुख नहीं है। पूर्ण ही सुख है, पूर्ण को ही जानना चाहिए।

—छान्दोग्य उपनिषद्

जो व्यक्ति अत्यधिक व्यस्त रहता है वह आज तक कभी दुखी नहीं हुआ।

—एल० ई० लंडन

नित्य धनागम, आरोग्य, प्यारी और प्रियवादिनी पत्नी, आज्ञाकारी पुत्र तथा अर्थकारी विद्या—ये छः मानव-लोक के सुख हैं।

—महाभारत

निरोगी रहना, ऋणी न होना, परदेश में न रहना, सज्जनों के साथ मेलजोल होना, अपनी कमाई से जीविका चलाना, और निर्भय होकर रहना—ये छः मानव लोक के सुख हैं।

—महाभारत

निरोगी होना परम लाभ है, सन्तोष परम धन है, विश्वास सबसे बड़ा बंधु है, और निर्वाण परम सुख है।

—धम्मपद

भूमा ही सुख है, अल्प में सुख नहीं है।

—रवीन्द्रनाथ ठाकुर

यदि उद्दीप्त हृदय में सच्चे सुख की हो अभिलाषा।
वन में नहीं जगत में आकर करो प्राप्ति की आशा।।

—रामनरेश त्रिपाठी

यदि मनःस्थिति बिगड़ी हुई हो, तो दूसरे मौकों पर सुखदायक प्रतीत होने वाले पदार्थ भी सुख नहीं दे सकते।

—वेद

यही जीवन का सच्चा सुख है—ऐसे उद्देश्य में जिसे तुम स्वयं महान

समझते हो, काम आ जाना; इसके पूर्व कि तुम घूरे पर रद्दी की तरह उठाकर फेंक दिए जाओ, कार्य करते-करते पूर्ण रूप से घिस जाना। प्रकृति की एक शक्ति बन जाना कहीं अच्छा है, बजाय इसके कि तुम रोग और आपत्तियों की एक ज्वराक्रान्त स्वार्थ-पूरित, क्षुद्र पीड़ा बने हुए रोते फिरो कि तुम्हें सुखी बनाने की ओर संसार कोई ध्यान नहीं देता।

–जार्ज बर्नार्ड शॉ

यों रहीम सुख होत है, बढ़त देखि निज गोत।
ज्यों बड़री अंखियां निरखि, आंखिन को सुख होत।।

–रहीम

वेदना विकल फिर आई
मेरी चौदहों भुवन में
सुख कहीं न दिया दिखाई
विश्राम कहां जीवन में।

–जयशंकर प्रसाद

मैंने जान लिया हैं कि सुख इच्छाओं को सीमित कर लेने में है, उन्हें तृप्त करने की कोशिश में नहीं।

–जान स्टुअर्ट मिल

सच्चा सुख बाहर से नहीं मिलता, अन्दर से मिलता है।

–महात्मा गांधी

सच्चा सुख स्वार्थ नाश में है।

–विवेकानन्द

सुख आदमी के सामने आता है, तो दुःख का मुकुट पहन कर। जो उसका स्वागत करता है, उसे दुःख का भी स्वागत करना चाहिए।

–विवेकानन्द

सुख का रहस्य त्याग में है।

–ऐन्ड्रयू कारनेगी

सुख चाहे जिस लोक में हो, प्रकृति के नियमों से बंधा रहने के कारण नाशवान है।

–विवेकानन्द

सुख, जो कुछ तुम त्याग कर सकते हो, उस पर आधारित है; जो कुछ पा सकते हो, उस पर नहीं।

–महात्मा गांधी

सुख तो थोड़े-से पाते,
दुख सबके ऊपर आता;

सुख से वंचित बहुतेरे,
बच कौन दुखों से पाता।

—हरिवंशराय बच्चन

सुख-भोग की लालसा आत्मसम्मान का नाश कर देती है।

—प्रेमचन्द

सुख सर्वत्र विद्यमान है, उसका स्रोत हमारे हृदयों में है।

—रस्किन

हे राजा ! नित्य धन का लाभ, आरोग्यता, प्रिय तथा प्रियवादिनी स्त्री, आज्ञाकारी पुत्र और अर्थकारी विद्या—ये संसार के छः सुख हैं।

—हितोपदेश

सुख कर्त्तव्यों के वस्त्रों में लिपटे हुए हैं।

—डा० एन्थोनी

दुख का अनुभव कर लेने पर सुख क़ी शोभा होती है।

—मृच्छकटिक

सुख-दुःख

ईश्वर ही शत्रु-मित्र को निमित्त बनाकर दुःख-सुख देता है। अगरचे तीर कमान से छूटता है, मगर अक्लमन्द लोग तीरन्दाज को ही देखते हैं।

—शेख सादी

जो कुछ दूसरे के अधीन है, सब दुःख रूप है; और जो कुछ अपने अधीन है, सब सुख रूप है। संक्षेप में सुख-दुःख का यही लक्षण जानना चाहिए।

—महाभारत

सुख के भीतर दुःख और दुःख के भीतर सुख समाया रहता है। दोनों जल और कीचड़ के समान आपस में मिले रहते हैं।

—आध्यात्म रामायण

सुख-दुःख या संसार में, सब काहू को होय।
ज्ञानी काटै ज्ञान से, मूरख काटै रोय।।

—कबीर

सुखी

कहि गिरिधर कविराय सुखी सो कैसे होवे।
तृष्णा, राग व द्वेष ईर्षा मत्सर बोवे।

—गिरिधर कविराय

जो दूसरों की इच्छा का दास नहीं है, वह अत्यन्त सुखी है।

—हेनरी वोटन

जो स्वाधीन नहीं है, वह सुखी नहीं हो सकता और जीवन-शुद्धि के बिना स्वाधीनता सम्भव नहीं।

–नाथजी

लोभ पाप का बीज है, रस व्याधी का बाप।
राग कैद का बीज, तज तीन सुखी हो आप।।

–गिरिधर कविराय

हर्ष के साथ शोक और भय इस प्रकार लगे हुए हैं जिस प्रकार प्रकाश के साथ छाया। सच्चा सुखी वही है जिसकी दृष्टि में दोनों समान हैं।

–धम्मपद

मूर्खों से दूर रहकर आदमी सचमुच सुखी रहता है।

–महात्मा बुद्ध

सुखी वह है जो नम्रतापूर्वक महान कार्य कर रहा है।

–डिमास्थनीज

वे सुखी हैं जिन्होंने जीवन की बुराइयों को शान्ति से सहना सीख लिया है।

–जुवैनल

देखिए, 'प्रसन्न'

सुखी जीवन

सुखी जीवन व्यतीत करने का उपाय यह है कि मनुष्य तन्मय हो कर मनोनुकूल कार्य में अपने को लगा रखे और इस बात को सोचने के लिए भी कुछ समय न दे कि वह सुखी है या नहीं।

–जार्ज बर्नार्ड शॉ

सुदिन

भले दिन मनुष्य के चरित्र पर सदैव के लिए अपना चिह्न छोड़ जाते हैं।

–प्रेमचन्द

सुधार

अगर किसी मनुष्य का सुधार करना चाहते हो तो उसकी दाढ़ी से शुरू करो।

–विक्टर ह्यूगो

आवश्यकता दरिद्र का सुधार करती है, सन्तुष्टता धनवान का।

–लेवेटर

कोई भी सुधार सम्भव नहीं है, जब तक कुछ शिक्षित और धनी व्यक्ति स्वेच्छा से निर्धनता का स्तर नहीं अपना लेते।

–महात्मा गांधी

जो मनुष्य अपना सुधार स्वयं कर लेता है, वह लम्बी-चौड़ी बातें करने वाले निर्बल देश-भक्तों के समूह से कहीं ज्यादा जनता का सुधार करता है।

–लेवेटर

सुधार आन्तरिक होना चाहिए, बाह्य नहीं। आप सद्गुणों के लिए नियम नहीं बना सकते।

–गिबन

सुधार करने के लिए हमें तपस्या की तह में घुसना पड़ेगा, चीजों की जड़ तक पहुंचना होगा। इसी को मैं आमूल सुधार कहता हूं।

–विवेकानन्द

सुधार के उग्र प्रयास सदैव सच्चे सुधार को पीछे धकेलने के कारण होते हैं।

–विवेकानन्द

सुधार दानशीलता की भांति घर से शुरू होना चाहिए।

–कारलाइल

जो कुछ तुम दूसरे में नापसन्द करते हो उसे अपने में न रहने दो।

–स्प्रैट

यदि किसी आदमी को सुधारना चाहते हो तो सुधार की कोशिश उसकी दादी से शुरू करो।

–विक्टर ह्यूगो

सुधारक

उपहास और विरोध तो सुधारक के पुरस्कार हैं।

–प्रेमचंद

जो सुधारक अपने सन्देश के अस्वीकार होने पर क्रोधित हो जाता है, उसे सावधानी, प्रतीक्षा और प्रार्थना सीखने के लिए वन में चला जाना चाहिए।

–महात्मा गांधी

सच्चा सुधारक न केवल पाप से घृणा करेगा वरन् उस स्थान को अच्छाइयों से भरने का उत्साहपूर्वक प्रयास करेगा।

–सी० सिमन्स

सुधारक चाहे कितनी भी श्रेष्ठ पंक्ति का सुधारक क्यों न हो, जब तक जनता उसे परख न लेगी तब तक उसकी बात नहीं सुनेगी।

–विनोबा भावे

सुन्दर

जो अहित करने वाली चीज है, वह थोड़ी देर के लिए सुन्दर बनाने पर

भी असुन्दर है, क्योंकि वह अकल्याणकारी है। सुन्दर वही हो सकता है जो कल्याणकारी होता है।

—भगवतीचरण वर्मा

मैंने चमकीले नेत्र, सुन्दर रूप, खूबरसूरत मूरत देखी, किन्तु एक भी ऐसी आत्मा नहीं मिली जो मेरी आत्मा से बोलती।

—इमर्सन

यदि सुन्दर दिखाई देना है, तो तुम्हें भड़कीले कपड़े नहीं पहनना चाहिए बल्कि अपने गुणों को बढ़ाना चाहिए।

—महात्मा गांधी

समै-समै सुन्दर सबै, रूप-कुरूप न कोइ।
मन की रुचि जेती जितै, तित तेती रुचि होइ।।

—बिहारीलाल

सुन्दर वस्तु चिर-आनन्ददायिनी है। उसकी माधुरी नित्य बढ़ती रहती है, उसका कभी ह्रास नहीं होने पाता।

—कीट्स

सुन्दरता

अच्छे विचार रखना भीतरी सुन्दरता है।

—स्वामी रामतीर्थ

क्षण-प्रतिक्षण जो नवीन दिखाई पड़े, वही सुन्दरता का उत्कृष्ट नमूना है।

—रवीन्द्रनाथ ठाकुर

नेत्रों का सुन्दरता से घना सम्बन्ध है।

—प्रेमचन्द

बिना सद्गुण के सुन्दरता अभिशाप है।

—कहावत

यदि सुन्दरता के साथ सद्गुण हैं, तो वह हृदय का स्वर्ग है; यदि उसके साथ दुर्गुण हैं, तो वह आत्मा का एक नरक है। वह बुद्धिमान की होली और मूर्ख की भट्टी है।

—कार्ल्स

सुन्दरता एक बाल के द्वारा ही हमें अपनी ओर खींच लेती है।

—अलेक्जेंडर पोप

सुन्दरता को अलंकारों की जरूरत नहीं है। कोमलता अलंकारों का भार नहीं सह सकती।

—प्रेमचंद

सुन्दरता पर कभी न भूलो, शाप बनेगी वह जीवन में।
लक्ष्य-विमुख कर भटकायेगी, तुम्हें व्यर्थ फूलों के वन में।।

—रामधारीसिंह दिनकर

सुन्दरता बिना श्रृंगार के ही मन को मोहती है।

–शेख सादी

सुन्दरता मनोभावों पर निर्भर होती है।

–प्रेमचन्द

सुन्दरता सब जगह काम आने वाली चीज़ है। तपस्वी सुन्दर क्यों न हो? पंडित जी अपने को सुन्दर क्यों न रखें? कुछ और गुण पीछे भी क्यों न दीखें, सुन्दरता तो सामने से ही दिखाई देती है। उससे काम आसान होता है। सुन्दरता गुण है, चाहो तो आयुध भी है।

–जैनेन्द्र कुमार

स्त्रियों की सुन्दरता के लिए तनिक-सी छाया का आच्छादन आवश्यक है।

–रवीन्द्रनाथ ठाकुर

स्वर्ण से भी बढ़कर सुन्दरता चोरों को आकर्षित करती है।

–कहावत

सुपुत्र

एक अच्छे वृक्ष से, जिसमें सुन्दर पुष्प और सुगन्ध है, सारा वन इस प्रकार सुवासित हो जाता है, जैसे सुपुत्र से कुल।

–चाणक्य

एक ही गुणी पुत्र श्रेष्ट है, सैकड़ों गुणहीन पुत्रों से क्या लाभ है। एक ही चन्द्रमा अंधकार नष्ट कर देता है, सहस्रों तारे नहीं।

–चाणक्य

विद्यायुक्त, भले, एक भी सुपुत्र से सारा वंश ऐसे आनन्दित हो जाता है जैसे चन्द्रमा से रात्रि।

–चाणक्य

शोक-सन्ताप उत्पन्न करने वाले बहुत पुत्रों से कुल को क्या? सहारा देने वाला एक ही पुत्र श्रेष्ठ है, जिससे कुल विश्राम पाता है।

–चाणक्य

सुप्रसिद्धि : सुख्याति

सुप्रसिद्धि की अभिलाषा वह अभिलाषा है जो प्रत्येक महान व्यक्ति की स्वाभाविक प्रवृत्ति होती है।

–बर्क

सुप्रसिद्धि की तृष्णा यदि महान व्यक्तियों की अन्तिम दुर्बलता है, तो वह छोटे मनुष्यों की प्रथम दुर्बलता है।

–रस्किन

सुभार्या

मनुष्य की सबसे बड़ी सम्पत्ति सुभार्या है।

–वर्टन

वही भार्या है जो पवित्र एवं चतुर हो, वही भार्या है जो पतिव्रता हो, वही भार्या है जिस पर पति की प्रीति हो, वही भार्या है जो सत्य बोलती है।

–चाणक्य

सुभार्या स्वर्ग की सबसे बड़ी विभूति है जो मनुष्य के चरित्र को उज्ज्वल और पूर्ण बना देती है, जो आत्मोन्नति का मूल-मंत्र है।

–प्रेमचन्द

सुमति

जहां सुमति तहं संपति नाना। जहां कुमति तहं विपति निदाना।।

(जहां सुमति होती है वहां अनेक प्रकार की सम्पत्ति आती है। इसके विपरीत, जहां कुमति होती है वहां तरह-तरह की विपत्ति आती है।)

–गोस्वामी तुलसीदास

सुमति के बिना शक्ति केवल मूर्खता और पागलपन है।

–शेख सादी

सुराज्य

जो आत्मसंयमी और मेधावी है वही राज्य का पालन कर सकता है।

–महाभारत

दैहिक दैविक भौतिक तापा। राम राज्य नहिं काहुहि व्यापा।।
सब नर करहिं परस्पर प्रीती। चलहिं सुधर्म निरत श्रुति रीती।।
वैर न करहि काहु सन कोई। राम प्रताप विषमता खोई।।
नहिं दरिद्र कोउ दुखी न दीना। नहिं कोउ अबुध न लक्षण हीना।।

(राम राज्य में किसी को दैहिक, दैविक और भौतिक दुःख नहीं था। सब मनुष्य आपस में एक दूसरे से प्रेम करते थे और सुधर्म का पालन करते हुए वैदिक मार्ग पर चलते थे। कोई किसी से शत्रुता नहीं करता था। श्री रामचन्द्र जी के प्रताप से उनमें विषमता का लोप हो गया था। रामराज्य में कोई दरिद्र, दुःखी, दीन, मूर्ख और लक्षणहीन नहीं था।)

–गोस्वामी तुलसीदास

सुशीलता

काटा हुआ चन्दन का वृक्ष सुगंध नहीं छोड़ता, बूढ़ा भी गजपति क्रीड़ा को नहीं छोड़ता, कोल्हू में पेरी हुई ईख मधुरता नहीं छोड़ती, दरिद्र भी कुलीन सुशीलता आदि गुणों को नहीं छोड़ता।

–चाणक्य

सूक्ति

जीवन भर के कितने अनुभवों का अमृत सूक्ति के एक बिन्दु में रहता है।

–रामकुमार वर्मा

ज्ञानियों के ज्ञान और युगों के अनुभव सूक्तियों द्वारा सुरक्षित रहते हैं।

–डिसरैली

प्रत्येक सूक्ति भाषा के विस्तार और उसे चिरस्थायी बनाने में सहयोग देती है।

–डॉ० सैम्युयल जॉनसन

यदि वाङ्मय को हम हरीतिमा-पुंज का रूपक दें, तो सूक्तियों को हमें सुवासित पुष्प की संज्ञा देनी पड़ेगी। पुष्प जैसे हमारी घ्राण तथा चाक्षुष शक्तियों को आह्लादित करता है, वैसे ही सूक्तियां हमारे मन तथा मस्तिष्क को पुलकायमान करती है।

–अनाम

सूक्तियां विश्व साहित्याकाश में देदीप्यमान उज्ज्वल नक्षत्र ही नहीं अपितु मानव के अन्तराल में व्याप्त उल्लास की तरंगों को उद्वेलित करने वाली ऐसी ज्योति हैं जिसके प्रकाश में बुद्धि और हृदय एक साथ आलोकित होते हैं।

–शरण

सूक्तियों में नीति के वचन थोड़े शब्दों में गागर में सागर की भांति बड़ी सुन्दरता से व्यक्त होते हैं। इनमें उपदेश देने की छटा निराली होती है। ये भावों को सजा-संवारकर सजीव बनाने एवं वक्तव्य कला को चमकाने में बड़ी सहायक होती हैं।

–हजारीप्रसाद द्विवेदी

सूर्य

जब सूर्य दीप्तिमान हो, तब जीवों की आंखों के सामने अंधेरा कैसे छा सकता है।

–कालिदास

सब जीवधारी उत्पत्ति के लिए सूर्य के ऋणी हैं।

–स्वामी रामतीर्थ

सूर्योदय

सूर्योदय में जो नाटक भरा है, सौन्दर्य भरा है और जो लीला भरी है, वह और कहीं देखने को नहीं मिल सकती।

–महात्मा गांधी

सृष्टि

जगत की सृष्टि का कारण बुद्धिगम्य नहीं है।

—अरविन्द घोष

सृष्टि एक व्यापार है, कार्य है।

—जयशंकर प्रसाद

यदि हम भगवान को मानते हैं, तो हमें यह भी मानना होगा कि यह सृष्टि भी उसी के अन्दर से निकले हुए ताने-बाने का परिणाम है।

—अरविन्द घोष

सेवक

अपने सेवक से बहुत हिल-मिल मत जाओ, प्रारम्भ में वह मेल-जोल बढ़ा सकता है, परन्तु अन्त में तिरस्कार को जन्म देगा।

—फुलर

लोग जाति और देश के सेवक तो बनना चाहते हैं, पर जरा भी कष्ट नहीं उठाना चाहते।

—प्रेमचंद

सबके प्रिय सेवक यह नीती। मोरे अधिक दास पर प्रीती।

(श्री रामचन्द्रजी कहते हैं—यह नीति है कि सेवक सबको प्रिय होते हैं। परन्तु मैं दास से बहुत अधिक स्नेह करता हूं।)

—गोस्वामी तुलसीदास

सबतें सेवक-धर्म कठोरा।

(सेवक का काम सबसे अधिक कठिन होता है।)

—गोस्वामी तुलसीदास

सेवा

कर सेवा तो खा मेवा।

—कहावत

गरीबों की सेवा ही ईश्वर की सेवा है।

—सरदार वल्लभ भाई पटेल

गृहस्थी में फंसकर कोई तन-मन से सेवा कार्य नहीं कर सकता।

—प्रेमचन्द

चाहे कुटी अति घन वन में बनावै;
चाहे बिना नमक कुत्सित अन्न खावै।
चाहे कभी नर नये पट भी न पावै;
सेवा प्रभो ! पर न तू पर की करावै।।

—आचार्य महावीरप्रसाद द्विवेदी

सेवा सबसे कठिन व्रत है।

–जयशंकर प्रसाद

जनता पर उसी आदमी का असर पड़ता है, जिसमें सेवा का गुण हो।

–प्रेमचन्द

जाति-सेवकों से सभी दृढ़ता की आशा रखते हैं और सभी उसे आदर्श पर बलिदान होते देखना चाहते हैं।

–प्रेमचंद

जिसे मेरी सेवा करनी है, वह पीड़ितों की सेवा करे।

–गौतम बुद्ध

जो अपने घर वालों की सेवा न कर सका, वह जाति की सेवा कभी नहीं कर सकता। घर-सेवा सीढ़ी का पहला डंडा है। इसे छोड़कर तुम ऊपर नहीं जा सकते।

–प्रेमचन्द

त्याग और सेवा ही भारत का जातीय आदर्श है। इसी भाव को पुनः जगा देना चाहिए। बाकी आप ही आप ठीक हो जायेगा।

–विवेकानन्द

दीन-दुखी एवं पीड़ित बन्धुओं की सेवा करने में जो गौरवयुक्त आनन्द मिलता है, वह सभ्य समाज की दावतों में नहीं प्राप्त होता है।

–प्रेमचन्द

निष्ठावन्त और निष्काम सेवा अधिक दिन एकाकी नहीं रहने पाती।

–विनोबा भावे

लाखों गूंगों के हृदय में ईश्वर विराजमान हैं। मैं उसके सिवा अन्य किसी ईश्वर को नहीं मानता।......मैं इन लाखों की सेवा द्वारा उस ईश्वर की पूजा करता हूं।

–महात्मा गांधी

वाचालता और कोरी कलम घिसने से देश-सेवा नहीं होती।

–प्रेमचन्द

वीर-पूजा जैसे वीर बन कर ही हो सकती है, वैसे ही गरीबों की सेवा गरीब बनकर ही हो सकती है।

–विनोबा भावे

सच्ची प्रतिष्ठा और सम्मान के लिए सम्पत्ति की जरूरत नहीं है। उसके लिए त्याग और सेवा काफी है।

–प्रेमचंद

सेवा उसकी करो जिसे सेवा की जरूरत है। जिसे सेवा की जरूरत नहीं है, उसकी सेवा करना ढोंग है, दम्भ है।

–महात्मा गांधी

सेवा और उपकार बहुधा ऐसे रूप ग्रहण कर लेते हैं, जिन्हें कोई शासन स्वीकार नहीं कर सकता और प्रत्यक्ष या अप्रत्यक्ष रूप से उसे उनका मूलोच्छेद करने के प्रयत्न करने पड़ते हैं।

–प्रेमचंद

सेवा का महत्व रूप से कहीं अधिक है। रूप मन को मुग्ध कर सकता है, पर आत्मा को आनन्द पहुंचाने वाली कोई दूसरी ही वस्तु है।

–प्रेमचन्द

सेवा के लिए पैसे की जरूरत नहीं होती, जरूरत है अपना संकुचित जीवन छोड़ने की, गरीबों से एकरूप होने की।

–विनोबा भावे

सेवा धर्म कठिन जग जाना।

–गोस्वामी तुलसीदास

सेवा मनुष्य की स्वाभाविक वृत्ति है। सेवा ही उसके जीवन का आधार है।

–प्रेमचन्द

सेवा में वृत्ति जितनी निरहंकार रहेगी, उतनी ही सेवा की कीमत बढ़ेगी।

–विनोबा भावे

सेवा ही वास्तविक संन्यास है। संन्यासी केवल अपनी मुक्ति का इच्छुक होता है। सेवा व्रतधारी अपने को परमार्थ की वेदी पर बलि दे देता है।

–प्रेमचन्द

सेवा हृदय और आत्मा को पवित्र करती है। सेवा से ज्ञान प्राप्त होता है, और यही जीवन का लक्ष्य है।

–स्वामी शिवानन्द

सोशलिज्म

मेरा आदर्श 'सोशलिज्म' ऐसा है कि सबको सरीखी रोजी मिले। आज सबकी रोजी सरीखी नहीं है। इतना ही नहीं दो आदमियों की रोजी में जमीन-आरामान का फर्क है।

–महात्मा गांधी

सौजन्य

आभूषण, राज्य, पौरुष, विद्या तथा धन से मनुष्य की वैसी शोभा नहीं होती जैसी सौजन्य रूपी भूषण से होती है।

–शुक्राचार्य

सौन्दर्य

अच्छाई सौन्दर्य को कितना ऊंचा उठा देती है।

–हन्ना मोर

इस संसार में केवल दो ही तत्त्व हैं–सुन्दरता और सत्य। वह सौन्दर्य जो प्रेमियों के हृदय में निवास करता है और वह सत्य जो कृषकों के बाहुओं में निवास करता है।

–खलील जिब्रान

किसी परिचय-पत्र की अपेक्षा व्यक्तिगत सौन्दर्य स्वयं एक बड़ी सिफ़ारिश है।

–अरस्तू

चित्त की शांति ही वास्तविक सौन्दर्य है।

–प्रेमचन्द

ज्ञानी के लिए सत्य है, भावुक हृदय के लिए सौन्दर्य।

–शिलर

दुनिया का सारा सौन्दर्य स्वस्थ शरीर में है।

–भगवतीचरण वर्मा

मनुष्यों की गति सुन्दर वस्तुओं से सुन्दर मनोभावों की ओर, सुन्दर मनोभावों की सुन्दर जीवन की ओर, और सुन्दर जीवन से पूर्ण सौन्दर्य की ओर होती है।

–प्लेटो

मैंने कभी सौन्दर्य को वासना की दृष्टि से नहीं देखा। मैं सौन्दर्य की उपासना करता हूं, उसे अपने आत्म-निग्रह का साधन समझता हूं, और उससे आत्म-बल ग्रहण करता हूं।

–प्रेमचंद

वास्तविक सौन्दर्य हृदय की पवित्रता में है।

–महात्मा गांधी

सत्य, अच्छाई और सौन्दर्य उसी एक (परमात्मा) के विभिन्न रूप है।

–इमर्सन

सौंदर्य तो दर्शक के नेत्रों में वास करता है।

–रोम्यां रोलां

सुन्दरता की तलाश में चाहे हम सारी दुनिया का चक्कर लगा आयें, अगर वह हमारे अन्दर नहीं है तो कहीं न मिलेगी।

–इमर्सन

सौन्दर्य ईश्वर के ऐश्वर्य का रूप है, सौन्दर्य शक्ति है, सौन्दर्य आदर्श है। वह स्फूर्ति देता है, पवित्रता देता है, बलि की प्रेरणा देता है।

–जैनेन्द्र कुमार

सौन्दर्य और पवित्रता का संयोग कभी ही होता है।

–जुवेनल

सौन्दर्य कहां नहीं है ? सौन्दर्य परम सत्य है, परम सत्य की अभिन्न विभूति है, सत्य की भांति सर्वत्र व्याप्त है। जिसकी जहां आंख है, वहां ही उसे वह देख लेगा।

–जैनेन्द्र कुमार

सौन्दर्य का अस्तित्व ही सौन्दर्य का समर्थन है।

–डॉ० राधाकृष्णन्

सौन्दर्य का आदर्श सादगी और शान्ति है।

–गेटे

सौन्दर्य का सर्वोत्तम भाग वह है, जिसको कोई चित्र चित्रित न कर सके।

–बेकन

सौन्दर्य की सर्वव्यापी सत्ता है।

–चैनिंग

सौन्दर्य जब सो जाता है, तब और भी मादक होता है।

–शरण

सौन्दर्य जीवन-सुधा है। मालूम नहीं इसका असर इतना घातक क्यों होता है।

–प्रेमचंद

सौन्दर्य तथ्य की सीमा को लांघ जाता है, उसके हिसाब में कोई आदर्श नहीं है, कोई परिमाण नहीं है।

–रवीन्द्रनाथ ठाकुर

सौन्दर्य-प्रेमी को प्रबल भावुकता में ही पूर्ण सन्तोष मिल जाता है।

–डॉ० राधाकृष्णन्

सौन्दर्य ही प्रेमी का उपहार है।

–कानग्रेव

सौन्दर्य शक्ति है और मुस्कान उसकी कृपाण।

–चार्ल्स रीड

सौन्दर्य से परे न तो धर्म है और न विज्ञान।

–खलील जिब्रान

सौन्दर्य सौन्दर्य से आकर्षित करता है।

–लेहंट

सौन्दर्य गूंगी ठगनी है।

–पाइथागोरस

सौन्दर्य मीठा पक्षपात है।

–जालीनूस

सौन्दर्य के प्रशंसक में भी आंशिक सौन्दर्य होता है।

–जुवेनल

सौन्दर्य स्त्रियों को प्रायः अभिमानी बनाता है, सद्‌गुण उन्हें अति प्रशंसनीय बनाते हैं और विनय से वे देवतुल्य हो जाती हैं।

–शेक्सपियर

सौन्दर्य ही सत्य है और सत्य ही सौन्दर्य।

–कीट्स

देखिए, 'खूबसूरती', 'सुन्दरता'

सौभाग्य

रत्ती भर साहस मनों सौभाग्य से अच्छा है।

–गारफील्ड

सच्चा सौभाग्य, सच्ची समृद्धि तो आत्मिक वैभव, आत्मिक पूर्णता का आत्मिक ज्ञान ही है।

–स्वेट मार्डेन

सौभाग्य उन्हीं को प्राप्त होता है, जो अपने कर्तव्य-पथ पर अविचल रहते हैं।

–प्रेमचन्द

सौभाग्य वीर से डरता है और केवल कायर को भयभीत करता है।

–सेनेका

हमारा सबसे बड़ा सौभाग्य तब आता है जब पराए अपने हो जाते हैं और सबसे बड़ा दुर्भाग्य या संकट तब आता है जब अपने पराए हो जाते हैं।

–रवीन्द्रनाथ ठाकुर

स्कूल

जो मनुष्य एक स्कूल खोलता है, वह संसार का एक जेलखाना बंद कर देता है।

–विक्टर ह्यूगो

स्कूल प्रजातंत्री किलेबंदी है।

–होरेस मान

स्तेय

जरूरत से ज्यादा चीजों का इस्तेमाल करना स्तेय यानी चोरी है।

–काका साहेब कालेलकर

स्त्री

एक निकृष्ट स्त्री से बढ़कर कोई बुराई नहीं है और अच्छी स्त्री से अधिक कोई अच्छाई आज तक पैदा नहीं हुई।

–युरुपिडीज

काम क्रोध लोभादि मद, प्रबल मोह के धार।
तिन महं अति दारुन दुःखद, माया रूपी नार।।

(काम, क्रोध, लोभ, मद और मोह की धारा बहुत प्रबल है। उनमें माया रूपी स्त्री सबसे अधिक दुःखदायी है।)

–गोस्वामी तुलसीदास

जो स्त्री से अपने को बचाता है, वह सच से अपने को बचाता है। स्त्री झूट नहीं है और पुरुष के लिए सच की चुनौती स्त्री के रूप में आती है।

–जैनेन्द्र कुमार

दुर्बलता ! तेरा ही नाम स्त्री है।

–शेक्सपियर

देवताओं की पूजा और वन्दना से दूर रहने पर भी जो स्त्री अपने स्वामी की सेवा में लगी रहती है, वह उस सेवा के प्रभाव से उत्तम स्वर्ग-लोक को प्राप्त होती है।

–वाल्मीकि रामायण

पुरुष के सारे तर्क स्त्री के एक भाव की तुलना नहीं कर सकते।

–वॉल्टेयर

पुरुष शस्त्र से काम लेता है, स्त्री कौशल से।

–प्रेमचन्द

पुष्टि-बल में मनुष्य को प्रबल मान भी लो, पर वाक्‌बल में स्त्री के आगे मनुष्य कोई भी चीज नहीं है।

–जैनेन्द्र कुमार

प्यार के खातिर स्त्री सब कुछ करने को तैयार हो जाती है, परन्तु प्रतिकार के लिए उससे भी अधिक भयानक कर्म कर बैठती है।

–सुदर्शन

प्रतिशोध लेने में और प्रेम में स्त्री पुरुष से अधिक निर्दयी होती है।

–नीत्शे

बहुत छुटपन से ही मैं स्त्री का सम्मान करता हूं। साधारणतः जिन स्त्रियों को चंचल और कुलभ्रष्टा माना जाता है, उनमें एक दैवी शक्ति भी होती है, यह बात लोग भूल जाते हैं। मैं नहीं भूलता। मैं स्त्री-शरीर को देव-मन्दिर के समान पवित्र मानता हूं।

–आचार्य हजारीप्रसाद द्विवेदी

मेरे मत में स्त्री को घर छोड़कर घर की रक्षा के निमित्त कंधे पर बन्दूक रखने के लिए आह्वान करने अथवा उसके लिए उसे प्रोत्साहित करने में स्त्री और पुरुष दोनों ही का पतन है।

–महात्मा गांधी

यह लौकिक पुरुष के अत्याचार का बहुत निर्बल बहाना है कि स्त्री का सद्गुण सच्चरित्रता और आज्ञाकारिता है।

–डॉ. राधाकृष्णन्

रूपवती स्त्री नयनाभिराम होती है, बुद्धिमती स्त्री हृदय को खुश रखती है। एक अनमोल रत्न है, तो दूसरी रत्न-राशि।

–नेपोलियन

सद्गुणी स्त्री जहां कहीं भी मिलती है, वहां आपको आनन्द मिलता है। उसकी चितवन में बहुत सुन्दर उद्यान है और उसका मन सर्वश्रेष्ठ ज्ञान-पुस्तक है।

–काउले

सम्पूर्ण महान कार्य के आरम्भ में किसी स्त्री का हाथ रहा है।

–ला मार्टिन

साध्वी स्त्री विश्व की सर्वोत्तम वस्तु है।

–लॉवेल

सुन्दर और सच्चरित्र स्त्री ईश्वर की उत्कृष्ट कारीगरी, देवताओं की वास्तविक शोभा, पृथ्वी का अपूर्व चमत्कार तथा संसार का एकमात्र आश्चर्य है।

–हरमोज़

सुयोग्य स्त्री परिवार की शोभा तथा गृह की लक्ष्मी है।

–मनुस्मृति

स्त्रियां पूजा करने योग्य, बड़े भाग्यवाली, पुण्यात्मा, गृह का प्रकाश तथा साक्षात् लक्ष्मी होती हैं। इसलिये स्त्रियों की विशेष रक्षा करनी चाहिए।

–विदुर

स्त्रियों का जीवन ऐसा होता है कि वे अपने स्वभाव की भयंकरता को छिपा सकती हैं और बाहर से अपनी तीखी वाणी को मधुर भी बना सकती हैं।

–रवीन्द्रनाथ ठाकुर

स्त्रियों की उन्नति अथवा अवनति पर ही राष्ट्र की उन्नति अथवा अवनति निर्भर है।

–अरस्तू

स्त्रियों की मानहानि साक्षात् लक्ष्मी और सरस्वती की मानहानि है।

–सूर्यकान्त त्रिपाठी निराला

स्त्रियों की संगति अच्छे स्वभाव की आधारशिला है।

–गेटे

स्त्री इसलिए नहीं है कि वह पुरुष को अपनी ओट ले। उसकी कृतार्थता

इसमें है कि वह पुरुष को उत्तरोत्तर आगे करे। वह पीछे रहने को है इसलिए कि किसी भांति पुरुष पीछे न हो जाये।

–जैनेन्द्र कुमार

स्त्री एक अनिवार्य आपत्ति, स्वाभाविक मोह, वांछनीय विपदा, घरेलू भय, प्राणघातक आकर्षण, बाहर से मधुर और भीतर से विषरस भरे स्वर्ण-घट के समान है।

–सेन्ट क्रिस्टोफोन

स्त्री और पुरुष का ध्येय एक है, वे साथ ही साथ प्रगति करते हैं अथवा प्रगति की ओर जाते हैं, छोटे अथवा देव-तुल्य बनते हैं, पराधीन अथवा स्वतंत्र होते हैं।

–टेनीसन

स्त्री और पुरुष के मध्य जो आकर्षण है वह परस्पर उन्हें आत्मदान से मिलाये बिना रह नहीं सकता। यह आत्म-विसर्जन और आत्मदान की अनिवार्यता मूलगत और टिकने वाली है। यह सब मनुष्य पर है कि उसे अध्यात्मवृत्ति से लेकर उपयोगी करे या तिरस्कार के भाव से अवहेलित करे।

–जैनेन्द्र कुमार

स्त्री और मदिरा नवयुवकों एवं वृद्धों को मदमत्त बना देती है।

–कहावत

स्त्री का बल और साहस, मान और मर्यादा पति तक है। उसे अपने पति के ही बल और पुरुषत्व का घमण्ड होता है।

–प्रेमचन्द

स्त्री कांटेदार झाड़ी को फूल बनाती है, निर्धन से निर्धन व्यक्ति के घर को भी सुशीला स्त्री स्वर्ग बना देती है।

–गोल्डस्मिथ

स्त्री की लगन स्थूल की ओर विशेष रहती है। सूक्ष्म की लगन प्रतिभा कहलाती है।

–जैनेन्द्र कुमार

स्त्री के सम्मान से सभ्यता का परिचय मिलता है।

–जी० डब्ल्यू कर्टिस

स्त्री के हृदय में करुणा, अमृत बनकर बहा करती है।

–रामकुमार वर्मा

स्त्री को पराजित करना हो, तो उसकी प्रशंसा करो।

–वृन्दावनलाल वर्मा

स्त्री क्या है? साक्षात् त्याग की मूर्ति। जब कोई स्त्री किसी काम में जी जान से लग जाती है, तो वह पहाड़ को भी हिला देती है।

–महात्मा गांधी

स्त्री जगत् की एक पवित्र स्वर्गीय ज्योति है। वह पुरुष-शक्ति के लिए जीवन सुधा है।......त्याग उसका स्वभाव, प्रदान उसका धर्म, सहनशीलता उसका व्रत और प्रेम उसका जीवन है।

–चतुरसेन शास्त्री

स्त्री-जाति में हर उम्र में मातृत्व का अंश रहता है, और वही अंश उनमें सहिष्णुता, क्षमा और स्नेह को प्रेरित करता है, दुःख को कम करने की शक्ति लाता है, और इसी से उनका दिग्विजय इतना सरल हो जाता है।

–महात्मा गांधी

स्त्री तुम्हारी छाया के समान है। उसका पीछा करो, वह भागेगी। उससे भागो, वह आपका पीछा करेगी।

–कैम्फोर्ट

स्त्री-पुरुष के बीच आकर्षण तो है। यह वैज्ञानिक तथ्य है। आप उससे नाराज हों और लड़ें या प्रसन्न हों और साराहें, यह आपके वश की बात नहीं है कि उसे मिटा दें।

–जैनेन्द्र कुमार

स्त्री-पुरुष दोनों अपने में अधूरे हैं। पूर्ण अर्ध-नारीश्वर हैं। इसलिए पुरुष स्त्री में न खोये, यह सम्भव नहीं है।

–जैनेन्द्र कुमार

स्त्री पृथ्वी की भांति धैर्यवान है, शान्ति-सम्पन्न है, सहिष्णु है।

–प्रेमचन्द

स्त्री प्रकृति की कन्या है। उसकी ओर कोप-दृष्टि से कभी मत देखो, उसका हृदय कोमल होता है, उस पर विश्वास करो।

–महाभारत

स्त्री प्रकृति की सुन्दर भूलों में है।

–काउले

स्त्री प्रेम करती है या घृणा, वह इनके बीच की स्थिति नहीं जानती।

–साइरस

स्त्री सब कुछ कर सकती है, मगर अपनी इच्छा के विरुद्ध प्रेम नहीं कर सकती।

–सुदर्शन

स्त्री सहनशीलता की साक्षात् प्रतिमूर्ति है, धैर्य का अवतार है।

–महात्मा गांधी

स्त्री के आंसू

सुन्दरी के आंसू उसकी मुस्कान की अपेक्षा अधिक प्यारे लगते हैं।

–कैम्पबेल

स्त्री ! तूने अपार अश्रुओं से संसार के हृदय को उसी भांति घेर रखा है जिस प्रकार समुद्र ने पृथ्वी को।

–रवीन्द्रनाथ ठाकुर

स्नेह

आप अपने स्नेह को अपने शब्दों में भी व्यक्त कीजिए। अपने स्नेह का पूर्ण प्रदर्शन किए बिना आप अपना स्नेह भाव दूसरों तक नहीं पहुंचा सकते।

–स्वेट मार्डेन

ग्रामीण जीवन में एक प्रकार का स्नेह-बन्धन होता है, जो सब प्राणियों को, चाहे छोटे हों या बड़े, बांधे रहता है।

–प्रेमचन्द

घरवालों का स्नेह डाक्टर की दवाओं से कहीं ज्यादा लाभदायक होता है।

–प्रेमचन्द

संसार के सारे नाते स्नेह के नाते हैं। जहां स्नेह नहीं, वहां कुछ नहीं।

–प्रेमचन्द

स्नेह के कारण ही मनुष्य विषयों में फंसता है और अनेकों प्रकार के दुख भोगने लगता है।

–महाभारत

स्नेह जितना ही गुप्त और जितना ही एकान्त होता है, उतना ही प्रबल हुआ करता है।

–रवीन्द्रनाथ ठाकुर

स्नेह जो नित्य नया नहीं उभरता, निश्चय ही समाप्त हो जाता है।

–खलील जिब्रान

स्नेह-प्यार की बारीक बातें औरतें चट से समझ जाती हैं।

–रवीन्द्रनाथ ठाकुर

स्पर्धा

स्पर्धा ही जीवन है। उसमें पीछे रहना जीवन की प्रगति को रोकना है।

–सूर्यकान्त त्रिपाठी निराला

स्मरण : स्मृति

जब हम विज्ञान द्वारा मन के गुप्त रहस्य जान सकते हैं, तो क्या अपने पूर्व संस्कार न जान सकेंगे ? केवल स्मृति को जगा देने ही से पूर्व जन्म का ज्ञान हो जाता है।

–प्रेमचन्द

मधुर स्मृति किसी स्वर्गीय संगीत की भांति जीवन के तार-तार में व्याप्त रहती है।

–प्रेमचन्द

स्मरण की सच्ची कला ध्यान की कला है।

–डॉ० सेम्युयल जॉनसन

स्मृति मस्तिष्क का खंजाची है।

–कहावत

देखिए, 'याद'

स्वच्छता : सफाई

स्वच्छता और श्रम मनुष्य के सर्वोत्तम वैद्य हैं।

–रोमासिन

स्वच्छता देवत्व के निकटतम है।

–जॉन वेस्ली

स्वतन्त्र : स्वतन्त्रता

नहीं चाहते हम धन-वैभव, नहीं चाहते हम अधिकार।
बस स्वतन्त्र रहने दो हमको, और स्वतंत्र रहे संसार।।

–मैथिलीशरण गुप्त

मानव जन्म से स्वतन्त्र है, किन्तु वह सब जगह जंजीरों से जकड़ा हुआ है।

–रूसो

वह मनुष्य स्वतन्त्र नहीं है, जो स्वयं अपना स्वामी नहीं है।

–इपिक्रिटस

स्वतन्त्र वही हो सकता है जो अपना कार्य आप कर लेता है।

–विनोबा भावे

जब स्वतंत्रता चली जाती है, तब जीवन निस्तेज हो जाता है, उसमें कोई उत्साह नहीं रहता।

–ऐडिस

तुम मुझे खून दो, मैं तुम्हें आजादी दूंगा।

–सुभाषचन्द्र बोस

स्वराज्य हमारा जन्मसिद्ध अधिकार है।

–लोकमान्य तिलक

जिस ईश्वर ने हमें जीवन दिया है, उसने उसी समय हमें स्वतन्त्रता भी दी है।

–जेफरसन

जो दूसरों को स्वतन्त्रता से वंचित रखता हैं, वे स्वयं उसके अधिकारी नहीं हैं और न्यायप्रिय ईश्वर के शासन में उसको बहुत दिनों तक नहीं रख सकते।

–अब्राहम लिंकन

नेत्रों के लिए जैसे प्रकाश है, फेफड़ों के लिए जैसे वायु है, हृदय के लिए प्यार है, उसी प्रकार मनुष्य की आत्मा के लिए स्वतन्त्रता है।

–इंगरसोल

प्राणों पर इतनी ममता
औ स्वतन्त्रता का सौदा ?
बिना तेल के दीप जलाने
का है कठिन मसौदा !

–आचार्य सोहनलाल द्विवेदी

मुझे स्वतन्त्रता दो अथवा मृत्यु !

–पैट्रिक हेनरी

सुरक्षा के लिए स्वतन्त्रता को भी सीमित होना चाहिए।

–वर्क

स्वतन्त्रता एक व्यक्तिगत विषय ही नहीं है, बल्कि एक सामाजिक ठेका है। यह स्वार्थों की सुविधा है।

–ए० जी० गार्डनर

स्वतन्त्रता का मूल्य निरन्तर सावधानी है।

–जे० पी० कुरल

स्वतन्त्रता हमारा जन्मसिद्ध अधिकार है।

–बालगंगाधर तिलक

स्वतन्त्रता और स्वच्छन्दता

जब वे स्वतन्त्रता, स्वतंत्रता चिल्लाते हैं, उनका तात्पर्य स्वच्छन्दता से होता है, क्योंकि स्वतंत्रता से प्रेम करने से पहले आदमी को ज्ञानवान और नेक होना चाहिए।

–मिल्टन

स्वदेश प्रेम

क्या कोई मनुष्य ऐसा मृत-चित्त है, जिसने कभी अपने मन में ऐसा न कहा हो कि यह मेरा अपना प्यारा देश है ?

–वाल्टर स्कॉट

जो भरा नहीं है भावों से, बहती जिसमें रसधार नहीं।
वह हृदय नहीं है, पत्थर है, जिसमें स्वदेश का प्यार नहीं।।

–मैथिलीशरण गुप्त

स्वदेशाभिमान

जिसको न निज गौरव तथा, निज देश का अभिमान है।
वह नर नहीं पशु है निरा, और मृतक समान है।।

–मैथिलीशरण गुप्त

यदि स्वदेशाभिमान सीखना है, तो एक मछली से सीखो, जो स्वदेश (पानी) के लिए तड़प-तड़प कर जान दे देती है।

–सुभाषचन्द्र बोस

सारे जहाँ से अच्छा हिन्दुस्तान हमारा,
हम बुलबुले हैं उसकी वह गुलस्तान हमारा।

–डॉ० मुहम्मद इकबाल

स्वदेशी

स्वदेशी का व्रत तो सदा ही पालना है, द्वेष या वैर भाव से नहीं, बल्कि अपने प्यारे देश के प्रति कर्तव्य-बुद्धि से प्रेरित होकर पालना है।

–महात्मा गांधी

स्वधर्म

अच्छी प्रकार आचरण किए हुए दूसरे के धर्म से गुण रहित भी अपना धर्म श्रेष्ठ है, क्योंकि स्वभाव से नियत किए हुए स्वधर्म रूप कर्म को करता हुआ मनुष्य पाप को नहीं प्राप्त होता है।

–श्रीमद्‌भगवत गीता

स्वभाव

आत्मा का स्वभाव सुख-दुःख से अछूता रहना है। उस स्वभाव तक मनुष्य को पहुंचना है।

–महात्मा गांधी

कठिनाइयों में पड़कर परिस्थिति पर क्रुद्ध होना मानव स्वभाव है।

–प्रेमचन्द

काम करना मानवीय स्वभाव है।

–प्रेमचन्द

जिनका स्वभाव अति वेदनाशील है, उनके अपने स्वजन और बन्धु-बांधव भी उनसे बचकर रहते हैं।

–रवीन्द्रनाथ ठाकुर

दुरात्मा वेदाध्ययन करता है या धर्मशास्त्र पढ़ता है, यह कोई कारण नहीं है। स्वभाव ही सर्वोपरि होता है, जैसे गाय का दूध स्वभाव से ही मधुर होता है।

–हितोपदेश

प्राणी-मात्र अपने स्वभाव का अनुसरण करते हैं।

–श्रीमदभगवत गीता

मनुष्य-स्वभाव आदर्शों और सिद्धान्तों से भी प्रबल है।

–अज्ञात

मनुष्यों का यह स्वभाव है कि वह दूसरों को अपने से अधिक सुखी समझते हैं और स्वयं वैसा ही होना चाहते हैं।

–सुकरात

मानव-स्वभाव निम्न व पतित होने की अपेक्षा उच्च व दिव्य है।

–रस्किन

स्त्रियां, राजा और लतायें–इनका प्रायः ऐसा स्वभाव होता है कि जो भी बगल में मिलता है, उसी से लिपट जाती है।

–पंचतन्त्र

स्त्री के साथ पति के स्वभाव का मेल न होने से शायद प्रेम अच्छा होता है, सूखी मिट्टी के साथ पानी के मेल की तरह।

–रवीन्द्रनाथ ठाकुर

स्वभाव एक उपार्जित गुण है, जिसमें शिक्षा और सत्संग से सुधार हो सकता है।

–प्रेमचन्द

स्वराज्य

इस भूतल पर प्रत्येक मनुष्य को और मनुष्यों के वर्ग को स्वशासन का अधिकार है।

–टॉमस जेफरसन

जैसे माता बच्चे को उठाने के लिए नीचे झुकती है, उसी तरह हमें भी नीचे झुकना चाहिए और नीचे वालों को ऊपर उठाना चाहिए। तभी विषमता मिटेगी और तभी सच्चा स्वराज्य आयेगा।

–विनोबा भावे

स्वराज्य गणेश जी की वह मूर्ति है जिसका निर्माण हमें मिट्टी में से करना है।

–विनोबा भावे

स्वराज्य चित्त की वृत्ति मात्र है। ज्यों ही पराधीनता का आतंक दिल से निकल गया, बस स्वराज्य मिल गया। भय ही पराधीनता है, निर्भयता ही स्वराज्य है।

–प्रेमचन्द

स्वराज्य हमारा जन्म-सिद्ध अधिकार है।

–लोकमान्य बालगंगाधर तिलक

हम स्वराज्य के लिए सदा प्रयत्न करें।

–ऋग्वेद

स्वर्ग

ईश्वर से एकता स्थापित करना ही स्वर्ग है।

–कन्फ्यूशस

इसी जग में हो जाए स्वर्ग, इसी जग में मानव हो देव;
यहीं का वह संगीत अमोल बनेगा चिर सुख की मधु रेख।।

–रांगेय राघव

जहां दुःख का लेश भी नहीं है, उस स्वर्ग में दुःख-पथ से ही पहुंचने की राह है।

–काउपर

जहां हमारी सुन्दर कल्पना आदर्श का नीड़ बन कर विश्राम करती है, वहीं स्वर्ग है। वही विहार का, वही प्रेम करने का स्थल स्वर्ग है और वह इसी लोक में मिलता हैं।

–जयशंकर प्रसाद

जिसका पुत्र आज्ञाकारी हो, पत्नी अनुगामिनी हो, और मन में धन की तृष्णा न हो, वह इस जीवन में ही स्वर्ग पा लेता है।

–महाभारत

जो परोपकार में रत है, ईश्वर में जिसको विश्वास है और सत्य का जो अनुसरण करता है, उसके लिए भूमंडल ही स्वर्ग है।

–बेकन

तेरा स्वर्ग तेरी मां के पैरों तले है।

–हजरत मुहम्मद

दान, पश्चात्ताप, सन्तोष, संयम, दीनता, सत्य और दया–ये स्वर्ग के सात द्वार हैं।

–अनाम

स्वर्ग और पृथ्वी हमारे ही अन्दर हैं। हम पृथ्वी से परिचित हैं, पर अपने अन्दर के स्वर्ग से बिल्कुल अपरिचित हैं।

–महात्मा गांधी

दो प्रकार के व्यक्ति संसार में स्वर्ग के ऊपर भी स्थित होते हैं–एक तो जो शक्तिशाली होकर क्षमा करता है और दूसरा जो दरिद्र होकर भी कुछ दान करता है।

–महाभारत

मन अपने भीतर ही स्वर्ग को नरक और नरक को स्वर्ग बना सकता है।

–मिल्टन

यदि स्वर्ग कोई स्थान है, तो प्रेम ही वहां जाने का मार्ग है।

–टॉल्सटाय

स्वर्ग और पृथ्वी हमारे ही अन्दर हैं। हम पृथ्वी से तो परिचित हैं, पर अपने अन्दर के स्वर्ग से बिल्कुल अपरिचित हैं।

–महात्मा गांधी

स्वर्ग तो कुछ भी नहीं है, छोड़कर छाया जगत की,
स्वर्ग सपने देखती दुनिया, सदा सोती रही है।

–हरिवंशराय बच्चन

हमको मालूम है जन्नत की हकीकत लेकिन,
दिल के बहलाने को 'गालिब' यह खयाल अच्छा है।

–गालिब

स्वर्ग और नरक

जब तक जिसकी कीर्ति संसार में रहती है तब तक वह स्वर्ग में रहता है। अकीर्ति ही नरक है। दूसरा कोई नरक परलोक में नहीं है।

–शुक्राचार्य

दुनिया ही में मिलते हैं हमें दोजखो-जन्नत।
इन्सान ज़रा सैर करे घर से निकल कर।।

–दाग

स्वर्ण

पक्षी के पंख को स्वर्ण से आभूषित कर दो, तो वह आकाश में फिर कभी न उड़ सकेगा।

–रवीन्द्रनाथ ठाकुर

सोने का घूंघट सारी कुरूपता को ढक देता है।

–डैकर

सोने को हृदय की अपेक्षा हाथ में रखना कहीं अच्छा है।

–फुलर

स्वर्ण घायल आत्मा के लिए लेप नहीं है।

–कहावत

स्वांग

जप माला छापा तिलक, सरै न एकौ कामु।
मन-कांचै नाचै वृथा, सांचे रांचै राम।।

–बिहारीलाल

सारदूल को स्वांग करि, कूकर की करतूति।
'तुलसी' तापर चाहिए, कीरति विजय विभूति।।

(तुलसीदास जी कहते हैं कि यदि कोई मनुष्य कुत्तों जैसा नीच कर्म करता

है, परन्तु सिंह का आडम्बर बना कर सुयश, विजय और विभूति चाहता है तो उसे ये चीजें प्राप्त नहीं हो सकतीं।)

–गोस्वामी तुलसीदास

स्वाद

स्वाद तो भूख में है, सूखी रोटी भूखे को जितनी स्वादिष्ट लगेगी, उतना भर पेट खाए हुए को लड्डू भी नहीं लगेगा।

–महात्मा गांधी

स्वाधीन

आंधियां नहीं जिसमें उमंग भरती हैं,
छातियां जहां संगीनों से डरती हैं,
शोणित के बदले जहां अश्रु बहता है,
वह देश कभी स्वाधीन नहीं रहता है।

–रामधारीसिंह 'दिनकर'

मानव आत्मा की पुकार यह
वह स्वाधीन रहे जग में नित,
पराधीन नर कठपुतले-सा
पर-कर परिचालित जीवनमृत !

–सुमित्रानंदन पंत

विश्व धर्म के साथ अपनी इच्छा का मिलान करने पर ही वस्तुतः हम स्वाधीन हो पाते हैं।

–रवीन्द्रनाथ ठाकुर

स्वाधीन हुए बिना स्वाधीन के साथ आदान-प्रदान सम्भव नहीं है।

–रवीन्द्रनाथ ठाकुर

देखिए, 'स्वतंत्र'

स्वाधीनता

जीवन स्वाधीनता का नाम है, गुलामी तो मौत है।

–प्रेमचन्द

बंधे बैल और खुले सांड में बड़ा अन्तर है। एक रातिब पाकर भी दुर्बल है, दूसरा घास-पात हो खाकर मस्त हो रहा है स्वाधीनता बड़ी पोषक वस्तु है।

–प्रेमचन्द

लोक-निन्दा के भय से अपने प्रेम या अरुचि को छिपाना अपनी आत्मिक स्वाधीनता को खाक में मिलाना है।

–प्रेमचन्द

स्वाधीनता सद्‌गुणों को जगाती है।

–प्रेमचन्द

स्वाधीनता हमारी अपनी पूर्णता से, आत्मा के अपने विस्तार से स्वतः ही आ जाती है।

–शरतचन्द्र चटर्जी

स्वाधीनता ही स्वाधीनता का अन्त नहीं है। धर्म, शान्ति काव्य-आनन्द–यह और भी बड़े हैं। इनके चरम विकास के लिए स्वाधीनता चाहिए, नहीं तो उसका मूल्य ही क्या है।

–शरतचन्द्र चटर्जी

स्वाभिमान

ऋषि-मुनि भी स्वाभिमान का परित्याग नहीं कर सकते।

–राजतरंगिणी

स्वामी

जब स्वामी को सेवक की फिक्र नहीं है, तो सेवक को स्वामी की फिक्र क्यों होने लगी ?

–प्रेमचन्द

स्वामी बहुधा घर के सबसे बड़े सेवक होते हैं।

–कहावत

स्वार्थ : स्वार्थी

कौन किसी के साथ निस्वार्थ सलूक करता है ? भिक्षा तक तो लोग स्वार्थ ही के लिए देते हैं।

–प्रेमचन्द

जेहि ते कछु निज स्वारथ होई। तेहि पर ममता कर सब कोई।

(जिससे अपना कुछ स्वार्थ सिद्धि होता है, उसी से सब लोग प्रेम करते हैं।)

–गोस्वामी तुलसीदास

सुर नर मुनि सबकी यह रीती। स्वारथ लागि करैं सब प्रीती।।

–गोस्वामी तुलसीदास

स्वारथ के सबही सगे, बिनु स्वारथ कोउ नाहिं।
सेवें पक्षी सरस तरु, निरस भए उड़ि जाहिं।।

(स्वार्थ के कारण लोग दूसरों के मित्र और साथी होते हैं। बिना स्वार्थ के कोई किसी का मित्र नहीं होता। पक्षी हरे पेड़ पर बैठते हैं। जब वह सूख जाता है, तब पक्षी उड़ जाते हैं।)

–गोस्वामी तुलसीदास

स्वार्थ की अनुकूलता और प्रतिकूलता से ही मित्र और शत्रु बना करते हैं।

–महाभारत

स्वार्थ में मनुष्य बावला हो जाता है।

—प्रेमचन्द

"जैसे चीटियां अपने सुख के लिए बगीचे की शोभा बिगाड़ती हैं, अच्छे-अच्छे पेड़ों की जड़ खोद कर उन्हें सुखा देती हैं, वैसे ही स्वार्थ-लोलुप लोग अपने सुख के लिए दूसरे की हानि करने में जरा भी नहीं हिचकते।

—फ्रांसिस बेकन

मान-मर्यादा रहित जीना वृथा ही जानिए,
स्वार्थरत को यश नहीं मिलता, इसे सच मानिए।

—रामचरित उपाध्याय

स्वावलम्ब : स्वावलम्बन्

निज आयोजन-हेतु वस्तु का उत्पादन हो।
पर से नहीं कदापि वस्तु का आवाहन हो।
अपने से परितोष करना हम सीखें।
स्वावलम्ब का सरल मंत्र पढ़ना हम सीखें।।

—गिरजादत्त शुक्ल

विचरो अपने पैरों के बल, भुजबल से भवसिन्धु तरो।
जियो कर्म के लिए जगत् में, और धर्म के लिए मरो।।

—मैथिलीशरण गुप्त

'स्वावलम्बन' आत्म-निर्भर सफलता का अन्तिम साधन है।

—विवेकानन्द

स्वावलम्बन और सहयोगात्मक उद्योग; दोनों नागरिक जीवन की कुंजी हैं।

—सरदार बल्लभभाई पटेल

स्वास्थ्य

अच्छा स्वास्थ्य एवं अच्छी समझ जीवन के दो सर्वोत्तम वरदान हैं।

—प्यूब्लियस साइरस

जल्दी सोना और प्रातः जल्दी उठना मनुष्य को स्वस्थ, धनवान और बुद्धिमान बनाता है।

—कहावत

स्वास्थ्य परिश्रम में है और श्रम के अतिरिक्त वहां तक पहुंचने का कोई दूसरा राजमार्ग नहीं है।

—वेन्डेल फिलिप्स

स्वास्थ्य रूपी घर को स्थिर रखने के लिए उसके तीनों पाये—आहार, निद्रा और ब्रह्मचर्य को ठीक रखना चाहिए।

—महर्षि चरक

अगर कोई कहे कि जमीन मेरी मिलकियत है तो वह हँस देती है। कंजूस को देख कर धन हँस पड़ता है और रण से डरने वाले को देखकर काल अट्ठहास कर उठता है।

—सन्त कवि वेमन

प्रथम महान सम्पत्ति है सुन्दर स्वास्थ्य।

—इमर्सन

हँसना

जब भी सम्भव हो, सदैव हँसो, यह एक सस्ती दवा है। प्रसन्नता ऐसा दर्शनशास्त्र है जो ठीक से समझा नहीं गया। यह मानव-जीवन का उज्ज्वल भाग है।

—बाइरन

बेवकूफ का हँसना ऐसा है जैसे भाड़ में चनों का भुनना।

—बाइबिल

मानव ही केवल ऐसा प्राणी है जिसमें हँसने की शक्ति है।

—ग्रेवाइल

हँसो और संसार तुम्हारे साथ हँसेगा, रोओ और तुम्हें अकेला रोना पड़ेगा।

—एला वीलर विलकॉक्स

हो सकता है जिस पर तुम हँस रहे हो वह तुमसे अच्छा हो।

—कुरान

हँसमुख

भोजन, निद्रा और व्यायाम में चिन्तारहित तथा हँसमुख स्वभाव दीर्घ आयु का सर्वोत्तम नियम है।

—बेकन

हँसमुख चेहरे से दिया हुआ जलपान भी स्वादिष्ट भोजन हो जाता है।

—हर्बट स्पेन्सर

हँसी

अच्छी हँसी गृह की प्रकाश-किरण है।

—थेकरे

उससे सावधान रहो जो बालक की हँसी से घृणा करता है।

—लैवेटर

कोई भी व्यक्ति जिसने अच्छी तरह दिल खोलकर एक बार हँसा है, बिल्कुल ऐसा दुराचारी नहीं हो सकता, जिसका पुनः सुधार न हो सके।

—कारलाइल

गम्भीर काम के बाद हास्य-विनोद से जीवन में ताजगी आ जाती है।

–हेलिबर्टन

गुणों के बाद हास्यप्रियता ऐसी वस्तु है, जिसके बिना हम जीवित नहीं रह सकते।

–स्ट्रिकलैंड

जब मैं स्वयं पर हँसता हूं, तो मेरा बोझ हल्का हो जाता है।

–रवीन्द्रनाथ ठाकुर

निर्मल बुद्धिपूर्ण हास्य अथवा ऊटपटांग हास्य, जिससे मनोविनोद होता है या हँसी-टट्टे की भावना उभरती है, मनुष्य को प्रसन्न-हृदय बनाता है। यह हास्य स्वर्ग से प्राप्त हुआ एक वरदान है।

–स्वेट मार्डेन

प्रकृति ने हमारे भीतरी अंगों के व्यायाम के लिए और हमें आनन्द प्रदान करने के लिए हँसी बनाई है।

–स्वेट मार्डेन

मनुष्य को अपने समय का कुछ भाग अवश्य ही हँसने में बिताना चाहिये।

–डॉ० सैम्युअल जॉनसन

मनुष्य बराबर वालों की हँसी नहीं सह सकता, क्योंकि उनकी हँसी से ईर्ष्या, व्यंग्य और जलन होती है।

–प्रेमचंद

मानसिक स्वास्थ्य के लिए जी भर कर हँसना अत्यधिक हितकर है।

–स्वेट मार्डेन

मुझे वह हँसी प्रिय है जो होटों और हृदय को खोल देती है तथा उसी समय आत्मा और दांतों का दर्शन कराती है।

–विक्टर ह्यूगो

मुझे विश्वास है कि प्रत्येक बार जब कोई मनुष्य मुस्कराता है अथवा उससे अधिक हँसता है तो वह अपने जीवन में वृद्धि करता है।

–स्टर्न

यदि हास्यप्रियता मुझमें न हो तो मैं मर जाऊं।

–अब्राहम लिंकन

यौवन का आनन्द हँसने में है। हँसी ही यौवन का सुन्दर श्रृंगार है और जो मनुष्य यौवन का श्रृंगार नहीं कर सकता, उसके पास वह कदापि नहीं ठहर सकता।

–केरीबो

हँसी की सुन्दर पृष्ठभूमि पर यौवन के सुमन खिलते हैं। यौवन को तरोताजा रखने के लिए आप खूब हँसिये।

–जॉर्ज बर्नार्ड शॉ

हँसी छूत की बीमारी है।

–अज्ञात

हँसी जीवन का एक अंग है, इसलिए इसको गम्भीर साहित्य से भी अलग नहीं करना चाहिए।

–लिन यूतांग

हँसी प्रकृति की सबसे बड़ी नियामत है।

–अज्ञात

हँसी मन की गांटें बड़ी आसानी से खोल देती है–मेरे मन की ही नहीं; तुम्हारे मन की भी।

–महात्मा गांधी

हँसी हमारे जीवन की सफलता की चाभी है।

–अज्ञात

हमें हँसी तभी आती है जब हम किसी वस्तु और उसके मनोभाव में एकाएक कोई असम्बद्धता या असंगति देख लेते हैं।

–शोपेनहार

हंसो और संसार तुम्हारे साथ हंसेगा, रोओ और तुम्हें अकेले रोना पड़ेगा।

–एला पीलर विलकाक्स

हठ

मूर्खों के पास युक्तियां नहीं होतीं, युक्तियों का उत्तर वे हठ से देते हैं।

–प्रेमचन्द

जिद सामने की चोट नहीं सह सकती, उस पर बगली वार करना पड़ता है।

–प्रेमचन्द

हत्या

एक हत्या से मनुष्य हत्यारा हो जाता है, लाखों की हत्या से वीर। अधिक संख्या पाप को धो देती है।

–पोर्टियम

मानव रक्त का प्रवाह संगीत का प्रवाह नहीं, रस का प्रवाह नहीं–एक वीभत्स दृश्य है, जिसे देखकर आंखें मुंह फेर लेती हैं। हृदय सिर झुका लेता है।

–प्रेमचन्द

हत्या के जीभ नहीं होती तो क्या, समय पर वह सिर पर चढ़ कर बोलती है।

–शेक्सपियर

हमदर्द : हमदर्दी

कौन हमदर्द किसका है जहां में अकबर।
इक उभरता है यहां, एक के मिट जाने से।।

–अकबर

दुखियारों को हमदर्दी के दो आंसू भी कम प्यारे नहीं होते।

–प्रेमचन्द

संकट में मनुष्य को कोई हमदर्दी दिखाता है तो चाहे बाह्य संकट से निवृत्ति न भी हो, तो भी उसके दिल को तसल्ली हो जाती है।

–विनोबा भावे

हमारे पूर्वज

उन पूर्वजों की कीर्ति का वर्णन अतीव अपार है,
गाते नहीं उनके हमीं गुण गा रहा संसार है।
वे धर्म पर करते निछावर तृण-समान शरीर थे।
उनसे वही गम्भीर थे, व्रवीर थे, ध्रुवधीर थे।।

–मैथिलीशरण गुप्त

हमारे पूर्वजों के आदर्श

लक्ष्मी नहीं सर्वस्व जाते, सत्य छोड़ेंगे नहीं।
अंधे बनें पर सत्य से सम्बन्ध तोड़ेंगे नहीं।
निज सुत मरण स्वीकार है पर वचन की रक्षा रहे,
है कौन जो उन पूर्वजों के शील की सीमा कहे।

–मैथिलीशरण गुप्त

हया

तुमको बख्शा है खुदा ने जो हया का जेवर।
मोल उसका नहीं कारूं का खजाना हरगिज।।

–बृजनारायण चकवस्त

पर्दा कपड़े का नहीं होता, हया दूसरी चीज है।

–प्रेमचन्द

हयादार के लिए आंख का इशारा बहुत है।

–प्रेमचन्द

हरिनाम

जैसे आग की चिनगारी भूल से भी छू जाये, तो वह जला ही देती है, उसी प्रकार होटों से हरिनाम का स्पर्श होते ही वह समस्त पापों को हर लेता है।

–स्कन्द पुराण

हर्ष

अधिक हर्ष, मुख्यतः परिस्थिति में एकाएक परिवर्तन होने पर, शान्त होता है और जिह्वा की अपेक्षा हृदय में निवास करता है।

–फील्डिंग

चाहत सोई मिलत तब, या सम खुशी न और।
मेहागम धुनि गरज सुनि, ज्यों चित्त हरषत मोर।।

—ज्ञानसागर

पूर्ण हर्ष में आनन्द की अपेक्षा गंभीरता अधिक है।

—मॉनटेन

हर्ष-शोक

जन्म के बाद मृत्यु, उत्थान के बाद पतन, संयोग के बाद वियोग, संचय के बाद क्षय निश्चित है। यह समझकर ज्ञानी हर्ष और शोक के वशीभूत नहीं होते।

—महर्षि वेदव्यास

दुनिया यों ही नाशादियों में शाद रहेगी।
बरबाद किये जायेगी आबाद रहेगी।।

—अकबर

हलवाहा

हल चलाने वाले अपने शरीर का हवन किया करते हैं। खेत उनकी हवनशाला है। उनके हवनकुंड की ज्वाला की किरणें चावल के लम्बे और सफेद दानों के रूप में निकलती हैं। गेहूं के लाल-लाल दाने इस अग्नि की चिनगारियों की डालियां-सी हैं।

—पूर्णसिंह

हाथ

मेरे दाहिने हाथ में कर्म-पुरुषार्थ है और सफलता बायें हाथ में रखी हुई है।

—अथर्ववेद

सुनहु भरत भावी प्रबल, बिलखि कहेउ मुनि नाथ।
हानि लाभ जीवनु मरनु, जसु अपजसु विधि हाथ।।

(भरत जी को समझाते हुए वशिष्ट जी ने दुःखी होते हुए कहा, हे भरत! सुनो भवितव्यता बड़ी प्रबल होती है। और हानि-लाभ जीवन-मरण तथा यश-अपयश ब्रह्मा के हाथ है।)

—गोस्वामी तुलसीदास

हार

जब अपने में ही विश्वास नहीं है और न नेताओं में ही श्रद्धा है, तब हमारी हार अवश्य निश्चित है।

—सरदार बल्लभभाई पटेल

जो महान उद्देश्य के लिए मरते हैं, उनकी कभी हार नहीं होती।

–बायरन

निर्लज्ज हार कर भी नहीं हारता, मरकर भी नहीं मरता।

–जयशंकर प्रसाद

हार क्या है ? शिक्षा के अतिरिक्त कुछ नहीं, एक अच्छी स्थिति के लिए केवल पहला कदम है।

–वेंडेल फिलिप

देखिए, 'पराजय'

हावभाव

स्त्रियों का हाव-भाव प्रेमी के साथ बातचीत का पहला स्वरूप है।

–कालिदास

हास्य

आकस्मिक नवीनता हास्य का प्राण है।

–टॉमस हॉब्स

हमारे हास्य में हमारी विजय-भावना निहित रहती है।.......जब-जब हमारी श्रेष्ठता स्थापित होती है, तब-तब हमें हँसी आती है।

–ले हन्ट

हास्य की परिभाषा असम्भव है। कुरूपता, अशुद्धता, भ्रष्टता तथा दोषपूर्ण व्यवहार द्वारा ही हास्य प्रकट होता है।

–टॉमस विल्सन

देखिए, 'हंसी'

हिंसा

जो फूट डालती है, भेद बढ़ाती है, वही हिंसा है।

–विनोबा भावे

जो मनुष्य हिंसा नहीं करता और मांस खाने से परहेज करता है, सारा संसार उसका सम्मान करता है।

–संत तिरुवल्लुवर

निरपराध की हिंसा करना अति भयंकर है।

–अथर्ववेद

बकरी पाती खात है, ताको काढ़ी खाल।
जो बकरी को खात है, ताको कवन हवाल।।

–कबीर

मानव और जंगम पशुओं की हिंसा मत करो।

–यजुर्वेद

मानसिक हिंसा में शक्ति नहीं होती। वह तो उसी शख्स को हानि पहुंचाती है जिसके विचार हिंसापूर्ण हैं।

–महात्मा गांधी

यह मेरा दृढ़ विश्वास है कि हिंसा पर कोई शाश्वत वस्तु स्थिर नहीं हो सकती।

–महात्मा गांधी

जिस भांति भौंरा फूलों की रक्षा करता हुआ मधु को ग्रहण करता है, उसी प्रकार मनुष्य को हिंसा न करते हुए अर्थों को ग्रहण करना चाहिए।

–विदुर

जो प्राणियों की हिंसा करता है, दूसरों से कतराता है या हिंसा करने वालों का अनुमोदन करता है, वह संसार में अपने लिए वैर को बढ़ाता है।

–महावीर स्वामी

यह सर्वथा असत्य है कि हिंसा शान्त हो सकती है।

–जैनेन्द्र कुमार

हिंसा का आघात तपस्या ने कब कहाँ सहा है ?
देवों का दल सदा दानवों से हारता रहा है।

–रामधारीसिंह 'दिनकर'

हित

कीरति भनिति भूति भल सोई।
सुरसरि सम सब कर हित होई।।

(वही कीर्ति, कविता और ऐश्वर्य भला है, जिससे गंगाजी की भांति सबका कल्याण हो।)

–गोस्वामी तुलसीदास

जब तक देह निरोग है और जब तक मृत्यु दूर है, तभी तक पुण्यादि करके अपना हित करना उचित है, मृत्यु हो जाने पर कोई क्या करेगा ?

–चाणक्य

जेहि विधि नाथ होय हित मोरा।
करहु सो बेगि दास मैं तोरा।।

–गोस्वामी तुलसीदास

तुलसी तीनि प्रकार तें हित अनहित पहचानि।
परबस परे, परोस बसि, परे मामला जानि।।

(तुलसीदास जी कहते हैं कि मित्र और शत्रु की पहचान तीन प्रकार होती है–दूसरे के वश में होने पर, पड़ोस में निवास करने पर और काम पड़ने पर।)

–गोस्वामी तुलसीदास

परहित सरिस धर्म नहिं भाई।

(हे भाई ! दूसरों का कल्याण करने के समान कोई दूसरा धर्म नहीं है।)

–गोस्वामी तुलसीदास

मूर्ख हितैषी से बुद्धिमान् शत्रु ही अच्छा है।

–पंचतंत्र

उत्सव, विपत्ति, दुर्भिक्ष, राज्य-विप्लव में तथा राजद्वार-न्यायालय या सभा और श्मशान में जो साथ दे वही सच्चा बन्धु है।

–चाणक्य

हित अनहित पशु पच्छिहु चीन्हा।

(पशु तथा पक्षी भी अपने मित्र और शत्रु को पहचानते हैं।)

–गोस्वामी तुलसीदास

हिन्दी : राष्ट्रभाषा

जो मुट्ठी भर लोग हिन्दी का विरोध करते हैं, वे नौकरियों और अधिकारों को अपने हाथ में रखने के स्वार्थवश ऐसा करते हैं।

–माधव श्रीहरि अणे

देश के सबसे बड़े भू भाग में बोली जाने वाली हिन्दी राष्ट्र-भाषा पद की अधिकारिणी है।

–सुभाषचंद्र बोस

देश को एकता के सूत्र में आबद्ध करने की शक्ति केवल हिन्दी में है।

–इंदिरा गांधी

भारत की अखण्डता और व्यक्तित्व रखने के लिए हिन्दी का प्रचार अत्यंत आवश्यक है।

–महाकवि शंकर कुरूप

भारत की एकता के लिए आवश्यक है कि देश की सभी भाषाएं नागरी लिपि अपनाएं।

–विनोबा भावे

भारत से विभिन्न प्रदेशों के बीच हिन्दी-प्रचार के द्वारा एकता स्थापित करने वाले सच्चे भारत-बन्धु हैं।

–अरविंद घोष

मेरा आग्रहपूर्वक कथन है कि अपनी सारी मानसिक शक्ति हिन्दी भाषा के अध्ययन में लगायें। हम यही समझें कि हमारे प्रथम धर्मों में से एक धर्म यह भी है।

–विनोबा भावे

मैं दुनिया की सब भाषाओं की इज्जत करता हूं, परन्तु मेरे देश में हिन्दी की इज्जत न हो, यह मैं नहीं सह सकता।

–विनोबा भावे

यदि हम भारत की राष्ट्रभाषा बनाना चाहते हैं, तो हिन्दी ही हमारी राष्ट्रभाषा हो सकती है।

–महात्मा गांधी

राष्ट्रभाषा की जगह एक हिन्दी ही ले सकती है, कोई दूसरी भाषा नहीं।

–महात्मा गांधी

राष्ट्रभाषा के प्रचार को मैं राष्ट्रीयता का अंग मानता हूं।

–डा० राजेन्द्र प्रसाद

राष्ट्रीय व्यवहार में हिन्दी को काम में लाना देश की शीघ्र उन्नति के लिए आवश्यक है।

–महात्मा गांधी

संविधान में हिन्दी को राष्ट्रभाषा स्वीकार कर लिए जाने के बाद किसी को उसके विरुद्ध आवाज उठाने का अधिकार नहीं है।

–कृष्णा मेनन

सच कहता हूं भारत का तब, उन्नति कमल खिलेगा हिन्दी।
सब भाषाओं से तुझको जब, ऊंचा स्थान मिलेगा हिन्दी।।

–रामचरित उपाध्याय

सरलता और शीघ्र सीखी जाने योग्य भाषाओं में हिन्दी सर्वोपरि है।

–लोकमान्य बालगंगाधर तिलक

हिन्दी उन सभी गुणों से अलंकृत है, जिनके बल पर वह विश्व की साहित्यिक भाषाओं की अगली श्रेणी में समासीन हो सकती है।

–मैथिलीशरण गुप्त

हिन्दी का प्रचार राष्ट्रीयता का प्रचार है।

–राजर्षि पुरुषोत्तमदास टंडन

हिन्दी का श्रृंगार राष्ट्र के सभी भागों के लोगों ने किया है वह हमारी राष्ट्रभाषा है।

–चक्रवर्ती राजगोपालचारी

हिन्दी की एक निश्चित धारा है, निश्चित संस्कार है।

–जैनेन्द्र कुमार

हिन्दी के द्वारा सारे भारत को एक सूत्र में पिरोया जा सकता है।

–स्वामी दयानंद

हिन्दी को राष्ट्रभाषा बनाना नहीं है, वह तो है ही।

–कन्हैयालाल माणिकलाल मुंशी

हिन्दी को राष्ट्रभाषा बनाने में प्रांतीय भाषाओं को हानि नहीं वरन लाभ है।

–अनंत शयनम आयंगर

हिन्दी राष्ट्रीयता के मूल को सींचती और दृढ़ करती है।

–राजर्षि पुरुषोत्तम दास टंडन

हिन्दी से किसी भारतीय भाषा को भय नहीं है। यह सबकी सहोदर है।

–महादेवी वर्मा

हिन्दी स्वयं अपनी ताकत से बढ़ेगी।

–जवाहरलाल नेहरू

हिन्दी हमारे राष्ट्र की अभिव्यक्ति का सरलतम स्रोत है।

–सुमित्रानन्दन पंत

हिन्दी हर दृष्टि से भारत की राष्ट्रभाषा बनने के लिए सबसे अधिक उपयुक्त है।

–चिन्तामणि विनायक वैद्य

हिन्दी हिमालय से लेकर कन्या कुमारी तक व्यवहार में आने वाली भाषा है।

–राहुल सांकृत्यायन

हिन्दी और उर्दू

हिन्दी और उर्दू की एक जड़ है। अगर हम चाहें तो दोनों को एक बना सकते हैं।

–डॉ० राजेन्द्रप्रसाद

हिन्दुत्व

हिन्दुत्व विचार और महत्वाकांक्षा का एक सजीव और स्वयं जीवन की गतियों के साथ गति करता हुआ उत्तराधिकारी है, एक ऐसा उत्तराधिकार, जिसमें भारत की प्रत्येक जाति ने अपना सुस्पष्ट और विशिष्ट योग दिया है।

–डॉ० राधाकृष्णन

हिन्दू

अतिथि, ब्राह्मण और गौ–यही तो हिन्दू के आराध्य हैं।

–पं० मदनमोहन मालवीय

जिस (भारतीय) सभ्यता को अपने उच्चवर्ग के लोगों के अत्यन्त विशाल वैभव-विलास पर गर्व था, उसमें ताले-चाभी को लोग जानते ही नहीं थे। क्या कहीं पर हिन्दुओं की ईमानदारी के एक जरा-से अंश के बराबर भी ईमानदारी की कल्पना की जा सकती है ?

–मेगस्थनीज

जो वर्गों और आश्रमों की व्यवस्था में निष्ठा रखने वाला, गौ-सेवक, श्रुतियों को माया की भांति पूज्य मानने वाला तथा सब धर्मों का आदर करने वाला है.......जो पूर्व जन्म को मानता और उससे मुक्त होने की चेष्टा करता

है, तथा जो सदा सब जीवों के अनुकूल बर्ताव को अपनाता है, वही हिन्दू माना गया है। हिंसा से उसका चित्त दुःखी होता है; इसलिए उसे हिन्दू कहा गया है।

–विनोबा भावे

जो हिन्दू अपने धर्म के भाव को समझता है, वह सभी धर्मों का सम्मान करता है।

–डॉ० राधाकृष्णन्

बुद्धि और विचारशीलता में हिन्दू सभी देशों से ऊंचे हैं। गणित तथा अन्य फलित ज्योतिष में उनका ज्ञान किसी भी अन्य जाति से अधिक यथार्थ है।

–याकूबी

यदि हम पक्षपात-रहित होकर भली-भांति परीक्षा करें, तो हमको स्वीकार करना होगा कि सारे संसार में साहित्य, धर्म और सभ्यता का प्रसार हिन्दुओं ने किया है।

–डी० ओ० ब्राउन

सच्चा हिन्दू दुनिया भर के संकट सह लेगा, पर अपने धर्म से कदापि विचलित न होगा।

–गुरु गोविन्दसिंह

हिन्दू अनुकूल आचरण करने वाले तथा सबके प्रति दयालु होते हैं। उनका संसार में किसी से भी वैर नहीं है।

–अबुल फजल

हिन्दू अपने श्रेयस् की उपलब्धि जीवन के किसी भी आश्रम में कर सकता है।

–विवेकानन्द

हिन्दू किसी धर्म का नाम नहीं, राष्ट्रीयता का नाम है।

–अमृता प्रीतम

हिन्दू तो एक 'वे आफ लाइफ' है। यह हमारे जीवन का एक अंग है, हमारे धर्म का अंग नहीं है। हम सनातन धर्मी हो सकते हैं, हम वैष्णव हो सकते हैं, शाक्त हो सकते हैं, बौद्ध हो सकते हैं, जैन हो सकते हैं, लेकिन सबका मिश्रण, सबका समुच्चय, सबका समन्वय जो है, वह हमारी एक जातीयता के रूप में होता है। तो धर्म हमारा अलग हो सकता है, परन्तु हिन्दू का अर्थ है हिन्दुस्तान में रहने वाले लोग। 'हिन्दू' शब्द उन सबका वाचक है।

–डॉ० राधाकृष्णन्

हिन्दू धर्म

मानव धर्म ही हिन्दू धर्म की परिसीमा और पूर्णता मानी गई है।

–विनायक दामोदर सावरकर

मानव हृदय का अमर स्वप्न, जीव के आत्मज्ञान के लिए तीव्र उत्कण्ठा ही हिन्दू धर्म का आधार है।

–डॉ० राधाकृष्णन्

मैंने यूरोप और एशिया के सभी धर्मों का अध्ययन किया है, परन्तु मुझे उन सबमें हिन्दू धर्म ही सर्वश्रेष्ठ दिखाई देता है।.......मेरा विश्वास है कि इसके सामने एक दिन समस्त जगत को सिर झुकाना पड़ेगा।

–रोम्यां रोला

सन्यास की श्रेष्ठता स्वीकार करते हुए भी हिन्दू धर्म दैनिक कर्तव्यों के प्रति सच्चे बने रहने का धर्म है।

–विवेकानन्द

हिन्दू धर्म का विश्वास है कि जिस प्रकार सूर्य के प्रकाश के सामने अंधकार विलीन हो जाता है, उसी प्रकार सत्य के सम्पर्क में आकर असत्य स्वयं ही नष्ट हो जाएगा।

–डॉ० राधाकृष्णन्

हिन्दू धर्म की नींव किसी व्यक्ति विशेष, देवदूत और सन्त के विचारों पर ही नहीं है, बल्कि ऐसे सत्य सिद्धान्तों पर है जो तर्क पर टिक सके, अनुभवगम्य हों, किसी भी देश व काल में मनुष्यमात्र के लिए हितकर मार्ग दिखाते हों।

–ईश्वरप्रसाद वर्मा

हिन्दू-मुस्लिम ऐक्य

दोनों भाई हाथ-पग, दोनों भाई कान।
दोनों भाई नैन हैं, हिन्दू मुसलमान।।

–दादू

वही महादेव वही मुहम्मद, ब्रह्मा आदम कहिए।
कोई हिन्दू कोई तुरुक कहावै, एक जमीं पर रहिए।।

–कबीर

हिन्दू संस्कृति

जीव-मात्र की एकता हिन्दू संस्कृति की विशेषता है।

–महात्मा गांधी

हिन्दू संस्कृति ही विश्व संस्कृति है।

–चक्रवर्ती राजगोपालाचारी

हिन्दू समाज

हिन्दू समाज तो सदैव से नये-नये सम्प्रदायों को आश्रय देता आया है। अतः वह सभी सम्प्रदायों का एक मिला-जुला समाज है।

–रवीन्द्रनाथ ठाकुर

हीनता

हीनता का मूल क्या है ? याचना। महत्व का मूल क्या है ? अयाचन।

—शंकराचार्य

हृदय

अपनी या अपनों की बुराइयों पर शर्मिन्दा होना सच्चे हृदयों ही का काम है।

—प्रेमचन्द

एक सच्चा हृदय सारे संसार की विलक्षण शक्तियों से मूल्यवान है।

—अरविन्द घोष

कठोर से कठोर हृदय में भी मातृ-स्नेह की स्मृतियां संचित होती हैं।

—प्रेमचन्द

जब हृदय जलता है, तो वाणी भी अग्निमय हो जाती है।

—प्रेमचन्द

जिस तरह पत्थर और पानी में भी आग छिपी रहती है, उसी तरह मनुष्य के हृदय में भी—चाहे वह कैसा ही क्रूर और कठोर क्यों न हों, उत्कृष्ट और कोमल भाव छिपे रहते हैं।

—प्रेमचन्द

ज्ञानी पुरुष का हृदय दर्पण के सदृश होना चाहिए, जो किसी वस्तु को बिना दूषित किए हुए परावर्तित कर देता है।

—कनफ्यूशस

जिनके हृदय में मंगलमय भगवान विष्णु का आवास है, उनके यहां सर्वदा उत्सव, सर्वदा मंगल और सर्वदा लक्ष्मी का निवास रहता है।

—रामानुजाचार्य

भग्नहृदय के लिए संसार सूना है।

—प्रेमचन्द

मुखमण्डल हृदय का दर्पण है।

—प्रेमचन्द

मैं शास्त्रज्ञ नहीं हूं, हालांकि मैं बुद्धि का काफी उपयोग कर लेता हूं। लेकिन जो कुछ बोलता हूं और लिखता हूं, वह बुद्धि से नहीं पैदा होता, उसका मूल हृदय में रहता है और हृदय की बात निबन्ध के रूप में नहीं उठ सकती।

—महात्मा गांधी

सुन्दर हृदय का मूल्य स्वर्ण के समान है।

—शेक्सपियर

हृदय की कोई भाषा नहीं होती है, हृदय हृदय से बातचीत करता है।

—महात्मा गांधी

हृदय कृपाण से अधिक शक्तिशाली होता है।

–वेन्डेल फिलिप

हृदयहीन : हृदयशून्य

केवल बुद्धि की वृद्धि होने से मनुष्य हृदयशून्य हो जाता है। दया, प्रेम, शान्ति आदि हृदय के सात्विक गुण हैं। वे बुद्धि के प्रखर तेज से झुलस जाते हैं।

–विवेकानन्द

मनुष्य कितना ही हृदयहीन हो, उसके हृदय के किसी-न-किसी कोने में पराग की भांति रस छिपा रहता है।

–प्रेमचन्द

होनहार

जैसा होनहार होता है, वैसा ही बुद्धि और वैसा ही उपाय होता है और वैसे ही सहायक मिलते हैं।

–चाणक्य

होनहार कितना प्रबल, कितना निष्ठुर और कितना निर्मम होता है।

–प्रेमचंद

होनहार बिरवान के होत चीकने पात।

–कहावत